VAJDA

FELIX AUSTRIA

STEPHAN VAJDA

FELIX AUSTRIA

Eine Geschichte Österreichs

Ueberreuter

CIP-Kurztitelaufnahme der Deutschen Bibliothek

Vajda, Stephan:
Felix Austria: e. Geschichte Österreichs /
Stephan Vajda. – Wien, Heidelberg: Ueberreuter, 1980.
ISBN 3-8000-3168-X

J 1070

Umschlag von Herbert Schiefer unter Verwendung
eines Dias des Kunsthistorischen Museums, Wien
(Tapisserie »Entsatzschlacht Türkenbelagerung Wien 1683«)
Bildredaktion: Ingrid Hänsel
Textredaktion: Ilse Walter

Papier und Gesamtherstellung: Salzer - Ueberreuter, Wien
Printed in Slovenia

Inhalt

Vorwort

Das vorliegende Buch entsprang der Faszination, die das Phänomen Österreich nun seit mehr als zwei Jahrzehnten auf den Autor ausübt. Einen wesentlichen Impuls bei der Planung der Arbeit gab die Erkenntnis, daß die Geschichte des Landes noch immer eine Fülle von kaum bekannten Informationen und Aspekten birgt, die den Leser von heute interessieren könnten. Damit sei bereits die Richtung angedeutet: eine Geschichte Österreichs für eine breite Leserschicht in unserer Zeit zu verfassen.
Der Versuch einer zumindest teilweise neuartigen Darstellung des in großen Zügen wohlbekannten geschichtlichen Ablaufs beginnt mit der Sprache. Der Nachrichtenkonsument von heute lehnt die traditionelle Erzählweise ab, sie ermüdet und langweilt ihn, nicht zuletzt auch deshalb, weil sie stets Parteinahme signalisiert, Schlußfolgerungen vorwegnimmt, die objektive Analyse durch Klischees ersetzt. Die bekannte Formel »die Erwerbung Ungarns und Böhmens« suggeriert bereits, daß es sich dabei um einen soliden, rechtmäßigen, ja vermutlich unblutigen Vorgang gehandelt haben mußte, »der Raub Schlesiens« hingegen, daß da ein ungeheures Verbrechen vorlag. Doch die durch den Sprachgebrauch eindeutig festgelegte Wertung entspricht nicht der historischen Wirklichkeit.
»Felix Austria – Eine Geschichte Österreichs« wurde nicht aus zentralösterreichischer Sicht recherchiert und geschrieben. Bei den langwierigen Vorstudien kam deutschen, englischen, französischen, polnischen, tschechischen, ungarischen, kroatischen, türkischen und italienischen Archivmaterialien und Werken die gleiche Bedeutung zu wie den österreichischen. Zwei Gruppen von Quellen wurden besonders berücksichtigt und im Zweifelsfall vorrangig behandelt: zeitgenössische Dokumente sowie Publikationen, die zwischen 1970 und 1980 erschienen sind.
Daraus folgert unter anderem, daß mit den in der österreichischen, aber auch in der deutschen, ungarischen, schweizerischen und polnischen Geschichte üppig wuchernden Legenden gründlich aufgeräumt wurde. Die Erfahrung bewies, daß die durch die Legenden oft absichtlich verschüttete Wahrheit ungleich interessanter und wertvoller ist als die in grellen Farben eines imaginären historischen Bilderbuches entstandene falsche Erzählung. Auch dann, wenn man unter der erhabenen Kruste auf unfreiwillige Komik stößt, eine erfreuliche Erscheinung, die in der österreichischen Geschichte übrigens recht häufig auftaucht. Sie wurzelt in der sprichwörtli-

chen österreichischen Mentalität, deutet meist auf eine lässig-humane Haltung, auf Menschennähe und Toleranz, manchmal freilich auch auf Unfähigkeit hin, die aber niemals zu einer schweren Katastrophe führte.

Dem Autor, der, durch seine Biographie bedingt, das umfangreiche Material seiner Arbeit mit einem fremden und mit einem einheimischen Auge, mit einer doppelten und daher vermutlich schärferen Optik gesichtet hatte, fiel die typisch österreichische Verhaltensweise in den sogenannten großen historischen Augenblicken besonders auf, ebenso wie die nachweisbare Tatsache, daß Blutvergießen, politischer Mord, Hinrichtung, die gewaltsame Lösung eines Problems schlechthin, in der österreichischen Geschichte weit weniger vorkommt als in der Geschichte anderer Großmächte oder der Länder in unserem unmittelbaren geopolitischen Umfeld.

Zu den Absichten und Arbeitsmethoden sei noch zu sagen: Der Leser wird nicht nur mit der Geschichte der Herrscher, der führenden Politiker beziehungsweise des Staatsapparats, sondern auch mit der Geschichte des Volkes, des kleinen Mannes konfrontiert. Die Fragen der Gesellschaftspolitik, der Wirtschaft, der Lebensformen, der Umwelt und der kulturellen Strömungen wurden zuweilen mehr berücksichtigt als Vorgänge in den Thronsälen, fürstlichen Schlafgemächern und auf den Schlachtfeldern. Auch Verdrängtes und Vertuschtes wurde, soweit es für die objektive Analyse einer geschichtlichen Persönlichkeit oder einer historisch-politischen Konstellation notwendig war, gehoben und ins rechte Licht gerückt. Um die Aufmerksamkeit des Lesers nicht unnötig zu strapazieren, schien es angebracht, Allbekanntes in manchen Fällen kurz abzuhandeln, für die Entwicklung Österreichs entscheidende, bisher kaum bekannte Details jedoch ausführlicher zu schildern. Auch wenn die Kontinuität der Erzählung manchmal kurz unterbrochen werden mußte, wurde bei der Arbeit großer Wert darauf gelegt, die klare Übersicht stets zu bewahren, Orientierungshilfe in einer möglichst interessanten Form zu geben. Dazu dienen auch die Marginalien, die Fußnoten und das vom Verlag sorgfältig zusammengestellte reiche Bildmaterial.

Die Stunde Null nach Rom

Ein offener Raum zwischen Ost und West

Mit einem Leichenzug über die Alpen ging die Herrschaft des alten Rom im Gebiet des heutigen Österreich zu Ende. Im Frühsommer des Jahres 488 n. Chr. verließen die letzten römischen Truppen die Donaugrenze und nahmen die sterblichen Überreste des 482 n. Chr. verstorbenen heiligen Severin mit, um ihn auf lateinischem Boden, in Lucullanum, in der Nähe von Neapel, zur letzten Ruhe zu betten. Severin war in der soeben aufgegebenen Provinz Noricum ursprünglich ein Fremder, ein »Zugereister« aus dem Osten gewesen, ein einfacher Mönch, der Bischof von Lauriacum (Lorch) wurde, einer ansehnlichen Garnisonstadt der II. römischen Legion nordwestlich des heutigen Enns. Wie sein Schüler und Biograph Eugippius berichtet*, war Severin überall zwischen Castra Regina (Regensburg) und Favianae (Mautern) bekannt und beliebt. Er war nicht nur um Trost und Erbauung seiner Mitmenschen, sondern auch um Wirtschaft und Politik bemüht, vermittelte immer wieder zwischen den heidnischen Rugiern, Alemannen, Herulern und der römischen Provinzialverwaltung, plädierte für Kompromiß und Toleranz, zögerte Streitigkeiten bewaffneter Gruppen hinaus oder schlichtete sie und stellte die durch lokale Überfälle gestörten Handelsbeziehungen, so zum Beispiel zwischen den Bewohnern der Stadt Boiodorum am unteren Inn und dem König der Rugier, Feva, der im heutigen Mühlviertel saß, mittels geschickt geführter Verhandlungen wieder her. Er war, lange bevor Österreich entstand, der erste namhafte Österreicher.

Die Römer, die mit dem Leichnam des heiligen Severin nach Süden zogen, waren nicht mehr Untertanen des einst mächtigen, unbesiegbaren Imperium Romanum, des zeitlos anmutenden, riesigen Kaiserreichs, das gleichsam die zivilisierte Welt bedeutet hatte, sondern bloß eines Emporkömmlings, Odoaker, eines hohen römischen Offiziers germanischer Abstammung, der allerdings verzweifelt um die Rettung des alten Rom, um das noch vorhandene, aber bereits schwer angeschlagene übernationale Gebilde rang. Um die brüchigen Verteidigungslinien zu straffen und die allzulangen Nachschubwege zu verkürzen, wurden die Donauprovinzen auf seinen Befehl hin, ohne daß die Barbaren einen Angriff geplant hätten,

* Eugippius verfaßte die »Vita Severini« neunundzwanzig Jahre nach dem Tod des heiligen Severin.

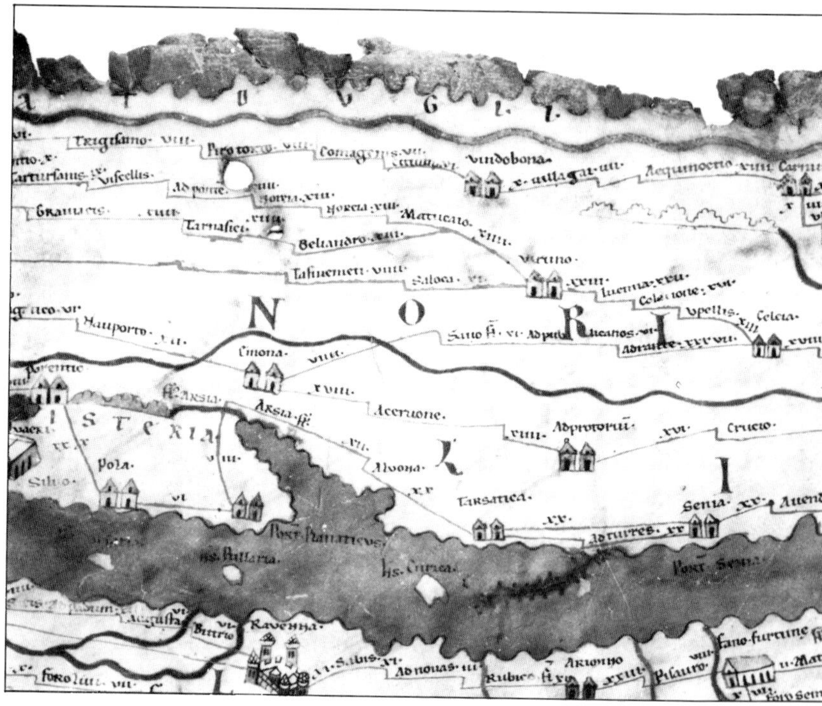

»Tabula Peutingeriana.« Detail mit Vindobona (oben Mitte) und Carnuntum

kampflos geräumt. Militär, Beamtenschaft und die mit den Dienstleistungen für das Heer und für die Behörde betrauten Spezialisten, Ärzte und Baumeister, aber auch die Arbeiter der großen Waffenschmiede und Schildfabrik von Lauriacum mußten nach Italien übersiedeln. Die meisten Großgrundbesitzer, die oft auch einen wichtigen Posten in der römischen Verwaltung bekleidet hatten, schlossen sich dem Zug freiwillig an.

Das Erbe Roms

Der größere Teil der einheimischen Bevölkerung jedoch, die breite Schicht der romanisierten Kelten und Germanen, blieb. Und auch das alte Rom, obwohl offiziell abgezogen, blieb nahezu vollständig zurück, denn die bereits fünfhundert Jahre währende Römerherrschaft hatte nicht nur das Landschaftsbild durch die Obst- und Weinkulturen, durch die Dreifelder- und Almwirtschaft, durch ein ausgedehntes, auch im schwierigen Gelände meisterhaft angelegtes Straßennetz geprägt; sie beeinflußte nachhaltig, weil etwa zwölf Generationen hindurch, Sitten und Bräuche, Denkweise und Rechtsempfinden, Finanzwesen und Handel, ja sogar den Speisezettel und die Formen der Unterhaltung. Die Universalsprache Latein, zwar mit den lokalen Sprachen gemischt und teilweise als norisch-pannonischer Provinzdialekt gesprochen, fungierte als Kommunikationsmittel für die politischen Verhandlungen, für den Warenaustausch und in vielen Fällen auch für die nachbarliche Verständigung im Alltag.

Die Kirche, die einzige Macht, die nach dem Abzug der römischen Truppen und Beamten eine wenn auch bescheidene Organisation und vor allem eine neue, faszinierende Ideologie besaß, benützte nicht nur, sondern pflegte und förderte das bereits mit einem Hauch des Heiligen und Autoritären umgebene Latein. Im hereinbrechenden Chaos der Völkerwanderung*, das sich allerdings im oberen Donautal und im Gebiet der heutigen Steiermark nicht so grausam und verheerend ausgewirkt hatte, wie dies die einseitig abendländisch und christlich eingestellte Geschichtsschreibung des europäischen Westens bis zum Ende des Zweiten Weltkriegs geschildert hat, konnte die Kirche ihre Positionen nicht nur halten, sondern auch weiter ausbauen. Denn sie bildete das lokale Zentrum der Selbstverteidigung, leitete nach Ende der Kampfhandlungen den Wiederaufbau, half durch ihre Lehre, Leiden und Verluste zu ertragen, und bremste in einer Zeit, in der vorübergehend keine Staatsgewalt der Bevölkerung Schutz geboten hatte, durch die Vision des Jüngsten Gerichts, durch die Zweiteilung des Jenseits in Himmelreich und Hölle, die aufgestauten Aggressionen und verhinderte somit oft Mord und Totschlag, Raub und Vergewaltigung.

Die Kirche formiert sich

Der Mönch galt als der moderne Mensch, man blickte zu ihm auf, denn er war für die damalige Zeit enorm gebildet, er konnte fast immer lesen und schreiben, verstand einiges vom Hausbau und von der Landwirtschaft, von der Medizin und von der Viehzucht und war auch mit einigen Grundgesetzen der Physik und Chemie vertraut. Er wirkte im Namen einer Religion, die zum Teil auf Altbekanntes, auf die innere Struktur des in den Donauprovinzen sehr verbreiteten Mithraskultes, aber auch auf altgermanische Elemente zurückgriff und die darüber hinaus nach dem gefürchteten und unbegreiflichen Tod die trostreiche soziale Gleichstellung vor Gott versprach. Die allzumenschliche Götterwelt der Römer mit ihren Eifersüchteleien und Streitigkeiten, mit ihren kleinlichen Rachegelüsten und kindischen Diebstählen, gewiß eine heitere, aber als moralisches Leitbild nicht mehr akzeptable Welt der antiken Märchen, verschwand immer mehr aus dem Bewußtsein der vom alten imperialen Staatswesen verlassenen Bevölkerung. Römische Tempel wurden, vorerst zwar mit sehr einfachen Mitteln, zu christlichen Kirchen umgestaltet (so die Ruprechtskirche in Wien und die Martinskirche in Linz), Priester und Mönche zum Sprecher der Gemeinde gewählt, in wirtschaftlichen und politischen Fragen konsultiert, für Verhandlungen mit den Boten und den Anführern der neu aufgetauchten fremden Gruppen, die meist von Norden oder von Osten her gekommen waren, hinausgeschickt.

Völkerwanderung

Manche Stämme, die durch das Gebiet des heutigen Österreich zogen oder sich zwischen der Donau und den Alpen für einige Jahre oder Jahrzehnte festgesetzt hatten, waren bereits Christen; manche wiederum kamen erst hier mit der neuen Religion in Berührung und nahmen daraus inhaltliche und formale Fragmente in ihren eigenen Kult auf. Sie schlugen auch nicht alles kurz und klein, was sie vorfanden, vielmehr benützten sie die Einrichtungen der Einheimischen, die Straßen und bebauten Felder,

* Der Beginn der Völkerwanderung wird im allgemeinen mit dem Jahr 375 n. Chr., mit dem Einbruch der Hunnen in Osteuropa, angesetzt. 378 n. Chr. hatten die von den Hunnen bedrängten Westgoten das römische Heer des Kaisers Valens bei Adrianopel vernichtet, am 15. August 410 erstürmten und plünderten sie unter Alarich die Stadt Rom. Als Abschluß der Völkerwanderung gilt, eher als symbolisches Datum, der 25. Dezember des Jahres 800 n. Chr., als Karl der Große, König der Franken, in der Peterskirche in Rom von Papst Leo III. zum römischen Kaiser gekrönt wurde.

die Wasserleitungen und Stadtmauern, für ihre Zwecke. Die Zerstörung blieb in Grenzen, Spuren eines großen Massakers brachte der Spaten der Archäologen im gesamten mitteleuropäischen Raum nirgends ans Tageslicht. Der vielzitierte Barbarensturm fand in Wirklichkeit gar nicht statt, wenn auch bewaffnete Auseinandersetzungen zwischen den ansässigen und den neu angekommenen Völkern vor allem in der ersten Zeit der Begegnung immer wieder aufflackerten. Dann versuchte man einen Modus vivendi zu finden, stellte Regeln für ein geordnetes Zusammenleben auf, schloß Verträge, die zwar oft gebrochen wurden, die daraus entstandenen Kriege aber waren in den meisten Fällen nur größere Raufereien mit Viehraub, Plünderung und einigen Toten. Der Instinkt des Überlebens und die erfolgreiche Vermittlung der Kirche, die auch für das irdische Wohl der Bevölkerung in zunehmendem Maß die Verantwortung übernahm, führten zu Kompromissen, die darin bestanden, daß man die Oberhoheit des Stärkeren anerkannte, ihm in Form von Naturprodukten, Waren oder Gold- und Silbermünzen Tribut zahlte oder ihm die besseren Weideplätze, Quellen und Flüsse und auch ganze Siedlungen, gute, wetterfeste Unterkünfte, überließ. Doch freien Raum gab es im 5. und 6. Jahrhundert an beiden Ufern der Donau, in den Alpentälern und an den Berghängen genug, ebenso wie kostenloses Baumaterial, Holz, Lehm und Steine; die Unterworfenen und Abgedrängten suchten sich neue Wiesen, neue Ackerböden und bauten sich neue Häuser. So trug der angebliche Barbarensturm, eine sehr langsame, weil Jahrhunderte hindurch andauernde Bewegung von kleineren und größeren Völkergruppen, letztlich zur weiteren Kultivierung der österreichischen Landschaft bei.

Theoderich der Große

Nach einem kurzen Zwischenspiel verschiedener germanischer Stämme, vornehmlich Rugier, Heruler und Alemannen, kam das Donau- und Ostalpengebiet im Jahr 493 n. Chr. unter die – wahrscheinlich schon aus verwaltungstechnischen Gründen – eher nur lückenhaft ausgeübte Herrschaft Theoderichs des Großen. Der im heutigen Ungarn, in der Nähe des Plattensees geborene Gotenfürst verbrachte seine Jugend in der Weltstadt Byzanz und galt als gebildeter und rechtschaffener, politisch und militärisch bestens geschulter Staatsmann. Im selben Jahr, in dem Odoaker die Donauprovinzen räumen ließ, drang Theoderich mit seinen Ostgoten, mit einer nach byzantinischem Muster ausgebildeten Armee von etwa 150 000 Mann, in Italien ein. Die Truppen Odoakers wurden zuerst am Isonzo, dann bei Verona und an der Adda geschlagen und zersprengt. Der Feldzug war gleichsam der erste Religionskrieg in Europa, denn die Ostgoten, im Gegensatz zu den Anhängern Odoakers, bekannten sich zur arianischen Lehre, zu der von den römischen Christen verworfenen Theorie des alexandrinischen Presbyters Arius, wonach Christus dem Vater untergeordnet, ihm nur wesensähnlich, nicht aber wesensgleich, das heißt halb Gott, halb Mensch sei. Dafür und dagegen wurde nicht nur in Wort und Schrift gestritten, sondern auch gekämpft, gefoltert und gemordet.
Odoaker zog sich mit den Resten seiner Streitmacht nach Ravenna zurück, wurde drei Jahre lang belagert, kapitulierte am 27. Februar 493 n. Chr., erhielt das Ehrenwort Theoderichs, daß ihm nichts geschehen werde, nahm seine Einladung zu einem Gastmahl an und wurde an der festlich gedeckten Tafel vom Sieger eigenhändig erstochen. Das war da-

Münze mit dem Bildnis Theoderichs des Großen

Dietrich von Bern

mals anscheinend ein legitimes Mittel, Politik zu machen, denn Theoderich wird nicht nur in den deutschen Sagen unter dem Namen Dietrich von Bern als ein makelloser, mit allen germanischen Tugenden geschmückter Held gepriesen, sondern auch in den durchaus ernst zu nehmenden Chroniken und Geschichtsbüchern als ein kultivierter, weitblikkender und toleranter Herrscher geschildert. Er ließ nach seiner Machtübernahme die altbewährte römische Verwaltung, Gesetzgebung und das Finanzwesen unangetastet, sorgte für die Instandhaltung und Ausbesserung der Straßen, der Kanalisation und der Stadtmauern und gab den Bau von neuen Kirchen, Bädern, Wasserleitungen und Kornspeichern in Auftrag. Doch der durch die zwei nebeneinander bestehenden christlich-religiösen Auffassungen über die Gottheit Jesu schwelende Haß zwischen dem Herrschervolk der Ostgoten und der von ihm abhängig gewordenen italischen Führungsschicht konnte nicht überwunden werden. Die Spannung wuchs, es kam immer wieder zu Gewalttaten; nach dem Tode Theoderichs im Spätsommer des Jahres 526 n. Chr. begann sein Reich rasch zu zerbröckeln.
Schon in der letzten Periode der ostgotisch-römischen Oberhoheit im Gebiet des heutigen Österreich tauchten an der Donau die Langobarden, die

»Langen Bärte«, ebenfalls Germanen und arianische Christen, auf. Sie besetzten nach und nach das flache Land, siedelten in der Wachau, in der Umgebung des Wienerwaldes und im hügeligen Westpannonien bis zur mittleren Donau, der Ungarischen Tiefebene gegenüber. Sie bildeten eine starke Gemeinschaft, waren militärisch straff organisiert und hatten eine eigenständige Kultur, die durch einen ausgereiften Kunstsinn geprägt war.

Abzug der Langobarden

Sie blieben etwa siebzig Jahre lang im Donautal und im Voralpenland, dann zogen sie, durch Erzählungen über den sonnigen Süden angelockt, zu Ostern des Jahres 568 n. Chr. in geschlossenen Kolonnen nach Italien, in das heutige Friaul. Dort setzten sie sich zuerst in der Umgebung der von Julius Caesar gegründeten römischen Stadt Forum Julii fest, des späteren Cividale del Friuli, die sie Civitas Austriae, die östliche Siedlung, nannten. Landschaft, Klima und die reichlich vorgefundenen Reste der römischen Zivilisation sagten ihnen vermutlich zu, die hohen Berge im Norden und im Osten sicherten ihren Rücken gegen die Überfälle berittener Nomadenstämme aus der mittleren Donau- und Theißgegend. Nun gingen sie daran, ein großes langobardisches Reich zu schaffen. Sie nahmen binnen zweier Jahre Mediolanum (Mailand) und Ticinum (Pavia), das sie zu ihrer neuen Hauptstadt erhoben, überschritten den Po und besetzten die gesamte Lombardei, die noch heute ihren Namen trägt.
Der Staat der Langobarden spielte südlich der Alpen zweihundert Jahre hindurch sowohl in politischer als auch in wirtschaftlicher und kultureller Hinsicht eine hervorragende Rolle, bis er durch Eroberer aus dem deutsch-französischen Raum, durch die aufsteigende Macht der Franken, vernichtet wurde: Karl der Große ließ im Juni 774 n. Chr. Pavia erstürmen und schickte den letzten Langobardenkönig Desiderius mit Frau und Tochter in die Verbannung. Das war immerhin eine neuartige, eine christliche Lösung eines rein machtpolitischen Problems, die sich auch auf das Volk günstig auswirkte: es blieb so gut wie unbehelligt und bildete somit den Grundstock der späteren lombardo-italienischen Bevölkerung.

Prunkfibel von Untersiebenbrunn, um 500 n. Chr.

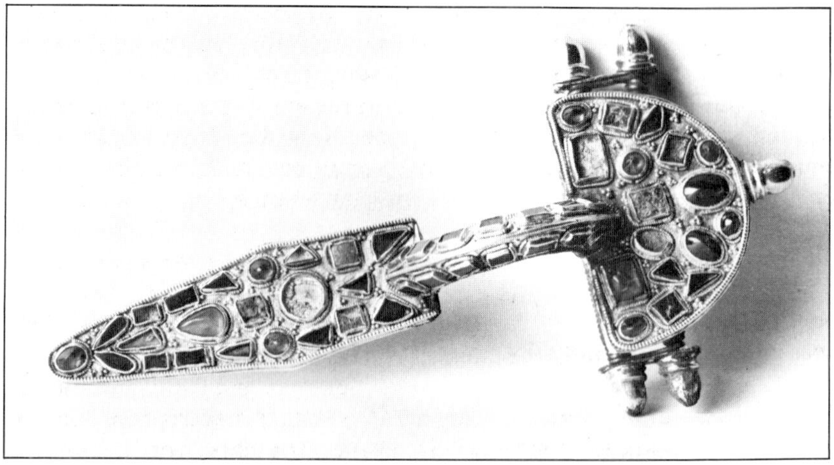

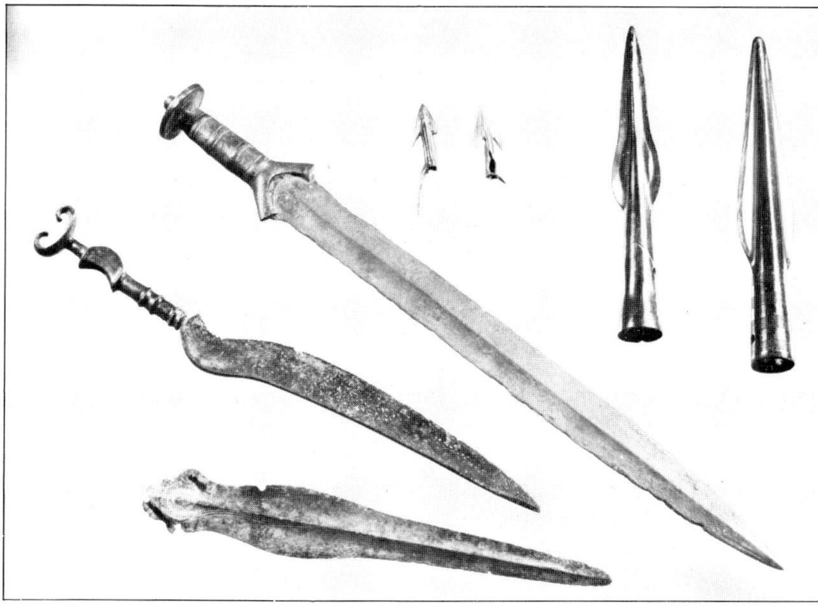

Waffen der Völkerwanderungszeit

Der Entschluß der Langobarden, das Donautal zu räumen und nach Südosten zu ziehen, wurde wahrscheinlich nicht über Nacht gefaßt; der schwierige Marsch mit Hab und Gut mußte sorgfältig vorbereitet werden. Daher hatte man die Grenzen des zunächst in Gedanken schon aufgegebenen Siedlungsgebiets nicht mehr scharf bewacht, das Einsickern von Fremden, falls sie keinen Angriff auf langobardische Einrichtungen planten, geduldet. Es kamen, vorerst in kleinen, fast unscheinbaren Gruppen, die Baiern, Germanen, die das Christentum noch nicht kannten, aber bereits Ackerbau und Viehzucht betrieben. Sie hatten keine militärische Durchschlagskraft, unternahmen daher auch keine großangelegten Raubzüge. Der in der Nähe von Treviso geborene fromme Dichter Venantius Fortunatus, der 565 n. Chr., also drei Jahre vor der Übersiedlung der Langobarden in das spätere Friaul, von Aquileia (zwanzig Kilometer nördlich von Grado) nach Tours (zweihundertdreißig Kilometer südwestlich von Paris) gepilgert war und seinen Weg durch das Gebiet des heutigen Österreich nahm, erwähnt sie kurz in seinem Reisebericht; demnach wohnten die Baiern im flachen Land, in der Nähe der Berge, wo sich auch eine Kultstätte zu Ehren des heiligen Valentin befand. Es ist die erste authentische, weil von einem Augenzeugen stammende Nachricht über die Existenz des bairischen Volkes.

Bericht eines Augenzeugen

Die Herkunft der Baiern, die in den später verfaßten Chroniken des Mittelalters Bajuwaren, Baiovarii, Bojoarier und Baiwaren genannt werden, bedeutet für die Geschichtswissenschaft ein vieldiskutiertes, vermutlich aber nicht mehr lösbares Problem. Manche Historiker wollen in ihnen reinrassige Germanen, die Nachkommen der von dem römischen Kaiser Mark Aurel (121–180 n. Chr.) an der Donaulinie bekämpften Markomannen sehen, andere wiederum ein aus germanischen, vorwiegend aus ostgotischen, aber auch aus nichtgermanischen, sarmatischen, jazygischen und sogar hunnischen Splittergruppen zusammengesetztes Mischvolk, das vom Osten her durch die Ungarische Tiefebene in das heutige Böhmen zog, sich dort für längere Zeit niederließ und von seinen Nachbarn Bajuwaren, das heißt »Männer aus Böhmen«, genannt wurde.*

Fast gleichzeitig mit den Baiern, die das obere Donautal in Besitz nahmen, erkundeten die ersten slawischen Stämme das von den Langobarden verlassene Gebiet; sie zogen durch das Wiener Becken, durch die Steiermark und Kärnten und wanderten auch in den Raum des heutigen Osttirol ein.

Slawen und Baiern

Sie kamen aus der weiten Ebene zwischen Karelien im späteren Finnland und dem Schwarzen Meer, nannten sich selber Slowenen, hatten vom Christentum noch nichts gehört und suchten, von den Reiternomaden aus Zentralasien bedrängt, neue Wohnstätten, Felder und Weideplätze in Mitteleuropa und am Balkan. Sie waren, so wie die Baiern, kein Militärvolk; ihr Vormarsch im Donau- und Drautal ging, von den Baiern vermutlich kaum gestört, friedlich vor sich. Oft siedelten die beiden Volksgruppen in engster Nachbarschaft, nahmen miteinander vielfältige Kontakte auf, was aber Kleinkriege von lokaler Bedeutung nicht ausschloß. Nach Beendigung der Streitigkeiten wurden Verträge ausgehandelt, so geht zum Beispiel der Flußname Melk auf die slawische Bezeichnung eines Grenzbaches zurück, was darauf hindeutet, daß hier für längere Zeit eine vertraglich festgelegte Grenzlinie zwischen bairischen und slawischen Siedlungsgebieten verlief. Um das Jahr 780 n. Chr. markierte bereits der Fluß Enns die slawisch-bairische Grenze.

Die Baiern, die in der Überzahl waren, drangen, von den Slawen wiederum nur selten behindert, langsam in östliche und westliche Richtung vor und ließen sich in ursprünglich rein slawischen Ortschaften wie Feistritz (das slawische Wort *bistrica* bedeutet schnell fließendes Wasser), Opponitz (*sopotnica*: Wasserfall), Dellach (*dolje*: Tal) und Liesing (*lesnica*: Waldbach) nieder. Der Name von Stammersdorf bei Wien (ursprünglich Stoymirsdorf) weist auf einen germanisierten slowenischen Eigen- oder Familiennamen und auch darauf hin, daß sich die bairischen und slawischen Bevölkerungsgruppen mit der Zeit zunehmend vermischt hatten, wobei das slawische Element immer mehr im bairischen aufging. Die Ursache dafür lag wahrscheinlich in der zahlenmäßigen Überlegenheit der Baiern, da sich die Slawen, zum Teil aus Gründen, die man heute nicht mehr eruieren kann, in mehreren Etappen nach dem Südosten, in Richtung Karawanken und Adria, zurückgezogen hatten.

Aus einem mit romanisierten Kelten und hängengebliebenen Langobarden durchsetzten bairisch-slawischen Mischvolk entstand, von klimatischen, topographischen und geopolitischen Faktoren erheblich beeinflußt, die österreichische Bevölkerung, ja allen einschlägigen Theorien, die ihre Existenz hartnäckig zu leugnen versuchen, zum Trotz, die österreichische Nation, mit unverkennbaren Wesenszügen, mit einer typisch österreichischen Denk- und Verhaltensweise, die auf ihre Umwelt, auf plötzliche Ereignisse ebenso wie auf evolutionäre Entwicklungen ganz spezifisch reagiert.

* Böhmen hieß zur Zeit der Völkerwanderung Boiohaemum.

Die zwölf Monate. Miniatur in einer Salzburger Handschrift aus dem Jahr 818 n. Chr.

Die sprichwörtlich gewordene österreichische Mentalität ist ein organisch-historisch gewachsenes Phänomen, dessen Wurzeln auf die Anfänge zurückgehen, als im Donauraum noch kein österreichischer Staat, wohl aber ein Österreichertum entstand. Witterung und Landschaft spielten dabei eine entscheidende Rolle. Denn das gemäßigte kontinentale Klima, das weder Wirbelstürme noch anhaltende Trockenheit, weder extreme Kälte noch lähmende Hitze kennt, machte das Leben der nur mit primitiven Mitteln ausgestatteten Siedler relativ leicht. Wasser von bester Qualität war reichlich vorhanden, die Wiesen präsentierten sich, im Gegensatz zu den meist ausgedörrten Tälern und Ebenen Ost- und Südeuropas, in einem satten, geradezu paradiesischen Grün, der Boden, von günstiger chemisch-geologischer Zusammensetzung, ließ stets auf eine gute Ernte hoffen. Salz und Eisen, kostbare Mineralien des frühen Mittelalters, gab es im Überfluß, Holz in Unmengen, Wild und Fische vor der Haustür. In der Märchenwelt der osteuropäischen Völker taucht Österreich als ein Garten Eden auf, das wundersame Land Operenz*, wo der Waldboden mit moosgrünem Samt bedeckt ist und die goldenen Birnen und Äpfel bis zur Größe eines Kinderkopfes heranreifen. Die glücklichen Bewohner von Operenz leiden niemals Hunger oder Durst, das Wort Armut kennen sie nicht.

Das Land Operenz

Die Hänge der leicht zugänglichen Ostalpen und die geschützten Ebenen der alpinen Beckenlandschaften (so zum Beispiel das Klagenfurter Bekken, das Judenburger Becken oder das sonnige Ennstal) waren für die Besiedlung hervorragend geeignet. Der Kampf um das Dasein war hier nicht so hart wie anderswo, man überlebte, ohne seinen Nachbarn berauben oder töten zu müssen. Daraus resultiert, daß der Aggressionstrieb sich in diesem Raum nicht so stark entwickelt hat wie in den kargen Randgebieten Europas, etwa auf dem mittelspanischen Hochland, im heutigen Norddeutschland, in Kalabrien oder in der Ungarischen Tiefebene.

Die Awaren

Im Jahr 557 n. Chr., elf Jahre vor dem Abzug der Langobarden aus dem Donautal und dem Voralpenland, erschien im östlichen Europa ein mongolisch-tatarisches Reitervolk: die Awaren. Sie drangen, zunächst als Verbündete der Byzantiner, am Balkan vor, gelangten dann bis zum Wienerwald, später bis zur Enns-Linie und tief in die Steiermark. Da sie sich jedoch in der Umgebung von hohen Bergen nicht wohl fühlten, zogen sie sich in die ihnen viel vertrautere Steppenregion der Ungarischen Tiefebene zurück, wo sie zwischen Donau und Theiß ihre Hauptstadt, ein riesiges, mit einem ringförmigen Erdwall gesichertes Zeltlager, errichteten. In einem Zeitraum von beinahe dreihundert Jahren unternahmen sie regelmäßig bewaffnete Ausflüge in das Gebiet des heutigen Österreich, jedoch nicht nur um den in den Augen der Nomaden schier märchenhaften Reichtum der seßhaften Bevölkerung zu plündern, sondern auch um ihre eher symbolische Oberhoheit im Ostgebiet der Baiern mit Nachdruck zu demonstrieren. Die slawischen Siedler nützten die militärische Stärke der

* Operenz ist die leicht verdrehte Form von Ob der Enns, dem Namen des früheren Erzherzogtums und Kronlands »Österreich ob der Enns«, das für die Ungarn, Rumänen und Polen mit dem gesamten österreichischen Kernland identisch war.

Awaren-Bogenschütze. Gürtelschließe

Awaren, indem sie ihnen als Handwerker und Lebensmittellieferanten dienten und unter ihrem Schutz wieder in das bereits kultivierte bairische Land einwanderten. Doch selbst die Baiern, obwohl von den unberechenbaren Asiaten einige Male arg heimgesucht (im Jahr 700 n. Chr. zerstörten die Awaren die blühende Stadt Lauriacum an der Enns vollständig), machten mit ihren östlichen Nachbarn oft gemeinsame Sache. In den langen Perioden des Friedens gab es rege Handelsbeziehungen, und es gab auch eine sehr wesentliche politische Zusammenarbeit. Denn der Landstrich zwischen der oberen Donau und Regensburg, seit etwa 570 n. Chr. von der Familie der Agilolfinger als ein verwaltungstechnisch organisiertes, unabhängiges Herzogtum regiert, wurde von einem mächtig gewordenen westlichen Staat, dem fränkischen Königreich, bedroht. Es ging dabei aber nicht nur, wie in den Awarenkriegen, um Raub, Zerstörung und Brandschatzung mit Schäden, die man in verhältnismäßig kurzer Zeit beheben konnte, sondern um die politische Existenz des bairischen Landes. Die Franken wollten das bereits zivilisierte und ertragreiche Gebiet unter ihre Kontrolle bringen, die Baiern tributpflichtig machen, ihr Herzogtum in völlige Abhängigkeit hineinmanövrieren, um es später in ihr Staatsgebilde einzugliedern. Die Baiern, das heißt die dünne Schicht ihrer politischen Führung, die Agilolfinger (die vermutlich auch aus dem fränkischen Westen eingewandert waren), suchten einen Rückhalt dort, wo sie ihn eben zu finden glaubten: bei den Langobarden und den Awaren. Herzog

Die Agilolfinger

Rechts: Der Evangelist Johannes aus dem Reichsevangeliar, auf das der Krönungseid abgelegt wurde*

Karolingischer Ritter. Fresko in Mals, Südtirol

Tassilo III., die erste tragische Figur der österreichischen Geschichte – eine durch Glücksfälle und Kompromißlösungen gemilderte österreichische Tragik –, heiratete die Tochter des letzten Langobardenkönigs, Desiderius. Das half aber wenig, denn die einstige Macht der Langobarden, von den Absichten der Franken, für sich einen europäischen Großraum zu schaffen, ebenfalls ernsthaft bedroht, war bereits zersplittert und gelähmt. So wandte sich Tassilo III. an die gefährlichsten Feinde der Franken, an die Awaren.

Es war Realpolitik, aber auch ein klarer Fall von Verrat, denn er hatte schon mit sechzehn Jahren auf Betreiben seiner Mutter, der fränkischen Prinzessin Chiltrudis, seinem Oheim, dem Frankenkönig Pippin*, in dessen Residenz in Compiègne den Vasalleneid geleistet. Laut des überaus komplizierten, als im göttlichen Willen verankert angesehenen Lehnsrechts des Mittelalters bekam er von seinem *dominus feudi*, seinem Lehnsherrn, dem Frankenkönig, das volle erbliche Nutzungsrecht des bairischen Landes und die Herzogswürde. Der Lehnsherr verpflichtete sich, seinen Lehnsmann, seinen *vasallus*, in Schutz zu nehmen und ihn in allen Schwierigkeiten und Gefahren zu unterstützen. Als Gegenleistung für die erhaltenen Nutzungsrechte und Schutzverpflichtungen, für den Gesamtkomplex der sogenannten Lehnsprotektion, schwor der Vasall, daß er seinem Lehnsherrn immer und überall die Treue halten, ihn in allen Schwierigkeiten und Gefahren vorbehaltlos unterstützen und, wenn er es wolle, mit ihm in den Krieg ziehen werde.

Tassilo III.

Doch erwachsen und in seinen Staatsgeschäften erfolgreich, fand Tassilo III. seine Vasallenpflichten lästig. Schon im Jahr 763 n. Chr. weigerte er sich, an einem Feldzug Pippins in das ferne Aquitanien, in die Gegend der heutigen südfranzösischen Stadt Toulouse, teilzunehmen. Die Kräfte des Frankenkönigs waren im Westen gebunden; er schob daher die Vergeltung für die Rebellion auf. So konnte sich Tassilo III. zunächst ungestört dem Ausbau und der Konsolidierung seines Herzogtums widmen.

Er residierte, da Lauriacum (Lorch), die erste Hauptstadt der Baiern, ein Trümmerfeld war, in Castra Regina (Regensburg), im einstigen Palast des römischen Oberbefehlshabers, mitten im noch im guten Zustand erhaltenen Lager der vor mehr als zweihundertfünfzig Jahren aufgelassenen Garnison; von hier aus betrieb er seine eindeutig nach Osten und Südosten ausgerichtete Politik, die Erschließung und Kultivierung des zum Teil noch recht spärlich besiedelten ostösterreichischen Raumes. Die Slawen in Karantanien, in der heutigen Südsteiermark und in Kärnten, 740 n. Chr. unter ihrem Herzog Boruth zu Bundesgenossen der Baiern und zu Christen geworden, standen jedoch der Überfremdung ihrer Siedlungen und auch der neuen Religion mit wachsendem Unbehagen gegenüber. Im Jahr 772 n. Chr. brach der karantanische Aufstand aus. Die Awaren, einst Schirmherren der Slawen, rührten, da sich Tassilo III. mit ihnen geschickt verständigen konnte, keinen Finger. Der Aufruhr wurde rasch niedergeworfen, die Missionierung im Südosten planmäßig fortgesetzt. Sie war das Werk des aus Irland stammenden Bischofs von Salzburg, Virgil, eines her-

* Pippin, der Kleine oder der Kurze genannt, Vater Karls des Großen, geboren um 715 n. Chr., gestorben am 24. September 768 in Saint-Denis.

Der Bischof von Salzburg, Heiden taufend. Antiphonar von St. Peter

Missionierung im Südosten

vorragenden Gelehrten, der die griechischen Philosophen hoch in Ehren hielt und die These vertrat, daß Gott die Welt in Form einer Kugel geschaffen hätte. Dafür wurde er von seinem Rivalen, dem heiligen Bonifaz, mit dem Beinamen »Apostel der Deutschen«, einem in England geborenen, überaus dynamischen Vorkämpfer der Kirche im fränkischen und bairischen Gebiet, als Ketzer verschrien. Der Zwist entbrannte nicht nur um die Auslegung der Bibel, um Fragen der Theologie, sondern auch um den Vorrang, wer die Slawen bekehren, und nicht zuletzt um die Frage, wer im Zug der Missionierung Besitztümer in ihrem Land erwerben durfte. Dabei versuchte auch das an Karantanien grenzende Bistum Aquileia mitzumischen, ging aber, nach einer päpstlichen Entscheidung zugunsten Salzburgs, leer aus.
Schon gegen Ende des 7. Jahrhunderts erkannten die führenden Persönlichkeiten der Kirche, daß für die Verbreitung und Erhaltung des Christentums eine rein geistige Offensive des Wortes und des guten Beispiels auf lange Sicht nicht ausreichen werde. Denn für die Menschen des frühen Mittelalters bedeutete nur der Besitz von Grund und Boden ein tatsächliches Vermögen und damit auch die einzig wirkliche Basis der Macht; Titel und Positionen zählten weniger, Juwelen, kostbare Kleider und edle Pferde hatten bloß Signalwert, sie dienten stellvertretend zur Schaustellung des in Liegenschaften angehäuften Reichtums. Der Besitz von ausgedehnten Ländereien verschaffte dem Eigentümer Ansehen und sicherte ihm die Möglichkeit, im öffentlichen Leben eine führende Rolle zu spielen. Wollte die Kirche ihre hochgesteckten metaphysischen Ziele – die Errichtung der göttlichen Ordnung auf Erden und die wirksame Vorbereitung für das ewige Leben – erreichen, mußte sie, und es gab keinen anderen Weg, eine wirtschaftliche Großmachtstellung einnehmen.

Dies ging nicht nur durch die frommen Schenkungen der weltlichen Herren zügig vor sich; infolge der höheren Bildung der Bischöfe, Äbte und Mönche waren die Güter der Kirche stets musterhaft bewirtschaftet, krisenfest und warfen ungleich mehr Gewinn ab als die noch recht primitiv geführten landwirtschaftlichen Betriebe des Adels oder der freien Bauern. Man achtete die Kirche nicht bloß deshalb, weil sie reich war, sondern weil sie mit ihren Reichtümern auch bestens und zum Nutzen der gesamten Bevölkerung umzugehen wußte. Die gesicherte und solide materielle Grundlage erlaubte ihr den für die damalige Zeit ungeheuren Luxus, sich mit Dingen zu beschäftigen, die nicht unmittelbar zum Alltag, zur Befriedigung der einfachsten und notwendigsten Bedürfnisse des Lebens gehörten: mit Wissenschaft und Kunst, mit der Herstellung von Büchern, mit der Ausbildung von Mitmenschen.

Gründung von Kremsmünster

Tassilo III. hatte die politische Bedeutung der Kirche, ihre der inneren Disziplin, der systematischen Schulung und der von einer faszinierenden Ideologie motivierten Einsatzbereitschaft entsprungene Kraft erkannt und ihre mannigfaltigen Tätigkeiten großzügig gefördert. Sein Lieblingsprojekt, das Stift Kremsmünster, im Jahr 777 n. Chr. inmitten eines noch vorwiegend von Slawen bewohnten Grenzlandes gegründet, sollte ein starkes politisches und kulturelles Zentrum mit einer Ausstrahlung tief in das von den Awaren kontrollierte Gebiet jenseits der Enns-Linie werden. Der Herzog, zu dieser Zeit etwa fünfunddreißig Jahre alt, stand auf dem Höhepunkt seiner scheinbar unbestrittenen Macht und beging seine ersten verhängnisvollen Fehler. Er wollte, um seine Position als oberste Instanz auch über die Kirche zu sichern, die volle wirtschaftliche Unabhängigkeit der Geistlichen einschränken und gestand den Klöstern und Abteien nur das Nutzungsrecht des ihnen geschenkten Grundes und Bodens zu, der, wenn auch bloß theoretisch, in seinem Besitz verblieb.

Die Bischöfe wehrten sich, in den Kreisen des bairischen Adels formierte sich eine von hohen kirchlichen Würdenträgern gelenkte Opposition, eine fränkische Partei. Tassilo III. schätzte sie falsch ein, ebenso wie seinen mächtigen Gegenspieler Karl den Großen*, der bereits im Jahr 768 n. Chr. die politische Bühne Europas betrat, um bald eine – vielleicht die bedeutendste – historische Persönlichkeit des Abendlandes zu werden: ein stattlicher, hochgebildeter Mann, ein Verwaltungsgenie, glänzender Jurist und überragender Fachmann für das Finanzwesen sowie unermüdlicher Organisator von einem seltenen geopolitischen und strategischen Weitblick, einer geradezu unheimlich anmutenden geistigen und körperlichen Belastbarkeit und einer brutalen Härte, die, wenn nötig, mit eiskalter Berechnung eingesetzt, aber, wenn möglich, durch zweckmäßige, Nachsicht gemildert wurde, was schließlich auch Tassilo III. zugute kam.

Als Karl der Große beschloß, die fruchtbare Poebene zu erobern und das Reich der Langobarden zu vernichten, marschierte Tassilo III., obwohl seine Vasallenpflicht dies zwingend vorschrieb, nicht mit gegen die

* Karl der Große, König der Franken, römischer Kaiser, geboren am 2. April 742 n. Chr., wahrscheinlich in Ingelheim, in der Nähe von Mainz, gestorben am 28. Januar 814 n. Chr. in Aachen.

Hauptstadt Pavia. Er hatte, abgesehen davon, daß ein weiterer Machtzuwachs der Franken ihn schon in höchstem Maß beunruhigen mußte, einen moralisch einwandfrei vertretbaren Grund: er wollte seinen Schwiegervater nicht bekämpfen. Karl der Große warf ihm die neutrale Haltung im Langobardenkrieg auch niemals vor, sein Entschluß jedoch, der aufsässige Lehnsmann Tassilo III. müsse entmachtet werden, dürfte nach dem Sieg in der Lombardei im Sommer des Jahres 774 bereits gefaßt gewesen sein. Um so mehr, da die vertraulichen Nachrichten, der allzu selbstbewußte Baiernherzog stehe mit den Awaren in geheimer Verbindung und gedenke im Falle eines offenen Konflikts mit den Franken ihre Hilfe in Anspruch zu nehmen, sich häuften. Die fränkische Partei am Hof Tassilos hoffte auf großzügige Belohnung (die sie dann in Form von bewirtschafteten Gütern auch bekam) und bereitete emsig den Sturz des Herzogs vor. Im Jahr 787 n. Chr. überschritt ein fränkisches Heer in zwei Kolonnen die bairische Grenze und besetzte Regensburg. Tassilo, von der Führungsschicht seines Landes im Stich gelassen, dachte nicht mehr daran, Widerstand zu leisten; er huldigte dem Sieger als sein reumütiger Lehnsmann. Karl der Große nahm ihn gnädig auf und versprach die Beilegung des unseligen, ja geradezu unchristlichen Streites. Im nächsten Jahr erhielt Tassilo eine Einladung des Frankenkönigs, ihn »mit Weib und Kind« in seinem Palast in Ingelheim, zu besuchen. Der Herzog erschien, wurde unverzüglich verhaftet und vor Gericht gestellt.

Tassilo vor Gericht

Karl der Große bestand auf einem formaljuridisch korrekten Verfahren. Die Anklage wegen Geheimverbindungen zu den Awaren wurde, weil sie stichhaltig nicht nachzuweisen war, fallengelassen. Doch das aus fränkischen und bairischen Adeligen zusammengestellte Gericht griff die bereits fünfundzwanzig Jahre zurückliegende Causa Aquitanien auf und verurteilte Tassilo zusammen mit seiner Frau Luitperga und seinen Söhnen Theodo und Theodbert wegen Verweigerung der Heeresfolge, wegen Treuebruchs gegenüber dem Vater des Königs, Pippin, zum Tode. Karl der Große brauchte das Urteil, um die Güter Tassilos rechtmäßig konfiszieren zu können; nach dem Leben seines Lehnsmannes trachtete er jedoch nicht. Er griff in das Verfahren ein und ließ die Todesstrafe zu lebenslänglicher Klosterhaft umwandeln.

Der Herzog fügte sich, er bat bloß, nicht in aller Öffentlichkeit, im Palast von Ingelheim, geschoren und als Mönch eingekleidet zu werden. Der Frankenkönig stimmte zu; die Zeremonie wurde in St. Goar am Rhein im kleinsten Kreis durchgeführt. Dann brachte man »Bruder Tassilo« in das Kloster Jumièges bei Rouen; er sah seine Frau und seine Söhne, die in Klöstern des Fränkischen Reiches verschwanden, nie mehr wieder.

Niederlage der Awaren

Die Awaren standen anscheinend zu ihrem Wort: sie rückten, nachdem sie von der Bedrängnis ihres Verbündeten Kunde erhalten hatten, gegen Regensburg vor, wurden aber von den Franken in zwei Gefechten aufgehalten, hinter den Wienerwald zurückgetrieben und drei Jahre später, 791 n. Chr., in einer Schlacht in der Nähe der heutigen westungarischen Stadt Györ (Raab) vernichtend geschlagen. Im Jahr 795 n. Chr. zerstörte eine starke fränkisch-bairische Heeresabteilung unter dem Markgrafen

Erich von Friaul ihre große Zeltstadt zwischen Donau und Theiß. Daraufhin zogen sich die Awaren aus Europa zurück; ihre Spur verliert sich im Kaukasus, wo ihre Nachkommen, Rinder- und Schafzüchter, in der zweiten Hälfte des 19. Jahrhunderts unter russische Oberhoheit gerieten.

Das Ende im Kloster

Der Mönch Tassilo, nun zweiundfünfzig Jahre alt, nach sechs Jahren Klosterhaft ein schweigsam und gleichgültig gewordener Mann, trat noch einmal öffentlich auf: er mußte vor dem Reichstag in Frankfurt auf das Herzogtum Bayern, das als unabhängiges Land ohnehin nicht mehr existierte, verzichten. Er tat es, schenkt man den im Dienste des großen Frankenkönigs stehenden Chronisten Glauben, willig und in der frommen Überzeugung, daß irdische Macht bloß ein Trugbild der Vergänglichkeit sei.

Der Barbarensturm, der keiner war

Konturen eines Grenzlandes

Karl der Große gliederte das Herzogtum Bayern in das mächtige Reich der Franken ein; das Land wurde in drei Provinzen unterteilt und vom Schwager des Königs, dem Präfekten Gerold aus einem schwäbischen Adelsgeschlecht, verwaltet. Im Osten wurden Grenzgrafen eingesetzt, die man aber nicht immer unter Kontrolle halten konnte. Die Sighardinger, die Wilhelminer-Engelschalke, später die Ebersbergs, die Meginharde und die Rapotonen bekämpften nicht nur pflichtgemäß die Slawen und Bulgaren im heutigen Westungarn, sondern auch einander, manchmal sogar die zentrale Verwaltung, um ihre Güter beträchtlich mehren zu können. Kaum durchschaubare lokale Bündnisverträge wurden geschlossen, die tatkräftige Hilfe der Heiden aus dem Osten in den verworrenen Kleinkriegen, in denen die Dörfer der christlichen Nachbarn, aber auch Klöster und Kirchen in Flammen aufgingen, immer wieder mobilisiert. Man teilte zwar die bewegliche Beute, schob jedoch die Schuld gewöhnlich den Scharen der herbeigelotsten verwegenen Räuber jenseits der Grenze zu. Auch die häufigen Streitigkeiten der Bistümer um Kompetenzen und irdische Güter ließ man nicht selten durch die bewaffneten Gefolgsleute der Grenzgrafen entscheiden. Die Chronisten, die Verfasser kirchlicher Annalen, wie Hinkmar von Reims* oder Regino von Prüm**, die mit ihren Schriften bereits gezielt Politik machten, verfälschten dann die meist nur vom Hörensagen bekannten Tatsachen aus den östlichen Grenzgebieten. Sie teilten dabei die Welt in zwei ungleiche Hälften auf: die der von den Heiden bedrängten Christen, die, vom starken Arm Gottes beschützt, die Guten waren, und die der beutegierigen und blutrünstigen Heiden, die, von der Hölle ausgespuckt, die Bösen waren.

Verfälschte Tatsachen

* Hinkmar, Erzbischof von Reims (806–882 n. Chr.), war in die politischen Kämpfe zwischen den Nachfolgern Karls des Großen verwickelt und stritt auch gegen die päpstliche Autorität. Seine Briefe und die von ihm fortgesetzten »Annales Bertiniani« (»Reichsannalen«) galten jahrhundertelang als die verläßlichsten Quellen für die Geschichte des Fränkischen Reiches. Hinkmar berichtete im Jahr 862 n. Chr. als erster über die herannahenden Ungarn.

** Regino, Abt des Klosters Prüm (850–915 n. Chr.), schrieb eine Chronik von Christi Geburt bis zum Jahr 906. Er hatte zahlreiche politische Gegner und mußte aus Prüm flüchten. Seine Schriften, von Adalbert, Erzbischof von Magdeburg, erweitert, wurden vor allem von Historikern des nationalistisch gesinnten 19. Jahrhunderts benützt.

Scheibenförmiger Beschlag mit dem Bild eines Falkners. Fund aus dem Gebiet des Großmährischen Reichs

Die einseitig tendenziöse Berichterstattung, in der damaligen, überaus komplizierten Lage der weltlichen und kirchlichen Macht durchaus begreiflich, wurde von den späteren Chronisten kritiklos übernommen und noch reichlich ausgeschmückt. Sie dominiert in der Schilderung der Anfänge Österreichs auch in der modernen Geschichtsschreibung bis zum heutigen Tag, wobei die inneren Schwierigkeiten der christlichen Gesellschaft verdrängt oder gar ignoriert werden. So verschweigt man zum Beispiel, daß die Jahrbücher von Kremsmünster nicht die Barbaren aus dem Osten für den Niedergang des reichen, blühenden Stiftes um das Jahr 900 n. Chr. verantwortlich machen, sondern die streitbaren Bischöfe von Passau, die auch die Mönche von St. Florian und St. Pölten so lange drangsalierten, bis sie ihre Unabhängigkeit und das unbeschränkte Nutzungsrecht ihrer Güter aufgeben mußten. Der Kampf der Grenzgrafen untereinander wird *Fehde* genannt, was einen mann- und ehrenhaften Handel von höherer Motivation bedeutet, denn es ging ja dabei um die Sicherung und Erweiterung des Familienbesitzes, um die Befreiung von lästigen Abgaben und Steuern oder um die Ausübung einer von höheren Stellen nicht mehr geprüften Gerichtsbarkeit. Im Gegensatz dazu nennt man die bewaffneten Unternehmen der Völker, die aus dem Osten kamen, auch wenn sie als Verbündete der Grenzgrafen oder der lokalen

Bischöfe gegen Mönche

Herrscher in Erscheinung traten oder bemüht waren, in ihrem neuen Siedlungsgebiet eine funktionsfähige staatliche Organisation aufzubauen (wie zum Beispiel die Slawen), *Raubzüge* oder *Einfälle*, mitunter auch *Barbarenstürme* (Slawensturm, Bulgarensturm, Ungarnsturm).

Zusammenbruch des Fränkischen Reiches

Das große, übernationale Reich der Franken brach nicht, genausowenig wie das alte Rom, unter den zum festen Bestandteil unseres Schulunterrichts gewordenen Schlägen der »Eindringlinge« aus dem Osten zusammen. Der Nachfolger Karls des Großen, Ludwig der Fromme, auch der Sanftmütige genannt, konnte sich gegen seine eigenen Söhne Lothar, Pippin, Ludwig den Deutschen und Karl den Kahlen nur unzulänglich wehren. Er mußte den riesigen Gesamtstaat, der nach der damaligen Auffassung als Familienbesitz des Herrschers galt, aufteilen. Doch die Söhne waren mit ihrem Anteil nicht zufrieden, sie wollten, jeder für sich, die Alleinherrschaft, das gesamte Reich zwischen der Ungarischen Tiefebene und dem Atlantischen Ozean. Sie führten Feldzüge gegeneinander, mit den damals üblichen Verwüstungen und Plünderungen, schlossen dann von Zeit zu Zeit einen Waffenstillstand und teilten das Erbe ihres genialen Großvaters aufs neue; am 10. August 843 n. Chr. in Verdun, am 9. August 870 n. Chr. in Mersen, in den heutigen Niederlanden, in der Nähe von Maastricht. Hier entstanden die Grundrisse des späteren Europa, die ersten politischen Grenzen der voneinander nun unabhängig gewordenen Länder Frankreich, Italien und Deutschland.

Das heutige Österreich, als Grenzland des ehemaligen Herzogtums Bayern, gehörte dem Herrschaftsgebiet König Ludwigs des Deutschen an. In Böhmen, Mähren und im späteren Westungarn entwickelte sich, zunächst noch unter Aufsicht der Franken und von ihnen abhängig, der erste überregionale slawische Staat* mit dem Zentrum Moosburg (heute Zalavár), unweit vom Westufer des Plattensees.

Slawische Mission

Im Jahr 822 n. Chr. nahmen Delegierte der *Moravani*, der »Männer vom Moravafluß«, am Reichstag von Frankfurt teil. König Ludwig der Deutsche erhob 846 n. Chr. den Slawenfürsten Rastislaw zum Herzog des Moravalandes. Doch bald kam es zwischen Lehnsherrn und Lehnsmann zu kriegerischen Handlungen. Die Slawen suchten sich von der Bevormundung durch die deutschsprachigen Franken zu befreien. Rastislaw erkannte dabei, daß er mit Waffen allein, mit Angriffen gegen das obere Donautal, keinen dauerhaften Erfolg erzielen konnte und ging auch auf ideologischem Gebiet zur Offensive über: er wollte den immer stärker werdenden Einfluß der Kirche, der fränkisch-deutschen Bistümer Passau und Salzburg, in seinen Ländern ausschalten, indem er dem Missionswerk der vom Westen gekommenen lateinischen Mönche etwas Gleichwertiges, aber Eigenständiges entgegensetzte. Er wandte sich an Byzanz und bat um die Entsendung slawisch sprechender Missionare. Der taktische Schachzug erwies sich als ein entscheidender historischer und kulturpolitischer Schritt. Im Jahr 864 n. Chr. kamen die Brüder Method und Konstantin (der sich später Cyrill nannte) aus Thessalonike nach Großmähren,

* Er wird von den Historikern nach dem gelehrten byzantinischen Kaiser Konstantin VII. Porphyrogenetos (905–959 n. Chr.), der in seinen Schriften über einen slawischen Staat »Großmähren« berichtet, das Großmährische Reich genannt.

führten dort die – der Überlieferung nach von ihnen entworfene – cyrillische Schrift und eine slawische Liturgie ein, übersetzten die Bibel ins Slawische und verfaßten die ersten slawischen Texte für die Verwaltung und für die Rechtsprechung.*

Mönche mit Handschrift. Karolingisches Fresko aus Mals, Südtirol

Großmähren

Nicht zuletzt durch die Schaffung einer vom Westen unabhängigen Kirche, durch den lebhaften Handel mit dem byzantinischen Südosten und durch das Geschick der slawischen Handwerker, deren überall gefragte Arbeiten einen hohen Tauschwert besaßen, wurde Großmähren unter dem Nachfolger des Fürsten Rastislaw, Swatopluk, den 855 n. Chr. auch Papst Hadrian III. als König der Slawen anerkannte, zu einem bedeutenden Machtfaktor in Mitteleuropa. Für das östliche, das deutschsprachige Frankenreich bereits zu bedeutend. Denn der Druck der Slawen im gemeinsamen Grenzgebiet verstärkte sich zunehmend; sie drangen bis zum Wienerwald, der damals noch Mons Comagena, Tullner Berg, hieß, vor und bedrohten Tulln (Comagena), die Hauptstadt der fränkisch-bairischen Donauprovinzen. Die Grenzgrafen, die der fränkischen Zentralgewalt gegenüber ihre zumindest beschränkte Handlungsfreiheit bewahren wollten, nahmen die militärische Hilfe König Ludwigs des Deutschen nicht gern in Anspruch; sie fürchteten eine ständige Besetzung ihrer Ländereien. So suchten sie nach brauchbaren, aber harmlosen Verbündeten und nahmen Kontakt mit den gegen Mitteleuropa vordringenden Ungarn auf, die bereits für Byzanz Kriegsdienste geleistet hatten. Doch die Un-

* Die Frage, ob das sogenannte Kirchenslawisch der Brüder Cyrill und Method die im 9. Jahrhundert in der Gegend von Thessalonike gesprochene altbulgarische Sprache oder ein aus dem Gebiet des heutigen Burgenland und Westungarn stammender pannonisch-slawischer Dialekt war, ist noch heute umstritten.

garn entpuppten sich als unverläßliche Bundesgenossen: sie schlossen kurzfristige Abkommen mit den Slawen, zogen ungehindert durch ihr Gebiet (das sie dabei genau in Augenschein nahmen) und brachen in das östliche Grenzland des fränkisch-bairischen Staates ein, um Beute zu machen. Laut den Salzburger Annalen (»Annales Juvavenses maximi«) prallten sie im Jahr 881 n. Chr. *»apud Weniam«*, das heißt bei Wien*, vor den Toren einer damals von römischen Ruinen übersäten, unbedeutenden Siedlung, einer kleinen Zwischenstation des grenzüberschreitenden Donauhandels, auf ein fränkisches Heer, das sie zurückschlug.

Die Ungarn

Über den Ursprung der Ungarn, die sich Magyaren, »Söhne der Erde«, nennen, rätselt man noch heute. Das Reitervolk, das als letzter Nachzügler der Völkerwanderung im Karpatenbecken erschien, stammt, der neuesten Forschung zufolge, vermutlich aus Tibet. Es zog, über tausend Jahre hindurch, zuerst in nördliche, dann in westliche Richtung. Längere Aufenthalte in Sibirien, im hohen Norden, an der Barentssee, am Weißen Meer, dann an den westlichen Hängen des Urals, am Asowschen Meer und in der Ebene zwischen den Flüssen Djnestr und Don konnten mit einiger Sicherheit nachgewiesen werden. Die Verwandtschaft mit den Hunnen jedoch, eine von den kirchlichen Chronisten des Abendlandes verbreitete Behauptung, die später auch die romantisch gefärbte ungarische Geschichtsschreibung übernahm, läßt sich durch keinerlei Beweise erhärten, genauso wie die Vermutung, es handle sich um einen semitischen Volksstamm, der ursprünglich im Zweistromland, in der Umgebung von Babylon, zu Hause gewesen wäre. (In der deutschnationalen Presse der österreichisch-ungarischen Monarchie in der zweiten Hälfte des 19. Jahrhunderts tauchte der abschätzige Begriff »Judeomagyaren« dennoch ziemlich häufig auf.)
Die Ungarn, bereits mit finnisch-ugrischen Völkergruppen und mit alttürkischen und tatarischen Elementen vermischt, lebten, kurz bevor sie nach Mitteleuropa eingewandert waren, tatsächlich mit den Chasaren, einem zum Judentum übergetretenen, politisch, wirtschaftlich und auch militärisch gut organisierten, kultivierten turkmenischen Volk zusammen, das Städte baute (Astrachan, Belaja Wesch) und bis nach Indien lebhaften

Ungarischer Säbel, 9. Jh.

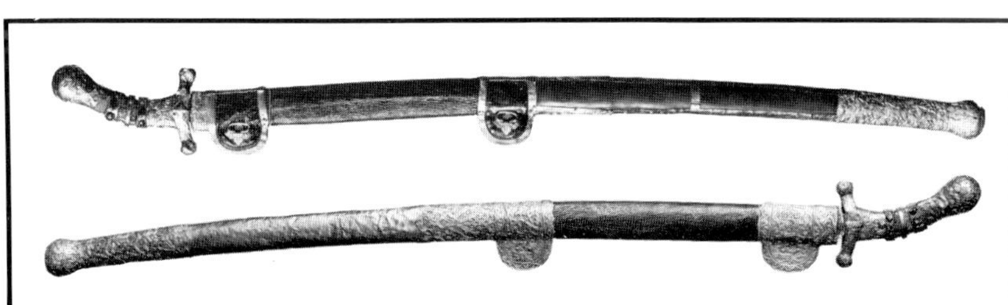

* Der Name der späteren Hauptstadt Österreichs wird hier, zwar in einer slawischen Form, zum ersten Mal erwähnt.

Handel trieb. Laut der – heute kaum noch verifizierbaren – Erzählungen ungarischer Chronisten hätte sich auch eine größere Schar von Chasaren den Ungarn angeschlossen, als diese um das Jahr 896 n. Chr. unter ihrem legendären Anführer Árpád in sieben Marschkolonnen in das Karpatenbecken eingedrungen waren.

Untergang des Slawenreiches

Die Magyaren, zunächst Verbündete der deutschsprachigen Franken und der Grenzgrafen im bayrisch-österreichischen Raum, zerstörten das slawische Reich Großmähren, das nach dem Tod des Königs Swatopluk im Jahr 894 n. Chr. in den erbitterten Machtkämpfen seiner Söhne in mehrere Teile zerfiel. 906 n. Chr., schon im Untergang begriffen, wandten sich die bis dahin feindlich gesinnten, als Ketzer gebrandmarkten Slawen an die Franken und an die Baiern um Hilfe. Der bairische Markgraf Luitpold marschierte, von den Bistümern Salzburg, Freising und Passau tatkräftig unterstützt, im Monat Juli des Jahres 907 n. Chr. nach Osten, um die von den Ungarn heimgesuchten, scheinbar herrschaftslos gewordenen slawischen Gebiete zu besetzen und durch die Vermehrung seiner Güter seine Machtposition der fränkisch-deutschen Zentralgewalt gegenüber weiter auszubauen. Doch das großangelegte Unternehmen endete schon in der Nähe von Preßburg, *ad Brezalauspurc*, mit einer Katastrophe. Die Ungarn überrannten das bairische Heer, Markgraf Luitpold, mehrere Grenzgrafen, Erzbischof Thietmar von Salzburg und der Bischof von Freising fanden den Tod. Die Magyaren rückten bis zur Enns-Linie vor, errichteten entlang der Donau Lagerstätten, die fortan als Operationsbasen für ihre Angriffe dienten, und versuchten bald, auch den westlichen Teil des bayrischen Landes zu erobern. Doch Markgraf Arnulf, dem Sohn Luitpolds, gelang es, die Vorstöße der Magyaren am unteren Inn und an der Isar wiederholt aufzufangen, da die den Kampf im flachen Land gewohnten Ungarn ihre Reitertaktik im gebirgigen Gelände nur bedingt anwenden konnten. Arnulf wurde populär, sein Ansehen stieg, und bald nannte er sich »Arnulf, von Gottes Gnaden Herzog von Bayern und der angrenzenden Länder«. Er regierte als souveräner Herrscher, verjagte Grenzgrafen, setzte Bischöfe ein, konfiszierte Kirchengüter und schenkte seinen Parteigängern Land, geriet aber, wie einst Herzog Tassilo III., mit dem fränkisch-deutschen Königshof und mit den Kirchenfürsten der bairischen Diözesen in Konflikt. Als die Dynastie der Karolinger* im Jahr 911 n. Chr. mit Ludwig dem Kind ausstarb, ging das Gebiet des heutigen Österreich in den Besitz des ersten, vom Adel und von der hohen Geistlichkeit am Reichstag von Forchheim (8. November 911 n. Chr.) gewählten deutschen Königs Konrad, Sohn eines fränkischen Grafen, über. Der oft mit Waffen ausgetragene Streit um die Anerkennung der königlichen, der zentralen Gewalt flammte, wie zur Zeit des Frankenkönigs Karls des Großen, wieder auf. Herzog Arnulf, ein selbstbewußter, machthungriger Politiker mit ebensoviel Feingefühl für verworrene Intrigen im kirchlichen und höfischen Bereich wie auch für die Planung und Durchführung er-

Herzog Arnulf

* Fränkische Dynastie, nach Karl dem Großen benannt, die zwischen 751 und 911 n. Chr. die führende politische Rolle in Europa spielte. Man spricht heute von der Karolingerzeit, von der karolingischen Kunst und von den im Osten und Südosten Österreichs, in Kroatien, Westungarn und Friaul von Karl dem Großen errichteten karolingischen Marken (Grenzprovinzen).

folgreicher militärischer Aktionen, verteidigte sich zäh und flexibel: er nahm Verbindung zu den Feinden von gestern, zu den Ungarn, auf, ließ sie ungehindert gegen die königlichen Siedlungen im deutschen Territorium anrennen, versorgte sie sogar mit Informationen und mit Nachschubgütern. Als seine Lage im Jahr 916 bereits völlig hoffnungslos schien, floh er zu ihnen und fand, da er sich als ihr nützlicher Verbündeter erwiesen hatte, freundliche Aufnahme.

Zwei Jahre später, im Dezember 918 n. Chr., starb der deutsche König Konrad. Arnulf kehrte mit Hilfe ungarischer Reiterscharen in seine Residenzstadt Regensburg zurück. Die Unterstützung durch die Magyaren, die zu einer in ganz Europa gefürchteten militärischen Kraft geworden waren, sicherte ihm dem deutschen Hof gegenüber seine nun fast völlig unabhängige Stellung. Am 14. April 919 n. Chr. wurde auf dem Reichstag von Fritzlar ein sächsischer Herzog, Heinrich, zum deutschen König gewählt. Nach einem Treffen mit Arnulf war er bereit, den Status quo, die tatsächlichen Machtverhältnisse, das heißt die politische Unabhängigkeit des bayrischen Herzogtums anzuerkennen. Arnulf ließ Münzen prägen, Urkunden ausfertigen und sie nach den Jahren seiner Herrschaft datieren, er setzte weiterhin Bischöfe ein und galt, obwohl dies das Recht des deutschen Königs gewesen wäre, als der oberste militärische Befehlshaber und höchste Richter des bayrischen Landes.

König Heinrich I.

König Heinrich I. (876–936 n. Chr.), mehr ein besonnener Staatsmann als eine vom Mythos des persönlichen Ruhms und von der fast krankhaften Sucht nach Besitz geprägte frühmittelalterliche Herrschergestalt, setzte sich begrenzte realpolitische Ziele, die er teils durch klug berechnete Kompromißbereitschaft, teils durch den wohlüberlegten, aber auch recht harten Einsatz von geeigneten Mitteln und Kräften stets erreichen konnte. Er ging umsichtig daran, aus den Resten des östlichen Frankenreichs der Karolinger ein einheitliches Deutschland zu schaffen. Im Jahr 924 n. Chr. erkaufte er gegen eine regelmäßige Tributzahlung von den in Mitteleuropa bereits übermächtig gewordenen Ungarn einen neunjährigen Waffenstillstand. Er nützte die Zeit optimal, ordnete eine frühe Form der allgemeinen Wehrpflicht an, ließ Burgen bauen und offene Städte befestigen, studierte die erfolgreiche Kampftaktik der ungarischen Reiter und führte eine höchst bedeutsame Armeereform durch, indem er eine nach ungarischem Muster ausgebildete Kavallerie aufstellte, die als erste im westlichen Europa mit Steigbügeln ausgerüstet in die Schlacht ritt.

Geheimnis Steigbügel

Der Steigbügel, ein scheinbar unbedeutender Bestandteil des asiatischen Pferdegeschirrs, von den meisten Kundschaftern, Chronisten und Feldherren des Abendlandes jahrhundertelang kaum beachtet, war das technische Geheimnis, das den berittenen Nomadenvölkern ihre verheerende militärische Durchschlagskraft verlieh. Die Römer hatten den Steigbügel nicht gekannt, und auch die Krieger der Karolingerzeit saßen noch nach altrömischer Art, mit herabhängenden Beinen, steif und unbeholfen auf dem Pferd. Die Ungarn hingegen konnten sich mit Hilfe des Steigbügels im Sattel mühelos aufrichten, sich umdrehen und auch noch im halsbrecherischen Galopp abstützen, was die blitzschnelle Wendigkeit ihrer in Hundertschaften formierten Abteilungen und die vielfach überlegene Treffsicherheit ihrer Waffen erklärt.

Belagerung einer Burg. Karolingische Miniatur, 2. Hälfte des 9. Jh.

Entscheidung an der Unstrut

Daß König Heinrich I. die Bedeutung des Steigbügels erkannte, führte schließlich zu einer markanten Wende in den für die Entwicklung im mitteleuropäischen, so auch im österreichischen Raum entscheidenden Ost-West-Beziehungen. Im Jahr 933 n. Chr., nach dem Ablauf der neunjährigen Waffenruhe, beharrten die allzu selbstsicher gewordenen Ungarn auf einer Verlängerung des Abkommens und forderten eine weitere Tributzahlung. König Heinrich I. lehnte ab. Der Krieg brach aus. Die Ungarn drangen gegen die engere Heimat des Königs, gegen Sachsen, vor, wurden aber von der neuen deutschen Reiterei am Fluß Unstrut südwestlich von Merseburg schwer geschlagen. Ungarische Quellen geben die Verluste der Magyaren mit 30 000 Mann an, was bei der damaligen Bevölkerungszahl ihres pannonischen Siedlungsgebietes von etwa 200 000 Seelen die fast völlige Vernichtung des gesamten Heeres bedeuten mußte. Doch König Heinrich I. beschäftigte keinen beflissenen Hofschreiber, der seinen Erfolg als einen epochemachenden Sieg gepriesen hätte. Und so ging durch den sehr plastisch geschriebenen, aber eindeutig übertriebenen Bericht des Augsburger Domprobstes Gerhard die Schlacht auf dem Lechfeld (10. August 955 n. Chr.) in das historische Bewußtsein der europäischen Völker als jene Schlacht ein, in der das Abendland von der Ungarn-Gefahr für alle Zeiten befreit wurde, obwohl die Magyaren nach der auch in psychologischer Hinsicht folgenschweren Niederlage an der Unstrut kein einheitlich geführtes schlagkräftiges militärisches Machtinstrument mehr besaßen. Sie waren, weil man ihre eigene Taktik mit vollem Erfolg gegen sie angewandt hatte, verunsichert und, was noch mehr ins Gewicht fiel, sie waren entzweit; denn mancher ihrer Stammesfürsten plädierte bereits für eine langfristige Verständigung mit den Christen und für die Vorzüge einer seßhaften Lebensweise. Nur zwei Anführer, Lehel und Bultschu, setzten mit kleineren Verbänden die berüchtigten Beutezüge fort (von den ungarischen Chronisten schlicht und einfach »Abenteurerfahrten« genannt), sie ließen sich weiterhin als eine Art fliegende Gladiatorentruppe für die Machtkämpfe der europäischen Herrscherhäuser und Herzogtümer anwerben. So ritten sie einmal gegen, dann für den italienischen König Berengar I. um den Besitz der Lombardei in die Schlacht und stritten für und gegen die Interessen von Byzanz; sie drangen im Süden bis zu der umbrischen Stadt Foligno und im Westen bis nach Paris vor.

»Abenteurerfahrten«

Thronender Christus. Elfenbeinrelief, 2. Hälfte des 10. Jh. Links: Otto I.

König Heinrich I. starb am 2. Juli 936 n. Chr., sein Sohn Otto, damals vierundzwanzig Jahre alt, wurde am 8. August desselben Jahres in Aachen zum deutschen König gewählt und gekrönt. Der Ort des feierlichen Staatsaktes, die geheiligte Stadt des zum römischen Kaiser erhobenen Frankenkönigs Karls des Großen, deutete bewußt auf eine politische Symbolik hin. Otto I. griff die Idee eines übernationalen, auf der Tradition des alten Rom errichteten deutsch-europäischen Reiches wieder auf. Die Durchsetzung einer in allen Teilen des vielsprachigen Staatsgefüges ungeschmälert geltenden Regierungsgewalt stieß jedoch mit der Zeit in fast allen Randgebieten des Reiches auf gut organisierten Widerstand, dessen Zentrum nach und nach Regensburg, die Residenzstadt des Herzogtums Bayern, wurde. Die Söhne des am 14. Juli 937 n. Chr. verstorbenen Herzogs Arnulf, Eberhard und Arnulf, bestanden auch Otto I. gegenüber auf der von König Heinrich I. großzügig gewährten Unabhängigkeit ihrer Länder. Sie traten mit Liudolf in Verbindung, einem Sohn Ottos I., der seinen Vater stürzen wollte und sich mit seinem ebenfalls unzufriedenen Schwager, Konrad dem Roten aus Lothringen, zusammentat. Die Kirchenfürsten von Salzburg und Aquileia konspirierten eifrig mit. Zeitweilig waren auch der jüngere Bruder des Königs, Heinrich, der italienische König Berengar II., der Fürst von Böhmen, Boleslaw I., und Herzog Mieszko I. von Polen in das weitverzweigte, mitunter recht chaotische Komplott verwickelt, in dem auch die Fronten oft wechselten. So gingen Konrad der Rote, der die Baiern ermuntert und die Ungarn, mit ortskundigen Führern versehen, ins westliche Hinterland des Deutschen Reiches gelotst hatte, dann Boleslaw I. von Böhmen und schließlich auch der Polenherzog Mieszko I. in das Lager des anscheinend unbesiegbaren Otto I. über; Heinrich, der jüngere Bruder des Königs, bat nach einem Mordanschlag auf den Herrscher um Verzeihung; der italienische König Berengar II. huldigte Otto I., dann zog er gegen ihn in den Krieg, wurde geschlagen und nach Bamberg ins Exil geschickt.

Widerstand gegen König Otto I.

Schlacht auf dem Lechfeld

Im Frühjahr 955 n. Chr. stürmten die deutschen Reichstruppen Regensburg. Das Schicksal des bayrischen Herzogs Eberhard war schon früher ungewiß: sein Bruder Arnulf floh zu den Slawen nach Kärnten, einer anderen Version zufolge soll er im Kampf um Regensburg sein Leben verloren haben. Die ungarischen Hilfskontingente von Lehel und Bultschu kamen zu spät, vereinigten sich aber mit den Resten der bayrischen Streitkräfte unter Perchtold, einem dritten Sohn des verstorbenen Herzogs Arnulf, und belagerten Augsburg. Bischof Ulrich leistete ihnen so lange erfolgreich Widerstand, bis das Heer Ottos I. eintraf. Der Bischof saß, so berichtet sein huldvoller Biograph Domprobst Gerhard, der die Geschichte der Schlacht erst fünfundzwanzig Jahre später niederschrieb, »während des Kampfes auf seinem Rosse, mit der Stola angetan, aber weder durch Schild noch durch Helm und Panzer geschützt, und blieb unverletzt von allenthalben um ihn schwirrenden Pfeilen und Steinen«. Die Ungarn, die »in solchen Mengen kamen, wie es kein Lebender früher irgendwo gesehen hatte«*, wagten es nicht, »von Gott erschreckt«, sich

* Das »Abenteurerfahrer-Korps« von Lehel und Bultschu bestand höchstens aus 25 000 bis 30 000 Mann.

den Mauern zu nähern, welche zwar »nur ganz niedrig und ohne Türme waren«; ihre eigenen Leute mußten sie mit Geißeln antreiben. Gegen Abend brachen sie die Kampfhandlungen ab und kehrten in ihr Lager zurück.

Am nächsten Tag erschien auf dem flachen, etwa siebenunddreißig Kilometer langen und zwanzig Kilometer breiten unwirtlichen Gelände des Lechfelds westlich von Augsburg die Streitmacht des »glorreichen Königs Otto«, mit Truppen Konrads des Roten und Boleslaws I. von Böhmen verstärkt. Nach stundenlangem Kampf brachte die sowohl taktisch als auch zahlenmäßig überlegene deutsche Reiterei die Entscheidung, schlug jedoch die Ungarn keineswegs, so wie am 15. März 933 an der Unstrut, vernichtend, denn selbst Domprobst Gerhard berichtet von einem geordneten Rückzug des Feindes: »Obwohl eine unglaublich große Zahl von den Ungarn niedergemacht worden war, blieb ihr Heer noch so zahlreich, daß diejenigen, die von den Schanzen der Stadt Augsburg aus sie herankommen sahen, glaubten, sie kämen ganz und gar nicht von einem Kampf mitgenommen wieder zurück, bis man sah, daß sie an der Stadt vorbeizogen und eiligst das jenseitige Ufer des Lech-Flusses wieder zu erreichen suchten.«

Immerhin wurden die zwei Anführer des ungarischen »Abenteurerfahrer-Korps«, Lehel und Bultschu, in der Schlacht gefangengenommen und nach einem eingehenden Verhör in Regensburg, dem einstigen Zentrum des bayrischen Widerstandes, gehenkt. Was zweifellos darauf hindeutet, daß König Otto nicht zwei glücklose Heerführer, die man nach dem Gewohnheitsrecht der Zeit kaum dem Henker überantwortet hätte, sondern zwei aktive Teilnehmer einer gegen ihn gerichteten gefährlichen Verschwörung exemplarisch bestrafen ließ.

Das neue Bayern

In Regensburg zog ein neuer Herzog ein, Heinrich, ein verläßlicher Sachse, Stiefbruder des Königs, dem Otto I. bereits im Jahr 949 n. Chr. das mit Kärnten, Tirol, Friaul, Istrien, Verona und Trient beträchtlich erweiterte Herzogtum Bayern verlieh, obwohl sich das Gebiet damals teilweise noch in der Hand der Aufständischen befand. Der treue Anhänger des deutschen Königs starb jedoch schon am 1. November 955 n. Chr. König Otto I. entschloß sich daraufhin zu einem ungewöhnlichen Schritt: er übertrug die Herzogswürde einem Kind, dem erst vierjährigen Sohn des verstorbenen Herzogs (dem späteren Heinrich den Zänker), in dessen Namen – das erste Mal in der Geschichte des österreichischen Kernlandes – eine Frau, die zum Vormund des Kindes ernannte Mutter, Judith, die bayrischen Länder regieren sollte. Doch das war eine recht durchsichtige, formelle Lösung, denn die tatsächliche Regierungsgewalt wurde von nun an in Regensburg ebenso wie in Verona und Trient vom deutschen König selbst ausgeübt.

Sechs Jahre nach dem Sieg auf dem Lechfeld ergab sich auch der aufsässige Italiener Berengar II. in der Burg San Leo in der Nähe von Rimini den Belagerern aus dem Norden. Im gesamten Deutschen Reich und in allen seinen gewaltsam angeschlossenen Grenzgebieten waren das Recht und die Ordnung im Sinn des schier allmächtig gewordenen Königs gesichert. Am 2. Februar 962 n. Chr. ließ sich Otto I. in Rom von dem amtierenden Papst, dem erst fünfundzwanzigjährigen Johannes XII., den er bald eigenmächtig absetzen sollte, zum römischen Kaiser krönen. Er schuf damit die symbolische Grundlage eines sonderbaren staatspolitischen und völkerrechtlichen Gebildes, das man zunächst Imperium Romanum, dann Sacrum Imperium, später Sacrum Imperium Romanum, das Heilige Römische Reich, seit 1512 gelegentlich auch das Heilige Römische Reich Deutscher Nation nannte.

Heiliges Römisches Reich

Ursprünglich war es eine zum universalen Machtanspruch erhobene mythisch-religiöse Idee von einer großen europäischen Gemeinschaft der christlichen Völker unter der absoluten Herrschaft eines deutschen Imperators, der seine Rechte teils unmittelbar von Christus, teils von dem zusammengebrochenen altrömischen Reich abgeleitet haben wollte. Es war und blieb eine Fiktion, auf einer brüchigen geopolitischen Realität errichtet, die jedoch mit der Zeit militärische, verwaltungstechnische und juridische Organisationen und Kompetenzen entwickelt hatte, die wiederum nur äußerst selten wirkungsvoll in Erscheinung traten. Das Heilige Römische Reich wurde nach und nach zu einem Deutschen Reich, beziehungsweise zu dem unzulänglichen Dauerversuch, auf deutschem Boden ein zentral regiertes Deutsches Reich zu errichten. Der anfänglichen aggressiv-imperialistischen Periode mit dem Drang nach dem Osten und nach dem Süden folgten Jahrhunderte des partikularen Machtkampfes, des langsamen Zerfalls, des Versinkens in die korrupte und selbstsüchtige Welt der deutschen Kleinstaaterei. Von dem päpstlichen Rom und von den nichtdeutschsprachigen Europäern mißtrauisch beobachtet (und auch leidenschaftlich bekämpft), stiftete dieses merkwürdige Phänomen von einem halb realen, halb irrealen Kaisertum viel Verwirrung und Unheil, bis es, schon völlig sinn- und inhaltslos geworden, Anfang des 19. Jahrhunderts von der politischen Landkarte Europas endgültig verschwand.

Die Kaiserkrone des Heiligen Römischen Reiches. 2. Hälfte des 10. Jh.

Die Gegend Ostarrîchi

Aufstieg an der Donau

Am 7. Mai 973 n. Chr. starb im Dorf Memleben an der Unstrut im Alter von sechzig Jahren Otto I. der Große, deutscher König und römischer Kaiser. Sein Sohn Otto II., der Rote genannt, ein schmächtiger Jüngling von kleinem Wuchs, bereits als Kind zum König und zum Kaiser gekrönt, übernahm, erst achtzehn Jahre alt, die Regierungsgewalt, mußte sich zunächst aber gegen seinen Vetter, den Bayernherzog Heinrich den Zänker, der die Macht des jungen, aber hochgebildeten und feinfühligen Herrschers streitig machen wollte, behaupten. Dabei wurde Otto II., freilich unbewußt, zum Ahnherrn des späteren Österreich. Denn der Markgraf des östlichen Grenzgebietes von Bayern, das wiederum ein Teil des Deutschen Reiches war, Burkhard, der unweit der damaligen Grenzlinie, in Pöchlarn, etwa sechs Kilometer westlich von Melk, residierte, schloß sich dem mißglückten Aufstand Heinrichs des Zänkers an und verlor sein Amt und seine Güter. Im Frühjahr 976 n. Chr. übergab der damals einundzwanzigjährige Kaiser und König Otto II. den spärlich besiedelten Landstrich, den man in den offiziellen Urkunden immer noch »Awarenland«, »Orientalische Mark« oder einfach »Östliche Gegend« (nicht aber, wie erst ab dem 19. Jahrhundert, »Ostmark«) genannt hatte, einem an seinem Hof anscheinend bereits als fähigen und treuen Anhänger geführten Grafen Liutpold. Damit begann die eigentliche Geschichte Österreichs.

Am Anfang eine Namensfälschung

Sie begann mit manchen dunklen Stellen, die man heute kaum mehr aufhellen kann, mit verschwommenen Legenden und mit einer nachträglichen, fromm-patriotischen Ahnen- und Namensfälschung. Markgraf Liutpold, der erste Babenberger, eine nachweisbar historische Gestalt, der als Marchio Liutpoldus am 21. Juli 976 n. Chr. urkundlich erwähnt wurde, war weder der Abstammung noch dem Namen nach »Babenberger«. Das Geschlecht, das Österreich in zäher politischer und wirtschaftlicher Kleinarbeit geschaffen und das entlegene Grenzland in einer Zeit von rund zweihundertsiebzig Jahren in das Vorstadium einer mitteleuropäischen Großmacht emporgehoben hatte, nannte sich niemals Babenberger. Die eher unbedeutende Grafenfamilie hatte ihren ursprünglichen Sitz auch nicht auf der Burg Babenberch am Festungshügel von Bamberg, sondern höchstwahrscheinlich in der Umgebung von Fulda, zwischen dem Spessart und dem Thüringer Wald. Der Stammvater hieß Poppo von Grabfeld. Ein denkbar unglücklicher Name für patriotisch-nationale Begeiste-

Kaiser Otto II. bei der Investitur. Bronzetür, 1. Hälfte des 12. Jh.

Die Popponen

rung, vor allem aber für den Schulunterricht. Die Nachfahren des Poppo, die erst viel später zu Babenberger umgetauften Popponen, lebten auch nicht in Bamberg, sondern in Schwaben. Ihre gemeinsamen Eigenschaften, die auch ihren Regierungsstil entscheidend mitgeprägt hatten, wie Fleiß und Kompromißbereitschaft, die gewinnträchtige Toleranz Fremden gegenüber, ihre Sparsamkeit und ihre hochgradige Begabung für Wirtschafts- und Finanzfragen, eine niemals in Fanatismus entartende Frömmigkeit, ein nüchterner Familiensinn und schließlich eine lässige Humanität – der Henker in Österreich hatte viel weniger Arbeit als seine Berufsgenossen in den umliegenden Ländern –, deuten auf starke schwäbische Einflüsse hin.

Stammbaum und Namen der Babenberger erfand der Bischof Otto von Freising*, wohl der erste bewußte deutschnationale Geschichtsschreiber, dessen Berichte die späteren Historiker als hervorragende und höchst verläßliche Quellen, die sie zum Teil auch sind, immer wieder ehrfürchtig benützten.

* Otto von Freising (1114–1158), selbst ein Poppone, Sohn des Babenberger Markgrafen Leopold IV., gilt als der größte deutschsprachige Historiker des Mittelalters. Bereits als Vierzehnjähriger wurde er zum Probst des Stiftes Klosterneuburg ernannt. Er studierte in Paris und übernahm als Abt die Leitung des für die damalige Zeit recht fortschrittlichen und reformfreudigen Zisterzienserklosters Morimund in Frankreich. Im Jahr 1137 wurde er Bischof von Freising in Bayern. Die Umbenennung der Popponen geht auf eine relativ kurze Bemerkung im VI. Buch seiner »Chronica« zurück, die spätere österreichische Quellen erst ab dem 14. Jahrhundert verdeutlicht und ausgeschmückt hatten. Auch die klingenden Beinamen der Babenberger, wie Liutpold (Leopold) der Erlauchte, Ernst der Tapfere, Leopold der Glorreiche, Friedrich der Streitbare usw. sind nicht echt, das heißt, sie stammen nicht aus der Zeit der »Babenberger« genannten Markgrafen und Herzöge von Österreich, sondern aus einer späteren Periode; sie erscheinen das erste Mal, vom Verfasser wahrscheinlich selbst ersonnen, in einem Werk des Wiener Domherrn Ladislaus Sunthaym, einer 1491 in Basel gedruckten Auftragsarbeit des Stiftes Klosterneuburg anläßlich der Heiligsprechung des Markgrafen Leopold III.: »Die löblichen Fürsten und des Landes Österreich Altherkommen und Regierung.«

Der nachweisbar erdachte Name für das Geschlecht der ersten österreichischen Markgrafen und späteren Herzöge, der im 19. und im 20. Jahrhundert oft als unumstößlicher Beweis für ein lupenreines und markiges Deutschtum der Österreicher herhalten mußte, wurde etwa ab der Mitte des 16. Jahrhunderts zu einem volkstümlichen historischen Begriff, dann zum Allgemeingut des Schulunterrichts und hat sich mit der Zeit auch in der einschlägigen Fachliteratur beinahe vorbehaltlos eingebürgert. Er wird, da es sich um eine im Grunde harmlose Fälschung handelt, die bloß dekorativen Charakter hat, auch fortan legitim und problemlos verwendet.

Der Name Österreich

Der Name Österreich hingegen erscheint das erste Mal, historisch einwandfrei belegt, wenn auch nicht eindeutig klar zu interpretieren, am 1. November 996 n. Chr. in einer Urkunde des deutschen Königs und römischen Kaisers Otto III., Sohn des im Winter des Jahres 983 n. Chr. in Rom verstorbenen Otto II., des Roten.

Kaiser Otto III. Miniatur, 998 n. Chr.

Otto III., der somit als amtlicher Taufpate Österreichs angesehen werden kann, war eine seltsame Figur, ein junger Eiferer und Asket, von seinen Zeitgenossen *Mirabilia mundi*, das »Wunder der Welt« genannt, der die Ewige Stadt Rom zum Mittelpunkt eines auf die Erde projizierten himmlischen deutschen Reiches machen wollte, jedoch, von den Römern erbittert bekämpft, schon mit zweiundzwanzig Jahren auf der Flucht in der Nähe von Viterbo starb. Er war sechzehn Jahre alt, als er dem Hochstift Freising ein königliches Gut, Neuhofen an der Ybbs, schenkte. Die Schenkungsurkunde beschreibt die geographische Lage Neuhofens mit den Worten*, es liege »in einer Gegend, die in der Volkssprache

Die Gegend Ostarrîchi

Ostarrîchi genannt wird, in der Mark und Grafschaft des Grafen Heinrich, des Sohnes des Markgrafen Liutpold«. Wobei über den Umfang und über die Grenzen der »Gegend«, die im Volksmund Ostarrîchi – Österreich – hieß, keine näheren Angaben gemacht wurden. Der Hinweis auf das Gebiet des Markgrafen Heinrich, der den Landstrich zwischen dem Fluß Traun und dem westlichen Wienerwald verwaltet hatte, läßt jedoch die Vermutung als eine mehr oder minder auch bewiesene Tatsache gelten, daß das österreichische Kernland damals schon seit längerer Zeit zumindest von seinen Bewohnern *Österreich* genannt wurde. Die lateinische Bezeichnung *Austria* schließlich, die in fast allen Weltsprachen als Name des Reiches (und dessen Nachfolgerin, der Republik) Eingang gefunden hat, scheint auch bald, kaum fünfzig Jahre später, in einem für das Stift Klosterneuburg 1147 ausgestellten Diplom des deutschen Königs Konrad III. als offizielle Benennung des Landes auf. Sie bedeutet schlicht und einfach »das Östliche«.

Schwerpunkt Italien

Dieses östliche Grenzland war zunächst ein eher ruhiger Nebenschauplatz der aggressiv-expansiven deutschen Reichspolitik, deren Schwerpunkt sich immer wieder nach Italien verlagert hat. Von der verführerischen Sonne und von dem farbenprächtigen Reichtum der einstigen Mitte des imperialen Rom angezogen, vom Traum einer im heiligen Boden Italiens verwurzelten Tradition der Weltherrschaft geblendet, drangen die deutschen Könige wiederholt nach Süden, nach der Stadt Rom, nach Mailand, Ravenna und bis hinunter nach Apulien und Sizilien vor. Sie kehrten oft nicht mehr lebend zurück, sondern als Tote, als Skelette, von denen man das erlauchte Fleisch mittels eines Spezialverfahrens an Ort und Stelle abgekocht hatte, um die irdischen Überreste der verblichenen Größen für den langen Transport haltbar zu machen.

Die Aufrechterhaltung einer zweiten, einer nordöstlichen Front, der hartnäckige Versuch, auch Böhmen, Mähren und Polen dem Deutschen Reich anzugliedern, kostete ebenfalls viel Mühe, Aufwand und Menschenleben, führte aber schließlich nur zu einem zeitlich begrenzten Teilerfolg; die besiegten Slawenfürsten waren zwar fallweise bereit, die Oberhoheit der deutschen Könige feierlich anzuerkennen, dachten aber oft schon an den nächsten Aufstand. Mit der fortschreitenden Konsolidierung der inneren Verhältnisse in ihren Ländern, zu der auch deutsche Siedler und Männer der Kirche zweifellos Bleibendes beitrugen, kristallisierte sich

* Der lateinische Originaltext lautet: »...in regione vulgari vocabulo Ostarrîchi in marcha et comitatu Henrici comitis filii Liutpaldi marchionis in loco Niuuanhova dicto.«

dann in einem langwierigen, Jahrhunderte andauernden Prozeß ihre nationale, kulturelle und staatliche Eigenständigkeit endgültig heraus.
Ungarn gegenüber verfolgte das Deutsche Reich anfangs eine defensive Politik, die, von den österreichischen Markgrafen in die alltägliche Praxis umgesetzt, aus einer Mischung von wachsamer Neutralität, vorsichtiger Aufklärung und spärlicher Kontaktsuche bestand. Die Babenberger saßen auf dem siebenundfünfzig Meter hohen Granitfelsen von Melk in ihrem befestigten Haus, das sie dann im Jahr 1089 als Kloster den Benediktinern überließen; sie sorgten für den reibungslosen Eingang ihrer schon bedeutend angestiegenen Einkünfte, leiteten die Rodungsarbeiten in den noch herrenlosen Wäldern südlich und östlich von Tulln und an einigen Punkten nördlich der Donau (Ottenschlag, Kreuzenstein, Zwettl), legten neue Siedlungen an, sprachen Recht und schickten kleinere Kampftruppen in die Grenzdörfer, um Leben, Hab und Gut der Bewohner vor den nicht allzu zahlreichen ungarischen Reitern, die nur noch selten auftauchten, zu schützen.

Beziehungen zu Ungarn

Am östlichen Wienerwald legten die Ungarn eine bis weit über die Sumpfgebiete hinter dem Neusiedler See reichende Grenzsperre an, ein absichtlich verwüstetes Niemandsland, das zählebige Produkt uralten asiatischen Mißtrauens. Wien, das im Bereich der ungarischen Grenzwache, am westlichen Rand dieses primitiven, aber wirksamen Abwehrsystems lag, war dennoch bewohnt; es diente als bescheidener Umschlagplatz eines lokalen Handels und auch als Ort der von Zeit zu Zeit notwendig gewordenen Begegnung zwischen den Unterhändlern beider Seiten. Die Ungarn interessierten sich immer mehr für die in ihren Augen besonders wertvoll, praktisch oder bequem erscheinenden Gegenstände und Einrichtungen ihrer christlichen Nachbarn und begannen sie von den Edelleuten und Priestern, von den Handwerkern und Bauern der österreichischen Grenzmark zu übernehmen.

Fürst Géza

Der einmal angeknüpfte, wenn auch nicht gerade überschwenglich freundliche, im wesentlichen aber friedliche Kontakt mit dem Westen, in erster Linie mit der österreichischen Grenzmark und mit dem Herzogtum Bayern, führte in verhältnismäßig kurzer Zeit zu tiefgreifenden, dramatischen Veränderungen in der althergebrachten Lebensweise und Gesellschaftsordnung der noch heidnischen Ungarn. Der Magyarenfürst Géza ließ sich und seine Familie gemeinsam mit hohen Würdenträgern seines Hofes im Jahr 994 n. Chr. in seiner Residenzstadt Esztergom (Gran) an der Donau öffentlich taufen. Sein Sohn Stephan (970–1038), der bald nach seinem Tod heiliggesprochene erste König Ungarns, heiratete die Tochter des Bayernherzogs Heinrich des Zänkers, Gisela, verbot die »Abenteurerfahrten« unter Androhung der Todesstrafe und räumte den in das Land gerufenen Fremden – Rittern, Geistlichen, Handwerkern, Bauern, aber auch jüdischen und armenischen Kaufleuten – ein überaus großzügiges Gastrecht ein. Der Widerstand gegen die neue Religion und gegen die neuen Sitten nahm jedoch, vor allem östlich der Theiß, in den Steppenregionen des Landes und in den Tälern Siebenbürgens, bedeutend zu. Während der mit rücksichtsloser Härte geführten Christianisierung stand die bis dahin recht expansive ungarische Außenpolitik so gut wie still. Die Markgrafen von Österreich hatten die günstige Lage geschickt genützt, sie trieben ihr Siedlungswerk, die Kultivierung des zum Teil noch unter schwacher ungarischer Kontrolle stehenden »wilden Ostens« in der unmittelbaren Umgebung von Wien, im Wiener Becken und im südöstlichen Wienerwald, in der Gegend von Mödling, mit friedlichen Mitteln erfolgreich voran.

Gefälschte Urkunden

In den Jahren 984 und 985 n. Chr. kam es auf österreichischem Boden erneut zu schweren Zusammenstößen mit herumstreifenden ungarischen Reiterscharen, zu Zerstörung und Verlusten. Die Berichte darüber, vom Bischof Pilgrim von Passau verfaßt, geben ein zwar bewegtes, aber einseitig entstelltes Bild einer großen Katastrophe wieder, und dies mit gutem Grund: der Bischof, ein beinharter Förderer der politischen und wirtschaftlichen Macht seiner Diözese, wollte dadurch ein Notstandsgesetz für seine im Osten der österreichischen Grenzmark heimgesuchten Güter, die Befreiung von Abgaben und Zwangsverpflichtungen (wie Militär- und Arbeitsdienst) und die Beschränkung der mit den kirchlichen Besitztümern zusammenhängenden Rechte der Markgrafen erwirken, was ihm auch gelang. Er ließ bereits vor dem »Ungarnsturm« Urkunden fälschen, schriftliche Überlieferungen, die bezeugen sollten, daß die Rechte und Güter der Diözese Passau, die von der Diözese Salzburg immer wieder streitig gemacht worden waren, auf ein »Erzbistum Lauriacum« des heiligen Severin zurückgingen. Seine Methode machte Schule, die Urkundenfälschung in den österreichischen Klöstern griff munter um sich, doch das kunstvoll hergestellte »Beweismaterial« diente später vornehmlich dazu, die Ansprüche der allzu mächtig gewordenen Diözese Passau abzuweisen oder die regionalen Rechte der Kirche gegen die weltlichen Herren zu verteidigen. Die Flut der gefälschten Diplome, Schenkungsurkunden und Privilegien macht die restlose Aufklärung mancher historischer Tatsachen zwar problematisch, läßt aber die versöhnliche Schlußfolgerung zu, daß man im Österreich des frühen Mittelalters dem geschriebenen Wort große Achtung erwies und den unermüdlichen Kampf um Reichtum und Einfluß statt mit nackter Gewalt bereits mittels verfeinerter Winkelzüge geführt hat.

Tod in Würzburg

Am 10. Juli 994 n. Chr. starb der erste österreichische Markgraf, Liutpold, in Würzburg, mitten im Deutschen Reich, wo er an einem kirchlichen Fest zu Ehren des heiligen Kilian teilnahm. Der Chronik des Bischofs Thietmar von Merseburg zufolge wurde er das Opfer eines unachtsamen Meuchelmörders: der seinem Vetter, Heinrich von Schweinfurt, zugedachte tödliche Pfeil traf den hohen Gast aus dem österreichischen Grenzland. Liutpold wurde am nächsten Tag in Würzburg begraben und nicht, wie oft irrtümlich berichtet wird, in Melk. Sein Sohn Heinrich übernahm die Regierungsgewalt »in der Gegend, die in der Sprache des Volkes Ostarrîchi« hieß, obwohl die Würde eines Markgrafen damals nach deutschem Recht offiziell noch nicht erblich war. Anscheinend zog aber die unmittelbare Umgebung des erst vierzehnjährigen deutschen Königs Otto III., in der drei Frauen, Großmutter Adelheid, Mutter Theophano und Tante Mathilde, die kluge Äbtissin von Quedlinburg, den Ton angaben, diese zwar unkonventionelle, aber gewiß problemlose Lösung vor. Heinrich enttäuschte nicht, er verwaltete die Mark bis zu seinem Tod verläßlich, und als er im Jahr 1018 kinderlos starb, wurde das begehrte Amt des Markgrafen sogleich auf seinen wesentlich jüngeren Bruder Adalbert übertragen.

Markgraf Adalbert

Adalbert konnte den friedlichen Ausbau des österreichischen Kernlandes zunächst ungehindert fortsetzen, da die Ungarn auf Wunsch ihres ersten christlichen Königs Stephan I. dem Deutschen Reich, der Heimat seiner Frau, gegenüber eine freundliche Politik betrieben. Sie gaben den als Grenzsperre errichteten unwirtlichen Landstrich östlich von Wien allmählich auf, in dem sich deutschsprachige Siedler niederließen. Zur Zeit des Markgrafen Adalbert wurden bereits weite Gebiete an der March und an der Leitha für die Urbarmachung ausgesucht, Güter an der Triesting, an der Pielach und im heutigen Waldviertel bewirtschaftet. Doch kaum hatten die Bauern östlich und nördlich von Wien mit der Rodungsarbeit begonnen, verschlechterte sich das politische Klima an den bis dahin mehr oder weniger offenen Grenzen sehr rasch. Die Mark Österreich geriet in den Sog einer neuen Offensive, die an mehreren Fronten um die Herrschaft über ganz Europa geführt wurde.

Der deutsche König Heinrich II., ein vernünftiger Politiker, der früher auch Herzog von Bayern war, und zu dem Markgraf Adalbert herzliche und korrekte Beziehungen unterhielt, starb im Sommer des Jahres 1024. Sein Nachfolger, Konrad II., ein fränkisch-salischer Graf, von den Geschichtsbüchern des 19. Jahrhunderts als ein »tapferer Kriegsmann mit unbeugsamer Willenskraft« und als »Mehrer des Reiches« gefeiert, begann durch umfassende militärische Aktionen des Reich zu mehren. Er marschierte nach Mailand, bezwang die Polen, schlug die Böhmen, eroberte Burgund im Gebiet des heutigen Süd- und Ostfrankreich, mischte sich in die inneren Angelegenheiten der Republik Venedig ein und drang bis Westungarn vor, um die heilige deutsch-römische Oberhoheit auch von dem christlichen König der Magyaren anerkennen zu lassen. Doch die Ungarn leisteten hinhaltenden Widerstand und wandten gegen das deutsche Reichsheer die asiatische Taktik der verbrannten Erde an. Die Truppen Konrads verirrten sich in den undurchdringlichen Sümpfen und ausgedörrten Wäldern, fanden kein Futter für die Pferde, kein Wasser für die Mannschaft und zogen sich, von den Ungarn verfolgt, nach Wien zurück, wo sie, vom Feind eingeschlossen, kapitulieren mußten. (*Vienni ab Ungris capiebatur*, »In Wien von den Ungarn gefangengenommen«, lautet der lateinische Text der Chronik, in der Wien unter dem Namen *Vienni* das zweite Mal im Lauf seiner Geschichte erwähnt wird.)

Taktik der verbrannten Erde

Adalbert nahm an dem mißglückten Feldzug nicht teil. Manche Quellen geben sogar ihm die Schuld an der schweren Niederlage des deutschen Reichsheeres, das ohne ortskundige Führer und auch ohne Unterstützung österreichischer Truppen hätte ins Verderben marschieren müssen. Zwischen dem ungestüm-kriegerischen deutschen König und dem geschäftstüchtigen Markgrafen von Österreich schien das Verhältnis lange Zeit tatsächlich gespannt gewesen zu sein. Adalbert heiratete (es war seine zweite Ehe) die am ungarischen Hof, unter dem Schutz König Stephans I. aufgewachsene Tochter des Dogen von Venedig, Froiza Orseolo, die mit ihrem Bruder Peter auf der Flucht vor Konrad II. nach Esztergom (Gran) ge-

Handel mit Ungarn

kommen war. Der Handel mit Ungarn, bevor ihn der deutsche König und römische Kaiser jäh unterbrechen ließ, brachte der österreichischen Grenzmark und Markgraf Adalbert in Form von Mautgebühren und Zöllen, aber auch aus dem Verkauf der in Ungarn begehrten Stoffe, Werkzeuge und der bereits traditionellen Waren wie Salz und Wein beträchtliche Gewinne. Gegen die Nachbarn, mit denen er sich gut verstand, zu kämpfen war ihm als einem Lehnsmann des deutschen Königs eine zwingende Pflicht – sein Anliegen war es aber keineswegs. Das Rätsel, wieso Markgraf Adalbert sich der Heeresfolge in das für ihn zuständige Gebiet entziehen konnte, ohne dafür streng bestraft zu werden, wurde erst 1968 durch die Untersuchung seiner im Stift Melk aufgefundenen Gebeine gelöst: er litt an einer schweren generalisierten Arthrosis, an chronischer Gelenksentzündung, war gehbehindert und für den Militärdienst untauglich. Konrad II., der glänzendes Soldatentum dem kompromißbereiten diplomatischen Geschick immer und überall vorzog, zeichnete ihn auch niemals besonders aus; erst im Jahr 1035 schenkte er ihm zwischen den Flüssen Triesting und Piesting in der Nähe des slawischen Dorfes Bobsowa ein Stück noch herrenlosen Waldes mit der damals üblichen Genehmigung »wo immer Adalbert es aussuchen will«, keine allzu repräsentative königliche Aufmerksamkeit für einen anständigen Markgrafen in seinem immerhin schon siebzehnten Dienstjahr.

Mit Heinrich III., dem Sohn Konrads II., der im Sommer 1039 die Macht im Reich übernahm, kam Adalbert allem Anschein nach bedeutend besser aus, obwohl der neue deutsche König und römische Kaiser gewiß kein angenehmer Lehnsherr war: ein starrer Fanatiker, oft unbeherrscht, in seinen Mitteln nicht gerade wählerisch, von seiner göttlichen Sendung, von der Vision der ihm zustehenden Weltherrschaft geradezu besessen, duldete er weder Ungehorsam noch vorsichtiges Taktieren. Wollte der österreichische Markgraf einer für ihn sicherlich aussichtlosen offenen Konfrontation aus dem Weg gehen, so mußte er sich dem eisernen Willen des von fast pathologischem Ehrgeiz getriebenen Herrschers beugen. Dies fiel ihm aber offenbar nicht schwer, da sich in der unmittelbaren Umgebung der Mark Österreich die Verhältnisse grundlegend geändert hatten. Der

Der »Böhmische Achilles«

Böhmenherzog Břetislaw, der »Böhmische Achilles« genannt, bäumte sich noch einmal gegen das Reich auf, seine Offensive, ein verzweifeltes Umgehungsmanöver, das Bayern treffen sollte, brachte den Krieg in das Gebiet des heutigen Waldviertels. Adalbert mußte, um auch seine eigenen Güter zu schützen, dem vorrückenden böhmischen Heer entgegentreten. Er hatte bereits zwei erwachsene Söhne, Liutpold und Ernst, die er als Oberbefehlshaber der österreichischen Truppen in den Kampf schicken konnte. Břetislaw wurde zurückgeschlagen und huldigte Heinrich III. im Jahr 1041 in Regensburg. Böhmen und Mähren schlossen sich wieder dem römisch-deutschen Staatsverband an; die Thaya-Linie galt von nun an als Nordgrenze der österreichischen Mark.

Kaiser Heinrich II.
Portalplastik, Bamberger Dom

Zur selben Zeit kam es auch in Ungarn zu blutigen Unruhen, zu fanatischen, mit äußerster Brutalität geführten Kämpfen zwischen Heiden und Christen und zwischen den Parteigängern eines »fremden« und eines »nationalen« Königs. Stephan I. starb im Jahr 1038, sein einziger Sohn Emmerich war schon 1031 einem verwundeten Eber zum Opfer gefallen, eine spezifische Art des Jagdunfalls, die politische Probleme im mitteleuropäischen Raum schon öfter aus der Welt geschaffen hatte. Ein Höfling, der Venezianer Peter Orseolo, der Schwager des österreichischen Markgrafen Adalbert, wurde Nachfolger des ersten Ungarnkönigs, um bald von einem Gegenkönig, Samuel Aba, aus einem vermutlich chasarischen Geschlecht, verjagt zu werden. Er floh nach Österreich, bat Heinrich III. um Hilfe und versprach dafür die Anerkennung der römisch-deutschen Oberhoheit. Das deutsche Reichsheer, mit österreichischen Kontingenten diesmal erheblich verstärkt, unternahm mehrere Feldzüge gegen Ungarn, konnte aber die verworrene Lage im halb christlichen, halb heidnischen Land weder klären noch beruhigen. Der Gegenkönig Samuel Aba wurde besiegt, gefangengenommen und geköpft, aber auch Peter Orseolo geriet in die Hände seiner Widersacher, verlor sein Augenlicht und endete im Kerker. Nun brach aus seinem Exil in Kiew ein entfernter Verwandter des ersten Königs Stephan I., Andreas, an der Spitze russischer Truppen nach Ungarn auf und übernahm mit Hilfe der heidnischen Partei (die er dann sogleich zerschlug) die Macht. Eine Verständigung mit Heinrich III., der hartnäckig auf seinen Rechten in Ungarn bestand, war nicht möglich. Der Krieg ging weiter. Um der Taktik der verbrannten Erde entgegenzuwirken, führte das deutsche Heer den gesamten Nachschub an Bord österreichischer Schiffe auf der Donau mit. Die Ungarn setzten gegen die Flotte Taucher ein. In den Jahren 1054 und 1055 drangen die Magyaren weit in das Ostgebiet des österreichischen Kernlandes sowie in die heutige Steiermark und nach Kärnten vor, scheiterten aber an den bereits gut ausgebauten, mit Burgen und Wehrdörfern bestückten Verteidigungslinien und an den für sie anscheinend nach wie vor unüberwindbaren Schwierigkeiten des gebirgigen Geländes. Als der deutsche König und römische Kaiser Heinrich III. im Jahr 1056 starb, schlossen sie mit seiner Witwe, der Französin Agnes von Poitou, einen für die Mark Österreich günstigen Frieden: die Ostgrenze an der March und an der Leitha wurde als unverrückbar und »für alle Zeiten gültig« anerkannt.

Wirren in Ungarn

Liutpold, der vermutlich ältere Sohn des Markgrafen Adalbert, zeichnete sich vorwiegend in den Kämpfen gegen die Böhmen aus. Anfang Dezember 1043 belehnte ihn Heinrich III. auf einem Fürstentag in Ingelheim mit einer neu errichteten kleinen Grenzmark, der sogenannten Ungarnmark oder Neumark, westlich der March und der Leitha. Doch Liutpold, »ein Jüngling von ausgezeichneter Anlage«, wie die Chronik von Altaich vermerkt, starb schon am 9. Dezember inmitten der nach Ingelheim gekommenen erlesenen Gesellschaft. Die Todesursache ist unbekannt. Sein Bruder Ernst, dem der Wiener Domherr Ladislaus Sunthaym später das Prädikat »der Tapfere« verlieh, übernahm im Sommer des Jahres 1055 die Verwaltung der Mark Österreich. Er war, wie die Untersuchung seines Skeletts ergab, ein kräftiger Mann von starkem Knochenbau, etwa hundertachtzig Zentimeter groß, für die damalige Zeit, in der die Durch-

Markgraf Ernst

schnittsgröße eines Menschen etwa hundertsechzig Zentimeter betrug, ein Riese, und er war, eher eine seltene Erscheinung unter den Babenbergern, vor allem Soldat; ein pflichtbewußter Krieger, der geradlinig treu zu seinem Lehnsherrn, dem deutschen König und römischen Kaiser stand, in seinen Diensten, auch in Angelegenheiten, die ihn gar nicht betrafen, bereitwillig focht und schließlich auch starb. Dem Chronisten Lampert von Hersfeld zufolge »ein Mann von großem Ansehen im Reich und durch viele Siege gegen die Ungarn hochberühmt«. Was ihm dann auch zum Verhängnis wurde, als ihn die aufständischen Sachsen in der Schlacht von Hohenburg an der Unstrut, weit weg von den Grenzen der Mark Österreich, am 9. Juni 1075 erkannt, zu Fuß und zu Pferd mit Streitaxt, Streitkolben und Schwert attackiert und seinen linken Arm, seinen linken Schenkel und seinen Schädel zertrümmert hatten. Den Leichnam des Markgrafen von Österreich trug man in Melk zu Grabe; sein Sohn Leopold (Liutpold) II. nahm den Platz des verstorbenen Vaters ein und bekam von seinem Lehnsherrn sogleich Königsgut geschenkt, ausgedehnte Ländereien im Süden, im Wald von Rogacs, und im Norden, an der Raab, handfeste Zeichen von Dankbarkeit und Vertrauen.

Kampf zwischen Kirche und Staat

In der zweiten Hälfte des 11. Jahrhunderts begann der Kampf zwischen Kirche und Staat. Die überregionale, mit irdischen Gütern reich ausgestattete Organisation des Christentums begnügte sich nicht mehr mit der bescheidenen Rolle einer weisen und sanften Helferin der weltlichen Autorität. Sie wollte sich, wie jede von Menschen getragene große Institution, wenn sie auch die erhabensten Ziele zu verwirklichen sucht, im Lauf der Zeit einen stets wachsenden Anteil an der Macht sichern. Parallel zu Aufstieg und Erfolg wurden in ihrem schon fest etablierten Apparat auch die Schwächen, die in jeder Interessengemeinschaft früher oder später beinahe gesetzmäßig auftauchen, deutlich sichtbar; Erscheinungen, die dem gepredigten Wort diametral entgegenstanden, wie unversöhnlicher Haß, Korruption, moralischer Verfall, Habsucht und der in der langen Entwicklungsgeschichte der Spezies Mensch verankerte animalische Trieb, die Artgenossen zu führen und zu beherrschen.

Im zähen Ringen um die absolute Macht behielt zunächst der Staat, genauer gesagt dessen höchste Autorität, der praktisch als Diktator regierende Herrscher des Deutschen Reiches die Oberhand. Heinrich III. setzte seinen Willen im kirchlichen Bereich unnachgiebig durch. Es kam dabei zu einer historischen Groteske, die für das Ansehen des Heiligen Stuhls nicht gerade förderlich war: der deutsche König und römische Kaiser verbrauchte binnen acht Jahren sieben Päpste – Silvester III., Gregor VI., Benedikt IX., Klemens II., Damasus II., Leo IX. und Viktor II. Nach seinem Tod wandte sich das Blatt: sein sechsjähriger Sohn, Heinrich IV., wurde zum Spielball der deutschen Bischöfe und Fürsten. In Rom übernahm, vorerst als graue Eminenz hinter dem Stuhl Petri, der im toskanischen Dorf Soana geborene Kardinal Hildebrand, der spätere Papst Gregor VII., eine der bedeutendsten Persönlichkeiten der gesamten Kirchengeschichte, die politische Führung. Im Jahr 1059, unter Papst Nikolaus II., gelang ihm der erste wirksame Gegenschlag im erbitterten Streit um die Errichtung einer unantastbaren kirchlichen Autorität: die

Heinrich IV. thront an der Seite des Gegenpapstes, während Gregor VII. die Flucht ergreift. Chronik des Otto von Freising, 1156

Papst Gregor VII.

Neuordnung der Papstwahl, die, nun Sache der Kardinäle geworden, dem deutschen König keine Möglichkeit mehr bot, das Oberhaupt der katholischen Kirche selbstherrlich zu ernennen. Am 22. April 1073 zum Papst gewählt, ging Gregor VII. mit vollem Einsatz daran, die Organisation der Kirche zu säubern, zu straffen und zur höchsten Macht der Welt zu erheben. Das von ihm verkündete Gebot des Zölibats, das den Priestern die Ehelosigkeit vorschrieb, störte die Interessen des Staates allerdings nicht. Auch das Verbot der Simonie, der Erwerbung geistlicher Ämter und Pfründe durch Kauf oder Bestechung, rüttelte noch nicht an der bis dahin unbestrittenen Macht der staatlichen beziehungsweise königlichen Gewalt. Das neue Gesetz über die Laieninvestitur jedoch war keine innere Angelegenheit der Kirche; es war die offene Kampfansage an den weltlichen Herrscher, die Schaffung einer neuen Rangordnung, die den Staat hinter die allmächtige und internationale, in allen Angelegenheiten des irdischen Daseins entscheidende Administration des christlichen Glaubens auf die zweite Stelle zurückzudrängen drohte. Denn das Verbot der Laieninvestitur untersagte den Laien, den »Unbefugten«, die nicht dem Stand der Geistlichkeit angehörten – also auch dem König –, die Investitur, die »Einkleidung«, das heißt die Wahl oder Ernennung katholischer Würdenträger. Dies bedeutete aber, daß alle hohen Ämter in der Organisation der Kirche, die fast immer mit wichtigen politischen und sogar militärischen Positionen im Staat identisch waren, fortan ausschließlich von Rom bestimmt, kontrolliert und gelenkt werden sollten. Eine indirekte Weltregierung des Papstes zeichnete sich ab. Der Staat setzte sich energisch zur Wehr.

Mit zwanzig Jahren profilierte sich der deutsche König Heinrich IV. bereits zum gefürchteten politischen Führer im Reich, mit fünfundzwanzig griff er die Kirche an. Am 24. Januar 1076 erklärte er den Papst auf einer Versammlung des deutschen Adels in Worms für abgesetzt. Gregor VII. antwortete sofort mit dem Großen Bann, dem folgenschweren Ausschluß des Königs aus der christlichen Gemeinschaft. Ein Teil der deutschen Fürsten und Grafen ließ Heinrich IV. daraufhin im Stich. Der Kampf gegen die Zentralgewalt brach in mehreren Gebieten des Reiches beinahe gleichzeitig aus. Um sich zu retten, suchte der von allen Seiten bedrängte Herrscher nun die Verständigung mit dem Papst. Zwischen dem 25. und dem 28. Januar 1077 verhandelte er mit ihm in der Burg Canossa in Italien, etwa fünfundzwanzig Kilometer südlich von Reggio nell'Emilia, nachdem er, einem Brief Gregors VII. zufolge, »drei Tage lang vor dem Tor der Burg nach Ablegung aller königlichen Tracht in erbarmungswürdigem Aufzuge, nämlich ohne Schuhe und mit Wollkleidern angetan, aushielt« – was jedoch später von objektiven Historikern immer mehr bezweifelt wurde. Über die Details der Verhandlungen berichtet der Papst nicht, nur über das Endergebnis, über seinen großen Sieg, der aber gleichsam den ersten Zug zu seiner Niederlage markierte: »So haben Wir, durch die Ausdauer seiner Zerknirschung und die dringende Fürbitte aller Anwesenden überwunden, ihn endlich unter Lösung der Fessel des Großen Banns in die Gnade der Abendmahlgemeinschaft und in den Schoß der heiligen Mutter Kirche wieder aufgenommen, nachdem Wir von ihm Sicherheiten erhielten.« Canossa

Diese nützten allerdings nichts. Denn Heinrich IV., vom Großen Bann befreit, in den Augen seiner christlichen Untertanen nun wieder ein vollwertiger König, sammelte in Bayern, in Böhmen und in Kärnten ein schlagkräftiges Heer, bekämpfte in Deutschland den untreu gewordenen Hochadel und zog nach Rom, belagerte Gregor VII. in der Engelsburg

Heinrich IV. bittet Mathilde von Tuszien und Abt Hugo von Cluny, sich für ihn einzusetzen. Miniatur, 1114

und setzte einen neuen Papst, Klemens III., ein, der ihn zu Ostern des Jahres 1084 zum römischen Kaiser krönte. Gregor VII. floh zuerst nach Monte Cassino, dann nach Salerno, wo er am 25. Mai 1085 starb. Heinrich IV. ritt bereits in der Nähe von Würzburg in die nächste Schlacht, um nach Rudolf von Schwaben schon den zweiten deutschen Gegenkönig, den Grafen Hermann von Lützelburg, zu entmachten.

Markgraf Leopold II.

Der österreichische Markgraf Leopold II. (der »Schöne«) nahm im sogenannten Investiturstreit überraschend für Papst Gregor VII. Partei. Im Sommer des Jahres 1081 sagte er sich in Tulln vom deutschen König Heinrich IV. feierlich los und versprach der Sache der Kirche Hilfeleistung, auch mit Waffen. Die Motive, die ihn zu dem ungewöhnlichen und auch riskanten Schritt veranlaßt hatten, kann man heute nicht mehr mit eindeutiger Sicherheit rekonstruieren. Religiöse Überzeugung könnte ebenso im Vordergrund gestanden haben wie realpolitische Überlegungen: der Passauer Bischof Altmann, der Begründer des Stiftes Göttweig (1072), ein kompromißloser Anhänger des Papstes, übte auf Leopold II. beachtlichen Einfluß aus. Ungarn, unter seinem König László I. dem Heiligen wieder zu einer konsolidierten Großmacht und zum Verbündeten Roms geworden, bedrohte den Markgrafen durch Demonstration seiner militärischen Kraft an der Grenze und bot ihm gleichzeitig dem deutschen König gegenüber bewaffnete Rückendeckung an.

Heinrich IV. setzte Leopold II. kurzerhand ab und übertrug die Mark Österreich an den Böhmenherzog Wratislaw II. Leopold II. beugte sich der königlichen Entscheidung nicht; als Wratislaw II. erschien, um sein Amt zu übernehmen, stellte sich ihm der entlassene Lehnsmann am 12. Mai 1082 bei Mailberg, südlich der Pulkau, entgegen, verlor die Schlacht, blieb aber, ein im Grund rätselhaftes Phänomen, weiterhin Markgraf. Wratislaw II. zog ab, er interessierte sich anscheinend mehr für die böhmische Königskrone, die er bald darauf auch tatsächlich bekam, als für den zusätzlichen Titel eines österreichischen Markgrafen.

Der zornige Lehnsherr, Heinrich IV., wiederum war in Deutschland und in Italien mit Verschwörungen und Aufständen, mit Gegenkönigen und Gegenbischöfen voll beschäftigt; allein die physische Leistung, die er auf zahlreichen Tagungen, geheimen Besprechungen, auf Gewaltmärschen und in Gefechten an voneinander weit entfernten Punkten Europas vollbringen konnte, grenzt an ein Wunder. Für die noch immer verhältnismäßig kleine und unbedeutende Mark Österreich blieb ihm offenbar weder Zeit noch Energie. So ließ er Leopold II. in Ruhe, und der Markgraf nützte das Chaos im Deutschen Reich; er baute seine Beziehungen zu den Anhängern des Papstes aus und erwarb ansehnliche Güter; ein Zeitgenosse, Berthold von St. Blasien, nennt ihn bereits einen »sehr reichen« Mann.

Mit Leopold II. zeichneten sich die ersten scharfen Konturen einer vom Deutschen Reich unabhängigen, auch in ihren flexiblen Methoden eigenständigen österreichischen Politik ab, die eine Verständigung mit der Kirche suchte und sich, vornehmlich aus nüchternen wirtschaftlichen Gründen, nach dem Osten Europas wandte. Leopold II. war es auch, der das Verwaltungszentrum der Mark weiter östlich von Melk, in Tulln, einrichten ließ; er selber residierte wahrscheinlich auf der Burg Gars am Kamp, wo er im Jahr 1095 begraben wurde.

Herzogtum Österreich

Ein Staat etabliert sich

Die Burg Gars am Kamp, etwa um 1075 erbaut, bestand in ihrer frühesten Form aus einem »festen Haus«, einem Wohnturm, hatte aber bereits einen großen Saal für repräsentative Zwecke, für Versammlungen und Beratungen, und war, da es in der Babenbergerzeit noch keine schweren Waffen gab, mit einem verhältnismäßig schwachen Mauerwerk umgeben. Berittene und Fußtruppen kämpften im 11. und 12. Jahrhundert mit dem zweischneidigen deutschen Schwert, mit der sächsischen Streitaxt, mit dem leichten ungarischen Säbel, mit Pfeil und Bogen, mit Streitkolben und mit verschiedenartigen Lanzen. Die erste mechanische Waffe, die Armbrust, erschien zunächst vereinzelt, ihre Wirkung empfand man jedoch derart verheerend, daß das Zweite Lateranische Konzil 1193 verbot, sie gegen Christen einzusetzen.

Machtzentrum Burg

Die Burgen in der Mark Österreich bildeten ursprünglich ein tiefgestaffeltes Verteidigungssystem gegen die Angriffe aus dem Norden und aus dem Osten, erfüllten aber sehr bald eine wichtige gesellschaftspolitische Funktion: sie wurden zu sichtbaren und geachteten Pfeilern der feudalen Ordnung, Zentren der lokalen Macht und Kontrollstationen des Handels. Nur der Grundherr aus dem Geburtsadel, der auf der Burg saß, verfügte über Waffen und über eine ausgebildete Mannschaft und hatte somit das niedere Volk lückenlos in seiner Gewalt. Die Leibeigenen und die hörigen Bauern, die auf der untersten Stufe der komplizierten Rangordnung standen, lieferten ihm etwa die Hälfte der Ernte ab, verrichteten für ihn an vertraglich festgesetzten Tagen verschiedene Arbeiten (Frondienst) und mußten auch für die Benützung von Mühlen, Keltern, Brücken usw. ein Entgelt zahlen. Als Gegenleistung sorgte der Grundherr für den militärischen Schutz des ihm anvertrauten Gebietes, wachte über die öffentliche Sicherheit und sprach, meist durch seine beauftragten Richter, nach der allgemeingültigen Gesetzeslage Recht.

Soziale Strukturen

Neben, genauer gesagt über den Leibeigenen und den hörigen Bauern gab es noch eine Reihe von gesellschaftlichen Schichten, die ihren durch Verträge bestimmten festen Platz in der Hierarchie der Untertanen hatten: die freien Bauern, die Pioniere der Urbarmachung, die Mitglieder der Dorfgenossenschaften, die bewaffneten und die unbewaffneten Diener des Grundherrn, die Handwerker und die Bauleute, die Hintersassen, die Aftervasallen (Vasallen eines Vasallen) und die Ministerialen, die höheren

Schlachtgemetzel. Miniatur, 13. Jh.

Bauern an der Arbeit. Miniatur, um 1190

Verwaltungsbeamten, die dem Markgrafen unterstanden und selber Grundherren mit »festen Häusern« waren. Die Kirche unterstützte vorbehaltlos das stufenweise aufgebaute Gefüge der Abhängigkeit, obwohl sie in ihrem eigenen Bereich Ansätze einer demokratischen Geisteshaltung zeigte: sie lehrte, daß alle Menschen, zumindest vor Gott, gleich seien. In ihrer Organisation konnte ein begabter Mann auch aus den niedrigsten Gesellschaftsschichten hoch aufsteigen.

Der Begriff der Freiheit in unserem Sinn existierte nicht, er bezog sich höchstens auf die physische Bewegungsfreiheit und auf rein materielle Dinge, er bedeutete bloß die Möglichkeit, sich Güter und Wertgegenstände ungehindert anzueignen. Es gab auch keine Wissenschaft, die das Dogma der Kirche oder die Beschaffenheit der Gesellschaft in Frage gestellt hätte. Das Kastensystem funktionierte perfekt, dennoch waren die Menschen einander in mancher Hinsicht noch viel näher als in späteren, durch eine bessere Technik und durch eine aufgeklärte Philosophie geprägten Zeiten.

Ernährung und Unterkunft

Zwischen dem 10. und dem 13. Jahrhundert betrug die durchschnittliche Lebenserwartung für reich und arm, für den Grafen und für den hörigen Bauer, nicht mehr als etwa fünfunddreißig Jahre. Alle aßen dieselbe Kost: Kraut, Bohnen, Linsen, Rüben, Rind- und Schweinefleisch, Fisch, Honig, Geflügel, Käse und aus Hafer- und Roggenmehl gebackene Brotfladen. Nur das Wild war zumeist für den Tisch der höheren Herrschaften reserviert. Selbst vornehme Ritter schliefen auf Stroh und hatten wenig Möbel. In den engen, finsteren Räumen der Burgen, die man im Winter kaum heizen konnte, wohnte man oft unbequemer als in den vorwiegend aus Holz gebauten Häusern der Bauern. Auch die sanitären Verhältnisse waren in den Burgen wesentlich schlechter als in den meist um einen luftigen Anger gruppierten Dörfern; zeitgenössische Quellen beklagen immer wie-

Kochkunst und Priesterstand. Handschrift aus dem Kloster Rein, Steiermark, 13. Jh.

der den unzumutbaren Gestank, den beißenden Rauch und den oft knöcheltiefen Schmutz in den befestigten Wohnanlagen des Adels. Seife war unbekannt, arm und reich benützte zur Reinigung feuchte Asche. Der Bischof und Geschichtsschreiber Otto von Freising vermerkt in seiner Chronik erstaunt, daß die Mohammedaner sogar die »geheimen Teile des Körpers« täglich waschen. Sidi Ibrahim ben Achmed at Tartussi, Gesandter des Kalifen Al Hakam II. aus Córdoba, berichtet nach einer Reise in die deutschen Länder: »Sie waschen sich nur ein- oder zweimal im Jahr mit kaltem Wasser. Ihre Kleider aber, nachdem sie diese einmal angezogen haben, waschen sie nie mehr, bis sie zu Fetzen werden und zerfallen.« Erst gegen Ende der Babenbergerzeit besserte sich die Lage; die Benediktinermönche führten das Händewaschen ein, in den Städten wurden Badestuben errichtet. Der Minnesänger Tannhäuser (etwa um 1240) nahm in Wien bereits zweimal wöchentlich ein Vollbad.

Gesundheitswesen

Die in allen Schichten der Gesellschaft am meisten verbreiteten Krankheiten waren Fieberanfälle, Infektionen des Magen- und Darmtrakts, Gicht, Rheuma und verschiedene Ödeme. Mitte des 12. Jahrhunderts tauchten, vor allem unter den Mitgliedern der höheren Klassen, die sich frei bewegen konnten, Fälle der aus dem Orient eingeschleppten Lepra auf. Die Medizin war so gut wie hilflos, wenn auch, vorwiegend in der bäuerlichen Umgebung, die Methoden einer altüberlieferten Naturheilkunde manch wundersamen Genesungsprozeß bewirken konnten. Es gab zwar an der Universität von Salerno, südlich von Neapel, bereits eine medizinische Fakultät, die erste der Welt, ihre Lehre drang in Form von gereimten Sprüchen sogar über die Alpen (»Salernitanische Gesundheitsregel« im Breslauer Kodex um 1150), ihre systematische Anwendung kann man jedoch nicht nachweisen. Mittelloser Kranker nahm sich sporadisch die Kirche an, das erste öffentliche Spital im Gebiet der österreichischen Mark wurde im Jahr 1130 im Stift Göttweig errichtet.

Verkehr

Die Beleuchtung im Kloster, in der Burg und im Bauernhaus war gleich miserabel: die Pech- und Harzfackeln, Kienspäne, Talgkerzen spendeten kaum Licht, verpesteten dafür die Luft. Man ging daher mit der Sonne schlafen und stand mit der Sonne auf. Die Nacht war auch für die Reisenden das größte Problem, da es in der Mark Österreich in der frühen Babenbergerzeit keine Herbergen gab. Das erste Hospital (öffentliche Unterkunft) für Pilger und Kaufleute wurde 1160 am damals noch Cerwalt genannten Semmering, in einem menschenleeren, unheimlichen Waldgebiet errichtet. Man übernachtete in den Burgen und in den Klöstern, das Recht dazu verschaffte dem Reisenden die offizielle Mission, in der er unterwegs war. Vergnügungsreisen gab es nicht. Die öffentliche Sicherheit auf den durch die Mark Österreich führenden Hauptverkehrsstraßen war im großen und ganzen gewährleistet. Daß in manchen Burgen, wie Aggstein oder Greifenstein an der Donau, schon zur Zeit der Babenberger Raubritter gesessen wären, ist eine späte, romantisierende Erfindung, die zum Teil auf die vertraglich geregelten lokalen Maut- und Zollgebühren, Wegegelder und ähnliches zurückgriff, welche der Burgherr, als Beamter der staatlichen Verwaltung, auch mit Waffengewalt eintrieb, wenn fremde Kaufleute versucht hatten, die lästige Mehrausgabe durch Umgehung der Sperren einzusparen.

Man reiste auf der Donau per Schiff, sonst im Sattel, die Tagesleistung betrug etwa fünfunddreißig bis vierzig Kilometer, wobei auch die Frauen klaglos mithielten. In der höheren, der herrschenden Gesellschaftsschicht war die Frau dem Mann im wesentlichen gleichgestellt, sie konnte wichtige Positionen innehaben, die Politik beeinflussen, wie Itha von Formbach-Ratelnberg, die Witwe des Markgrafen Leopold II., die auch an einem Kreuzzug ins Heilige Land teilnahm; Frauen konnten sogar beträchtliche Landstriche regieren, wie die Markgräfin Mathilde von Toskana und die Markgräfin Adelheid von Turin, die übrigens beide das Dokument der Versöhnung zwischen Papst Gregor VII. und König Heinrich IV. als hochgestellte Zeugen in Canossa unterschrieben hatten.

Eheleben. Handschrift aus dem Kloster Rein, Steiermark, 13. Jh.

Machtfaktor Ehe

Die Ehe war für die reichen, an der Macht beteiligten Familien Europas in erster Linie ein wirksames Instrument der Besitzvermehrung und der Politik. Sie galt als unauflösbar, konnte jedoch oft unter einem fadenscheinigen Vorwand, wegen einer plötzlich entdeckten entfernten Blutsverwandtschaft, annulliert werden. Die Entscheidung, ob eine Trennung rechtmäßig erfolgte oder nicht, lag einzig und allein bei der Kirche, die somit den weltlichen Herren gegenüber ein flexibel gehandhabtes Druckmittel besaß. Der Tod einer Ehefrau bedeutete auch in den höchsten Kreisen einen schmerzlichen Verlust, öffnete aber gleichzeitig den Weg für eine neue, nützliche Verbindung. Von den insgesamt zwölf Babenberger Markgrafen und Herzögen von Österreich waren fünf zweimal verheiratet, doch nur der letzte, Friedrich II., ließ sich auch zweimal scheiden – im Vergleich zu den Großen des Deutschen Reiches ein geradezu kleinbürgerlich anmutendes Familienidyll.

Nachkommen waren selbstverständlich erwünscht, wenn sie auch eine latente Gefahr bedeuteten, denn sie versuchten recht oft den Vater, war er allzulang am Leben und daher an der Macht, zu stürzen, oder sie bekriegten einander um die Teilung der Herrschaft. Da schneiden die Babenberger ebenfalls wesentlich besser ab als die meisten Königs- und Fürstenhäuser der umliegenden Länder; in ihrer Familie kam es weder zu Bruderkrieg noch zu Mordanschlägen, obwohl der Tod des großen Markgrafen Leopold III., des »Heiligen« – der einundvierzig Jahre lang regierte und sechs erwachsene Söhne hatte –, ein mysteriöser Jagdunfall am 15. November 1136, von zeitgenössischen Chronisten mit verdächtigem Schweigen übergangen wurde.

Markgraf Leopold III.

Leopold III., im Jahr 1485 heiliggesprochen, dem umfangreichen Schrifttum über sein Leben zufolge ein mildtätiger und frommer, allseits beliebter und hochgeschätzter Mann, brachte Österreich auf dem Weg der Eigenstaatlichkeit einen bedeutenden Schritt weiter; er führte die einstige »Gegend Ostarrîchi« in einen zwar formalrechtlich noch nicht fest umrissenen Zwischenbereich einer Landeshoheit (keine Grenzmark mehr, aber auch kein offiziell anerkanntes Herzogtum), in den geopolitischen Zustand des *Territorium Austria*, das schon markante Grundzüge eines unabhängigen Staatswesens und in politischer, wirtschaftlicher und kultureller Hinsicht eine spezifisch österreichische Substanz aufwies.

Der Markgraf erreichte seine mit stiller Hartnäckigkeit verfolgten Ziele vor allem durch eine ausgewogene Neutralitätspolitik. Er hielt sich aus

Der Ausritt Markgraf Leopolds III., des Heiligen. Tafelbild von Rueland Frueauf d. J.

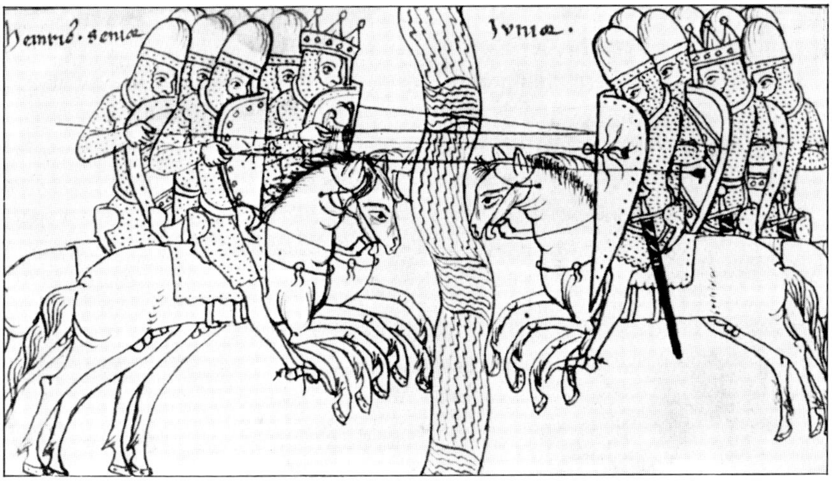

Kampf zwischen Heinrich IV. und Heinrich V. Miniatur, 12. Jh.

dem mit unverminderter Schärfe geführten Investiturstreit heraus und zog sich von den Auseinandersetzungen im Westen völlig zurück, nachdem er in einer nebligen Herbstnacht des Jahres 1105 am Fluß Regen in der Oberpfalz den entscheidenden Frontwechsel seines Lebens vollzogen hatte.

Am Vorabend der Entscheidungsschlacht zwischen dem deutschen König und römischen Kaiser Heinrich IV. und dessen Sohn Heinrich V., der den Vater mit Hilfe der deutschen Landesfürsten stürzen wollte, befand sich der österreichische Markgraf als Lehnsmann des regierenden Königs pflichtgemäß im Lager Heinrichs IV. Doch zusammen mit dem Böhmenherzog Bořiwoj verließ er es lautlos gegen Mitternacht und ging zum Sohn über. Die Stellungen des restlichen Reichsheeres wurden dadurch völlig entblößt. Heinrich IV. ergriff die Flucht, geriet aber bald in die Hände seiner Gegner und dankte am 31. Dezember 1105 unter Zwang ab. Als Belohnung für den »unmenschlichen und unerhörten Verrat« soll Leopold III., wie auch Bischof Otto von Freising berichtet, Agnes, die Schwester des siegreichen neuen Königs Heinrich V., Witwe des Schwabenherzogs Friedrich von Staufen, zur Ehefrau bekommen haben. Die Darstellung ist gewiß vergröbert; der angebliche Verrat, das heimliche Manöver im Einvernehmen mit den Böhmen, war ein Akt der politischen Vernunft, wobei auch die betont religiöse Geisteshaltung des Markgrafen eine Rolle gespielt haben könnte. Denn Heinrich IV. verrannte sich bereits hoffnungslos in den Investiturstreit, der Krieg wurde zu einem Dauerzustand. Der junge Heinrich V. versprach hingegen, dem Konflikt mit der Kirche und dem Blutvergießen in und um Deutschland ein rasches Ende zu bereiten. Er hielt sein Versprechen vorerst nicht, die Kämpfe wurden noch jahrelang fortgesetzt. Das deutsche Reichsheer marschierte erneut nach Rom und verjagte Papst Paschalis II., dann aber, am 23. September 1122, stellte das Wormser Konkordat mit der Kompromißlösung einer doppelten Investitur, die dem Staat und der Kirche die gleichen Rechte einräumte, den Frieden wieder her.

Leopolds III. Ehe mit der Königsschwester und Herzogswitwe Agnes war die günstigste politische Heirat der Babenberger; sie erhob die Familie in den engsten Kreis der mächtigen deutschen Herrscherhäuser. Aber auch in rein menschlicher Hinsicht schien sie eine glückliche Verbindung gewesen zu sein, die immerhin dreißig Jahre lang währte und der achtzehn Kinder entstammten.

Als Heinrich V. am 23. Mai 1125 in Utrecht starb, suchte der des ewigen Kriegs müde gewordene deutsche Hochadel einen harmlosen, schwachen Herrscher und bot die Krone dem inoffiziell bereits als Landesfürst geltenden österreichischen Markgrafen an. Leopold III. lehnte – zu dieser Zeit ein äußerst seltener Vorgang – dankend ab. Er berief sich auf sein hohes Alter (er war erst neunundvierzig) und auf seine vielen Kinder, die nach seinem Tod sicherlich um die Macht kämpfen und das Reich ins Unglück stürzen würden.

Sie kämpften, dank der unbestrittenen Autorität ihrer Mutter Agnes, auch um das landesfürstliche Markgrafenamt in Österreich nicht, sondern beugten sich im Frühjahr 1137 dem Wunsch der würdigen Witwe, die auf einer Adelsversammlung in Tulln die schwelenden Gegensätze zwischen den Brüdern entschärft und die Nachfolge des drittgeborenen Sohnes, Leopold IV., durchgesetzt hatte. Warum die älteren Brüder, Heinrich und Adalbert, übergangen wurden, kann man an Hand der zeitgenössischen Quellen nicht mehr feststellen.

Leopold IV.

Leopold IV. (der »Freigebige«) übernahm ein wohlgeordnetes Land, das Ergebnis einer vierzig Jahre andauernden friedlichen Periode des Aufbaus und der vollständigen Konsolidierung. Sein Vater, Leopold III., hatte den Sitz des Markgrafen nach Klosterneuburg verlegt (und nicht, wie lange Zeit irrtümlich angenommen wurde, vorerst in ein befestigtes Schloß auf dem heutigen Leopoldsberg); die Wahl der neuen Residenz hatten sowohl die Nähe der aufstrebenden Handels- und Handwerkerstadt Wien wie auch das Vorhandensein eines alten, gefahrlosen Donauübergangs und vielleicht rein ästhetische Gründe beeinflußt, wobei strategische Überlegungen anscheinend kaum mehr berücksichtigt werden mußten.* Mit den Nachbarn im Norden, Osten und Süden war man bereits durch mannigfaltige Verwandtschaftsbeziehungen verbunden. Leopold II. verheiratete alle seine Töchter nach politisch-strategischen Gesichtspunkten: Gerberga mit Herzog Bořiwoj von Böhmen, Ida mit Luitpold von Mähren, Elisabeth mit dem Markgrafen Ottokar II. von der Steiermark und Sophie mit Herzog Heinrich von Kärnten. Eine Tochter Leopolds III., des Heiligen, Gertrud, wurde mit dem König von Böhmen, Wladislaw II. getraut, sein Sohn, Leopold IV., nahm Maria, die Tochter des Böhmenkönigs Sobieslaw, zur Frau; Tochter Agnes feierte mit Herzog Wladislaw von Polen und Schlesien Hochzeit, Bruder Adalbert hielt erfolgreich um die Hand

* Das Stift Klosterneuburg hat Leopold III. jedoch nicht gegründet, wenn auch gefördert und reich beschenkt. Die schöne Legende, wonach er die ihm zugeschriebene fromme Tat dort beschlossen und ausgeführt habe, wo er den verlorenen Schleier seiner Braut Agnes auf einem Holunderstrauch gefunden hätte, stammt aus dem 15. Jahrhundert. Das Datum der Gründung von Klosterneuburg kann man etwa um das Jahr 1080 ansetzen, in der Zeit Leopolds II. Die Umstände (Anlaß, Stifter) sind bis heute unbekannt.

der Schwester des Ungarnkönigs Béla II., Sophie, an, und Nichte Agnes heiratete Stephan III., den König von Ungarn, dem damals auch ganz Kroatien und ein Teil Dalmatiens angehörten.

Friedenspolitik mittels Ehebett

Gezielte Friedenspolitik mittels Ehebett zu betreiben war nicht, wie dies das noch heute gängige Klischee »Tu felix Austria nube«* jahrhundertelang glaubhaft machen konnte, eine Erfindung des Hauses Habsburg. Schon die Babenberger leisteten auf diesem Gebiet Wirksames, wenn auch ihre Ehen, im Gegensatz zu den Habsburgern, die mit dem Ja fürs Leben oft auf ein bis dahin fremdes Land Anspruch erhoben, meist defensiven Charakter hatten: sie dienten vornehmlich der militärischen und wirtschaftlichen Absicherung der bereits gewonnenen Position.

Das Herzogtum Bayern, das Leopold IV. von dem deutschen König Konrad III., seinem Halbbruder, Sohn der Markgrafenwitwe Agnes aus ihrer ersten Ehe, im Juni 1139 unverhofft und ungebeten bekam, wurde auch nicht »erheiratet«, obwohl die enge Verwandtschaft zwischen Leopold IV. und Konrad III. hier freilich ins Gewicht fiel. Konrad III., der Staufer, ging aus den schon gewohnheitsmäßigen deutschen Thronwirren als Sieger hervor. Er wurde am 7. März 1138 in Koblenz zum König gewählt und entzog bald darauf seinem Widersacher, Heinrich dem Stolzen aus dem Geschlecht der Welfen, der ihm die Huldigung verweigert hatte, sein Herzogtum. Doch für Leopold IV. bedeutete seine neugewonnene Würde eher eine Last; er mußte die auf ihn übertragenen Rechte mit Waffengewalt verteidigen, wurde in Bayern von einer nicht näher bezeichneten Krankheit befallen und starb, erst dreiunddreißig Jahre alt, am 18. Oktober 1141 im Kloster Niederaltaich. Sein Bruder Heinrich II. mit dem Beinamen »Jasomirgott«** folgte ihm als Herzog von Bayern und Markgraf von Österreich. Er versuchte Bayern durch eine Ehe mit Gertrud, der Witwe des abgesetzten Herzogs Heinrich des Stolzen, zu halten, hatte aber kein Glück, da seine Frau kaum ein Jahr später im Wochenbett starb. Der Sohn Herzog Heinrichs des Stolzen, Heinrich der Löwe, erhob daraufhin wieder Anspruch auf Bayern. Es kam zu Unruhen und zu Gefechten im Gebiet um Augsburg, Regensburg und Passau, bis der neue deutsche König Friedrich I. Barbarossa, der Rotbart (1123–1190), der dem im persönlichen Umgang recht ungeschickten und anmaßenden Heinrich II. nicht gerade wohlgesinnt war, ihn 1154 zwang, auf Bayern zu verzichten. Der Verlust erwies sich jedoch als ein wertvolles Pfand. Denn Heinrich II. war nicht mehr der kleine Grenzgraf, den man einfach durch ein königliches Machtwort hätte beiseite schieben können. Er war nun, in zweiter Ehe, mit Theodora Kommena, der Nichte des byzantini-

Heinrich II. »Jasomirgott«

* »Bella gerant alii, tu, felix Austria, nube!
Nam quae Mars aliis, dat tibi regna Venus!«
(Kriegführen lasse die anderen, du heirate, glückliches Österreich! – Wie anderen Gott Mars, so schenkt dir Königreiche Venus)
Das berühmte Distichon stammt von einem Unbekannten aus dem 15. Jahrhundert, geht aber auf ein ähnlich klingendes Gedicht des römischen Dichters Publius Ovidius Naso (43 v. Chr. bis 18. n. Chr.) zurück.

** Der Beiname »Jasomirgott« taucht erst gegen Ende des 15. Jahrhunderts auf; er wird mit der angeblichen Gewohnheit des Herzogs erklärt, seine Entschlüsse mit dem Satz »Ja, so mir Gott helfe« zu bekräftigen.

Kaiser Friedrich Barbarossa mit seinen Söhnen Heinrich (links) und Friedrich (rechts). Welfenchronik, Ende des 12. Jh.

schen Kaisers Manuel, verheiratet, und die Beziehungen zu Byzanz spielten in den hochfliegenden politischen Plänen des deutschen Königs eine wichtige Rolle. Barbarossas gespanntes Verhältnis zu Ungarn, an dessen Grenze die Gefolgsleute des österreichischen Markgrafen Wache hielten, mahnte ihn auch, im Konflikt um Bayern Vorsicht walten zu lassen. Friedrich I. Barbarossa war ein glänzender politischer Kopf, der das Kräfteverhältnis im Umfeld seiner geplanten Aktionen bestens einschätzen, seine Gegner und seine Anhänger durch geschickt dosierte psychologische Mittel nachhaltig beeinflussen konnte. So gewann er auch Heinrich II. durch eine großzügige Geste, die ihn zwar nichts kostete, die verletzte Eitelkeit des österreichischen Markgrafen, eine Wunde, die noch recht gefährlich hätte werden können, jedoch voll und ganz heilte.

Herzogtum Österreich

Am 5. Juni 1156 fand in der Nähe von Regensburg eine geheime Vorbesprechung statt. Für den 8. September 1156 wurden dann die Großen des Heiligen Römischen Reiches zu einem feierlichen Hoftag auf den Wiesen von Barbing, vor den Toren von Regensburg, geladen. Herzog Wladislaw von Böhmen, als eine Art Zeremonienmeister eingesetzt, verkündete im Namen des Königs und der versammelten Fürsten die Geburt des Herzogtums Österreich. Heinrich II. übergab Friedrich I. Barbarossa sieben Fahnen, der sie Heinrich dem Löwen weiterreichte. Damit war der Verzicht des österreichischen Markgrafen auf das Herzogtum Bayern vollzogen. Der deutsche König und römische Kaiser erhob nun die Mark Österreich zum Herzogtum und schenkte Heinrich II. und seiner byzantinischen Frau Theodora zwei Fahnen, das Symbol ihrer neuen weltlichen Macht. Warum Bayern sieben und Österreich bloß zwei Fahnen wert war, berichtet der Augenzeuge der Feier, Bischof Otto von Freising, nicht.

Privilegium minus

Am 17. September 1156 wurde über die Rechtslage des neuen Herzogtums Österreich eine Urkunde ausgestellt, das *Privilegium minus**. Die österreichische Herzogswürde war von nun an erblich, und dies bezog sich auch auf die weibliche Linie, auf die Töchter der Babenberger. Sollte der Herzog keine Kinder haben, so konnte er über die Nachfolge frei entscheiden. Ohne Zustimmung des Herzogs, beziehungsweise der Herzogin durfte fortan niemand im Gebiet des Herzogtums Österreich die Gerichtsbarkeit ausüben. Die Pflicht der Heeresfolge blieb auf die Grenzen Österreichs beschränkt; eine überaus wichtige Bestimmung, die dem Herzog und dem Land in Zukunft die Teilnahme an manchen kriegerischen Abenteuern ersparen half. Die im Lehnsverhältnis verankerte Forderung, auf den Hoftagen des Königs und Kaisers überall zu erscheinen, galt nur mehr für das Gebiet des benachbarten Bayern.

Das neue Herzogtum Österreich, zwar mit bedeutenden Vorrechten ausgestattet, blieb nach wie vor im Staatsverband des Deutschen Reiches. Die Rechnung Friedrichs I. Barbarossas ging zunächst auf; Heinrich II. folgte ihm eine Zeitlang als treuer Vasall, kämpfte für ihn, obwohl nicht mehr verpflichtet, auch von den Grenzen Österreichs weit entfernt, vor den Mauern von Mailand. Später aber, als er im neu entbrannten Streit zwischen Rom und dem Kaiser eine zwiespältige Haltung einnahm, wandte sich Friedrich I. Barbarossa von ihm ab und ließ es zu, daß Böhmen und Ungarn mit polnischer und sächsischer Unterstützung wiederholt österreichische Grenzgebiete drangsalierten. Die sporadisch aufgeflammten Kämpfe dauerten noch an, als Herzog Heinrich II. gegen Ende November in Melk mit seinem Pferd durch eine morsche Holzbrücke brach und sich einen komplizierten Schenkelhalsbruch zuzog, an dem er am 13. Januar 1177 im Alter von dreiundsechzig Jahren in Wien starb. Er wurde in

* Das Kleine Privileg genannt, im Gegensatz zu der 1359 hergestellten Fälschung Großes Privileg, *Privilegium maius.*

dem von ihm gegründeten Schottenkloster der irischen Mönche, die er aus Regensburg nach Österreich berufen hatte, begraben.
Außerhalb der Stadtmauern von Wien, einer noch immer recht kleinen mittelalterlichen Siedlung, begann 1137 der Bau der neuen Pfarrkirche Sankt Stephan, übrigens auf einem Grundstück, das zufolge eines in der Donaustadt Mautern zwischen dem Babenberger Markgrafen Leopold IV. und dem Bischof Reginmar vereinbarten Tauschgeschäfts in den Besitz der Diözese Passau kam. Der spätere Stephansdom wurde in seiner ersten, romanischen Form um 1147 fertiggestellt und in Anwesenheit Herzog Heinrichs II. eingeweiht. Am anderen, westlichen Ende der Stadt, ebenfalls noch außerhalb der Mauer, am heutigen Platz Am Hof, lag die *Curia* (auch Berghof genannt), ein großer Hof, zuerst die Verwaltung der babenbergischen Güter, dann, schon in den ersten Regierungsjahren Heinrichs I., Residenz des Herzogs. Der deutsche Chronist Arnold von Lübeck erwähnt im Jahr 1172 Wien ausdrücklich als Hauptstadt, als *metropolitana.*

Hafenstadt Wien

Es war eine bereits von zahlreichen Weingärten umgebene Hafenstadt mit etwa zwei- bis dreitausend fast ausschließlich deutschsprachigen Einwohnern. In den frühesten Wiener Urkunden tauchen weder slawische noch ungarische Namen auf, man findet die Familiennamen Prunner, Eslarn, Kurz, Schemnitzer, Poll, später Gunzburger, Lenbach, Slecht und Schwab, die Vornamen Elisabeth, Heinrich, Otto, Gottfried, Konrad und Johannes. Als einziger, mehr oder weniger bloß geduldeter Fremdkörper galt die streng isolierte jüdische Siedlung im Stadtkern, in der Gegend des heutigen Judenplatzes. Die schizophrene Einstellung der christlichen Gesellschaft den Juden gegenüber bestimmte auch im Herzogtum Österreich ihr zwischen einer relativen Freiheit und dem gewaltsamen Tod in Schwebe gehaltenes Dasein. Denn laut der unangefochtenen Lehre der Kirche waren sie verstockte Gottesmörder und verdienten eine dementsprechende Behandlung. Sie waren aber auch Menschen, Nachbarn, durch die ihnen auferzwungene, sehr beengte Lebensweise keiner aggressiven Handlung fähig, dafür rasche Denker, gute Rechner und fleißige Kaufleute mit weitverzweigten internationalen Beziehungen. Die Landesfürsten und die Bürger der Städte hatten ihre Nützlichkeit erkannt, mußten dabei aber naturgemäß mit ihrem christlichen Glauben in Konflikt geraten, da die Juden, und davon waren die Christen überzeugt, den Erlöser gekreuzigt hatten. Man strebte daher eine Lösung ohne Lösung an, man hielt die Juden in einem durch Gesetze fest umrissenen Zustand der Rechtlosigkeit, der sich obendrein als brauchbares psychologisches Ventil erwies: denn auch der letzte, getretene und geschundene mittellose Knecht war mehr als ein Jude, einfach dadurch, daß er eben kein Jude war.
Schon das Erste Lateranische Konzil (1123) verbot den Christen, für geliehenes Geld Zinsen zu nehmen. Die Wirtschaft in Europa war jedoch gerade im Begriff, vom Zahlungsmittel Naturalien auf Geld umzusteigen; das Geldgeschäft wurde bereits unentbehrlich. Nun sprangen die Juden, durch religiöse Gebote nicht behindert, in die Bresche, und man hieß sie sowohl am Hof eines Fürsten als auch im Haus eines reichen Stadtbürgers willkommen, verachtete sie gleichzeitig aber für eine zwar unbedingt not-

Juden im Mittelalter. Glasfenster im Wiener Stephansdom, 14. Jh.

wendige, von der Kirche jedoch verpönte und verbotene Tätigkeit. Die Zinsen, von den Herzogen und Grafen offiziell genehmigt, waren oft sehr hoch, in krassen Fällen erreichten sie mehrere hundert Prozent, und das führte unweigerlich zu neuen Spannungen zwischen der christlichen Mehrheit und der jüdischen Minderheit.

Lage der Juden

Die Babenberger schwankten in der Judenfrage von einer vernünftigen, freilich auch gewinnbringenden Milde bis zur ebenfalls gewinnbringenden nackten Erpressung. In den ersten hundert Jahren ihrer Regierungszeit besaßen die Juden, die anscheinend in größeren Gruppen angesiedelt waren, Güter auf dem Land, worauf noch einige Ortsnamen, zum Beispiel Judenau bei Tulln oder Judendorf in der Nähe von Neumarkt in der Steiermark, hindeuten. Ab Mitte des 12. Jahrhunderts zogen sie, zum Teil wahrscheinlich schon unter Zwang, zum Teil, um den Zentren des Handels näher zu sein, in die Stadt, vor allem nach Wien. In den Jahren 1193/94 war ein Wiener Jude namens Schlom Münzmeister und Pächter der neu eingerichteten herzoglichen Münzstätte. Er wurde allerdings mit fünfzehn anderen Juden bereits 1196 ermordet, nicht aber von den Bewohnern der Stadt, sondern von durchziehenden fremden Kreuzfahrern.

Zu größeren Ausschreitungen gegen die Judengemeinde von Wien kam es in der Babenbergerzeit nicht, obwohl die überhitzte Atmosphäre zu Beginn der Kreuzzüge dem Fremdenhaß, der Raub- und Mordlust und auch dem gewalttätigen Antisemitismus im Westen Europas neue, verhängnisvolle Impulse gab. Gleich das erste, etwa achttausend Mann starke Kreuzfahrerheer des deutschen Grafen Emicho von Leiningen massakrierte die Juden von Speyer, Mainz, Köln, Worms und Trier. Es zog über böhmisches Gebiet, wo es den »Kampf gegen die Ungläubigen«, das heißt gegen die wehrlosen Juden, fortsetzte, weiter nach Ungarn, wurde aber von den in aller Eile in Marsch gesetzten Truppen des Königs Koloman, eines buckligen Gelehrten mit dem Beinamen »der Bücherfreund«, gestellt und vernichtet. Die Ungarn, so berichtet der Chronist Albert von Aachen, hätten dabei etwa viertausend Mann verloren.

Aufruf zum Kreuzzug

Im November des Jahres 1095 rief Papst Urban II. auf dem Konzil von Clermont (heute Clermont-Ferrand in Frankreich) alle Christen zum Kreuzzug, zur bewaffneten Wallfahrt ins Heilige Land, zur Befreiung Jerusalems von der schändlichen und demütigenden Herrschaft der Ungläubigen, der Muselmanen, auf. Die Idee zündete sofort. In wenigen Wochen war die Parole »Gott will es!« im gesamten Abendland zu hören. Eine Massenhysterie erfaßte alle Schichten der mittelalterlichen Gesellschaft, Geistliche und hörige Bauern, Ritter und Bettler, Grundherren, Diener, Ministerialen und die Mitglieder des hohen Adels, Frauen, Kinder und Greise; auf den Sammelplätzen tummelten sich die durch wortgewaltige Prediger fanatisierten bewaffneten und unbewaffneten Pilger, sie trugen auf ihrem Gewand, ob Lumpen oder feines Tuch, das rote Stoffkreuz, das Zeichen des großen Aufbruchs nach dem irdischen und dem himmlischen Jerusalem.

Es waren Verrückte und Kranke unter ihnen, Abenteurer und Verbrecher, tief verschuldete Herren und die ärmsten Randfiguren des streng geordneten feudalen Kastensystems, aber auch fromme Eiferer, Idealisten und Schwärmer; manche, die in der sagenhaften sonnigen Ferne den sicheren Eingang in das Paradies, und manche, die den Märchenschatz der Kalifen finden wollten. An den oft zweifelhaften Anführern und an den hastig zusammengetrommelten undisziplinierten Mannschaften lag es dann, daß die meisten Kreuzzüge nach und nach zu Eroberungs- und Raubzügen entarteten, daß die christliche Nächstenliebe in einem bis dahin beispiellosen Mordrausch unterging. Die Zahl derer, die im Namen der befreiten Fußspuren Jesu umkommen mußten, schätzt die moderne Geschichtsschreibung auf etwa drei Millionen. Dennoch kann man die Kreuzzüge nicht einfach als eine »Operation Jerusalem«, als ein genau vorgeplantes gigantisches Verbrechen wild gewordener Soldaten und Priester, die von Anfang an nichts anderes als Mord, Raub und Vergewaltigung im Kopf gehabt hätten, abtun.

Begegnung mit dem Orient

Gewiß hatten die Kreuzzüge, die im Dienst von hohen Idealen die niedrigsten Instinkte entfesselten, mehr dunkle, grausame, ja sinnlose Momente als lichte und konstruktive; ihre positive Wirkung, die Begegnung mit der orientalischen Lebensweise, mit der Wissenschaft und Kunst der islamischen Länder, die Anknüpfung von Handelsbeziehungen stellt sich erst allmählich ein. Doch nicht alle, die das Kreuz nahmen, dachten bloß an die Befreiung von ihren drückenden Lasten und Sorgen daheim, an die kostbaren Stoffe, goldenen Gefäße und wertvollen Pferde, die zu erbeuten die Kirche gar nicht verbat, an die betörend schönen und fruchtbaren Landstriche, in denen man sich als Grundherr oder gar als König festzusetzen hoffte. Itha von Formbach-Ratelnberg, die Witwe des Markgrafen von Österreich, Leopold II., Mutter Leopolds III., des Heiligen, eine tief religiöse Frau, die im Heeresverband Wilhelms IX. von Aquitanien und des Herzogs Welf von Bayern das erste österreichische Kontingent in das Heilige Land führte, suchte sicherlich weder Abenteuer, noch spekulierte sie auf materiellen Gewinn. Am 15. September 1101 verschwand sie spurlos in der Nähe von Heraklea (heute Ereğli in der türkischen Provinz

Heinrich Jasomirgott. Glasfenster im Brunnenhaus von Stift Heiligenkreuz

Konya), als Bogenschützen und leichte Kavallerie des Sultans Kilidsch Arslan die Kreuzfahrer überfielen. Heiliger Schauder, mit unterschwelliger Erotik vermischt, bemächtigte sich der mittelalterlichen Chronisten, als sie das Schicksal »einer der schönsten und anmutigsten Frau ihrer Zeit« vergeblich aufzuklären versuchten. Die Legende will wissen, daß sie, nachdem die edlen Herren sich durch rasche Flucht gerettet, sie aber auf dem Schlachtfeld zurückgelassen hätten, im Harem des Sultans gelandet und Mutter des türkischen Helden Imad al-Din Zengi gworden wäre – der allerdings erst sechsundzwanzig Jahre später, 1127, auf die Welt kam, während Itha von Formbach-Ratelnberg, bereits zweimal verwitwet, zur Zeit ihres Verschwindens in Kleinasien mindestens fünfzig Jahre alt gewesen sein muß.

Modewelle Kreuzfahrt

Ihr Enkel Heinrich II. (»Jasomirgott«) ritt ebenfalls, wahrscheinlich um seine gesellschaftliche und politische Stellung zu heben, durch die heiße, ausgedörrte Landschaft Anatoliens gegen Jerusalem. Denn das Kreuz zu nehmen wurde in den Kreisen der europäischen Herrscherhäuser Mode und Pflicht; man konnte sich dadurch profilieren, sich ins Gespräch bringen, seine Person und seine offizielle Würde erheblich aufwerten, sich das Wohlwollen der Kirche sichern und in den beschwerlichen Wochen und Monaten des gottgefälligen Unternehmens nützliche Beziehungen herstellen oder intensivieren.

Heinrich II. reiste, noch als Markgraf von Österreich, in glänzender Gesellschaft; er betrat den Boden Kleinasiens gemeinsam mit dem deutschen König Konrad III., mit dem jungen Friedrich von Schwaben – dem späteren König und römischen Kaiser Friedrich I. Barbarossa –, mit dem Herzog Welf von Schwaben, dem Markgrafen Wilhelm von Monferrat, dem Grafen von der Champagne, dem Grafen von Toulouse und mit den Bischöfen Otto von Freising, Stephan von Metz und Heinrich von Toul. Am 26. Oktober 1147 fand der Vormarsch in der Nähe von Dorylaion am Fluß Tembris ein jähes Ende: das Heer des Sultans Masud I. überrannte und vernichtete die erschöpfte Streitmacht der vornehmen Kreuzfahrer. Die Anführer, unter ihnen Heinrich II. von Österreich und Bischof Otto von Freising, konnten sich auch diesmal retten. Sie kehrten schleunigst heim.

Leopold V.

Auch Leopold V. (der »Tugendhafte«), Sohn Heinrichs II., am 24. Februar 1177 in Pesaro in Italien von Kaiser Friedrich I. Barbarossa als Herzog von Österreich bestätigt, brach, zwar nach einigem Zögern, im August des Jahres 1190 auf, um gemeinsam mit vielen edlen und namhaften Herren des europäischen Kontinents Jerusalem von den Ungläubigen zu befreien.* Bei der Belagerung von Akkon (heute Akka in Israel, in der unmittelbaren Nähe von Haifa), einer für den Nachschub des Unternehmens überaus wichtigen, stark befestigten Hafenstadt, kämpfte er zusammen mit dem englischen König Richard I. Löwenherz. Aus der zeitweiligen, nicht gerade harmonischen Waffenbruderschaft entstand dann die größte Erpressungsaffäre des Mittelalters.

Affäre Löwenherz

Nach einem Sturmangriff der Kreuzfahrer fiel Akkon am 12. Juli 1191. Richard I. Löwenherz, damals vierunddreißig Jahre alt, tollkühn, aber auch herrschsüchtig, habgierig und brutal, soll ein Feldzeichen, eine Fahne oder ein Wappen Herzog Leopolds V. von einem von den österreichischen Truppen eroberten Turm entfernt, ja heruntergerissen und in eine Latrine geworfen haben. Eine tödliche Beleidigung, die aber in der stets gereizten Atmosphäre der äußerst beschwerlichen Kampfhandlungen im Heiligen Land unter den noblen Rittern fast tagtäglich vorkam. Leopold V. habe sie auch, sollte sich der Zwischenfall tatsächlich ereignet haben (gesichertes Quellenmaterial gibt es nicht), an Ort und Stelle langmütig hingenommen. Doch er habe sie, so die jedem Schulkind in Österreich und jedem Besucher der Ruine Dürnstein in der Wachau geläufige Erzählung, nicht vergessen. Als Richard I. Löwenherz nach getaner Kreuzfahrt im Spätherbst 1192, nach einem Schiffbruch in der Nähe von Aquileia, die Heimreise in Richtung London auf dem Landweg antrat und dabei österreichisches Hoheitsgebiet überquerte, ließ ihn Leopold V. festnehmen, auf der Burg seines treuen Ministerialen Hadmar von Kuenring, Dürnstein in der Wachau, in ehrenvoller »milder Haft« halten (daß der König von England Zeit und Ruhe habe, über sein schlechtes Benehmen nachzudenken). Später schenkte er ihm großzügig, wie es damals unter hochgestell-

* Jerusalem wurde im Lauf des sogenannten Ersten Kreuzzugs unter dem französischen Anführer Gottfried von Bouillon am 15. Juli 1099 im Sturm genommen. Die fanatisierten Ritter, von einer hysterischen Euphorie befallen, richteten unter der Bevölkerung ein fürchterliches Blutbad an. Sie metzelten dabei wahllos auch Juden und Christen nieder. Am 3. Oktober 1187 gelang es den Truppen des Sultans Saladin, die Stadt zurückzuerobern. Alle weiteren Kreuzzüge bis auf den letzten unter dem französischen König Ludwig IX., dem Heiligen, scheiterten kläglich. Am 8. Mai 1291 ging mit dem Fall Akkons, des letzten Stützpunkts der Kreuzfahrer, die christlich-europäische Herrschaft in Palästina zu Ende.

ten Persönlichkeiten der Brauch war, die Freiheit gegen ein Lösegeld. Soweit die Erzählung.

Richard I. Löwenherz war ein erklärter politischer Gegner des neuen deutschen Königs und römischen Kaisers, Heinrich VI. (1165–1197). Er unterstützte im Heiligen Römischen Reich mehrere Parteien, die den Sturz des Herrschers herbeiführen wollten. Obendrein war er noch in Palästina in einen undurchsichtigen Mordfall verwickelt: der italienische Kreuzfahrer Konrad von Monferrat, ein Verwandter Heinrichs VI., den man mit Zustimmung der Deutschen und der Franzosen zum König von Jerusalem, das heißt des gesamten Heiligen Landes, ausrief, wurde erdolcht. Der Täter gestand, daß er von Richard I. Löwenherz, der selber nach dem schönen Titel und nach den mit ihm verbundenen reichen Besitztümern strebte, angestiftet worden war. Doch man wollte die Aussage eines Meuchelmörders, der vielleicht im Auftrag der Muselmanen gehandelt hatte, um die Kreuzfahrer gegeneinander aufzubringen, nicht als Beweis gelten lassen. So betrachtete man, wenn auch mit einem schalen Nachgeschmack, den Fall als abgeschlossen. Der deutsche König und römische Kaiser jedoch, von der Schuld des englischen Monarchen überzeugt, schob die Vergeltung nur für einen geeigneten Zeitpunkt auf. Er gab in seinem Machtbereich allen Landesfürsten, Grafen und Stadtbeamten den Befehl, Richard I. Löwenherz, sollte er sich innerhalb der Grenzen des Reiches zeigen, unverzüglich festzunehmen und ihm auszuliefern.

Ein undurchsichtiger Mordfall

Das wußte der englische König. Daher versuchte er, als sein Schiff vor Aquileia gestrandet war, sich als Pilger verkleidet über österreichisches Territorium durchzuschlagen. Seine Tarnung war anscheinend unzureichend; schon Graf Meinhard von Görz verfolgte seine Bewegungen in

Richard Löwenherz wird gefangengenommen. Chronik des Petrus de Ebulo, um 1197

Friaul. Friedrich von Pettau, dem Herrn von Friesach in Kärnten, gelang es bereits, einiger Diener des berühmten Reisenden habhaft zu werden. Richard I. Löwenherz entschloß sich zu einem Täuschungsmanöver: anstatt den direkten Weg über Salzburg nach dem Westen zu nehmen, machte er einen Abstecher in nordöstlicher Richtung. Er ging nach Wien, wurde aber am 21. Dezember 1192 in Erdberg, einem Dorf in der unmittelbaren Nähe der Residenzstadt des Herzogs von Österreich, erkannt und festgenommen. Ob der Grund darin lag, daß sein Diener in einer Schenke mit byzantinischen Goldstücken, die in Mitteleuropa nur selten zu sehen waren, zahlen wollte, oder darin, daß man seinen königlichen Siegelring gesehen hatte, als er am Spieß ein Huhn drehte, ist heute nicht mehr zu verifizieren, spielt aber auch, was den wesentlichen Teil der Episode betrifft, keine Rolle. Denn der wesentliche Teil war das Lösegeld. Das jedoch nicht, wie oft fälschlich berichtet wird, Herzog Leopold V. von dem englischen König gefordert hatte, sondern Heinrich VI., der deutsche König und römische Kaiser. Leopold V. verlangte bloß seinen Anteil. Der machte immerhin fünfzig Prozent der festgesetzten Summe, 100 000 Mark Silber im sogenannten Kölner Gewicht, aus (in heutiger Währung beziehungsweise Kaufkraft etwa dreißig Milliarden Schilling).

Getarntes Lösegeld

Die enorme Forderung brachte die Staatsfinanzen des englischen Königreichs ins Wanken; Sondersteuern mußten eingehoben, Kirchenschätze beschlagnahmt, wertvolle Verzierungen öffentlicher Gebäude eingeschmolzen werden. Um daheim, wo bereits sein Bruder, Johann ohne Land, mit französischer Hilfe seinen Platz einnehmen wollte, das Gesicht zu wahren, ließ Richard I. Löwenherz die Transaktion als eine familiäre Angelegenheit zwischen befreundeten Herrscherhäusern darstellen, als die längst fällige Ausbezahlung einer Mitgift für seine Nichte Eleonore, die einen Sohn Leopolds V. von Österreich, Friedrich, heiraten sollte. Sie heiratete einige Jahre später König Alfons von Kastilien.

Heinrich VI. zieht nach Rom. Chronik des Petrus de Ebulo, um 1197

Am 28. März 1193 übergab Leopold V. in Speyer Heinrich VI. den wertvollen Gefangenen. Der deutsche König und Kaiser hielt nun den englischen König auf der Burg Trifels im Rheinland in »milder Haft«. Am 29. Juni wurde in Worms zwischen Richard I. Löwenherz und Heinrich VI. ein Vertrag über alle Details der Erpressung geschlossen. Am 4. Februar 1194 ging der König von England frei.

Leopold V. verwendete den immensen Betrag, der ihm in den Schoß fiel, nicht für sich, sondern für das Wohl seines Herzogtums, für das Land Österreich. Wien wurde neu befestigt, beträchtlich erweitert und verschönert, der Graben mit dem umliegenden Straßennetz angelegt, wahrscheinlich auch der Hohe Markt, der zwar urkundlich erst am 16. Dezember 1211 erwähnt wird: der reiche Bürger Dietrich besaß dort einen »Fleischtisch« und einen »Fischtisch«, also zwei offene Lebensmittelladen.

Gründung von Wiener Neustadt

Auch Hainburg, die Grenzstadt zu Ungarn, ließ Leopold V. aus dem englischen Lösegeld umbauen und vergrößern. Die Stadt Enns bekam ein kostspieliges Mauersystem. Im Wiener Becken gründete Leopold V. im Jahr 1194 anstelle zweier Dörfer eine neue, befestigte Großsiedlung: Wiener Neustadt. Sie wurde, ebenfalls mit Geldmitteln aus der erpreßten Summe, reich ausgestattet. Dieser neue, an der über den Semmering nach dem Süden führenden Straße gebaute militärische und wirtschaftliche Stützpunkt war für Leopold V. besonders wichtig. Der Donauhandel brach infolge der unsinnigen, ins Uferlose ausgearteten Zollschikanen so gut wie zusammen: allein zwischen Linz und Wien mußten die Schiffer an siebenundsiebzig Mautstationen, die Grundherren, Klöster oder die Verwaltung des Herzogs errichtet hatten, anlegen, ihre Ladung visitieren lassen und zahlen. Die Wirtschaftsbeziehungen mit dem bereits mächtig und wohlhabend gewordenen Venedig wurden daher erheblich intensiviert, die Kaufleute wandten sich immer mehr nach Süden und benützten den billigeren und verhältnismäßig sicheren Transportweg Straße. Eine weitere wesentliche Rolle, die der neu gegründeten Stadt zukam, war die einer politischen und militärischen Basis und Zwischenstation in Richtung Mürz-, Enns- und Murtal. Denn seit dem 24. Mai 1192 gehörte Leopold V. auch das Herzogtum Steiermark. Es wurde dem Herzogtum Österreich zwar nicht angegliedert, mit ihm aber gemeinsam verwaltet. Das *Territorium Austria* gewann dadurch in beachtlichem Ausmaß an Grund und Boden, an wirtschaftlichem Potential und an politischer Bedeutung.

Die Steiermark

Bis zur Vereinigung mit dem Land Österreich verlief die Entwicklung der Steiermark, so wie die der einstigen »Gegend Ostarrîchi«, im Staatsverband des Deutschen Reiches. Der Name Steiermark taucht das erste Mal in seiner lateinischen Form, *marchia Stirie*, im Jahr 1171 auf; er wird vom Namen der Stadt und der umliegenden Herrschaft Steyr, die eine Zeitlang geistiger und wirtschaftlicher Mittelpunkt der Mark war, abgeleitet. Im 10. und 11. Jahrhundert war das steirische Gebiet, in Grafschaften gegliedert, ein Teil der karantanischen Mark beziehungsweise des Herzogtums Kärnten; um das Jahr 1160 wurde es noch Carinthia genannt. Es unterstand dem Grafengeschlecht der Eppensteiner, das seinen Sitz in Judenburg hatte. Zeitweilig waren dann Pitten, nördlich des Wechsels, und die Hengistburg bei Wildon das Zentrum der Verwaltung. Graz (Gräz, auch Gradec), eine kleine Siedlung mit einer gemischt deutschsprachigen und slawischen Bevölkerung, war seit dem Jahr 1229 als Pfalz, als befestigtes Schloß der Markgrafen, bekannt.

Nach einem kurzen Zwischenspiel der Familie Wels und Lambach übernahmen um das Jahr 1055 die Ottokare (Otakare), in den späteren Geschichtswerken auch als Traungauer geführt, aus der Umgebung des Chiemsees eingewanderte Baiern, anscheinend treue Gefolgsleute des deutschen Königs und römischen Kaisers Heinrich III., die Verwaltung des bereits von der Burg Steyr an der Enns aus regierten, schon als Steiermark bezeichneten Landes. Das Gebiet wurde in mehreren Etappen vergrößert: 1147 kamen die Besitztümer des im Zweiten Kreuzzug gefallenen Grafen Bernhard von Spanheim-Marburg südlich der Mur und an beiden Ufern der Drau, 1158, nach dem Tod des Grafen Ekbert von Formbach und Pitten, die gesamte Umgebung des Semmerings und der Wechsel hinzu. Im Jahr 1180 verlieh der deutsche König und römische Kaiser Friedrich I. Barbarossa dem Markgrafen Ottokar IV. die Herzogswürde. Doch bald darauf wurde die Zukunft des neuen Herzogtums zu einem schwierigen Problem.

Herzog Ottokar IV.

Der junge Herzog Ottokar IV. war von einer seltenen, vermutlich von heimkehrenden Kreuzfahrern aus dem arabischen Raum eingeschleppten unheilbaren Krankheit befallen. Er litt an Elefantiasis, einer bösartigen, chronischen Entzündung der Hautgefäße, in deren Folge vor allem Schenkel und Unterleib auf einen vielfachen Umfang ihres Normalzustandes anschwellen. Daß die Ottokare mit ihm aussterben würden, war völlig klar. Er selber hat auch weder geheuchelt noch an ein Wunder geglaubt, sondern ging besonnen daran, die Nachfolge für die Steiermark so vorteilhaft wie möglich zu regeln. Aus verschiedenen, vornehmlich aber militärischen und wirtschaftlichen Gründen schien eine Vereinigung mit dem Herzogtum Österreich, unter Wahrung der eigenständigen Interessen und mancher althergebrachten Rechte der Steirer, die beste Lösung zu sein. Der deutsche König und römische Kaiser unterstützte den Plan, wahrscheinlich deshalb, weil ein größeres, einheitlich verwaltetes Staatsgebilde an der Südostgrenze des Reiches gegen die unberechenbare Expansionspolitik der Ungarn mehr Sicherheit bot.

Im August 1186 traf Herzog Ottokar IV., von der Krankheit schon schwer gezeichnet, Herzog Leopold V. auf dem St. Georgenberg bei Enns. In Anwesenheit hoher Würdenträger der Steiermark und Österreichs wurde ein – schriftlich anscheinend nicht festgelegter – Erbvertrag geschlossen. Die sogenannte »Georgenberger Handfeste« (die Bezeichnung stammt aus wesentlich späterer Zeit) ist nicht der Vertrag selbst, sondern eine Art Zusatzerklärung, in der feierlich verkündet wird, wer das Herzogtum Österreich regiere, solle auch über das Herzogtum Steier herrschen, denn unter einem gemeinsamen Fürsten könne Friede und Gerechtigkeit in beiden Ländern leichter bewahrt beziehungsweise gefördert werden. Im weiteren befaßt sich die Urkunde mit dem an Herzog Leopold V. übertragenen Grund und Boden des todkranken Ottokar IV. und mit den Rechten und Freiheiten der steirischen Ministerialen, die der Herzog von Österreich fortan stets zu berücksichtigen habe. Was Leopold V.

Georgenberger Handfeste

vermutlich nicht schwerfiel; denn auch er bediente sich eines für die damalige Zeit gewiß als aufgeklärt geltenden Regierungsstils und holte vor wichtigen Entscheidungen die Meinung seiner Ministerialen ein. So wurde zum Beispiel die Gründung von Wiener Neustadt in einer Versammlung in Fischau erst nach langwierigen Beratungen beschlossen.

Am 8. Mai 1192 starb Herzog Ottokar IV., und schon zwei Wochen später übertrug der deutsche König und römische Kaiser Heinrich VI. auf dem Reichstag von Worms das Herzogtum Steiermark auf Leopold V. Der Herzog von Österreich und Steier hielt sich nun häufig im steirischen Gebiet, im Mürztal, im Ennstal und in der Umgebung von Graz auf, er scheint dort auch auf einigen Widerstand gestoßen zu sein, vor allem als Papst Cölestin III., ein rüstiger Greis von achtundachtzig Jahren, ihn wegen der gesetzwidrigen Gefangennahme eines edlen Kreuzfahrers, Richard I. Löwenherz, im Frühjahr 1194 überraschend mit dem Kirchenbann belegt hatte. Der Bann, der mit dem sogenannten Interdikt, mit dem päpstlichen Verbot, in den Ländern des exkommunizierten Fürsten Gottesdienste abzuhalten und Tote nach dem katholischen Ritus zu begraben, verbunden war, ließ Leopold V. zunächst kalt; er hoffte, die peinliche Angelegenheit, die für seine politische Stellung erst nach längerer Zeit hätte

Leopold V., Herzog von Österreich und Steier

Herzog Leopold VI. Glasfenster, Stadtpfarrkirche Steyr, um 1300

gefährlich werden können, durch ein Machtwort des deutschen Königs und römischen Kaisers, des eigentlichen Initiators der Erpressung von Richard I. Löwenherz, aus der Welt zu schaffen. Doch am 26. Dezember 1194 stürzte er in Graz vom Pferd und brach sich den Knöchel so unglücklich, daß man sich entschloß, den Fuß zu amputieren. Ein Kämmerer, ein Finanzbeamter der herzoglichen Hofhaltung, der von Medizin einiges zu verstehen glaubte, nahm den Eingriff mittels eines Jagdmessers und eines Hammers vor. Binnen Stunden machte sich eine rasch fortschreitende Blutvergiftung bemerkbar; der Herzog litt furchtbare Schmerzen und wußte, daß er nicht mehr gerettet werden konnte. Angesichts des Todes wollte er sich mit dem Papst versöhnen. Er gelobte, daß er über die Verwendung des englischen Lösegeldes offenherzig Auskunft geben und den noch verbliebenen Rest, allerdings nur noch 4000 Silbermark, unverzüglich zurückzahlen werde. Erzbischof Adalbert von Salzburg sprach daraufhin den Herzog vom Kirchenbann frei. Am 31. Dezember 1194 starb Leopold V. im Alter von siebenunddreißig Jahren in Graz. Die Verrechnung über die von Richard I. Löwenherz erpreßten und bereits ausgegebenen 46 000 Silbermark wurde nicht mehr erstellt, und auch die restlichen 4000 Silbermark niemals zurückgezahlt, obwohl Leopolds V. Sohn, Friedrich I., vor dem Begräbnis seines Vaters das Gelöbnis zusammen mit zwölf hohen Herren von Österreich und Steier in Anwesenheit des Bischofs von Passau, Wolfger, feierlich wiederholt und bekräftigt hatte.
Bald nach dem Tod Leopolds V.*, Herzog von Österreich und Steier, traten auch die anderen Schlüsselfiguren der Erpressungsaffäre von der politischen Bühne ab: der deutsche König und römische Kaiser Heinrich VI. starb, als er einen neuen Kreuzzug in das Heilige Land führen wollte, am 28. September 1197 unterwegs in Sizilien an der Ruhr, Papst Cölestin III. am 8. Januar 1198 an Altersschwäche in Rom, der englische König Richard I. Löwenherz am 6. April 1199 in einem Privatkrieg, vor der Burg seines Gegners, des Grafen Guidomar von Limoges, in Frankreich. Herzog Friedrich I., Sohn von Leopold V., der es zunächst auf sich nahm, den Rest des Lösegeldes der englischen Staatskasse zurückzuerstatten, regierte auch nur dreieinhalb Jahre. Er schloß sich dem geplanten Kreuzzug von Heinrich VI. an, nahm an dessen Beisetzung im Dom von Palermo teil, erkrankte aber auf der Heimreise, vermutlich ebenfalls an der Ruhr, und starb am 16. April 1198 in Italien. Bischof Wolfger von Passau brachte das präparierte Skelett des Herrschers nach Österreich und übergab es den Mönchen des Klosters Heiligenkreuz, wo bereits die Herzöge Leopold IV. und Leopold V. ihre letzte Ruhestätte gefunden hatten.

Herzog Friedrich I.

* Die Gestalt Leopolds V. wird in einer populären, bei näherer Betrachtung jedoch recht geschmacklosen Sage auch mit der Entstehungsgeschichte der rotweißroten österreichischen Landesfarben in Verbindung gebracht. Der Herzog soll bei der Erstürmung von Akkon förmlich in Blut gewatet haben, sein weißes Gewand vom Blut des Feindes dermaßen überströmt gewesen sein, daß davon nur ein von dem Schwertgurt bedeckter breiter Streifen verschont blieb. Daraufhin habe er beschlossen, dieses im heiligen Streit für die Ehre Gottes entstandene Muster zu seinem Wappenschild zu machen. Doch die Kreuzfahrer zogen keineswegs in wallenden weißen Gewändern, sondern, trotz der großen Hitze, in voller Panzerung in die Schlacht. Das rotweiße Bindenschild taucht das erste Mal um das Jahr 1235 auf den Siegeln des letzten Babenbergers, Herzog Friedrich II., auf. Die Herkunft des Wappens beziehungsweise die Idee, die der Farbzusammenstellung zugrunde lag, ist unbekannt.

Friedrich I. (der »Katholische«), der für die Nachwelt so gut wie keine nennenswerten Spuren hinterließ, war unverheiratet. So übernahm sein jüngerer Bruder Leopold VI. (der »Glorreiche«) im Alter von zweiundzwanzig Jahren die Regierungsgewalt. Schon seit dem Silvestertag des Jahres 1194 verwaltete er die Steiermark, obwohl sein Vater, Leopold V., sich im Georgenberger Vertrag ausdrücklich für einen »gemeinsamen Fürsten« in beiden Herzogtümern aussprach. Wahrscheinlich dachte Leopold V. jedoch keineswegs daran, sich an seinen eigenen Leitsatz zu halten, sondern vielmehr daran, die Herrschaft unter seinen Söhnen zu teilen, um einen voraussehbaren Machtkampf zwischen den Brüdern zu verhindern. Mit dem Tod des älteren Sohnes, Friedrich I., wurde die vom besorgten Vater angeordnete, schriftlich jedoch bewußt nicht festgelegte neue Trennung der österreichischen und der steirischen Landeshoheit hinfällig. Der Georgenberger Vertrag trat, von niemandem angefochten, wieder in Kraft.

Herzog Leopold VI.

Herzog Leopold VI. stand zweiunddreißig Jahre hindurch an der Spitze der miteinander schon eng verbundenen Herzogtümer. Seine Regierungszeit wird allgemein als eine glückliche Epoche des Friedens, des Wohlstandes und der kulturellen Reife, als das goldene Zeitalter Österreichs unter den Babenbergern geschildert. Es gab freilich auch Schattenseiten und Schönheitsfehler, so die erste organisierte Ketzerverfolgung im mitteleuropäischen Raum*, die bewaffneten Abenteuer einer kleinen, vom Herzog angeführten Ritterschar in Südfrankreich und in Palästina, die verschärften Strafbestimmungen auch für harmlose Verfehlungen und die harte Durchsetzung der diktatorisch gehandhabten herzoglichen Autorität; doch die Ursachen dafür lagen gewiß mehr im Geist der Zeit, in der wieder strenger gewordenen ideologischen Ausrichtung der Kirche und in der Verhaltensweise des für theatralische Gesten und Taten schwärmenden Rittertums, als in dem in mancher Hinsicht widersprüchlichen Charakter des Herzogs.

Ost-West-Drehscheibe

Denn Leopold VI. war, wenn auch in der glänzenden Rüstung eines tugendhaften und tapferen Ritters, in erster Linie ein ideenreicher und risikofreudiger Wirtschafts- und Finanzmann; wahrscheinlich der beste, der Österreich je regiert hatte. Er sah die großen Vorteile der geopolitischen Lage seines Landes und wußte sie mit geradezu unheimlicher Intensität zu nützen. Mit einem überfallsartigen Geniestreich, dem Wiener Stapelrecht vom 18. Oktober 1221**, erfand er die Ost-West-Drehscheibe, die gesetz-

* Leopold VI. ließ 1210 die Waldenser in Österreich unbarmherzig verfolgen. Die Waldenser, nach ihrem ersten Anführer, Peter Valdez, einem Bürger von Lyon, benannt, verwarfen die Lehre vom Fegefeuer, lehnten die Seelenmesse ab, traten für eine auf den Worten der Bergpredigt aufgebaute Gesellschaftsordnung ein und wollten den Papst nicht als höchste Autorität des Christentums anerkennen.

** Das Stapelrecht ist ein Teil des Wiener Stadtrechtes, das in seiner heute bekannten Form von späteren Autoren redigiert und in Paragraphen eingeteilt wurde. Das Stapelrecht war ein überraschender wirtschaftspolitischer Schachzug, um so mehr, da Leopold V. den Kaufleuten aus Regensburg noch im Jahr 1192 weitgehende Privilegien zugesichert hatte, unter anderem auch strafrechtliche Begünstigungen und den freien Transitverkehr nach Ungarn.

lich verankerte Grundlage eines ungeahnten Aufschwunges und einer bis dahin nicht gekannten materiellen Sicherheit der Bevölkerung, vor allem des aufstrebenden, durch den Zufall der Geburt nicht mehr an ein eng begrenztes, genau vorausberechnetes Dasein gebundenen städtischen Bürgertums.

Wirtschaftswaffe Stapelrecht

Das vom Herzog erlassene Stapelrecht, das erste im deutschsprachigen Raum (Köln: 1259, Leipzig: 1466), schrieb zwingend vor, daß fremde Kaufleute, die ihre Waren auf der Donau oder über die Fernstraßen transportierten, diese in der Residenzstadt stapeln, das heißt einlagern und Wiener Zwischenhändlern verkaufen mußten, die dadurch wiederum die Preise diktieren und an dem Weiterverkauf, den nur noch ausschließlich sie betreiben durften, beachtliche Summen verdienen konnten. Der fremde Kaufmann, vornehmlich aus dem Deutschen Reich, aus Schwaben, aus Regensburg und Passau, aber auch aus Ungarn und Böhmen, aus Venedig und aus Byzanz und sogar aus dem sagenhaften Kiew, hatte in Wien zwei Monate Zeit, sein Handelsgut loszuwerden. Fand er keinen Abnehmer, mußte er die Ware nach Errichtung einer ziemlich hohen Ausfuhrgebühr wieder nach Hause führen, was beinahe einem Totalverlust gleichkam. Am Ende der Frist gab es daher fast regelmäßig Panikverkäufe, die Wiener konnten bei stark herabgesetzten Preisen wertvolle Lagerbestände erstehen. Das alles roch zweifellos nach Erpressung, doch das neue Stapelrecht wurde, da Wien wegen seiner äußerst günstigen geographischen Lage kaum zu umgehen war und der Herzog in den Nachbarländern ein hohes Ansehen genoß, niemals ernsthaft in Frage gestellt.

Handelszentrum Wien

Leopold VI. war auch der erste regierende Fürst in Österreich, der seinen Untertanen, den Wiener Kaufleuten, aus eigenen Mitteln Kredite gab, insgesamt 30 000 Silbermark, um ihr Betriebskapital zu erhöhen. Brachten Ausländer der heimischen Wirtschaft klar erkennbare Vorteile, so wurden sie mit großzügigen Privilegien bedacht, wie die in ihrer Kunst unübertrefflichen »Flandrenser«, die flämischen Tuchfärber, die im Jahr 1208 in Wien mit Sonderrechten ausgestattet wurden. Neben Schneidern und Waffenschmieden, Wein- und Kornhändlern siedelten sich in der Hauptstadt der vereinigten Herzogtümer Österreich und Steier immer mehr Handwerker an, die Luxusartikel für den heimischen Bedarf und für den Export produzierten, darunter Rauhwarenhändler und Goldschmiede. Geschäfte zu machen galt in allen Schichten der Bevölkerung als eine ebenso sinnvolle wie ehrenhafte Tätigkeit; der merkantile Geist des Hofes erfaßte auch die sonst eher zur Brutalität und dem Ideal des Heldenlebens neigende Ritterschaft und beeinflußte sie nachhaltig: der Verfasser der Lucidarius-Liedersammlung beklagt sich darüber, daß die Ritter, ja sogar die jungen Knappen in Österreich über Weizenpreise redeten und dafür mehr Interesse hätten als für das Kriegshandwerk – eine im Grunde gar nicht so abstoßende Erscheinung.

Wien wurde binnen weniger Jahre zu einem mächtigen Handelszentrum und zu einer reichen Großstadt. Die Mauern mußten überall verlegt werden, die besiedelte Fläche erreichte den Umfang, den sie bis zur Mitte des 19. Jahrhunderts hatte. Vermutlich um das Jahr 1225 begann der Bau der späteren Hofburg, einer viereckigen Anlage mit einem stark befestigten Hauptturm und drei sogenannten Trabantentürmen. Der Herzog be-

Gerber und Schuster. Handschrift aus dem Kloster Rein, Steiermark, 13. Jh.

mühte sich jedoch vergeblich, in Wien ein österreichisches Landesbistum zu errichten. Er verhandelte jahrelang mit Papst Innozenz III. und schilderte in einer nach Rom gesandten Denkschrift seine Residenz als eine für den künftigen Sitz eines Bischofs durchaus würdige Stadt, die, »an einem lieblichen Fluß gelegen und durch eine große Einwohnerschaft ausgezeichnet, nach Köln eine der bedeutendsten im Deutschen Reiche« sei. Doch Bischof Manegold von Passau, zu dessen Diözese Wien gehörte, wollte seine Macht und seinen Besitz nicht schmälern lassen und brachte den Plan zum Scheitern, obwohl Herzog Leopold VI. seine Treue zur Kirche und zum Papst auch mit der Waffe in der Hand schon mehrere Male bewiesen hatte. Er nahm am Ersten Kreuzzug teil, der gegen europäische Christen, gegen die Albigenser und Katharer*, in Südfrankreich geführt wurde, verspätete sich allerdings und machte die Erstürmung der Stadt Béziers, wo die deutschen und italienischen Ritter, wie einst in Jerusalem, die gesamte Bevölkerung niedergemetzelt hatten, nicht mehr mit. Er tauchte dann kurz im Krieg gegen die Mauren in Spanien auf, zeichnete sich aber, wie auch später im gemeinsamen Kreuzzug mit dem unga-

Kreuzzug in Europa

* Der heilige Krieg gegen die Albigenser (nach ihrem Zentrum, der Stadt Albi in Südfrankreich, benannt) und gegen die Katharer (abgeleitet vom griechischen Wort katharós = rein) stellt ein besonders düsteres Kapitel in der Geschichte des Mittelalters dar. Sowohl die Albigenser als auch die Katharer predigten strikte Enthaltsamkeit und die Rückkehr zur »reinen Lehre Jesu«. Sie waren nicht minder verblendet und fanatisch als die Ritter, die im Namen der Kirche und des Papstes gegen sie in den Krieg zogen, um sie auszurotten. Das deutsche Wort Ketzer stammt übrigens aus dieser Zeit, es ist eine Variante von Gazzari, der italienischen Bezeichnung für die Katharer.

rischen König Andreas II. in Palästina und bei der Belagerung von Damiette in Ägypten in der Nähe der Nilmündung, durch keinerlei Heldentaten aus. Dabei waren seine kriegerischen Unternehmen weder durch politische Überlegungen noch durch Gewinnsucht motiviert, sondern eher durch seinen Hang zu ritterlichen Abenteuern und durch die Überzeugung, er müsse der bedrohten Autorität der Kirche zu Hilfe eilen.

Seinen großen, in vielen zeitgenössischen Quellen erwähnten Reichtum erwarb Leopold VI. ohne Blutvergießen, ja ohne einen einzigen Schwertstrich. Er kaufte ausgedehnte Ländereien und ganze Städte, so die Gegend von Ottensheim und Waxenberg nördlich der Donau, Linz mit seiner gesamten Umgebung bis nach Passau hinauf, die Städte Wels und Lambach, Raabs an der Thaya und Freistadt im Mühlviertel, verschiedene Güter in Tirol, in Krain und in Friaul, darunter auch den wichtigsten Knotenpunkt Pordenone zwischen Venedig und Triest. In einer Zusammenstellung der jährlichen Einkünfte einiger europäischer Fürsten in der Chronik der Stadt Colmar (1218) steht der Herzog von Österreich mit 60 000 Mark hinter dem König von Böhmen (100 000 Mark) an zweiter Stelle.

Defensive Außenpolitik

Die Außenpolitik Leopolds VI. war zurückhaltend und eindeutig defensiv, die Handelsbeziehungen nach allen Seiten hin hatten absoluten Vorrang.

Kaiser Friedrich II. Aus seinem »Falkenbuch«, 13. Jh.

Die von den Herzögen von Österreich mit steter Umsicht verfolgte Strategie der Eheschließung sicherte ihn gegen seine potentiellen Feinde ab. Seine Mutter Ilona (Helene) war die Tochter des ungarischen Königs Géza II., die Frau seines Onkels Heinrich, Richa, die Tochter des böhmischen Königs Wladislaw II. Er selbst heiratete eine Byzantinerin, Theodora, eine Enkelin des Kaisers Isaak Angelos II. Seine vier Töchter gingen an die Westfront; sie fanden ihre Ehemänner im Deutschen Reich: Agnes den mächtigen Herzog Albrecht von Sachsen, Konstanze den Markgrafen Heinrich von Meißen, Gertrud den Landgrafen Heinrich Raspe von Thüringen und die älteste von ihnen, die damals schon dreißigjährige Margarete, den erst vierzehn Jahre alten deutschen König Heinrich VII. Diese Heirat erwies sich zwar später als eine Fehlinvestition, denn Heinrich VII. rebellierte gegen seinen Vater, den römischen Kaiser Friedrich II., und wurde nach Kalabrien in die Verbannung geschickt, wo er im Februar 1242 starb. Margarete zog sich für einige Jahre in das Kloster der Dominikanerinnen nach Würzburg zurück.

Erfolgreiche Vermittlung

Leopold VI. wußte sein hohes Ansehen auch als politisches Instrument gezielt in den Machtzentren Europas einzusetzen; er griff als Vermittler in Konflikte ein, die für Österreich hätten gefährlich werden können. So versöhnte er, nach einer Reihe von bewaffneten Grenzzwischenfällen, den

Herzog Leopold VI. vermittelt den Frieden zwischen Kaiser Friedrich II. und Papst Gregor IX. Aus dem Babenbergerstammbaum im Stift Klosterneuburg

ungarischen König Andreas II. mit dessem Sohn, dem späteren König Béla IV., der 1223 mit seiner griechischen Frau Maria Laskaris, die er trotz des Einspruchs seines Vaters geheiratet hatte, nach Wien geflüchtet war.

Im Jahr 1227 prallten wieder einmal die kirchliche und die weltliche Macht aufeinander: Papst Gregor IX. belegte den römischen Kaiser Friedrich II. mit dem Großen Bann, weil er sich geweigert hatte, einen längst gelobten Kreuzzug anzutreten. Die mehrmalige Verschiebung und dann der Abbruch des ohnehin lustlos begonnenen Unternehmens diente für den Heiligen Stuhl jedoch bloß als ein willkommener Vorwand: Friedrich II., eine faszinierende Gestalt der deutschen Geschichte, ein Wissenschaftler, Magier und Alchimist auf dem Thron, ein Freidenker, der auch manche Dogmen der christlichen Lehre, darunter das von der Unbefleckten Empfängnis, in Frage gestellt, das Gottesurteil aus der Prozeßordnung gestrichen, sich in seinem, auf einem seltsamen, doppelachteckigen Grundriß erbauten Schloß Castel del Monte in Apulien mit arabischen und jüdischen Gelehrten umgeben hatte, galt in den Augen des streitbaren, erzkonservativen Gregor IX. als der Antichrist in Person. Leopold VI. hingegen schien zu dem sonderbaren Friedrich II., der auf die österreichische Politik kaum Einfluß nahm, ein sehr freundliches Verhältnis gehabt zu haben. Er bemühte sich, mehr auf der Seite des Kaisers als auf der des Papstes stehend, zwischen der römischen Kirche und dem Deutschen Reich einen Ausgleich zustande zu bringen. Als Vierundfünfzigjähriger trat er die beschwerliche Reise nach Foggia in Süditalien an, um gemeinsam mit Berthold, dem Patriarchen von Aquileia, Eberhard II., Erzbischof von Salzburg, und Herzog Otto von Meranien als Wortführer einer Friedenspartei persönlich zu vermitteln. Am 23. Juli 1230 wurde in San Germano (heute: Cassino, unterhalb der Benediktinerabtei Monte Cassino) der mit tatkräftiger Hilfe des Herzogs von Österreich ausgehandelte Vertrag zwischen Papst Gregor IX. und Kaiser Friedrich II. unterzeichnet. Leopold VI., von einer »tückischen Krankheit« (wahrscheinlich der Ruhr) befallen, nahm an der letzten, feierlichen Sitzung nicht mehr teil. Er starb am 28. Juli 1230 in San Germano, sein Skelett wurde in das von ihm im Jahr 1202 gegründete Zisterzienserstift Lilienfeld übergeführt.

Zwischen Kaiser und Papst

Erdrutsch im Osten

Das Ende der Babenbergerzeit

Das Stift Lilienfeld, mit den in seiner weitläufigen Anlage schon vorhandenen charakteristischen Merkmalen einer aus dem Süden Frankreichs nach dem Osten verpflanzten Zisterzienser-Architektur, stellt das bedeutendste, weil in den späteren Jahrhunderten am wenigsten veränderte Bauwerk der Babenbergerzeit dar. In der Stiftskirche von Heiligenkreuz (Gründungsjahr 1133), in einer dreischiffigen Pfeilerbasilika, baute man, das erste Mal im gesamten deutschsprachigen Raum, Kreuzrippengewölbe; sie weisen ebenfalls auf den nachhaltigen Einfluß der französischen Zisterzienser im Bereich der österreichischen Sakralbauten hin. Zu den ältesten, in ihrer Grundgestalt authentischen Baudenkmälern aus der Periode der zum Staat gewordenen »Gegend Ostarrîchi« gehören die Klosterkirche von Kleinmariazell (1136), Seckau (1164), Klosterneuburg (1136) und einige Beinhäuser (Karner), wie zum Beispiel in Eggenburg. Doch in ihrer frühesten Form sind nur wenige Bauwerke aus der Zeit der Markgrafen und Herzöge von Österreich erhalten geblieben, denn sie fielen allzuoft dem Feuer zum Opfer, und noch mehr, sie wurden immer wieder erweitert und dabei der vorherrschenden Stilrichtung der jeweiligen Epoche, in der die Bauarbeiten stattfanden, angepaßt. Der Wiener Stephansdom, im Jahr 1147 geweiht, war ursprünglich eine nicht übermäßig große Basilika mit einem Querschiff; Heidentürme und Riesentor wurden erst Mitte des 13. Jahrhunderts errichtet (Baubeginn etwa um 1230). St. Stephan, ebenso wie die Michaelerkirche in Wien und die um 1200 erbaute und so gut wie unangetastet gebliebene Kirche von Schöngrabern in Niederösterreich, zeigen bereits Elemente eines spätromanisch-normannischen Stils. Slawische, italienische oder byzantinische Einflüsse in der sakralen Architektur des Herzogtums Österreich kann man kaum nachweisen.

Bauwerke der Babenbergerzeit

Auch die Details der weltlichen Bauwerke, vor allem der Burgen und festen Häuser des Adels, die zumindest teilweise noch stehen (Dürnstein in der Wachau, Rappottenstein im Waldviertel, Pottendorf, Ebreichsdorf usw.) wurden weitgehend durch das großzügige Vorbild der nach fränkisch-deutschen Normen entworfenen kirchlichen Bauten bestimmt; es waren ja meist dieselben Bauleute, die für einen Bischof, einen Abt und einen Grenzgrafen die Pläne gezeichnet und die Aufträge ausgeführt hatten. Von den in Eigenregie erbauten Behausungen der niederen Volksschichten der Bauern und Handwerker, die fast ausnahmslos Holz oder

Bauarbeiten um 1240. Zeitgenössische Miniatur

Lehmziegel als Material verwendet hatten, blieben nicht einmal Fragmente erhalten; von den Bürgerhäusern nur einzelne Reste (zum Beispiel Wiener Neustadt: Ungargasse 4, St. Pölten: Herrenplatz 5, Tulln: Hauptplatz 21; Wien: Kellergeschoß im Heiligenkreuzerhof).

Mäzen Kirche

Die Kirche, reich begütert und von den Herzögen und mächtigen Grundherren wirkungsvoll unterstützt, trat nicht nur als der größte Bauherr des Landes, sondern gleichsam als ein anspruchsvoller, freilich in eigener Sache bedingungslos engagierter Mäzen und Kulturträger hervor. Sie spielte dabei, mit wenigen Ausnahmen, die mit dem politischen Kampf um die Macht oder mit manchen rückständigen Verordnungen der Päpste zusammenhingen, eine eindeutig progressive Rolle. So leistete sie dem Volk bei der Besiedlung weiter Landstriche durch die kostenlose Vermittlung von praktischen Erfahrungen auf dem Gebiet der Bautätigkeit und der Landwirtschaft wirksame Hilfe; sie schuf auch das erste wohlorganisierte Schulwesen in Österreich, mit den berühmten, zumindest theoretisch für jedermann zugänglichen Dom- und Klosterschulen, wie Salzburg, Brixen, Kremsmünster, Göttweig, Klosterneuburg und Admont, wo Rhetorik, Grammatik, Dialektik, Astronomie, Geometrie und Arithmetik gelehrt und klassische Autoren, unter anderen Vergil, Ovid, Horaz und Lukian, gelesen wurden. Auch die Geschichtsschreibung begann in den Mönchszellen und in den Verwaltungskanzleien der Bischöfe: die Chroniken und Annalen der Klöster, die frommen Biographien von Kirchenvätern und Heiligen (zum Beispiel die in Göttweig verfaßte »Vita beati Altmanni« und die »Passio Coloman« von Melk) waren die ersten wenn auch naturgemäß nur zum Teil verläßlichen historischen Werke über die politischen und kulturellen Ereignisse der Vergangenheit.

Bildende Kunst

Die in erster Linie ebenfalls von der Kirche geförderte bildende Kunst der Babenbergerzeit (Wand- und Buchmalerei, Glasfenster, Skulpturen) hatte im engen Zusammenhang mit der sakralen Raumgestaltung stets dekorativen Charakter und war streng an christlich-katholische Themenstellungen gebunden. Die wenigen oft nur in Bruchstücken erhalten gebliebenen Objekte sind von hoher künstlerischer Qualität, lassen aber keine spezifischen Formen oder Motive einer eigenständig österreichischen Stilrichtung erkennen. Die in der romanischen Burgkapelle von Ottenstein entdeckte Wandmalerei aus der zweiten Hälfte des 12. Jahrhunderts weist auf byzantinische und auf westeuropäische, namentlich südfranzösische und süddeutsche Beziehungen hin, ebenso die in der Johanneskapelle von Pürgg oder in der Pfarrkirche von Muthmannsdorf gefundenen Fresken. Auch die in Südtirol erhaltenen Fresken aus dieser Zeit zeigen byzantinischen Einfluß. Die bedeutendsten Werke der Buchmalerei, unter anderen die Illustrationen der Riesenbibel von Admont (um 1140), die großformatigen Initialen in den beiden Exemplaren des »Magnum Legendarium

Die törichten Jungfrauen. Fresko in der Burgkapelle von Hocheppan, Südtirol, 13. Jh.

Prudentia. Romanisches Fresko in der Burgkapelle von Ottenstein, Niederösterreich

Austriacum« von Heiligenkreuz (um 1190) und von Zwettl (um 1220), und die Federzeichnungen der sogenannten Rituale von Lambach und des Nonnenbreviers von Seckau gehen auf die von den französischen und deutschen Schreibstuben inspirierten Pionierleistungen der Salzburger und der Regensburger Schule zurück.

Romanisch-normannische Einflüsse, die über Regensburg weiter nach dem österreichischen Osten gelangt waren, zeigen auch die anmutigen Skulpturen an der Kirche von Schöngrabern, die als treffliche Bauplastik einen organischen Teil der Architektur bilden. Die selten schönen Holzfiguren aus der Epoche der Markgrafen und Herzöge von Österreich, wie das Kruzifix aus Gaal, die Madonna mit dem Kinde aus Freistadt und das Kreuzigungsrelief aus dem heute oberösterreichischen Ried, stammen vermutlich aus dem schwäbisch-bayrischen Raum. Das älteste, kunstvoll bemalte Glasfenster in Österreich (etwa um 1230) befindet sich in der Kirche des aufgelassenen, im Jahr 1813 zu einem Schloß umgebauten Kanonikatsstiftes Ardagger an der Donau; es stellt in vierzehn Medaillons die Legende der heiligen Margarete von Antiochia und den ersten Probst des Stiftes, Heinrich, dar. Form, Farbe und Anordnung der Bildelemente deuten auf Entwürfe der französischen Zisterzienser-Werkstätten hin. Von einer bodenständigen Weiterentwicklung zeugen schon die prachtvollen Glasfenster im Kreuzgang des Stiftes Heiligenkreuz (etwa um 1240); neben den Flechtband- und Blattpalmetten tauchen hier das erste Mal rein geometrische Motive auf. Die würdevoll-naiven Bildnisse einiger Markgrafen und Herzöge von Österreich im Brunnenhaus des Stiftes, darunter die von Leopold III. und Leopold IV., werden noch zur Glasmalerei der Babenbergerzeit gezählt; sie gehören jedoch, da sie wahrscheinlich erst um das Jahr 1290 eingesetzt wurden, einer späteren Periode an.

Glasfenster

Von der zeitgenössischen Musik, mit Ausnahme des hochentwickelten Chorgesangs, gibt es kaum Zeugnisse, bloß einige Melodien zu den Som-

Die wundersame Brotvermehrung. Fresko (Detail) in der Johanneskapelle von Pürgg, Steiermark

mer- und Winterliedern des Minnesängers Neidhart von Reuenthal, nach denen auch getanzt wurde. Von Musikinstrumenten aus der Babenbergerzeit hat man nur Abbildungen gefunden: sie zeigen eine Harfe, eine Trompete, eine Trommel, ein der Harfe ähnliches Psalterium und eine Fiedel, eine mittelalterliche Geige.

Anfänge der Literatur

Neben dem von der Kirche gepflegten und in allen Bereichen des geistigen Lebens und des Alltags benützten lateinischen Schrifttum erschien ab Ende des 10. Jahrhunderts eine eigenständige deutschsprachige Literatur zunächst als ein kaum beachtetes Wildgewächs. Das allererste Fragment einer österreichischen Prosa, bereits mit anspruchsvollen Konsonantenanklängen und alliterierenden Wendungen durchsetzt, ist der sogenannte Wiener Hundesegen, ein wahrscheinlich auf heidnischen Ursprung zurückgehender Spruch zum Schutz der Hunde, den eine unbekannte Hand zwischen zwei Heiligenpassionen eines lateinischen Codex eintrug.* Das erste vollständige Werk in deutscher Sprache stammt von einer Frau, der Nonne Ava, die als Klausnerin in strenger Abgeschiedenheit in Melk lebte, wo sie am 7. Februar 1127 starb. Mehr weiß man von ihr nicht. Ihr religiöser Gedichtzyklus (»Das Leben Jesu«, »Die Gaben des heiligen Geistes«, »Der Antichrist« und »Das Jüngste Gericht«) ist die älteste von einer Frau verfaßte literarische Arbeit im gesamten deutschen Sprachraum.

Sehr früh klangen in der österreichischen Literatur satirische Töne durch: ein verdrossener Edelmann, Heinrich von Melk (um 1160), der sich gegen Ende seines Lebens ins Kloster zurückzog, schrieb die kraftvolle, mit Spott und Verachtung für Richter, Priester, Kaufleute und Handwerker

* Daß am Anfang der österreichischen Literatur ein Hundesegen steht, ist sicherlich ein Zufall, wenn auch ein kurioser. Zum Vergleich die ältesten literarischen Fragmente einiger Länder in ihrer Nationalsprache: Deutschland: die Merseburger Zaubersprüche über die Fesseln eines Kriegsgefangenen; Polen: Teile einer frommen Predigtensammlung über die Jungfrau Maria; Ungarn: eine Grabrede; Böhmen: eine Apostelgeschichte.

gewürzte »Erinnerung an den Tod«. Der Stricker, ein Dichter aus dem Stand der Bürger (um 1230), verarbeitete in seinem »Pfaffen Amis« bereits volkstümliche Schwankelemente. Der Minnesänger Neidhart von Reuenthal (um 1240), ein Ritter, der erst in den letzten Jahren der Babenbergerzeit aus Bayern nach Österreich kam, machte das Leben der Bauern mittels einer in das Ironische verzeichneten realistischen Schilderung als literarischen Stoff nicht nur hoffähig, sondern auch zu einer von Nachahmern fleißig weitergeführten Erfolgswelle. Mit derbem Humor beschrieb er die groben Bräuche der Bauern und ihr linkisch-lächerliches Streben, höher hinaufkommen und dabei die Umgangsformen und die Kleidung der Edelleute nachäffen zu wollen. Diese »höfische Dorfpoesie«, wie die Literaturgeschichte die Neuentdeckung Neidhart nennt, wirft ein scharfes Licht auf die Lage der Bauern in Österreich: sie lebten im Wohlstand, aber auch unter dem ständigen Druck latenter Gegensätze zwischen Grundherr und niederem Volk, wobei, wie auch andere Quellen bestätigen, der verspottete Landmann materiell oft besser gestellt war als viele der verschuldeten, heruntergekommenen Ritter.

Neidhart von Reuenthal

Manche der mittellosen Herren, wie Neidhart von Reuenthal, griffen zur Feder und verdienten damit, wenn sie gute Beziehungen und Erfolg hatten, nicht schlecht. Neidhart bekam vom Herzogshof ein Haus bei Melk. Der Tannhäuser, ein vermutlich aus Salzburg nach Wien gekommener Minnesänger adeliger Abstammung, der keineswegs so fromm und reumütig war, wie ihn die viel später entstandene Legende schildert, besaß ein Haus in der Hauptstadt und erhielt, angeblich als Anerkennung für einige schöne Lieder, ein Gut in Leopoldsdorf und ein zweites in Himberg.

Walther von der Vogelweide

Walther von der Vogelweide allerdings (geboren um 1170, vielleicht in Südtirol), der den aus Südfrankreich über die Lombardei und über Friaul importierten Minnegesang durch einen persönlichen Ton, durch die unmittelbare Frische des Erlebten und durch die poetische Einfachheit des Volkslieds zur höchsten, für seine Zeit geradezu erstaunlich modernen Vollendung brachte, erfuhr ein »österreichisches Schicksal«: er wurde am »wonniglichen Hofe zu Wien«, wo er vom früh verstorbenen Herzog Friedrich I. anscheinend noch gern gesehen war, unter Leopold VI. im Jahr 1198 auf die Straße gesetzt. Ein Versuch, anläßlich der Hochzeit des Herzogs im Herbst 1203 eine gnädige Wiederaufnahme zu erwirken, scheiterte. Am 12. November, schon unterwegs nach dem Westen, bekam »Waltherus, cantor de Vogelweide« vom Bischof Wolfger in Zeiselmauer »5 schwere Solidi bayerische Schillinge«, um noch vor dem Einbruch des Winters einen Pelzrock kaufen zu können. Er trieb sich, von Heimweh geplagt, in halb Europa umher, bis der deutsche König und römische Kaiser Friedrich II., der selber Gedichte in italienischer Sprache schrieb, ihm großzügig unter die Arme griff. Walther von der Vogelweide revanchierte sich mit zeitbezogenen politischen Gedichten; er verspottete immer wieder den Papst, der den sonderbaren, allerlei Wissenschaften und den Künsten der Hölle verfallenen Kaiser nun bereits in regelmäßigen Abständen mit dem Großen Bann belegte. Friedrich II. schenkte dem von ihm hochgeschätzten Walther ein Gut in Würzburg und sorgte dafür, daß der Dichter nicht mehr »zu kargen Herr'n um eine Gabe flehen« mußte und daß er »im Sommer Luft und im Winter Feuer« hatte. Doch er sehnte sich

Neidhart von Reuenthal (links) und Ulrich von Liechtenstein. Manessische Handschrift

nach dem sonnig-heiteren Österreich, er kam vermutlich noch einmal als wohlhabender und erfolgreicher Fremder zu Besuch und sinnierte in Wien:

»O weh, wo sind verschwunden alle meine Jahr'.
Ist mir mein Leben geträumet, oder ist es wahr?«

Ein typisch österreichischer Dichter, kurioser Ahnherr der späteren Spinner und Narren, war der liebenswürdig-skurrile Ulrich von Liechtenstein (um 1200–1274), ein hoher Staatsbeamter (und auch damit Begründer einer österreichischen literarischen Tradition), Landrichter und Landmarschall der Steiermark, der aber genug Zeit und Muße fand, um – einmal als Venus und einmal als König Artus verkleidet – mit großem Gefolge von Venedig nach Wien beziehungsweise bis zur böhmischen Grenze zu reiten und dabei zu Ehren der von ihm verehrten Dame eine Serie von Turnieren zu veranstalten – oder das Ganze bloß zu erfinden und darüber das erste autobiographische Werk der österreichischen Literatur, den »Frauendienst«, zu schreiben.

Das Nibelungenlied

Seines blutig-grausamen Stoffes wegen, seiner unmenschlich-überdimensionierten Helden und Frauenfiguren, die bereits in den nordgermanischen Edda-Gedichten erschienen, aber auch wegen seiner verhängnisvoll-düsteren Atmosphäre gehört das Nibelungenlied mehr zur deutschen als zur österreichischen Literatur. Es wurde höchstwahrscheinlich vom Notar des Passauer Bischofs Wolfger, dem früheren Pfarrer des Dorfes Großrußbach, Meister Konrad, in den Jahren 1216–1224 nach der bereits bekannten Vorlage in der bischöflichen Kanzlei in Passau geschrieben oder an Hand schon existierender Teilstücke neu redigiert und aufgezeichnet, wobei die Handlung in die Donaulandschaft zwischen Passau

und Ungarn verlegt wurde. Das spannende Epos, in seinen Details von einer oft lebensnahen, poetischen Dramatik, war in den Häusern des Hochadels und vermutlich auch am Hof des Herzogs in Wien, als zeitgemäße Unterhaltungsliteratur von fahrenden Sängern vorgetragen, sehr gefragt. Dies beweist die ungewöhnliche Tatsache, daß es in mehr als dreißig verschiedenen handschriftlichen Exemplaren erhalten blieb.
Deutsche und französische Einflüsse in der österreichischen Literatur der Babenbergerzeit sind klar zu erkennen, dafür aber so gut wie keine slawischen, ungarischen oder griechischen, obwohl die byzantinischen Frauen der Herzöge von Österreich mit zahlreichen Begleitern in die neue Heimat gekommen waren. Das Paradebeispiel byzantinischen Kulturguts in Österreich findet man im Bereich der Wiener Volkssprache: das Wiegenlied »Heidi-pupeidi« (heideu mou paidion: Schlaf, mein Kindchen), das einst griechische Prinzessinnen und Dienstmädchen an der Donau gesungen hatten.

Herzog Friedrich II.

Im Jahr 1226 kam das letzte Mal eine byzantinische Prinzessin, Sophia Laskaris, die Tochter des Kaisers Theodor von Nikeia, als Braut nach Wien. Doch bereits 1229 mußte sie als geschiedene Frau die Heimreise antreten. Leopold VI. suchte und fand für seinen Sohn und designierten Nachfolger, Friedrich II., eine bessere, vor allem aber eine ungleich reichere Braut: Agnes von Andesch-Meran. Ihre beträchtliche Mitgift bestand unter anderem aus dem Gebiet von Krain (dem heutigen Slowenien) und den Herrschaften Ried und Schärding im Innviertel. Die Ehe war unglücklich, sie blieb kinderlos und wurde schließlich durch einen Schiedsspruch der Bischöfe von Passau und Salzburg ohne Angabe von Gründen aufgelöst. Aber auch mit seiner Mutter Theodora konnte Herzog Friedrich II. (der »Streitbare«) nicht in Frieden leben; er plünderte ihr Privatvermögen und drangsalierte sie so lange, bis sie zu König Wenzel I. nach Böhmen floh. Die Ministerialen und die hochfreien Geschlechter brachte er durch außerordentliche Steuern und durch die Mißachtung ihrer althergebrachten Rechte und Privilegien gegen sich auf, die Kirche durch barsches Benehmen und durch die schlagartige Konfiszierung ihrer Güter und Zolleinnahmen. Schon im ersten Jahr seiner Regierung, 1231, kam es zu einem Aufstand der Ministerialen – der allerersten Revolution in der Geschichte Österreichs. Unter der Leitung der mächtigen Kuenringer zogen die Ottensteiner, die Streitwieser, die Pillichsdorfer und die Falkenberger aus, um den Herzog abzusetzen. Friedrich II. konnte jedoch die gefährliche Lage geschickt entschärfen; er zeigte sich plötzlich milde und kompromißbereit, und bald stand der hohe Adel wieder auf seiner Seite.
Das Verhältnis zu Bayern, Böhmen und Ungarn verschlechterte sich infolge der persönlichen Taktlosigkeit und der aggressiven Außenpolitik des Herzogs ebenfalls, Grenzgefechte machten die Straßen und die Zollstationen unsicher, der bis dahin florierende Handel erlitt schwere Rückschläge. Und auch der im übrigen recht aufgeschlossene und tolerante Kaiser Friedrich II. hatte für den Hochmut und die fast krankhafte Habsucht des erst einundzwanzigjährigen Herzogs wenig Verständnis. Nach der mißglückten Verschwörung seines Sohnes Heinrich VII. interessierte sich der

deutsche König und römische Kaiser zunehmend für die politische Lage nördlich der Alpen und daher auch für die Konflikte in und um Österreich. Im Frühjahr 1235 verließ er sein geliebtes Italien, um die Auswirkungen der Rebellion Heinrichs VII. im Deutschen Reich an Ort und Stelle zu prüfen und zu neutralisieren. Er reiste über Österreich. Am Neumarkter Sattel traf er den Herzog, der ihn sofort bestürmte, für einen großangelegten Feldzug gegen Böhmen und Ungarn finanzielle Mittel flüssigzumachen und deutsche und italienische Truppen bereitzustellen. Der Kaiser lehnte zornig ab, er wollte an der Ostgrenze des Reiches Ruhe haben. Herzog Friedrich II. reagierte unbesonnen, er versuchte gar nicht, seinen Unmut zu verbergen; ein offener Bruch zwischen Lehnsherr und Lehnsmann schien nun unvermeidbar.

Absetzung und Verfolgung

Im selben Jahr erhoben die steirischen Stände, der König von Böhmen, Wenzel I., der Markgraf von Mähren, Přemysl, der Patriarch von Aquileia und die Bischöfe von Bamberg, Freising, Passau und Regensburg schwere Anklage gegen den Herzog von Österreich. Am 27. Juni 1236 wurde er in Nürnberg von den versammelten Fürsten und hohen kirchlichen Würdenträgern in aller Form geächtet und abgesetzt. Herzog Friedrich II. nahm den Urteilspruch nicht zur Kenntnis. Vom Norden her drangen daraufhin böhmische Truppen in Österreich ein, vom Westen die bewaffneten Knechte des Passauer Bischofs, vom Süden die des Patriarchen von Aquileia und die vom Bischof von Bamberg aufgestellten Kontingente. Friedrich II. wehrte sich. Und er hatte dabei treue Anhänger, denn er konnte, launenhaft und hochbegabt, wie er war, sogar seine Gegner durch seine persönliche Ausstrahlung, durch kluge Maßnahmen gewinnen; er war zäh und verlor auch in einer aussichtslosen Situation nicht den Mut; er konnte großzügig sein und nachsichtig, und dies alles bewog eine Anzahl einflußreicher Männer, unter ihnen den steirischen Landmarschall Berthold von Treun, den Ministerialen Konrad von Himberg, den Grafen Liutpold von Plain-Hardegg und den Bischof von Seckau, für ihn zu kämpfen.

Wien mußte der Herzog allerdings bald räumen, die Bürger öffneten dem Böhmenkönig Wenzel I. willig die Tore. Im Januar 1237 zog Kaiser Friedrich II. in die verlassene Burg des Herzogs ein und proklamierte Wien zur neuen Hauptstadt des nun zum Kron- und Reichsgut gewordenen Österreich, das demgemäß in seinen persönlichen Besitz überging. Das Stadtrecht wurde erweitert, die Bürger erhielten neue Privilegien, die Juden einen kaiserlichen Schutzbrief, die Schule von Sankt Stephan einen dem Herrscher unterstellten Rektor. An der Spitze der Verwaltung von Österreich stand ein kaiserlicher Prokurator, Bischof Ekbert von Bamberg, ein unversöhnlicher Feind des abgesetzten Herzogs.

Rückzug und Gegenoffensive

Herzog Friedrich II. zog sich nach Wiener Neustadt und von dort auf die stark befestigte Burg Starhemberg zurück. Da kam ihm Papst Gregor IX., eher unabsichtlich, zu Hilfe. Denn er griff den Kaiser, den »Erzketzer auf dem Thron«, erneut an, indem er einen bewaffneten Widerstand der lombardischen Städte organisierte. Italien wurde wieder einmal Kriegsschauplatz, der Kaiser marschierte nach Süden. Herzog Friedrich II. begann eine ebenso sorgfältig vorbereitete wie kühne Gegenoffensive. Im Dezember 1239 gelang es ihm, Wien zurückzuerobern. Im Juni 1240 bot

ihm der vom Papst hart bedrängte Kaiser überraschend Verhandlungen an und übertrug ihm die volle Regierungsgewalt.
Doch das Ende des unabhängigen, mit dem Deutschen Reich nur noch lose verbundenen Herzogtums Österreich kam dann sehr rasch, wenn auch keineswegs als eine gesetzmäßige Folgeerscheinung der sogenannten Blütezeit, der wirtschaftlichen Sättigung und kulturellen Reife. Die Katastrophe wurde, obwohl scheinbar indirekt, durch Ereignisse ausgelöst, die Tausende Kilometer östlich von Mitteleuropa bereits unaufhaltsam im Gang waren. Der widersprüchliche Charakter Herzog Friedrichs II., mit einer verhängnisvollen Kettenreaktion von schwerwiegenden militärischen und politischen Faktoren konfrontiert, trug allerdings auch wesentlich zu dem plötzlichen Zusammenbruch bei.

Die Mongolen

Im Jahr 1236 schickte der ungarische König Béla den gelehrten Dominikanermönch Julian auf eine Entdeckungsreise nach Asien; er sollte die Urheimat der Ungarn suchen und mit den dort verbliebenen Magyaren Kontakt aufnehmen. Frater Julian kehrte mit einem unheimlichen Bericht zurück: das riesige Reitervolk der Mongolen, dem bisher kein Land, kein Herrscher und keine Armee gewachsen war, brach unter dem Enkel des legendären Dschingis Khan, Batu, auf, das Abendland zu erobern. Der besorgte Mönch schrieb einen ausführlichen Brief an den Papst, er zählte eine Reihe von alarmierenden Tatsachen auf, die er zum Teil selber gehört oder gesehen hatte. Doch Gregor IX. schätzte die Gefahr völlig falsch ein; er dachte daran, den Mongolen Missionare entgegenzusenden und sie taufen zu lassen. Denn für ihn stand der Feind des Abendlandes mitten im Abendland: der deutsche König und römische Kaiser, seit dem 20. März 1239 erneut exkommuniziert und bereits im Begriff, Rom zu belagern und den Papst abzusetzen.
Schon im Winter des Jahres 1238 fegten die Mongolen auf ihren kleinen, wetterfesten Pferden über Rußland hinweg; Moskau, Jaroslaw und Twer gingen in Flammen auf. Am 6. Dezember 1240 brannte Kiew, am 13. Februar 1240 bereits die polnische Stadt Sandomir. Die Armee des deutschen Königs und römischen Kaisers Friedrich II. näherte sich indessen den Toren Roms. Seine Flotte jagte vor der toskanischen Küste die Schiffe der Genuesen, welche Bischöfe und Kardinäle aus Spanien und Frankreich, Belastungszeugen für einen gegen ihn geplanten Ketzerprozeß, nach Italien transportierten. Im Frühjahr 1241 teilte sich das mongolische Heer, laut zeitgenössischer Quellen etwa 500 000 Mann, in zwei Kolonnen. Die Nordarmee des Anführers Pataj brach in Schlesien ein und vernichtete am 9. April 1241 bei Liegnitz ein eilig zusammengestelltes, schwerfällig operierendes deutsch-polnisches Ritterheer. Die Südarmee unter dem Kommando des fast siebzig Jahre alten Subutaj zerschlug am 11. April 1241 in der Pußta von Mohi, westlich von Tokaj, die schlecht geführte Streitmacht der Ungarn, die, in einer Wagenburg verschanzt, auf engstem Platz zusammengedrängt, in einem unbeschreiblichen Chaos unterging.
König Béla IV. floh mit seiner Familie und mit dem ungarischen Kronschatz nach Österreich. Herzog Friedrich II. nahm ihn auf, aber nicht umsonst; er verlangte für Schutz und Gastfreundschaft drei ungarische

Komitate (Grafschaften beziehungsweise Verwaltungsbezirke): Sopron (Ödenburg), Moson (Wieselburg) und Vas (Eisenburg) sowie einen Teil der Kronjuwelen. Béla IV. sagte in seiner Not zu, dennoch mußte er den Hof des Herzogs bald verlassen. Die Mongolen tauchten bei Wiener Neustadt und bei Klosterneuburg auf, sie suchten die Spuren des ungarischen Königs. Denn nach ihrer mythischen Auffassung über den Besitz eines für sie eigentlich immer grenzenlosen Raumes war ein Land so lange nicht erobert, solange sein rechtmäßiger Herrscher am Leben war oder sich zumindest auf freiem Fuß befand. Für den ungarischen König schien Österreich nicht mehr sicher genug, er floh weiter nach Dalmatien, hinter ihm die beiden unter Batu Khan wieder vereinten Mongolenheere. Sie wollten ihn töten oder gefangennehmen und dadurch Ungarn, das mit seinen ausgedehnten Ebenen als Winterquartier und Operationsbasis für einen künftigen Vorstoß durch das obere Donautal vorgesehen war, auch *de jure* besetzen. Österreich blieb von weiteren Angriffen der Mongolen verschont.

Schlüsselfigur König Béla IV.

Béla IV. fand in der auf einer Insel erbauten Stadt Trogir (Trau) in der Nähe von Spalato (heute: Split) eine letzte Zuflucht. Das Meer stellte für die Mongolen ein unüberwindliches Hindernis dar. Sie lagerten monatelang Trogir gegenüber und beratschlagten, wie sie des ungarischen Königs habhaft werden könnten. Die Bürger von Trogir zeigten trotz der wildesten Drohungen der Mongolen eine entschlossene Haltung und lehnten es immer wieder ab, Béla IV., seine Frau und seine Kinder auszuliefern. Im Frühjahr 1242 erreichte Batu Khan die Nachricht, daß der regierende Fürst der Steppen, Großkhan Ogotaj, in Karakorum gestorben war und die Wahl des neuen Großkhans, der auch Batu heißen könnte, bevorstand. Daraufhin brachen die Mongolen unverzüglich auf und verließen Europa.

Erpressung als Realpolitik

Die Erpressung des in schwere Not geratenen ungarischen Königs durch Friedrich II. war gewiß keine ritterliche Tat, es steckte jedoch Realpolitik dahinter, und diese richtet sich niemals nach moralischen Grundsätzen. Dem Babenbergerherzog wurde die unglückliche strategische Lage Wiens, einer Stadt, die hart an der Grenze der weiten Ebenen des Ostens liegt, gerade durch den Zusammenbruch Ungarns voll bewußt. Im Gebiet der drei Komitate, die Béla IV. ihm abtreten mußte, wollte er ein neues Vorwarn- und Verteidigungssystem für seine Residenz errichten. Den Kronschatz nahm er dem geflüchteten König vor allem wegen seines symbolischen Wertes ab; er brauchte eine achtbare Krone, die durch den Segen der Kirche und durch die aus Legenden geformte Tradition geheiligt war. Die Stephanskrone, zwar zum Teil aus einem Bucheinband gefertigt und aus zwei verschiedenen Stücken dilettantisch zusammengesetzt, wäre für seine Zwecke bestens geeignet gewesen.

Denn der deutsche König und römische Kaiser Friedrich II. schlug dem Herzog von Österreich unverhofft ein äußerst günstiges Abkommen vor. Er wollte Gertrud, die Nichte des streitbaren Friedrich II., heiraten, um sich dadurch, falls der Herzog von Österreich kinderlos sterben sollte, die legitime Nachfolge in dessen Land zu sichern. Als Gegenleistung versprach der Kaiser, Herzog Friedrich II. zum König von Österreich zu er-

heben. Die Verlobung des zweiundfünfzig Jahre alten Kaisers mit der neunzehnjährigen Gertrud sollte gleichzeitig mit der Proklamierung des neuen Königreichs Österreich am 29. Juni 1245 in Verona stattfinden.
Herzog Friedrich II. reiste in Hochstimmung nach Italien ab. Doch Gertrud, von päpstlich gesinnten Würdenträgern der Kirche beraten, erschien nicht. Sie wollte einen Mann, der unter der schweren Last der Exkommunikation leben mußte, nicht heiraten. Nach einigen Wochen vergeblichen Wartens auf die Braut verschob der Kaiser die Verwirklichung seiner Pläne auf einen späteren Zeitpunkt. Herzog Friedrich II. kehrte, tief enttäuscht, nach Wien zurück.
Sein ehemaliger unfreiwilliger Gast, König Béla IV., war bereits seit vier Jahren wieder daheim in Ungarn und arbeitete energisch daran, die von den Mongolen verursachten Schäden (die keineswegs so schwer waren, wie dies die spätere Geschichtsschreibung behauptet) so rasch wie möglich zu beheben. Er rief fremde Kolonisten, in erster Linie Deutsche, aber auch Franzosen, Kumanen*, Griechen und Juden in das Land, ließ die Städte, die bis dahin bloß größere, offene Dörfer waren, mit Mauern umgeben und stellte ein gut ausgerüstetes, schlagkräftiges Reiterheer auf, das die Mongolen, falls sie wiederkämen, erfolgreich hätte bekämpfen können.

Das Ende der Babenberger

Die Mongolen kamen nicht. Nun dachte Béla IV. daran, die drei verlorenen Grenzkomitate und den in Wien verbliebenen Kronschatz von Herzog Friedrich II. mit Gewalt zurückzuholen. Im Frühsommer des Jahres drang seine Armee in Richtung Wien vor. Am 15. Juni 1246 kam es im heutigen Burgenland, in der Nähe von Pottendorf oder Ebenfurth, an der Leitha zu einer Schlacht. (Über den Ort, wo das babenbergische Herzogtum Österreich unterging, wurde viel herumgerätselt, die genaue Lage beziehungsweise ein stichhaltiger Beweis dafür jedoch nicht gefunden.) Die Ungarn, die Siege der Mongolen noch vor Augen, griffen auf ihre alte asiatische Kampftaktik zurück: nach dem ersten Zusammenprall der beiden Heere täuschten sie eine kopflose Flucht vor, um dann sofort zu einem blitzschnellen Gegenangriff auszuholen. Das Pferd des Herzogs von Österreich stürzte bereits während der Verfolgung, Friedrich II. fand den Tod. Über sein Ende, über das Ende des letzten Babenbergers, gibt es mehrere Versionen: es heißt, entweder ein einfacher Krieger, ein Kumane, hätte ihn durch einen Pfeilschuß getötet, oder der Graf von Pottendorf, dessen Schwester Brünhilde der Herzog verführt haben soll, hätte ihn, um die verletzte Ehre der Familie zu rächen, im Getümmel der Schlacht erdolcht. Von all den zeitgenössischen Berichten erscheint jedoch einer am wahrscheinlichsten: Jerindo Frangepan von Modrusch-Fiume, ein kroatischer Edelmann im ungarischen Dienst, hatte den am Boden liegenden Herzog mit einem Speer tödlich getroffen.
Friedrich II. starb im fünfunddreißigsten Lebensjahr. Er wurde im Kapitelhaus des Stiftes Heiligenkreuz im Wienerwald begraben.

* Kumanen: ein türkisches Steppenvolk, von den Slawen Polowetzer, von den Ungarn Kun genannt; sie flohen vor den Mongolen nach Mitteleuropa. König Béla IV. ließ etwa 200 000 Kumanen zwischen Donau und Theiß in der heutigen »Kunság« ansiedeln.

Der Kampf um Österreich

Die Familie Habsburg

Bald nach dem Tod des letzten Babenbergerherzogs, im Spätsommer des Jahres 1246, begann der politische Kampf um das herrenlos gewordene Herzogtum Österreich. Eine zentral gelenkte Regierungsgewalt existierte nicht mehr, die Ministerialen, Grundherren und Bischöfe, voran der einflußreiche Albero von Kuenring, der sich nun *capitaneus Austrie* nannte, bauten ihren lokalen Machtbereich bedeutend aus und führten dabei oft von Burg zu Burg und von Dorf zu Dorf auch gegeneinander Krieg. Die öffentliche Sicherheit war durchlöchert, die Rechtsprechung den privaten Interessen unterworfen; der Handel stockte, die Felder lagen teilweise brach, in den Städten wurden Lebensmittel knapp und teuer.

Der deutsche König und römische Kaiser Friedrich II., alt und müde geworden, kümmerte sich kaum noch um die Zustände nördlich der Alpen. Er kämpfte verbittert mit einem neuen, unbeugsamen Papst, mit dem gelernten Juristen und glänzenden Strategen Innozenz IV., dem früheren Bischof von Albenga, der ihn wegen Ketzerei, Kirchenraub, Meineid, Friedensbruch und Heiligenschändung vehement und gekonnt attackierte. In Italien gingen die Truppen der Städte erfolgreich gegen den Kaiser vor, im gesamten Deutschen Reich riefen planmäßig eingesetzte Scharen von Bettelmönchen die Bevölkerung zum offenen Widerstand gegen den »gekrönten Teufel« auf. Von seinen geschickt geführten Feinden schwer bedrängt, konnte Friedrich II. nicht mehr daran denken, von Apulien nach Wien zu reisen und das österreichische Problem durch persönliches Eingreifen zu lösen. Er begnügte sich damit, für die verwaisten Herzogtümer Österreich, Steiermark und Krain einen Statthalter, den schwäbischen Grafen Otto von Eberstein, zu ernennen, der aber das undankbare Amt schon nach kurzer Zeit niederlegte.

Königin Margarete

Aus dem Kloster von Würzburg eilte nun auch Margarete, die Schwester des in der Leitha-Schlacht gefallenen Herzogs Friedrich II., die als Witwe des in der Verbannung gestorbenen Heinrich VII. immerhin den Titel einer Königin führte, nach Wien, um die Macht zu übernehmen. Ihr Anspruch auf Österreich wurde jedoch von ihrer Nichte Gertrud, die Kaiser Friedrich II., den »Ketzer auf dem Thron«, nicht hatte heiraten wollen, sofort in Abrede gestellt. Denn sie war ebenfalls eine nahe Verwandte des letzten Herzogs, und als fromme und folgsame Tochter der Kirche genoß sie die volle Unterstützung des in den politischen Ränkespielen überlegen manövrierenden Papstes. Der österreichische Hochadel wollte zwar keine Frau als alleinige und souveräne Herzogin anerkennen, erklärte sich aber bereit, einen Mann aus einer namhaften, möglichst regierenden Familie, der mit einer Verwandten Herzogs Friedrichs II. verheiratet war, als rechtmäßigen Herrscher zu akzeptieren.

Am schnellsten griff der König von Böhmen, Wenzel I., zu: er ließ seinen Sohn Wladislaw, den Markgrafen von Mähren, um die Gunst Gertrudes werben. Doch der jungvermählte Prinz starb bald nach der Hochzeit, am 3. Januar 1247, unter mysteriösen Umständen. Indessen suchten auch die der Tante Gertruds, Königin Margarete, treu ergebenen Ministerialen und Grundherren, unter ihnen Albero von Kuenring, Otto von Perchtoldsdorf und Heinrich von Liechtenstein, fieberhaft nach einem als Herzog von Österreich annehmbaren Bräutigam, zunächst aber ohne Erfolg. Gertrud warf sich scheinbar unverdrossen in das politische Ehegefecht: bereits im Sommer 1248 heiratete sie auf Anraten des Papstes den Markgrafen Hermann von Baden, der dann mehr oder minder hilflos versuchte, das widerspenstige Österreich von Klosterneuburg aus zu regieren. Am 4. Oktober starb er an Gift, die Mörder blieben unbekannt. Gertrud heiratete unverzüglich wieder, diesmal den Kandidaten und Neffen des ungarischen Königs Béla IV., einen russischen Fürsten, Roman Rostislawicz von Halicz (Galizien). Doch es war zu spät. Denn Königin Margarete, bereits siebenundvierzig Jahre alt, heiratete ebenfalls: am 11. Februar 1252 feierte sie mit dem damals dreiundzwanzig Jahre alten Ottokar II. Přemysl, dem zweitältesten Sohn des Böhmenkönigs Wenzel I., in Hainburg Hochzeit. Die meisten Landherren und kirchlichen Würdenträger Österreichs und der Steiermark waren damit einverstanden, auch Papst Innozenz IV. ließ die ungarischen Pläne und die brave Gertrud fallen und bestätigte am 6. Mai 1252 die rechtmäßig erfolgte Übergabe des Herzogtums Österreich an Ottokar und Margarete. König Béla IV. unternahm noch einen unzulänglichen Versuch, Roman Rostislawicz und seine Frau Gertrud mit Waffengewalt in Österreich einzusetzen und das Land somit Ungarn enger anzuschließen, doch seine von einigen polnischen und bayrischen Rittern begleiteten Truppen wurden in mehreren Gefechten aufgehalten und über die Grenze zurückgeworfen. Fürst Roman verlor die Lust an der österreichischen Sache; er ließ sich von Gertrud scheiden und kehrte nach Halicz zurück. Nun gab auch Gertrud auf. Sie heiratete nicht mehr, lebte noch eine Zeitlang unter dem Schutz der Kirche in Voitsberg und in Judenburg, dann zog sie sich in das Kloster Seuslitz bei Dresden zurück, wo sie am 24. April 1288 im Alter von zweiundsechzig Jahren starb.

Ottokar II.
Přzemysl

Ottokar II. Přemysl, Sohn des energischen, für Wissenschaft und Kunst aufgeschlossenen Böhmenkönigs Wenzel I. und der deutschen Prinzessin Kunigunde, regierte sechsundzwanzig Jahre lang in Österreich, dem zwischen 1269 und 1276 auch das Herzogtum Kärnten aufgrund eines Erbvertrages angeschlossen war. Nach dem Tod seines Vaters am 22. September 1253 wurde Ottokar II. König von Böhmen. Von seiner Frau, der Österreicherin Margarete, trennte er sich mit Billigung des Papstes im Sommer 1261 (also erst nach neun Ehejahren), als sie bereits sechsund-

Oben: Kreuzritter im Heiligen Land. Die Österreicher sind am Bindenschild zu erkennen. Handschrift aus dem 13. Jh.

Unten: Tragaltärchen der Markgräfin Swanhilde, der Gemahlin des in Melk residierenden Markgrafen Ernst

fünfzig Jahre alt war und somit keine Hoffnung mehr bestand, daß sie noch Kinder gebären konnte. Im Sinn der politisch-religiösen Auffassung des Mittelalters sah man einen Herrscher, der keine Erben hatte, als eine von Gott verlassene Figur, als eine Schwachstelle im Staat, als die latente Gefahrenquelle für eine bewaffnete Intervention von außen und für den blutigen Machtkampf im Inneren an. Dennoch hat die spätere österreichische Geschichtsschreibung und Literatur Ottokar II. die »kaltherzige Scheidung« immer wieder entrüstet vorgeworfen. Auch das Gesamtbild dieses tüchtigen, in mancher Hinsicht recht progressiven Königs und Staatsmannes wurde im deutschsprachigen Raum durch tendenziöse Schriften nach und nach gründlich entstellt. Schon zu Beginn des 14. Jahrhunderts dichtete ihm im Auftrag des steirischen Hochadels der Reimchronist Ottokar aus der Geul bösartige Eigenschaften und Taten an; der Lilienfelder Mönch Chrysostomus Hanthaler setzte im 18. Jahrhundert mit der gefälschten Chronik Pernolds, des Beichtvaters von Königin Margarete, die historische Verleumdung fort, und Franz Grillparzer griff in seinem Habsburg-Huldigungsdrama »König Ottokars Glück und Ende« (1823) bedenkenlos auf beide zurück.

Scheidung von Margarete von Österreich

Wohl traf Ottokar II., um die Autorität der zentralen Regierungsgewalt in Österreich wieder herzustellen, mitunter sehr harte und sicher auch unbedachte Entscheidungen. Doch die Hinrichtung des österreichischen Landrichters Otto von Meissau, Anführer einer Adelsverschwörung, und der nie restlos geklärte Tod des auf Befehl des Königs gefangengenommenen steirischen Grundherrn Seifried von Mahrenberg blieben Einzelfälle. Daß die sogenannten hochfreien Geschlechter, die den böhmischen Königssohn im November 1251 ins Land gerufen hatten, dies jedoch bald bitter bereuten, trifft nur bedingt zu. Denn viele von ihnen, vor allem die finanziell schwächer gestellten, waren der endlosen Kleinkriege schon müde; sie vermißten die durch die allgemeine Unsicherheit ausgefallenen Zölle, Mautgebühren und landwirtschaftlichen Produkte immer mehr; ihre Privatarmeen verschlangen oft die letzten Reserven und plünderten dann das eigene Haus.

Innen- und Außenpolitik

Ottokar II., dem anfangs die notwendigen Mittel gefehlt hatten, sah ziemlich lange tatenlos zu; erst im zehnten Jahr seiner Regierung ließ er die lokalen Streitkräfte einzelner Hochadeliger auflösen, ihre Burgen, falls sie Widerstand leisteten, belagern, zerstören und abtragen. Er stützte sich dabei, in Österreich ebenso wie in Böhmen und Mähren, auf die Bürger der Städte, auf die kleinen, meist besitzlosen Ritter und auf die Bauern, die sich nach Frieden sehnten. Das Rechtswesen wurde konsolidiert, das aus der Babenbergerzeit stammende Landrecht erneuert und zum Teil ergänzt, Handwerk und Verkehr im internationalen Maßstab gefördert, das kulturelle Erbe der Markgrafen und Herzöge von Österreich bewußt gepflegt, nach Böhmen und Mähren verpflanzt und auch weiter nach Osten getragen.

Die Außenpolitik Ottokars II. war durch ein klares, großangelegtes Konzept bestimmt, durch den ersten, in seinen Ansätzen schon gelungenen Versuch, in Mitteleuropa eine Donaumonarchie zu schaffen, in der das vornehmlich wirtschaftliche Gesamtinteresse der Bevölkerung die nationalen Gegensätze neutralisieren sollte. Die Kirche, vom König stets respekt-

Fresko aus der St.-Nikolaus-Kirche in Matrei, Osttirol. Zwischen 1265 und 1270 unter Erzbischof Wladislaw von Salzburg von einem Paduaner Maler geschaffen

voll und umsichtig behandelt und von Zeit zu Zeit mit großzügigen Schenkungen bedacht, unterstützte ihn, vor allem schon deshalb, weil Ottokar II. nicht dem bereits traditionell gewordenen deutschen Drang nach dem Süden folgte, keinen Vorstoß nach Italien unternahm und Rom in Ruhe ließ. Zwei Feldzüge hingegen, die ihn unter dem Vorwand der Christianisierung nach Preußen führten, schlossen den bis dahin kaum entdeckten Nordosten Europas in den politisch-wirtschaftlichen Strahlungsbereich der neuen Großmacht Österreich-Böhmen ein. Im Jahr 1271 wurde Ottokar II. auf friedlichem Weg Generalkapitän von Friaul und Schirmherr des Patriarchats Aquileia; für den Handel, für den Austausch von Kulturgütern und für geistige Anregungen, unter anderem auch für die in Österreich und Böhmen schon bewährte Praxis der Verwaltung und Rechtsprechung stand somit ein weites Gebiet zwischen Nordsee und Adria offen.

Schwierigkeiten mit Ungarn

Schwierigkeiten gab es jedoch zunächst mit dem ungarischen König Béla IV., einem ebenfalls zielbewußten und erfahrenen Politiker, der seinerseits versucht hatte, in der Mitte Europas eine Donaumonarchie, ein ungarisch-polnisch-kroatisch-österreichisches Großreich zu errichten. Im Jahr 1253 besetzten die Ungarn die Steiermark, konnten sich aber, da sie

Heinrich Jasomirgott zieht ins Heilige Land. Aus dem »Stammbaum der Babenberger«, Stift Klosterneuburg. Rechts im Bild das Schottenkloster.

Friedrich der Streitbare. Aus dem »Stammbaum der Babenberger«. Im Hintergrund Wien

die Mentalität der Bevölkerung überhaupt nicht begriffen und sich in den Bergen auch militärisch nicht zurechtfanden, nicht lange halten. Ein Aufstand brach aus, die österreichischen und böhmischen Truppen Ottokars kamen zu Hilfe. Die Ungarn suchten die Entscheidung in der Ebene, auf dem Marchfeld, erlitten aber am 12. Juli 1260 bei Groißenbrunn, südlich von Marchegg, eine schwere Niederlage. Durch die Vermittlung des Papstes wurde im Frühjahr 1261 in Wien ein Friedensvertrag ausgehandelt: die Ungarn zogen aus der Steiermark ab, Ottokar II. heiratete Kunigunde, die Enkelin seines Gegners Béla IV. Die Ehe sollte beide Parteien vor weiteren Zusammenstößen sichern, aber auch die juridische Grundlage für eine spätere mögliche Vereinigung der zwei mitteleuropäischen Mächte entweder unter österreichisch-böhmischer oder ungarisch-polnischer Führung liefern.

Heirat mit Kunigunde von Machow

Doch die starke Hand des ungarischen Königs war schon teilweise gelähmt: die in der Tiefebene angesiedelten Kumanen ließen sich nicht integrieren, sie lebten mitten in Ungarn in einem eigenen Nomadenstaat und überfielen immer wieder ungarische Dörfer und Städte. Der Hochadel lehnte sich zunehmend gegen die harten Maßnahmen des Königs auf, mit denen er das von den Mongolen heimgesuchte Land binnen wenigen Jahren wiederaufbauen und dabei seine eigene Macht, die unbestrittene Zentralgewalt, krisenfest abschirmen wollte. Der Sohn des Herrschers, Stephan V., der als Statthalter der Steiermark versagt hatte, wandte sich gegen den Vater, besiegte ihn in einer offenen Feldschlacht und richtete sich in Siebenbürgen ein eigenes Königreich ein. In seinen letzten Jahren zog sich der tief enttäuschte Béla IV. zu seiner Tochter Margarete, einer Dominikanerin, in das für sie gebaute Kloster auf der Haseninsel (heute: Margareteninsel in Budapest) zurück und regierte, schon völlig desinteressiert, aus einer Zelle. Vom Osten her drohte Österreich-Böhmen keine Gefahr mehr.

Kein Gegenspieler im Deutschen Reich

Aber auch im Deutschen Reich hatte Ottokar II. Přemysl keinen bedeutenden Gegenspieler. Der sonderbare Kaiser Friedrich II. war am 13. Dezember 1250 im Alter von fünfundfünfzig Jahren in Fiorentino in Apulien an der Ruhr gestorben. Sein Sohn und Nachfolger Konrad IV. kehrte dem Deutschen Reich den Rücken; er versuchte noch einmal, das politische Zentrum eines mythisch-heiligen römischen Kaisertums nach dem Süden zu verlagern, scheiterte aber kläglich und starb bereits am 21. Mai 1254 in Lavello bei Melfi. Der Enkel Friedrichs II., Konradin, der letzte Hohenstaufer, unternahm im Alter von sechzehn Jahren einen theatralischen Kriegszug nach Italien, fiel aber in die Hände der französischen Anjous* und wurde, ebenfalls unter theatralischen Begleitumständen, die deutsche Literaten des 18. und 19. Jahrhunderts zu einer Reihe von längst vergessenen, mittelmäßigen Dramen und Epen inspirierten, am 29. Oktober 1268 in Neapel enthauptet.

In Deutschland indessen amtierten, meist von ihren wankelmütigen Anhängern vertreten, bevormundet und auch geplündert, Scheinkönige und Gegenkönige: Graf Wilhelm von Holland, der im Kampf gegen die Frie-

* Karl I. von Anjou, König von Neapel (ursprünglich Graf der Provence, 1226–1285), stand im Kampf gegen das Deutsche Reich auf der Seite des Papstes.

Die sieben Kurfürsten. Handschrift aus dem 14. Jh.

sen samt seinem Pferd in einem Sumpf versank und erst vierunddreißig Jahre später gefunden wurde, Alfons X. von Kastilien, mit dem Beinamen »der Astronom«, ein Gelehrter und Dichter, der jedoch nie in Deutschland war, und der englische Graf Richard Cornwallis, ein gescheiterter Kreuzfahrer und Besitzer von äußerst ertragreichen Blei- und Zinngruben. Keiner von ihnen hatte je die Aussicht, seine fast possenhafte Lage im Reich wirklich zu konsolidieren und die Kaiserwürde zu erlangen. Doch »die kaiserlose, die schreckliche Zeit«* war gar nicht so schrecklich. Gerade in den siebzehn Jahren des Interregnums schlossen sich manche deutsche Städte, die in vielen Fällen demokratisch-republikanische Verwaltungsformen eingeführt hatten, in gut funktionierende Interessengemeinschaften zusammen; die Teilstaaten der großen Landesfürsten, wie Meißen, Thüringen und Brandenburg, florierten, der wirtschaftliche und kulturelle Aufschwung zwischen Rhein und Elbe hielt unvermindert an. Der Ruf nach der starken Hand ertönte nicht (im Gegensatz zu den vornehmlich im 19. Jahrhundert entstandenen Schilderungen). Als am 2. April 1272 Richard von Cornwallis, der letzte der machtlosen Monarchen, starb, suchten die sieben Kurfürsten, die im Sinne des im »Sachsenspiegel« vorgeschriebenen Verfahrens** allein berechtigt waren, unter dem Vorsitz des Erzbischofs von Mainz einen deutschen König zu wählen, nach einem in ihren Augen möglichst harmlosen Hochadeligen, der ihre Machtstellung und ihre gewaltig vermehrten Einnahmequellen nicht ernsthaft hätte

Interregnum in Deutschland

* Das oft fälschlich als zeitgenössische Klage angeführte Zitat stammt aus der Ballade »Der Graf von Habsburg« von Friedrich Schiller (1804).

** Der »Sachsenspiegel« aus den Jahren 1220–1235 ist das älteste deutsche Rechtsbuch. Das aus sieben Kurfürsten, das heißt Wahlfürsten (nach dem mittelhochdeutschen Wort küren: wählen), bestehende Wahlkollegium wurde 1263 auch vom Heiligen Stuhl anerkannt.

Rechts: Siegel Ottokars von Böhmen

Unten: Fresken zu Hartmann von Aues »Iwein«. Schloß Rodeneck, Südtirol, Anfang des 13. Jh.

gefährden können. Die Bewerbung von Ottokar II. Přemysl schlossen sie daher von vornherein aus, ein Entscheid, mit dem auch der kluge und besonnene Papst Gregor X. einverstanden war; nicht nur einmal hatte sich schon ein begabter und ehrgeiziger deutscher König und römischer Kaiser als unbeugsamer Gegner der Kirche entpuppt.
So wählten die sieben Kurfürsten, der Erzbischof von Mainz, der Erzbischof von Trier, der Erzbischof von Köln, der Pfalzgraf von Rhein, der Markgraf von Brandenburg, der Herzog von Sachsen und der Herzog von Bayern, auf den Vorschlag Werner von Eppsteins, des Erzbischofs von Mainz, und Friedrich von Zollerns, des Burggrafen von Nürnberg, am 29. September 1273 einen außerhalb von Deutschland bis dahin so gut wie unbekannten, wenn auch nicht, wie es in den späteren Legenden hieß, politisch völlig bedeutungslosen Kandidaten: einen damals bereits fünfundfünfzig Jahre alten Grafen aus dem südwestdeutschen Raum, Rudolf von Habsburg.

Rudolf von Habsburg

Die Familie des neuen deutschen Königs hatte sich nach der Habsburg (oder Habichtsburg), einem kleinen, befestigten Schloß auf dem 513 Meter hohen Wülpersberg, am Ufer des Flusses Aar, in unmittelbarer Nähe der Stadt Brugg, etwa auf dem halben Weg zwischen Basel und Zürich, im heutigen Schweizer Kanton Aargau, »von Habsburg« genannt. Der historisch nachweisbare Ahnherr der Habsburger, Graf Guntram der Reiche (etwa um 950 n. Chr.), stammte aus dem Elsaß, aus dem späteren deutsch-französischen Grenzgebiet. Rudolf von Habsburg, am 1. Mai 1218 auf Schloß Limburg im Breisgau geboren, hatte die alten Familiengüter am Ufer des Rheins zwischen dem Bodensee und den Vogesen in der Hand, dazu noch ertragreiche Ländereien, Städte und Dörfer in der Umgebung von Zürich, Luzern, Zug, Schwyz und Basel. Die Tatsache, daß der römisch-deutsche Kaiser Friedrich II. sein Taufpate war, widerspricht der weitverbreiteten Auffassung, wonach die sieben verschlagenen Kurfürsten die Krone des Deutschen Reiches absichtlich einem namenlosen armen Adeligen aus der Provinz angeboten hätten. Der Druck Ottokars II., der sich um seine Wahl ernsthaft bemühte, war allzu spürbar, um ihm einen unbedeutenden, mittellosen Popanz entgegenzustellen. Die sieben Kurfürsten wußten genau, daß Rudolf von Habsburg in den ständigen Kleinkriegen, die er um die ihm rechtmäßig zustehenden Güter im Gebiet des heutigen Südwestdeutschland und der nördlichen Schweiz führte, zäh und geschickt vorging, daß er es verstand, seinen Feind von gestern zu seinem Verbündeten von morgen zu machen. Sie wußten auch, daß er, obwohl wegen bewaffneter Auseinandersetzungen mit dem Bischof von Straßburg und dem Bischof von Basel schon zweimal kurzfristig exkommuniziert, als frommer Christ niemals eine direkte Konfrontation mit dem Heiligen Stuhl suchen würde. Friedrich von Zollern, der Burggraf von Nürnberg, war sein Schwager; er warf wohl die den meisten Kurfürsten von persönlichen Begegnungen her bekannten positiven Charakterzüge des Habsburgers in die Waagschale: im Umgang höflich und freundlich, mitunter auch betont bescheiden, schon durch sein vorgerücktes Alter erfahren und abgeklärt, doch keineswegs ein Zauderer, mit einem ausgeprägten Sinn für die im Mittelalter so wichtigen theatralischen

Gesten, die er aber stets unter Kontrolle hatte, ebenso wie seinen auch als politische Waffe eingesetzten schlagfertigen Sarkasmus. Daß er, wie es in den im Lauf der Jahrhunderte über ihn entstandenen Geschichten immer wieder hervorgehoben wird, seine abgetragenen Kleider selber geflickt, seinen verbeulten Helm mit eigener Hand zurechtgeklopft hätte, ist kaum wahrscheinlich; er war jedoch in der Tat sparsam, ja beinahe geizig und streute gern Gerüchte über seine Armut aus, die in der luxusgewohnten Umgebung Ottokars II. in Prag und Wien zu völlig falschen Reaktionen, zu der verhängnisvollen Geringschätzung der gegnerischen Kräfte geführt hatten. So soll er, als er, bereits gewählter deutscher König, gegen Wien zog, von einem Ritter namens Klingen gefragt worden sein: »Herr, wer ist der Hüter Eures Schatzes?« Die angebliche Antwort Rudolfs von Habsburg: »Ich habe nicht Schatz noch Geld, nur fünf Schillinge in schlechter Münze.«

Reichsacht und Aberacht

Ottokar II. Přemysl weigerte sich, den »armen Grafen« als deutschen König anzuerkennen und die Herzogtümer Österreich, Steiermark und Kärnten, die ursprünglich dem Deutschen Reich gehört hatten, zu räumen. Rudolf von Habsburg schöpfte in der Causa Ottokar II. alle ihm zustehenden Rechtsmittel in der vorgeschriebenen Reihenfolge aus, gleichzeitig führte er aber eine wohldurchdachte diplomatische Offensive gegen seinen zweifellos viel zu selbstsicher gewordenen Rivalen. Nachdem Ottokar II. die Einladungen, vor dem deutschen Reichstag und vor dem König zu erscheinen, dreimal brüsk zurückgewiesen hatte, wurde über ihn die Reichsacht und, nach Ablauf der letzten gesetzmäßigen Frist, die Aberacht verhängt.* Indessen suchten die österreichischen und die steirischen Adeligen, deren Macht Ottokar II. empfindlich beschnitten hatte, Kontakte zu Rudolf von Habsburg. Papst Gregor X. unterstützte den deutschen König nun offen, da Rudolf, die Grenzen seiner Möglichkeiten klar vor Augen, sich bereit erklärte, auf die früheren Reichsgebiete in Italien zu verzichten. Dem Heiligen Stuhl verdankte er auch die überaus wichtige Verbindung zu Ungarn, zu einem damals erst sechzehn Jahre alten König, dessen zerrissene Persönlichkeit und tragisches Schicksal im Aufstieg des Hauses Habsburg eine entscheidende Rolle spielen sollte.

László IV., der »Kumane«

László IV., mit dem Beinamen »der Kumane«, war ein Enkel des Königs Béla IV., seine Mutter Erzsébet eine vornehme Frau aus der Sippe des Kumanenfürsten Köteny. Schon als frühreifes Kind fühlte er sich nur unter Kumanen wohl, er wohnte mit ihnen im Zelt, hing ihren heidnischen Bräuchen an und lebte später mit mehreren Kumaninnen in wilder Ehe. Der ungarische Klerus war entsetzt, der katholisch gesinnte Hochadel empört. Ottokar II. Přemysl bot Hilfe an, eine böhmische Vormundschaft für den labilen, widerspenstigen, aber auch von Höllenangst und Gewis-

* Die mit der Reichsacht belegte Person wurde formell aus der Gemeinschaft ausgestoßen und außer Gesetz gestellt, jeglicher Verkehr mit ihr war verboten. Die Aberacht, die letzte, endgültige Form der Reichsacht, bedeutete von Amts her bereits die sichere Todesstrafe. Die Anwendung der Reichsacht ging auf das altgermanische Gewohnheitsrecht zurück. Das letzte Mal wurde sie 1706 über den bayrischen Kurfürsten und erfolgreichen Feldherrn der Türkenkriege, Maximilian II. Emanuel verhängt, blieb jedoch, wie übrigens in den meisten Fällen, wirkungslos.

sensbissen geplagten jungen Mann. Mutter Erzsébet stellte sich jedoch vor ihren Sohn, und Papst Gregor X. schob die Exkommunikation unter der Bedingung auf, László IV. solle mit den Kumanen brechen, in seine Residenz auf die Burg Buda zurückkehren und Ungarn in den Dienst der neuen mitteleuropäischen Politik Roms stellen.

Ottokar zwischen zwei Fronten

László IV. beugte sich, er gelobte Besserung, und als Rudolf von Habsburg im Sommer des Jahres 1276 mit schwäbischen und bayrischen Rittern und mit Truppen des Erzbischofs von Salzburg in Österreich einrückte, drangen seine Krieger gegen Südböhmen vor. Ottokar II. geriet zwischen zwei Fronten. Als auch ein Teil des österreichischen und steirischen Adels von ihm abfiel, zog er notgedrungen die Konsequenz: am 25. November 1276 huldigte er vor den Mauern von Wien dem deutschen König Rudolf von Habsburg, verzichtete feierlich auf die Herrschaft über Österreich, die Steiermark und Kärnten und ließ sich formell mit Böhmen und Mähren belehnen, das heißt seine tatsächliche Macht in seinen eigenen Ländern von seinem Lehnsherrn, dem König des Deutschen Reiches, bestätigen. Doch durch den für ihn gewiß demütigenden Frieden wollte er sich bloß eine Atempause verschaffen, um sich auf den Kampf für die Wiederherstellung der Großmacht Österreich-Böhmen vorbereiten zu können.

Ungarn schien zu dieser Zeit als Gegner ausgeschaltet: König László IV. verschwand erneut in den Zelten der Kumanen; Rom mahnte vergeblich, der Adel suchte bereits nach einem neuen König. Aber auch in Österreich und in der Steiermark mehrte sich der Anhang Ottokars II., denn für manche Familie des Hochadels galt Rudolf von Habsburg als Fremder, dessen Absichten man nicht kannte, sein Deutsches Reich als eher unheimliches Ausland, dem sich unter Zwang anschließen zu müssen sicherlich den Verlust der wirtschaftlichen und politischen Ost-West-Zentralstellung im gut funktionierenden österreichisch-böhmischen Staatsgebilde bedeutet hätte. Die Bettelmönche des neuen Papstes Nikolaus III. predigten zwar fleißig für die gottgefällige Sache des deutschen Königs, die noch immer mächtigen Kuenringer stellten sich jedoch überraschend auf die Seite Ottokars II., und in Wien bereiteten die Bürger unter der Leitung des reichen und angesehenen Herrn Paltram von dem Petersfreythof einen Aufstand wider die fremde, die habsburgische Besatzung vor.

Vorstoß gegen Wien

Von all den für ihn günstigen Nachrichten ermuntert, zog Ottokar II. Přemysl im August 1278 gegen Wien; sein böhmisch-mährisches Heer war mit Rittern aus Polen, Schlesien, Brandenburg und Thüringen verstärkt. Die Streitmacht Rudolfs von Habsburg bestand aus kleineren Gruppen österreichischer und steirischer Adeliger, aus Bewaffneten der Erzdiözese Salzburg, des Bistums von Basel, der Burggrafschaft von Nürnberg und aus einigen Rittern der alten habsburgischen Güter im Elsaß, in Schwaben und in der Umgebung von Zürich. Die deutschen Kurfürsten schickten keine Hilfe. Der zum König gekürte süddeutsche Graf, in den österreichischen Ländern um eine eigene Hausmacht bemüht, erschien ihnen zu eifrig, zu hart und auch zu erfolgreich. Sie wollten daher abwarten, wobei sie auch an eine spätere Verständigung mit Ottokar II. dachten. Doch László IV., der Kumane, mit dem Großen Bann bedroht und vom ungarischen Hochadel vorübergehend festgenommen, gelobte wieder einmal Besserung und versprach, seine Sünden durch eine glänzende Waffentat vergessen zu machen. Er rückte mit etwa zwölftausend leichten Reitern, fast ausschließlich Kumanen, in Richtung Wien vor und vereinigte seine Armee, die sich ohne Troß sehr rasch bewegen konnte, noch rechtzeitig mit den Truppen des deutschen Königs Rudolf von Habsburg.

Schlacht bei Dürnkrut und Jedenspeigen

Am 26. August 1278, an einem Samstag, prallten die beiden bunt zusammengewürfelten Heere auf dem Marchfeld, zwischen Dürnkrut und Jedenspeigen, an einer verhältnismäßig kurzen, der heutigen Bundesstraße Nr. 49 entlang verlaufenden Frontlinie aufeinander. Rudolf von Habsburg hielt, entgegen den als ehrenvoll angesehenen Spielregeln der mittelalterlichen Ritterschlacht, ein starkes Reservekorps zurück und ließ es erst nach Stunden in den noch unentschiedenen Kampf eingreifen. Die von den Kumanen immer wieder ungestüm angegriffenen und schon erschöpften Ritter des böhmischen Heeres konnten dem Stoß der frisch in die Schlacht geworfenen Abteilungen des deutschen Königs nicht mehr standhalten. Der anfangs geordnete Rückzug, von der Nachhut unter dem Kommando des böhmischen Adeligen Milota von Dieditz nur unzulänglich gedeckt, wurde zur Flucht. Ottokar II. Přemysl fiel, ob in einem der letzten Gefechte jenseits der March oder schon als wehrloser Gefangener unter den Schwerthieben des Herrn Berthold von Emmerberg oder anderer Verwandter des einst auf seinen Befehl getöteten Steirers Seifried von Mahrenberg, wird wohl kaum mehr zu klären sein; einen verläßlichen Augenzeugenbericht über seinen Tod gibt es nicht.

So gewann Rudolf von Habsburg durch eine neue, wenn auch von vielen seiner Zeitgenossen verpönte Taktik und mit der stürmischen Hilfe eines erst neunzehn Jahre alten, psychisch schwer belasteten Kampfgefährten, des Kumanenkönigs von Ungarn, die Schlacht bei Dürnkrut und Jedenspeigen und damit Österreich, das seine Nachkommen, die Mitglieder des Hauses Habsburg, sechshundertvierzig Jahre und zwei Monate lang regieren sollten.

Die Entscheidungsschlacht bei Dürnkrut und Jedenspeigen wurde mit der Zeit zu einer der größten Reiterschlachten des Mittelalters hochstilisiert. Doch die Entfernung zwischen den beiden Ortschaften, die etwa zwei Kilometer westlich der March liegen, beträgt nicht ganze vier Kilometer, und so müssen die Angaben, vor allem was die Zahl der an der Schlacht teilgenommenen Krieger betrifft, schon wegen des Platzmangels auf der historischen Walstatt stark bezweifelt werden. Daß Ottokars II. erste Frau, die verstoßene Königin Margarete, am Vorabend des mörderischen Kampfes am Marchfeld erschienen wäre, um, von humanitären und patriotischen Sorgen gelenkt, einen Frieden zwischen dem böhmischen und dem deutschen König zustande zu bringen, gehört ins Reich der Fabel beziehungsweise der Dichtung (Grillparzer). Denn Margarete, die unter dem Schutz ihres geschiedenen Gemahls, Ottokar II., in Krems und auf der Burg Krumau im Waldviertel als wohlhabende und geachtete große Dame lebte, starb bereits 1266, also rund zwölf Jahre vor der folgenschweren Auseinandersetzung am Schlachtfeld bei Dürnkrut.

Den zwar nicht selbstlosen, weil durch die den toten böhmischen und polnischen Rittern abgenommene Beute recht ertragreich gewordenen Ein-

Grabplatte König Rudolfs I. von Habsburg im Dom zu Speyer

Mord im Kumanenzelt

satz der Kumanen an der Seite des Habsburgers vergalt Papst Nikolaus III. mit harten kirchenpolitischen Maßnahmen. Er war entschlossen, in der Mitte Europas keine Freigehege für Heiden mehr zu dulden, und forderte László IV. auf, seine geliebten Kumanen, falls nötig mit Feuer und Schwert, zum Christentum zu bekehren. Der König gehorchte zunächst und brach den Widerstand seiner heidnischen Freunde in einem Feldzug, erschien aber bald reumütig in ihren Zelten, wurde daraufhin sofort exkommuniziert, gab dem Klerus und dem Hochadel wieder nach, verfolgte die Kumanen, bot ihnen dann plötzlich wieder Freundschaft und

Versöhnung an, besuchte sie häufig und wurde schließlich am 10. Juli 1290, wahrscheinlich im Auftrag päpstlich gesinnter ungarischer Adeliger, während eines Trinkgelages in einem Kumanenzelt ermordet.

Tod Rudolfs von Habsburg

»Zu den anderen hin will ich«, soll der dreiundsiebzigjährige Rudolf von Habsburg gesagt haben, »hin nach Speyer, wo viele meiner Vorgänger liegen, die auch Könige waren. Und daß man mich nicht hinbringen muß, will ich selber zu ihnen geritten kommen.« Er ritt tatsächlich hin, von seiner eigenen Größe, von der geheiligten Größe eines römisch-deutschen Königs ehrlich ergriffen, aber angeblich auch, um die Kosten eines feierlichen Leichenzugs quer durch das Reich zu ersparen. Am 15. Juli 1291 starb er in Speyer, seine Grabplatte im Dom zeigt einen hochgewachsenen alten Mann mit einem schmalen, zerfurchten Gesicht und einer auffallenden, hervorspringenden Hakennase; ein Bild, das man als ein einigermaßen authentisches Porträt ansehen kann.
Im Gegensatz zu den viel später entstandenen Geschichten und Anekdoten war Rudolf von Habsburg in Österreich, wo er sich nur für verhältnismäßig kurze Zeit aufgehalten hatte, niemals heimisch geworden. Auch in Wien grübelte er meist über die Probleme des Deutschen Reiches nach; in den letzten Jahren seines Lebens kämpfte er unerbittlich gegen den deutschen Adel, der den in Nürnberg, in Mainz und in Erfurt mehrmals verkündeten Landfrieden* nicht zur Kenntnis nehmen wollte. Allein in Thüringen ließ er mehr als fünfzig Burgen zerstören und neunundzwanzig Grundherren und Ritter hinrichten. Der Schwerpunkt seiner Politik lag im deutschsprachigen Westen; das fehlgeschlagene Konzept Ottokars II. Přemysl, die Errichtung einer Donaumonarchie, interessierte ihn, wenn überhaupt, nur am Rande.

Albrecht I.

Erst sein ältester Sohn aus erster Ehe** mit der begüterten Elsässerin Gertrud von Hohenberg, Albrecht I., etablierte die Macht der Habsburger in Österreich und in der Steiermark und griff die Pläne eines österreichisch-ungarisch-böhmischen Reiches wieder auf. Zu Weihnachten des Jahres 1282 setzte ihn sein Vater zunächst gemeinsam mit seinem jüngeren Bruder Rudolf als Lehnsmann und Herzog in den von Ottokar II. Přemysl gewonnenen Ländern ein. Rudolf wurde jedoch bald ausgeschaltet; er sollte durch Geld und Güter entschädigt werden, starb aber, bevor noch eine Aufstellung über seinen Anteil verfertigt werden konnte.
Albrecht I. hat unter allen Habsburgern der Nachwelt den schlechtesten Ruf hinterlassen. Die Ursachen dafür sind mannigfaltig. Der Herzog war ein »Gezeichneter«, er hatte infolge eines Anschlags oder eines Unfalls ein Auge verloren. Und er war der einzige regierende Habsburger, der ermordet wurde. Die kirchlichen Chronisten malten seine Figur mit den finsteren Farben der Hölle; verständlich, da er die Steuerfreiheit des Klerus aufhob. Der Adel konspirierte gegen ihn, weil er die unter nicht ganz einwandfreien Umständen erworbenen Güter konfiszieren ließ.

* Constitutio pacis, Verbot der Fehden und des eigenmächtigen Waffengebrauchs, das allerdings zeitlich, im allgemeinen auf vier Jahre, beschränkt war.

** Mit dreiundsechzig Jahren heiratete Rudolf von Habsburg die vierzehn Jahre alte Elisabeth von Burgund. Diese zweite Ehe blieb kinderlos.

Gewiß war Albrecht I. in seinen Ansichten und Handlungen allzu direkt; er versuchte gar nicht, seine aggressive Politik, die ebenso wie die Politik seiner Vorgänger, Nachfolger und Gegner im wesentlichen aus dem rücksichtslosen Ausbau der eigenen Machtstellung bestand, durch den im Mittelalter üblichen religiösen und ritterlichen Mythos zu verschleiern. Den prunkvollen Festen zog er eine nüchterne Kanzleiarbeit, eine lückenlos funktionierende Verwaltung und ein geordnetes und stets kontrolliertes Finanzwesen vor. Begabte Bauernsöhne und fähige Bürger konnten dabei wichtige Posten bekleiden. Ratschlägen der Verfechter althergebrachter Rechte und Traditionen war der Herzog allerdings nicht zugänglich, und er duldete auch keine Widerrede. Den Aufstand des steirischen Adels warf er brutal nieder. Am Ende gab es dennoch weniger Hinrichtungen als in den deutschen Ländern unter seinem als besonnen und mildtätig geschilderten Vater, Rudolf von Habsburg.

Politische Pläne

Gewiß war Albrecht I. nicht bescheiden, er wollte den Bescheidenen auch nicht spielen. Seine hochfliegenden Pläne verfolgte er mit großem Getöse; Vorwand und Tarnung bedeuteten für ihn Schwäche oder Zeitverschwendung. Als der ungarische König László IV. in einem Kumanenzelt erdolcht wurde, bot sich Albrecht I. den Nachbarn im Osten als bestens geeigneter, weil mit reichen Mitteln ausgestatteter Herrscher an. Doch der einheimische Adel wählte lieber einen ungarischen König (den letzten in der Geschichte Ungarns), den in Venedig erzogenen Andreas III., der, mit Albrechts I. unversöhnlichem Feind, dem Erzbischof Konrad von Salzburg, verbündet, gegen den gefährlichen Herzog von Österreich und der Steiermark sofort einen Präventivkrieg begann. Dem kurzen Waffengang folgte am 26. August 1291 der Frieden von Hainburg, in dem Albrecht I. seine ungarischen Pläne endgültig aufgab. Fünf Jahre später wurde dann die im Donauraum bereits obligatorisch gewordene Sicherheitsehe geschlossen: der ungarische König Andreas III. heiratete Agnes, die Tochter Herzog Albrechts I.

Nach dem Tod Rudolfs von Habsburg meldete Albrecht I. auch unverzüglich seine Kandidatur für die Krone des Deutschen Reiches an, doch die Kurfürsten wollten der schon mehrmals abgeschafften Erblichkeit der Königswürde und der Entstehung einer neuen Dynastie keinen Vorschub leisten. Der kraftstrotzende Gewaltmensch Albrecht I. war für sie sicherlich ein Alptraum, mit dem Aussterben seines Geschlechts konnte man nicht rechnen: der Herzog hatte mit seiner – übrigens auch recht geschäftstüchtigen – Frau, Elisabeth von Tirol, einundzwanzig Kinder, was in der Familiengeschichte des Hauses Habsburg den absoluten Rekord darstellt.

Die Kurfürsten wählten einen ihrer Meinung nach zwar gebildeten, aber mäßig begabten und rechtschaffenen Ritter, Adolf von Nassau. Doch kaum gekrönt, begann der neue König seine Macht über die Köpfe der Kurfürsten hinweg mit großem Eifer zu festigen; er erklärte die Mark Meißen und das Osterland zu seinem Privatbesitz und kaufte noch Thüringen dazu. Daraufhin setzten ihn die erbosten Kurfürsten ab und wählten, um einen Herrscher zu haben, dessen Interesse mehr im fernen Südosten des Reiches lag und der auch mächtig und entschlossen genug war, den überheblich gewordenen Nassauer rasch auszuschalten, den schon

einmal abgewiesenen Herzog von Österreich und der Steiermark, den damals achtundvierzig Jahre alten Albrecht I., zum deutschen König. Adolf von Nassau hatte die Wahl freilich nicht anerkannt. Albrecht I. trat mit einem durch Reiterscharen seines Schwiegersohns, des ungarischen Königs Andreas III., erheblich verstärkten Heer gegen ihn an und versprengte seinen zusammengeschmolzenen Anhang am 2. Juli 1298 bei Göllheim am Rhein; Adolf von Nassau fand in der Schlacht den Tod.
Die Kurfürsten sollten ihren Entschluß bald bereuen. Albrecht I. bestand eisern auf der Einhaltung des Landfriedens und schaffte die unzähligen Zölle am Rhein, die in die Kasse der Kurfürsten flossen, kurzerhand ab. Vom selbstherrlichen Papst Bonifatius VIII. ermuntert, rebellierten die vier am Rhein begüterten Kurfürsten (die Erzbischöfe von Mainz, Trier und Köln und der Pfalzgraf von Rhein), Albrecht I. konnte sie jedoch mühelos niederwerfen. Denn er, der angeblich völlig isolierte »Tyrann ohne menschliche Züge«, gewann bereits wohlhabend gewordene Bevölkerungsschichten für sich, die, weil er sie den alteingesessenen Hierarchien gegenüber bevorzugte, auch stets zu ihm hielten: die Bürger der Städte, die Kaufleute, die Schiffer, die Handwerker und die kleineren und mittleren Gutsbesitzer. So konnte er jederzeit binnen Wochen eine gut ausgerüstete und versorgte Armee aufstellen, sie für blitzschnelle Strafexpeditionen oder für die gewaltsame Verwirklichung immer neuer politischer Pläne schlagartig einsetzen.

Gewaltsames Ende

Im Herbst 1306 marschierten seine Truppen nach Böhmen, um seinen ältesten Sohn Rudolf an Stelle des in Olmütz ermordeten letzten Přemysliden, des erst siebzehn Jahre alten Wenzel III., als König zu installieren. Doch Rudolf starb bald nach der Krönung, am 4. Juli 1307, im Alter von sechsundzwanzig Jahren bei der Belagerung der Stadt und Burg Horažďovice, einem der letzten Stützpunkte der habsburgfeindlichen Partei. Diese gewann von Tag zu Tag wieder an Einfluß und an Anhängern und wählte Herzog Heinrich von Kärnten zum böhmischen König. Albrecht I. entschloß sich zu einer neuerlichen bewaffneten Intervention in Böhmen. Er ging nach Süddeutschland, um Geld aufzutreiben und militärische Verstärkung zu holen, wurde aber am 1. Mai 1308 in der unmittelbaren Nähe des befestigten Schlosses Habsburg, bei der Fähre in Rheinfelden, von seinem Neffen Johann von Schwaben und drei oberschwäbischen Grundherren erstochen. Hinter dem Anschlag stand der durch die Abschaffung der Rheinzölle schwer geschädigte Kurfürst, der Mainzer Erzbischof Peter von Aspelt. Sein williges Werkzeug, der achtzehnjährige Johann von Schwaben, mit dem Beinamen »Parricida« (Vater- beziehungsweise Verwandtenmörder), ein Enkel Rudolfs von Habsburg, grollte seinem Onkel, weil Albrecht I. sich geweigert hatte, ihm nennenswerte Güter zu schenken und ihn an seiner Macht teilhaben zu lassen. Der junge Hitzkopf kam straflos davon, er wurde angeblich Mönch, man sah ihn zum letzten Mal im Büßergewand in Pisa. Den Leichnam Albrechts I. brachte man traditionsgemäß nach Speyer; die Möglichkeit einer Beisetzung in Österreich wurde gar nicht erwogen.

Zunahme von Macht und Besitz

Rudolf der Stifter

Anfang des 14. Jahrhunderts begann, zunächst fast unmerklich, die langsame Auflösung des mittelalterlichen Gesellschaftssystems. Der geschlossene Kulturkreis einer scheinbar von Gott für ewige Zeiten geschaffenen feudalen Ordnung brach einmal da, einmal dort auf, bescheidene Keimzellen späterer Umwälzungen wurden, vorerst noch kaum beachtet, virulent.

In der Architektur und in der bildenden Kunst setzte sich eine neue, universelle Stilrichtung, die Gotik, durch. Die Stadt als Zentrum der Wirtschaft, der Politik, der fortschrittlichen Verwaltungsformen und des geistigen Lebens lief der in mancher Hinsicht suspekt gewordenen Burg, der nur noch eine hauptsächlich militärische Bedeutung zukam, endgültig den Rang ab. Die neu gegründeten Universitäten mit den Ansätzen einer freien Meinungsbildung überholten die erzkonservativen Klosterschulen. Der Ritter galt nicht mehr als geachteter und bewunderter Übermensch, die Aufmerksamkeit der Gesellschaft wandte sich zunehmend dem erfolgreichen Kaufherrn zu; der Finanzmann, der dem regierenden Fürsten die notwendigen Geldmittel zur Verfügung stellte, gewann immer mehr an Einfluß und Bedeutung.

Aufstieg des städtischen Bürgertums

Der kontinuierlich zentralisierte Staat drängte das private Zoll- und Mautunwesen Schritt um Schritt zurück, der Handel erhielt Privilegien, die sich in den meisten Fällen auch im zwischenstaatlichen Verkehr günstig auswirkten. Die Zahl der Handwerker nahm ständig zu, die Meister und Gesellen schlossen sich in nach festen Regeln organisierten Interessengemeinschaften zusammen. Die allerersten Maschinen in Europa, die Trittwebstühle und die mittels Wasserkraft angetriebenen Eisenhämmer, hatten bereits die Anfänge einer möglichen Massenproduktion, die Entwicklung einer Industrie, angedeutet. In Florenz wurden die ersten Brillen hergestellt, in Deutschland die ersten Apotheken eröffnet, in Bologna das erste Mal menschliche Leichen im Dienste der medizinischen Fortbildung seziert.

Man begann an dem unverrückbaren Weltbild der Gegenwart zu zweifeln; man suchte, eher übervorsichtig, nach neuen Wahrheiten, die man gleichzeitig in der nüchternen, aber auch heiteren Antike, bei den alten Griechen und Römern, und in den geheimnisvollen Erscheinungen des christlichen Himmels zu finden hoffte. Neben dem ersten Humanisten in

Wien, dem Meister Ulrich von der Sankt-Stephan-Schule, trat eine Bauerntochter, die Nonne Agnes Blanbekin, mit ihren himmlischen Visionen auf, und um Herzog Otto den Fröhlichen (1301–1339), einen Sohn Albrechts I., versammelten sich fähige Gelehrte und versponnene Mystiker.

In der weltlichen Dichtung verblaßte das stereotype Paar Ritter und Dame, die Liebe des Bürgers, ja des Knechts und der Magd wurde zunehmend derb, mitunter auch parodistisch besungen. Die Maler und Bildhauer wandten sich von den unbeholfenen, sanft idealisierten Figuren der streng statischen Komposition ab und entdeckten die härteren, dynamischen Züge eines bewegten und bewegenden Realismus.

Kritik über die Kirche

Kritik über die Struktur der allzu mächtig und reich gewordenen Kirche wurde zum ersten Mal auch innerhalb der Kirche laut; eine ideologische Auseinandersetzung zwischen den Franziskanern und dem Heiligen Stuhl konnte zwar noch beigelegt werden, doch die Gedanken des Franz von Assisi, die Lehre über eine tätige Toleranz, über die Liebe zur Kreatur, ja über den geistigen Inhalt und höheren Wert der Armut sickerten durch die festen Mauern der Klöster, der Adelspaläste und fanden ihren Weg auch in die Hütten des niederen Volkes.

Die Bauern konnten, vornehmlich aus rein wirtschaftlichen Gründen, dem menschenunwürdigen Zustand der Halbsklaverei teilweise schon entrinnen: denn der Pächter, der zumindest das Gefühl eines Pseudobesitztums hatte, erwies sich als eine wesentlich effektivere Produktionskraft als der Hörige, der Pachtzins besser verwertbar als das magere Ergebnis der lustlos verrichteten Fronarbeit.

Die Kunde von den Erneuerungen in der Stadt und auf dem flachen Land drang auch in entlegene Gebiete vor, der stetig zunehmende Handel fungierte als bewegliche Quelle der Information, die Reiseberichte vermittelten neben märchenhaften Länderbeschreibungen auch konkrete wirtschaftliche und politische Nachrichten. Selbst die Mode änderte sich auffallend: sie nahm, von der Obrigkeit nicht mehr rigoros kontrolliert, individuelle Züge an. Der Chronist Anonymus Leobiensis schrieb darüber um das Jahr 1310 halb empört, halb belustigt:

Die Mode

»Es verdient Beachtung, daß nach dem Tode des römischen Königs Albrecht in Österreich und Steiermark wie aber auch in anderen Ländern in der Kleidertracht verschiedene Erfindungen und Erneuerungen zum Vorschein kamen. Manche trugen an ihrem Rock den linken Ärmel von anderem Tuch; andere machten denselben linken Ärmel so breit, daß er breiter als der ganze Rock war. Fast alle aber trugen überdies die Röcke so eng, daß manche dieselben nicht ohne Hilfe anderer oder nur mittels Knopflöcher, welche von der Hand herauf bis zur Schulter sich über den ganzen Ärmel und ebenso über Brust und Bauch hinzogen, an- und auszuziehen imstande waren. Die Säume ihrer Röcke pflegten sie auch wohl mit anderem Tuch zu verzieren und zu schmücken, wie es einstmals die Narren trugen. Auch was das Seidenzeug betrifft, so begann sich darin selbst bei Knechten und Hörigen eine große Mannigfaltigkeit geltend zu machen gegen die alte Sitte der Ritterzeit. Was das Haar betrifft, so scheitelten sie dasselbe entweder kaum oder ganz, wie die Juden und die Ungarn.«

Predigt des heiligen Franz. Tafelbild (Detail) von Bonaventura Berlinghieri, 13. Jh.

Friedrich »der Schöne«

Gleichzeitig mit dem oft nur vage artikulierten Wunsch nach dem Neuen, aber auch mit der immer mehr spürbar werdenden Angst davor fiel die Politik der lokalen Regierung im Südwesten und im Südosten des Deutschen Reiches in ein Stadium des konzeptlosen Herumtastens zurück. Der älteste Sohn des ermordeten Albrecht I., Friedrich, mit dem Beinamen »der Schöne« (1268–1330), verwaltete Österreich und die Steiermark, sein Bruder Leopold, »der Glorwürdige« (1290–1326), die sogenannten Vorlande, die alten habsburgischen Besitztümer im Elsaß, in Schwaben und im Gebiet der heutigen Schweiz. Friedrich, sanft, unentschlossen, gradlinig, spielte die mißglückte Rolle eines deutschen Gegenkönigs mit Anstand. Er wurde von seinem erfolgreichen Rivalen, dem mit Stimmenmehrheit der Kurfürsten gewählten deutschen König und römischen Kaiser Ludwig von Bayern am 28. September 1322 bei Mühldorf am Inn besiegt, gefangengenommen, dann aber auf Ehrenwort freigelassen, um seinen Bruder Leopold zur Annahme der Friedensbedingungen persönlich überreden zu können, was er auch tatsächlich versuchte, jedoch ohne Er-

folg. Daraufhin kehrte er, ein Ritter ohne Furcht und Tadel, in die Gefangenschaft zurück, beeindruckte seinen ebenfalls ehrenwerten Gegner tief, versöhnte sich mit ihm und durfte fortan, wenn auch bloß symbolisch, den deutschen Königstitel tragen.
Er trug ihn noch acht Jahre lang, in seiner selbstgewählten Verbannung auf Burg Gutenstein in Niederösterreich, wo er im Alter von einundvierzig Jahren starb. Er wurde zuerst in der von ihm gestifteten Kartause Mauerbach, nach deren Auflassung im Jahr 1783 im Wiener Stephansdom begraben.

Leopold »der Glorwürdige«

Friedrichs wesentlich härterer, entschlossener Bruder Leopold hatte, als er die aufsässigen Schweizer in den habsburgischen Vorlanden unterwerfen wollte, den allerersten gegen Bauern, Holzfäller und Handwerker geführten Krieg in Europa verloren. Es war am 15. November 1315, im schwierigen Gelände des Gebirgspasses Morgarten, in der Nähe der Stadt Zug, auch der erste Sieg einer sparsam, aber zweckmäßig ausgerüsteten Infanterie über ein mit allerlei Zierat geschmücktes schwerfälliges Ritterheer.
Die ortskundigen Truppen der »Waldstätte«, der drei von freien Waldbauern bewohnten Urkantone Schwyz, Uri und Unterwalden, bedienten sich einer unehrenhaften Partisanentaktik: sie ließen Baumstämme und Steinlawinen auf die berittenen Herren herabrollen, und im Nahkampf schnitten sie die Sehnen ihrer Schlachtrosse durch; aber sie brachten sie zum Stehen und schlugen sie in die Flucht. Am 9. Dezember erneuerten die Sieger in der Stadt Brunnen den bereits im Jahr 1291 geschworenen »Ewigen Bund«: die demokratische Republik des kleinen Mannes, die Schweizer Eidgenossenschaft, entstand. Sie entstand zwar ohne Wilhelm Tell und Rütlischwur und auch nicht unter dem grausamen Druck des unmenschlichen österreichischen Statthalters Geßler mit seinem Geßlerhut, denn die sind allesamt nur erfundene Motive einer die historische Wirklichkeit im märchenhaft-poetischen Bereich reflektierenden Volkserzählung.

Albrecht II.

Am 7. November 1332 traten Luzern, am 1. Mai 1351 die Reichsstadt Zürich, bis dahin habsburgische Besitztümer, der Schweizer Eidgenossenschaft bei. Deutsche und österreichische Ritter zogen daraufhin aus, die verlorenen Gebiete zurückzuerobern. Zürich wurde in den Jahren 1351–1354 dreimal hintereinander vergeblich belagert. Den erfolglosen Feldherrn trug man in einer Sänfte hinter den Truppen her; es war Albrecht II. (1298–1358), mit dem Beinamen »der Weise«, seit dem Tod seiner älteren Brüder Leopold und Otto regierender Herzog der österreichischen Länder. Ein menschliches Wrack, nach einer Vergiftung, vermutlich einem Mordversuch, seit seinem zweiunddreißigsten Lebensjahr an beiden Armen und Beinen gelähmt, dennoch ein äußerst aktiver Mann mit wachem Geist und einer für seine Zeit erstaunlich toleranten Haltung, der obendrein in der größten Not, die das gesamte geordnete Staatswesen an den Rand des Chaos brachte, außerordentlichen Mut und Besonnenheit bewies.
Es schien (und es wurde auch geglaubt), Gott habe, um das Ende der mit Sünden über und über beladenen Welt anzukündigen, auf die ägyptischen

Pesttote werden bestattet. Miniatur, 14. Jh.

Plagen zurückgegriffen. Nach einer Mißernte im Jahr 1338 landeten im Osten Österreichs riesige Heuschreckenschwärme und fraßen ganze Landstriche kahl. Bald darauf kam es zu verheerenden Überschwemmungen und schweren Erdbeben, vor allem in Kärnten, in der Steiermark und in Niederösterreich. Und dann wurde Europa von dem aus dem Fernen Osten entlang der Handelsstraßen eingeschleppten Schwarzen Tod, von der ersten furchtbaren Beulenpestepidemie, befallen (1348/49). Die Zahl der Opfer betrug, eher vorsichtig geschätzt, etwa fünfzehn Millionen. Ein durch Hungersnot verschärfter, zügelloser Ausnahmezustand paralysierte das öffentliche Leben, schaltete gesetzliche Normen, Wertvorstellungen und moralische Bedenken völlig aus.

Die große Pestepidemie

Die Medizin war hilflos, die Verwaltung gelähmt, die Kirche hatte weder eine brauchbare Erklärung noch ausreichend Trost parat. Bald verdichtete sich das Gerücht, die Juden hätten die Brunnen vergiftet und somit die Pest heraufbeschworen, um ihren Peinigern, den Christen, den Todesstoß zu versetzen. In Frankreich, in den deutschen Ländern, in Böhmen und in Österreich brach der verhetzte Pöbel in die Judenviertel ein, plünderte und erschlug ihre Bewohner, verwüstete die Friedhöfe und steckte die Tempel in Brand. Wer noch fliehen konnte, rettete sich nach Polen und Ungarn. Herzog Albrecht II. stellte sich als einziger regierender Fürst im christlichen Abendland der Judenverfolgung energisch entgegen. Er reiste kreuz und quer durch seine schwer heimgesuchten Herzogtümer, fand persönlichen Kontakt mit allen Schichten der verunsicherten Bevölkerung, entwarf kurzfristige Pläne, traf Notmaßnahmen und konnte so die Gefahr einer totalen Anarchie immer wieder abwenden. Auch seine Frau Johanna von Pfirt, Tochter des letzten Grafen von Ferette und Montbéliard, aus der Gegend von Basel, gebildet, selbstbewußt und tapfer, unternahm beschwerliche und gefährliche Reisen, erledigte diplomatische Missionen, verhandelte mit lokalen Herrschern und mit dem Papst, aber auch mit Abordnungen kleiner, vom Untergang bedrohter Gemeinden, um Österreich und die Steiermark, die den Habsburgern noch verbliebenen westlichen Besitzungen und das im Jahr 1335 durch einen Erbvertrag gewonnene Herzogtum Kärnten aus den Wirren und Nöten einigermaßen herauszuhalten.

Kärnten

Der Name Kärnten geht vermutlich auf den Namen eines keltischen Stammes, den der Karner, zurück. Seine lateinische Form erscheint das erste Mal um das Jahr 680 n. Chr. im Werk eines unbekannten italienischen Autors, des sogenannten Geographen von Ravenna. In der nach einer kreisrunden altrömischen Karte verfertigten Arbeit wird ein von den *Carontani* bewohntes Land erwähnt.

Das von Kelten und Slawen besiedelte Gebiet kam gegen Ende des 8. Jahrhunderts unter die Vorherrschaft der Baiern; um 820 n. Chr. lösten bereits bayrische und fränkische Markgrafen die einheimischen Slawenfürsten ab.

Im Jahr 976 n. Chr. ließ der fränkisch-deutsche Kaiser Otto II., »der Rote«, Kärnten von Bayern trennen und erhob es zu einem selbständigen Herzogtum; somit wurde Kärnten das erste und älteste Herzogtum des späteren Österreich. Sein Territorium umfaßte nicht nur das eigentliche Kärnten, sondern auch die heutige Steiermark und einige Bezirke Niederösterreichs sowie, südlich der Alpen, Friaul, Istrien und die Gegend von Verona. Ein beträchtlicher Teil von Grund und Boden war im Besitz der Bistümer Bamberg, Salzburg und des Patriarchats von Aquileia.* Die materielle Vormachtstellung der Kirche und die verschiedenartige Beschaffenheit der voneinander weit entfernt liegenden, durch hohe Gebirge getrennten Landstriche und ihrer heterogenen Bevölkerung machten eine überschaubare Verwaltung des allzugroßen Herzogtums beinahe unmöglich; infolge des oft verspäteten oder mißglückten Frontwechsels im Machtkampf um die römisch-deutsche Kaiserkrone fiel die Regierungsgewalt rasch hintereinander mehreren Grafen aus Bayern, aus der heutigen Steiermark, aus Schwaben und aus dem Rheinland zu: Otto von Wormsfelde und dessen Sohn Konrad, Adalbero von Eppenstein (aus Eppenstein bei Judenburg), Wolf von Schwaben, Konrad von Lothringen und Berthold von Zähringen. Erst mit dem Aufstieg der ebenfalls aus dem Rheinland stammenden Spanheimer begann im Jahr 1122 der Prozeß einer langfristigen Konsolidierung, die auch die höchst notwendige Gesundschrumpfung, die Trennung von der Steiermark, von Istrien und von Verona mit sich brachte.

* Aus Kärnten stammt der erste deutschsprachige Papst der Kirchengeschichte, Gregor V., ein Sohn des Kärntner Herzogs Otto. Er wurde im Mai 996 n. Chr. inthronisiert, starb aber, wahrscheinlich an den Folgen eines Giftanschlags, bereits im Februar 999 n. Chr.

Der romanische Dom zu Gurk, Apsis

Die wirtschaftliche und kulturelle Entwicklung des im wesentlichen nur noch auf das Gebiet des heutigen Kärnten beschränkten Herzogtums verlief ähnlich jener Österreichs und der Steiermark. Das Benediktinerkloster St. Paul im Lavanttal und das Zisterzienserkloster Viktring waren die ersten bedeutenden Zentren eines für die damalige Zeit recht aufgeschlosse-

Engelbert und Hadwiga von Spanheim. Fresko von Thomas von Villach in der Stiftskirche St. Paul im Lavanttal

nen geistigen Lebens; die von Herzog Hermann von Spanheim in der zweiten Hälfte des 12. Jahrhunderts großzügig ausgebaute Stadt St. Veit an der Glan wurde zum vielgepriesenen Mittelpunkt der nach bayrischen und österreichischen Vorbildern geordneten höfischen Landesverwaltung und der um sie versammelten feudal-ritterlichen Gesellschaft. Unter Herzog Bernhard von Spanheim, in der ersten Hälfte des 13. Jahrhunderts, durchlebte das in seiner politischen Struktur und in seinem geistigen Klima bereits eindeutig österreichisch gewordene mittelalterliche Kärnten sein »goldenes Zeitalter«; als ein freilich nur äußerliches Zeichen dafür, das aber noch lange in Erinnerung blieb, galt die glänzende Zurschaustellung höfischen Prunks anläßlich des Fürstentags und Turniers von Friesach im Jahr 1225.

Es gab zwar die üblichen lokalen Kämpfe, die »Fehden« mit dem Hochadel der Nachbarschaft, vor allem mit dem Markgrafen Heinrich von Istrien aus dem Haus Andesch-Meran und mit dem Bischof von Bamberg um den Besitz der nach Süden führenden Paßstraßen (Loiblpaß, Kanaltal)*, aber anscheinend keine oder bloß unwesentliche innere Spannungen zwischen den deutschsprachigen und den slowenischen Gruppen der einheimischen Bevölkerung. Die in Mitteleuropa einzigartige Zeremonie der feierlichen Einsetzung eines neuen Kärntner Herzogs auf dem Fürstenstein von Karnburg und dem Herzogstuhl auf dem Zollfeld deutet auf ein wenn auch bloß symbolisches Mitspracherecht des Volkes hin: der neugewählte Fürst mußte von einem Bauern bestätigt werden, indem er seine Fragen in deutscher und slowenischer Sprache zu beantworten hatte, um nachzuweisen, daß er ein rechtskundiger, rechtschaffener, um das Wohl des Landes besorgter, gerechter Herrscher sein würde.

Otto
»der Fröhliche«

Als erster Habsburger stellte sich im Jahr 1335 Otto der Fröhliche der althergebrachten Befragung durch den für dieses Amt ebenfalls traditionsgemäß bestellten Edlingerbauern. Der Feier ging ein in Augsburg zwischen dem römisch-deutschen Kaiser Ludwig von Bayern und den Brüdern Albrecht II. und Otto geschlossener Geheimvertrag voraus, in dem festgelegt wurde, daß nach dem Tod des Herzogs Heinrich von Kärnten (der in den Jahren 1307–1310 als böhmischer König kläglich gescheitert war) das verwaiste Herzogtum von den Habsburgern, namentlich von Herzog Otto dem Fröhlichen, verwaltet werden sollte.

Die Motive solcher und ähnlicher Erbverträge entsprangen zum Teil der Sorge der römisch-deutschen Könige und Kaiser, das betreffende Gebiet an eine feindlich gesinnte Familie oder gar an eine fremde Machtgruppe zu verlieren. Für die Häuser des Hochadels und für die bereits regierenden Grafen und Herzöge wiederum bedeutete das durch einen Erbvertrag erworbene Land neue finanzielle Quellen, neue Verteidigungslinien, neue Titel, einen beachtlichen, in den meisten Fällen sogar entscheidenden Zu-

* Klagenfurt (Furt über die Klan oder Glan, slowenisch Celovec) wurde als befestigte Handelsstation von Herzog Hermann gegründet, von Herzog Bernhard nach seinem heutigen Standort verlegt. Es wurde erst im 16. Jahrhundert zur Hauptstadt des Herzogtums Kärnten. Der eigentliche Ausbau der 1514 durch eine Feuersbrunst völlig verwüsteten Stadt erfolgte in den Jahren 1540–1600.

wachs an Macht und Einfluß. Das Volk wurde dabei freilich nicht gefragt; nach der Auffassung des Mittelalters war die von Zeit zu Zeit notwendig gewordene Neuverteilung eines erledigten, das heißt frei gewordenen Lehens, einer Grafschaft oder eines Herzogtums einzig und allein die Sache der miteinander immer mehr versippten mächtigen Familien Europas.
Die Primogenitur, das Recht des erstgeborenen Kindes auf die Nachfolge, war, obwohl in den meisten Ländern der christlichen Welt durch entsprechende Gesetze noch nicht festgelegt, bereits stillschweigend anerkannt, wobei Töchter als Erben der Regierungsgewalt nur äußerst selten und auch dann fast immer nur mit einem Ehemann gemeinsam akzeptiert wurden. Im Fall von Kinderlosigkeit griffen die meisten europäischen Fürstenhäuser auf die asiatische Praxis des sogenannten Seniorats zurück: an die Stelle des verstorbenen Königs, Herzogs oder Grafen trat dessen ältester Bruder.

Vereinigung mit Österreich

So übernahm nach dem Tod Ottos des Fröhlichen im Jahr 1339 Albrecht II. aus dem Hause Habsburg die Macht in Kärnten, wodurch die Vereinigung mit Österreich tatsächlich vollzogen wurde. Die Wortführer des einheimischen Adels und die Bürger von St. Veit an der Glan, Klagenfurt und Villach, in ihren Besitztümern und Rechten von der neuen, nun österreichischen Regierung nicht geschmälert, schienen mit der Lösung zufrieden zu sein. Denn auch das heikle Problem der Nachfolge war, wie durch ein Wunder, bereits geregelt. Nach fünfzehn kinderlosen Ehejahren brachte Johanna von Pfirt am 1. November 1339 einen Sohn, Rudolf, zur Welt. Sie war neununddreißig Jahre alt, ihr gelähmter Mann, Albrecht II., einundvierzig. Das Wunder wiederholte sich noch fünfmal, ihr letztes Kind bekam die Herzogin mit einundfünfzig Jahren. In Wien wurde die Vaterschaft des Herzogs offen bezweifelt; Albrecht II. ließ daraufhin in den Kirchen der Stadt offiziell verkünden, daß seine Kinder in der Tat von ihm stammten. Der Klerus stand diesmal geschlossen auf der Seite des Herzogs; er war ja Vater geworden, nachdem er in seinem Tragsessel und im einfachen Gewand eines Pilgers eine Wallfahrt nach Aachen und nach Köln unternommen und dabei Bistümer und Klöster mit großzügigen Spenden bedacht hatte. Und auch der deutsche König und römische Kaiser, Ludwig von Bayern, mit Albrecht II. einst in Wien gemeinsam aufgewachsen, hatte kein Interesse, an der legitimen Nachkommenschaft des Herzogs von Österreich zu zweifeln; er war mit Papst Benedikt XII., einem französischen Müllerssohn aus Foix, in den schon schier endlos anmutenden, mühsamen Machtkampf zwischen Kirche und Staat verwickelt und obendrein eifrig dabei, seinen Herrschaftsbereich mit Brandenburg, Niederbayern, Tirol und Holland beträchtlich zu vergrößern. Er brauchte im Osten des Reiches Ruhe und Ordnung, und dies hatte schließlich für die fraglose Anerkennung der Kinder Albrechts II. und somit auch für die politische Zukunft der österreichischen Länder den Ausschlag gegeben.

Ob Rudolf IV., mit dem von ihm selbst bestimmten Beinamen »der Stifter«, tatsächlich ein Sohn des gelähmten Herzogs Albrecht II. oder eines Unbekannten war, kann für die Familiengeschichte des Hauses Habsburg ein ebenso delikates wie eminent wichtiges Problem darstellen; für Öster-

reich, für seine politische, wirtschaftliche und kulturelle Entwicklung jedoch ist die seit Jahrhunderten immer wieder angeschnittene oder eben bewußt totgeschwiegene Frage letztlich völlig unwesentlich.

Rudolf IV., »der Stifter«

Ob zweifelhafte oder wundersame Geburt, mit Rudolf IV. raste ein faszinierendes Fabelwesen durch die ansonsten eher vom nüchternen Mittelmaß und von einer spezifischen Art des konstruktiven Zögerns geprägte Geschichte Österreichs; er war, in tausend Jahren, der einzige Märchenprinz an der Donau, genial, frühreif und auch früh gealtert; ein königlicher Komödiant, der hastig nach Sternen griff, die er selber auf einen über einer mythischen Welt in unwirklichem Licht strahlenden Himmel projizierte – und dabei eine erstaunlich fortschrittliche Realpolitik betrieb. Er starb schon mit sechsundzwanzig Jahren, und er wußte, daß er jung sterben werde; er war lungenkrank, die Symptome seines – wahrscheinlich ererbten – Leidens erklären, wenn auch nur zum Teil, seinen unbändigen Drang nach rastloser Tätigkeit, die überhöhte Temperatur seiner Psyche, das seelische Fieber, das ihn immer wieder in den Zwischenbereich bizarrer Visionen lockte, wo er sich aber niemals verlor, denn er konnte mit geradezu schlafwandlerischer Sicherheit die Grenzen des Möglichen trefflich abschätzen, um, obwohl allzuoft von Trugbildern geführt, schließlich doch gut durchdachte, konkrete Schritte zu unternehmen.

Rudolf IV. regierte nur kurze sieben Jahre, aber er regierte anscheinend in jeder Stunde; er jagte verwegenen Plänen unablässig nach und kämpfte beharrlich für die Verwirklichung seiner sonderbaren Ideen. Er bediente sich dabei selten, ja fast gar nicht der Gewalt, er überraschte seine Zeitgenossen vielmehr mit hochgestochenen Gauklerstücken, die aber keineswegs hinterlistig oder durchtrieben, sondern von einer naiven, mitunter verrückten Poesie angehaucht waren und als völlig irrationale Mittel einem rationalen politischen Konzept dienen sollten: der Unabhängigkeit Österreichs vom Deutschen Reich und der Erhebung des Landes zu einer selbständigen und geachteten Macht in Europa.

Staatsgedanke und neue Institutionen

Rudolf IV. war der erste regierende Fürst der österreichischen Geschichte, der nicht nur an die Mehrung seiner Güter und an den Ausbau seiner persönlichen Stellung dachte, sondern in erster Linie an die Umsetzung eines zwar noch recht vagen und auch märchenhaft verzeichneten Staatsgedankens in neue, funktionsfähige Institutionen, die wiederum nicht mehr allein die Interessen der unantastbaren feudalen Hierarchie fördern und verewigen sollten. In einer Urkunde für das Wiener Schottenstift vom 8. Juli 1360 gab er eine Kurzfassung seines politischen Programms: »Aller Ruhm und alle Macht einer Regierung bestehen auf dem wohlfundierten Glück der Untertanen.« Und dies waren keineswegs nur leere Worte, die bloß ein Schriftstück zu zieren hatten.

Albrecht II., der Vater Rudolfs IV., starb am 20. Juli 1358 im Alter von sechzig Jahren; er wurde im niederösterreichischen Gaming, in der von ihm gegründeten Kartause Marienthron, begraben und gegen Ende des 18. Jahrhunderts in die spätgotische Pfarrkirche des Ortes umgebettet. Rudolf IV. übernahm mit neunzehn Jahren die Regierung der österreichi-

Oben: Kaiser Karl IV. reitet in Begleitung der Kaiserin und eines Kurfürsten zum Reichstag. Zeitgenössische Miniatur

Links: Herzog Rudolf IV. Bildnis eines anonymen Meisters

schen Länder; er war bereits verheiratet, schon als neunjähriger Knabe mußte er mit der damals erst sechs Jahre alten Katharina von Böhmen, Tochter des deutschen Königs und römischen Kaisers Karl IV. aus dem Hause der Luxemburger, Hochzeit feiern. Es war eine politische Kinderehe, glücklos und auch ohne Nachkommenschaft. Doch der mittelbare Einfluß des Schwiegervaters, eines wahrhaft großen und erfolgreichen Staatsmannes, an dessen Ideen und Taten sich der junge Rudolf IV., durch Bewunderung, Neid und auch durch eine komplexbeladene Lust am Wetteifern motiviert, stets orientiert hatte, entschied letztlich über seinen Regierungsstil.

Der Einfluß Kaiser Karls IV.

Karl IV. (1316–1378), Sohn des blinden Königs Johann von Böhmen, war im Alter von dreißig Jahren zum deutschen Gegenkönig proklamiert worden. Bald darauf, am 11. Oktober 1347, starb der rechtmäßige deutsche König und römische Kaiser, Ludwig der Bayer, auf einer Bärenjagd in Fürstenfeldbruck bei München. Obwohl Karl IV. sich am 5. April 1355 in Rom unter fragwürdigen Umständen, jedenfalls nicht vom Papst, sondern nur von einem willigen Kardinal zum Kaiser krönen ließ, zog er sofort aus Italien ab, um eindrucksvoll zu demonstrieren, daß er mit der römischen Kirche in Frieden leben und sich keineswegs in ihre Angelegenheiten mischen wolle. Er hielt sich auch später daran und genoß dafür die volle Unterstützung des Heiligen Stuhls, die ihm ermöglicht hatte, Kräfte und Mittel zu sparen, beziehungsweise sie im Inneren des Reiches, vor allem in seinen bevorzugten Stammländern, in Böhmen und Mähren, ökonomisch einzusetzen.

Mit dem neuen, in mancher Hinsicht bereits revolutionären Gedankengut des aufkommenden italienischen Humanismus* in Berührung gekommen, löste sich Karl IV., zumindest teilweise, von dem versteinerten, nicht mehr

* Das auch politisch brisante Element des Humanismus war seine Hinwendung zu den irdischen Dingen, wodurch eine neue, realistische Kunst und Literatur entstand und der Vormarsch der Naturwissenschaften erleichtert wurde.

entwicklungsfähigen Geist der mittelalterlichen feudalen Ordnung. Er schaffte damit den entscheidenden Übergang vom rückständigen, im Grunde immer eindeutig egoistischen Herrschertyp zum planmäßig arbeitenden Staatsmann, der das Wohl seiner Länder nicht mehr ausschließlich durch die ständige Vergrößerung des eigenen Territoriums, nicht nur durch eine rein geopolitische Expansion und durch die überstürzte Ausbeutung der eroberten Gebiete, sondern vorwiegend durch eine zeitgemäße Umgestaltung, Modernisierung und Aktivierung des bereits vorhandenen Staates fördert und die Macht, die nicht mehr unbedingt mit einer absoluten Unterdrückung identisch sein muß, zunehmend durch wirtschaftliche, technische, verwaltungs- und sozialpolitische Maßnahmen stabilisiert.

Gründung der Wiener Universität

Dies alles beeindruckte Rudolf IV. tief. Baute Karl IV. den nunmehr ständigen Sitz seiner Regierung, Prag, großzügig aus, so eiferte ihm der junge Herzog von Österreich in Wien binnen kürzester Zeit gekonnt nach. Die Stephanskirche sollte den Prager St.-Veits-Dom, eine Stiftung des Kaisers, übertreffen: im Frühsommer 1359 wurde mit der Errichtung des imposanten gotischen Langhauses begonnen. Im Jahr 1348 gründete Karl IV. nach französischem Vorbild die Universität von Prag, die erste im gesamten

Älteste Ansicht der von Rudolf IV. gestifteten Wiener Universität. Miniatur, um 1400

deutschen Reichsgebiet; Rudolf IV. gründete am 12. März 1365 die Universität von Wien, die zweitälteste im mitteleuropäischen Raum. Karl IV. machte Prag durch mannigfaltige Förderungsmaßnahmen zu einem bedeutenden Handels- und Kulturzentrum und zu einer internationalen Großstadt, in der Tschechen, Deutsche, Italiener und Juden, infolge des rasch steigenden Wohlstandes noch verständnisvoll und tolerant, in Frieden miteinander lebten.
Rudolf IV. ging ebenfalls erfolgreich daran, das von der Pestepidemie und von einer verheerenden Feuersbrunst (am 31. Mai 1361) arg mitgenommene Wien so rasch wie möglich zu vergrößern und zu verschönern. Wer sich in der Stadt niederließ, genoß für drei Jahre volle Steuerfreiheit; wer die Schäden an seinem Haus nicht unverzüglich ausbesserte, mußte mit dessen Konfiszierung rechnen. Der Plan eines Universitätsviertels, eines Quartier Latin, zwischen der Burg und dem Schottenkloster konnte leider nicht mehr ausgeführt werden. Die Studenten der Alma mater Rudolphina hatten jedoch, was ihre Quartiere betraf, ein bedeutendes Mitspracherecht den Hausbesitzern gegenüber, und sie zahlten einen von einer gemischten Kommission der Bürger und der Universität festgesetzten gleichbleibenden Mietzins. Auch das in sich streng geschlossene, starre System des Zunftwesens wurde von den Reformen des jungen Herzogs erfaßt und teilweise entmachtet, um durch die freie Ausübung des Handwerks den Wettbewerb zu beleben und die Produktion zu fördern.

Demokratische Steuerreform

Rudolf IV. schaffte die Steuerfreiheit des Hochadels und des Klerus ab, verzichtete auf die jährliche Münzerneuerung, auf die im Mittelalter übliche Form einer für den Herrscher ertragreichen amtlichen Inflation, der das Volk machtlos gegenüberstand, und er führte das »Ungeld«, die erste demokratische Steuer in Österreich, eine zehnprozentige Getränkesteuer, ein, die jedermann, ob Bischof oder Knecht, entrichten mußte, wenn er in einem öffentlichen Gasthof Wein oder Bier trank. Es gab in den österreichischen Ländern in der zweiten Hälfte des 14. Jahrhunderts anscheinend zahlreiche Schenken und Kneipen, und die Leute hatten auch mächtigen Durst, denn das »Ungeld« ersetzte voll und ganz den suspekten Gewinn aus der inflatorischen Münzmanipulation und wurde zu einer verläßlichen Einnahmequelle des herzoglichen Staatshaushaltes.
Eine völlig neue Finanz- und Steuerpolitik, die einer ebenso neuen, für das Mittelalter geradezu avantgardistischen Auffassung über das Wesen und die Rolle der Untertanen entsprang, bildete die Grundlage einer sachbezogenen, leistungsfähigen Regierungsarbeit, der zweifellos auch einige, meist namenlos gebliebene Ratgeber wirkungsvolle Initiativen beisteuerten. Es gab zwar gegen die eine oder andere Maßnahme laufend Proteste und Klagen, aber es kam zu keiner Verschwörung und zu keinem offenen Aufstand gegen den Herzog, als wäre die Zeit für seine Reformen schon reif und die Bevölkerung der österreichischen Länder für neue, konstruktive Ideen aufgeschlossener geworden.
Doch das unermüdliche politische Engagement Rudolfs IV. hatte auch eine unwirklich anmutende phantastische Seite, und sie begeisterte viele Zeitgenossen, obzwar manche kunterbunten Höhenflüge in das Reich majestätischer Blendwerke belächelt oder gar empört verworfen wurden. Denn wie ein besessener Maulheld im goldenen Kostüm focht Rudolf IV.

Lebensmitteltransport im Mittelalter. Miniatur, 14. Jh.

mit prahlerischen Worten um die Größe und Ehre Österreichs und des Geschlechts der Habsburger. Er erfand bombastische Titel für sich, darunter den eines »Sacri Romani Imperii Archymagister Venatorum«, was soviel wie Oberster Jägermeister des Heiligen Römischen Reiches bedeutet, er nannte sich als erster Fürst in der österreichischen Geschichte »Erzherzog« (im lateinischen Original: *archidux*, was auf eine uralte Abstammung und auf uralte Rechte hinweisen sollte), er nannte sich auch Pfalzherzog von Schwaben und Elsaß und Markgraf von Drosendorf; er entwarf prunkvolle und symbolträchtige Zeremonien und einen Herzogshut, der beinahe wie eine Kaiserkrone aussah, und er bezeichnete Österreich offiziell als »Schild und Herz des Reiches«, als Kernland aller deutschen Länder.

Der Titel Erzherzog

Seine Kanzlei fälschte, übrigens äußerst geschickt, wichtige Urkunden, die von den römisch-deutschen Kaisern Heinrich IV., Friedrich I. Barbarossa, Friedrich II., dessen verbanntem Sohn Heinrich VII., Rudolf von Habsburg, ja sogar von den alten Römern, von Julius Caesar und Nero, ausgestellt worden sein und althergebrachte Vorrechte der Familie Habsburg und des Herzogtums Österreich nachweisen sollten. So entstand 1359 auch das *Privilegium maius,* das Große Privileg (während das Original des echten *Privilegium minus* aus dem Jahr 1156 wohlweislich vernichtet wurde), mit bedeutend erweiterten Ansprüchen dem Deutschen Reich und dem Kaiser gegenüber, aber auch mit kindisch-theatralischen Vorschriften, so zum Beispiel mit der bindenden Auflage, daß der Herzog von Österreich sein Lehen nicht mehr irgendwo, wo sich der deutsche König und römische Kaiser gerade aufhielt, sondern ausschließlich auf österreichischem Boden und nicht kniend, wie dies der allgemeine Brauch war, sondern hoch zu Roß zu empfangen habe.

Privilegium maius

Der deutsche König und römische Kaiser in Prag, Karl IV., nahm die plötzlich aufgetauchten alten Urkunden seines Schwiegersohns, die ihm zur Bestätigung vorgelegt wurden, mehr als zurückhaltend auf. Einige davon ließ er durch den berühmten italienischen Dichter und Humanisten Francesco Petrarca (1304–1374) prüfen. Das Gutachten fiel vernichtend aus: wer dies gemacht habe, sei ein Erzschelm, wer daran glaube, ein Esel.

Der überaus kultivierte historische Betrug hatte für die weitere Entwicklung Österreichs auch keine entscheidende Bedeutung, obschon einiges davon, so der Titel »Erzherzog« und manche Passagen des *Privilegium maius* später in das politische Instrumentarium des Hauses Habsburg Eingang gefunden haben. Die Fälschung wurde erst im 19. Jahrhundert eindeutig aufgedeckt, man sprach aber nur ungern davon, da man glaubte, sich dafür schämen zu müssen, daß ein Habsburger, ein regierender Fürst, die Macht und das Ansehen Österreichs nicht durch glänzende Kriegstaten, sondern bloß mittels gut erfundener und in Schönschrift ausgefertigter Urkunden, die weder Blut noch eine finanzielle Mehrbelastung der Bevölkerung gekostet hatten, zu mehren versuchte.

Tod in Mailand

Rudolf IV. starb am 27. Juli 1365 in Mailand, wo er die Hochzeit seines jüngeren Bruders Leopold mit der Tochter des Herzogs Barnabo Visconti, Viridis, vorbereiten wollte, an einem »hitzigen Fieber« – entweder an der galoppierenden Schwindsucht oder an Typhus. Gerüchte, wonach die Todesursache eine im Januar 1363 in Tirol geholte Syphilisinfektion gewesen wäre, kann man kaum berücksichtigen, zumal die »Lustseuche« oder »Franzosenkrankheit« wahrscheinlich erst etwa hundert Jahre später in Europa auftauchte. Der Leichnam des Herzogs wurde in einer schwarzen Ochsenhaut nach Wien gebracht und im Stephansdom beigesetzt. Im Jahr 1933 hat man seinen Sarg geöffnet und seinen Schädel untersucht: er wies Merkmale eines reifen Mannes im Alter von etwa vierzig Jahren auf. Rudolf IV. war mittelgroß, schlank, sein vermutlich authentisches Porträt, das Werk eines unbekannten zeitgenössischen Malers, zeigt ein feines, schmales Gesicht, eine hohe Stirn, eine gerade Nase, helle Augen, langes blondes Haar und volle Lippen; der Gesamteindruck des Bildes wird von einem fast versunkenen, nach innen gerichteten Blick beherrscht.

Mit dem Tod des Herzogs zerfiel auch sein in fliegender Eile aufgerichtetes politisches Gebäude, das sonderbare Luftschloß, das teilweise über soliden Grundmauern zu schweben schien. Ein Trümmerhaufen von schillernden Träumen und guten Vorsätzen blieb zurück, Mosaiksteine, auf die man erst Jahrhunderte später zurückgriff. Die Reformen wurden bald

vergessen, und selbst die neue Universität galt als nicht vollwertig: Papst Urban V., sonst ein Förderer der Wissenschaften, verweigerte seine Zustimmung für die Errichtung der damals wichtigsten Fakultät, der theologischen – entweder weil er Rudolf IV. nicht ganz ernst nahm, oder weil er seinem Unmut über die Besteuerung des Klerus auf diese subtile Weise Ausdruck verleihen wollte.
Nur einem – allerdings sorgfältig geplantem – Unternehmen des Stifters und Unruhestifters Rudolf IV. war ein voller und dauerhafter Erfolg beschieden: der friedlichen Vereinigung des Landes Tirol mit Österreich.

Tirol

Im Raum von Tirol, nördlich und südlich der Ötztaler und der Zillertaler Alpen, lebte nach dem Abzug der römischen Besatzung (488 n. Chr.) eine aus kleineren Gruppen von Rätoromanen, Galliern, Alemannen, Langobarden und Baiern langsam zusammengeschmolzene Bevölkerung. Im 8. Jahrhundert n. Chr. wurde das damals noch schwer zugängliche und als eher unwirtlich angesehene Gebiet – meist einfach das »Land im Gebirge« genannt – eine Provinz des Fränkischen Reiches; die Namen der Gaue, der Verwaltungsbezirke, blieben bis zum heutigen Tag als Landschaftsnamen erhalten: Pustrissa (Pustertal), Fingsgow (Vintschgau), Cillarestal (Zillertal) usw. Nach dem Zusammenbruch des karolingischen Großreiches gehörte das Territorium des späteren Landes Tirol teils dem Herzogtum Bayern, teils der Mark Verona an. Im Jahr 1207 begann ein politischer Entwicklungsprozeß, der zur Ausbildung einer eigenen Landeshoheit geführt hatte: Kaiser Konrad II. verlieh die Grafschaften Bozen, Trient und Vintschgau dem Bischof von Trient, Udalrich, die Grafschaften Norital und Inntal dem Bischof von Brixen, Hartwig. Die Kirche gab die tatsächliche Verwaltung einzelner Gebiete sowie deren Besitzrechte, wenn auch nicht immer ganz freiwillig, an im Land ansässige Adelsfamilien weiter, den Grafen von Andesch-Meran, den Grafen von Eppan und den Grafen von Tirol, nach deren Stammsitz, der Burg Tirol, vier Kilometer nördlich von Meran, das gesamte Land seinen Namen erhielt.
Ab Mitte des 13. Jahrhunderts rückte der Tiroler Raum immer mehr in den Vordergrund politischer Interessen: seine Salzbergwerke, Kupfer- und Silberminen, seine strategisch exponierte Lage als mögliche Sperrzone zwischen dem deutschen Norden und dem italienischen Süden, seine günstig gelegenen Handelsstraßen, voran die Brennerstraße, die den Westen Europas mit Mailand, Venedig und Rom verbanden, machten das Land zu einem der wertvollsten und begehrtesten Gebiete Mitteleuropas. Innsbruck, das erste Mal im Jahr 1028 urkundlich erwähnt, eine kleine Siedlung an der Fähre über den Inn, wurde von den Grafen Andesch-Meran zu einer wichtigen Zwischenstation an der Brennerstraße ausgebaut. Nach der Errichtung einer Brücke über den Fluß erhob 1232 der letzte Andesch-Meraner, Otto II., den Ort, der bereits den Namen Innsbruck (Inn-Brücke) führte, zur Stadt. Doch Meran, schon im Jahr 875 n. Chr. als Meirania bekannt, galt noch bis zur Mitte des 14. Jahrhunderts als die

Innsbruck

größte und bedeutendste Stadt des als untrennbare Einheit betrachteten Süd- und Nordtiroler Raums. Zu dieser Zeit war fast das gesamte Land bereits im Besitz der Grafen von Tirol. Im Jahr 1253 starb die mächtig gewordene Familie mit dem Grafen Albrecht von Tirol aus, ihre Herrschaft ging infolge verwandtschaftlicher Beziehungen in die Hand des Herzogs von Kärnten, Meinhard II., über. Der Sohn von Meinhard II., Heinrich, Herzog von Kärnten und Graf von Tirol, hinterließ nur eine Tochter, die bald zur Schlüsselfigur des Kampfes um das Land Tirol wurde. Sie ging unter dem Namen Margarete Maultasch in die österreichische Geschichte ein.

Margarete Maultasch

Ob sie tatsächlich einen auffallend großen, verunstalteten Mund, eine »Maultasche«, hatte (was jedoch keine zeitgenössische Quelle bestätigt) oder ob ihr Beiname von einem ihrer Besitztümer, dem heute verfallenen Schloß Maultasch bei Terlan, stammt*, ob sie abstoßend häßlich war oder gar »ausnehmend schön«, wie manche Chronisten berichten, ob sie sich zeitweise wie ein gleichgültig-schwachsinniges oder wie ein besonders energisches, ja bösartiges Weib benahm (sie geistert noch heute als »böse Gretl« durch die Kärntner und Tiroler Volkssagen), ob sie Männer verabscheute oder ihnen geradezu schamlos nachlief und sie mit einer unheilbaren Krankheit »bejucket«, das heißt angesteckt hätte, kann man heute nicht einmal mit annähernder Sicherheit behaupten. Ein authentisches Porträt von ihr existiert nicht, schon die zeitgenössischen Beschreibungen ihrer Person, düster verzeichnet oder engelhaft verklärt, stehen einander diametral gegenüber. Prüft man die stichhaltigen historischen Daten, so scheint die Figur einer in späteren Jahren zweifellos von einer endogenen Depression geplagten, unglücklichen Frau, die manchmal schlau taktiert, dann wieder nur zögernd handelt, ihre Umgebung verärgert und verwirrt und dabei immer wieder unter die Räder fremder Machtinteressen gerät, der Wahrheit am nächsten zu kommen.
Auch Tirol sollte nach der altbewährten Praxis erheiratet werden. Den ersten, erfolgreichen Bräutigam, Johann Heinrich, einen Bruder des späteren Kaisers Karl IV., stellten die in Böhmen ansässigen Luxemburger. Die Ehe ging schief: die dreiundzwanzig Jahre alte Margarete lehnte sich, vom Tiroler Adel, der keine böhmische Fremdherrschaft dulden wollte, unterstützt, barsch auf: sie schloß vor ihrem Mann, als er von einem fröhlichen Jagdausflug heimkehrte, die Tore der Residenz Tirol und zwang ihn und sein Gefolge, das Land fluchtartig zu verlassen. Mit ihrem zweiten Ehemann, Ludwig von Brandenburg, einem Sohn des deutschen Königs und Kaisers Ludwig von Bayern, schien sie zunächst glücklicher zu sein. Doch Papst Klemens VI., ein Freund der Luxemburger und unversöhnlicher Gegner Ludwigs von Bayern, war nicht bereit, tatenlos zuzusehen, wie das schöne Land Tirol mittels eines fragwürdigen Ehebetts seinen politischen Widersachern, dem bayrischen Clan der Wittelsbacher, ausgeliefert wurde. Er belegte das Tiroler Fürstenpaar, das, da es Margarete nicht gelang, die Scheidung von ihrem ersten Mann durchzusetzen, »in Sünde lebte«, mit dem Großen Bann; über Tirol verhängte er das folgen-

* In Südtirol nennt man eine unverläßliche Person, die viel herumredet und dadurch immer wieder Verwirrung stiftet, eine »Maultasch«.

Reigentanz aus der Zeit der Margarete Maultasch. Fresko, Burg Runkelstein bei Bozen

schwere Interdikt. Vom Papst ermuntert, unternahm die böhmische Partei eine bewaffnete Intervention, die jedoch scheiterte: die Tiroler hielten mit Hilfe Bayerns stand, unter schweren Verlusten der wehrlosen Bevölkerung.

Ludwig von Brandenburg

Ludwig von Brandenburg führte mit der Zeit ein allzuhartes Regiment; manche namhaften Vertreter des einheimischen Adels büßten ihr Vermögen und auch ihr Leben ein; die Juden, bis dahin unbehelligt, fielen einem planmäßig vorbereiteten Massaker zum Opfer. Als er 1351 Familienoberhaupt der Wittelsbacher wurde und auch die Regierung Bayerns übernahm, sank Tirol immer mehr zu einer von München aus rücksichtslos verwalteten Provinz herab. Margarete, ihrem Mann bereits entfremdet, konnte oder wollte nichts dagegen unternehmen. Dennoch galt sie, die Verkörperung der Legitimität, als »Landesmutter«. Verschiedene Gruppen, auch habsburgfreundliche, wollten sie zu eindeutigen Entscheidungen zwingen, Margarete wich jedoch stets aus. Verschwommene Pläne, Tirol nach dem Muster der Schweizer Eidgenossenschaft zu einem unabhängigen Staat zu machen, tauchten einige Male auf, wobei die sprichwörtlich gewordene Freiheitsliebe der Tiroler oft recht übertrieben dargestellt wurde, denn unter Freiheit verstand der Adel (und nur er spielte als weltlicher Machtfaktor eine politische Rolle) noch immer die freie Verwirklichung eigener, vornehmlich materieller Interessen. Als Ludwig von Brandenburg im Herbst des Jahres 1361 starb, verlangten und erhielten die Tiroler Standesherren von Gräfin Margarete eine schriftliche Zusage, wonach über jeden Schritt, der die Zukunft Tirols und die Einsetzung eines Landesfürsten betraf, nur mit ihnen gemeinsam beraten und entschieden werden konnte.

Herzog Albrecht II., der Vater Rudolfs IV., verfolgte das Schicksal Margaretes und des von den Machtblöcken und vom Heiligen Stuhl bedrängten Landes Tirol mit Anteilnahme, aber auch mit politischen Hintergedanken. Ihm schwebte ein Erbvertrag vor, den er mittels freundlicher Dienste zustande bringen wollte. So bemühte er sich um die Aufhebung des Kirchenbanns und um die päpstliche Anerkennung des »verruchten Konkubinats«, was ihm, einer frommen und verläßlichen Stütze des Klerus, schließlich auch gelang.

Der Gedanke eines bald wirksam werdenden Erbvertrags war gar nicht so abwegig. Margarete Maultasch hatte aus ihrer zweiten Ehe nur einen schwachen, ein wenig zurückgebliebenen, schwer lungenkranken Sohn, Meinhard III., über dessen Befinden der Wiener Hof durch vertrauliche Nachrichten des Bischofs von Brixen laufend unterrichtet wurde. Anfang Januar 1363 lag der erst neunzehnjährige Meinhard III. im Sterben. Herzog Rudolf IV. entschloß sich zu einer Blitzaktion: in Eilmärschen begab er sich durch das tief verschneite Kärnten nach Südirol. Unterwegs, in Rodeneck bei Brixen, erfuhr er, daß Meinhard III. bereits gestorben war und daß Margarete Maultasch, anscheinend völlig gebrochen und verwirrt, an der Bahre ihres Sohnes Städte, Dörfer, Täler und Wälder wahllos zu verschenken begann, als hätte für sie das Land Tirol keinen realen Wert, keinen Sinn mehr.

Begegnung in Bozen

Rudolf traf sie in Bozen; Margarete, damals fünfundvierzig Jahre alt, nahm den vierundzwanzig Jahre alten Herzog von Österreich, dessen strahlende Erscheinung, überspannte Tatkraft und resolutes Handeln Rettung vor dem anbrechenden Chaos versprach, mit offenen Armen auf. Ob dabei noch ein Funke von Staatsraison, der durch den Tod des eigenen Sohnes aus der Bahn geworfene mütterliche Instinkt oder eine andere Form der Zuneigung eine entscheidende Rolle gespielt hat, wird wohl nie mehr restlos geklärt werden können. Am 26. Januar 1363 übergab Margarete Maultasch die Herrschaft über das Land Tirol Rudolf IV. und seinen jüngeren Brüdern, Albrecht III. und Leopold III. In diesem Zusammenhang wurde eine wichtige Urkunde wieder einmal gefälscht beziehungsweise bewußt vordatiert: demnach wäre das Diplom über die Weitergabe der Regierungsgewalt an die Habsburger bereits am 2. September 1359 in München ausgestellt worden, also zu einer Zeit, da Ludwig von Brandenburg und der todkranke Meinhard III. noch am Leben waren (und daher mit der Regelung einverstanden gewesen sein müßten), und auch vor der Abfassung der schriftlichen Zusage Margaretes, sie könne über die Person eines künftigen Herrschers von Tirol nur mit den Tiroler Standesherren gemeinsam entscheiden.

Das vordatierte Dokument wurde vom einheimischen Adel überraschend akzeptiert, vermutlich deshalb, weil die einflußreichen Familien nördlich und südlich der Alpenkette untereinander zerstritten waren und daher gar nicht daran denken konnten, ein unabhängiges Tirol zu schaffen; sie gaben einer österreichischen Regierung, die wesentlich milder als eine bayrische zu werden schien, letztlich doch den Vorzug. Auch die Bistümer Brixen und Trient, die Bürger der Städte und das Landvolk, alle durch verschiedene Interessen und Hoffnungen motiviert, hatten Rudolf IV. als einen gerechten und auch kompromißbereiten Fürsten begrüßt.

Margarete Maultasch in Wien

Margarete Maultasch regierte in Tirol formell noch bis zum 2. September 1363, dann trat sie offiziell zurück und folgte Rudolf IV. nach Wien, wo sie sich in der später nach ihr benannten Vorstadt Margareten niederließ. Nach dem frühen Tod des Herzogs fühlte sie sich nicht mehr wohl in der Residenz an der Donau, sie wollte zurück nach Tirol, wurde daran jedoch brutal gehindert. Sie starb am 3. Oktober 1369 im Alter von einundfünfzig Jahren, enttäuscht und verbittert, in Wien.

Osmanen und Hussiten

Aufbruch in eine neue Zeit

Im Jahr 1355 erließ der gelähmte Herzog Albrecht II. eine Hausordnung für seine Familie, wonach die Besitztümer der Habsburger, als eine territoriale Einheit betrachtet, niemals aufgeteilt und im Fall mehrerer männlicher Nachkommen in einer Generation von diesen gemeinsam verwaltet werden sollten. Neun Jahre später bekräftigte Rudolf IV. die Weisung seines Vaters. Nach Rudolfs Tod traten seine beiden, nun mündig gewordenen jüngeren Brüder, Albrecht III. (1349–1395) und Leopold III. (1351–1386), mit gleichen Rechten ausgestattet, die Regierung der österreichischen Länder gemeinsam an. Doch die »kollektive Führung« erwies sich schon damals als Illusion. Nach ständigen Reibereien zwischen den beiden Herzögen wurde eine Aufteilung des gemeinsamen Besitzes beschlossen und am 25. September 1379 im heute verfallenen Kloster Neuberg im Mürztal vertraglich geregelt. Albrecht III. erhielt das Kernland Österreich (das heutige Niederösterreich, Oberösterreich und das Salzkammergut), Leopold III., der jüngere und auch weit aggressivere Bruder, die Steiermark, Kärnten, Tirol, Krain, die noch habsburgischen Gebiete in den Vorlanden (in Süddeutschland und in der heutigen Schweiz) und Landstriche an der Adria. Das Abkommen sorgte auch für einen wenn auch zum Teil nur rein theoretischen Zusammenhang der österreichischen Länder: sollte die eine oder die andere Linie der Habsburger, die Albertinische oder die Leopoldinische, aussterben, so hätte ihr Besitz unangefochten dem überlebenden Zweig der Familie zufallen müssen. Unmündige Fürstenkinder, deren Eltern bereits gestorben waren, sollten bis zu ihrer Volljährigkeit unter der Vormundschaft eines regierenden Habsburgers großgezogen werden. Diese Vorschrift, für den ersten Blick fürsorglich und vernünftig, wurde dann etwa hundert Jahre hindurch zum fadenscheinigen Vorwand doppelzüngiger politischer Manöver, verschlagener Intrigen und auch bewaffneter Auseinandersetzungen, von Entführungsversuchen und Giftanschlägen.

Herrschaftsteilung

Das Territorium der österreichischen Länder wurde bereits in den ersten Jahren der Herrschaftsteilung, noch unter Albrecht III. und Leopold III., vornehmlich auf friedlichem Weg, vergrößert. Istrien kam 1373 durch einen Erbvertrag in den Besitz der Habsburger. Die Hafenstadt Triest, im scharfen Konkurrenzkampf mit der mächtigen Seerepublik der Venezianer hoffnungslos unterlegen, suchte Schutz und schloß sich 1382 freiwillig der von Herzog Leopold III. regierten österreichischen Ländergruppe an; weite Teile Vorarlbergs, der Bregenzerwald, die Städte Feldkirch und Rankweil, das Gebiet von Bludenz und das Tal von Montafon wurden von den in Not geratenen Grafen von Montfort und denen von Werdenberg in den Jahren 1375 beziehungsweise 1394 gegen Barzahlung an die Habsburger abgetreten. Somit wurde die sowohl in strategischer als auch in wirtschaftlicher Hinsicht wichtige Direktverbindung zwischen Tirol und den westlichen Vorlanden hergestellt, die Arlbergstraße ausgebaut, auf der Paßhöhe das erste Schutzhaus, das Werk eines frommen, aber auch geschäftstüchtigen Bauern namens Heinrich das Findelkind errichtet.

Vorarlberg

Vorarlberg, das »Land vor dem Arlberg«, war nach dem Zerfall des Römischen Reiches von Alemannen und Franken besiedelt worden, wobei sich auch zurückgebliebene Splittergruppen romanischer Herkunft weiter behaupten konnten. Im 11. und 12. Jahrhundert, unter der Oberhoheit des Fränkischen beziehungsweise des Deutschen Reiches, teilten wohlhabende Würdenträger der Kirche, der Bischof von Chur, der Bischof von Konstanz und der Abt von Sankt Gallen, mit den Adelsfamilien der Burkharde und der Udalriche die lokale Macht. Um das Jahr 1200 nahm der weltliche Einfluß der Kirche in Vorarlberg spürbar ab; Hugo von Tübingen, der sich später Graf von Montfort nannte und in Feldkirch eine ständige Residenz schuf, beherrschte beinahe das gesamte Gebiet zwischen dem Arlberg und dem Bodensee. Doch durch den Aufstieg der Grafen von Werdenberg, durch wiederholte Erbteilungen in beiden Familien und nicht zuletzt durch den wachsenden Druck neuer Machtzentren im benachbarten Schwaben, unter ihnen auch die bereits finanziell unabhängig gewordenen Städte, zersplitterte die politische und wirtschaftliche Einheit des Landes; seine militärische Kraft zählte so gut wie gar nicht. So beschlossen die Montforts und die Werdenbergs, dem unabwendbaren Untergang, der wahrscheinlich mit einem Krieg eingeleitet worden wäre, durch einen nicht gerade heldenhaften, jedoch recht nüchternen Schritt zuvorzukommen: sie verkauften.

Krieg in der Schweiz

Der durch Vorarlberg geöffnete Weg zu den Besitztümern der Habsburger in der heutigen Schweiz half Herzog Leopold III. dennoch nicht mehr. Im Aufbau ihrer Republik gingen die selbstbewußten Eidgenossen ziemlich rücksichtslos vor. Zu Weihnachten des Jahres 1386 überrannten sie, ohne die damals übliche feierliche Kriegserklärung abzusenden, die Festung Luzern und zwangen die Bürger der österreichischen Stadt Sempach, ihrem Bund beizutreten. Herzog Leopold III. stellte daraufhin ein ansehnliches Ritterheer auf, zeitgenössischen Chronisten zufolge etwa viertausend Herren aus Österreich, Tirol, aus dem Elsaß, aus Basel, Schaffhausen und aus Freiburg im Breisgau. Die in Wirklichkeit nur mühsam gesammelte Streitmacht rückte erst im Hochsommer gegen Sempach, fünfzehn Kilometer nordwestlich von Luzern, vor und tappte am 9. Juli 1386 im unwegsamen Gelände in eine Falle der Schweizer Infanterie. Die Ritter saßen zwar ab, doch sie kämpften in der schwülen Mittagshitze in voller Rüstung und wurden von den leichtgekleideten und leichtbewaffneten Schweizer Bürgern und Bauern, die nach einem exakt ausgearbeiteten

Schlachtplan vorgingen, schwer geschlagen. Herzog Leopold III. fiel im Alter von fünfunddreißig Jahren in der Schlacht. Die Schweiz wurde um die Legende eines Nationalhelden bereichert, mit der des Arnold Winkelried aus Unterwalden, der sich in die Lanzen der fremden Ritter geworfen, sie dadurch verwirrt und noch vor seinem Tod genug Zeit gehabt haben soll, auszurufen: »Eidgenossen! Ich will euch eine Gasse machen, sorget für mein Weib und meine Kinder!« Ob Arnold Winkelried eine historische Figur und bei Sempach dabei war, ob er mit seinem bloßen Körper in die Reihen der Ritter eine Gasse schlug, ist mehr als fragwürdig. Die Schlacht wurde durch eine neue militärische Disziplin der eidgenössischen Fußtruppen entschieden, durch eine »Kriegsordnung«, die man sieben Jahre später im sogenannten Sempacher Brief kodifiziert hat; dieser schrieb unter anderem das erste Mal in Europa die Schonung der Wehrlosen und der Verwundeten vor. Woran sich dann die wackeren Schweizer, die den Krieg bald als gewinnbringendes Handwerk ansahen und Truppenkontingente als wertvolle Ware zu exportieren begannen, nicht hielten.

Untergang des Rittertums

Das Ritterheer Herzog Leopolds III. ging unter, da die Herren, was ihre Motive und ihr Verhalten betraf, nichts gelernt hatten. Sie glaubten nach wie vor, der geachtete und gefürchtete Mittelpunkt einer als ewige Einrichtung geltenden gesellschaftlichen Ordnung zu sein; sie blickten, eingeschlossen in ihre von rituellen Spielereien, aber auch von der nackten Gewalt durchsetzte Welt, kaum um sich. Sie bemerkten die Fortschritte der Technik nicht (sie verschliefen auch die Erfindung des Schießpulvers), sie hörten die Stimmen der Humanisten, die für die persönliche Freiheit, und zwar auch für die persönliche Freiheit des unbewaffneten, nur mit Wissen ausgerüsteten Menschen plädierten, nicht, und sie wollten auch nicht wahrnehmen, daß die Burg, die strategische Basis ihrer Machtstellung, im Vergleich mit den wohlhabenden Städten, die bereits imstande waren, beachtliche militärische Kräfte zu stellen, immer mehr zum kostspieligen und sinnlosen Denkmal einer schon so gut wie gescheiterten Lebensform wurde.

Das Heilige Land war endgültig verloren, der Glanz der Kreuzfahrten restlos dahin. Die Ritter suchten Ersatz, sie zogen aus, um in Preußen, das zum Teil noch heidnisch war, den Namen Christi mit Feuer und Schwert zu verbreiten, Heldentaten zu vollbringen, Beute zu machen und sich Liegenschaften anzueignen, die sie aber nur unzulänglich bewirtschaften konnten. Die bewaffneten Pilger, die seinerzeit das Kreuz nahmen, um Jerusalem von der Herrschaft der Ungläubigen zu befreien, wurden in ganz Europa noch einmütig gelobt, bewundert und gefeiert. Die modische »Preußenfahrt« (an der 1370 auch Herzog Leopold III. mit fünfzehnhundert Rittern teilnahm) stieß bereits auf herbe Kritik. Der Dichter Heinrich der Teichner*, ein Zeitgenosse, vertrat die Meinung der Bürger und Bau-

* Heinrich der Teichner (um 1310–1378) kam aus der Steiermark nach Wien, schrieb zum Teil recht langweilige Erbauungs- und Lehrgedichte, die jedoch von hohem dokumentarischem Wert sind. Er bekannte sich den deutschen, den »rheinischen« Einflüssen gegenüber zu einer maßvollen »österreichischen« Lebensart, stand auf der Seite des kleinen Mannes, vor allem auf der des Bauern, und tadelte offen die rohen und arroganten Sitten und Bräuche der ritterlich-höfischen Gesellschaft.

ern, aber auch mancher besonnener Grundherren, die der ökonomisch unhaltbar gewordenen Scheinwelt des Rittertums bereits verständnislos gegenüberstanden, als er schrieb:
»Eine Reise nach Preußen wird, dem gemeinen Vorgeben nach, zur Ehre der Heiligen Jungfrau unternommen. Solchem Wahn kann ein Weiser nicht zustimmen. Wie könnte Gott der Kreuzzug eines Mannes gefallen, der, um gegen Ungläubige zu kämpfen, in ferne Länder zieht und Frau und Kind daheim der Sorge, dem Kummer und dem Elend preisgibt?« Und: »Die Kosten der Reise werden Dienern und Bauern, welche die Preußenfahrt verwünschen, abgepreßt und große Summen Geldes aus Österreich in fremde Länder verschleppt.« Das Resümee: »Besser wär's, die Ritter blieben daheim.«

Verlust der Schweizer Gebiete

Sie blieben nicht, sie versuchten auch noch einmal den aufsässigen Schweizern eine Lektion zu erteilen, die Besitztümer der Habsburger in den Vorlanden zurückzuerobern, wurden aber, ebenso wie zwei Jahre zuvor in der Nähe von Sempach, diesmal am 9. April 1388 bei dem Marktflecken Näfels an der Mündung des Linthtales im heutigen Kanton Glarus von dem Schweizer Fußvolk gestellt und niedergemetzelt.
Nach dem Sieg von Näfels hatten die Schweizer ihre demokratisch-republikanische Eidgenossenschaft binnen weniger Jahre gefestigt und mit den Gebieten Appenzell, Wallis und dem Aargau (samt dem einstigen Stammsitz der Familie Habsburg, dem Schloß Habsburg) erheblich vergrößert. Die rasche Entwicklung wurde durch den am 1. April 1389 mit Österreich geschlossenen und mehrmals, mit einer Gesamtdauer von siebenundsiebzig Jahren, verlängerten Frieden wesentlich begünstigt.

Albrecht III.

Herzog Albrecht III., der nach dem Tod seines jüngeren Bruders Leopold III. in der Schlacht von Sempach alle österreichischen Länder vorübergehend allein verwaltet hatte, schien den Verlust der Schweizer Gebiete mit Erleichterung hingenommen zu haben. Er verabscheute den Krieg und lehnte auch die der Gewalt entsprungenen gesellschaftlichen Spielregeln des Rittertums ab; am liebsten hielt er sich in seinem neuen, im Jahr 1377 erbauten Schloß Laxenburg, im vertrauten Kreis von Wissenschaftlern und Künstlern auf und beschäftigte sich mit mathematischen und astrologischen Problemen. Sein politisches Interesse lag eindeutig im Osten, er orientierte sich nach der damaligen Weltstadt Prag und knüpfte mannigfaltige wirtschaftliche und kulturelle Beziehungen zu Ungarn an. In Wien bemühte er sich vor allem um die Universität, er führte die erste Hochschulreform in Österreich durch und konnte im Jahre 1385 mit päpstlicher Bewilligung endlich auch die theologische Fakultät eröffnen. Die Alma mater Rudolphina mit ihren etwa neunhundert Studenten, darunter vielen Ungarn, Polen, Tschechen und auch Rumänen aus Siebenbürgen und aus der Walachei, war zu einem hochgeschätzten Kulturzentrum im gesamten osteuropäischen Raum geworden. Die Professoren kamen aus Paris, aus Süddeutschland, aus den habsburgischen Ländern und aus Ungarn. Die österreichische Grenze war offen, man konnte verhältnismäßig leicht in die benachbarten Länder reisen, man konnte, wenn man eine für die Gemeinschaft nützliche Tätigkeit nachwies, auswandern und einwandern. So gab es in der ungarischen Hauptstadt Buda, aber auch in Hermannstadt (heute Sibiu) und in Klausenburg (heute Cluj) in Sieben-

Schloß Laxenburg. Detail aus dem Babenbergerstammbaum im Stift Klosterneuburg

bürgen Schneider, Schuster, Maurer und Zimmerleute aus Wien und Graz sowie ungarische Waffenschmiede, Sattler und Stellmacher in Wien und Wiener Neustadt. In Baden bei Wien, schon den alten Römern als Aquae Pannonicae bekannt, begann in der zweiten Hälfte des 14. Jahrhunderts der österreichische Fremdenverkehr: Edelleute aus Ungarn und Böhmen suchten die dreizehn schwefelhaltigen Mineralquellen des kleinen Marktfleckens auf, um Rheuma und Gicht zu kurieren. Ihre Frauen brachten die Wiener Mode mit nach Hause, während die Wiener zum Teil die farbenprächtige ungarische Mode kopierten. Auch Albrecht III. trug sein Haar nach ungarischer Art, er wurde »Der Herzog mit dem Zopf« genannt.

Albrecht IV.

Albrecht III. starb im Jahr 1395; sein Sohn Albrecht IV., ein stiller, introvertierter junger Mann, gab dem Drängen seiner Vettern, Söhne des bei Sempach gefallenen Herzogs Leopold III., bald nach und willigte bereits 1396, im ersten Jahr seiner Regierung, in eine neue, diesmal dreifache Teilung der habsburgischen Herrschaft ein. Er bekam Nieder- und Oberösterreich, Wilhelm die Steiermark, Kärnten, Krain, Friaul und die Küstengebiete an der Adria, Leopold erhielt Tirol und die von den Schweizer Eidgenossen noch nicht besetzten Güter in den Vorlanden.

Albrecht IV. kümmerte sich kaum um die Staatsgeschäfte, er reiste als einfacher, unbewaffneter Pilger in das Heilige Land, verkehrte dann vornehmlich mit den gelehrten Mönchen des Klosters Mauerbach im Wienerwald und beschäftigte sich in Laxenburg mit kunstvollen Tischlerarbeiten. Die großen Probleme der Zeit, die rund um Österreich schon eine stürmische Entwicklung angekündigt hatten, konnte oder wollte er nicht erkennen; er wollte sich vor allem nicht in den Fluß der Dinge einmischen und hielt somit, durch eine bequeme Indolenz und durch außenpolitische Kurzsichtigkeit, durch die charakteristischen »verkehrten Tugenden« des Österreichers, das Land in einem unverbindlichen Schwebezustand der passiven Neutralität; in einer Lage, die dann Österreich, im Vergleich zu den umliegenden Ländern, manch schwere Erschütterungen erspart hat.

Das »große Schisma«

Im Jahr 1378 brach die größte überregionale Macht in Europa, die katholische Kirche, so gut wie auseinander. Die Förderung rein weltlicher Interessen, Korruption, Nepotismus, Habgier und Heuchelei erreichten in der bis dahin am besten und am klügsten organisierten Institution des Abendlandes einen verhängnisvollen Höhepunkt; der innere Kampf tobte bereits mit verheerender Heftigkeit. Das »große Schisma«*, der mit niederträchtigsten Mitteln geführte Streit zwischen den Päpsten und Gegenpäpsten in Rom und Avignon, machte die Gläubigen immer mehr stutzig und rüttelte bereits an den ideologischen Grundmauern der christlichen Religion. Klage und Zweifel wurden zunehmend laut, um bald mit wissenschaftlicher Akribie gesammelt und formuliert zu werden.

Die erste fundierte Kritik an der entarteten Macht des Heiligen Stuhls und des Klerus, mit neuen theologischen Wunschvorstellungen durchsetzt, kam aus England. John Wiclif (um 1326–1384), der Urvater der Reformation, ein streitbarer Geistlicher, den man bald nach seinem ersten Auftritt »Doctor evangelicus« nannte, wetterte gekonnt in Wort und Schrift gegen die weltlichen Ambitionen der Kirche, gegen das moralisch tief gesunkene Papsttum, verwarf aber auch die Heiligen- und Reliquienverehrung, die Ohrenbeichte, die Lehre von der Transsubstantiation, von der Verwandlung der Substanz des Brotes und des Weines in die Substanz des Leibes und des Blutes Christi, und übersetzte die Bibel ins Englische, um sie dem einfachen Volk, das kein Latein verstand, auch als prüfbare Richtschnur des kirchlichen Lebens zugänglich zu machen. Die Kirche merkte zu spät, daß sie, durch neue, suggestiv vorgetragene Ideen allzuleicht verwundbar geworden, als Gegenargument wirksam nur noch nackte Gewalt einsetzen könne; so kam John Wiclif, obwohl wegen Ketzerei mehrfach angeklagt, doch von der Universität Oxford kaltblütig geschützt, noch ungeschoren davon. Erst seine verweste Leiche wurde 1428 »hingerichtet«, das heißt feierlich ausgegraben und verbrannt.

Wiclifs Thesen gelangten um das Jahr 1400 durch böhmische Studenten

* Das griechische Wort bedeutet »Trennung«. Im übertragenen Sinn wird damit die Spaltung der katholischen Kirche durch die gleichzeitige Wahl von mehreren Päpsten, die einander bekämpfen, bezeichnet.

von Oxford nach Prag, wo sie vom Theologen und späteren Rektor der Universität, Jan Hus (1369–1415), begeistert aufgenommen und in seinen berühmt gewordenen Predigten in der Bethlehemskapelle, zwar teilweise abgeändert und in manchen Fragen des Glaubens wesentlich entschärft, glänzend propagiert wurden. Der Ruf nach einer Reform der Kirche »an Haupt und Gliedern« machte jedoch, ohne daß dabei Jan Hus ein konkretes Programm vor Augen hatte, auch vor den Einrichtungen der weltlichen Ordnung nicht halt: die schwelenden sozialen Konflikte zwischen den wohlhabenden und einflußreichen Deutschen und den meist mittel- und machtlosen Schichten der zahlenmäßig bedeutend größeren tschechischen Bevölkerung brachen nun in Form einer haßerfüllten nationalistischen Agitation und bald auch in gewalttätigen Auseinandersetzungen, Saal- und Straßenschlachten, offen aus.

Unruhen in Böhmen

Das Goldene Zeitalter Prags war zu Ende. Nach dem Tod des klugen und toleranten Kaisers Karl IV. am 29. November 1378 griff im Deutschen Reich, vor allem aber in dessen damaligem Kernland Böhmen die politische und wirtschaftliche Unsicherheit rasch um sich. Wenzel IV., ältester Sohn und Nachfolger Karls IV., ein unverläßlicher Alkoholiker, war zu keiner konstruktiven Entscheidung fähig; er schwankte zwischen der deutschen und der tschechischen Partei, zwischen den konservativen Vertretern des angeschlagenen Papsttums und den zunehmend unduldsam gewordenen Wortführern der dynamischen Gruppe um Jan Hus. Vom Adel immer mehr in die Enge getrieben, versuchte er, seine persönliche Lage durch allzuharte Maßnahmen, durch Todesurteile, aber auch durch Meuchelmorde zu stabilisieren. So wurden drei böhmische Studenten der Universität hingerichtet, und Johannes von Nepomuk, der im 18. Jahrhundert heiliggesprochene Generalvikar des Prager Erzbistums und Schutzpatron Böhmens, unter ungeklärten Umständen in der Moldau ertränkt. Im flachen Land flackerten die ersten bürgerkriegsähnlichen Unruhen auf, die Bauern versteckten die Lebensmittel oder verlangten horrende Preise, die Handwerker stellten die Produktion beinahe vollständig ein. Die Behörde, wo sie noch vorhanden war, blieb untätig, an vernünftige Vermittlungsversuche zwischen Deutschen und Tschechen dachte anscheinend niemand mehr. Die öffentliche Sicherheit verfiel, die relativ unparteiische Rechtsprechung ging unter.

Die Türken

Geriet die alte, auf christlich-feudalem Gedankengut errichtete Ordnung jenseits der Grenze Österreichs, in Böhmen und Mähren und in der reichen Weltstadt Prag, durch immer stärker werdende Spannungen innerhalb des gesamten ideologischen, politischen und wirtschaftlichen Systems ins Wanken, so wurde sie im Südosten, auf der Balkanhalbinsel, durch eine stetig aufsteigende neue Macht, durch die unablässig vorangetriebene Offensive einer zur militärischen Triebkraft gewordenen Religion schrittweise zurückgedrängt: die Türken standen bereits auf europäischem Boden.

Sie kamen, ursprünglich berittene Nomaden, die dem Druck der Mongolen weichen mußten, im 8. Jahrhundert aus der Steppenregion von Turkmenistan, aus einem unwirtlichen Gebiet Zentralasiens zwischen dem Fluß Amu Darja, der Karakumwüste und dem Kaspischen Meer. Sie wanderten über Armenien allmählich nach Vorderasien, nach Anatolien weiter, überrannten dann die alten griechischen Städte an der östlichen Mittelmeerküste und bauten, zum Teil nach arabischen, aber auch nach west- und mitteleuropäischen Vorbildern, die sie den innerasiatischen Traditionen, der klimatisch bedingten orientalischen Mentalität und den Geboten ihrer damals noch jungen Religion, des Islams*, angepaßt hatten, ein funktionsfähiges, aber auch eindeutig auf kriegerische Expansion ausgerichtetes Staatswesen auf.

Siegeszug des Islams

Der unaufhaltsame Siegeszug des Islams basierte in erster Linie auf seiner Einfachheit und auf erprobten, schon in älteren, nichtmonotheistischen Religionen verwurzelten Elementen des jüdischen und des christlichen Glaubens, die Mohammed Abul Kasim ibn Abdallah (um 570–632 n. Chr.) in seine Lehre über den einen, allgegenwärtigen, allmächtigen und gerechten Gott aufnahm. Eine stark betonte soziale Note, die den Reichen und Mächtigen zwingend vorschrieb, die Armen, die Hilflosen und auch die Fremden zu schützen und zu unterstützen, das für alle Gläubigen im gleichen Maß gültige, daher demokratische Mysterium einer heiligen Bruderschaft und nicht zuletzt ein heiteres, geradezu märchenhaft-poetisches, mit erotischen Komponenten durchsetztes Bild des Jenseits brachten dem Islam auch ohne Anwendung von Gewalt in erstaunlich kurzer Zeit einen durchschlagenden Erfolg. Eine planmäßige Missionierung, eine Zwangsbekehrung lehnte die neue Religion ab, sie stand jedoch allen, die sich freiwillig, durch das einfachste Zeremoniell, durch das Aufsagen eines kurzen Textes, zu ihr bekennen wollten, offen. (»Ich bezeuge, daß es keinen Gott gibt außer dem einen Gott, ich bezeuge, daß Mohammed Gottes Gesandter ist.«) Die Männer, die in das heilige Lager des Propheten überwechselten, mußten sich allerdings beschneiden lassen, denn Mohammed übernahm von den Juden auch dieses, von vielen Völkern der heißen Gegenden Asiens und Afrikas ursprünglich aus hygienischen Gründen eingeführte Ritual.

Renegaten aus christlichen Ländern

Die Renegaten aus den christlichen Ländern Europas, von den Türken im Sinn des Islams als gleichberechtigte Brüder angesehen, hatten am Aufstieg des türkischen Reiches einen nicht unwesentlichen Anteil. Es waren Abenteurer, abgeblitzte Karrieristen, aber auch echte Sympathisanten der Lehre Mohammeds: Griechen, Serben, Italiener, Ungarn, Deutsche und Franzosen; Wissenschaftler, Kaufleute, Handwerker und Ritter, die man an den Fürstenhöfen des Abendlandes irgendwann abgewiesen, beleidigt oder als Ketzer verfolgt hatte. Sie leisteten in ihrer Wahlheimat in der Weiterentwicklung der Technik, in der Aufrüstung der Armee, vor allem der treffsicheren türkischen Artillerie und der anfangs vernachlässigten

* Das arabische Wort Islam bedeutet Ergebung, die unbedingte Fügung in Gottes Willen. Die theologische Grundlage der um das Jahr 622 n. Chr. geschaffenen Religion bildet der Koran (die »Lesung«), das aus 114 Suren, Kapiteln, bestehende Buch der göttlichen Offenbarungen, die der Prophet Mohammed im Lauf seines Lebens verkündete. Der Koran enthält auch politische, medizinisch-hygienische und zivil- und strafrechtliche Vorschriften. Die Zahl der Moslims, der Anhänger des Islams, beträgt heute etwa 335 Millionen.

arnestus · archidux

Der Sultan zieht in den Kampf gegen die Ungläubigen. Persische Miniatur, 1310

Flotte sowie im Aufbau eines Auswärtigen Amtes, eines überaus sensiblen und geschmeidigen politischen Instruments, eine äußerst wertvolle, für Jahrhunderte wirksam bleibende Arbeit.

Innerhalb des Islams gab es zwar dogmatische Richtungskämpfe, wenn auch, im Gegensatz zum christlichen Europa, keine gravierende Auseinandersetzung zwischen der weltlichen und der religiösen Macht. Der Sultan, die unumstrittene höchste Autorität des Reiches, konnte stets mit der vollen Unterstützung der muselmanischen Würdenträger rechnen; ein Zustand, der für den politischen und militärischen Erfolg der Türken in ihrer dynamischen Aufstiegsphase gewiß von eminenter Bedeutung war.

Osman el Ghasi

Sultan Osman el Ghasi (1259–1326), nach dem sich die Türken auch Osmanen nannten, regierte bereits über einen zentralistisch gelenkten Staat. Die Voraussetzungen für die Entstehung eines türkischen Großreichs schuf jedoch sein wahrhaft genialer Sohn, der in Europa kaum bekannte Sultan Orkhan (1281–1359). Er setzte eine neue, fähige Verwaltung für das in »Sandschaks« (Fahnen, das heißt Regionen) eingeteilte Land ein, ordnete, zum Teil auf der Grundlage des römischen Rechts, das Gerichtswesen, ließ eine osmanische Verfassung, den »Kanun« (das Gesetz), ausarbeiten, gründete das Amt eines Großwesirs, eines Staatskanzlers und militärischen Oberbefehlshabers in einer Person, und stellte ein einheitlich bewaffnetes stehendes Heer auf, das aus einer, wiederum nach altrömischem Muster in numerierten Bataillonen zusammengefaßten, kasernierten Infanterie, den Janitscharen, und einer aus freien Bauern rekrutierten leichten Reiterei, den Spahis, bestand. Die Kampfmoral der Truppe war hoch, denn der türkische Krieger bekam einen durch die mitmarschierenden Feldgeistlichen, die Derwische des Bektasch-Ordens, korrekt kontrollierten Anteil der Beute, und er glaubte auch felsenfest daran, daß er nach dem Heldentod (nach dem der christliche Ritter zumindest das Fegefeuer fürchten mußte) sofort in das von kristallklarem Trinkwasser durchflossene orientalische Paradies eingehen und dort von Huris, von wunderschönen willigen Mädchen, betreut werde.

Im Jahr 1356 eroberten die Türken Gallipoli, die erste Stadt auf dem europäischen Festland und gleichsam eine strategisch wichtige Schlüsselposition an der engsten Stelle der Dardanellen. Sie drangen auf der Balkanhalbinsel rasch vor und verlegten bereits 1365, im selben Jahr, in dem Herzog Rudolf IV. die Wiener Universität gegründet hatte, ihre Hauptstadt von Bursa in Kleinasien nach Europa, nach Adrianopel (heute Edirne in der europäischen Türkei). Im Sommer 1389, drei Jahre nach dem Untergang des österreichischen Ritterheeres bei Sempach, schlugen sie den verzweifelten Aufstand der Serben, Bulgaren, Albaner, Kroaten und Rumänen nieder, und im Herbst 1396, als das Herrschaftsgebiet der Habsburger unter den Herzögen Albrecht IV., Wilhelm und Leopold IV. dreigeteilt wurde, vernichteten sie in der Schlacht von Nikopolis (heute

Schlacht von Nikopolis

Sultan Bayazit I. Miniatur aus dem 14. Jh.

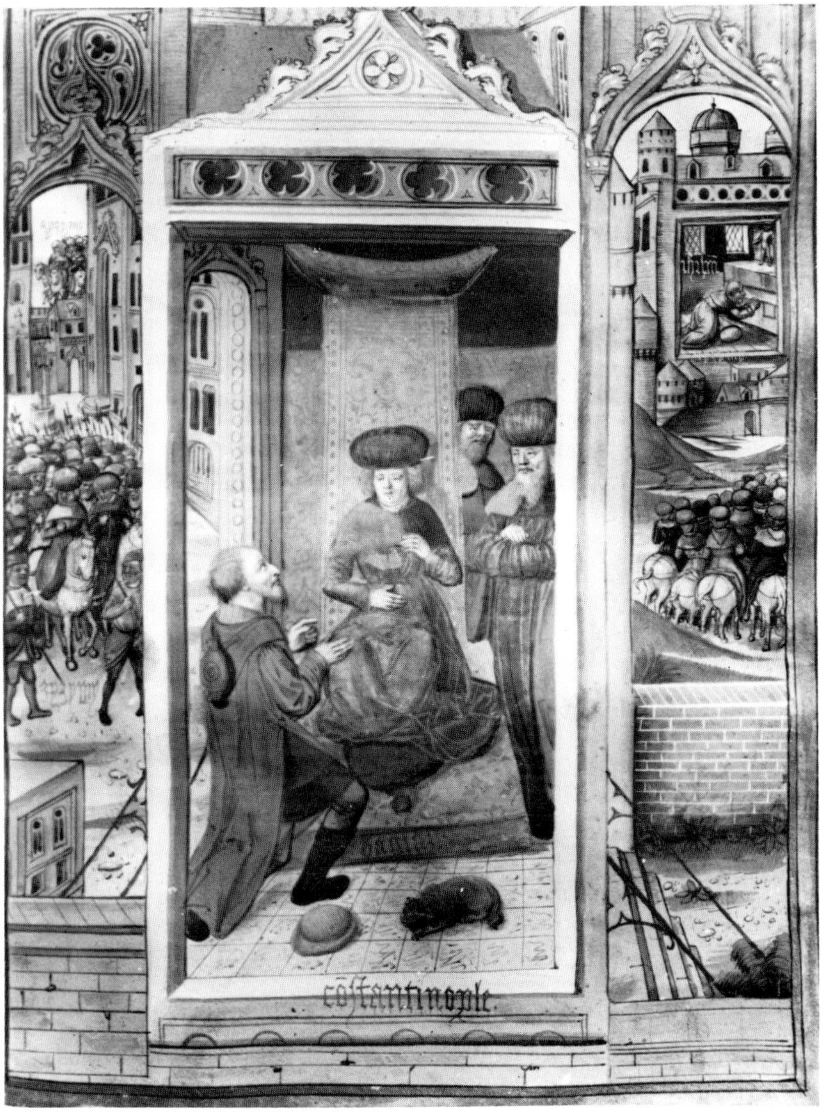

Vorhergehende Seiten:
Links: Kaiser Sigismund. Porträt von Pisanello
Rechts: Sigismund und seine Gemahlin Maria werden zur feierlichen Messe geleitet. Miniatur in einer Schrift Ulrichs von Richental über das Konzil von Konstanz

Nikopol in Bulgarien) ein zur Rettung des Balkans ausgezogenes, stümperhaft geführtes Expeditionskorps deutscher, böhmischer und ungarischer Ritter.

Byzanz, das einst mächtige Oströmische Reich, lag, nur noch auf das stark befestigte Stadtgebiet von Konstantinopel zusammengedrängt, weit hinter den türkischen Linien; mit seinem Untergang mußte man stündlich rechnen, obwohl der byzantinische Kaiser Johannes VI. Kantakuzenos, nach vergeblichen Hilferufen an die Christenheit des Abendlandes, bereit war, Sultan Bayazit I. ein hohes Lösegeld zu zahlen und eine türkische Partei, die für eine friedliche Verständigung mit den Osmanen warb und dabei türkische Bräuche, Speisen und Kleider in der bedrängten Stadt einführte, zu dulden. Nun tauchten aber, völlig überraschend, noch einmal die gefürchteten Mongolen auf und verschafften den Christen in Konstantinopel eine kurze Atempause. Sie eroberten unter dem letzten großen Strategen und Politiker ihrer Geschichte, dem hinkenden Timur Lenk, Persien, Nordindien und den Vorderen Orient, stürmten Bagdad und Damaskus und griffen das türkische Reich in Kleinasien vom Osten her an. Am 20. Juli 1402 zerschlugen sie bei Angora (heute Ankara) die gesamte osmanische Streitmacht und nahmen auch Sultan Bayazit I. gefangen. Doch dann wandten sich die Mongolen gegen China; Timur Lenk starb während des Feldzuges am 12. Januar 1405. Im Kampf um seine Nachfolge zerfiel die letzte Goldene Horde, der als wandernde Armee organisierte mongolische Staat. Schon 1413 gelang es dem Sohn Bayazits I., Sultan Mohammed I., das türkische Reich wieder zu ordnen und den Vormarsch auf der Balkanhalbinsel in Richtung Belgrad fortzusetzen.

Timur Lenk

Abendland: Kontakte zur Hohen Pforte

Daß die christlichen Länder Europas die türkische Gefahr als unbedeutend abgetan oder gar völlig ignoriert hätten, wird von einer neueren, publizistisch gefärbten Geschichtsschreibung, die nach Analogien der Ost-West-Konflikte des 20. Jahrhunderts Ausschau hält, bewußt herausgestrichen. Das Abendland nahm die Bedrohung ernst, allerdings wußte man nicht, wie man ihr erfolgreich begegnen sollte. Erst später, als die Lage bereits recht brisant geworden war, gewöhnte man sich an den ständigen Druck der Osmanen, um ihn sogar als wirksames Gegenmittel in komplizierte politische Manöver mit einzubeziehen. Man nahm geheime und auch offene Kontakte zur Hohen Pforte, dem Außenamt des Sultans, auf, um dadurch gegnerische Kräfte innerhalb Europas in Schach halten zu können. Die Dogen der Republik Venedig, die mit dem Titel »allerchristliche« ausgestatteten Könige von Frankreich und – in der Spätphase der Türkenkriege – zahlreiche namhafte und einflußreiche Familien Ungarns unterstützten die imperialistischen Ziele der Osmanen, die sich übrigens von den politischen Bestrebungen der christlichen Mächte kaum unterscheiden ließen. Es hieß, diesmal im Namen Allahs, des Allmächtigen,

König Ludwig von Ungarn im Kampf mit den Türken. Mariazeller Altar von Hans von Tübingen

Land zu besetzen und zu bewirtschaften, Steuern einzuheben, neue strategische Linien zu schaffen, den Glanz des Herrscherhauses zu erhöhen und davon einiges auch auf die Untertanen zurückschimmern zu lassen, den Wohlstand des eigenen Volkes auf Kosten der Besiegten zu heben, um gegen Aufstände gesichert zu sein, aber auch, um von der Nachwelt gehörig gepriesen zu werden.

Es mag paradox klingen, aber die österreichischen Länder verdankten gerade der Türkengefahr und der Herrschaftsteilung einen bedeutenden Schritt in ihrer staatlichen Entwicklung: die Heranbildung einer ständischen Vertretung, die Einberufung von Landtagen, die nicht nur die Beschränkung der bis dahin so gut wie völlig unkontrollierten Einmanndiktatur eines Fürsten, sondern auch den Anfang eines Lernprozesses in Sachen Parlamentarismus mit sich brachten, die Teilung der Regierungsgeschäfte und ihrer Verantwortung, die ersten Ansätze einer steten Basiserweiterung der Macht, die mit der Zeit zu einer mehr oder weniger demokratischen Dezentralisierung führen sollte.

Erster Landtag in Österreich

Der erste Landtag in Österreich trat vermutlich 1397 unter dem Eindruck der Katastrophe von Nikopolis zusammen, um über die Abwehr der herannahenden Türken zu beraten. Im Jahr 1404 wurde ein Landtag nach Wien einberufen, im Jahr 1412 einer in der Steiermark abgehalten. An den Versammlungen, die sich bald auch mit Fragen des inneren Friedens und der öffentlichen Sicherheit, mit der Bewilligung von Steuern, mit den außenpolitischen Plänen der Herzöge und mit Problemen der Landesverteidigung befaßten, nahmen gewählte Abgesandte von vier Gesellschaftsschichten teil, vorerst »Parteien«, später »Stände« genannt. Es waren die »Prälaten«, Vertreter der Kirche, die »Herren«, Wortführer des Hochadels, die auch in der Verwaltung wichtige Positionen innehatten, dann

Rechts: Begegnung Kaiser Friedrichs III. mit Eleonora von Portugal. Enea Silvio vereint das Paar. Fresko aus der Piccolominibibliothek im Dom zu Siena von Bernardino Pinturicchio

Unten: Grammatik für Ladislaus Postumus, um 1450

Partes oracionis
quot sunt? Oc
to. Que? Nom
en pronomen
verbum adver
bium particip
ium coniunctio
preposicio inter
iectio. Nomen
quid est? Pars oracionis cum casu
corpus aut rem proprie communiter
ve significans. Proprie ut roma
tiberis. communiter ut urbs flumen.
Nomini quot accidunt? Sex. Que?
Qualitas comparacio genus nume

Friedrich IV. von Tirol schwört König Sigismund Treue. Miniatur in einer Schrift Ulrichs von Richental über das Konzil von Konstanz

die »Ritter«, Sprecher der minderbegüterten Edelleute, und die »Städte und Märkte«, Repräsentanten des wohlhabenden Bürgertums. In Tirol durften auch Bauern, Delegierte der »Täler und Gerichte«, dem Landtag beiwohnen, ihre Möglichkeiten jedoch, die Beschlüsse tatsächlich mitzugestalten, waren naturgemäß begrenzt.

Habsburger: Kampf um die Vormacht

Als 1404 Herzog Albrecht IV. im Alter von siebenundzwanzig Jahren der in den Feldlagern ausgebrochenen und in das Landesinnere eingeschleppten Ruhr zum Opfer fiel, griffen die Stände, obwohl auch oft untereinander zerstritten, in das politische Geschehen, die Kämpfe der habsburgischen Brüder um die Vormachtstellung in den österreichischen Ländern, energisch ein. Albrechts IV. Sohn, Albrecht V. (1397–1439), stand unter der Vormundschaft der Herzöge der Leopoldinischen Linie: Wilhelm (der »Artige«) schied zwar bald aus, er starb bereits im Jahr 1406; Leopold IV. (der »Dicke«) regierte Nieder- und Oberösterreich, Kärnten und Krain; Ernst (der »Eiserne«) die Steiermark; Friedrich IV. (»mit der leeren Tasche«) die Vorlande und Tirol. Leopold IV. und Ernst zogen wiederholt gegeneinander los, doch waren sie sich darin einig, daß sie Albrecht V. aus der Vormundschaft nicht entlassen wollten, um ihm seine Länder nicht zurückgeben zu müssen. Die Stände, der immer wieder aufflackernden Kleinkriege der Brüder satt, lehnten sich aber auf, sie entführten den damals vierzehnjährigen Albrecht V. und proklamierten ihn zu Pfingsten des Jahres 1411 auf dem Landtag von Eggenburg zum regierenden Herzog von Österreich. Den dicken Leopold IV. traf am 3. Juni 1411 der Schlag, angeblich aus Wut über die verlorene Macht. Der eiserne, das heißt der bärenstarke, aber auch recht lebenslustige Herzog Ernst war klug genug, einzusehen, daß er gegen die Stände nichts ausrichten konnte, und akzeptierte die neue Lösung. Friedrich IV. wiederum, dessen Tasche gar nicht so leer war, wie dies die Legende behauptet, kümmerte sich überhaupt nicht darum, was im Osten der habsburgischen Länder vor sich ging; er rang mit dem im »Falkenbund« und »Elefantenbund« zusammengeschlossenen Tiroler Adel verbissen um seine Anerkennung, mit den Bauern von Appenzell um seine Güter, mit dem Landvolk von Vorarlberg um dessen Rechte und mischte sich, zwar mit Anstand, aber äußerst ungeschickt, in den großen Kirchenkampf ein. Nach Gefangenschaft, abenteuerlicher Flucht und einsamen Irrfahrten in den Alpen setzte er sich, vornehmlich mit Hilfe der Bauern und Bürger, schrittweise durch, wobei sein persönlicher Mut und seine Ausdauer, seine Sparsamkeit, sein Sinn für eine geordnete Finanzgebarung und nicht zuletzt sein Geschick, den reichen Ertrag der Bergwerke planmäßig zu nützen (was »Falken« und »Elefanten« nicht einfiel), zur Konsolidierung der habsburgisch-landesfürstlichen Regierungsgewalt in Tirol wesentlich beitrug.

Ernst »der Eiserne«

Friedel »mit der leeren Tasche«

Albrecht V.

Die Macht Albrechts V. indessen wurde von den Ständen garantiert und von seinen Erziehern und Ratgebern, dem einstigen Pfarrer von Gars, Andreas Plank, und den Herren Pilgrim von Puchheim und Reinprecht von Wallsee, ausgeübt. Es hieß, die zerrüttete Ordnung wiederherzustellen und die Disziplin der gesellschaftlichen Hierarchie zu bewahren. Die Um-

Vorhergehende Seiten:
Links: Aus dem Gebetbuch der Kaiserin Eleonora, Gemahlin Friedrichs III. Die Kaiserin mit Prinz Maximilian. »Lehrbüchermeister«, um 1464
Rechts: »Heimsuchung Mariä« des Wiener Schottenmeisters, 1469. Im Hintergrund rechts die beiden romanischen Türme des Stephansdomes

gebung des Herzogs plädierte für rücksichtslose Härte, und Albrecht V. fand mit der Zeit immer mehr Geschmack daran.
Die politische Atmosphäre in und um Österreich war gespannt, das Klima durch Mißtrauen, Haß und Angst vergiftet, die Bevölkerung verunsichert, die wirtschaftliche Lage kritisch. Die Türken näherten sich unaufhaltsam der Ungarischen Tiefebene, der strategischen Schwachstelle des Abendlandes, aber man sprach nicht mehr davon, sie mit vereinten Kräften zum Stehen zu bringen. Denn mitten im christlichen Europa brach ein von fanatisierten Gruppen besonders grausam geführter Krieg aus: die Jünger Jan Hus' griffen zu den Waffen.

Der Tod des Jan Hus

Im Herbst 1414 wurde Magister Hus unter Zusicherung freien Geleits zum Konzil* von Konstanz geladen. Die Versammlung befaßte sich mit den Problemen des großen Schismas, sie suchte Mittel und Wege, um die verworrene Lage der gespaltenen Kirche in Ordnung bringen zu können. Der Fall des Jan Hus wurde dabei als eine nebensächliche Angelegenheit betrachtet. Hus erschien, um seine Gedanken zu propagieren und zu verteidigen. Er war gewiß zu leichtgläubig, aber auch zu selbstsicher, hatte keine politische Übersicht und schätzte die Kräfte, die damals tatsächlich hinter ihm standen, falsch ein.
Es ist anzunehmen, daß man seine physische Vernichtung von vornherein gar nicht geplant, sondern eher eine gütliche Lösung, vor allem den Widerruf der ursprünglich ja Wiclifschen Thesen angestrebt hatte. Doch Hus, erst nach monatelangen Disputen verhaftet und im Kerker des Bischofs von Konstanz isoliert, geriet immer mehr in den Mechanismus herausgeforderter Machtinteressen. Er weigerte sich, seine Überzeugung als schädliche Irrlehre zu deklarieren, wurde in seiner Standhaftigkeit von seinen Gegnern noch raffiniert bestärkt, bis sein Untergang, zu einer politischen Notwendigkeit geworden, nicht mehr aufzuhalten war. Am 6. Juli 1415 wurde Jan Hus in Konstanz als Ketzer zum Tod verurteilt und noch am selben Tag bei lebendigem Leib verbrannt. Man gewährte ihm selbst die damals übliche Gnade nicht, vor dem gräßlichen Feuertod vom Henker unauffällig erdrosselt zu werden.
Das schreckliche Ende des Magisters Hus, die für die Zeitgenossen kaum widerlegbare Vermutung, man habe ihn bewußt in die tödliche Falle gelockt, löste in Böhmen, wo die Stimmung ohnehin schon gereizt war, eine Flut der Empörung aus. Es dauerte dennoch mehr als drei Jahre, bis die Hussiten, streitbare Anhänger des nun zum Märtyrer des rechten Glaubens, der tschechischen Nation, aber auch des mittellosen Volkes gewordenen Jan Hus, ihre religiösen und politischen Programme formuliert und sich in eindeutig militanten Verbänden zusammengefunden hatten.

* Versammlung höchster kirchlicher Würdenträger, die in religiösen und kirchenpolitischen Fragen bindende Beschlüsse fassen.

Oben: Herzog Friedrich IV., »Friedel mit der leeren Tasche«

Unten: Verbrennung des Jan Hus. Miniatur in einer Schrift Ulrichs von Richental über das Konzil von Konstanz

Der Prager Fenstersturz

Das Pulverfaß Prag explodierte am 30. Juli 1419. Katholische Ratsherren verhöhnten eine hussitische Prozession, die Menge stürmte das Neustädter Rathaus und warf die Ratsherren zum Fenster hinaus.* Der Bürgerkrieg zwischen Tschechen und Deutschen, zwischen Hussiten und Katholiken, zwischen Armen und Reichen begann.

Wenzel IV., der hilflose König von Böhmen, starb am 16. August 1419. Sein Bruder und Nachfolger Siegmund (1368–1437), zweitältester Sohn Kaiser Karls IV., versuchte vorerst den Konflikt durch Verhandlungen aus der Welt zu schaffen. Er war ein leutseliger und gebildeter Mann, der sechs Sprachen beherrschte, Kompromißlösungen der Gewaltanwendung vorzog und in vielem seiner Zeit weit voraus war. So zeigte er den in Europa schon hart verfolgten Zigeunern, den immer wieder bedrängten Juden, aber auch eigensinnigen Adelsparteien und städtischen Verwaltungen gegenüber eine noble und nüchterne Toleranz. Da er jedoch für theatralische Äußerlichkeiten, für Pomp und Prunk besonders anfällig war, hatte er stets zuwenig Geld und bediente sich daher allzuoft fragwürdiger, ja suspekter Improvisationen. Er jagte der Macht unablässig nach, nahm langfristige Pläne und auch große überregionale Konzepte zwar in Angriff, konnte sie aber niemals durchziehen. Heirat und Erbvertrag brachten ihm bereits 1387 die Krone von Ungarn ein, im Sommer 1411 wurde er zum deutschen König gewählt, aber erst zweiundzwanzig Jahre später in Rom zum Kaiser gekrönt. Auf dem Konzil von Konstanz gelang ihm der persönliche Durchbruch, er wurde als fähiger Herrscher für den gesamten mitteleuropäischen Raum anerkannt. Er führte die Verhandlungen in der Tat geschickt und geduldig, unterstützte die vorsichtigen Reformbestrebungen und steuerte somit zur Wiederherstellung der Einheit und des Ansehens der Kirche entscheidende Impulse bei.

Die Hussiten jedoch, vor allem die Radikalen unter ihnen, die straff organisierten Taboriten**, ließen nicht mit sich reden. So beschloß Siegmund, nach einigem Zögern, dem Aufruhr, der unter der deutschen Bevölkerung Böhmens bereits zahlreiche Opfer gefordert hatte, mit Waffengewalt ein Ende zu bereiten. Am 1. März 1420 verkündete Papst Martin V., der im Konzil von Konstanz mit Hilfe Siegmunds als Sieger aus dem Streit um den Heiligen Stuhl hervorgegangen war, den christlichen Kreuzzug wider die böhmische Rebellion. Ein großes internationales Ritterheer rückte gegen Prag vor, erlitt aber eine schwere Niederlage. Auch eine zweite Strafexpedition des Deutschen Reiches wurde vernichtet, eine dritte zum Rückzug gezwungen, eine vierte ebenfalls in die Flucht geschlagen. Allmählich gingen die Taboriten zur Offensive über, ihre Scharen erschienen

* Der Zwischenfall ging als »Erster Prager Fenstersturz« in die Geschichte ein. Es folgten, bis zu dem angeblichen Selbstmord des Außenministers Jan Masaryk im Jahr 1948, noch mehrere.

** Nach der von ihnen gegründeten und als eine befestigte Kommune verwalteten Stadt Tabor (»Lager«) benannt.

Darstellung eines Kampfwagens der Hussiten. Kolorierte Federzeichnung von Johann Hartlieb, Mitte des 15. Jh.

Bewegliche Festung: Wagenburg

in Sachsen, Schlesien und Franken, sie verwüsteten die Städte und steckten die Dörfer in Brand. Sie galten lange Jahre hindurch als unbesiegbar, da sie, das erste Mal in der Geschichte Europas, den Krieg mechanisiert und sich dabei einer bis dahin völlig unbekannten Kampftaktik bedient hatten. Dem prächtig herausgeputzten Ritter stand nun der in Lumpen gekleidete bewaffnete Handwerker gegenüber, der Geräte und Methoden erfand, denen eine schwerfällig gepanzerte Kavallerie nicht gewachsen war. Die bewegliche Festung der Hussiten, die Wagenburg, gleichsam Transportmittel für Infanterie und Troß, konnte pro Tag dreißig bis fünfundvierzig Kilometer zurücklegen, die auf Räder montierte fahrbare Artillerie mitten in der Schlacht ihre Stellung wechseln. Das von der Idee einer christlich-kommunistischen Republik Gottes fanatisierte Volksheer wälzte im raschen Vormarsch alles nieder, was sich ihm in den Weg stellte, es kannte dem Feind, aber auch der Zivilbevölkerung gegenüber

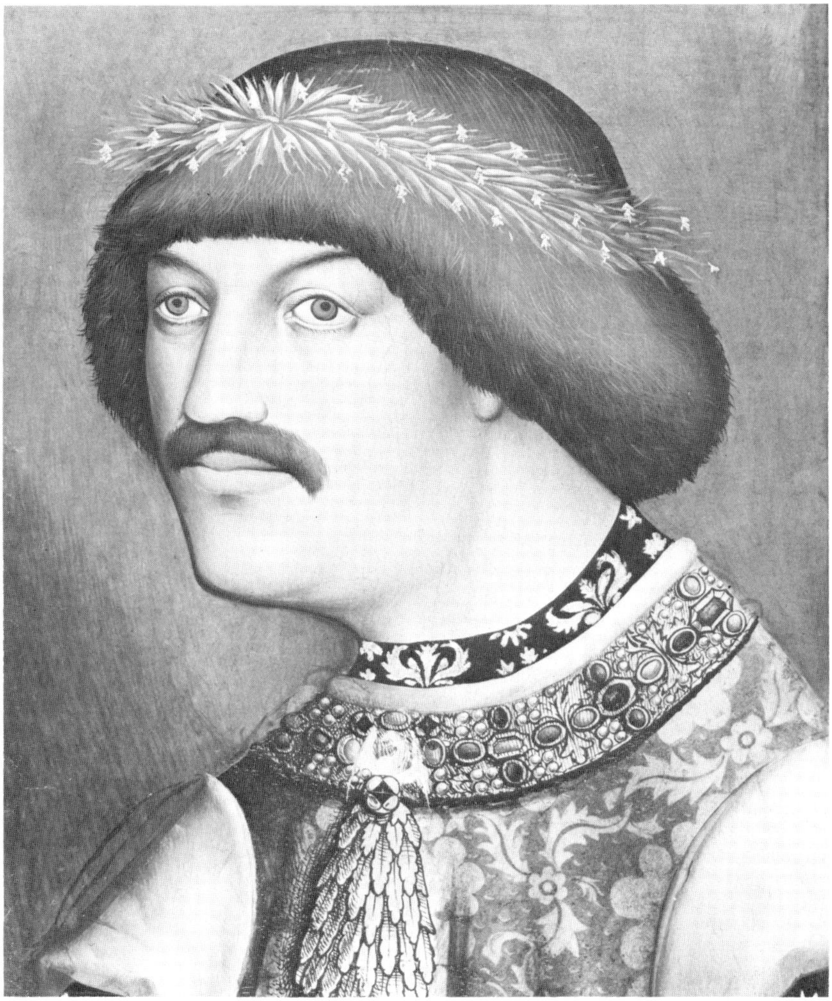

Albrecht V. Bildnis aus dem 16. Jh., nach einem Wiener Maler von 1430

keine Milde, und so war allein die psychologische Wirkung seiner blitzschnellen Operationen verheerend. Die Oberschicht der feudalen Gesellschaft stand dem Phänomen einer aus freien Stücken streng disziplinierten Armee ihrer wild gewordenen Untertanen zunächst ratlos gegenüber, dann begann sie sich, wenn auch mit wenig Erfolg, den geänderten Strukturen der erbitterten Auseinandersetzung zwischen Klasseninteressen, Glaubenswahrheiten und nationalen Vorurteilen anzupassen. Sie schickte einen neuen Typ des Kriegers in den Kampf, den hauptberuflichen Lohnsoldaten, den Söldner, der als Fachmann des Mordens und Brennens gegen ein festes Honorar ins Feld zog. Die ersten Söldner in Mitteleuropa waren meist Tschechen, Bauern, deren Häuser und Felder von den Hussiten verwüstet worden waren, arbeits- und obdachlos gewordene Stadtbewohner, entsprungene Knechte und verarmte Söhne des besitzlosen Kleinadels. Sie führten, da die Fürsten und Feldherren ihr Gehalt kaum

Hauptberuf: Lohnsoldat

regelmäßig zahlen konnten, in den Pausen des Kriegs bald auch gegen ihre eigenen Auftraggeber und gegen die Bevölkerung im Hinterland Krieg, wobei sie in manchen Burgherren nützliche Verbündete fanden. Sie terrorisierten auch die nördlichen Grenzgebiete Österreichs, die bereits durch die Einfälle der Hussiten schwer gelitten hatten. Denn Herzog Albrecht unterstützte König Siegmunds Bemühungen, die Feinde der Kirche zu zerschlagen, nach Kräften. Er sandte Truppen nach Mähren, mehr als zehntausend Mann, die einige befestigte Städte der Rebellen erobern und für kurze Zeit halten konnten.

Am 22. April 1422 heiratete Albrecht im Wiener Stephansdom Siegmunds Tochter Elisabeth. Der König hatte keinen Sohn, und der treue Albrecht V. von Österreich galt nun als sein Nachfolger. Die Rechnung für die Politik, Siegmunds und des Reiches Sache zu dienen, um gleich drei Kronen, die ungarische, die böhmische und die deutsche, zu gewinnen, mußte dann zum Teil die Bevölkerung des Waldviertels bezahlen.

Die Rechnung zahlt das Volk

Die Gegenoffensive der Hussiten gelangte über Stockerau sogar vor die Tore Wiens. Retz wurde gestürmt, fast alle Bewohner der Stadt, etwa eintausend an der Zahl, umgebracht, Zwettl in Brand gesteckt, Eggenburg belagert, Altenburg am Kamp verwüstet, Imbach geplündert und eingeäschert.

Die in schwere Not geratenen Stände im nördlichen Teil Österreichs riefen eine Art Landwehr ins Leben: die früher vom Adel beschützten kleinen Leute sollten an der Sicherung ihrer engeren Heimat aktiv mitwirken, je zehn Bauern einen voll ausgerüsteten Mann in den Dienst der lokalen Verteidigung stellen. Doch Führung und Ausbildung waren mangelhaft, die Landwehr hätte auf die Dauer gegen die schnellen Stoßkeile der Angreifer kaum erfolgreich Widerstand leisten können, wäre die überlegene militärische Kraft und die entschlossene Einsatzbereitschaft der Hussiten durch gehässige Fraktionskämpfe, das charakteristische Symptom fast aller unduldsam-fanatischen politischen und religiösen Bewegungen, nicht zunehmend zersplittert und geschwächt worden. König Siegmund nützte die nun schon offen ausgetragenen Konflikte zwischen den radikalen und den gemäßigten Anhängern des Jan Hus geschickt aus; er bewog die Kirche, mit den gemäßigten Gruppen Gespräche zu beginnen, verhandelte selbst mit den Führern der Taboriten und versuchte eine für alle Parteien annehmbare Kompromißlösung zustande zu bringen. Doch die Taboriten gaben nicht nach, sie brachen die Verhandlungen ab, und der Krieg ging weiter, wobei nun auch die gemäßigten Hussiten, zumeist Männer aus dem tschechischen Adel und aus dem wohlhabenden Bürgertum, gegen ihre Brüder von gestern in die Schlacht zogen.

Schlacht bei Lipan

Am 30. Mai 1434 erlitten die radikalen Taboriten bei Lipan, in der Nähe von Böhmisch-Brod, eine vernichtende Niederlage, von der sie sich nicht mehr erholen konnten. Nach vierzehn Jahren war der Krieg zu Ende. Siegmund gewährte den gemäßigten Hussiten weitgehende Konzessionen; er verpflichtete sich, eine allgemeine Amnestie zu verkünden, die Rückkehr der Deutschen in die böhmischen Städte und Dörfer nicht zu fördern, für die angerichteten Zerstörungen keine Entschädigung zu verlangen, die Freiheiten und Rechte Böhmens zu achten, die öffentlichen Ämter nur noch mit Tschechen zu besetzen und die sogenannten Prager

Kompaktaten (das heißt Grundsätze), die der böhmischen Kirche eine gewisse Unabhängigkeit im Sinn hussitischer Reformgedanken sichern sollten, anzuerkennen. Am 23. August 1436 zog er feierlich in Prag ein und wurde endlich auch zum böhmischen König gekrönt, starb aber schon am 9. Dezember 1437 in Znaim, auf dem Weg nach Ungarn, wo seine zweite Frau, Barbara von Cilli, mit einer Adelspartei gegen ihn konspirierte, um regierende Königin von Ungarn und Böhmen zu werden.

Albrecht V. übernimmt die Macht

Doch Albrecht V. übernahm zuerst in Ungarn, dann, nach einem kurzen Feldzug, auch in Böhmen die ihm von Siegmund vertraglich zugesicherte Macht und wurde, wie vorausgesehen, am 18. März 1438 in Frankfurt zum deutschen König gewählt. Im Sommer 1439 gab er dem Drängen seiner ungarischen Ratgeber nach, einen Präventivkrieg gegen die Türken, die bereits Belgrad bedrohten, zu beginnen. Der ungarische Adel jedoch erschien mehr als zögernd im Sammellager von Futak bei Titel (im heutigen Jugoslawien); die wenigen Herren, die gekommen waren, gingen nach einiger Zeit entmutigt wieder nach Hause. Die Ruhr brach aus, Albrecht wurde krank. Er versuchte noch, nach Wien heimzukehren, starb aber am 27. Oktober 1439 im Alter von zweiundvierzig Jahren im Dorf Neszmély, in der Nähe von Komárom (Komorn).

Die deutschsprachige Geschichtsschreibung würdigt Albrecht V. als einen tatkräftigen und weitblickenden Herrscher, vor allem, weil er, wie in den meisten historischen Werken hervorgehoben wird, nicht nur den österreichischen Herzogshut, sondern auch drei vollwertige Kronen, allesamt Insignien der späteren Donaumonarchie, trug. Doch die Kronen erbte er letztlich durch den Umstand, daß sein Schwiegervater Siegmund in zwei Ehen keinen Sohn hatte; ein politisches Konzept hinter der gewaltigen Erweiterung seiner persönlichen Macht wurde in der – allerdings kurzen – Zeit, in der er an der Spitze des Deutschen Reiches und eines großen mitteleuropäischen Länderkomplexes stand, nicht sichtbar. Österreich, das Land, die Bevölkerung, gewann unter seiner angeblich so tatkräftigen Regierung so gut wie gar nichts. Es ist kein Zufall, daß Albrecht V. im Gedächtnis des Volkes, in der Legendenbildung und in der Dichtung keine Spuren hinterließ. Er war nicht beliebt, denn seine Tatkraft hatte sich allzuoft in sinnloser Härte geäußert, in einer Haltung, die in krassem Widerspruch zum Wesen des Österreichers steht. Zwei Herren seiner engsten Gefolgschaft endeten wegen Urkundenfälschung, eines damals weit verbreiteten und nicht sehr ernst genommenen Vergehens, auf dem Scheiterhaufen; Priester, die man grundlos verdächtigt hatte, mit den Hussiten zu sympathisieren, wurden auf seinen Befehl hin gefoltert; und er war auch der Initiator des einzigen, von einer rechtmäßigen Regierung in Österreich genau geplanten und durchgeführten Massenmordes, dem 1420 die gesamte Oberschicht der Wiener Juden zum Opfer fiel.

Die Juden-»Ordnung«

Im Jahr 1234 hatte der letzte Babenberger, Herzog Friedrich II., eine »Ordnung« erlassen, die auch von Böhmen und Ungarn fast unverändert übernommen wurde; sie gewährte den Juden in Österreich umfassenden Schutz und, soweit dies in ihrer Ausnahmesituation möglich war, Gerechtigkeit, indem sie unter anderem verfügte: Wer einen Juden tötet, muß dafür mit dem Tod büßen. Jüdische Kinder dürfen nicht entführt und

Judenverfolgung. Anonymer Holzschnitt

zwangsweise getauft werden. Wenn ein Jude vor Gericht gestellt wird, darf sich die Anklage nicht ausschließlich auf Aussagen von christlichen Zeugen stützen; auch Juden müssen angehört werden. Offiziell hob man die »Ordnung« zwar niemals auf, schuf jedoch mit der Zeit neue, schwer diskriminierende Judengesetze, so bereits im Jahr 1267, als eine Kirchenversammlung in Wien beschloß, die Juden zum Tragen eine gehörnten spitzen Hutes zu zwingen, Christen zu verbieten, die Hilfe eines jüdischen Arztes in Anspruch zu nehmen, Juden in ihre Häuser einzuladen oder sie daheim zu besuchen, sie in einem Gasthaus zu bedienen usw., woran sich die Bevölkerung jedoch kaum gehalten hatte, wie aus zahlreichen Quellen, zumeist Klagen kirchlicher Würdenträger, hervorgeht.
Gegen Ende des 14. Jahrhunderts waren die meisten Judengemeinden in

Österreich sehr wohlhabend; das Geldgeschäft florierte, der Wochenzins bewegte sich zwischen dreißig und fünfundvierzig Prozent; in den Städten kamen immer mehr Häuser in jüdischen Besitz. Der rasche und zum Teil tatsächlich rücksichtslose wirtschaftliche Aufstieg einer geschlossenen fremden Gruppe lieferte bereits Konfliktstoff genug, der durch den im Hussitenkrieg aktivierten religiösen Haß, durch das aufkommende Interesse an allerlei Geheimwissenschaften und magischen Handlungen noch massiv angereichert wurde. Die Judengemeinden waren streng isoliert, sie kapselten sich notgedrungen selber ab und wirkten geheimnisvoll. Man munkelte von furchtbaren Geheimnissen, von Hostienschändung und Ritualmord an christlichen Knaben, wobei die im Mittelalter als Todsünde gebrandmarkte und ängstlich unterdrückte homoerotische Phantasie eine gewisse Rolle gespielt haben mag.

»Judenhauer« und »Judenfahrten«

Schon um das Jahr 1396 bildete sich in Kärnten eine ritterliche Gesellschaft der »Ungenannten Judenhauer«, deren Mitglieder von Ort zu Ort zogen, um Juden zu erschlagen und ihre Häuser zu plündern. Bald griffen sie auch auf die Steiermark über, doch manche lokale Behörden setzten sich im Sinn der alten »Ordnung« entrüstet zur Wehr. Einige Helden der »Judenfahrten« wurden verhaftet und als gemeine Mörder hingerichtet. Die Juden, etwa fünfhundert Familien, flohen nach Niederösterreich und nach Wien, wo man sie, zwar gegen Geld, aber wohlwollend aufnahm.
Im Sommer 1420 schlug Albrecht V. überraschend zu. Er ließ alle Juden verhaften. Die Anklage lautete auf Hostienschändung, die sich schon 1419 in Linz ereignet haben sollte. Die reichsten Juden, um die hundertfünfzig Männer, ihre Frauen und Kinder, wurden in Wien eingekerkert und gefoltert, bis sie die Freveltaten zugaben, das Versteck ihrer Schätze genau beschrieben; dann machte man ihnen den ordentlichen Prozeß, der mit dem Todesurteil und mit der Verbrennung bei lebendigem Leib (auch der Frauen und Kinder) auf der Erdberger Lände endete. Das Vermögen der Hingerichteten verfiel zur Gänze dem Herzog. Die mittellosen Juden (die ärmeren waren anscheinend doch in der Mehrzahl) verfrachtete man unter unmenschlichen Bedingungen auf kleine Donauschiffe und schickte sie nach Ungarn, wo laut einem königlichen Schutzbrief von 1416 auch den Zigeunern erlaubt war, sich frei zu bewegen und ungehindert niederzulassen.
Nach dem Tod Albrechts V. kamen viele der deportierten Juden zurück, was eindeutig dafür spricht, daß sie sich wohl vor dem tatkräftigen Herzog, nicht aber vor den Einwohnern von Wien, Wiener Neustadt, Enns oder Linz gefürchtet hatten. Der Nachfolger Albrechts V., Kaiser Friedrich III., nahm ihre Dienste und ihr Geld wieder in Anspruch, beschützte und begünstigte sie aber so auffallend, daß er gleich zu Beginn seiner Regierung, im Herbst 1441, in der Wiener Augustinerkirche in einem wüsten Tumult, der wegen seiner übervorsichtigen Finanzpolitik ausbrach, von Herren und Rittern mit dem Ruf »König der Juden! Kreuziget ihn!« attackiert wurde. Er ließ die Bedrohung und Beschimpfung – wie auch noch viele andere im Lauf seines langen Lebens – scheinbar gleichgültig über sich ergehen, in der Tat war er jedoch hellwach und blieb unversöhnlich. Er schrieb nach dem Zwischenfall in sein seltsames Notizbuch, in dem er elf Jahre hindurch Anmerkungen über die verschiedensten Ereignisse und

Gegenstände, die ihn gerade beschäftigten, kritzelte: Die Österreicher seien viel böser als die Ungarn oder die Böhmen.
Sie gingen mit ihm auch nach seinem Tod nicht gerade liebevoll um, von wenigen Ausnahmen abgesehen; sie bezeichneten ihn als selbstsüchtig und hinterlistig, als geizig und feige, als einen hoffnungslos unfähigen Herrscher, der sich niemals zu einer wirkungsvollen Tat entschließen, seine Feinde niemals beeindrucken, seine Freunde (die es ohnehin nicht gab) niemals beeinflussen konnte. Man warf ihm vor, für »Wirren« und »Machtverfall« verantwortlich zu sein, auf seinen Posten, seine Titel, seine Rechte störrisch beharrt, seine Pflichten jedoch stets vergessen zu haben. Erst in der zweiten Hälfte des zwanzigsten Jahrhunderts begann, eher zaghaft, sich die Erkenntnis durchzusetzen, daß Kaiser Friedrich III., freilich auch von äußeren Umständen begünstigt, höchst bedeutsame Fundamente gelegt, Strukturen geschaffen, Methoden entwickelt hatte, die man als spezifisch und substanziell österreichisch ansehen und bejahen kann; daß er, der duldsame Skeptiker, mit einer ungebrochenen, geradezu heiteren inneren Kraft, eine beachtenswerte Persönlichkeit und, mit all seinen ärgerlichen, zum Teil kleinlichen Fehlern und mit seinen gar nicht spektakulären, stillen Vorzügen, ein großer österreichischer Staatsmann war.

»... sein weis regiment«

Der verkannte Staatsmann: Friedrich III.

Friedrich III.*, Sohn des steirischen Herzogs Ernst »des Eisernen«, kam am 21. September 1415 während einer Reise seiner Eltern in Innsbruck auf die Welt. Seine Mutter, Cimburga von Masowien, eine Litauerin, war eine in mancher Hinsicht sonderbare Frau von fast übermenschlicher Körperkraft; sie konnte einen beladenen Heuwagen allein anschieben und Hufeisen mit der bloßen Hand biegen. Im übrigen fiel sie durch ihre ungewöhnliche Bescheidenheit und gelassene Ruhe auf. Ihre einzige Leidenschaft waren schöne Wallfahrten mit frommen Liedern unter bunten Kirchenfahnen, vornehmlich nach Mariazell, da ging sie, wann sie dazu nur Gelegenheit fand, immer mit. Viel mehr weiß man von ihr, der zweiten, der slawischen Stammutter des Hauses Habsburg, nicht**, nur daß sie keineswegs als hübsch galt: sie hatte eine massive Gestalt und einen breiten Schädel, eine dicke, herabhängende Unterlippe, das spätere charakteristische Merkmal der Habsburger, ein kräftiges, hervorstechendes Kinn mit einem deformierten Kiefer (Prognathismus), bei Friedrich III. bereits derart ausgebildet, daß es ihn zwang, wenig und vorsichtig zu sprechen, um die Würde seiner Person, auf die er, trotz seines meist schlichten und unkonventionellen Auftretens, sehr viel gab, wahren zu können.

Er war schlank, etwa 1,80 Meter groß, hatte ein schmales Gesicht, eine lange, mächtige Nase, eher kleine, tiefliegende braune Augen und rotblondes Haar. Seine verschiedenen Porträts, übrigens die ersten authentischen eines Habsburgers, zeigen einen verschlossenen Mann mit einem halb gleichgültigen, halb mißtrauischen Blick, der abweist, Distanz fordert. Die Zeitgenossen beschreiben ihn als wortkarg, menschenscheu, knausrig, mäßig gebildet und phantasielos; er sei träge und unschlüssig, aber auch rätselhaft und immer auf der Hut.

Friedrich III. war erst neun Jahre alt, als sein Vater starb und er unter die

* Als Kaiser Friedrich III., als Herzog von Österreich Friedrich V., letztere Bezeichnung wird jedoch nur selten angewendet.

** Die bisherige Hauptlinie der Familie Habsburg, die sogenannte Albertinische der Herzöge von Österreich, starb, so wie die Tiroler Linie, im 15. Jahrhundert aus. Es blieb nur noch die von Herzog Ernst und Cimburga abstammende Steirische Linie, die fortan das gesamte Reich der Habsburger regieren sollte.

Vormundschaft seines Onkels, des Tiroler Herzogs Friedrich IV. kam. Von seiner Kindheit sprach er nie, zumindest findet man in den zahlreichen Quellen keinen Hinweis darauf. Mit sechzehn Jahren sollte er aus der Vormundschaft entlassen werden und die Regierung in den innerösterreichischen Ländern seines Vaters (Steiermark, Kärnten, Krain) antreten. Doch sein Onkel Friedrich IV. füllte seine »leere Tasche« allzugern auch mit den Einkünften aus den innerösterreichischen Gebieten, es gefiel ihm, neben Tirol noch ein zweites, ansehnliches Herzogtum zu verwalten, und er dachte gar nicht daran, auf das ertragreiche Mündel zu verzichten.

Friedrich III. stand bereits im zwanzigsten Lebensjahr, als Herzog Albrecht V. von Österreich endlich für ihn intervenierte. Am 25. Mai 1435 gab der Onkel den Neffen zwar frei, behielt jedoch einen beträchtlichen Teil seines Vermögens. Der junge Herzog drängte nun höflich, aber resolut, abzurechnen, und erreichte schließlich, daß er das Geforderte bekam. Das war sein erster Erfolg.

Das Zeichen AEIOU

Am 27. April 1437, im Alter von einundzwanzig Jahren, schrieb er das erste Mal in sein Notizbuch, daß er es begonnen habe *»mit mein selbst hand«*, und gleich darunter: *»Bei welchem Bau oder auf welchem Silbergeschirr oder Kirchengewand oder anderen Kleinoden AEIOU, der Strich und die fünf Buchstaben stehen, das ist mein, Herzog Friedreis des Jüngeren gewesen oder ich habe das selbige bauen oder machen lassen.«*

Bald tauchten die geheimnisvollen Buchstaben, wahrscheinlich magische Eigentumszeichen, im ausgehenden Mittelalter keine Seltenheit, in den Büchern des Herzogs, auf seinem Tafelgeschirr, in Wappen und später auch auf Bauwerken, so unter anderem auf dem Portal des Grazer Doms, in der Georgskapelle in Wiener Neustadt und in der Stadtpfarrkirche von Krems auf; sie waren, wie der Chronist Jakob Sturm in seinem 1616 erschienenen »Unverwelklichen Österreichischen Ehrenkranz« vermerkt, auch in Wien »zu Ein- und Ausgang der kayserlichen Majestät Burg in Holz geschnitten, stark vergoldet zu sehen« und sogar in den beiden Mammutknochen eingraviert, die man 1443 bei Bauarbeiten unter dem heutigen Nordturm der Stephanskirche fand, sie für die Überreste eines Urwieners, eines Riesen, hielt und neben dem »Riesentor« des Doms zur Schau stellte.

Daß Friedrich III. die heute allgemein bekannte Auflösung der fünf legendären Buchstaben, namentlich *»Austriae est imperare omni universo«*, *»Alles Erdreich ist Österreich untertan«** selber geliefert hätte, ist ein weitverbreiteter Irrtum. Die Sprüche in lateinischer und deutscher Sprache auf der ersten Seite seines Notizbuches wurden erst später zwischen Textteilen des Originals eingefügt; die Schrift stammt nachweisbar nicht von Friedrichs III. Hand. Er konnte im Frühjahr 1437 auch kaum noch daran denken, daß alles Erdreich, oder gar nur Mitteleuropa, Österreich untertan sein werde; der römisch-deutsche Kaiser, ungarische und böhmische König Siegmund aus dem Hause der Luxemburger lebte und regierte noch, wenn auch der Habsburger Albrecht V. als sein designierter Nachfolger

* In der Originalschrift einer unbekannten Hand: »Austrie est imperare orbi universo, Als erdreich ist Österreich underthan.«

Handregistratur Kaiser Friedrichs III. Wappen des heutigen Niederösterreich sowie die Wappen von Österreich und Oberösterreich, darüber Devise Friedrichs

galt. Die Aussicht, daß Friedrich, der Herzog der Steiermark, für die Regierung einer Großmacht in Frage käme, war äußerst gering. Er wußte es, daher ist es ziemlich unwahrscheinlich, daß er für einen kaum realisierbaren Plan bereits einen beinahe lächerlich hoch gegriffenen programmatischen Leitsatz ersonnen und ihn mit sturem Eifer verbreitet hätte. Was ihm sehr bald sowohl vom Kaiser als auch vom Herzog von Österreich untersagt worden wäre.

Dennoch wurde das Haus Habsburg, das alte Österreich, vor allem im benachbarten Ausland wegen der willkürlich ausgelegten fünf Buchstaben Friedrichs III., die man als hochmütiges Symbol grenzenloser Machtansprüche, unbändiger Herrschsucht und imperialer Arroganz gewertet hat, jahrhundertelang angegriffen. Daß es sich dabei um eine wohlklingende Fälschung handelt, wollte man, übrigens auch in Österreich, nicht zur Kenntnis nehmen.

Friedrich III. wälzte keine großen imperialen Pläne. Er ging stets bedächtig vor, blieb in den achtundfünfzig Jahren seiner Regierungszeit fast immer in der Defensive, was zweifellos wesentlich weniger Blut, aber auch weniger Geld kostete als manche Unternehmung seiner Vorfahren oder seiner Nachbarn und dennoch, wenn auch oft über mühsame Umwege,

Zierblatt mit Wappen Kaiser Friedrichs III. und seiner Gemahlin Eleonora von Portugal sowie Wappen der österreichischen Länder. Aus Enea Silvio Piccolomini, »Über Kindererziehung«

zum Ziel führte: das Zerfallene zusammenzufügen, das Bestehende zu erhalten und es, fast unmerklich, auch neu zu formen.

Tod Albrechts V.

Als Herzog Albrecht V., nun auch deutscher, ungarischer und böhmischer König, im Herbst 1439 plötzlich starb, war seine in politischen Intrigen recht aktive, ehrgeizige Frau Elisabeth im sechsten Monat schwanger. Nach dem Letzten Willen des Vaters sollte das Kind, falls männlichen Geschlechts, in Preßburg, damals auf ungarischem Hoheitsgebiet, unter Aufsicht eines gemischten böhmisch-ungarisch-österreichischen Rates aufwachsen, um den künftigen König gegen einen allzustarken Einfluß der habsburgischen Verwandten abzuschirmen. Doch das Testament wurde nicht beachtet.

Die österreichischen Stände ernannten schon am 1. Dezember 1439 auf dem Landtag von Perchtoldsdorf Herzog Friedrich von der Steiermark zum alleinigen Vormund des noch nicht geborenen Herzogs von Österreich. Friedrich trat somit die Regierung der österreichischen Länder im Namen und im Interesse eines Embryos, und dies auch nur vorübergehend an; eine ebenso groteske wie brüchige Grundlage für Macht und Verwaltung, von den Ständen noch durch die Forderung eingeengt, sie daran maßgeblich beteiligen zu lassen. Dies führte dann zwischen Friedrich III. und dem einheimischen Adel zu einem Dauerkonflikt: Landesfürst und Stände behinderten einander im Regieren. Sie waren in die differenzierter gewordene gemeinsame Verwaltung des Landes hineingeschlittert, hatten aber keine Übung darin und auch keine rechte Vorstellung davon, wie man diese Verwaltung in der alltäglichen Praxis handhaben sollte.

Wenn man Friedrich III. vorwirft, er habe zeitweilig gar nicht regiert, sondern sich und die Dinge einfach treiben lassen, so läßt man die historische Wahrheit zum Teil außer acht. Denn er konnte die Staatsgeschäfte im Stil eines vollautoritären Herrschers durch das alleinige und unbestrittene Machtwort einer einzigen Person, wie die Fürsten dies noch vor dem Hussitenkrieg taten, nicht mehr führen. Die feudale Ordnung des Mittelalters, die dies noch verlangt und ermöglicht hatte, war, ohne daß die Zeitgenossen sich dessen richtig bewußt geworden wären, bereits ausgehöhlt, in Frage gestellt. Eine Schreckensherrschaft aufrichten, dem vielzitierten Chaos mit Feuer und Schwert begegnen konnte und wollte Friedrich III. nicht.

Wirft man den Ständen vor, sie hätten ebenfalls nicht regiert, sie hätten einander bloß bekämpft, die Wirren mitverschuldet, die Ansätze der Demokratie kaum genützt oder geradezu mißbraucht, so tut man ihnen ebenfalls unrecht. Denn wo hätten sie eine den geänderten Verhältnissen eines schon zu Ende gehenden Zeitalters entsprechende moralisch-ideologische Richtschnur finden, demokratisches Denken und Verhalten lernen sollen? Eine Kommunikation im weiteren Kreis funktionierte nur bruchstückweise, die meist mündlich übermittelten Nachrichten und Informationen waren unvollständig, verzerrt, übertrieben, Analysen von Vorgängen so gut wie unbekannt. Man baute daher nach wie vor auf die bereits unzulänglich gewordenen Modelle der vertrauten Vergangenheit, mußte dabei jedoch ständig improvisieren und geriet allzuoft in eine scheinbar aussichtslose Situation, aus der man sich zumeist durch nackte Gewalt zu befreien versuchte.

Ladislaus Postumus

Am 22. Februar 1440 gebar die Witwe Albrechts V., Elisabeth, in Komárom (Komorn) an der Donau einen Sohn, Ladislaus, dem man den Beinamen »Postumus« (der Nachgeborene) gab. Der ungarische Adel war nicht bereit, einen »Herrscher in Windeln« anzuerkennen, und holte den polnischen König Wladislaw III., einen Jüngling von sechzehn Jahren, auf den Thron nach Buda, wohl in der Hoffnung, durch einen engen Zusammenschluß mit Polen (und mit dessen Staatskasse) den Vormarsch der Türken aufhalten zu können. Um aber die frühere Königin und mit ihr die guten Beziehungen zu Österreich nicht zur Gänze fallenzulassen, bat man die damals zweiunddreißigjährige Elisabeth, Wladislaw III. zu heiraten. Sie lehnte entrüstet ab und ließ ihren Sohn, einen Säugling von drei Monaten, in Esztergom (Gran) zum ungarischen König krönen. Dann floh sie mit dem Kind zu Friedrich III. nach Österreich. Ihre Kammerfrau Helene Kottaner, geborene Wolfram aus Ödenburg, schmuggelte die heilige Stephanskrone, laut der ungarischen Verfassung Symbol der Legitimität, Besitzerin des Landes und Quelle allen Rechts, in einem Kissen versteckt über die Grenze. Sie bekam für die tollkühne Tat ein Dorf in der Slowakei und ein Haus in Wien; ihre Memoiren, die man als den ersten Politkrimi im mitteleuropäischen Raum bezeichnen kann, werden in der Österreichischen Nationalbibliothek aufbewahrt.

Nun hatte Friedrich III. sein Mündel, das Unterpfand seiner noch immer recht unsicheren Machtstellung, bei sich. Elisabeth, die unbequeme Königswitwe, von der kühlen und kargen Gastfreundschaft Friedrichs III. enttäuscht, nahm geheime Kontakte zu Vertretern einflußreicher Familien des ungarischen Adels auf, um ihre und ihres Sohnes triumphale Rückkehr in den Königspalast von Buda vorzubereiten, starb aber plötzlich im Dezember 1442. Die Vormundschaft Friedrichs III. über Ladislaus Postumus schien unangefochten und ungefährdet. Doch im Herbst 1444 unternahm ein polnisch-ungarisches Ritterheer einen mangelhaft vorbereiteten Versuch, die türkische Militärmacht auf dem Balkan aus den Angeln zu heben und das seit Jahrzehnten umzingelte Konstantinopel zu retten.

Die Schlacht bei Varna

Der Vorstoß endete bei Varna am Schwarzen Meer mit einer schweren Niederlage. Der junge König Wladislaw III. verwechselte den Krieg gegen die Osmanen mit einem ritterlichen Turnierspiel, galoppierte unbekümmert auf die Linie der Janitscharen zu und wurde niedergemacht. Polen und Ungarn beschuldigten einander, für die verlorene Schlacht und für den Tod des Königs verantwortlich zu sein; die Allianz zerbrach. Nun wollten die Ungarn, um fortan die militärische Hilfe und auch die finanziellen Mittel der österreichischen Länder in Anspruch nehmen zu können, Ladislaus Postumus, der ja rechtmäßiger Herzog von Österreich war, als König heimholen und forderten seine Entlassung aus der Vormundschaft. Aber auch der böhmische Adel entdeckte plötzlich das Kind bezie-

Papst Nikolaus V. krönt Friedrich III. Niederländisches Gemälde, 2. Hälfte des 15. Jh.

hungsweise die politischen und wirtschaftlichen Möglichkeiten, die in ihm steckten, und verlangte, daß es unverzüglich nach Prag gebracht und gekrönt werden sollte.

Friedrich III. jedoch, vor einigen Jahren selbst noch zurückbehaltenes Mündel, stellte sich taub. Den erst vierjährigen Ladislaus Postumus herauszugeben, hätte für ihn den Verzicht auf die Verwaltung der österreichischen Länder bedeutet. Dabei hatte er auch eine nur schwer abschätzbare Bedrohung von außen in Betracht ziehen müssen. Denn mit der Auslieferung des Kindes hätte er die legitime Regierungsgewalt in Ungarn und Böhmen in die Hände von Adeligen legen müssen, die sicherlich versucht hätten, im Namen des minderjährigen Königs, des Herzogs von Österreich, die politische und wirtschaftliche Lage in den österreichischen Ländern im Interesse ihrer Familien zu beeinflussen.

Friedrich III. glaubte das zweifellos üble Spiel um sein Mündel wagen zu können, denn er war, auch für ihn selbst überraschend, am 2. Februar 1440 als Nachfolger des verstorbenen Albrecht V. in der Bartholomäuskirche in Frankfurt am Main zum römisch-deutschen König gewählt worden. Er besaß somit bereits einen ehrwürdigen Titel, auf den er sich, so hoffte er zumindest, im Ringen um die Macht stützen konnte. Ob die deutschen Kurfürsten einen Habsburger vornehmlich aus rein repräsentativen Gründen gewählt oder ob sie bewußt einen kleinen Herzog, einen durch allerlei Schwierigkeiten gebundenen und verunsicherten Vormund

Königswahl

Kaiser Friedrich III. im Kreis der Kurfürsten. Aus dem Wappenbuch des Konrad Grünenberg, 1483

zur höchsten Autorität des Deutschen Reiches erhoben hatten, bleibt eine wahrscheinlich für immer ungelöste Frage der Geschichtsforschung.
Friedrich III. schwankte, ob er zugreifen sollte. Erst am 6. April 1440 ließ er in der Pfarrkirche von Wiener Neustadt in einer vom Rektor der Wiener Universität, Thomas Ebendorfer, verfaßten und vorgetragenen Rede verkünden, daß er bereit sei, die Wahl anzunehmen. Und erst zwei Jahre später entschloß er sich, nach Aachen zu reisen, um am 17. Juni 1442 die feierliche Zeremonie der Krönung über sich ergehen zu lassen. Man nahm Anstoß daran, ebenso wie man ihm vorhielt, er hätte sich weiterhin nur um Österreich gekümmert, die hoffnungslos festgefahrenen Probleme der deutschen Länder ignoriert, die zaghaften Reformbestrebungen zwischen Rhein und Elbe einfach verschlafen. Man nannte ihn bald »des Heiligen Römischen Reiches Erzschlafmütze«, man bekrittelte, daß er, dem Idealbild eines tüchtigen Herrschers keineswegs entsprechend, am liebsten bis in die späten Vormittagsstunden im Bett blieb; von einem extrem niedrigen Blutdruck wußten die Zeitgenossen freilich noch nichts. Sie waren auch felsenfest davon überzeugt, daß seine fast krankhafte Abneigung gegen Alkohol, seine Verachtung für Turnier und Tanz, aber auch für die erlesenen Genüsse eines fürstlichen Lebens, für üppige Tafeln und leichte Liebschaften, für kostspielige Feste und schwere Prunkgewänder untrügliche Zeichen von Mangel an Führungskraft seien. Sein Sekretär, der italienische Humanist Enea Silvio Piccolomini, beklagte sich über »das elende Leben« am Hof des sparsamen Friedrich III.: »Nur der Unkundige meint, daß man hier in Freuden lebe, denn die Mahlzeiten sind ebenso schlecht wie der Wein, der in Holzkannen gereicht wird, die nur einmal im Jahr gereinigt werden; mehrere müssen zusammen schlafen. Den Sold erhalten die Beamten nie rechtzeitig und nie vollständig.«

Römisch-deutscher Kaiser

Und dabei glaubten die Zeitgenossen, der verschlagene, undurchschaubare Herzog und römisch-deutsche Kaiser sei unvorstellbar reich, er halte seine sagenhaften Schätze in geheimen Gewölben in Graz, Linz und Wiener Neustadt verborgen. Zum Vorschein kamen später nur wenige, allerdings wirklich erlesene Stücke, Handschriften, Pokale, ein Prunkschwert, der steirische Herzogshut und der berühmte Corvinusbecher, prachtvolle Gegenstände, die damals jedoch keineswegs einen unermeßlichen Wert bedeuteten. Bestohlen wurde Friedrich III. laufend, sogar von treuen Herren seiner allernächsten Umgebung; er entdeckte den Diebstahl zwar manchmal, unternahm jedoch nichts, sondern vermerkte die Sache bloß in seinem Notizbuch. Sein Mißtrauen verdichtete sich: »In der Fasten hat mir der Kreiger aus meinem Geld gestohlen, mehr denn 2000 Gulden.« Und: »Wechinger auch viel gestohlen.« – »Mein Diamant auch verloren.« Zum Schluß kam auch das Notizbuch abhanden, Unbekannte entwendeten es und machten darin ganze Passagen, wahrscheinlich schwer kompromittierenden Inhalts, unleserlich; das seltsame Dokument tauchte erst fast zweihundert Jahre später wieder auf, und zwar am Hof Kaiser Leopolds I.

der römisch kayser lechen
der kurfürsten
ward kaiser
fridrich vō
österrich
gewint

Wirtschaftliche Lage

Friedrich III. war zweifellos geizig, doch dazu hatte ihn wohl auch die allgemeine Atmosphäre seiner Zeit verleitet. Durch den langen Hussitenkrieg war die wirtschaftliche Lage der österreichischen Länder in eine kaum überschaubare Unordnung geraten, der tatkräftige Herzog Albrecht V. hatte enorme Schulden hinterlassen, für die niemand mehr aufkommen wollte. Das bereits vorherrschende Zahlungsmittel Bargeld erschien in vielerlei Sorten, die wiederum willkürlich festgelegten, aber selten stabilen Wechselkursen unterlagen. Es gab in den verschiedenen Regionen Österreichs die Wiener Pfennige, die Denare von Aquileia, die ungarischen Goldgulden, die Berner Münzen, die Fiorini aus Florenz, die Tiroler Adlergroschen und die Etsch-Kreuzer, die Grazer Silberkreuzer und die Venezianischen Dukaten, wobei die verschiedene Aufschlüsselung der Einheiten die Verwirrung unter Bauern, Bürgern und Grundherren noch vervollständigte (zum Beispiel: ein Talentum = ein Pfund; ein Pfund = zweihundertvierzig Pfennig; dreißig Pfennig = ein Solidus oder ein Schilling; acht Schilling = ein Pfund). Die Berechnung von Abgaben, Steuern, Zinsen und Löhnen war dementsprechend schwierig und verworren; wer geschickt vorging, der konnte beträchtliche Gewinne einstecken, wer dem komplizierten Rechnen nicht gewachsen war, verlor sein letztes Hemd. Dagegen protestierten, das erste Mal in Österreich, die Bauern in Kärnten und in der Obersteiermark: sie lehnten den erhöhten Wechselkurs für die Pfennige von Aquileia ab, schlossen einen Schutzbund, gingen mit ihren Forderungen bald über die Währungsfrage hinaus, wollten den Grundherren keine Abgaben mehr leisten, Richter und Pfar-

Szene aus den Bauernkriegen. Zeitgenössischer Holzschnitt

rer selber wählen und die Finanzverwaltung ihrer Gemeinden selbst in die Hand nehmen. Sie versammelten sich, etwa dreitausend Mann, in der Nähe von Tarvis, wurden aber von einer durch das Kanaltal vorgedrungenen türkischen Streitmacht, die gerade einen Beutezug in die Gegend von Villach unternahm, überfallen und zersprengt. So schützten die Osmanen, ohne zu wissen, wen sie auf den Wiesen von Coccau zusammengehauen hatten, die alte christliche Ordnung, zumindest im südlichen Kärnten, vor einer schon beinahe planmäßig vorbereiteten Rebellion.

Die Stände forderten Geld, um die Türken zurückzuschlagen, die nun wiederholt von Bosnien und von Friaul her in Österreich eingefallen waren. Doch die Einkünfte flossen nur spärlich, denn im gesamten Gebiet nördlich der Donau, im Marchfeld, in der Umgebung von Wien, aber auch in manchen Tälern der Steiermark, in Kärnten und Krain herrschten Faustrecht und Belagerungszustand. Nicht die Türken, die noch recht sporadisch auftauchten und rasch abzogen, machten das Leben in den Städten und auf dem flachen Land unsicher; den im wahrsten Sinn des Wortes verheerenden Kampf gegen die Bevölkerung führten die nach dem Hussitenkrieg beschäftigungslos gewordenen Söldnertruppen und die mit ihnen verbündeten Burgherren. Das von erfahrenen Veteranen durchorganisierte Bandenunwesen breitete sich fast ungehindert aus; die Söldnerführer Beneš Černahorský, Pankraz von Szent Miklós, Berthold von Leippa, die Herren Rorer von Ottenstein und Georg Scheck zu Wald und Aggstein hielten jahrelang ausgedehnte Landstriche besetzt, kontrollierten den Handel und die Landwirtschaft, beschlagnahmten die Ernte, hoben Steuern ein. Die in die Zeit der Babenberger rückprojizierte Raubritter-Romantik hat hier ihren historischen Kern.

Bandenunwesen

Friedrich III. konnte gegen die Umtriebe der Soldateska kaum etwas ausrichten. Er hatte zwar eine – ebenfalls aus überwiegend tschechischen Söldnern bestehende – militärische Bedeckung, aber keine richtige Armee, und er war auch niemals fähig, eine schlagkräftige Streitmacht auf die Beine zu stellen. Die Stände versagten ebenfalls, ihre Vertreter debattierten von Landtag zu Landtag über die Untaten der Söldnerhaufen, über die Fehden der Ritter und über die Türkengefahr, faßten aber keinen vernünftigen Beschluß und waren nicht bereit, für eine Aktion in größerem Umfang Geld zu opfern. Friedrich III. nahm an den Beratungen pflichtschuldig teil (wenn er auch während der langen Reden manchmal einschlief), merkte, daß die Herren keinen Schritt weiterkamen, und zog die Konsequenzen: er resignierte. Ohne die offenen Probleme gelöst zu haben, brach er nach Rom auf, um sich zum Kaiser des Heiligen Römischen Reiches krönen zu lassen und seine Braut, Eleonora von Portugal, die in Livorno an Land ging, heimzuholen. Obwohl angeblich nur mangelhaft gebildet, besichtigte er mehrmals die römischen Altertümer, suchte Maler, Bildhauer und Baumeister auf und unterhielt sich mit Dichtern und Gelehrten. Die Bevölkerung, so hieß es in den italienischen Chroniken, nahm durch seinen Rom-Zug keinen Schaden; im Gegensatz zu den früheren deutschen Kaisern achtete Friedrich III. darauf, daß seine Begleitung sich keiner der üblichen Ausschreitungen schuldig machte. Am 18. März 1452 setzte ihm Papst Nikolaus V., ein überaus kultivierter Humanist, im Petersdom die Krone des Heiligen Römischen Reiches auf. Es war die letzte

Kaiserkrönung in Rom

Kaiserkrönung in der Ewigen Stadt. Die Kosten trug der Heilige Stuhl. Seine sechzehnjährige portugiesische Braut sah der siebenunddreißigjährige Friedrich III. das erste Mal auf einer toskanischen Landstraße an der Porta Camollia; sein ehemaliger Sekretär Enea Silvio Piccolomini, jetzt Bischof von Siena, führte ihm das zierliche Mädchen, Tochter des Königs Eduard aus dem Hause Avis, feierlich zu. Daß der Papst die beträchtlichen finanziellen Mittel für den Krönungs- und Hochzeitszug bereitgestellt hatte, war ebenfalls Piccolominis Verdienst. Wohl mußte sich der einstige Kanzleibeamte an der Tafel Friedrichs III. sauren Wein aus Holzkannen einschenken lassen, machte aber mit Hilfe seines in langfristigen politischen Manövern doch erfolgreichen Herrn eine fabelhafte Karriere – und die Hände der beiden wuschen einander fortan geschickt und geräuschlos. Denn obwohl Piccolomini die erste erotische Novelle der Renaissanceliteratur, die »Historia de Euryalo et Lucretia« schrieb, überredete ihn Friedrich III., die geistliche Laufbahn einzuschlagen, und sorgte dafür, daß er bereits 1447 Bischof von Triest wurde. Schon drei Jahre später erhielt Enea Silvio das bedeutende Bistum Siena, 1456 den Kardinalshut, und am 19. August 1458, mit dreiundfünfzig Jahren, stieg er als Papst Pius II. zur höchsten Würde der römisch-katholischen Kirche auf. Im besten Einvernehmen holte der Kaiser dann von ihm die für das Ansehen und die Machtstellung Österreichs wertvolle Gegenleistung, die Gründung der von der deutschen Kirche unabhängigen Landesbistümer Laibach (1461), Wiener Neustadt und Wien (1469). Durch die fast zwanzig Jahre lang beharrlich vorangetriebene und am 6. Januar 1485 endlich erfolgte Heiligsprechung des Babenberger-Markgrafen Leopold III. verschaffte Friedrich III. Österreich einen eigenen Heiligen und einen Landespatron; er berief sich übrigens unbekümmert darauf, daß er von ihm abstammte.

Heirat mit Eleonora von Portugal

Das *Privilegium maius*, die hochfahrende, mythisch-poetische Fälschung Herzog Rudolfs IV., des »Stifters«, bestätigte er ebenfalls bald nach seiner Krönung zum römisch-deutschen Kaiser, am 6. Januar 1453 in Wiener Neustadt; sein neu gewonnener Titel verlieh den zweifelhaften Urkunden immerhin den Anschein einer höheren, im internationalen Bereich verankerten Gültigkeit. Ob er die seltsamen Dokumente ernsthaft geprüft, ob er an ihren märchenhaften Inhalt geglaubt hat, weiß man nicht. Er griff aber bewußt auf sie zurück, um Österreich, wenn auch zunächst theoretisch und freilich kostenlos, vom historischen Status eines Nebenlandes zum Mittelpunkt des Heiligen Römischen Reiches zu erheben. Der Doppeladler, Wahrzeichen des römisch-deutschen Kaisers, nach byzantinischem Vorbild von dem Luxemburger Siegmund erst im Jahr 1433 eingeführt, erschien nun in den österreichischen Wappen, so in dem der Stadt Krems und, wenn auch nur vorübergehend, in dem von Wien. Die Bezeichnung »Haus Österreich« (domus Austriae beziehungsweise Casa d'Austria, Maison d'Autriche), die das erste Mal in einem undatierten Schreiben Kaiser Karls IV. (gleichfalls eines »Fremden«, eines Luxemburgers, in Prag) an einen italienischen Kardinal um etwa 1360 vorkam, wurde all-

Belagerung Kaiser Friedrichs III. in der Burg zu Wien durch aufrührerische Bürger. Kolorierte Federzeichnung vom »Meister der Historia«, aus Josef Gruenpeck, Historia Friderici et Maximiliani

mählich zum Begriff, sie bedeutete fortan den politisch-dynastischen Gesamtkomplex der Familie Habsburg und der von ihr regierten Länder. Während das verarmte und zerrüttete, scheinbar von niemandem sonderlich geliebte Österreich in geradezu kleinlichen Nöten zu versinken drohte, entstanden seine weltweit bekannten Symbole, die es über fünfhundert Jahre hindurch gekennzeichnet und schließlich, nahezu zeitlos geworden, in einem wehmütigen Glanz bis zum heutigen Tag überlebt haben.

Die kleinen, ja schäbigen Nöte rissen nicht ab. Es ging wieder um das Mündel, Ladislaus Postumus, den Friedrich III. vorsichtshalber zu seiner Krönung und Hochzeit nach Italien mitnahm. Als die Reisegesellschaft, von Bischof Piccolomini begleitet, glücklich heimgekehrt war, wurde sie in

Aufruhr der Stände

Wiener Neustadt von Söldnern der mit dem böhmischen und ungarischen Adel verbündeten österreichischen Stände angegriffen. Die Belagerung, eine größere Rauferei, dauerte insgesamt nur zwei Tage. Ein hünenhafter Ritter aus der Steiermark, Andreas Baumkircher, verhinderte, wie es in den gängigen Erzählungen heißt, durch seine ungeheure Tapferkeit und Körperkraft, daß aus einem Tumult vor den Mauern eine Katastrophe für den römisch-deutschen Kaiser wurde: er konnte das Wiener-Tor vor dem anstürmenden Feind noch rechtzeitig schließen. Der Gast aus Siena, Hochwürden Enea Silvio, schlug Verhandlungen vor, und Friedrich III. beugte sich der Gewalt. Am 4. September 1452 ließ er den zwölfjährigen Ladislaus Postumus dem Vertreter der Stände, dem Grafen Ulrich von Cilli, übergeben. Der Knabe wurde in Anwesenheit von böhmischen und ungarischen Abgesandten ostentativ gebadet, um »alles Schmutzige, alles Steirische« von ihm abzuwaschen. Ein strahlender junger König sollte aus dem Bad steigen; aber es war ein durch die Intrigen seiner Umgebung bereits gründlich verdorbenes, zu Größenwahn und Grausamkeit neigendes neurotisches Kind. Seine Regierung ähnelte dann fatal einem schlechten historischen Schauerstück, mit Verschwörung, Verrat, gebrochenem Schwur, Hinrichtung und Mord; die Staatsgeschäfte führten seine Ratgeber, Mitglieder der verschiedenen Adelscliquen, die einander unermüdlich zu verleumden und zu beseitigen trachteten. Am 23. November 1457 starb Ladislaus Postumus, König von Böhmen und von Ungarn, Herzog von Österreich, im Alter von siebzehn Jahren in Prag. Die Symptome seiner äußerst kurzen Krankheit, die eigentlich nur eine Nacht dauerte, weisen auf eine ziemlich plumpe Arsenvergiftung hin.

Nun kam, wohl schon als logische Folge von Verfallserscheinungen der mittelalterlichen Hierarchie, sowohl in Böhmen als auch in Ungarn ein neuer Typ von Herrscher zum Zug: der mit Stimmenmehrheit gewählte

Jiři Podiebrad und Matthias Hunyadi

König aus dem eigenen Volk, wobei man unter Volk freilich den einheimischen Adel verstand. In Prag wurde Jiři (Georg) Podiebrad (1420–1471) gekrönt, ein Mann der gemäßigten Hussiten und überaus fähiger Politiker, in Buda der erst fünfzehnjährige Matthias Hunyadi (1443–1490), der aber bald zeigte, daß er auch genug Kraft, Phantasie

Herzog Albrecht VI., der »Verschwender«

und Entschlossenheit besaß, um politisches Neuland zu betreten. In Österreich meldete Herzog Albrecht VI., der »Verschwender«, ein um drei Jahre jüngerer Bruder Friedrichs III., einer von der tatkräftigen Sorte, seine Machtansprüche an, und nicht nur in harten Worten. Seine Söldnertruppen, durch das Aufgebot des unzufriedenen Adels verstärkt, zogen kreuz und quer durch das Land; der Kaiser wurde, sehr zur Verwunderung der Öffentlichkeit in den deutschen Ländern, am 17. Oktober 1462 in der Wiener Burg eingeschlossen und von den aufgebrachten Bürgern der Stadt, die ebenfalls die Partei Albrechts VI. ergriffen (was sie jedoch bald bereuten), monatelang belagert. Friedrich III. harrte aus, litt Hunger, aß angeblich auch Katzen und Mäuse; die Wiener richteten ihre Kanonen gegen das Schlafgemach der Kaiserin Eleonora, was man damals als eine besonders beschämende und niederträchtige Art der Kriegführung betrachtete. Zum Glück war der Haudegen Andreas Baumkircher wieder dabei. Er ritt in drei Tagen nach Prag und holte Hilfe. Böhmische Truppen befreiten den römisch-deutschen Kaiser. Jiři Podiebrad vermittelte dann, es kam zu Verhandlungen, wobei Friedrich III., tief verletzt, seinen Bruder nicht einmal anschauen wollte. »Mit kainam solchen reden wir nit!« grollte er, mußte aber erneut klein beigeben, auf Österreich verzichten und sich nach Wiener Neustadt zurückziehen. Am 2. Dezember 1463 starb Albrecht VI. jedoch an der Beulenpest. Friedrich III. war sofort wieder da, übernahm die Verwaltung der österreichischen Länder und bemühte sich, zunächst mit kaum sichtbarem Erfolg, die verworrene Lage zu konsolidieren. Schon zu Beginn der schweren Auseinandersetzungen mit seinem Bruder Albrecht VI. verfiel er auf die unglückliche Idee, das Münzwesen seinen Anhängern, vertrauenswürdigen Herren, zu verpachten. Die Ritter Andreas Baumkircher und Andreas Greisenecker, der Kaufmann Balthasar Eggenberger und der Graf von Bösing ließen minderwertige Silbermünzen, »Schinderlinge«, in großen Mengen prägen. Die Folge war eine rapide Geldentwertung, für die man ebenfalls den unfähigen Kaiser verantwortlich machte. Doch die Inflation konnte schließlich aufgefangen werden. Allmählich kamen die in Wien neu geprägten wertbeständigen Pfennige in Umlauf, auch der ungarische Gulden wurde für längere Zeit zur soliden österreichischen Landeswährung. Friedrich III. versuchte unablässig, Geld aufzutreiben, er bediente sich dabei gewiß auch zweifelhafter Mittel und Wege, aber niemals der Gewalt; er sammelte Ehrengeschenke in den deutschen Ländern, verlieh dem italienischen Edelmann Borso d'Este für eine Leibrente von 4000 Golddukaten pro Jahr den Titel Herzog von Modena und überließ dem ungarischen König Matthias Corvinus die entführte Stephanskrone um den Preis von 80 000 Golddukaten, obwohl eine Gruppe westungarischer Adeliger bald nach dem Tod des Ladislaus Postumus in einer Versammlung in Güssing Friedrich zum ungarischen König gewählt hatte. Besaß er Geld, das er nicht sofort wieder ausgeben mußte, legte er es in Diamanten an, aber er erwarb auch Verwertungs- und Verkaufsrechte in den Salinen von Aussee und kaufte für Österreich im Jahr 1471 die Hafenstadt Fiume (Rijeka) an der Adria. Daß er von wirtschaftlichen Fragen einiges verstand, beweisen nicht nur die Eintragungen in seinem Notizbuch, unter anderem über den sehr vorteilhaften Einkauf von preisgünstigen Waren, Damast, Baum-

Verpachtung des Münzwesens

wolle, Seide usw. in Venedig, sondern auch seine Maßnahmen, die oft klug durchdacht und für die Mitte des 15. Jahrhunderts recht fortschrittlich waren. Für Lebensmittel und Bekleidung, aber auch für die Leistungen in den Gasthöfen wurden Höchstpreise festgesetzt, die Löhne den Preisen angepaßt. Ein Kilo Rindfleisch kostete im Jahr 1461, knapp nach der Abschaffung der »Schinderlinge«, 5 Pfennig, ein Laib Brot (86 Dekagramm) 4 Pfennig, ein Maß österreichischer Wein (1,64 Liter) ebenfalls 4 Pfennig, ein Paar Schuhe 14 bis 20 Pfennig, eine Hose 8 Pfennig, ein Stück Seife, etwa ein halbes Kilo schwer, 10 Pfennig. Der Taglohn eines gelernten Maurers betrug 18 Pfennig, ein Hilfsarbeiter bekam 10 Pfennig.

Löhne den Preisen angepaßt

Friedrich III. erließ auch eine Reihe von neuen Zunftordnungen, die unter anderem vorschrieben, daß die Qualität der Arbeit in den Werkstätten von sogenannten Beschaumeistern geprüft und auch die Erzeugnisse der Ausländer streng kontrolliert werden sollten, um »niemanden zu betrügen«. Wer minderwertige Produkte feilbot, mußte eine empfindliche Geldstrafe zahlen; ein Teil der Summe floß den Zünften zu, mit der Auflage, daraus schuldlos in Schwierigkeiten geratenen Handwerkern mit Krediten auszuhelfen. Auch das Bergrecht wurde wesentlich – vor allem durch die Festsetzung von Löhnen und Preisen – reformiert, die Produktion und der Verkauf durch neue, einheitliche Maßnahmen planmäßig gelenkt, die Verproviantierung der Arbeitskräfte, vorher ein oft kaum lösbares Problem, gesetzlich gesichert. In den Berg- und Hammerwerken von Steyr und Leoben bildeten sich die ersten Genossenschaften Österreichs. Die Mitglieder sorgten gemeinsam für die notwendigen Investitionen und für den bestmöglichen Absatz der Produkte, sie richteten Sparkassen ein und verwalteten den Gewinn nach den Prinzipien einer Aktiengesellschaft.

Zunftordnungen

Daß es der Bevölkerung unter Friedrich III. nicht so schlecht erging, wie allgemein angenommen wird, beweist – regional zwar unterschiedlich – die Mehrung und Vergrößerung der Siedlungen, der Bau von zahlreichen Kirchen in den ländlichen Gemeinden, die kostbare Ausstattung der Wohnungen in der Stadt. Enea Silvio Piccolomini berichtet über Wien, das damals bereits um die fünfzigtausend Einwohner hatte: »Die Häuser der Bürger sind groß, reichlich ausgeschmückt und gut gebaut, mit breit gewölbten Hausfluren. An der Stelle der Halle hat man hier heizbare Zimmer, welche Stuben genannt werden; denn nur auf diese Weise kann man sich der strengen Kälte im Winter erwehren. Überall gibt es Glasfenster und eiserne Türen. Vielfach hält man Singvögel, schönen Hausrat findet man in den Wohnungen, von Pferden, Zugvieh und allen Arten von Haustieren sind die Ställe voll.« Der spätere Papst, Pius II., hebt hervor, daß die Kirchen der Stadt außerordentlich reich an Schmuck und jeglichem Gerät seien, die Priester lebten in Überfluß. Aber anscheinend nicht nur sie. Piccolomini staunt: »Was an Lebensmitteln tagtäglich in die Stadt gebracht wird, das möchte man nicht für möglich halten. Wagen voll von Eiern und Krebsen rollen an, Brot, Fleisch, Fisch und Geflügel wird in ungeheuren Mengen herbeigeschafft. Und davon kann man am Abend schon nichts mehr zu kaufen kriegen.«

Leben in Wien

Eine tiefgreifende, dauerhafte Stabilisierung der politischen und wirt-

Der Bergbau. Titelholzschnitt aus der Joachimsthaler Bergordnung von 1541

Andreas Baumkircher, Retter und Rebell

schaftlichen Lage konnte Friedrich III. freilich nicht erreichen. Die Stände unterstützten seine Vorhaben kaum, Fälle von offenem Widerstand waren keine Seltenheit. Auch der Ritter Andreas Baumkircher, für seine treuen Heldentaten nur schleppend belohnt, rebellierte gegen den Kaiser, besetzte mit seinen tschechischen Söldnern einen Teil der Steiermark, plünderte das Mürztal und stellte dann für eine Versöhnung Bedingungen, die Friedrich III. scheinbar anzunehmen bereit war. Andreas Baumkircher kam unter Zusicherung freien Geleits zu Verhandlungen nach Graz, wurde aber bald darauf verhaftet und dem Henker überantwortet. Ob er in der Tat einen Mordanschlag geplant und der Kaiser daher aus Notwehr gehandelt habe, wird man wohl nie restlos aufklären können. Daß

Friedrich III. jedoch im Fall Andreas Baumkircher nicht gerade ehrenhaft handelte, daß er formales Recht verletzte, steht eindeutig fest.

Als Initiator hinter der Verschwörung des Ritters vermutete er – und er irrte nicht – seinen erfolgreichsten Gegenspieler, den ungarischen König Matthias I. Corvinus*. Rund dreißig Jahre hindurch rang Friedrich III. mit ihm, fast immer aus der Position des Angegriffenen, des Schwächeren, des gekränkten oder eben geduldigen Verlierers, um Grenzgebiete und um Geld, um die Vormachtstellung in Mitteleuropa, um den Fortbestand Österreichs unter dem Hause Habsburg. Friedliche Perioden der gegenseitigen Anerkennung und in umfangreichen Vertragswerken geregelte Bündnisse wechselten mit hinterhältigen politischen Schritten, Bestechungsaffären und bewaffneten Auseinandersetzungen, wobei zwischen den beiden grundverschiedenen Persönlichkeiten nach und nach eine seltsame, mehrfach gebrochene und gespaltene, dennoch sehr enge menschliche Beziehung entstand: sie achteten einander, weil sie durch ihre höchste und einsame Stellung als die einzigen gleichgesinnten und gleichwertigen Partner füreinander galten; sie fürchteten und haßten einander zeitweilig, weil der eine den anderen mit allen zu Gebote stehenden Mitteln, auch mit recht suspekten, ausspielen und überrunden wollte und weil der eine den anderen, der Aggressive den Toleranten, der Genießer den Genügsamen, der Gesellige den Introvertierten und umgekehrt, im Grunde überhaupt nicht verstand. Doch trotz der ständigen Konfliktsituation suchten sie immer wieder den vernünftigen Kompromiß. Friedrich III. adoptierte Matthias I. Corvinus, der ungarische König sicherte in einem Erbvertrag seinem »Vater«, dem Kaiser, das Nachfolgerecht in Ungarn zu und machte ihm seinen in Güssing erworbenen ungarischen Königstitel nicht streitig. Friedrich III. trat zugunsten seines lieben Gegners die Grenzstadt Sopron (Ödenburg) ab und erhielt dafür Eisenstadt (Kismarton), Forchtenstein (Fraknó) sowie Rechnitz (Rohonc) im heutigen Burgenland. Es kam auch zu Episoden, die beinahe schon grotesk anmuteten: der Kaiser wollte, als er Matthias I. Corvinus die Stephanskrone verkaufte, ihn für den schamlos hohen Preis mit einem großartigen Geschenk, dem vermutlich vom Goldschmied Wolfgang Zulinger in Wiener Neustadt angefertigten Corvinusbecher, entschädigen, fand das prachtvolle Stück dann aber doch zu schön und zu wertvoll und überreichte es seinem Adoptivsohn nicht. Als das kostspielige Verfahren der Heiligsprechung Markgraf Leopolds III. ins Stocken geriet, weil Friedrich III. kein Geld beschaffen konnte, sprang sein Erbfeind Matthias I. Corvinus in die Bresche: er steuerte die für den Abschluß des Prozesses notwendige Summe bei. Er tat es gewiß nicht aus religiöser Überzeugung oder aus Liebe zum Kaiser, sondern um seinen guten Ruf in Österreich zu verbreiten und zu festigen. Denn er wußte um die politische Wirkung einer gezielt betriebenen Propaganda. Er ließ von den italienischen Humanisten, die er an seinem Hof auf der Burg Buda versammelt hatte, Matthias-Legenden erfinden, pointiert schreiben und unter das Volk bringen; darin streift er, meist als spitzbübischer Handwerksgeselle verkleidet, durch das Land, um die Klagen der Armen anzuhören, die Reichen und Mächtigen

Gegenspieler: Matthias Corvinus

* Nach seinem Wappentier, einem schwarzen Raben (lateinisch: Corvus), benannt.

zu ertappen und zu bestrafen. Das in Ungarn vielzitierte Sprichwort erinnert heute noch an das goldene Zeitalter des guten Königs: »Matthias gestorben, dahin die Gerechtigkeit.«
Zweifellos wies die Regierung des Matthias I. Corvinus bedeutende neue Ideen auf, die zum Teil auf die Abschaffung von Privilegien, auf die grundlegende Modernisierung des mittelalterlichen Staatsgefüges hinzielten. Seine Justizreform schuf eine einheitliche Rechtsprechung, die für Adelige ebenso gültig war wie für Bürger und Bauern. Die Lasten der Bevölkerung wurden umgeschichtet, nach unten gemildert, nach oben vermehrt; auch hohe kirchliche Würdenträger, königliche Beamte und Grundherren mußten progressiv festgesetzte oder zumindest indirekte Steuern zahlen. Widerstand schien zwecklos zu sein, denn die Zentralgewalt stützte sich auf ein gefürchtetes Machtinstrument, auf das erste stehende Heer in Mitteleuropa, nach seiner düster-schwarzen Bekleidung und Rüstung (die stets eine starke psychologische Wirkung hervorrief), die »Schwarze Armee« genannt. Die bestbezahlte Elitetruppe, in der auch ein einfacher Soldat zum Heerführer aufsteigen konnte, bildete, obwohl in ihr meist ehemalige Müller- und Maurergesellen, Bauernsöhne und mittellose Kleinadelige dienten, eine Art militärische Aristokratie, die in der expansiven Außenpolitik des Matthias I. Corvinus eine wichtige Rolle spielte. Die »Schwarze Armee« schlug mehrmals die Türken auf dem Balkan und schaltete sie für lange Zeit aus; sie eroberte im Süden Bosnien, die Moldau und die Walachei, im Norden Mähren, Schlesien und Teile von Sachsen und Preußen. Der Plan, eine Donaumonarchie zu schaffen, zeichnete sich immer deutlicher ab. Matthias I. Corvinus bemühte sich, die böhmische Königskrone zu erlangen, und er dachte daran, das politische und kulturelle Zentrum seiner Macht nach Österreich, nach Wien zu verlegen. Im Jahr 1476 lieferte ihm Friedrich III. den eher dürftigen Vorwand für die entscheidende militärische Aktion. Der Erzbischof von Esztergom (Gran), Johann Beckensloer, der höchste kirchliche Würdenträger Ungarns, ein erbitterter Feind des nicht allzufrommen Königs, floh nach Österreich. Er kam nicht mit leeren Händen, und der Kaiser weigerte sich, ihn zu verhaften und samt seinen beträchtlichen Schätzen nach Ungarn zurückzuschicken. Im Gegenteil, er wollte dem gebürtigen Sachsen, der bei ihm unter anderem auch 47 000 Goldgulden deponierte, das Erzbistum Salzburg übertragen lassen, obwohl der amtierende Erzbischof, Bernhard von Rohr, ein Freund des Matthias Corvinus, nicht bereit war, abzudanken. Der Streit um das von Friedrich III. als unantastbar angesehene Asylrecht dauerte immerhin mehr als drei Jahre.

Die »Schwarze Armee«

Plan einer Donaumonarchie

Matthias Corvinus schloß indessen Bündnisverträge mit dem Erzbischof von Salzburg und mit dem Bischof von Seckau und konnte mit ihrer Hilfe in Friesach einen Stützpunkt für die späteren Operationen anlegen.
Im Frühjahr 1480 begann die Invasion: die »Schwarze Armee« drang zunächst in die Steiermark ein, dann zog sie langsam gegen Wien. Doch der Widerstand der österreichischen Städte und Landstriche erwies sich als überraschend hartnäckig, obwohl die äußerst disziplinierte »Schwarze Ar-

Links: Epitaph Kaiser Friedrichs III. im Apostelchor des Wiener Stephansdoms, um 1540
Rechts: Epitaph der Kaiserin Eleonora in der Neuklosterkirche von Wiener Neustadt, 1469

mee« auf Befehl des Königs nirgends plünderte und brandschatzte und die Bewohner der eroberten Orte betont milde und freundlich behandelte. Der angeblich unbeliebte Friedrich III. muß demnach in Österreich eine große Zahl von treuen Anhängern gehabt haben, die in der Not zu ihm hielten.

Hainburg fiel erst am 30. September 1482, Korneuburg kapitulierte nach einer Belagerung von sieben Monaten am 3. Dezember 1484, Krems wehrte alle Angriffe erfolgreich ab, es ergab sich trotz schwerer Verluste und Beschädigungen nicht. Das umzingelte Wien, in dem Munition und Lebensmittel zu Ende gingen, öffnete am 1. Juni 1485 die Tore. Matthias I. Corvinus zog mit großem Prunk in die Stadt ein, er betrachtete sie nicht als eine nach langem, hartem Kampf bezwungene feindliche Festung, sondern als seine Residenz, als den künftigen Mittelpunkt seines Donaureiches. Das keineswegs ein ungarisches Reich hätte sein sollen, wie auch Matthias I. Corvinus, der Abstammung nach ein Rumäne aus Siebenbürgen, in der deutschsprachigen Geschichtsschreibung zwar stets als »Ungarnkönig« apostrophiert, kaum als ein nationalbewußter ungarischer König bezeichnet werden kann. Denn er benützte das Menschenmaterial und die Rohstoffquellen Ungarns bloß, um seine übernational-kosmopolitischen Pläne zu verwirklichen; seine Ideale und Vorbilder, die Grundzüge seines Regierungsstils, die bunten Mosaiksteine seiner Weltanschauung und seiner Lebensform holte er aus Italien. Er war mit seiner kraftstrotzenden Brutalität, seiner gefinkelten Diplomatie, seiner hohen humanistischen Bildung, seinem epikureischen Feingefühl für alles Erlesene der perfekte Renaissanceherrscher. An seinem Hof wurde Italienisch beziehungsweise Lateinisch gesprochen und geschrieben, seine große Biblio-

Kampf um Wien

thek mit den berühmten Corvina-Bänden war die erste öffentliche der Welt, sie stand den aus allen Teilen Europas angereisten Gelehrten, den Freunden des Königs, jederzeit zur Verfügung. Sie sollte nun, ebenso wie die Sternwarte von Buda mit all ihren kostbaren Instrumenten und Berechnungen, nach Wien übersiedeln.

Matthias Corvinus residierte vorerst im »Hasenhaus« in der Kärntner Straße und gab bei seinen italienischen Architekten Pläne für die großzügige Umgestaltung der Burg in Auftrag. Er spendete dem Stephansdom ein neues Dach, bestätigte die Rechte und Freiheiten der Bürger, hob die außerordentlichen Steuern auf und veranstaltete glänzende Feste, an denen auch Kaufleute und Handwerker teilnehmen durften. Da er keinerlei Versuche unternahm, Österreich zu »magyarisieren«, und sich sichtlich und mit Erfolg bemühte, Wien zur prunkvollen und auch wohlhabenden Hauptstadt eines großen Reiches zu machen (was Wien bis dahin nicht gewesen war), stieg seine Popularität in allen Schichten der Bevölkerung. Sein einziges Kind, Johannes Corvinus, zu dem er sich leidenschaftlich bekannte und dem er die Nachfolge sichern wollte, entstammte einer Beziehung zu einer Wiener Bürgerstochter, Barbara Edelpeck; ein Grund mehr, ihn nicht als fremden Eroberer anzusehen. Am 17. August 1487 huldigte auch das »allzeit getreue« Wiener Neustadt Matthias I. Corvinus. Der Chronist Jakob Unrast beklagte sich bitter, daß Friedrich III. diese seine »allerliebste Wohnung« liederlich verlassen habe, und deutete die fünf geheimnisvollen Buchstaben des Kaisers, AEIOU: »Aller erst ist Österreich verloren.«

Der »Ungarnkönig« wird populär

Friedrich III. tat, was er konnte: obwohl schon über siebzig Jahre alt, reiste er durch die deutschen Länder, bat um Hilfe und erreichte schließlich, daß ein Aufgebot des Heiligen Römischen Reiches, ein allerdings recht schwaches Ritterheer, gegen Wien zog. Die »Schwarze Armee« hielt jedoch die kaum nennenswerte Streitmacht mühelos auf. Der Kaiser ließ sich in Linz nieder und wartete. Die Taktik des Aufschiebens, des Verschleppens, des Zeitlassens, eine durch und durch österreichische Taktik, erwies sich als die richtige. Am 6. April 1490 starb Matthias I. Corvinus, nach einer kurzen, heute nicht mehr identifizierbaren Krankheit, im Alter von siebenundvierzig Jahren in Wien. Mit seinem Tod brach seine ganze politische Konstruktion sofort zusammen; die Ungarn, die sich in Österreich nicht heimisch fühlten, die übernationalen Pläne ihres Königs nicht begriffen oder gar mißtrauisch ablehnten, leisteten kaum Widerstand, als Maximilian I., der Sohn Friedrichs III., ihre militärische Organisation und ihre Verwaltung binnen Wochen aufrollte. Die »Schwarze Armee« verlief sich, und auch die Wiener wechselten, wie schon so oft, flexibel die Front; die Donaumonarchie des Matthias I. Corvinus, das mehr gewaltsam entstandene als organisch gewachsene Werk einer willensstarken Persönlichkeit, fiel auseinander.

Tod des Matthias Corvinus

Friedrich III. blieb in Linz, er lebte bescheiden in einem Bürgerhaus, befaßte sich mit mathematischen und astrologischen Spielereien, mit Vogelkunde und mit Gartenbau, versuchte sich auch als Alchimist, er wollte Gold machen und ein Lebenselixier herstellen, diskutierte mit namhaften Gelehrten, mit Professoren der Wiener Universität, darunter Bernhard Perger und Johann Fuchsmagen, mit dem berühmten deutschen Huma-

Friedrich III.: Residenz in Linz

Tod im Kremsmünsterhaus

nisten Johann Reuchlin und dem klugen und belesenen jüdischen Arzt Jakob ben Jehiel Louas, empfing Gesandtschaften und erledigte nach wie vor politische Geschäfte des Deutschen Reiches und des Landes Österreich. Am 8. Juni 1493 wurde ihm infolge eines Wundbrandes ein Bein amputiert, er überstand die Operation in guter Verfassung, starb aber am 19. August 1493, im Alter von siebenundsiebzig Jahren, wahrscheinlich an den Folgen eines nächtlichen Schlaganfalls im Kremsmünsterhaus in Linz. Daß er knapp vor seinem Tod acht Stück unreife Melonen gierig verspeist hätte und daran zugrunde gegangen wäre, wie zeitgenössische Chronisten und auch spätere Geschichtsschreiber behauptet haben, vermutlich, um dem unfähigen Herrscher auch noch ein unwürdiges Ende anzudichten, wird im ausführlichen Bericht seines Arztes Hans Suff mit keiner Silbe bestätigt.

Herz und Eingeweide des Kaisers wurden in der Pfarrkirche von Linz bestattet, sein Körper und sein amputiertes Bein im Apostelchor des Stephansdomes, von dem man die irdischen Überreste der Wiener Universitätsprofessoren entfernt hatte, um dem mächtigen Hochgrab aus rötlich schimmerndem Salzburger Marmor Platz zu machen. Die feierliche Beisetzung, vom Sohn Maximilian I. gekonnt inszeniert, war ein emotionsloser Staatsakt, die offiziellen Lobpreisungen auf den Verstorbenen, zusammen mit der Gästeliste auch als Flugschrift verteilt, klangen hohl und gekünstelt. Erst fast fünfzig Jahre später ließ ein deutscher Schriftsteller und Historiker, der streitbare und sehr objektive Sebastian Franck, in seiner 1538 in Augsburg erschienenen »Germania oder Chronica des ganzen teutschen Landes« Kaiser Friedrich III. mit leidenschaftlich-zornigen Worten Gerechtigkeit widerfahren: »*... sein weis regiment haben wir tollen Teutschen, die keinen verstand dann zu kriegen haben, weder verstanden noch auffzeichnet. Es ist aber ein weiser Fürst gwesen, ein rechter Friedenreicher Solomon, der wol regiert, gern frid und wenig krieg hat gefuert, aber sein histori bleibt weit dahinden, weil er nit kriegt hat, sunder einem yeden das sein gelassen, er das sein behalten.*«

Der Traum vom Weltreich

Maximilian I.

Im Gegensatz zu seinem Vater ging der am 22. März 1459 in Wiener Neustadt geborene Maximilian I. als strahlender Held, als Universalgenie, in die österreichische Geschichte ein. Tollkühn und tatkräftig, aber auch liebenswürdig und leutselig soll »der letzte Ritter«, wie man ihn in den populären Werken und Legenden zu nennen pflegt, gewesen sein, humorvoll, klug, kultiviert, ein anmutiger Tänzer, ein fabelhafter Reiter, ein großartiger Jäger, ein Naturfreund, der erste deutsche Bergsteiger, ein hartgesottener Soldat, ein wagemutiger Feldherr. Obendrein Dichter, Maler, Musiker, Architekt, Sammler und Mäzen, Mathematiker, Astronom und Alchimist, Tischler und Gießer; ein Experte für Ballistik und für schwere Artillerie, ein Fachmann für leichte Waffen und für kunstvoll gearbeitete Rüstungen, aber auch für Fragen der Zauberei, der Magie und des Hexenunwesens; ein Kenner erlesener Getränke und raffiniert zubereiteter Speisen, ein leidenschaftlicher Verehrer von Frauen aller Gesellschaftsschichten; ein trefflicher Mann von mittelgroßer, muskulöser Gestalt, mit majestätisch-markanten, gotischen Gesichtszügen, lebhaften blauen Augen, wohlgeformten, vollen Lippen, mit einer schwungvollen Adlernase und mit dichtem goldblondem Haar. Den frechen Franzosen Claude de Barré, der in Worms die gesamte deutsche Ritterschaft zum Zweikampf herausforderte, besiegte er auf dem Turnierplatz, ohne daß er sich dabei als regierender Fürst zu erkennen gab; in der Martinswand bei Zirl in Tirol, wo er sich auf einer einsamen Gemsenjagd mit der Lanze in der Hand verstieg, harrte er drei Tage und Nächte unerschrocken aus, bis ihn ein Untertan aus dem einfachen Volk, der Jäger Oswald Zipper, retten konnte. In München betrat er einen Löwenkäfig und bändigte die Bestie, in Ulm kletterte er auf dem Kirchturm bis zum Kreuz und vollführte dabei verwegene akrobatische Übungen. Zahlreich sind die Geschichten, Geschichtchen und Anekdoten über seinen Mut, seinen Witz, über seine zärtliche Liebe zu seinen Mitmenschen, seine umfassende Bildung, seinen Scharfsinn, sein kristallklares Urteilsvermögen und seine abgeklärte Weisheit. Die meisten davon stammen von ihm selbst oder aus seiner Umgebung, von Gelehrten, Künstlern und Kanzleibeamten, die Maximilian I., ein früher Meister der Propaganda, in Sachen seines Ansehens und Ruhms unermüdlich eingesetzt hat.

Das traditionelle Maximilian-Bild

Dichtung und Wahrheit wuchsen mit der Zeit zu einem schier unentwirr-

Vorhergehende Doppelseite:
Turnier. Tafelbild von Leonhard Schäufelein, 1234

baren Geflecht, sie überwuchern noch heute das gerngesehene Wunschbild eines höheren Wesens, das, von tiefem Sendungsbewußtsein beseelt, Österreich zu seiner glorreichen Weltmachtstellung heranführte.
Daß der Übermensch Maximilian I. Österreich wissentlich und zielbewußt zur Weltmachtstellung verhalf, scheint zumindest fragwürdig zu sein. Eher wollte er das Haus Habsburg, das für ihn keineswegs Österreich bedeutete, in einer höheren Region der europäischen Machtstruktur verankern, ungeachtet dessen, in welchem Gebiet und mit welchem Volk sich sein imperiales Konzept verwirklichen ließ. Als Matthias I. Corvinus fest in Wien saß, erklärte sich Maximilian I. bereit, sich mit ihm zu verständigen, ihm das Land Österreich zu überlassen, um im Westen Europas, wo er seine Chancen sah, freie Hand zu bekommen. Als Papst Julius II. schwer erkrankte, dachte Maximilian I. ernsthaft daran, sich zum Papst wählen zu lassen, dabei seine Kaiserwürde zu behalten, um dadurch eine noch nie dagewesene Machtkonzentration zu erreichen. Ein mit geborgten Geldern finanziertes Bestechungsmanöver wurde bereits in die Wege geleitet, um die wahlberechtigten Kardinäle zu gewinnen. Der Papst jedoch erholte sich wieder. Maximilian I. verwarf den Plan, wie so manchen anderen, den er zunächst mit vehementem Einsatz verfolgte, um ihn dann bald fallenzulassen.

Verfehlte Außenpolitik

Seine Außenpolitik, die mit der romantisch verklärten burgundischen Heirat begann, artete zu langen, sinn- und erfolglosen Kriegen aus, die der Bevölkerung der Niederlande, Frankreichs, Norditaliens, der deutschen Länder, der Schweiz, Vorarlbergs, Tirols, Oberösterreichs und Ungarns schwere Opfer abforderten. Er redete häufig von dem dringenden Kampf gegen die Türken, tat jedoch wenig, um die Osmanen aufzuhalten oder gar zurückzudrängen. Gelder, die laufend für einen großen europäischen Kreuzzug gesammelt wurden, um die christlichen Länder am Balkan und Konstantinopel zu befreien, ja um vielleicht wieder einmal nach Jerusalem zu gelangen, zweigte er mehrmals für seine eigenen Zwecke ab: er finanzierte damit seine Feldzüge im Abendland, aber auch seine von ritterlichem Prunk und Pracht überladenen Feste und seine Sammlertätigkeit. Seine bleibenden Erfolge stellten sich mehr durch Zufall als infolge eines realistisch entworfenen und konsequent verfolgten politischen Kurses ein. Sie basierten auf Heiratsvermittlungen, wurden jedoch erst durch den unverhofften Tod von Ehemännern, von Thronprätendenten und Königen für das Haus Habsburg und später auch für Österreich wirksam.

Burgund

Die Idee zum höchst folgenreichen historischen Griff nach dem Westen stammte ebenfalls nicht von Maximilian, sondern von einem Außenseiter, von Sigismund, dem Herzog von Tirol, einem klugen, weltgewandten Lebemann und Kunstkenner, der, von Land und Hof des Burgunderherzogs Karl des Kühnen fasziniert, Kaiser Friedrich III. die Ehe zwischen Maria von Burgund, der einzigen Tochter seines bewunderten Freundes, und Maximilian vorschlug. Das Herzogtum Burgund galt in den Augen der Zeitgenossen als ein geradezu märchenhaftes Reich, als ein großer, sonniger Garten, mit wohlhabenden, im wahrsten Sinne des Wortes blü-

henden Städten, mit guten Häfen, ausgedehnten internationalen Handelsbeziehungen, einer aufstrebenden Industrie, in der noch die Spitzenleistungen eines zur Kunst gewordenen Handwerks die Maßstäbe der Qualität setzten, mit Luxusgütern in Überfluß, von selbstbewußten Menschen dicht besiedelt, die einen geschulten Geschmack für alles Schöne und Kostbare, einen feinen Sinn für kultivierte Sitten und die gehobenen Freuden des Daseins hatten. Das beträchtliche Gebiet, in dem eine spezifisch französisch-burgundisch-flämische Kultur zur höchsten Reife gelangt war, umfaßte weite Teile des heutigen Ostfrankreich, Belgiens und der Niederlande; das für die Völker des Ostens sagenhafte Flandern gehörte dazu, Brabant, Limburg und Luxemburg, die Landstriche Mâcon, Ponthieu und Auxerre sowie die Franche-Comté mit ihrer hübschen Hauptstadt Besançon.
Sigismund von Tirol übertrieb nicht, als er die Vorzüge des fernen Landes pries. Dem damals achtzehnjährigen Maximilian erschien Burgund tatsächlich als das Paradies auf Erden. Am 19. August 1477 heiratete er in Gent die zwanzigjährige regierende Herzogin Maria, die ihren Vater be-

Maximilian I. wird mit Maria von Burgund vermählt. Holzschnitt aus dem »Weißkunig«

Vorhergehende Seiten:
Links: Maria von Burgund am Fenster des Kirchenoratoriums. Aus dem Gebetbuch Karls des Kühnen
Rechts: Jagen und Fischen am Achensee. Aus dem Fischereibuch Maximilians I. von Jörg Kölderer

reits verloren hatte; Karl der Kühne war am 5. Januar 1477 in einer Schlacht gegen Schweizer und Lothringer bei Nancy gefallen. Ein glückliches, ein verträumtes Liebespaar präsentierte sich dem zunächst tief beeindruckten Volk und benahm sich nach den galanten Regeln der höfischen Dichtung. »Hätten wir nur Frieden, würden wir in einem Rosengarten sitzen«, schrieb Maximilian an seinen Vater, Friedrich III.
Es gab keinen Frieden, das französische Königreich, das ebenfalls die Weltmachtstellung im Westen Europas anstrebte, beanspruchte die Herrschaft über Burgund. Der erste Krieg dauerte über fünf Jahre; am 7. August 1479 besiegte Maximilian ein bunt geschmücktes, parfümiertes Ritterheer der Franzosen bei Guinegate (in der Nähe von St-Omer im heutigen französischen Departement Pas-de-Calais); er stieg vom Pferd und führte persönlich das Fußvolk an, das er später, mit schwerer Artillerie zunehmend verstärkt, zum Rückgrat seiner jeweiligen Armee machte. Er kämpfte auch sonst nicht gerade allzu ritterlich; hartnäckigen Widerstand vergalt er mit Hinrichtung, er ließ Kriegsgefangene einfach aufhängen, so die gesamte Besatzung des Schlosses Malunoi. Dies war kein Einzelfall: auch die Verteidiger von Kufstein, Hans von Pinzenau und seine siebzehn Offiziere, wurden im Krieg zwischen Bayern und Pfälzern, in den Maximilian sich im Jahr 1503 eingemischt hatte, nach Übergabe der Festung auf seinen Befehl hin geköpft.

Rebellion der Bürger

Am 16. März 1482 stürzte die hochschwangere Maria auf einer Reiherjagd mit ihrem Pferd und starb einige Tage später. Die Burgunder wollten sich nun von dem angeheirateten Habsburger, der ihre Handelsbeziehungen durch seine unüberlegten außenpolitischen Unternehmungen empfindlich störte und dessen Verschwendungssucht ihnen immer mehr zur Last fiel, mit Hilfe der Franzosen befreien. Ein neuer Krieg brach aus. Die Städte revoltierten, die Bürger von Brügge nahmen Maximilian fest, hielten ihn monatelang gefangen, bis der alte Kaiser Friedrich III. an der Spitze eines deutschen Reichsheeres überraschend in Flandern erschien und seinen Sohn und die Herrschaft Burgund für das Haus Habsburg rettete. Zwei Jahre später, nach dem Tod des Matthias I. Corvinus, griff dann Maximilian sofort und entschlossen zu. Er konnte Wien, Niederösterreich und die Steiermark für seinen Vater zurückerobern, scheiterte aber in Ungarn, wo er bis zu den Mauern von Buda vorgestoßen war, um sich die ungarische Krone zu sichern. Seine Truppen, die nur unregelmäßig ihren Sold bekamen und in der verschneiten, öden Winterlandschaft keine Beute fanden, meuterten; er mußte aufgeben, das Feld dem König von Böhmen, Wladislaw II. aus dem polnisch-litauischen Haus der Jagellonen, überlassen (allerdings unter anderem gegen 100 000 Golddukaten), einem gutmütigen Tölpel, den der selbstsüchtige ungarische Hochadel viel lieber auf dem Thron sah als den geradezu unheimlich vielfältigen und ehrgeizigen Maximilian. Die Befürchtung der Ungarn, unter einem Habs-

Bianca Maria Sforza. Porträt von Ambrogio de Predis

burger, der bald zum römischen Kaiser gekrönt werden sollte, zu einem Nebenland des Deutschen Reiches abzusinken, war zwar begreiflich, dennoch erwies sich die schroffe Ablehnung Maximilians schon in wenigen Jahren als ein äußerst verhängnisvoller politischer Fehler: im Entscheidungskampf des unabhängigen Ungarn gegen die türkische Invasion blieb die Hilfe des Heiligen Römischen Reiches aus.

Die zweite Ehe

Im Osten enttäuscht, wandte sich Maximilian wieder dem Westen zu. (Er hatte keine feste Residenz, er führte seine Staatsgeschäfte, die stets mehr seinen persönlichen Interessen als seinen jeweiligen Ländern dienten, ambulant, er zog bis zu seinem Ende ruhelos umher.) Obwohl die Lage in Burgund weiterhin gespannt blieb, versuchte er seinen Machtbereich durch eine Ehe auch auf die Bretagne auszudehnen. Doch der französische König Karl VIII. kam ihm mit Waffengewalt zuvor, er belagerte zuerst und heiratete dann Anna von Bretagne, die durch einen Bevollmächtigten bereits symbolisch angetraute Braut Maximilians, und besetzte das Land. Die Folge war Krieg, in dem Maximilian, der empört und mit Recht von einem perfiden Brautraub sprach, so gut wie nichts gewann. Im März 1493 heiratete er Bianca Maria Sforza, die Tochter des Herzogs von Mailand, genauer gesagt, ihre auf etwa 400 000 Golddukaten geschätzte gigantische Mitgift. Die Dame war vermutlich geisteskrank, Maximilian I. kümmerte sich auch kaum um sie, mußte sich aber in den bewaffneten Auseinandersetzungen um italienische Gebiete engagieren; er kämpfte gegen die Franzosen, die sich in Italien gleichfalls festsetzen wollten, verlor jedoch, weil ihm das Geld wieder einmal ausging, die entscheidenden Schlachten vor Asti und vor Livorno. Im Jahr 1499 erklärte er den Schweizern den Krieg, allerdings eher widerwillig, da er ihre

*Oben: »Die erkorenen Fürsten« aus dem Triumphzug für Kaiser Maximilian I.
Miniatur von Jörg Kölderer und seiner Werkstatt*

Links: Johannes Cuspinianus. Porträt von Lucas Cranach d. Ä.

Unten: »Der Troß« aus dem Triumphzug

gefürchtete Infanterie schätzengelernt und von Zeit zu Zeit auch gemietet hatte, verlor abermals und mußte, im Frieden von Basel, die De-facto-Unabhängigkeit der Eidgenossen vom Deutschen Reich anerkennen. Im Pfälzer Krieg blieb er immerhin erfolgreich, er trat für die Sache der Bayern ein, nachdem er den Preis für seinen Beistand schon vorher ausgehandelt hatte: er bekam die mit seiner sündteuren schweren Artillerie sturmreif geschossene Festung Kufstein sowie Rattenberg und Kitzbühel, die fortan zu Tirol gehörten. Den nächsten Krieg führte er gegen Venedig, weil die Republik ihm den bewaffneten Durchzug zu seiner geplanten Kaiserkrönung in Rom verweigert hatte. Papst Julius II., der die Zeremonie hätte vornehmen sollen, war deswegen keineswegs unglücklich, denn der hohe Gast wollte mit einer beachtlichen Streitmacht in die Ewige Stadt einziehen, und dies schien dem Heiligen Vater doch nicht ganz geheuer. Maximilian I., dem man rasche Entschlüsse nicht absprechen kann, verzichtete daraufhin auf die Krönung in der Peterskirche und ließ sich am 4. Februar 1508 in Trient durch den Bischof von Gurk, Matthias Lang, zum »Erwählten Römischen Kaiser« proklamieren, kämpfte aber volle acht Jahre gegen die Venezianer weiter, wobei Friaul und Tirol schwerste Verluste erleiden mußten. Pordenone und Verona gingen verloren, dafür kamen einige Dörfer am Isonzo, das Gebiet um Cortina d'Ampezzo und um den nördlichen Gardasee mit den Ortschaften Rovereto, Torbole und Riva in den Besitz des Hauses Habsburg.

Maximilian I. in Tirol

Das Pustertal und die Grafschaft Görz mit der Burg Görz gewann Maximilian I. im Jahr 1500 durch einen Erbvertrag, die Regierung in Tirol übernahm er bereits im März 1490, als der lebenslustige Herzog Sigismund, der letzte der Tiroler Habsburger, unter Druck gesetzt, gegen eine hohe Pension zum Rücktritt gezwungen wurde. Für die Bevölkerung des Landes wirkte sich der Wechsel nicht gerade vorteilhaft aus. Unter dem liberal denkenden, freigebigen, aber auch geschäftstüchtigen Herzog Sigismund, dem »Münzreichen«, florierte die Wirtschaft, die in Hall geprägten Goldgulden und die silbernen Taler (ursprünglich »Güldengroschen« genannt) gehörten zu den besten Währungen des damaligen Europa. Die Produktion der Bergwerke, die sich noch in den Händen der Tiroler befanden, stieg von Jahr zu Jahr, allein in den Silberminen waren mehr als 30 000 Personen beschäftigt. Eine Reihe neuer, stattlicher Bauten entstand, das Straßennetz, Grundlage des ertragreichen Transithandels, wurde erheblich vergrößert und verbessert. Mit Maximilian I., mit dem Einbruch seiner »großen Politik« in Tirol, kam dann die positive Entwicklung allmählich zum Stillstand.

Maximilian I. liebte Tirol zwar, die Tiroler jedoch, seine Zeitgenossen, liebten ihn, schiebt man die Legende beiseite, weniger. Denn sie bekamen vor allem seine katastrophale Finanzpolitik zu spüren, die bloß aus einer schier endlosen Kette verzweifelter Improvisationen bestand. Die Unfähigkeit, Wirtschaftsprobleme zu meistern oder sie auch nur richtig zu deuten, war das Grundübel der gesamten Regierungstätigkeit Maximilians I., hier lag die Ursache der oft chaotischen Zustände in seinen Ländern, die zu einer merklichen Verarmung der Bevölkerung, aber auch zu den immer wieder abgebrochenen Unternehmungen, den unausgeführt gebliebenen Plänen und zum Teil auch zu den verlustreichen Kriegen führten. Im

Besuch des jungen Maximilian in einer Münzwerkstätte. Holzschnitt aus dem »Weißkunig«

erlesenen Kreis seiner Gelehrten- und Künstlerrunde gab es keinen Finanzfachmann, es wurden auch keine ernsthaften Überlegungen angestellt, wie man den tatsächlich vorhandenen Reichtum hochentwickelter Gebiete (wie Flandern oder Tirol) erhalten und fördern sollte. Es gab keine Übersicht, kein planmäßiges Vorgehen. Niemand dachte daran, zwischen Einnahmen und Ausgaben ein nur einigermaßen gesundes Verhältnis aufrechtzuerhalten. Maximilian I. geriet immer mehr in Abhängigkeit des Handels- und Bankhauses Fugger*; er verpfändete Grafschaften, Handelsrechte, Zölle und Bergwerke (darunter die Silberminen in Tirol). Für die ausgeborgten Riesensummen zahlte er zuletzt fünfunddreißig Prozent Zinsen.
Ohne geordnete Finanzgebarung funktionierte auch die bereits veraltete, allzu starr oder geradezu konfus gewordene Verwaltung nur noch recht

* Die Fugger, ursprünglich Handwerker, seit 1368 Barchentweber in Augsburg, beschäftigten sich ab etwa 1440 mit Warenhandel und Geldgeschäften im großen Stil, beherrschten die gesamte Silber-, Kupfer- und Bleiproduktion in Mitteleuropa und stiegen mit Jakob Fugger, dem Reichen (1459–1525), zur führenden Finanzmacht des Abendlandes auf, die bis zum Ende des 16. Jahrhunderts die politischen Ereignisse in Europa wesentlich beeinflußte.

Das Zeughaus in Innsbruck. Zeitgenössische Miniatur

Die Familie Kaiser Maximilians I. Links der Kaiser, rechts seine erste Gemahlin Maria von Burgund, zwischen ihnen Philipp der Schöne. Im Vordergrund die Enkel Ferdinand und Karl, daneben Ludwig von Ungarn. Tafelbild von Bernhard Strigel, 1515

und schlecht. Reformen, die der Kaiser aufrichtig gewünscht und unter persönlichem Einsatz entworfen hatte, ließen sich zwar mühsam in Angriff nehmen, aber nicht durchführen. Maximilian I. sah klar genug, um zu wissen, daß das Heilige Römische Reich, das nach wie vor mehr ein mystisches Gebilde als eine politische und wirtschaftliche Einheit darstellte und obendrein schon einen ziemlich schlechten Ruf besaß, in seinem damaligen desolaten Zustand nicht mehr zu regieren war. Er bemühte sich, eine Reichsreform in die Wege zu leiten, scheiterte aber, nicht zuletzt weil er über keine schlagkräftige Armee und über keine finanziellen Mittel verfügte, um seine Widersacher auszuschalten oder zu bestechen. Die deutschen Fürsten lehnten die Reform ab, sie befürchteten einen gewaltigen persönlichen Machtzuwachs des Kaisers und hatten Angst, daß eine funktionsfähige Reichsregierung sie viel zuviel Geld kosten würde.

Verwaltungsreform

Mehr Erfolg versprach eine von neuen, vermutlich aus Burgund importierten Ideen geprägte Verwaltungsreform der österreichischen Länder. In Innsbruck, in Linz und Wien wurden »Regimenter« (eine Art Landesregierung) eingesetzt, Aufgaben und Verantwortung in den einzelnen Bereichen des Staatswesens geteilt, Finanz- und Justizbehörden (»Schatzkammern« und »Kammergerichte«) geschaffen und zentralen Stellen, einem »Hofrat« und einer »Hofkammer«, untergeordnet, die in mancher Hinsicht schon als Ministerien hätten fungieren sollen. Doch die zweifellos wohldurchdachten, brauchbaren Entwürfe wurden, weil Maximilian I. immer wieder neue Bedenken oder Einfälle hatte, laufend geändert. Die Reformen verliefen schließlich im Sand, wenn auch einige ihrer Grundgedanken später, allerdings erst nach dem Tod des Kaisers, erneut auftauchten, um mit der Zeit tatsächlich verwirklicht zu werden.

In seinen letzten Lebensjahren war Maximilian I. bedächtiger und vorsichtiger geworden, er zeigte auch offen Enttäuschung und Verbitterung, sprach wiederholt davon, daß niemand außer Jesus Christus auf dieser Welt habe so viel leiden müssen wie er. Den wachsenden Widerstand seiner Untertanen nahm er verdrossen hin, dachte jedoch nicht daran, Gewalt gegen sie anzuwenden. In Burgund war er so gut wie unerwünscht, im Deutschen Reich durch die Macht der feindseligen Fürsten behindert und auch in den österreichischen Ländern zunehmend harter, ja geradezu respektloser Kritik ausgesetzt. Auf dem gesamtösterreichischen Landtag in Innsbruck (15. Januar bis 6. Juni 1518), den man als erstes österreichisches Parlament bezeichnen kann, wurde Maximilian I. mit Klagen und Forderungen überhäuft: Bodenschätze und Handel gerieten in fremde Hände, die öffentliche Sicherheit sei mangelhaft, das Finanzwesen zerrüttet. Der Kaiser solle sparsam haushalten, wie einst sein Vater Friedrich III., er solle unverzüglich Frieden schließen, keinen neuen Krieg ohne Zustimmung der österreichischen Stände beginnnen, keine Territorien und keine Bergwerke mehr verpfänden, keine neuen Steuern einführen, die Regierungsgewalt in Österreich mit Vertretern der österreichischen Länder teilen. Maximilian I. stimmte zu. Er war müde, und er brauchte Geld. Der Landtag versprach ihm einen größeren Betrag, allerdings mit der Auflage, er müsse zwei Drittel davon für die Einlösung verpfändeten Gutes bereithalten. Gezahlt wurde zunächst aber nichts.

Klagen und Forderungen

Im Spätherbst kam Maximilian I., schon schwer krank (er litt an

Kaiser Maximilian I. in Reisekleidung. Zeichnung von Hans Holbein d. Ä.

Die letzte Reise

Darmkrebs), wieder in sein geliebtes Innsbruck. Er wollte sich diesmal für längere Zeit niederlassen, sich ausruhen, sein Reich von dem zentral gelegenen Tirol aus regieren, doch er mußte bald, unter beschämenden Umständen, weiter: da er kein Geld besaß, weigerten sich die Bürger der Stadt, sein Gefolge und seine Pferde unterzubringen und zu versorgen. Daraufhin brach er wieder auf, seltsamerweise nach Wien, das er zeit seines Lebens nicht besonders geliebt hatte, starb aber während der beschwerlichen Reise am 12. Januar 1519 im Alter von neunundfünfzig Jahren in der Burg von Wels. Man setzte seinen Leichnam unter dem Hochaltar der Georgskapelle in Wiener Neustadt bei; das in der Hofkirche von Innsbruck nach seinen Entwürfen erst später vollendete, bombastischpompöse Maximiliansgrab mit den achtundzwanzig monumentalen Bronzefiguren und seiner erdachten und tatsächlichen Ahnen blieb leer. Sein Herz wurde, wie er es gewünscht hatte, nach Flandern gebracht, es liegt in der Liebfrauenkirche von Brügge neben den Gebeinen seiner ersten, geliebten Frau, der leiblichen Mutter der habsburgischen Weltmacht. Denn die Kinder und Enkelkinder der im Wald von Wijnendael verunglückten Maria von Burgund stellten das kostbare Material für den imperialen Aufstieg der Casa d'Austria, sie bildeten das dynastische Fundament, auf dem man das mächtige Gebäude des Hauses Habsburg mit seinem westlichen und östlichen Flügel errichtet hatte. Charakterzüge, physische und psychische Fähigkeiten des Rohstoffs Mensch wurden dabei allerdings nicht in Betracht gezogen, da man nur die Reihenfolge der Geburt als die einzige entscheidende Voraussetzung für die Ausübung der Regierungsgewalt gelten ließ. Immerhin versuchte man den jeweiligen Kandidaten durch eine ganz spezifische Erziehung für seine Aufgabe vorzubereiten, was in den meisten Fällen auch mehr oder weniger gelang.

Heiratspolitik im Westen und im Osten

Das engmaschige Ehemuster der Macht sah folgendermaßen aus: Philipp der Schöne, Sohn Maximilians I., heiratete im Herbst 1496 Juana von Aragon (besser bekannt unter dem Namen Johanna die Wahnsinnige), die Tochter des Königs von Spanien, Ferdinand. Die Tochter Maximilians I., Margarete, wurde die Frau des Kronprinzen Juan, Sohn des spanischen Königs. Nun starben aber der Thronfolger Juan und auch die ältere Schwester der Juana von Aragon früh, und Philipp der Schöne wurde Erbe der spanischen Länder. Er verschied, wahrscheinlich als Opfer eines mittels Gift verübten politischen Mordes, im Alter von achtundzwanzig Jahren; seine Frau Juana, schon früher depressiv, soll darüber den Verstand verloren haben. Man sperrte sie in das düstere Schloß Tordesillas, wo sie noch achtundvierzig Jahre lebte.

Aus der Ehe Philipps des Schönen mit Juana von Aragon stammten sechs Kinder, unter ihnen Karl, Ferdinand und Maria. Karl (der spätere Kaiser Karl V.) übernahm vorerst mit Spanien und Burgund den westlichen Flügel des habsburgischen Machtkomplexes; Ferdinand und Maria waren als künftige politische Faktoren für ein von Maximilian I. umsichtig vorbereitetes und vom Handels- und Bankhaus Fugger mit etwa 60 000 Golddukaten finanziertes östliches Heiratsprojekt vorgesehen. Im Juli des Jahres 1515 feierte man im Rahmen glanzvoller und auch recht kostspieliger höfischer Feste eine eher sonderbar anmutende Doppelhochzeit in Wien: Lajos (Ludwig) II., Sohn des Königs von Böhmen und Ungarn, Wladislaw II., heiratete die zehnjährige Maria, Tochter Philipps des Schönen. Die zwölfjährige Anna, Schwester des böhmischen und ungarischen Thronfolgers Lajos II., wurde mit dem damals fünfundfünfzigjährigen Kaiser Maximilian I. getraut, der allerdings die Ehe erst dann zu vollziehen gedachte, wenn er wegen eventueller politischer Komplikationen im Westen Anna nicht wie geplant einem seiner Enkel, Karl oder Ferdinand, hätte weitergeben können. Ob Karl oder Ferdinand das Ehebett mit der böhmisch-ungarischen Prinzessin teilen sollte, ließ man in Wien noch offen. So fungierte Anna zugleich als jungfräuliche Ehefrau und politische Blanko-Braut. Sie bekam sechs Jahre später Ferdinand; die Ehe wurde eine der glücklichsten in der Geschichte der Familie Habsburg.

Johanna die Wahnsinnige und Philipp der Schöne. Porträts von Juan des Flandes

Professor Ebendorfer

Die Bezeichnung »Habsburger« als dynastisch-politischer Begriff stammt nicht von der Familie Habsburg, sondern von dem geschäftigen und vielbeschäftigten Rektor der Wiener Universität, Professor der Theologie, Thomas Ebendorfer von Haselbach (1388–1464), Verfasser zahlreicher Predigten und Festreden, kleinerer und größerer Traktate und eines bemerkenswerten, zum Teil schon mit wissenschaftlichen Methoden erarbeiteten historischen Werkes, der »Österreichischen Chronik«. Seine Schriften wurden als verläßliches Quellenmaterial viel benützt, obwohl er Krieg und Gewalt eher verherrlicht und die regierenden Fürsten von Österreich nach seinem erzkonservativen Geschmack recht subjektiv beurteilt hatte. Auch Franz Grillparzer griff auf ihn zurück; sein berühmtes Lob auf Österreich in seinem Drama »König Ottokars Glück und Ende« (»... es ist ein gutes Land, wohl wert, daß sich ein Fürst sein unterwinde!«) entnahm er, zum Teil wörtlich, aus einer zu Ehren Herzog Albrechts VI. in lateinischer Sprache gehaltenen Rede des Thomas Ebendorfer. Bei seinen Zeitgenossen hatte der emsige und streitlustige Professor mit seinem Vorhaben, Geschichte, wenn auch nicht objektiv, so doch zumindest auf konkrete Daten und Tatsachen aufgebaut, realistisch darzustellen, noch kaum Erfolg. Das beliebte Standardwerk von Leopold Stainreuter (1340–1400), Hofkaplan Herzog Albrechts III., hieß »Österreichische Chronik der 95 Herrschaften«. Diese Chronik ist eine Kuriosität ersten Ranges, die mit einer ebenso langen wie sagenhaften Urgeschichte Österreichs aufwartet: sie beginnt im zweiten vorchristlichen Jahrhundert, läßt die Österreicher genau 859 Jahre und acht Monate nach der Sintflut in ihre Heimat einwandern und von insgesamt 95 Fürsten, darunter auch von jüdischen und heidnischen, von böhmischen und ungarischen Herrschern regieren. Das merkwürdige Machwerk, das die politische Orientierung nach dem Osten und die innere Affinität des Donauraumes, zwar in Märchen verkleidet, eindeutig in den Vordergrund stellt, entstand knapp nach dem Tod des phantastischen Herzogs Rudolf IV., des Stifters, der Österreich mittels Fälschungen und Fabeln eine große, ehrwürdige Vergangenheit und somit eine schützende politische Sonderstellung verschaffen wollte. Daß diese Art der »Geschichtschreibung« äußerst populär war, beweist unter anderem eine ironische Bemerkung von Enea Silvio Piccolomini: Die »Österreichische Chronik der 95 Herrschaften« werde in jedem Haus gelesen, und die Wiener glaubten alles, was darinnen stehe. Piccolomini, der Humanist, Autor eines ausgezeichneten, sehr lebendig und auch objektiv geschriebenen historischen Werkes über die Zeit Kaiser Friedrichs III. (»Historia Austriae seu Friderici tertii«), ein Spötter und Zweifler, verstand den Hang der Österreicher zu einer spezifischen, namentlich mit Elementen der Realität vermischten Phantasiewelt, die ihnen für vieles, was sie nicht hatten oder haben konnten, eine unterhaltsame Entschädigung bot, anscheinend überhaupt nicht.

Phantastische Literatur

Schon ziemlich früh, bald nach dem Ende der sogenannten Babenbergerzeit, tauchten in Österreich phantastische Prosastücke auf, die aber in einem seltsamen Verhältnis zur Realität standen, wie zum Beispiel »Die Wiener Meerfahrt«: Angeheiterte Bürger bilden sich im Wirtshaus ein, sie seien auf der Fahrt ins Heilige Land von einem fürchterlichen Sturm überrascht, ihr Schiff, das Wirtshaus, sei bereits im Begriff zu sinken. Sie retten sich, sie springen beim Fenster hinaus und werden von ihren erbosten Frauen unsanft in Empfang genommen.

Eine amüsante Mischung von skurriler Phantasie und erdnaher Wirklichkeit, eine Sammlung von lustigen Geschichten über den listigen Kahlenberger Pfarrherrn, die ursprünglich bereits im 14. Jahrhundert, im Kreis um Herzog Otto den Fröhlichen, entstand und die dann der Wiener Philipp Frankfurter in einem Band zusammenfaßte (»Der Pfaff vom Kalenberg«), wurde zum ersten internationalen Erfolg der österreichischen Literatur: man las sie gern im Ausland, man übersetzte sie ins Holländische und ins Englische, sie beeinflußte maßgeblich die deutschen Eulenspiegel-Schwänke, ihre Spuren lassen sich sogar noch in manchen Schriften Martin Luthers nachweisen.

Die österreichische Lyrik des 14. und 15. Jahrhunderts hingegen, vor allem die von Epigonen weitergeführte höfische Dichtung, sank bis zur beinahe völligen Bedeutungslosigkeit herab. Seit Walther von der Vogelweide gab es nur einen großen Dichter in Österreich, den Tiroler Oswald von Wolkenstein (um 1377–1445). Schon sein von Fehden, Liebschaften, Triumphen und Niederlagen geprägtes Leben, die nahezu atemberaubende Biographie eines rabiaten Individualisten, besticht: er war ein begüterter Ritter, der zeitweilig sein gesamtes Hab und Gut verlor, ein Abenteurer aus Lust und Laune, ein Politiker aus Überzeugung und dabei einer der meistgereisten Männer seiner Zeit; er durchstreifte Preußen, Polen, Persien, Armenien und Rußland, sah Nowgorod und London, die Städte Frankreichs, Spaniens und Portugals, Rom und Jerusalem, Ceuta, Trapezunt und die Insel Kreta, lebte unterwegs als Soldat und Ruderknecht, als Dolmetscher und Schiffskoch, als Schreiber und Kaufmann, kämpfte ge-

Oswald von Wolkenstein. Zeitgenössisches Porträt

gen die Türken, gegen die Hussiten, aber auch gegen den Tiroler Herzog Friedrich IV. Mit seinen kraftvollen Liedern, in denen der satirische Ton oft überwiegt, fand Oswald von Wolkenstein in einem Zeitraum von beinahe zweihundert Jahren als einziger Österreicher tatsächlich den Anschluß an den »dolce stil nuovo«, an den »süßen neuen Stil« von Dante und Petrarca, an die moderne, internationale Sprache der Renaissance und an das realistische Gedankengut des Humanismus. Seine Gedichte wirken unvergleichlich frischer und lebensnaher als die fast hundert Jahre später entstandenen, einst vielgerühmten literarischen Werke Kaiser Maximilians I., etwa der allegorisch-autobiographische »Theuerdank« mit der Schilderung der burgundischen Brautfahrt oder der Roman »Weiß-Kunig«, die verschleierte und verschnörkelte Geschichte Friedrichs III. und Maximilians. Allerdings wurden beide in steifer ritterlicher Manier geschriebenen Bücher von mittelmäßigen »Ghostwritern« hergestellt, der »Theuerdank« nach Anweisungen Maximilians von seinem Sekretär, dem

Nürnberger Probst Melchior Pfinzing, der »Weiß-Kunig« von dem Kanzleibeamten Marx Treytz-Sauerwein.
Maximilian I. war kein Humanist. Er hing einer idealisierten, durch grimmige Heldentaten geweihten Vergangenheit nach, blieb zeit seines Lebens im erstarrten Geist des Mittelalters verfangen und betonte immer wieder seine Verbundenheit mit dem Deutschtum, mit dem germanischen Wesen, dessen Verehrung nördlich der Alpen gerade in Mode kam. Dennoch förderte er, teils aus echter Neigung, teils aus wohldurchdachten politischen Gründen, berühmte Vertreter des Humanismus, Gelehrte und Künstler, überzeugte Kosmopoliten, die nirgends und überall zu Hause waren, die einmal in den deutschen Ländern, dann wiederum in Italien, in Polen, in Böhmen, in Ungarn oder in Österreich ihre Werke schufen, ihre zum Teil schon recht progressiven Ideen und Ansichten verbreiteten. So gründete der deutsche Dichter und Humanist Konrad Celtis (1459–1508) eine literarische Akademie in Krakau, wirkte später in Prag und in Buda, kam 1497 nach Wien, wo er die erste internationale Künstler- und Gelehrten-

Konrad Peutinger. Porträt von Christoph Amberger

gesellschaft für den Donauraum ins Leben rief, die *Sodalitas literaria Danubia*, die eine Zeitlang auch bestens funktionierte. Die Sitzungen fanden in Wien und in Buda statt, die Mitglieder, namhafte Humanisten aus Österreich, aus den deutschen Ländern, aus Polen, Böhmen, Ungarn und Italien standen in ständigem Briefwechsel miteinander, der freie Meinungsaustausch über Landesgrenzen hinweg war eine Selbstverständlichkeit. Maximilian I. berief Konrad Celtis als Professor für Dichtkunst und Beredsamkeit an die Wiener Universität. Entdeckt hatte den vielseitigen Gelehrten jedoch schon Kaiser Friedrich III., der ihn 1487 zum *poeta laureatus*, zum Dichterfürsten, krönte. Das gastfreundliche Haus Celtis' in der Wiener Singerstraße war der erste literarisch-wissenschaftliche Salon Österreichs, die Adresse kannte man in Prag ebenso wie in Padua, in Rom und in Paris.

Der Humanistenkreis um Maximilian I.

Zum Humanistenkreis um Maximilian I. gehörte unter anderen der aus Schweinfurt stammende Historiograph Johannes Cuspinianus (1473–1529), Rektor der Wiener Universität und Anwalt der Stadt Wien, Verfasser einer unvollendet gebliebenen Beschreibung der österreichischen Länder (»Austria«) und eines umfangreichen, in vielen Details schon um die historische Wahrheit bemühten Geschichtswerkes, das er mit dem Tod Maximilians I. abschloß (»De Caesaribus atque imperatoribus romanis opus insigne«). Cuspinianus stand zeitweilig im aktiven politischen Dienst des Kaisers, erledigte für Maximilian I. diplomatische Missionen, was seine Arbeiten freilich stark im Sinn seines Herrn beeinflußt hatte; man kann ihn keineswegs als einen unbestechlichen und unparteiischen Wissenschaftler betrachten. Daß er im Stephansdom in Wien beigesetzt wurde und sein Grab erhalten blieb, sicherte ihm in der Nachwelt einen mit einer gewissen Überbewertung seiner Tätigkeit verbundenen höheren Bekanntheitsgrad als jenen anderer Humanisten aus der Umgebung Maximilians I., etwa des Altertumsforschers Konrad Peutinger, des Hofhistorikers Johannes Stabius oder des »königlichen Symphonisten« (Komponisten) Heinrich Isaac, Autor des ebenfalls Maximilian I. zugeschriebenen populären Liedes »Innsbruck, ich muß dich lassen«.

Wirklich Bahnbrechendes, entscheidend Neues im Bereich der Kunst und Wissenschaft geschah in den fast dreihundert Jahren zwischen dem Ende der Babenbergerzeit (1246) und dem Tod Maximilians I. (1519) auf österreichischem Boden nicht. Es gab aber im Lauf des eher langsamen Entwicklungsprozesses, der den großen europäischen und orientalischen Impulsen in solider Kontinuität mit einem merklichen Abstand folgte, bedeutende Einzelerscheinungen, wenn sie oft auch nur eine Vorstufe für den anderswo erfolgten großen Durchbruch bildeten. So vollendete Heinrich von Mügeln, ein aus Prag stammender gelehrter Dichter, um das Jahr 1360 am Hof Herzog Rudolfs IV., des Stifters, eine der ersten deutschen Bibelübersetzungen. Der italienische Leibarzt Herzog Albrechts IV., Galeazzo de Santa Sophia aus Padua, nahm 1404 in Wien die ersten öffentlichen anatomischen Übungen im mitteleuropäischen Raum vor. Zur Zeit Kaiser Friedrichs III., im Jahr 1454, waren in der Stadt bereits elf an Universitäten ausgebildete und geprüfte Doktoren der Medizin tätig; die erste Apotheke in Österreich wurde 1405 in Wien eröffnet, fünfzig Jahre später gab es schon eine Apotheker-Innung, die vorschrieb, daß Medika-

mente nur nach ärztlichen Rezepten hergestellt und ausgefolgt werden durften.
In der zweiten Hälfte des 15. Jahrhunderts übernahm die Universität Wien, zwar nur vorübergehend, eine führende Rolle auf dem Gebiet der Mathematik und Astronomie. Der aus Oberösterreich stammende Georg von Peuerbach (1423–1461) studierte in Wien, hielt Vorlesungen in Padua, in Ferrara, in Bologna und in Krakau, wurde königlicher Astronom in Ungarn und dann Professor an der Wiener Universität; er verwendete als erster die Sinusrechnung, wodurch er die Dezimalbruchrechnung denkbar machte, stellte neue Planetentafeln und ein Verzeichnis der Fixsterne her, beschäftigte sich mit den Problemen der Sonnen- und Mondfinsternis und mit der kritischen Korrektur des veralteten Weltsystems von Ptolemäus, wonach die feststehende, kugelförmige Erde Mittelpunkt des Universums sei. Sein Schüler Johannes Regiomontanus aus Königsberg in Bayern (1436–1476), Prototyp des international anerkannten, kosmopolitisch eingestellten, fahrenden Gelehrten, übernahm 1461 seinen Lehrstuhl in Wien, ging später nach Rom, kehrte abermals nach Wien zurück, übersiedelte dann nach Buda und von dort nach Nürnberg, ließ sich erneut in Rom nieder, wo er einer Pestepidemie zum Opfer fiel. Regiomontanus schuf neue, präzise Instrumente für die Astronomie und für die Navigation auf hoher See, seine Ephemeriden, die für Jahre hinaus gültigen Vorausberechnungen der täglichen Konstellationen von Gestirnen, hatten zum Teil die großen Entdeckungsfahrten nach Amerika ermöglicht, seine mathematischen Arbeiten unter anderen die Trigonometrie, die Dreieckbemessung, weiterentwickelt. Er baute in Nürnberg eine Sternwarte, führte das erste Mal wissenschaftliche Beobachtungen über einen Kometen durch und arbeitete im Auftrag des Papstes Sixtus IV. an der Verbesserung des bereits nahezu unbrauchbar gewordenen Julianischen Kalenders. Den Anstoß dazu gab der gelehrte Bischof von Brixen, Kardinal Nikolaus von Kues, genannt Cusanus (1401–1464), selbst Mathematiker, Jurist und Philosoph. Er kam aus dem Rheinland nach Tirol, plädierte für die Notwendigkeit einer umfassenden Kirchenreform, entwarf die erste Landkarte Mitteleuropas und vertrat die Ansicht, daß die Erde sich um ihre eigene Achse drehe und die Welt, das heißt der Kosmos, eine unendliche und unbegrenzte Einheit sei.

Sozialhelfer und Kulturzentrum Kirche

Zwischen Wissenschaft und Kirche gab es in Österreich zunächst keine Konfliktsituation. Dies hing zum Teil mit der Tatsache zusammen, daß in den österreichischen Ländern keine große Kirchenpolitik gemacht, aber auch von seiten der Wissenschaft keine der kirchlichen Lehre schroff entgegenstehende revolutionäre These entwickelt oder vertreten wurde. Für das einfache Volk, besonders auf dem flachen Land, spielte die Kirche, vor allem der niedere Klerus, der gebildete Mönch, die in der Krankenpflege geübte Nonne, der meist arm gebliebene Pfarrer, nach wie vor eine eindeutig positive Rolle. Der Staat beziehungsweise die fürstliche Macht, die Organisation der Stände kannte die Pflicht der Fürsorge, der sozialen Leistungen dem Untertanen gegenüber, noch nicht; nur die Kirche kümmerte sich um die Schwachen, um die Verunglückten, um die Kranken und Hilflosen. Sie war die einzige Institution, bei der jedermann praktische Unterstützung – wenn sie auch eher bescheiden war –, Trost und Rat

»Das Veilchensuchen.« Zeitgenössischer Holzschnitt

holen konnte. Sie war aber auch ein Ort der Begegnung, ja der Unterhaltung, wo die kleinen Leute nicht nur als bloße Zaungäste in angemessener Entfernung dabeisein, sondern fast immer aktiv mittun durften.
So entstand auch das Schauspiel als eine Art kollektive Kunst in der Kirche, vorerst mit einfachen Szenen über die Auferstehung Christi. Das religiöse Kernstück mit der simplen, streng vorgeschriebenen Handlung wurde aber bereits gegen Ende des 13. Jahrhunderts mit realistischen Einlagen erweitert. Die Vorstellung brauchte zunehmend mehr Bewegungsfreiheit, mehr Raum, sie übersiedelte von der Kirche auf den Marktplatz, sie entwickelte sich, zwar immer noch unter kirchlicher Anleitung und Aufsicht, doch schon vom Bürgertum getragen, zum großen Freilichttheater. Das Wiener Osterspiel mit etwa dreihundert Darstellern begann auf dem Neuen Markt, zog durch die Straßen der Stadt auf den Stephansfriedhof, auf den »Golgotha«, und endete mit der Grablegung im Stephansdom. Nach der erhabenen Passion gab man oft noch eine recht ausgelassene »Teufelskomödie«, in der derb-komische Figuren, hochmütige Ritter, verschlagene Wucherer, geizige Kaufleute, einfältige Ärzte und gerissene Advokaten, die alle in die Hölle fahren mußten, das Publikum mit Farben und Tönen einer nuancierten Charakterdarstellung erheitern konnten. Die meisten schon mit weltlichen Motiven durchsetzten Passionsspiele waren in Tirol beheimatet (Sterzing, Hall, Brixen); die Aufführungen gestalteten sich als kreative Volksfeste, sie dauerten mehrere

Tage, in Bozen eine ganze Woche. Das rein weltliche Schauspiel wirkte daneben noch ziemlich primitiv, es beschränkte sich auf die dramatisierte Form von Bräuchen und Gesellschaftsspielen, die kaum Möglichkeit für eine verfeinerte Darstellung oder gar für Regieeinfälle boten. Das älteste österreichische Lustspiel, das »Neidhart-Spiel« von St. Paul in Kärnten, ist seit etwa 1350 bekannt; im Mittelpunkt der Handlung steht das höfisch-ritterliche Veilchensuchen im Dienst einer Herzogin. Bösartige Bauern stehlen das vom Ritter Neidhart gefundene und unter seinem Hut sorgfältig aufbewahrte Veilchen und lassen statt der Blume trockenes braunes Laub zurück (in der gemilderten Fassung). Wenn man will, kann man darin bereits handfeste Zeichen des latenten sozialen Konflikts zwischen Aristokratie und Bauernschaft entdecken.

Aber die Kirche stellte nicht nur die ersten Theater, zweifellos um ihre Ideologie effektvoll verbreiten zu können, den niederen Schichten der Bevölkerung zur Verfügung, sondern auch die ersten öffentlichen Galerien und Museen: die im Dom, im Kloster, in der Pfarrkirche und in der Kapelle zu Ehren Gottes und zwecks materieller Wertvermehrung gesammelten und angebrachten Meisterwerke der bildenden Kunst, die Wand- und Tafelgemälde, die Flügelaltäre und Glasfenster, die auch der letzte Knecht kostenlos besichtigen konnte. Diese Dauerausstellung fand ebenfalls unter dem Aspekt der äußerst wirksamen, weil optischen Vermittlung religiöser Lehren und Motive statt, aber sie ging, wenn auch unabsichtlich, weit über das ursprüngliche Ziel in Richtung Geschmacksbildung und Kunstverstand hinaus.

Künstler mit »Notnamen«

Fast alle Künstler, die in der Zeit zwischen der Mitte des 13. und dem Ende des 15. Jahrhunderts in Österreich arbeiteten, blieben für die Nachwelt unbekannt; die Kunstgeschichte hat sie mit sogenannten »Notnamen« versehen: Wiener »Meister der Darbringung« (um 1420), Wiener »Meister von Maria am Gestade« (um 1460) oder »Meister von Mondsee« (um 1490). In der gotischen Wand- und Tafelmalerei kristallisierte sich kein spezifisch österreichischer Stil heraus; anfangs folgte man der böhmischen Schule (zum Beispiel Marienbild in der Pfarrkirche von Spital am Semmering, Anbetung der Heiligen Drei Könige in der Minoritenkirche von Bruck an der Mur), später bevorzugte man die italienische Manier, die von zweit- und drittklassigen Wandermalern aus der Toskana und aus der Lombardei nach Österreich getragen wurde (zum Beispiel Wandbilder in der Vorhalle des Gurker Doms, Fresken in der Klarissenkirche von Dürnstein). Um 1450 brachten dann wahrscheinlich schon einheimische Künstler die immer deutlicher werdenden Einflüsse aus den Niederlanden zu einer beachtlichen Reife: der »Meister des Wiener Schottenstiftes« hatte die Flucht nach Ägypten und die Heimsuchungen vor einem naiv-realistischen Hintergrund – der die Ansicht von Wien beziehungsweise eine Straße in der Innenstadt mit dem Dach des Stephansdomes und dem Turm der Peterskirche zeigt – in einer geradezu fröhlichen Atmosphäre gestaltet; Flucht und Heimsuchung scheinen mehr schlichte Szenen eines einfachen und glücklichen Alltags als hochdramatische Begebenheiten aus der Bibel zu sein.

Die meisten Wand- und Tafelgemälde der österreichischen Gotik präsentieren sich in der Nähe eines noch unsicheren, in der Schwebe gehaltenen

Links: »Krumauer Madonna«, Sandsteinplastik um 1400. Rechts: »Wiener Kreuzigung« (Detail), Tafelbild von Konrad Laib, 1449

Realismus, sie wirken weich und verträumt, aber kaum visionär; die Grausamkeiten der Märtyrergeschichten und der Kreuzigung werden stets gemildert wiedergegeben, das Blut fließt spärlich, auch die verrenkten Glieder und die schmerzverzerrten Gesichter strahlen noch eine versöhnliche Harmonie aus, das Furchtbare, das Peinliche wird nicht breit ausgewalzt, eher nur markiert. Die Farben reflektieren das sanfte, ein wenig gedämpfte Licht der mitteleuropäischen, der österreichischen Landschaft, sie sind nicht so großartig, ins drohend Düstere oder ins entzückt Jenseitige hineinleuchtend wie die der Niederländer und auch nicht so überwältigend klar und betörend warm wie die der Italiener.

Meister Thomas von Villach

Über Leben und Arbeitsweise der unbekannt gebliebenen Meister weiß man so gut wie nichts. Das erste allerdings schon sehr bezeichnende Künstlerporträt eines österreichischen Malers, den er »bedeutend und einzigartig« nennt, entwarf in wenigen Zeilen ein italienischer Reisender, Paolo Santonio, Kanzler des Patriarchen von Aquileia, der im Jahr 1485 in der Pfarrkirche von Villach die Bilder des in Kärnten berühmt gewordenen Meisters Thomas von Villach besichtigt hatte. Er vermerkt in seinem Tagebuch: »Der Maler ist Bürger von Villach und hat in dieser Stadt seine Kunst erlernt. Rüstig schaffend, ist er allmählich alt geworden. Er ist klein von Wuchs, hat gefällige Gesichtszüge und ist ein rechtschaffener Mann. Er lebt in bescheidenen Verhältnissen, weil er, wie man hört, seine Arbeiten oft ohne Entgelt abliefert und nicht daran denkt, den ihm geschuldeten Lohn durch das Gericht eintreiben zu lassen.«

Mehr noch als dem gemalten Bild fiel in der kirchlichen Baukunst der Plastik eine wichtige Doppelrolle zu: einmal als symbolträchtiger Fassadenschmuck mit rein dekorativer Funktion und einmal, zumeist im Inneren des Raumes, als Objekt der Anbetung, als Mittler zwischen der Welt der Sterblichen und der ewigen Hierarchie des Himmelreiches. Auch bei den sakralen Skulpturen aus dem 13. und 14. Jahrhundert überwiegt in Österreich der sogenannte »weiche Stil«, eine durch sanfte, fließende Linien geschaffene, stets ein wenig linkisch, ja verlegen anmutende Richtung, die aber, unabhängig vom Motiv, fast immer einen heiteren, gelösten Eindruck macht (Dienstbotenmadonna im Wiener Stephansdom um 1330, Konsolenstatuen der Pfarrkirche von Großlobming um 1400). Als charakteristisch österreichisch kann man die von den Kunstexperten als »schöne Madonnen« klassifizierten Marienfiguren aus Stein und Holz bezeichnen, die, im Gegensatz zu den meist majestätischen Gestalten der gotischen Muttergottes in Deutschland, in Italien und in Frankreich (wie etwa die berühmten Statuen von Köln, von Pisa und von Dijon), wie lieb-

Der Wiener Stephansdom. Holzschnitt, Anfang des 16. Jh.

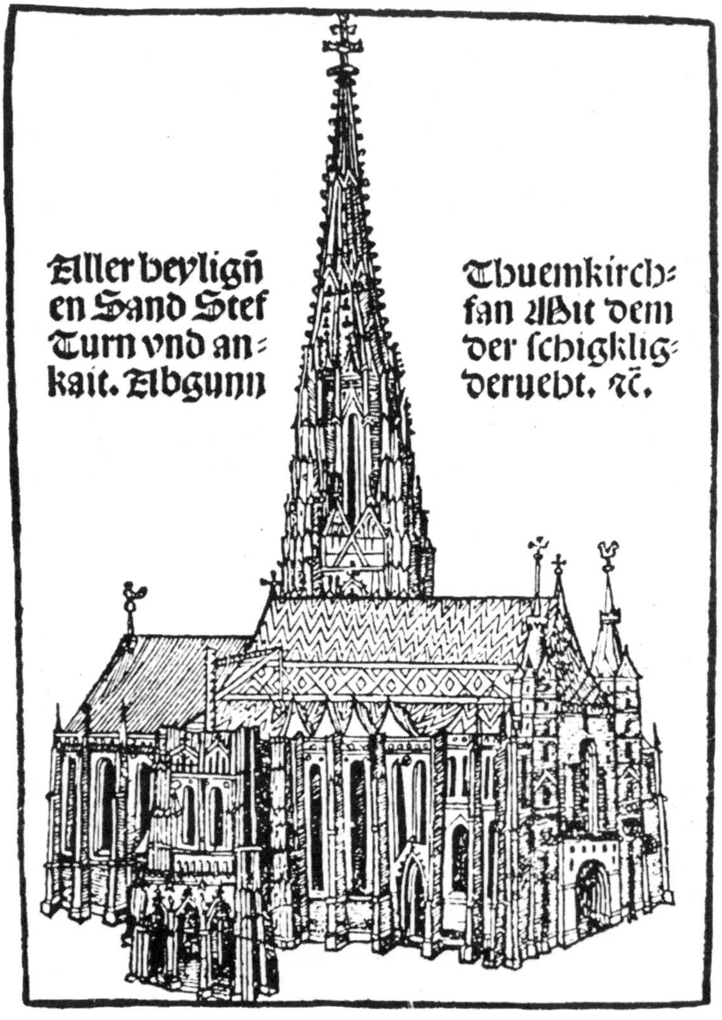

lich naive, minderjährige Mädchen vom Land aussehen, eine Auffassung, die zur Zeit Herzog Rudolfs IV., des Stifters, aus Prag nach Österreich kam und der hiesigen Mentalität offensichtlich mehr entsprach als die west- und südeuropäische Vorstellung von der würdevoll feierlichen Himmelskönigin. (Die schönsten der »schönen Madonnen« sind die von Bad Aussee, von St. Wolfgang, von Krumau, von Zwettl und von Tamsweg, alle aus den Jahren 1350 bis 1450.)

Gotische Architektur

Auch die gotische Architektur, vor allem im Bereich der Sakralbauten, im wesentlichen ebenfalls von dem »weichen Stil« geprägt, weist bereits eine Fülle von typisch österreichischen Spiel- und Eigenarten auf, die aber oft nicht beabsichtigt, sondern eben nur »passiert« waren; manchmal, weil das Geld ausging und daher nur eine bescheidene, von den bekannten deutschen, französischen und italienischen Vorbildern abweichende Lösung zur Ausführung kam, manchmal, weil die Baupläne ohne ersichtlichen Grund geändert wurden oder weil die Baumeister, die in Österreich anscheinend recht frei und eigenwillig arbeiten konnten, sich während der langen Bauzeit des öfteren abgelöst hatten. So wurde aus dem Wiener Stephansdom ein kaum überschaubares, dennoch faszinierendes, zu einer harmonischen Einheit zusammengeschmolzenes Sammelsurium verschiedenster Ideen und Stilrichtungen aus Ost und West, ein mächtiges, durch viele Phasen der genialen Improvisation, aber auch der geglückten Schlamperei organisch gewachsenes österreichisches Wunderwerk, das wie ein phantastisches versteinertes Lebewesen zeitlos mitten im Fluß der Veränderungen steht.

Der 136 Meter hohe Hauptturm (Südturm) des Stephansdomes wurde 1433 fertiggestellt, das imposante Langhaus um das Jahr 1450. Die finanzkräftigen Bürger nahmen auf das Baugeschehen zunehmend Einfluß, sie zahlten und sie bestimmten, und so erhob sich gegen Ende des 15. Jahrhunderts die gewaltige Kirche über Wien als das stolze Wahrzeichen bürgerlichen Reichtums und Selbstbewußtseins. Bald manifestierte sich der Machtwille der Stadt auch in einem kühnen politischen Vorstoß: nach dem Tod Maximilians I. setzten die mit den Ständen von Niederösterreich verbündeten Wiener die korrupte und unfähige kaiserliche Verwaltung ab und bildeten eine eigene, von der fürstlichen Gewalt unabhängige Regierung. Das erste Mal in der Geschichte Österreichs stand an der Spitze einer umfassenden politischen Aktion ein Intellektueller: Dr. Martin Siebenbürger, Universitätsprofessor in Wien. Das neue, für die damalige Zeit eindeutig als demokratisch-revolutionär geltende Regime konnte sich fast drei Jahre lang halten, es unterlag dann, weil seine führenden Köpfe, darunter die Grundherren Michael Eytzinger und Hans von Puchheim, der Stadtrichter Hans Rinner und selbst Professor Siebenbürger, keine klaren Ziele verfolgten, viel zu gutgläubig waren und auch keine Maßnahmen trafen, ihre provisorische Republik im Notfall mit Waffengewalt zu verteidigen. Ihre Erhebung, die sich, wie sie stets beteuerten, nicht gegen die legitime Macht eines Landesfürsten, sondern bloß gegen eine miserable Verwaltung gerichtet habe, kam zu früh und ging isoliert unter, obwohl auch Innsbruck, mit dem Wien und Niederösterreich vermutlich keinen Kontakt aufnahmen, sich kurzfristig weigerte, das von Maximilian I. eingesetzte »Regiment« weiter im Amt zu belassen.

Demokratische Regierung in Wien

Als der Kaiser im Januar des Jahres 1519 starb, lag Österreich scheinbar noch im Windschatten des heraufziehenden Unwetters, das in Europa sowohl im geistigen wie im wirtschaftlichen Bereich ein völlig neues Klima schaffen sollte, wobei das politische Gefüge der alten Ordnung, wenn auch immer wieder erschüttert, auf den Fundamenten der mittelalterlichen Weltanschauung noch lange bestehenblieb; ein explosiver Widerspruch, der sich vorerst in schweren sozialen Konflikten entlud.

Der Aufbruch in eine neue Zeit begann mit der Mechanisierung der Information; sie leitete die Ausbildung einer breiten öffentlichen Meinung und gleichsam deren Beeinflussung ein. Um das Jahr 1450 erfand der wohlhabende, technisch vielseitig interessierte Mainzer Spiegelmacher Johann Gensfleisch (um 1397–1468), der sich nach einem Besitz seiner Familie Gutenberg nannte, mit Hilfe eines Geldgebers, des reichen Bürgers Johann Fust, ein Verfahren, um Bücher beziehungsweise später auch Flugschriften und Anschläge mittels gegossenen, beweglichen Lettern in einem verhältnismäßig kurzen Arbeitsprozeß herzustellen und zu vervielfältigen. Der Buchdruck verbreitete sich rasch, die Nachfrage nach dem gedruckten Lesestoff war groß. Die Buchdruckerwerkstätten in Deutschland, in der Schweiz und in Italien arbeiteten nahezu Tag und Nacht. Bald zirkulierten in ganz Europa literarische und religiöse Schriften, wissenschaftliche Abhandlungen, Streitschriften und auch Berichte über Schlachten, über Seuchen, über wundersame Erscheinungen und abenteuerliche Reisen.

Die Neue Welt

Am 12. Oktober 1492 vermerkte der Seefahrer Christoph Kolumbus (1451–1506), ein Italiener aus Genua, ein früherer Handelsangestellter, nun Kapitän im spanischen Dienst, in seinem Bordbuch: »Nach Sonnenuntergang kehrte ich wieder zur Westrichtung zurück. Wir kamen mit einer Stundengeschwindigkeit von 12 Seemeilen vorwärts, und bis 2 Uhr morgens hatten wir 90 Seemeilen durchlaufen. Da die Karavelle ›Pinta‹ schneller war als die beiden anderen Schiffe und mir vorgefahren war, so entdeckte man an Bord der ›Pinta‹ zuerst das Land und gab auch die angeordneten Signale. Als erster erspähte dieses Land ein Matrose, der Rodrigo da Triana hieß.«

Das erspähte Land, laut Bordbuch des Kolumbus »mit grün leuchtenden Bäumen bepflanzt, reich an Gewässern und allerlei Früchten«, war die heutige Waitlingsinsel der Bahamagruppe – es war Amerika, die Neue Welt. Die Entdeckung führte zu einer tiefgreifenden Umschichtung der europäischen Wirtschaftsstrukturen. Das scheinbar grenzenlose Riesengebiet des bis dahin unbekannten Kontinents, in das man fast ohne nennenswerten Widerstand vordringen konnte, lieferte Unmengen von Silber und Gold, Rohstoffe und später auch neuartige, in Europa heimisch gewordene landwirtschaftliche Produkte, wie Mais, Kartoffeln, Tomaten, Tabak. Das Netz der alten europäischen Handelsstraßen verlor an Bedeutung, die Verteilung des vielfachen Gewinns erfolgte über neue Routen und Häfen, der Kreislauf des Geldes weitete sich aus; die Entwicklung des Frühkapitalismus mit all ihren positiven und negativen Erscheinungen wurde erheblich beschleunigt, wobei der Adel die althergebrachte Vormachtstellung noch halten, das Bürgertum seine neu gewonnenen wirtschaftlichen und gesellschaftspolitischen Positionen beträchtlich ausbauen konnte. Nur das von den Grundherren im Sinne des feudalen Rechts hart unterdrückte und von der zum Teil schon recht korrupt gewordenen Kirche geschröpfte Dorf blieb, nicht zuletzt auch wegen der veralteten Produktionsmethoden der Landwirtschaft, in Not und Elend zurück. Doch die Bauern, über die Welt bereits besser informiert, rotteten sich einmal da, einmal dort zusammen; sie verlangten zunächst, daß man sie von den unerträglichen Lasten wenigstens teilweise befreie. In den deutschen Ländern entstanden die ersten mehr oder weniger geheimen Kampforganisationen der mittellosen Landbevölkerung: im Gebiet des Bistums Speyer der »Bundschuh«, in Württemberg der »Arme Konrad«; doch sie waren kaum ausgerüstet, hatten auch keine fähigen Führer und wurden nach einigen lokalen Scharmützeln auseinandergetrieben.

Bauernkrieg in Ungarn

Im Frühsommer des Jahres 1514 meuterte in Ungarn ein gegen die Türken in Marsch gesetztes, fast ausschließlich aus Bauern bestehendes Heer. Der Oberbefehlshaber der Armee, György Dózsa, ein Berufsoffizier adeliger Abstammung, stellte sich an die Spitze der Rebellion. Er forderte in einem Manifest Gleichheit für alle Untertanen des Königs von Ungarn und die Abschaffung der feudalen Ordnung. Die »Landlosen« überrannten die Schlösser und Herrenhäuser, ihre Zahl wuchs von Stunde zu Stunde, auch Priester und Mönche gesellten sich zu ihnen, die Meuterei wurde zum ersten, mit geradezu ekstatischer Grausamkeit geführten Bauernkrieg in Europa.

Nach zwei Monaten wechselhaften Kampfes gelang es dem ungarischen Adel, die Bauern zu schlagen und den Aufstand restlos niederzuwerfen. Die Vergeltung war furchtbar. Die Anführer, unter ihnen Pfarrer Lörincz Mészáros, der ideologische Kopf des Bauernheeres, und Tausende der entlaufenen Hörigen und Knechte wurden öffentlich zu Tode gefoltert. Der ungarische Landtag verhängte über alle Bauern des Königreiches die immerwährende Leibeigenschaft und beschloß, daß fortan kein Geistlicher bäuerlicher Abstammung eine höhere kirchliche Würde erlangen dürfe.

Aufstand in Krain

Dennoch brach schon im nächsten Frühjahr im österreichischen Krain, südlich der Save, eine Rebellion unter den slowenischen und kroatischen Bauern aus, die auch auf Kärnten und die Steiermark übergriff. Mit Ausnahme von einigen schweren Ausschreitungen, wie der Sturm auf das Nonnenkloster Studenitz, verlief die Empörung eher glimpflich, wenn auch manche Schloßherren und ihre Frauen gezwungen wurden, Lumpen der Bauern anzuziehen und Feldarbeit zu verrichten. Die Aufständischen schickten eine Delegation zu Maximilian I. nach Augsburg. Sie forderten nichts, sie baten nur um Hilfe gegen die grundherrliche Willkür. Der Kaiser zeigte Mitleid und Verständnis, versprach eine Untersuchung, bestand aber darauf, daß die Bauern die Waffen unverzüglich niederlegten. Die Bauern weigerten sich, worauf eine kaiserliche Armee unter dem Grafen Georg von Herberstein gegen sie ausrückte und ihre Haufen bei Cilli (heute Celje in Jugoslawien) zerschlug. Die Anführer hängte man ohne Prozeß auf dem nächstbesten Baum auf. Die gemeinen Teilnehmer des Aufstandes, die »kleinen Sünder«, kamen mit einer empfindlichen Geldstrafe davon. Die von Maximilian I. tatsächlich befürwortete Untersuchung wurde, weil die Grundherren sich einmütig dagegen aussprachen, niemals durchgeführt. Der Adel schien sich für die Ursachen und inneren

Zusammenhänge der Bauernrevolten nicht zu interessieren und war der Meinung, daß für Ruhe und Ordnung am Land letztlich der Henker zuständig sei.

Im Herbst des Jahres 1517 trat jedoch eine entscheidende Wende ein, die sehr bald, zwar nachweisbar ungewollt, den verzweifelten Bauern das geistige Rüstzeug und die christliche Legitimation für ihren Kampf lieferte.

Martin Luther

Der Augustinermönch Martin Luther (1483–1546), Sohn eines Bergmannes aus Eisleben in Preußen, Magister der Philosophie und Doktor der Theologie, Professor an der Universität von Wittenberg, übersandte seine 95 Thesen gegen den Ablaßhandel* und über den Begriff und Sinn der Buße an den Bischof von Brandenburg und an einige Freunde in Nürnberg. Daß er sie am 31. Oktober 1517 auch an das Tor der Schloß- und Universitätskirche von Wittenberg angeschlagen habe, wird neuerdings bezweifelt, als Legende abgetan. Doch der glaubwürdige Bericht darüber stammt von dem Gelehrten Philipp Melanchthon**. Das öffentliche Anschlagen von Thesen, um eine akademische Diskussion herauszufordern, war damals üblich. Sonst könnte man auch nicht erklären, daß die Kunde von den 95 Thesen schon in etwa vierzehn Tagen alle deutschen Länder durchlief und großes Aufsehen erregte, »als wären Engel selbst Botenläufer gewesen«***. Luther war überrascht, ja sogar bestürzt, doch nicht bereit zurückzustecken. Er vertiefte sich weiter in die Problematik der von Gott stammenden, aber vom Menschen verwalteten Religion, insbesondere was den Stellenwert der päpstlichen Macht betraf. Im Februar des Jahres 1518 legte er dem Bischof von Brandenburg seine Erläuterungen zu den 95 Thesen vor, in denen er bereits eindeutig darauf hinwies, daß die Kirche eine grundlegende Erneuerung brauche und diese herbeizuführen Sache der gesamten Christenheit sei. Die Reformation, die größte geistige und politische Bewegung des ausgehenden Mittelalters, war im Gang.

Nach Österreich drangen die Nachrichten über das Auftreten Martin Luthers anscheinend nur langsam vor; auch der alt gewordene, von Geldsorgen und physischen Schmerzen geplagte Kaiser Maximilian I. erfaßte die Tragweite des Geschehens nicht: halb belustigt, halb verächtlich sprach er von einem »Mönchgezänk«. Doch kaum vier Jahre später mußten seine Enkel, die häßlich geratenen Söhne des schönen Philipp, Karl und Ferdinand, sich mit dem ungemein differenzierten, noch unbekannte Kräfte und Gefahren in sich bergenden und schon außer Kontrolle der staatlichen Obrigkeit geratenen Phänomen einer von sozialen Forderungen getragenen Religionsrevolution an breitester Front auseinandersetzen.

* Die Vergebung von Sünden gegen Barzahlung an eine kirchliche Stelle. Der offene, schamlose Ablaßhandel nahm im 15. Jahrhundert enorm zu, der Kampf gegen ihn gab den unmittelbaren Anstoß zur Reformation. Einer der fleißigsten Ablaßhändler war der Dominikanermönch Johann Tetzel mit seinem berüchtigten Verslein: »Sobald das Geld im Kasten klingt, die Seele aus dem Fegefeuer in den Himmel springt.« Die Umtriebe Tetzels veranlaßten Luther, die 95 Thesen zu verfassen.

** Philipp Melanchthon (1497–1560), Humanist, Professor der griechischen Sprache an der Universität von Wittenberg, Kampfgefährte Luthers, einer der größten Theoretiker der Reformation.

*** Friedrich Myconius in seiner zeitgenössischen Chronik »Historia reformationis«.

Vom Randgebiet zum Vielvölkerstaat

Ferdinand I.

Karl (als König von Spanien Carlos I., als römisch-deutscher Kaiser Karl V.) kam am 24. Februar 1500 in Gent, in Flandern, auf die Welt, Ferdinand (als Erzherzog von Österreich, König von Ungarn, König von Böhmen und römisch-deutscher Kaiser Ferdinand I.) am 10. März 1503 in Alcalá de Henares, in der unmittelbaren Nähe von Madrid. Die Brüder wurden, vorsätzlich voneinander getrennt, auf das geheiligte Herrscheramt vorbereitet: Karl in den Niederlanden, Ferdinand am spanischen Hof. Es waren zweifellos fähige Männer, die aus den frühreifen Kindern perfekte politische Persönlichkeiten zu formen hatten: In der Umgebung Karls wirkte vor allem der gelehrte Priester Adriaan Florisz aus Utrecht, der spätere Papst Hadrian VI., an der Seite Ferdinands der gestrenge spanische Kardinal Jiménez de Cisneros, und, als der fügsame Knabe mit vierzehn Jahren nach den Niederlanden abgeschoben wurde, weil sein älterer Bruder Karl die Regierung in Spanien antrat, auch der berühmte Humanist Erasmus von Rotterdam*. Die Erzieher, für die Öffentlichkeit und für die Nachwelt eher im Hintergrund geblieben, spielten in der politisch-geschichtlichen Entwicklung der habsburgischen Länder eine bedeutende Rolle: sie lieferten die geistige Grundlage zur Ausbildung des systematisch herangezüchteten, in jedem beliebigen Territorium einsetzbaren Machtmenschen. Zu den von ihnen in frommer und erhabener Verpakkung übermittelten und sorgsam eingeschärften Prinzipien gehörten die als historischer Auftrag angesehene Pflicht, den eigenen Machtbereich stets zu vergrößern, der unerschütterliche Glaube an die bestehende Ordnung, das ins Mythische überhöhte dynastische Selbstbewußtsein und die felsenfeste Überzeugung, daß in den Taten des Herrschenden, auch in den härtesten und blutigsten, sich Gottes Wille offenbare. Dazu kam noch das recht umfangreiche, nützliche Beiwerk von konkretem Wissen, wie Fremdsprachen, Geschichte, Geographie, Mathematik, Musik, die Vorschriften der Etikette, Ahnenkunde, militärische Übungen und die Jagd. Die Arbeit an dem auserwählten Kind war überaus intensiv und anstren-

Erziehung der Herrscher

* Der vielgereiste Erasmus von Rotterdam (um 1466–1536), Doktor der Theologie, Philologe, hervorragender Stilist und Briefschreiber, Kommentator und Herausgeber antiker Schriften, gehörte zu den geistigen Vorbereitern der Reformation, wandte sich aber später gegen Luther; er stand unter anderem als Königlicher Rat auch in den Diensten Karls V.

gend, und sie war fast immer auch ein Wettlauf mit der Zeit, denn schon ein sechzehnjähriger Prinz sollte in der Lage sein, folgenschwere Entscheidungen zu treffen, die volle Verantwortung seiner Macht tragen zu können.

Karl V. war erst sechs Jahre alt, als er, zunächst freilich rein formell, aber immerhin mit einem Hofstaat von dreiundneunzig Personen ausgestattet, die Verwaltung der Niederlande übernahm. Mit sechzehn Jahren wurde er, seiner Stellung bereits voll bewußt, zum König von Spanien gekrönt, mit neunzehn zum römisch-deutschen Kaiser gewählt. Die deutschen Kurfürsten schworen, daß sie die Wahl »nach aller Vernunft, mit Gottes Hilfe, ohne alles Gedinge, Sold, Lohn oder Verheißung« treffen würden, wobei sie sich eifrig und offen um »Gedinge, Sold, Lohn und Verheißung«, von den Zeitgenossen kurz »die Handsalben« genannt, bemühten. Der französische König François I. (1494–1547), aussichtsreicher Kandidat für die römisch-deutsche Krone, versprach für den Fall eines Wahlsieges die Verteilung von großen Summen, Titeln, Privilegien und auch die Hände einiger kostbarer, politisch bestens verwertbarer Damen. Ansehnli-

Kaiser Karl V. Porträt von Bernard von Orley

che Beträge wurden bereits vorgeschossen, Bildnisse hochwohlgeborener Jungfrauen und Witwen verteilt, doch Karl V. konnte mehr bieten. Jakob Fugger setzte auf ihn, weil der junge, zweifellos sehr begabte französische König als launenhafter Verschwender und unsicherer Schuldner schon einen bedenklichen Ruf hatte. So schlossen sich auch einige Bankiers aus Genua und Florenz dem Hause Fugger an, das dann die Kaiserwahl mit etwa einer Million Goldgulden zugunsten des Habsburgers entschied, wodurch auch der Gang der europäischen Geschichte bis zum Ende des Zweiten Weltkrieges nachhaltig beeinflußt wurde. Denn ein französischer König als römisch-deutscher Kaiser hätte die beiden Nationen, wenn auch lose, vereinigt. Mit der Wahl des zum Spanier gewordenen Burgunders Karl V. begann der deutsch-französische Kampf um die Vormachtstellung in Europa, der dann nach und nach zur unseligen, von oben herab künstlich genährten »Erbfeindschaft« der beiden Völker entartete.

Ferdinand blieb indessen in der Reserve, ein voll ausgebildeter Herrscher ohne Land im Warteraum der Macht, bereit für den Einsatz, sollte seinem

Kaiser Ferdinand I. Porträt von Jan Cornelisz Vermeyen

drei Jahre älteren, mächtigen Bruder, der ihn nun schon diskret überwachen ließ, etwas zustoßen. Er fand sich mit seiner Rolle anscheinend ab, obwohl der spanische Adel ihn, den Spanier nach Geburt und Erziehung, viel lieber auf dem Thron gesehen hätte als den fremden, obendrein recht unfreundlichen, verschlossenen und undurchdringlichen Karl V. Die zeitgenössischen Quellen, darunter die schärfsten Augen und Ohren des damaligen Europa, die Agenten und Diplomaten der Republik Venedig, schildern Ferdinand als einen heiteren, gelassenen jungen Mann, der sich offenherzig zeige, seine Gefühle jedoch geschickt verbergen könne. Sie bescheinigten ihm Fleiß und Ausdauer, eine schnelle Auffassungsgabe und einen angeborenen Spürsinn. Er liebe und schätze Wissenschaft und Kunst, neige aber auch zur Prunksucht, hasse jedoch schlüpfrige Späße und wüste Trinkgelage. Sein Äußeres sei eher mittelmäßig, er habe eine hagere Gestalt, schöne dunkle Augen, rötliches Haar, ein hervorspringendes Kinn und eine dicke, ein wenig herabhängende Unterlippe; er könne aber, im Gegensatz zu seinem Bruder Karl V., den Mund vollständig schließen. Obwohl im Gesicht sehr blaß, sei er an Leib und Seele gesund.

Karl V. und Ferdinand I.

Karl V. mißtraute ihm. Doch Ferdinand lieferte dazu, außer der Tatsache, daß er am Leben war, keinen Grund. Die Achtung der dynastischen Reihenfolge wurde ihm von seinen Erziehern als Gebot Gottes unauslöschlich eingeimpft. Er bemühte sich sogar, seinen ganz und gar nicht liebenswerten Bruder zu lieben, er bewunderte ihn und diente ihm, sooft er dies nur wünschte. Die Liebe zu den Mitgliedern der Dynastie, der Familie Habsburg, war in der mannigfaltigen Ausbildung der minderjährigen Majestäten fest eingeplant. Karl V. liebte seinen jüngeren Bruder programmgemäß. Nachdem er ihn aus Spanien hatte entfernen lassen, dachte er daran, Ferdinand in irgendeiner Form an der Macht zu beteiligen. Am günstigsten erschien ihm die Verwaltung der östlichen Randgebiete seines ausgedehnten Reiches, in dem die Sonne bekanntlich nicht unterging.* Österreich interessierte ihn kaum, er sagte einmal, wenn die Städte Metz und Wien gleichzeitig vom Feind bedroht wären, so würde er eher Metz als Wien zu Hilfe eilen. Auf die erbitterte Konfrontation mit dem König von Frankreich fixiert, nahm er die mögliche Gefahr einer türkischen Invasion nur vage zur Kenntnis. Er dachte wohl auch daran, daß es gar nicht von Nachteil wäre, wenn Ferdinand, mit den Osmanen beschäftigt, keine Gedanken daran verschwenden könnte, seine Herrschaft nach Süden oder Westen vorzuschieben oder gar die Position seines älteren Bruders einzunehmen.

Teilungsvertrag

Im Teilungsvertrag von Worms (28. April 1521) überließ Karl V. seinem Bruder Nieder- und Oberösterreich, die Steiermark, Kärnten und Krain, neun Monate später, im Brüsseler Vertrag (7. Februar 1522), gab er großzügig noch bedeutende Besitztümer dazu: das Land Tirol, Gebiete in Schwaben und im Elsaß, die Grafschaft Görz, Gradiska und das Pustertal,

* Was Karl V. allerdings nicht wußte, da ihm die Zeitverschiebung zwischen den spanischen Besitztümern in Amerika und den europäischen Ländern nicht bekannt war. Die vielzitierte Schilderung der habsburgischen Großmachtstellung stammt aus Friedrich Schillers Drama »Don Carlos« aus dem Jahr 1787, in dem Karl V. übrigens gar nicht in Erscheinung tritt.

Der junge Karl V. zieht in Brügge ein. Miniatur 1515

Friaul und die Hafenstadt Triest, den geopolitisch und wirtschaftlich wichtigen Zugang zum Meer. Ob dabei die pflichtschuldige Bruderliebe oder das Bedenken, Ferdinand könnte, in die unergiebige Rolle eines kleinen Provinzherrschers gedrängt, doch noch gefährlich werden, die ausschlaggebende Motivation für die zweite, überraschende Vereinbarung war, bleibt eine Frage, die man nicht mit Sicherheit beantworten kann. Das Abkommen beinhaltete allerdings auch ein für Karl V. anscheinend vordringliches Tauschgeschäft: der neunzehnjährige Ferdinand mußte, zwar im Deutschen Reich formell zum Stellvertreter seines älteren Bruders, des Kaisers, ernannt, auf seine eventuellen Ansprüche in Burgund, Spanien und in Amerika für immer verzichten.

Ferdinand in Österreich

Im Herbst des Jahres 1521 betrat Ferdinand das erste Mal österreichischen Boden, den heißen Boden eines kalten, von Wirren und Nöten heimgesuchten, feindseligen Landes. Man lehnte den Fremden, den Spanier, der vorerst kaum ein deutsches Wort verstand und eine stattliche Gefolgschaft, einen fast kompletten Regierungsapparat spanischer Würdenträger mitbrachte, schroff ab. Doch er setzte sich, mühsam und schrittweise, durch. Sein unbeirrbares Sendungsbewußtsein, über Österreich autoritär und absolut herrschen zu müssen, sein taktisches Geschick, seine Fähigkeit, schwierige, weitverästelte politische Probleme rasch und richtig einzuschätzen, wenn notwendig, warten, wenn unumgänglich, auch nach-

geben zu können, führten allmählich zum Erfolg. Die Kasse des Bank- und Handelshauses Fugger trug zur Stabilisierung der landesfürstlichen Macht ebenso bei wie das – immerhin nur sparsam in Anspruch genommene – Richtschwert des Henkers.
Ferdinand erkannte klar, daß die Existenz des sogenannten »neuen Regiments« in Wien und in Niederösterreich mit seinen ständisch-republikanischen Verwaltungsformen einen äußerst gefährlichen Präzedenzfall darstellte; er schaffte es unter dem Schein der Legalität mit List und Gewalt aus der Welt. Von seiner Warte aus gesehen war es zweifellos ein kühl und umsichtig vorbereiteter Schritt, die Empörung darüber schwand, wie dies in Sachen fragwürdigen Vorgehens im politischen Bereich fast immer der Fall ist, mit der Zeit völlig. Ein Schiedsgericht wurde nach Wiener Neustadt berufen, das in Anwesenheit Doktor Martin Siebenbürgers und seiner Freunde, Repräsentanten des »neuen Regiments«, über dessen Rechtmäßigkeit befinden sollte. Ferdinand führte selbst den Vorsitz, Herren seines spanischen Gefolges waren die Richter. Das Urteil stand von vornherein fest: die zur Rechtfertigung des »neuen Regiments« vorgebrachten Argumente und Beweise wurden verworfen, acht seiner Mitglieder, darunter auch Universitätsprofessor Doktor Siebenbürger, schuldig gesprochen und an Ort und Stelle hingerichtet. Die Stadt Wien verlor ihre Freiheiten und Privilegien. Das eingeschüchterte Bürgertum verhielt sich in den nächsten Jahren auch relativ still. Nicht aber das Land. In den Dörfern und kleinen Industriesiedlungen, vornehmlich in Tirol und in der Steiermark, gärte es. Was die sorgsam ausgesuchten Erzieher der Fürstenkinder sich bis dahin niemals vorstellen konnten, was in ihrem umfassenden Lehrplan noch mit keiner Silbe Erwähnung fand, geschah: das Volk stand auf.

Das Ende der Wiener Regierung

Nachrichten aus dem süddeutschen Raum, wo sich die Bauern schon zu Beginn des Jahres 1525 erhoben, bereiteten zwar den Boden vor, zählten aber keineswegs zu den auslösenden Momenten. Der sprichwörtliche

Die Enthauptung Martin Siebenbürgers und seiner Freunde in Wiener Neustadt. Tafelbild eines anonymen Künstlers

Funke sprang, wie stets beim Ausbruch einer Revolution, auch diesmal aus mehr oder weniger undurchschaubaren und nebensächlichen Anlässen auf das imaginäre Pulverfaß über und brachte den schon seit langem aufgestauten Zündstoff aus Verzweiflung und Zorn, Erkenntnis und Hoffnung zur Explosion. Am 10. Mai 1525 sollte in Brixen in Tirol ein Fischer namens Peter Passler wegen verschiedener Gewalttaten und wegen Umgehung der Landesgesetze hingerichtet werden. Empörte Bauern und Handwerker befreiten ihn und zogen nachher siegestrunken von Ort zu Ort. In wenigen Tagen brach im gesamten Gebiet zwischen Meran und Kitzbühel eine gewaltige Rebellion aus. Als einige Tage später in Gastein das gegen zwei Salzführer (Transportarbeiter) gefällte Todesurteil vollstreckt wurde, griffen ihre Gefährten und auch die Bewohner der umliegenden Dörfer zu den Waffen. Die Unruhen erfaßten das Enns- und das Murtal. Freischärlertruppen, aus mehreren tausend Bergknappen und Bauern gebildet, überrannten die befestigten Schlösser und Städte. Sie nahmen Salzburg und besetzten Schladming im Ennstal, wo sie in einer wilden Straßenschlacht das Heer der steirischen Stände unter Siegmund von Dietrichstein fast vollständig vernichteten und elf Geschütze, die Kriegskasse sowie eine große Menge von Waffen und Munition, Pferde und Wagen erbeuteten. Nun stellte sich der geschockte Adel auf die Seite des unbeliebten Ferdinand, auf die Seite des feudalen Rechts, sammelte Geld, rüstete Söldnertruppen aus und begann an mehreren Fronten, im Waldviertel, im Donautal, entlang der Enns und der Mur mit der überlegen geführten Gegenoffensive. Gegen Salzburg rückten Kontingente des Schwäbischen Bundes, einer militanten Vereinigung von Adel und Bürgertum, vor. Am 31. August schlossen die bedrängten Bauern durch Vermittlung des Bischofs von Chiemsee, des nachsichtigen und verständnisvollen Berthold Pürsinger, einen günstigen Waffenstillstand: sie verpflichteten sich, für die angerichteten Schäden 14 000 Goldgulden zu zahlen, und durften straflos abziehen. Am 8. Oktober stürmten Regierungstruppen, von Niklas Graf Salm angeführt, die Stadt Schladming, das Zentrum des Aufstandes im Ennstal, steckten sie in Brand, plünderten und zerstörten die Dörfer im weiten Umkreis. Zahlreiche Bauern, auch Frauen, wurden erschlagen oder gehenkt. Dennoch flackerte die Revolte im März des Jahres 1526 noch einmal auf: die Bauern belagerten Radstadt, wurden aber von den rasch herbeigeholten Truppen des Schwäbischen Bundes* zersprengt. Die Anführer hängte man auf, die »Gemeinen« mußten eine »Brandsteuer« von vier Gulden entrichten.

Bauernkrieg

In Tirol konnten sich die aufständischen Bergknappen und Bauern, wesentlich besser organisiert als die oft wahllos mordenden und plündernden Haufen in der Steiermark und im Salzkammergut, auf demokratische Traditionen des Landes gestützt, erfolgreich halten und nach dem Abflauen der Unruhen bedeutende Konzessionen erreichen. Ihr Anführer, Michael Gaismair (1490–1532), Sohn eines Bergknappen, Sekretär des Bischofs von Brixen, später Zolleinnehmer in Klausen, ein im Grenzbereich des frühkapitalistischen Arbeitermilieus und der späthumanistischen Gei-

Michael Gaismair

* Vereinigung der katholisch gesinnten schwäbischen Stände für die Aufrechterhaltung des Landfriedens. Sie hatte eine Armee von 12 000 Mann.

steswelt angesiedelter Prototyp des mitreißenden Revolutionärs, ein überaus fähiger Politiker und Stratege, vertrat ein ziemlich radikales, zum Teil utopistisch-kommunistisches, doch in vielerlei Hinsicht erstaunlich modernes und klares Konzept. Seine »Tiroler Landesordnung« verlangte Gleichheit für alle Menschen. Die Regierung sollte aus Gelehrten, Bergarbeitern und Bauern zusammengesetzt, die Bergwerke und der Handel verstaatlicht, der gesetzlich geregelte Lohn in Bargeld ausbezahlt, das Land unter den Bauern verteilt werden. Der Entwurf schlug auch eine Art staatliche Fürsorge für Alte und Kranke vor, weiterhin die Errichtung einer allgemein zugänglichen Universität in Brixen und, um das Leben der Bauern zu verbessern, die Anpflanzung von Ölbäumen, Gewürzen, neuen Wein- und Getreidesorten und die Trockenlegung von Sümpfen.

Michael Gaismair sah in dem Aufstand nicht wie die meisten Anführer der Rebellion in den deutschen Ländern und in Österreich ein Strafgericht über die Reichen, ein gottgefälliges Werk der Rache und der Zerstörung, sondern ein Mittel für die Schaffung eines neuen, funktionsfähigen und humanen Gemeinwesens. Er dachte und handelte planmäßig, war auch der einzige unter den vielen Kommandierenden der verschiedenen Bauernhaufen, der eine gezielte Außenpolitik betrieb. Er knüpfte Kontakte zu der Republik Venedig und zu den Schweizer Eidgenossen, um der rechtmäßigen Regierung gegenüber ein Druckmittel in der Hand zu haben, die Bewegung aus ihrer Isolation herauszuführen und durch eventuelle politische Tauschgeschäfte, wenn nötig auch durch Gebietsabtretung, international abzusichern. Ferdinand nahm Michael Gaismair durchaus ernst; er vergaß ihn auch nach Jahren des Kampfes in Tirol nicht. Im April 1532 ließ er ihn in seinem Exil in Padua ermorden.

Tiroler Bauernparlament

Die Anregungen und Entwürfe Gaismairs, wohl in recht gemäßigter Form, tauchten auch in den »Meraner Artikeln« des revolutionären Tiroler Bauernparlaments auf. Die althergebrachte Ordnung, die oberste Regierungsgewalt des Landesfürsten, wurde voll und ganz anerkannt, die notwendigen Reformen sollten daher von ihr ausgehen: die Abschaffung der Leibeigenschaft und der Fronarbeit, Einführung eines einheitlichen, für alle Untertanen im gleichen Maß gültigen Rechts, Freigabe der Jagd und der Fischerei für jedermann, freie Wahl der Pfarrer durch die Gemeinden, Verwendung eines Teils von kirchlichen Einnahmen für die Gründung von Spitälern, Ausarbeitung eines geordneten und übersichtlichen Systems für Maße und Gewichte, um Betrügereien zu unterbinden.

Darüber ließ sich verhandeln. Ferdinand, immerhin in einer Notlage, in der man eine hinhaltende Taktik weiterer Gewaltanwendung vorzog, gab nach. Er sah ein, daß der unpopuläre Kampf gegen die Bevölkerung von Tirol das reiche Land, die wichtigste wirtschaftliche Basis seiner Macht, zu ruinieren drohte und seine ohnehin nicht sehr sichere Stellung in Österreich noch mehr untergrub. Er befürchtete auch, daß die Republik Venedig die Gelegenheit wahrnehmen würde, an der Seite der Aufständischen eine militärische Operation zu beginnen, mit dem Ziel, Triest und die Gebiete um den Gardasee zu erobern. Daß sich die verbitterten Tiroler von Österreich lossagen und der Schweizer Eidgenossenschaft anschließen könnten, lag ebenfalls im Bereich des Möglichen. Der Landtag

Schwörende Bauern. Titelbild einer Flugschrift. Holzschnitt, Anfang des 16. Jh.

in Innsbruck befaßte sich daher geradezu wohlwollend mit den Forderungen des Meraner Bauernparlaments. Verschiedene Arten der Fronarbeit wurden abgeschafft, den Bauern Freiheiten und Vergünstigungen zugestanden; sie durften fortan unter anderem ihre Felder einzäunen (was die herrschaftliche Jagd erheblich störte), und sie durften, was schon lange einer ihrer sehnlichsten Wünsche war, Hunde halten. Über eine exemplarische Bestrafung der Rebellen fiel kein Wort.

Überall, wo die Bauern sich erhoben, beriefen sie sich auf die zum Teil mißverstandene Lehre des Martin Luther, auf das in der Heiligen Schrift verankerte »göttliche Recht«, das sie veranlaßt habe, für ihre Sache, für eine von Jesus Christus verkündete gerechte Ordnung in der Welt, zu kämpfen. Nun drangen aber die Ideen der Reformation bereits auch tief in die Kreise des Adels ein, sie verursachten nicht nur eine allgemeine Unsicherheit, was die bestehenden Werte der auf das katholische Dogma aufgebauten Gesellschaft betraf, sie schufen auch eine bewegte Atmosphäre der Polemiken und Analysen, die wiederum das Denken und Handeln in neue Bahnen lenkte. Selbst auf die militärischen Anführer der gegen die Aufständischen eingesetzten Truppen machten die Parolen der Bauern, ihr verzweifelter Kampfgeist und ihre leidenschaftliche Argumentation einen nachhaltigen Eindruck: Siegmund von Dietrichstein, den die Rebellen in Schladming gefangengenommen und großmütig behandelt hatten, versuchte nach seiner Freilassung zu vermitteln, und Niklas Graf Salm, der die Stadt zerstören und plündern ließ, bat Ferdinand, nach der einmaligen, gewiß notwendigen Vergeltung unverzüglich Milde walten zu lassen.

Schon im Jahr 1521 erschienen die ersten Schriften mit Gedankengut der Reformation in Wien. Ein Jahr später wurde im Stephansdom bereits offen gegen den Zölibat gepredigt. Im Herbst 1524 druckte man in Linz mehrere lutheranische Flugblätter und Traktate. Namhafte Adelsfamilien traten zur neuen Lehre über, die Dietrichstein, die Schaunburger, die Khevenhüller, die Starhemberg. Gegen Ende der Bauernrevolte waren die österreichischen Länder überwiegend vom evangelischen Glauben durchdrungen. Ferdinand schien, zumindest in den ersten Jahren seiner Regierungszeit, der raschen Verbreitung der Reformation so gut wie machtlos gegenüberzustehen. Er bekämpfte sie zwar, weniger aber aus religiöser Überzeugung (er plädierte unter anderem auch für die Abschaffung des Zölibats), sondern weil er, anders als sein Bruder Karl V., die enorme politische Bedeutung der neuen Lehre keineswegs unterschätzte; er wußte wohl, daß mit ihrem schier unaufhaltsamen Triumphzug früher oder später auch die Einschränkung oder gar die Beseitigung der absoluten Herrschergewalt einhergehen müsse. Doch er schwankte, er konnte sich zu einem harten Durchgreifen nicht entschließen. Demnach wurde auch das Verbot, die Schriften der Reformation zu drucken, zu verbreiten und zu lesen – das erste Zensurgesetz in Österreich –, kaum beachtet. Die Professoren der Wiener Universität weigerten sich, eine Liste der gefährlichen Bücher zusammenzustellen. Sie begründeten ihre Weigerung damit, daß sie zu dieser Aufstellung gar nicht imstande gewesen wären, da sie, als folgsame Untertanen, die ketzerischen Traktate nicht gelesen hätten, was jedoch der Wahrheit sicherlich nicht entsprach. Am 20. August 1527 erließ Ferdinand eine scharfe Verordnung gegen die Lutheraner:

Reformation

»Wer in Zukunft wider die zwölf Artikel des christlichen Glaubens und die sieben Sakramente lehrt und sich hierdurch als Ketzer erweist, der wird nach der Größe seines Vergehens an Leib und Leben gestraft, seine Güter werden konfisziert, er verfällt der Acht, ist als ehrloser Mensch zu keinem Amt tauglich, ihm wird keine Verschreibung eingehalten, er hat kein Recht, zu kaufen und zu verkaufen oder eine Hantierung und ein Gewerbe zu treiben, er darf nicht testieren und erben«; und: »Wer das Verdienst der Fürbitten für die armen Seelen leugnet, die falsche Lehre von der christlichen Freiheit verkündet und behauptet, daß aller Besitz gemeinsam sei und kein Christ in der Obrigkeit sitzen soll, wird mit dem Schwert gerichtet.«

Der Erlaß nützte nichts. Die Behörde ging gegen die Verkünder und Befürworter von Reformationsgedanken nur in wenigen Fällen bis zum Äußersten. In Wien gab es zunächst nur ein Todesopfer: der Bürger Cas-

Siegmund von Dietrichstein. Porträt eines anonymen Künstlers

par Tauber wurde, da er nicht bereit war, seine öffentlich verbreiteten »Irrtümer« zu widerrufen, am 17. September 1524 vor dem Stubentor enthauptet. Unbarmherzig hatte man hingegen, wahrscheinlich um dadurch das eigene Gewissen zu beruhigen, dem »Sittenverfall« doch nicht untätig zugeschaut zu haben, das schwächste Glied der »Glaubensfeinde«, die fanatische Sekte der Wiedertäufer, verfolgt. Ihre Anhänger lebten in Kommunen, predigten die Gewaltlosigkeit und die Gütergemeinschaft, verwarfen die Grundprinzipien der katholischen Lehre, indem sie Christus nur als Propheten, die Dreifaltigkeit hingegen überhaupt nicht anerkannten und die Taufe als Zeichen der Aufnahme in die heilige Gemeinde an Erwachsenen vollzogen. Vor allem in der Gegend von Kitzbühel, Hall und Sterzing schlossen sich zahlreiche Bauern, Bergarbeiter und Bürger der Sekte an, die aber im Hochadel keine mächtigen Beschützer fand und allmählich unterging: ihr »Bischof«, der Mönch Leonhard Schiemer von Vöcklabruck, wurde in Rattenberg hingerichtet, der redegewandte »Prinzipal«, Jakob Huter, ein einfacher Bauer aus dem Pustertal, in Innsbruck auf den Scheiterhaufen geschleppt, der eifrige Organisator und Ideologe, Balthasar Hubmaier, ein ehemaliger Professor der Theologie aus Ingolstadt, auf der Erdberger Lände bei Wien verbrannt, seine Frau in der Donau ertränkt. Auch in Graz und in Bruck an der Mur wurden »Brüder« und »Schwestern« der Wiedertäufergemeinden hingerichtet, in Tirol behandelte man sie mit der Zeit eher verständnisvoll oder vorsichtig; sie konnten der Ketzerei mittels einer einfachen Formel abschwören oder mußten das Land verlassen. Viele von ihnen gingen nach Mähren, wo sie auf gepachtetem Grund und Boden landwirtschaftliche und Handwerksgenossenschaften errichteten und über Jahrzehnte hindurch unbehelligt leben konnten.

Aufgezwungene Toleranz

Daß es in Österreich zu keinem gnadenlosen Religionskrieg kam, war zweifellos das Verdienst Ferdinands, die positive Folge seiner teils zaghaften, teils besonnenen Haltung. Allerdings wurde ihm die Toleranz im Kampf um die strittigen Glaubensfragen durch folgenschwere außenpolitische Ereignisse, die zeitweilig seine ganze Aufmerksamkeit gefordert hatten, mehr oder weniger aufgezwungen. Die Türken brachen in Mitteleuropa ein und schufen damit die gravierenden Voraussetzungen für die Errichtung der Donaumonarchie, die dann Ferdinand, der aus Spanien angereiste Fremde, beharrlich und umsichtig zu nützen verstand. Ohne das große Gastspiel der Osmanen zwischen Donau und Theiß und vor den Mauern von Wien hätte es in der Mitte und im Osten Europas wahrscheinlich kein übernationales Österreich gegeben, eine Vereinigung der Auseinanderstrebenden, die aber in der Not erkannten, daß sie aufeinander angewiesen waren, die einander stets mit kaum verhehltem Mißtrauen begegnet, in den kleinen, scheinbar unwesentlichen Details aber so etwas wie einen Familiensinn entwickelt haben, der sie, zwar niemals in einer Einheit, aber in einer Gesamtheit des vertrauten Nebeneinanders zusammenhielt.

Der Begriff Österreicher

Ob die Donaumonarchie der Habsburger, vorerst nur vom Hof, dann vom Hochadel, von der Beamtenschaft und von der Armee, aber kaum vom Volk getragen, eine historische Notwendigkeit war, darüber streiten, nach ihrer politischen Überzeugung oder nationalen Zugehörigkeit, Geschichtswissenschaftler, Publizisten, Politiker und Ökonomen noch heute. Sie war eine historische Tatsache, zweifellos im Bereich oder zumindest an der Grenze des Notwendigen entstanden. Sie war in manchen Zügen und in manchen Jahren gewiß ein »Völkerkerker«, aber doch mehr und öfter ein geräumiges, ein wenig verwahrlostes Haus mit mehr Sonne und mehr Ruhe, mit weniger Schrecken und weniger Not, als es dies in den anderen großen Staaten Europas in all den Jahrhunderten gab. Die Österreicher wollten sie ursprünglich nicht, und sie selbst war, wie so vieles in der oft paradoxen Entwicklung dieses paradoxen Staates, ein Werk von Fremden, um dann allmählich zum geistigen und materiellen Eigentum der Österreicher zu werden, wobei der Begriff Österreicher mehr die Zugehörigkeit zu einem Phänomen, einer Mentalität, einer Geisteshaltung bedeutet als zu einer im engstirnigen Sinn verstandenen nationalen Gemeinschaft.

Am 29. Mai 1453 eroberten die Türken das schon lange umzingelte Konstantinopel. Der letzte Kaiser von Byzanz, Konstantin XI. Dragades Paläologos, starb im Tumult des türkischen Sturmangriffs, seine Leiche wurde an seinen purpurnen Schuhen erkannt, Zeichen der nun für immer untergegangenen Macht eines oströmischen Herrschers. Sultan Mehmed II. Fati, der »Eroberer«, erst dreiundzwanzig Jahre alt, unter dem Pseudonym Auni auch ein recht begabter Dichter, ritt stolz und ergriffen in die mächtige Kirche Hagia Sophia ein, die sogleich in eine Moschee umgewandelt wurde. Da er Konstantinopel, das heutige Istanbul, zu seiner Residenz und zur Hauptstadt des türkischen Reiches erhob, hielt sich das Morden und Plündern in Grenzen. Der Sultan gestattete den Bewohnern die freie Religionsausübung, und er ließ, zum Verdruß Roms, auch einen griechischen Patriarchen installieren.

Türkische Expansion

Zu Beginn des 16. Jahrhunderts umfaßte das Reich der Osmanen bereits ein Riesengebiet: die Fürstentümer am Balkan, Griechenland, die Halbinsel Krim, die polnische Moldaugegend, Armenien, Syrien, Palästina und Ägypten waren türkische Provinzen oder Vasallenstaaten. Am 29. August 1521 fiel Belgrad, die »weiße Stadt«, die Schlüsselposition des damaligen ungarischen Verteidigungssystems an der unteren Donau. Nun bettelten die Ungarn um Hilfe, ihre Gesandten suchten die Höfe Europas auf, um die tödliche Gefahr aus dem Südosten zu schildern. Doch diese war längst bekannt. Zwischen der Hohen Pforte und den zerstrittenen Machtzentren des Abendlandes herrschte reger Verkehr; Höflichkeiten, Geschenke und Informationen wurden ausgetauscht, verkappte Drohungen deponiert. Die friedliche Zusammenarbeit machte auch vor dem militärischen Bereich nicht halt. Deutsche und italienische Stückemeister sorgten für die

Hof eines türkischen Palastes mit Gesandten. Zeitgenössische Miniatur

Aufstellung einer schlagkräftigen türkischen Artillerie. Das war kein Geheimnis mehr, das Agentennetz von Venedig funktionierte tadellos, es versorgte nicht nur die Behörden der Republik, sondern auch Paris, die Fugger-Stadt Augsburg, Madrid und London mit verläßlichen Nachrichten. So war man auch über den neuen Sultan Suleiman II., mit dem Beinamen »el Kanuni«, der Gesetzgeber, im Bilde, man wußte, daß der fünfundzwanzig Jahre alte, verschlossene und wortkarge Mann mit dem schmalen Adlergesicht, ein Einsamer auf der einsamen Höhe der absoluten orientalischen Macht, nicht nur bedeutende innere Reformen in Angriff nehmen, sondern auch weitreichende Pläne in der Mitte Europas verwirklichen wollte. Und er stand unter Zeitdruck: ein mißglückter Staatsstreich der Janitscharen, der ihn beinahe das Leben kostete, zwang ihn zum Handeln. Sein bester Freund, sein einziger, der Großwesir* Ibrahim, ein Grieche, der Dante las und Gedichte in persischer Manier schrieb, suchte die politische Lösung der gespannten Lage in einem großangelegten Feldzug gegen das christliche Abendland.

Sultan Suleiman II.

Papst Klemens VII., vormals Giulio de' Medici, seit zwei Jahren auf dem Stuhl Petri und schon befehdet und beschimpft, fand die Berichte aus dem Südosten »traurig und beunruhigend«. Doch für ihn stand der wahre Feind des Glaubens, der Antichrist, nicht an der Donau, sondern innerhalb des eigenen Lagers, im finsteren, unheimlichen deutschen Land. Es war Martin Luther, der Reformator, seit dem 13. Juni 1525 mit der ehemaligen Ordensfrau Katharina von Bora verheiratet; er brachte seine neueste Ketzerschrift »Deutsche Messe und Ordnung des Gottesdienstes« soeben ungehindert unters Volk. Gegen ihn und seine mächtigen Beschützer müßte die Christenheit vereint, entschlossen und mit allen Mitteln vorgehen, meinte der Papst, und auch gegen den spanischen Habsburger, Kaiser Karl V., der dem Heiligen Stuhl hochmütig den Gehorsam verweigere. Mit ungeheurem Fleiß und diplomatischem Feingefühl konnte Klemens VII. am 22. Mai 1526 die Heilige Liga von Cognac unter Dach und Fach bringen, eine geschäftige französisch-italienische Allianz, nicht aber gegen den Sultan, der sich bereits auf dem Vormarsch befand, sondern gegen den römisch-deutschen Kaiser, der wiederum seinen allerchristlichsten Rivalen**, den König von Frankreich, François I., bei Pavia in Italien mit Waffengewalt schlug und gefangennahm. Die Ungarn, die in Rom immer wieder aufkreuzten, wurden vertröstet, gesegnet und mit leeren Händen entlassen. Selbst Luther befürwortete ihre Sache nicht: »Gegen die Türken zu kämpfen heißt sich gegen den Herrn zu wenden, der uns um unserer Sünden willen mit solchen Geißeln heimsucht.«

Die Heilige Liga von Cognac

Auch Ferdinand konnte seinem Schwager Lajos II., König von Ungarn und Böhmen, nicht helfen. Das in manchen osteuropäischen und angelsächsischen Geschichtswerken gezeichnete Klischeebild, er hätte dem Untergang der Nachbarn gleichgültig zugeschaut, um dann die reiche Beute aus den leichenübersäten Trümmern zu holen, stimmt nicht. Es fehlte ihm, kaum einige Monate nach dem Bauernkrieg, in ständiger Auseinanderset-

* Erster Staatsbeamte im türkischen Reich, meist auch Oberbefehlshaber des Heeres.

** Den Titel »Rex christianissimus«, »Allerchristlichster König«, erhielten die Könige von Frankreich von Papst Paul II. im Jahr 1469.

zung mit dem lutheranisch gewordenen Adel, an Geld, an fähigen Beratern, an Lebensmitteln, an verläßlichen Truppen. Die Türkengefahr an der unteren Donau erschien dem in Österreich noch kaum heimisch gewordenen Erzherzog als ein eher fernes, abstraktes Unheil, das die tapferen Ungarn wahrscheinlich noch würden abwehren können. Sie stellten sich am 29. August 1526 in der weiten Ebene von Mohács, einer kleinen Stadt in Südungarn, tatsächlich zur Schlacht. Es war das letzte Ritterheer der europäischen Geschichte, ein verlorener Haufen, bloß 24 000 Mann, Aristokraten und Kirchenfürsten mit ihren Dienern, hoch zu Roß, vornehm, farbenprächtig, altmodisch bewaffnet. Sie führten so gut wie keine Artillerie mit und auch keine Fußtruppen, denn sie hatten seit dem verheerenden Bauernaufstand unter György Dózsa mehr Angst vor den Besitzlosen, vor den eigenen Knechten, als vor den Streitern des Islams. Ihr Schlachtplan war demgemäß denkbar einfach: ein einziger entfesselter Sturm sollte das türkische Zentrum zerschlagen, den Sultan zum Rückzug zwingen. Großwesir Ibrahim – ob darüber bereits genau informiert oder, als exzellenter Schachspieler, von Instinkt und Logik geleitet – stellte sich darauf ein. Seine Rechnung ging auf.

Geburtsstunde der Donaumonarchie

Drei tiefgestaffelte Linien, insgesamt 150 000 Mann, erwarteten den Ansturm der Ungarn. Hinter den vordersten Reihen, von ihnen vollständig verdeckt, stand die Artillerie, dreihundert Kanonen in breiter Front, mit langen Eisenketten aneinander befestigt, ein tückisches Hindernis für die schwergepanzerten Reiter. Die Ungarn preschten, wie erwartet, in scharfem Trab vor, fegten die ersten Reihen der Janitscharen weg, stürmten weiter gegen das Zentrum und erblickten schon das Prunkzelt des Sultans. Die Türken wankten planmäßig, sie ergriffen die Flucht, aber nicht nach hinten, sondern nach rechts und nach links, und gaben somit das Schußfeld für die Artillerie frei. Die Reiter rasten, bereits siegestrunken, in das konzentrierte Feuer der Geschütze. Wer nicht sofort fiel, prallte an das aus Kanonen und Ketten gebaute Hindernis und wurde von den nun vorrückenden Türken von allen Seiten überrannt. Zweiundzwanzigtausend Ungarn fanden auf den Wiesen von Mohács den Tod, die »Blüte der Nation«, wie die Chronisten klagten, beinahe die gesamte Führungsschicht des Landes, Bannerherren, Hofschranzen, Kirchenfürsten, die Leiter der lokalen Verwaltung, Politiker, Diplomaten. Die Schlacht, gleichsam die Geburtsstunde der Donaumonarchie, dauerte kaum neunzig Minuten, sie endete in einem tosenden Wolkenbruch.

König Lajos II., ein schmächtiger Jüngling von einundzwanzig Jahren, schon vor der Eröffnung der Kampfhandlungen totenblaß und halb ohnmächtig vor Angst, wurde aus dem Getümmel gerissen. Eine Handvoll beherzter Edelleute jagte mit ihm im strömenden Regen in Richtung Buda zurück. Oder eine Handvoll Mörder. Denn das Gerücht, daß man den König von Ungarn und Böhmen in der Schlacht von Mohács beseitigt habe, tauchte bald nach der Katastrophe des ungarischen Heeres auf. Schon am 17. September meldete der Spitzenagent Fazio di Savoya nach Venedig: »Lajos II. ist tot. Ob er durch eine Wunde, die ihm während seiner Flucht beigebracht wurde, oder durch Angst und Verzweiflung starb, weiß man nicht.«

Die Leiche des Königs wurde erst zwei Monate nach der Schlacht in

König Lajos II. von Ungarn. Gemälde von Hans Krell

einem ausgetrockneten Seitenarm der Donau gefunden und nur vage identifiziert. Es war der Körper eines jungen Mannes, der keine Wunden aufwies. Eine andere Leiche, mit Stichwunden übersät, nach mehreren zeitgenössischen Quellen die des Königs, wäre in aller Eile in der Kirche des Dorfes Dunaszekcsö, in der Nähe von Mohács, bestattet worden. Dafür, daß ungarische Herren aus den westlichen Komitaten Preßburg, Ödenburg und Wieselburg, die tatsächlich hinter Lajos II. in die Schlacht geritten waren, ihn aus dem Weg geräumt hätten, um Ferdinand den ungarischen Thron anbieten zu können, gibt es keine Beweise. Laut einem schriftlichen Bericht des Augenzeugen Ulrich von Czettrich, Kämmerer der Königin Maria, versank der König auf der Flucht bei der Überquerung einer Donaufurt samt seinem Pferd in voller Rüstung im schlammigen, aufgewühlten Wasser und ertrank. Ungarische Hippologen (Pferdekundler) steuern dazu eine überaus plausible Erklärung bei: Im 16. Jahrhundert benützte man gewöhnlich einen strapazfähigen Paßgänger als Reisepferd und stieg erst unmittelbar vor dem Kampf auf das schwerfällige Schlachtroß, einen Kaltblüter, um. Nach der Schlacht wurde wieder der Paßgänger gesattelt, im Fall einer Niederlage auch für

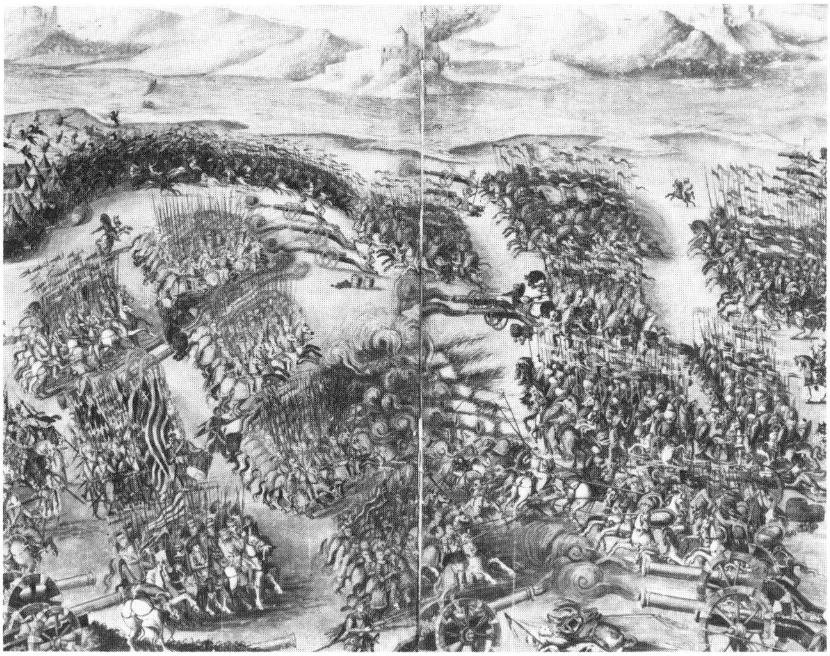

Die Schlacht bei Mohács. Zeitgenössische Miniatur

die sichere Flucht. Als die Adeligen, meist Zivilbeamte, wie auch Ulrich von Czettrich, aus den hintersten Reihen nach vorn stürzten, um den König aus dem tödlichen Gewirr des Gemetzels zu holen, saßen sie alle bereits auf ihren Paßgängern. Sie hatten aber vergessen, oder sie waren nicht mehr dazu imstande, auch für Lajos II. ein leichtes Reisepferd aufzutreiben. Sie rissen ihn auf seinem Schlachtroß im wilden Galopp mit und hetzten über Stock und Stein auf die Straße nach Buda zu. Der Kaltblüter, erhitzt, erschöpft, überfordert, erlag im eisigen Wasser der Donau einem Herzschlag, fiel um und begrub seinen vom Schock ohnehin gelähmten Reiter unter sich. So ging das einst stolze Königreich der »berittenen Nation«, wie man die Magyaren jahrhundertelang genannt hatte, durch ein Pferd verloren, und so begann die Geschichte der Donaumonarchie, mit einem niemals restlos geklärten Zwischenfall nach der Schlacht von Mohács in einem Sommergewitter an einem heute nicht mehr bestimmbaren Punkt an der Donau.

Die Türken räumen Ungarn

Am 11. September besetzten die Türken kurzfristig die ungarische Königsresidenz, die Stadt und Burg Buda. Dann räumten sie unverhofft das Land. Am 10. Oktober überschritt die letzte türkische Nachhut die alte ungarische Reichsgrenze in Richtung Belgrad. Die Agenten Venedigs lieferten dazu zwei Erklärungen: Der junge Suleiman II. sei in seine russische Lieblingsfrau Roxelane unsterblich verliebt, er habe genug vom Krieg, er wolle zurück ins irdische Paradies seines Harems, beziehungsweise er müsse zurück, denn eine neue Verschwörung konservativer, religiöser Gruppen wolle ihn, den nicht allzu frommen Erneuerer der Gesetze, unverzüglich entmachten.

Ungarn lag wie ein Niemandsland vor den Toren Wiens, und auch Böhmen hatte keinen rechtmäßigen Herrscher mehr. Nun ging Ferdinand, zunächst eher vorsichtig, beinahe zögernd, wahrscheinlich um genügend Informationen einholen zu können, daran, seine in dem bereits 1491 geschlossenen Vertrag zwischen Kaiser Maximilian I. und dem König von Ungarn und Böhmen, Wladislaw II., verankerten Rechte geltend zu machen. Er begründete seinen Anspruch auf den ungarischen und den böhmischen Thron zusätzlich noch mit der Tatsache der bekannten Doppelhochzeit: er hatte ja Anna, die Schwester des verstorbenen Königs Lajos II., geheiratet; Lajos II. wiederum hatte seine, Ferdinands, Schwester zur Frau genommen. Doch die Schaffung der Donaumonarchie nahm mit einer grotesken Panne ihren Anfang: Ferdinand konnte das Original des Vertragswerkes nicht vorweisen, sein Großvater, Kaiser Maximilian I., hatte das wichtige Dokument seinerzeit irgendwo verlegt. Man suchte es verzweifelt und vergeblich, fand es aber viel später, durch die politischen und militärischen Schachzüge aller beteiligten Parteien schon längst überholt, im Archiv der hohen Ratsherren von Nürnberg.

Weder der böhmische noch der ungarische Adel wollte Ferdinand vorerst akzeptieren; nicht nur weil er ein Fremder war (kurioserweise für die Böhmen und für die Ungarn ein Deutscher), mit dem mächtigen römisch-deutschen Kaiser allzu eng verwandt, man wußte auch, daß er, im Gegensatz zu dem unglücklichen Lajos II., der »Lustbarkeiten, Musik und Tanz Geschäften aller Art vorzog«, energisch zu regieren verstand, wobei er gewisse Richtlinien hartnäckig verfolgte, unter anderem die Beschränkung und Beschneidung der unkontrollierten lokalen Macht, sei es die des Adels oder des städtischen Bürgertums.

Ferdinand, König von Böhmen

In Böhmen wählte Ferdinand den friedlichen Weg der Bestechung. Das Bank- und Handelshaus Fugger, das auch in diesem Land viele Interessen hatte, streckte das notwendige Geld vor. Die Delegierten aus Österreich, Siegmund von Dietrichstein, Hans von Starhemberg und Siegmund von Polheim, erfüllten die heikle Mission mit vollem Erfolg. Sie schalteten die namhaften Rivalen, François I., den König von Frankreich, Siegmund I., den König von Polen, den populären Wittelsbacher Wilhelm IV., Herzog von Bayern, und auch die kleineren Bewerber aus der zweiten Reihe, Mitglieder der Fürstenhäuser von Sachsen, Preußen und Brandenburg, nach und nach aus. Am 24. Februar 1527 wurde Ferdinand in Prag zum böhmischen König gekrönt.

Die Lage in Ungarn schien wesentlich schwieriger zu sein. Nicht, daß man die Wortführer des Hochadels nicht hätte kaufen können. Doch Böhmen hatte viel Geld gekostet, Generalschatzmeister Gabriel Salamanca, ein in Österreich allgemein verhaßter Spanier, wirtschaftete miserabel, obendrein mehr für sich als für den Erzherzog. Im Frühjahr 1527 verfügte Ferdinand über keine nennenswerten Geldmittel mehr. Und in Buda, der Haupt- und Residenzstadt Ungarns, saß bereits ein ungarischer König: János (Johann) Zápolya, vierzig Jahre alt, Fürst von Siebenbürgen, der mächtigste Grundherr zwischen den Alpen und den Karpaten, schon im November 1526 nach allen Vorschriften der althergebrachten Tradition mit der heiligen Stephanskrone gekrönt. Der rücksichtslose Emporkömmling aus einer kroatischen Soldatenfamilie hatte einen denkbar schlechten Ruf: er war es, der die Bauernrevolte im Jahr 1514 unbarmherzig niedergeschlagen und die grausame Hinrichtung der Anführer, der er genußvoll zusah, angeordnet hatte. Man munkelte auch, er habe König Lajos II. umbringen lassen; es fiel immerhin auf, daß er schon am 3. September 1526, nur fünf Tage nach der Schlacht von Mohács, um die Hand der vermeintlichen Witwe, Maria von Habsburg, anhielt, um sich dadurch die Herrschaft über Ungarn zu sichern. Die Königin antwortete auf den ungewöhnlichen Heiratsantrag allerdings nicht. Als dann Zápolya, zweifellos ein Psychopath, schon als gesalbter König sein Land in Augenschein nahm, witterte er überall Verschwörung; in seinem Gefolge ritten stets Henker und Folterknechte mit. Er ließ auch Priester und Bischöfe martern; mit den abgeschnittenen Köpfen seiner Gegner führte er lange Gespräche. Die Umgebung des zunehmend unheimlich gewordenen Mannes war mehr und mehr entsetzt. Angesehene Familien mit historischen Namen, die Báthoris, die Nádasdys, die Batthianyis, die Majláths und die Thurzós, wechselten in das Lager Ferdinands über, dessen Hof in ihren Augen das kultivierte, humane Abendland verkörperte. Wurde doch der Erzherzog, wenn er auf Reisen ging, nicht von Bütteln und Schergen, sondern meist von seinem geliebten Orchester und von seinem exzellenten Knabenchor begleitet.

Psychopath Zápolya

Auch eine sonderbare, fast märchenhafte Figur beeinflußte wesentlich den Ausgang des Konflikts um die Geburt der Donaumonarchie: Jovan Černi, ein Serbe, halb Räuberhauptmann, halb Bauernkaiser, wurde nach einem seltenen Pigmentfehler seiner Haut der Schwarze Mann genannt: seine linke Körperhälfte entlang verlief, als hätte ihn der Blitz getroffen, ein breiter dunkler Streifen. Das verschaffte ihm einen magischen Ruf. Er hatte im Süden Ungarns eine Art unabhängige Militärrepublik errichtet und kämpfte erfolgreich gegen die Türken. Ferdinand wurde auf ihn aufmerksam, er behandelte ihn geschickt, sandte ihm freundliche Briefe, Geschenke und schließlich einen Vertrag, der ihn als Grenzoffizier mit umfassenden lokalen Rechten bestätigte. János Zápolya hingegen griff den »frechen Bauerntölpel«, der ihm nicht huldigen wollte, mit seiner Armee an und verlor dabei um die 12 000 Soldaten. Erst in einer zweiten, ebenfalls verlustreichen Schlacht wurde Jovan Černi besiegt und getötet. In der Zwischenzeit entschloß sich Ferdinand, vor allem auf Anregung der von Zápolya abgefallenen ungarischen Herren, zu einer bewaffneten Intervention. Am 31. Juli 1527 überschritt sein bloß aus 8 000 Landsknechten und etwa 3 000 Reitern bestehendes Heer die ungarische Grenze. Die kleine Armee drang zügig nach Osten vor, voran die berüchtigten Sturmtruppen der deutschen Söldnerführer Eck von Riesenach und Max von Sittich, die sich schon in Italien einen zweifelhaften Ruhm erworben hatten. Sie wurden auch in Ungarn zum Schrecken der wehrlosen Dörfer, obwohl der Österreicher Niklas Graf Salm, ein alter, erfahrener Feldherr, sich unablässig bemühte, die Disziplin der Truppe schon aus politischen Gründen aufrechtzuerhalten.

Der Schwarze Mann

Zápolya hatte seine militärischen Kräfte im unsinnigen Kampf gegen den Schwarzen Mann verbraucht. Am 15. August mußte er die Haupt- und Residenzstadt Buda räumen, am 28. September verlor er seine letzte Schlacht im Nordosten des Landes, in der Nähe von Tokaj. Er floh zuerst

Berittener Krieger (links) und Grenzsoldaten. Zeitgenössische Miniaturen

nach Siebenbürgen, dann weiter nach Polen. Am 6. Oktober 1527 eröffnete Ferdinand in Buda die ungarische Nationalversammlung; er ging in den lateinisch geführten Verhandlungen zwar entschlossen, aber behutsam vor. Er bestätigte die ungarische Verfassung aus dem Jahr 1222 und das in ihr enthaltene, für einen König im Grunde unannehmbare *jus resistendi*, das Recht der Nation, das heißt des Adels, unter gewissen Umständen (die man freilich leicht konstruieren konnte) gegen den Herrscher legitim Widerstand zu leisten. Für die Ungarn stellte dies den wichtigsten Punkt dar; daß Ferdinand ihn scheinbar ohne Zögern akzeptierte, schaffte Vertrauen. Er versprach auch, für Ruhe und Ordnung zu sorgen und den ersehnten Frieden herbeizuführen. Verwirklichen konnte er dieses Versprechen nicht. Denn der neuerliche Vormarsch der Türken, die auch János Zápolya aus seinem Exil holten, um ihn gegen Ferdinand auszuspielen, verwandelte Ungarn in ein ständiges Schlachtfeld. Der Kriegszustand dauerte über hundertachtzig Jahre, ganze Landstriche wurden zur verbrannten Erde. So entstand die romantische Pußta, das von der Bevölkerung verlassene Ödland, auf dem nichts mehr zu sehen war, kein Haus, kein Baum, kein Strauch, nur Salzboden, Schlamm und flimmernder Flugsand.

Ferdinand, König von Ungarn

Am 3. November 1527 wurde Erzherzog Ferdinand in der Kathedrale von Székesfehérvár (Stuhlweißenburg) zum ungarischen König gekrönt. Die Reorganisation des verwahrlosten Landes konnte jedoch nicht mehr durchgeführt werden. Im Spätsommer des Jahres 1529 unternahm Sultan Suleiman II. einen Vorstoß nach Wien. Seine Absichten waren keineswegs klar. Vermutlich wollte er sich der Residenz des Erzherzogs Ferdinand als Tauschobjekt bemächtigen, um die Anerkennung eines türkischen Vasallenstaates auf ungarischem Gebiet unter König János Zápolya zu erzwingen, oder die reiche Stadt an der Donau zu einem Bollwerk und zu einer Operationsbasis für weitere kriegerische Unternehmungen ausbauen. Denn zur Eroberung des Abendlandes (von der später dann oft die Rede war) reichten seine Kräfte sicher nicht aus, nicht einmal zur Besetzung der Gebirgslandschaften der Steiermark oder gar Tirols. Schon bei der ersten Belagerung von Wien zeigten sich deutlich die Schwächen des türkischen Heeres, die auf die bereits erstarrten, religiös bedingten osmanischen Traditionen zurückgingen. So mußte der heilige Krieg gegen die Ungläubigen, nachdem die »Trommel der Eroberung« im Palast des Sultans, im Großen Serail am Bosporus, geschlagen wurde, von Konstantinopel aus feierlich angetreten werden. In Konstantinopel befanden sich auch die Arsenale und Depots der Armee. Die in Belgrad und später in Buda und Esztergom errichteten Stützpunkte waren für die Versorgung einer großangelegten Offensive unzulänglich. Die gesamte technische Ausrüstung und der Nachschub wurden daher immer wieder über eine Entfernung von mehr als tausend Kilometern nach Westen geschleppt. Die Straßen auf dem Balkan und in der Ungarischen Tiefebene waren jedoch stets in einem katastrophalen Zustand, und so verzögerte sich, vor allem wegen der Heranschaffung der schweren Artillerie, der beschwerliche Aufmarsch bis zum eigentlichen Kampfgebiet beträchtlich. Dazu erwies sich der als Mittel der psychologischen Kriegführung gedachte Einsatz von »Rennern und Brennern«, leichten Reiterscharen der mongolisch-tatarischen Hilfstruppen, letztlich als eine schwere Belastung für die eigene Armee, die in der verwüsteten Umgebung der feindlichen Ziele bald keine Nahrung und kein Futter mehr fand. Auch die Disziplin der Kerntruppen litt darunter. Die Janitscharen weigerten sich häufig, mühsame Schanzarbeiten zu verrichten oder gegen Basteien anzurennen, während die von ihnen verachteten Reiterhorden auf dem flachen Land ohne Risiko nach Beute jagten.

Schwächen des türkischen Heeres

Sultan Suleiman II. kam mit etwa 120 000 Mann, begleitet von mehr als 80 000 »Rennern und Brennern«, vor Wien an. Er kam zu spät. Die Belagerung begann erst in den letzten Septembertagen. Die nur notdürftig befestigte Stadt wurde unter Niklas Graf Salm von 16 000 Spaniern, Böhmen und Österreichern verteidigt. Zweifellos kämpfte die Besatzung umsichtig und effektvoll, sie hätte sich gegen die erdrückende Übermacht dennoch nicht allzulang halten können. An die Aufstellung eines Entsatzheeres dachte niemand. Doch die Türken, mit schwerer Artillerie, die sie unterwegs teilweise hatten liegenlassen müssen, nicht genügend ausgerüstet, gingen zunächst nur langsam und umständlich vor. Die Tage waren schon zu kurz und zu kalt, ein Dauerregen setzte ein, die Truppe, an das heiße Klima Kleinasiens gewöhnt, fror erbärmlich und konnte nicht mehr ausreichend versorgt werden. Nach einem fehlgeschlagenen Sturmangriff am 14. Oktober befahl der Sultan den Rückzug.

Suleiman vor Wien

Nun setzten sich die Türken in Ungarn fest; bloß ein schmaler Streifen im Westen und die von Bergen durchzogenen Gebiete im Norden, in der heutigen Slowakei, blieben in den Händen Ferdinands. Im Lauf eines jahrzehntelang andauernden Kleinkrieges wechselten zwar manche Städte und Festungen mehrere Male den Besitzer, die Gesamtlage änderte sich jedoch nicht: das größte, das zentrale Gebiet des Landes mit der ehemaligen Haupt- und Residenzstadt Buda gehörte, in recht nachlässig verwaltete Provinzen eingeteilt, rund einhundertfünfundvierzig Jahre lang dem türkischen Reich an. Vergeblich versuchte Ferdinand, der ungern Krieg führte und die persönliche Teilnahme an Feldzügen möglichst vermied, die Türken zurückzudrängen; er hatte zu wenig Geld und zu wenig Soldaten, seine korrupten und unfähigen Oberbefehlshaber erlitten eine Reihe von schweren Niederlagen. Aber auch die Türken konnten ihr Ziel, sich durch die Eroberung des österreichischen Ostens und des Donautals die endgültige Herrschaft über Ungarn zu sichern, nicht erreichen; der zu

kurze Aktionsradius ihrer Armee zwang sie immer wieder zur Aufgabe. So auch im Sommer 1532, als sie, wiederum zu spät, erst am 5. August vor Köszeg (Güns) an der heutigen Grenze zum Burgenland erschienen. Daß der kroatische Edelmann Nikola Juričič mit nur 38 Berittenen und 700 schlecht bewaffneten Bürgern der Stadt eine Streitmacht von etwa 110 000 Mann wochenlang in Schach gehalten und dadurch Wien gerettet hätte, gehört zu den Legenden der Türkenkriege, die auch von den Zeitgenossen gern geglaubt wurden. Vielmehr verständigte sich der tüchtige Juričič mit Großwesir Ibrahim, den er im Jahr 1530 als Gesandter Ferdinands in Konstantinopel kennengelernt hatte. Er übergab ihm symbolisch die Festung, die er gegen das Versprechen, den Aufmarsch der Türken fortan nicht zu stören, gleichzeitig als Geschenk des Sultans zurückerhielt. Die türkische Armee drang weiter in Richtung Graz vor, vermutlich um eine Zangenbewegung in die Wege zu leiten, zog aber, als Ibrahim erfuhr, daß sich Kaiser Karl V. mit einem Reichsheer von 86 000 Mann Wien näherte, schleunigst durch die Steiermark und Slawonien ab. Der Nachschub funktionierte schon nicht mehr, die Mannschaft und besonders die Tragtiere litten unter der Kälte der ersten frostigen Septembernächte. Die »Renner und Brenner« verpaßten den Anschluß; sie wurden in den Tälern des Wienerwaldes gestellt und vernichtet. Dann blieb aber das stattliche Reichsheer stehen, es verfolgte weder die abziehenden Türken, noch rückte es gegen Ungarn vor, obwohl Ferdinand angeblich »mit größter Eindringlichkeit« darum gebeten hatte. Kaiser Karl V. empfahl sich über Italien in Richtung Spanien. Das von den Osmanen besetzt gehaltene ungarische Königreich seines Bruders interessierte ihn nicht. Ferdinand führte nun den Kampf allein weiter, konnte aber nichts erreichen und nahm daher Verhandlungen mit dem Sultan auf. Beide Seiten bemühten sich krampfhaft, die offizielle Anerkennung des Gegners, seiner politischen Existenz und seiner Rechte zu vermeiden. Dennoch kam es, dank der österreichischen Kompromißbereitschaft, zu einer Art von diplomatischer Annäherung, die zumindest eine regelmäßige Kontaktaufnahme und Gespräche möglich machte. Zunächst einigte man sich über einen später zwar vielfach gebrochenen Waffenstillstand, für den Ferdinand pro Jahr 30 000 Golddukaten zahlen mußte; die Türken nannten den Tribut taktvoll »Ehrengeschenk«. Im Jahr 1562 wurde der erste Friedensvertrag zwischen Österreich und dem türkischen Reich unterzeichnet, in dem die Parteien den aktuellen Besitzstand und den Verlauf der Grenzen anerkannten. Ferdinand verpflichtete sich zur weiteren Zahlung der jährlichen Abgabe, die die Türken nicht erhöhten. Somit kam er jedenfalls bedeutend billiger davon, als wenn er sich in einen neuen, so gut wie aussichtslosen Krieg gestürzt hätte.

Abzug der Türken

Vom christlichen Abendland war ohnehin keine wirksame Hilfe mehr zu erwarten. Der allerchristlichste König Frankreichs, François I., schloß mit Sultan Suleiman II. einen Bündnisvertrag, um Kaiser Karl V. in Schach halten zu können. Seine Nachfolger, Henri II. und François II., setzten

Links: Kaiser Karl V. Zeitgenössische Miniatur. Rechts: Sultan Suleiman II. Ölbild eines venezianischen Meisters

die Politik der Freundschaft mit Konstantinopel fort. Im Deutschen Reich band der große Streit um den wahren Glauben alle Kräfte, er bildete, trotz der ständigen Bedrohung durch die Türken, auch in Österreich das zentrale Problem des politischen Lebens. Ferdinand nahm in der leidenschaftlich geführten Auseinandersetzung eine Position in der Mitte ein, er bemühte sich, die Standpunkte der Katholiken und der Lutheraner, die man nun allgemein Protestanten* nannte, einander näherzubringen, den Kampf möglichst in den geistigen Bereich zu verlagern und durch verschiedene Kompromisse zu mildern. Karl V., starr, unduldsam, mitunter auch depressiv, überließ seinem Bruder die undankbare, ja in seinen Augen bereits unlösbar gewordene Aufgabe, mit der Glaubensspaltung fertig zu werden. Ferdinand erhielt schon 1531 den Titel römischer König, der eine Vorstufe zur Kaiserwürde bedeutete und ihn berechtigte, für das gesamte Heilige Römische Reich Entscheidungen zu treffen. So kam unter seinem Vorsitz auf dem Reichstag von Augsburg zwischen dem

Augsburger Religionsfrieden

5. Februar und dem 28. September 1555 der »Augsburger Religionsfrieden« zustande, ein zwiespältiges Vertragswerk, das dem Adel Religionsfreiheit zusicherte, die Todesstrafe für die evangelische Ketzerei aufhob, gleichzeitig aber eine seelische Leibeigenschaft des Volkes vorschrieb: Im Sinn der berüchtigten Formel *cuius regio, eius religio* (wessen Land, dessen Religion) mußte die Bevölkerung des jeweiligen Hoheitsgebietes oder Verwaltungsbezirkes die Religion der dortigen Herrschaft annehmen, oder sie mußte auswandern. Dies führte in manchen Gegenden Deutschlands zu tragikomischen Situationen; es kam vor, daß die Bauern binnen fünf Jahren viermal ihren Glauben zu wechseln hatten. Am Ende waren

* Die Bezeichnung geht auf eine Gruppe deutscher Hochadeliger und Städte zurück, die gegen einen Erlaß des Kaisers vom 19. April 1529 protestierten, wonach weitere evangelische Neuerungen in der Religionsausübung nicht zulässig sein sollten.

sie felsenfest davon überzeugt, der Hölle unrettbar verfallen zu sein. Der »Augsburger Religionsfrieden«, der zweifellos zur Entschärfung der äußerst gespannten Lage beitrug, verbot die Agitation für das eine oder andere Bekenntnis nicht. Im fast vollständig protestantisch gewordenen Österreich begann Ferdinand mit einer zunächst gewaltlosen Gegenoffensive für die Sache der schwer angeschlagenen katholischen Kirche. Er verwarf dabei die Kritik der Lutheraner keineswegs, sondern vertrat vielmehr die Meinung, daß eine »innere Reformation« unbedingt notwendig sei.

Verfall der Kirche

Schon im Jahr 1418 beklagte man sich darüber, daß die Schottenmönche in Wien Kirchengefäße, Ornate und sogar die Turmglocken verpfändeten, mit Pelzen handelten und ausgelassene Tanzfeste veranstalteten. Aber auch die landesfürstliche Obrigkeit förderte, um für sich treue Anhänger zu gewinnen, auf Kosten der Kirche Korruption und Ämterkumulierung. Kaiser Maximilian I., der »letzte Ritter«, schenkte seinem Sekretär Melchior Pfinzing ein Kanonikat in Trient, eines in Mainz, eine Kaplanstelle in Bamberg, die Probstei des Stiftes St. Alban und die Dechantei St. Veit bei Mainz; der Bruder Pfinzings, Ulrich, bekam, obwohl verheiratet, die Pfarre Weißkirchen in der Steiermark und die Abtei St. Paul in Kärnten, genaugenommen die beträchtlichen Einkünfte, die mit den genannten Würden verbunden waren. Die von Ferdinand eingesetzten Kommissionen fanden in den Bistümern und Klöstern ein fröhliches Übel vor: verheiratete Priester, Mönche mit Lebensgefährtinnen und ihren Kindern (zum Beispiel: im Jahr 1561 in Klosterneuburg 13 Mönche, 2 Nonnen, 6 Frauen und 8 Kinder; in St. Florian 10 Mönche, 12 Frauen, 18 Kinder; in Göttweig 11 Priester, 7 Frauen, 15 Kinder). In Niederösterreich stellten die Visitatoren fest, daß die meisten Pfarren seit Jahren unbesetzt waren; die Kinder wurden nicht mehr getauft, die Toten nicht mehr eingesegnet, viele Bauern lebten, da sie nicht vor den Altar der geschlossenen Kirche treten konnten, in wilder Ehe. Während die hohen kirchlichen Stellen allmählich darangingen, durch neue Richtlinien, wie die »Generalordnung für die Klöster« und das »Reformationslibell«, Abhilfe zu schaffen, versuchte Ferdinand das weitere Vordringen des Protestantismus mittels geistiger Waffen, durch Disput und Argumentation, durch die Kraft der Überzeugung einzudämmen. Im Jahr 1551 rief er die Jesuiten ins Land, Mitglieder des von Papst Paul III. erst am 27. September 1540 provisorisch bestätigten neuen Ordens, die mit ihrem kalten Fanatismus, ihrer nüchternen Strategie, dynamischen Einsatzbereitschaft und hohen Bildung bald das fast zur Gänze verlorene Terrain behaupten und sichtbare Erfolge erzielen konnten. Daß Ferdinand die Durchschlagskraft des damals in Europa nur sporadisch vertretenen und noch kaum bekannten »Fähnlein Jesu« (Compãnia de Jesús) so rasch entdeckt hatte, spricht dafür, daß er die Fähigkeit besaß, Informationen schnell und richtig auszuwerten und daraus die für seine Politik richtigen Schlüsse zu ziehen.

Die Jesuiten

An den meisten Fürstenhöfen des christlichen Abendlandes wußte man noch recht wenig über den baskischen Edelmann und ehemaligen Offizier, den auffallend klein geratenen Íñigo López de Recalde (er maß nur 158 cm), der sich nach dem Schloß, auf dem er im Jahr 1491 geboren wurde, Ignatius von Loyola nannte. Er starb 1556, Papst Gregor XV. sprach ihn bereits 1622 heilig. Der von ihm gegründete und wie der Generalstab einer Armee organisierte Orden warf sich selbstlos in den Kampf für die katholische Kirche. Das oberste Gebot war die unbedingte Anerkennung und Unterstützung des jeweiligen Papstes. Der Begriff Kadavergehorsam wurde von den Jesuiten geprägt, der skrupellose Grundsatz »Wenn der Zweck erlaubt ist, sind es auch die Mittel« von ihnen erfunden und in die Tat umgesetzt. Für ihre Verhaltensweise und Taktik galt die in Loyolas Schrift »Exercitia spiritualia« (Geistliche Übungen) aufgestellte Maxime: »Wenn die katholische Kirche definiert hat, daß etwas, was unserem Auge weiß erscheint, schwarz ist, müssen wir sofort erklären, daß es schwarz ist.« Unduldsame politische Bewegungen und Diktaturen haben später daraus gründlich gelernt.

Die Kampfmittel des Ordens

Dennoch waren die Jesuiten in ihrem heiligen Eifer keineswegs blind, sie hatten einen viel weiteren Horizont als die Mitglieder der anderen Orden, denn ihr wirksamstes Kampfmittel war ihre vielseitige humanistische Bildung, die sie befähigte, den Feind zu begreifen und zu durchschauen, ihn in Diskussionen zu schlagen, seine Kritik zu entkräften und die Erscheinungen der realen Welt, auch die Thesen und Erfahrungswerte der Naturwissenschaften, an eine höhere katholische Glaubenswahrheit überzeugend anzupassen. An der Spitze der ersten zwölf Jesuiten, die nach Wien kamen, stand ein scharfsinniger Gelehrter, Petrus Canisius aus dem holländischen Nimwegen, Verfasser des bald ungemein populären, jahrhundertelang im Gebrauch gebliebenen »Kleinen Katechismus«, eines klaren und übersichtlichen Handbuches für die Jugend und das einfache Volk, das geschickt auf die ursprünglich von den Lutheranern entwickelte Form der evangelischen Katechismen zurückgriff. Die unermüdlichen Brüder des neuen Ordens, für ihre Aufgabe bestens qualifiziert, übten bereits nach kurzer Zeit einen bedeutenden Einfluß auf die Wiener Universität aus, sie restaurierten das verfallene Karmelitenkloster »Am Hof« und etablierten in ihm ein Gymnasium und ein Konvikt für begabte Kinder aus den untersten Volksschichten. In Innsbruck gründeten sie ein Jesuitenkollegium und eine Lateinschule, sie richteten sich auch in Graz ein, und ab 1556 residierten sie schon in Prag, wo sie allerdings auf erbitterte Ablehnung stießen.

Vergeltung in Böhmen

Denn Ferdinand griff in Böhmen, dessen Adel sich 1546 dem mißglückten Aufstand protestantisch gesinnter deutscher Fürsten gegen den spanisch-katholischen Kaiser anschloß,* bewußt ungleich härter als in Österreich durch: Wortführer wurden hingerichtet, Güter konfisziert, einflußreiche Familien vertrieben. Das war keine Auseinandersetzung um die Religion mehr, es ging in erster Linie um die Macht des Hauses Habsburg in Böhmen, die im Zug der schweren Vergeltungsmaßnahmen auch erheblich gefestigt werden konnte. Doch die Erinnerung an die Hussiten blieb lebendig. Die Tschechen sahen das vielbeklagte Strafgericht des fremden Königs Ferdinand als den Beginn einer nun systematisch gewordenen deutschen Unterdrückung, die dann, oft mehr Trauma als Tatsache, fast vierhundert Jahre hindurch einen latenten Konfliktstoff zwischen

* Am 27. Februar 1531 schlossen neun protestantische Fürsten und elf Städte zur Verteidigung ihres Glaubens in Schmalkalden, in der Nähe von Kassel, einen Bund. Fünfzehn Jahre später zogen sie im sogenannten Schmalkaldischen Krieg gegen Kaiser Karl V., wurden aber am 24. April 1547 bei Mühlberg an der Elbe geschlagen. Ferdinand leistete trotz ständigem Druck der Türken seinem Bruder von Böhmen aus wertvolle Waffenhilfe.

Prag und Wien, zwischen den im Land ansässigen Österreichern und Deutschen einerseits und der tschechischen Mehrheit der Bevölkerung anderseits gebildet hat.

Karl V. dankt ab

Im Oktober des Jahres 1555 lief eine vorerst kaum geglaubte Nachricht durch Europa: Karl V., der große, düstere Kaiser, dankte freiwillig ab. Er war fünfundfünfzig Jahre alt, müde und krank, von Gichtanfällen und Depressionen geplagt, er sah ein, daß sein Traum von der Weltherrschaft, von einem universalen Kaiserreich, dem er lange und hartnäckig nachgejagt hatte, sich niemals verwirklichen ließ. »Ich werde in meinem Leben keinen anderen Weg mehr betreten als den des Todes«, sagte er, zog sich in ein verhältnismäßig bescheidenes Haus in der Nähe des Klosters San Jerónimo de Yuste in Spanien zurück, lebte bequem, beobachtete noch die politische Entwicklung in den von ihm einst beherrschten Ländern, las viel, schrieb Briefe und beschäftigte sich mit seinen mehr als hundert Uhren, die er Tag für Tag vergeblich aufeinander abzustimmen suchte. Er starb am 21. September 1558. Sein letztes Wort soll ein bruchstückhaftes Flehen auf spanisch gewesen sein: »Ay, Jesús . . .«

Karl V. hinterließ seinem Sohn, dem einunddreißig Jahre alten Philipp II., das Königreich Spanien, die Besitzungen in Amerika, in Italien und in den Niederlanden. Die Krone des Heiligen Römischen Reiches Deutscher Nation konnte er ihm jedoch nicht vererben. Die Kurfürsten lehnten Philipp II., den hochmütigen Spanier, von dem zu erwarten war, daß er die Protestanten mit Feuer und Schwert verfolgen werde, entschlossen ab. Die Seele des Widerstandes, der junge Kurfürst Moritz von Sachsen, der den Traum der spanischen Habsburger von der Weltherrschaft zerstörte und somit der österreichischen Linie den Kaisertitel verschaffte, lebte zwar nicht mehr; er war mit zweiunddreißig Jahren in einem verworrenen Kleinkrieg gegen den Markgrafen Adalbert von Brandenburg gefallen. Die Nachwelt warf ihm gemeinen Verrat vor, obwohl er bloß Politik machte. Vorerst unterstützte er, um die Türken von den deutschen Grenzen fernzuhalten, Kaiser Karl V., dann aber, als er die von der spanisch-katholischen Idee geprägten imperialen Pläne des Kaisers für die Machtstellung des deutschen Hochadels verhängnisvoll fand, bekämpfte er ihn, zunächst heimlich und hinterlistig, später offen: er zog mit einer Streitmacht gegen ihn, nahm ihn in Innsbruck beinahe gefangen und zwang ihn zu einer recht unwürdigen Flucht. Verstört, enttäuscht und angewidert ließ Karl V. den Gedanken fallen, das Heilige Römische Reich nach seinem Gutdünken beherrschen und die Kaiserkrone auf seinen Sohn Philipp II. übertragen zu können. Das Manifest des begabten und charakterfesten Moritz von Sachsen gegen das »viehische erbliche Servitut«, gegen die spanische Willkür und Bedrohung, wirkte entscheidend nach. Die Kurfürsten wählten den Österreicher Ferdinand einmütig zum Kaiser, man brauchte nicht einmal um den diskreten Beistand des Bank- und Handelshauses Fugger zu bitten. Auch den Einspruch des Papstes Paul IV., der Ferdinand beschuldigt hatte, den Protestanten gegenüber allzu zögernd vorzugehen, überhörten die Kurfürsten geflissentlich. Sie waren ja zum Teil überzeugte Lutheraner.

Die weitverbreitete Annahme, Ferdinand wäre in Deutschland, aber auch in Böhmen, in Ungarn und in den österreichischen Ländern besonders populär, ja beliebt gewesen, hat mehr mit einer nachträglichen Schönfärberei als mit belegbaren Tatsachen zu tun. Er war allerdings, und dies kam bei der Kaiserwahl klar zutage, geachtet und in erster Linie als Realpolitiker anerkannt, als ein Herrscher, der, anstatt den Mythos der persönlichen Macht zu kultivieren, brauchbare staatspolitische und wirtschaftliche Konzepte in Angriff nahm. Im Gegensatz zur Vision seines Bruders Karl V. von einer universalen katholischen Weltherrschaft unter einem göttlichen Kaiser, der über dem Papst steht, blieb das mühsam errichtete, scheinbar schwache Werk Ferdinands, die österreichische Donaumonarchie, eine handfeste Realität. Er schuf, indem er die Vielfalt der Probleme eines übernationalen Staatsgebildes nicht zu verdrängen, auch möglichst nicht mit Gewalt aus der Welt zu schaffen, sondern zumindest durch praktische Halblösungen zu meistern suchte, manche Grundlagen und Konturen, die sich mit der Zeit als solid und dauerhaft erwiesen. Schon am 1. Januar 1527 erließ er eine »Hofstaatsordnung« mit übersichtlichen und konkreten Richtlinien für einen funktionsfähigen zentralen Verwaltungsapparat, die im wesentlichen bis zum Revolutionsjahr 1848 das administrative Fundament der Donaumonarchie gebildet hatte. Es gab nun eine oberste Justizbehörde (Hofrat), ein Außen- und Innenministerium (Geheimer Rat), ein Finanzministerium (Hofkammer), das für die damalige Zeit überraschend ordentlich und effektiv zu arbeiten verstand, und ein Kriegsministerium (Hofkriegsrat), das seiner Aufgabe jedoch überhaupt nicht gewachsen war, als hätte es sich geradezu abgemüht, durch seine Ratlosigkeit, seine Schlamperei und seine skurrilen Fehlgriffe den langfristigen Beweis zu liefern, daß Kriegskunst und Soldatenhandwerk der österreichischen Mentalität doch ziemlich fremd seien.

Neuer Staatsapparat

Der Mensch Ferdinand

Der Mensch Ferdinand, nur mäßig gebildet und humorlos, wurde nicht besonders geliebt, sondern eher mit kühlem Abstand geschätzt. Er war sehr fleißig, und, in seinen späteren Jahren, auch bis zur Lässigkeit tolerant; kleinlicher Machtmißbrauch lag ihm fern, er hatte auch keine teuren Leidenschaften und führte mit seiner polnischen Frau Anna, die ein wenig mitregierte und sein guter, mäßigender Geist war, eine ausgezeichnete Ehe. Als seine Umgebung ihm vorwarf, daß er seine Gattin auf offiziellen Reisen immer wieder mitnahm, was zusätzliche Ausgaben verursachte, erwiderte Ferdinand: »Einem frommen Herrn gebührt, seinen Ehebund zu halten; es ist besser, einige Unkosten auf seine Gattin zu wenden als auf Buhlerei.« Er war jedoch nicht übermäßig fromm, keineswegs so bigott katholisch wie sein Bruder Karl V., der ungeachtet seiner moralischen Strenge einige heimliche Liebschaften und auch sogenannte natürliche, außereheliche Kinder hatte, darunter den späteren Sieger über die Türken in der Seeschlacht von Lepanto (Naupaktos), Don Juan d'Austria. Der vielbesungene Held war der Sohn eines deutschen Mädchens namens Barbara Blomberg, die der kaiserlichen Sünde in Regensburg erlag.

Ferdinand und Anna hatten fünfzehn Kinder. Eines von ihnen, Ferdinand, heiratete eine – immerhin sehr reiche – Bürgerstochter, Philippine Welser aus Augsburg. Vater Ferdinand nahm die erste nicht standesgemäße Ehe im Hause Habsburg gelassen hin. Mit den zwei Kindern aus dieser von der Hofgesellschaft als fragwürdig angesehenen Verbindung wurde eine schäbige Komödie gespielt, man »fand« sie nach der Geburt als ausgesetzte Findlinge, um sie sogleich gütig zu adoptieren; dann durften sie schon recht früh eine schöne Karriere machen: Andreas wurde bereits als kleiner Junge Kardinal, sein jüngerer Bruder, Karl, Markgraf von Burgau.

Für Wissenschaft und bildende Kunst interessierte sich Ferdinand, in erster Linie Politiker, der in den dreiundvierzig Jahren seiner langen Regierungszeit zunehmend Züge eines pflichtbewußten hohen Beamten annahm, nur flüchtig; Musik jedoch liebte er. In seiner Schatzkammer legte er eine planlos zusammengetragene Sammlung von Münzen, Manuskripten, Kuriositäten, Reliquien, Plastiken und Gemälden an, das gehörte an allen europäischen Fürstenhöfen zum guten Ton, spielte auch in die fleißig verbreitete Propaganda hinein, die als fester Bestandteil der Außenpolitik auf die trefflichen Eigenschaften und auf den materiellen Reichtum der kleineren und größeren Herrscher hinzuweisen hatte. Jagdleidenschaft war dabei besonders gefragt und gelobt, auch die Liebe zur kostspieligen Architektur, dann, mit Abstand, der Sinn für geistreiche Gespräche, das Interesse für Mathematik, Astronomie, Vogelkunde und Gartenbau. Auch gute Köpfe mit internationalem Ruf, Prediger, Gelehrte, Maler, Baumeister, seltener Dichter und Komponisten, sollten das Ansehen einer Residenz, eines politischen Zentrums über den musischen Umweg erhöhen. Von den großen Verdiensten der Fürsten um die Förderung von Wissenschaft und Kunst sprach und schrieb man viel, obwohl dies zu bewerkstelligen keine besonderen Anstrengungen, sondern mehr oder minder bloß finanzielle Mittel erforderte, die, allzuoft auf Kosten der Bevölkerung, fast immer reichlich vorhanden waren.

Teilung der Herrschaft

Ferdinand, der zugereiste Begründer der Donaumonarchie, der die österreichische Politik in die entscheidende Richtung, vom mitteleuropäischen Kern ausgehend nach dem Osten, verschob, um eine bis zum heutigen Tag umstrittene geopolitische und wirtschaftliche Einheit zu schaffen, starb am 25. Juli 1564, im Alter von einundsechzig Jahren, vermutlich an einer Lungentuberkulose in Wien, das nun endgültig Haupt- und Residenzstadt geworden war. Für die Öffentlichkeit Europas überraschend verfügte er die Teilung der Herrschaft unter seinen Söhnen. Die Gründe dafür sind nicht klar, sie dürften weniger politischer als menschlich-familiärer Art gewesen sein, wobei die einstige Stellung Ferdinands seinem Bruder Karl V. gegenüber, die Erinnerung an seine anfängliche Zurücksetzung und seine unsichere Zukunft, auch eine Rolle gespielt haben könnte. Maximilian II., der älteste Sohn, bekam Nieder- und Oberösterreich und das Salzkammergut, Böhmen, Ungarn und schließlich auch die römisch-deutsche Kaiserkrone. Der Zweitälteste, Ferdinand, erhielt Tirol und die Vorlande, der Jüngste, Karl, die Steiermark, Kärnten, Krain und die Küstengebiete an der Adria. Im Gegensatz zu der lang vorherrschenden Meinung, der unbegreifliche Entschluß Ferdinands habe die habsburgische Macht bedeutend geschwächt, brachte die Teilung für Österreich keinen folgenschweren Rückschritt. Die Brüder bekämpften einander nicht, sie hielten, nicht zuletzt, weil sie dem mit wechselnder Intensität ausgeübten Druck der Osmanen Widerstand leisten mußten, stets zusammen. Die Dezentralisierung kam den einzelnen Ländern zugute, denn sie erleichterte eine mit den örtlichen Problemen besser vertraute Regierungsarbeit.

Magnetpole der Politik

Die großen offenen Fragen der künftigen Entwicklung, die Magnetpole der Politik, lagen ohnehin nicht mehr im unmittelbaren Umkreis einer Dynastie, in den Heiratsprojekten oder in der heiligen Reihenfolge der Geburt. Denn die Geschichte Europas und auch die Geschichte Österreichs, in der die große Masse der namenlosen Bevölkerung nicht mehr ausschließlich als passiver Dulder aufschien, wurde fast hundert Jahre hindurch von dem immer differenzierter gewordenen und auch immer mehr im politischen und wirtschaftlichen Bereich ausgefochtenen ideologischen Kampf zwischen Katholiken und Protestanten geprägt. Die Türken, von den Chronisten des Abendlandes farbenprächtig dämonisiert, blieben, angesichts der erbitterten, oft mit Waffengewalt geführten Auseinandersetzung der christlichen Religionen, die bis in das kleinste Dorf, bis in das entlegenste Tal hineinwirkte, eher eine exotische Randerscheinung, das für Österreich zwar bedeutsame, dennoch zweitrangige Problem des sogenannten konfessionellen Zeitalters.

Der Weg der Kompromisse

Maximilian II. und Rudolf II.

Im Frühsommer des Jahres 1566 brach Sultan Suleiman II. noch einmal gegen Mitteleuropa auf. Sein Ziel war jedoch keineswegs Wien, wie dies später, auch in ernst zu nehmenden historischen Werken, oft behauptet wurde, sondern lediglich die Sicherung des türkischen Besitzes in Kroatien und eine mögliche Vorschiebung der Operationsbasen auf westungarischem Gebiet. Vor allem aber war es ein nostalgischer Feldzug eines einundsiebzigjährigen vergrämten Mannes, der seine Lieblingsfrau Roxelane verloren hatte, seinen besten Freund, den Großwesir Ibrahim, hinrichten ließ, und seinen Sohn Selim, einen vom Alkohol aufgedunsenen Schwächling, haßte; nun suchte er die Spuren seiner ruhmreichen Jugend, und er fühlte sich dabei nur noch unter seinen Soldaten wohl. Doch der Sommer kam ungewöhnlich spät in diesem Jahr, auf den Gebirgsstraßen des Balkans lag noch Schnee, Bäche und Flüsse führten Hochwasser; Hunderte von Zug- und Tragtieren, Kamelen und Ochsen fielen aus, Kanonen blieben hängen oder sie stürzten von den Behelfsbrücken ins reißende Wasser. Der Sultan konnte nicht mehr reiten, er mußte in einer Sänfte reisen und von Zeit zu Zeit eine längere Ruhepause einlegen; der Marsch wurde immer langsamer. Erst am 6. August erreichte das türkische Heer zwischen Drau und Plattensee die südungarische Festung Szigetvár. Daß sie ein »Maulwurfhügel« in desolatem Zustand gewesen wäre und dennoch Wien gerettet hätte, gehört ebenfalls zu den populären Heldensagen der Türkenzeit. Die geräumige Burg, mitten in einem ausgedehnten Sumpfgebiet, von italienischen Fachleuten bestens befestigt, mit Proviant und Munition reichlich versehen, war vielmehr das Zentrum der südöstlichen Verteidigungslinie im habsburgischen Westungarn; ihr Kommandant, der achtundsechzig Jahre alte Nikolaus Zrínyi, Ban* von Kroatien, ein erfahrener und erfolgreicher Feldherr. Seinem Ruhm verpflichtet, beschloß er auszuharren und, wenn es sein mußte, den schönen Heldentod zu sterben. Er empfing seinen hochgeschätzten Gegner, den großen Sultan, mit Fahnenschmuck und Musik. Dann wurde geschossen. Ob das noble Kriegstheater Zrínyis auf Suleiman II. Eindruck gemacht, ob die todgeweihte Festung, wie oft behauptet wird, auf ihn eine besondere Faszination aus-

Die Belagerung von Szigetvár

* Markgraf beziehungsweise Statthalter; die Bezeichnung kommt vom slawischen Wort »Pan«, Herr.

Kaiser Ferdinand I. wohnt einer Predigt in der Wiener Augustinerkirche bei. Gemälde von Jakob Seisenegger

geübt hätte, weiß man nicht; alles, was darüber geschrieben wurde, entstand als zum Teil literarisch nur mäßig wertvolle Nachdichtung auf der christlichen Seite. Der Sultan saß allerdings in der Tat vier Wochen lang vor Szigetvár, vermutlich, weil er sich nicht hätte leisten können, eine starke Festung hinter seinem Rücken stehen zu lassen. Er starb am 5. September in seinem Prunkzelt, nicht aber, wie in den gängigen ungarischen Erzählungen berichtet wird, aus Gram über den widerspenstigen »Maulwurfshügel«, sondern an einem altersbedingten Herzversagen. Drei Tage später, nach einem ebenfalls theatralisch inszenierten Ausbruchsversuch von Nikolaus Zrínyi, fiel die Festung. Die Türken zollten dem Helden von Szigetvár höchstes Lob, seinen abgeschnittenen Kopf schickten sie ins Hauptquartier des kaiserlichen Heeres nach Györ (Raab). Dann zogen sie, für die kalte Jahreszeit nicht gerüstet, von Krankheiten stark dezimiert, wieder ab. Der Nachfolger von Sultan Suleiman II., Selim II., der »Säufer«, in Haremsintrigen verstrickt, von einem Janitscharenaufstand bedroht, schloß mit Maximilian II., König von Ungarn und Böhmen, Kaiser des Heiligen Römischen Reiches und Erzherzog von Österreich, in Adrianopel einen annehmbaren Frieden. Der Status quo blieb, ebenfalls das jährliche »Ehrengeschenk« in der Höhe von 30 000 Golddukaten. An der Türkenfront herrschte Ruhe.

Maximilian II.

Nicht aber im christlichen Abendland, zwischen den beiden großen Lagern der Katholiken und Protestanten, die mit unverminderter Schärfe, gehässig und gereizt, aufeinander losgingen. Kaiser Maximilian II. bemühte sich ernsthaft, die schweren Gegensätze durch das »Dissimulieren«, durch eine hinhaltende Taktik des Verschleierns, Versprechens, Vertröstens und des Alles-in-der-Schwebe-Lassens, zu mildern oder wenigstens zu vertagen. Es half mitunter, wie auch seine deutlich gezeigte und mit Erfolg praktizierte Toleranz; es gab weniger Tote und weniger Flüchtlinge als vor ihm und nach ihm, und es gab einige bedeutende Konzessionen und brauchbare Übereinkommen. »Religiöse Streitigkeiten lassen sich nicht mit Gewalt des Schwertes austragen, sondern nur mit Gottes Wort, christlichem Verständnis und Gerechtigkeit«, schrieb er in einem Brief an den Kurfürsten August von Sachsen. Sie ließen sich auch mit Geld regeln: der protestantische Adel Niederösterreichs zahlte dem Kaiser 2,5 Millionen Gulden, jener Oberösterreichs 1,2 Millionen für die Freiheit der Religion. Maximilian II. nahm auch Geld von der katholischen Seite, so zum Beispiel von dem spanischen König Philipp II., den er ehrlich haßte; als Sultan Suleiman II. das letzte Mal gegen Westen zog, sandte Madrid 300 000 Gulden nach Wien. Dank dem Zwischenspiel vor der Festung Szigetvár brauchte der hohe Betrag nicht mehr verpulvert zu werden.

Maximilian II., von der populären Geschichtsschreibung erstaunlich vernachlässigt, von der Legende vergessen, im historischen Bewußtsein der Österreicher kaum gegenwärtig, war ein kluger Skeptiker, aufgeschlossen und abgeklärt zugleich, überdurchschnittlich gebildet, im Umgang schlicht und natürlich, im gesellschaftspolitischen Denken seiner Zeit oft weit voraus. Er wollte nicht nur eine Versöhnung zwischen Katholiken und Prote-

1561

stanten herbeiführen, er wollte viel mehr, er dachte an die Schaffung einer einheitlichen christlichen Religion, er befürwortete eine ökumenische Idee, die sich freilich nicht verwirklichen ließ. Er selbst bekannte sich jedoch dazu, er sagte: »Ich bin weder Papist noch Evangelist, ich bin ein Christ.«

Seine Jugend verlief stürmisch. Er trank recht viel, liebte Tanzfeste und die Jagd, nahm bedenkenlos Kredite auf, amüsierte sich mit Damen; schon als Halbwüchsiger hatte er eine Tochter von der würdigen Gräfin Anna von Osterfriesland. Er las aber auch viel, wobei er sich vor allem für lutheranische Schriften interessierte. Mit sechzehn Jahren schickte man ihn zu seinem Onkel, Kaiser Karl V., nach Madrid, um ihn auf das Herrscheramt optimal vorzubereiten. Die streng katholische Atmosphäre des spanischen Hofes, wo jeder Schritt, jedes Wort und jede Geste minuziös vorgeschrieben waren, wirkte auf den jungen Maximilian II. aber keineswegs so, wie man dies erhofft hatte. Er wurde zu einem stillen, unversöhnlichen Rebellen, der es aber bestens gelernt hatte, zu »dissimulieren«, immer und überall größte Vorsicht walten zu lassen. Als sein Vater starb und er die Regierungsgewalt übernahm, war er bereits siebenunddreißig Jahre alt und mit seiner Nichte Maria, der Tochter Kaiser Karls V., verheiratet, mit der er sechzehn Kinder hatte. Die Eskapaden der Jugend waren längst vergessen; in der Wiener Hofburg residierte nun ein früh gealterter, besonnener Pessimist, der seine Schritte sorgfältig abwog, um stets eine *via media*, einen gangbaren Mittelweg, einzuschlagen.

Gewaltlose Außenpolitik

Daß er mit dem Gedanken gespielt hätte, offen zum Protestantismus überzutreten, ist kaum wahrscheinlich; er wußte wohl, daß er, schon aus Rücksicht auf seine wichtigsten Verbündeten, die spanischen Habsburger, die bedeutend mehr Macht und auch Geld besaßen als er, katholisch bleiben mußte. Seine Versuche, den eigenen Machtbereich gewaltlos auszudehnen, scheiterten: als das Haus der Jagellonen ausstarb, kandidierte Maximilian II. für den polnischen Thron, wurde jedoch abgelehnt. Auch die Angliederung des reichen und kultivierten, von den Türken verschonten Siebenbürgen, des Tirols von Osteuropa, an die Donaumonarchie gelang nicht; das von Sachsen, Ungarn und Rumänen bewohnte reizvolle Land lavierte als unabhängiges protestantisches Fürstentum weiter zwischen den Fronten. Den böhmischen Adel gewann Maximilian II. durch religiöse Zugeständnisse, den ungarischen, der von Zeit zu Zeit mit den Türken in Geheimverhandlungen stand, durch die großzügige Anerkennung der althergebrachten Rechte und Traditionen. In den österreichischen Ländern herrschte ein – wenn auch labiler – Frieden; ein Bericht des venezianischen Botschafters hob hervor, daß die Menschen hier es gelernt hätten, füreinander Verständnis zu zeigen; in den gemischten Gemeinden werde die Frage, ob jemand Katholik oder Protestant sei, selten gestellt; Protestanten und Katholiken heirateten untereinander, ohne daß sie dabei Aufsehen erregten. Was Rom freilich nicht gefiel. Der Papst verlangte immer wieder, daß der Kaiser, König und Erzherzog die von ihm am 18. August 1568 erlassene »Religionskonzession«, dieses »nichtswürdige und gottlose Versprechen, durch welches die Religion verachtet und der Welt Ärgernis bereitet wird«, unverzüglich zurücknehmen und die »Ketzer« energisch verfolgen solle. Maximilian II. seinerseits war davon

Toleranz in Religionsfragen

überzeugt, daß die römische Kurie ihn zu beseitigen trachtete: in Trient hätte sein Gastgeber, Kardinal Madruzzo, Gift in sein Essen gemischt. Dennoch verbot er den streitsüchtigen Protestanten, Rom, den Papst oder die katholische Religion öffentlich zu tadeln. Die Prediger hielten sich jedoch kaum daran, selbst ein Lutheraner, Georg Pfintzing, schrieb 1576 empört darüber: »Ich habe in vielen Predigten in den österreichischen Landen Wunder gehört aus dem Munde solcher, die das Evangelium verkünden wollen: das Schimpfen, Fluchen, Vermaledeien der Papisten, so unflätig und säuisch, als man nur in gemeinen Tabernen hören kann, ist sozusagen die einzige Speiß, die sie dem Volk vorsetzen.«

Neutrale Position

In Deutschland, das nach wie vor ein bunt zusammengewürfeltes Gebilde von kleineren und größeren Fürstentümern war, befehdeten einander bereits auch die Protestanten: Calvinisten gegen Lutheraner, die Anhänger Melanchthons und seines erbitterten Gegners, Matthias Flacius*, führten den Krieg um die einzig seligmachende Wahrheit mit giftigen Worten, zuweilen auch mit Mord und Totschlag. Maximilian II. widerte der maßlos aggressive, blinde Eifer der Protestanten, denen früher seine demonstrativ gezeigte Sympathie galt, bereits mehr an als der bigotte Dogmatismus der Katholiken. Völlig desillusioniert, aber nach wie vor hartnäckig, hielt er seine neutrale Position zwischen den beiden feindlichen Lagern, nur noch darauf bedacht, das Gleichgewicht der im religiösen Gewand agierenden politischen Kräfte in den österreichischen Ländern, in Böhmen, in Ungarn und in den deutschen Fürstentümern aufrechtzuerhalten. Er starb am 12. Oktober 1576, erst neunundvierzig Jahre alt, während eines ergebnislos gebliebenen Reichstages in Regensburg, vermutlich an der Syphilis, die damals, vor allem in den besseren Kreisen Europas, weit verbreitet war und für den Propagandakrieg der Religionen schon fleißig mißbraucht wurde: es hieß, Gott habe die Lustseuche auf die Menschheit losgelassen, um die Ketzer zu brandmarken und sie durch einen elendigen Tod zu bestrafen.

Tod des Kaisers

So auch Maximilian II. »Der Unglückliche ist gestorben, wie er gelebt hatte«, meldete der spanische Gesandte nicht ohne Schadenfreude nach Madrid. Denn der Kranke lehnte auch das Ritual des anständigen Monarchensterbens, die Beichte und die Letzte Ölung in Anwesenheit von hohen Würdenträgern, ab; er drehte sich mürrisch gegen die Wand und sagte, er brauche keinen Priester, sein Priester sei im Himmel. Die Ärzte, die den Leichnam öffneten, hätten »eine schwarze Substanz, so hart wie Stein, in seinem Herzen gefunden«. Ein unheimliches Zeichen, das wahrscheinlich der leibhaftige Teufel im Körper des sündigen Kaisers hinterlassen habe.

Man glaubte an den leibhaftigen Teufel, man war immer wieder auf seine Spuren gestoßen, und man sah, daß die Zeichen seiner Untaten sich in einem erschreckenden Ausmaß häuften. Denn die im Kampf der Konfessionen bereits in Frage gestellte Welt des Mittelalters, die nur noch nach

* Radikaler Verfechter einer gestrengen lutheranischen Richtung, später Verkünder einer These über die Erbsünde: Sie bestimme das Wesen des Menschen und hindere ihn, von sich selbst aus das Gute zu tun.

Kaiser Maximilian II. mit seiner Frau Maria von Spanien und den drei ältesten Kindern Anna, Rudolf und Ernst. Gemälde von Giuseppe Arcimboldo

Türkische Krieger. Gouache in einer Handschrift, Ende des 16. Jh.

außen hin die harten Züge einer autoritären Ordnung trug, war scheinbar völlig aus den Fugen geraten. Aufgeschreckt und verunsichert suchten die Menschen, die neue Phänomene verkraften mußten, nach einem neuen Halt, nach neuen geistigen Orientierungspunkten. Sie verlangten zunehmend nach Wahrheit und Gerechtigkeit, sie wollten aber auch Wunder sehen und absonderliche Weisheiten hören. Der Bereich der Erfahrungen weitete sich rasch aus, doch die Grenzen zwischen realen und irrealen Erscheinungen und Nachrichten blieben stets fließend. Neben finsterem Aberglauben, neben Höllenangst und Schwarzer Magie wartete die Naturwissenschaft mit für die damalige Zeit geradezu unfaßbaren Erkenntnissen auf: die Erde sei nicht Mittelpunkt des Universums und sie drehe sich um ihre eigene Achse. Man braute Zaubertränke gegen den bösen Blick, kochte Lebenselixiere, sah Salamander aus dem Feuer steigen, doch manche Forscher benutzten schon das in Holland erfundene Fernrohr und das mit zwei Linsen bestückte Mikroskop. Der erste anatomische Atlas erschien, aber auch das Volksbuch über Doktor Faust, über den geheimnisumwitterten Gefährten des leibhaftigen Teufels, der in Wirklichkeit ein liebenswürdiger Schwätzer aus dem schwäbischen Kittlingen war, ein Homosexueller übrigens (was Goethe dann schon aus rein dramaturgischen Gründen, wegen der Verführung von Gretchen, nicht zur Kenntnis nahm), ein gefragter Alleinunterhalter in den Studentenkneipen. Seine Zuhörer sorgten für seinen ganz und gar unbegründeten Ruhm; sie verliehen ihm Eigenschaften und Taten anderer, viel besserer Schwarzkünstler, vor allem die des Theologen, Mediziners und Juristen Agrippa von Nettesheim. Faust bekam in den Legenden sogar dessen schwarzen Pudel, von dem man behauptete, er sei so gescheit und geschickt, als wäre in ihm ein kleiner Teufel verborgen.

Doktor Faust

Johann Faust, der seinen Doktortitel angeblich in Krakau erwarb, verschwand, bereits aus mehreren deutschen Fürstentümern ausgewiesen, um das Jahr 1540, ohne Nennenswertes getan oder geschrieben zu haben. Agrippa von Nettesheim hingegen setzte sich tapfer mit einer neuen verheerenden Flut der niederträchtigen Gewalt, mit dem Hexenwahn, auseinander. Er verteidigte vor dem Gericht von Metz eine Bäuerin aus dem nahen Dorf Vapey, die unter Folter bereits gestand, ein Verhältnis mit Beelzebub gehabt zu haben; er rettete ihr das Leben und erwirkte ihre Freilassung. Ein seltener Erfolg, denn die Angst vor den Hexen überschwemmte schon das gesamte westliche Europa; sie machte jedoch, mit einigen wenigen Ausnahmen, an den Grenzen Österreichs überraschend halt.

Hexenjagd

Die erbarmungslose Hexenjagd, pseudowissenschaftlich untermauert, von der Kirche nicht nur geduldet, sondern auch gefördert (wobei manche Jesuiten und Franziskaner mutig dagegen auftraten), der perverse Krieg einer zum Teil von sexuellen Ängsten und Verdrängungen paralysierten Männerwelt gegen das für minderwertig erklärte weibliche Geschlecht, forderte in den deutschen Ländern Tausende und aber Tausende Opfer, darunter, wie in Offenburg, in Bamberg, in Würzburg und in Köln, auch zahlreiche Kinder im Alter von acht bis vierzehn Jahren. Als Leitfaden für das Aufspüren, Foltern und Ausrotten der Hexen diente eines der schaurigsten Bücher, das jemals in Europa gedruckt wurde: der »Hexenham-

»Die Hexe.« Gemälde von David Ryckaert III.

mer« (»Malleus maleficarum«), von den päpstlichen Inquisitoren Heinrich Institoris und Jakob Sprenger verfaßt und bis zum Jahr 1669 achtundzwanzigmal neu aufgelegt. Institoris suchte auch Tirol heim, er ließ in Innsbruck sieben Frauen verhaften und foltern, doch Johann Merwais von Wendingen, Doktor der Medizin, verteidigte sie geschickt, er bekam sie schließlich frei, und Georg Golser, der Bischof von Brixen, warf den bereits berühmten Hexenjäger aus Tirol hinaus.

Schon Ferdinand I. zeigte sich gegen den aufkommenden Hexenwahn recht mißtrauisch. Kaiser Maximilian II. erlaubte die Durchführung von Hexenprozessen, die fast immer mit der qualvollen Hinrichtung der Beschuldigten, aber auch mit der Konfiszierung ihres gesamten Vermögens endeten, in keinem österreichischen Land. In Wien wurde eine einzige Hexe verbrannt, die siebzig Jahre alte, vermutlich geisteskranke Elisabeth Plainacherin, und zwar erst im Herbst 1583, sieben Jahre nach dem Tod des Kaisers. Böhmen, wo die deutsche Inquisition sofort auf entschlossene Ablehnung stieß, blieb von der entsetzlichen Plage der Hexenjagd verschont, ebenso Ungarn, wo man das kluge Gesetz des Königs Koloman, des buckligen Bücherfreundes aus dem zwölften Jahrhundert, noch nicht vergessen hatte: »De strigis, que non sund, nulla questio fiat.« (Gegen Hexen, die es nicht gibt, soll keine Untersuchung stattfinden.) Die Türken, die angeblichen Barbaren, der Schrecken Europas, standen der grausamen Orgie des Frauenschlachtens in den zivilisierten Ländern des Abendlandes fassungslos gegenüber.

Die Hexe von Wien

Allein in Würzburg gab es 1627, in einem einzigen Jahr, über neunhundert Hinrichtungen, von den gewissenhaft arbeitenden Stadtschreibern »Brände« genannt und mit kurzen Kommentaren versehen: Beim drei-

Kaiser Rudolf II. Gemälde von Hans von Aachen

Kaiser Rudolf II. als Autumnus. Gemälde von Giuseppe Arcimboldo

zehnten Brand kamen unter anderen »ein kleines Mägdlein von neun oder zehn Jahren, ein jüngeres, ihr Schwesterlein« in den Flammen um. Beim zwanzigsten Brand mußte »das Göbel Babelin, die schönste Jungfrau in Würzburg« sterben, beim einundzwanzigsten verbrannte man »des Ratsherrn Stolzenberger große Tochter und die Stolzenbergerin selbst«. Neunundzwanzig Brände zählt das Dokument auf, mit der Bemerkung, die Liste sei nicht vollständig, da »inzwischen noch viele verschiedene Brände stattgefunden haben«. Der italienische Kardinal Albizzi, der das Gebiet des Erzbistums Köln im Jahr 1636 bereiste, schrieb entsetzt nach Rom: »Ein schrecklicher Anblick bot sich den Augen. Vor den Mauern vieler Städte und Dörfer sah man zahlreiche Holzstöße, auf die arme, elende Frauen gebunden als Hexen verbrannt wurden.«

In Deutschland terrorisierten die Hexenjäger ganze Landstriche, sie rotteten die weibliche Bevölkerung mancher Ortschaften beinahe völlig aus. Ein Pfarrer namens Duren aus Alfter, in der Nähe von Köln, berichtete in einem vertraulichen Brief: »Es geht gewiß die halbe Stadt drauf.« Doch viele, allzu viele Menschen glaubten blind an das Hexenunwesen, oft sogar, von der Massenpsychose angesteckt, die Opfer selbst. Denn warum sollte es keine Buhlerinnen des Teufels geben, die auf Besen zu der schwarzen Hochzeit mit dem Satan flogen, wenn man, wie zuverlässige Reisende erzählten, in Amerika Volksstämme von Einäugigen und Einbeinigen gesichtet habe? Im Jahr 1552 sahen die Wiener das erste Mal einen Elefanten (Maximilian II. brachte ihn in die Residenzstadt), einen der sonderbarsten Beweise dafür, daß die Welt viel größer, ja viel unbegreiflicher sei, als man gemeinhin geglaubt hatte. Mit dem Elefanten kamen auch »indische Raben«, Papageien, die, wie man von sachkundigen Zeugen hörte, fließend Latein sprechen konnten. Aus der Türkei trafen wundersame Pflanzen ein, Flieder, Tulpen, Hyazinthen und die Roßkastanien, die man wiederum bald für urösterreichische Bäume des Wienerwaldes hielt.

Johannes Kepler

Das selbst Gesehene und die durch phantastische Erzählungen verbreitete Fehlinformation gingen im Bewußtsein der staunenden Zeitgenossen oft ineinander. Tatsache und Hirngespinst vermischten sich unter dem geheimnisvollen Mantel einer Wissenschaft, die nur selten eine scharfe Trennlinie zwischen meßbaren Fakten und naiven Hypothesen zog. So glaubte noch Johannes Kepler (1571—1630), dessen drei Gesetze über die Bewegung der Planeten* zweifellos einen großen Durchbruch der von Märchen und Mythen befreiten, streng wissenschaftlichen Astronomie bedeuteten, daß jeder Planet, einer göttlichen Harmonie unterworfen, in seiner Bahn an musikalische Intervalle gebunden sei.

Im Werk und im Schicksal Keplers spiegeln sich geradezu musterhaft die seltsamen Widersprüche einer bewegten Übergangszeit, das unmittelbare Nebeneinander von exaktem Wissen und fragwürdigem Hokuspokus,

* Kepler leitete seine drei bahnbrechenden Gesetze von der Bewegung des Planeten Mars ab und beseitigte damit den letzten Rest des alten ptolemäischen Weltsystems. Er stellte fest: 1. Die Planeten bewegen sich in Ellipsen, in deren einem Brennpunkt die Sonne steht. 2. Die Strecke Planet–Sonne bestreicht in gleichen Zeiten gleiche Flächen. 3. Die Quadrate der Umlaufzeiten zweier Planeten verhalten sich wie die Kuben ihrer großen Bahnachsen.

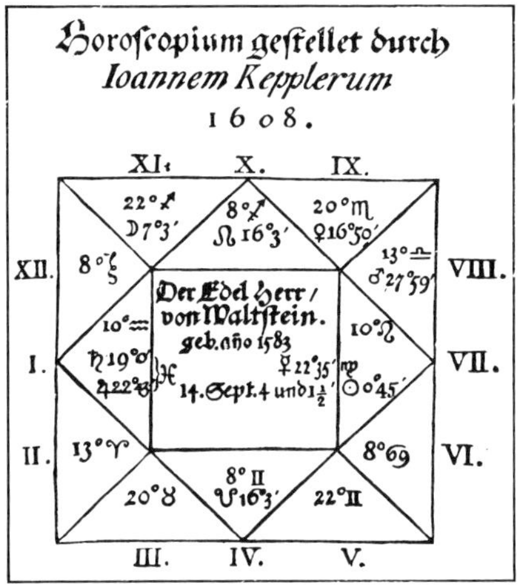

Johannes Kepler.
Kupferstich von Jakob v. d. Heyden

Johannes Kepler: Horoskop Wallensteins

aber auch von politisch-religiöser Unduldsamkeit und humanistischer Toleranz. Kepler stammte aus einer heruntergekommenen schwäbischen Adelsfamilie, studierte ursprünglich Theologie in Tübingen, mußte jedoch, da er protestantischen Ideen nachhing, das südwestdeutsche Württemberg verlassen. Er wandte sich nach Österreich und kam als »Landschaftsmathematikus« und Professor des Provinzialgymnasiums im damals von Protestanten beherrschten Graz unter, arbeitete an der wissenschaftlichen Erfassung des Planetensystems, machte aber auch suspekte Kalender und Horoskope mit Voraussagen für die Zukunft. Als die Protestanten in der Steiermark Macht und Einfluß verloren, mußte auch Kepler gehen. Kaiser Rudolf II., Sohn und Nachfolger Maximilians II., obwohl angeblich militant katholisch eingestellt, nahm in Prag den protestantischen Flüchtling aus dem eigenen Land mit offenen Armen auf. Nach dem Tod des Kaisers fand Kepler in Linz einen Posten als Landvermesser und Mathematikprofessor. Seine betagte Mutter wurde indessen in ihrer Heimatgemeinde Weil in Württemberg als Hexe verhaftet; in Ketten gelegt wartete sie monatelang auf ihren Prozeß, bis es ihrem Sohn nach vielen mühsamen und kostspieligen Interventionen gelang, sie freizubekommen. Dann war aber die Lage Keplers wieder einmal kritisch geworden; die harte Welle der Protestantenverfolgung erreichte nun auch Oberösterreich. Der katholische Feldherr Wallenstein, Herzog von Friedland, nahm den in Gefahr geratenen Gelehrten bei sich in Sagan, in der Nähe von Breslau, gnädig auf, erwies sich aber als ein äußerst knausriger Brotgeber: er zahlte für die Horoskope, die er bei Kepler bestellte, so gut wie nichts. Nach dem kurzen, unerfreulichen Gastspiel auf Schloß Sagan begab sich Kepler nach Regensburg, um bei dem Reichstag seine verschiedenen, auf 12 000 Gulden angewachsenen Gehaltsforderungen einzutreiben oder wenigstens eine neue Anstellung zu finden, starb aber, achtundfünfzig Jahre alt, an einen »heftigen Fieber«, entweder an der Ruhr oder an Typhus.

Kepler in Graz und in Linz

Wissenschaft, wenn sie sich nicht sofort gewinnbringend auswerten ließ,

Vorhergehende Doppelseite:
Kaiser Rudolf II. bei einer Trinkkur. Gemälde von Lucas von Valckenborch

war gegen Ende des 16. und Anfang des 17. Jahrhunderts noch kaum gefragt; ein Gelehrter, der sich vornehmlich mit abstrakten Problemen beschäftigte, wurde, laut Kepler, nur »selten und gering« bezahlt. Für neue Wirtschaftsformen und neue technische Methoden hingegen, mit deren Hilfe man viel Geld zu machen hoffte, interessierte sich die einflußreiche Oberschicht der Gesellschaft bereits auch im östlichen, im österreichischen Habsburgerreich. Immer mehr Grundherren errichteten auf ihren

Industrialisierung

Gütern primitive Industrieanlagen, Sägewerke, Ziegeleien, Glashütten, Sensen- und Waffenschmieden und sogar Papiermühlen; sie handelten mit Wein, Bier, Leinen und Garn. Die Metallurgie machte bereits größere Fortschritte, das neue Schmelzverfahren in Floßöfen mit Dauerbetrieb, das erste Mal im Urtler Eisenwerk in der Nähe von St. Veit an der Glan angewandt, wurde nach und nach in ganz Österreich eingeführt. In der tiefsten Silbermine Europas, in Schwaz in Tirol (916 Meter unter Tag), waren zeitweilig bis zu 10 000 Personen beschäftigt; die Entwässerung der Schächte erfolgte ab 1554 mittels eines riesigen Schöpfrades schon auf mechanischem Weg. Man begann auch auf dem flachen Land Häuser aus gebrannten Ziegeln und aus Stein statt aus Holz und Lehm zu bauen; auf den Hügeln der Donaulandschaft tauchten die ersten »Bauernschlösser«, die imposanten Vierkanthöfe, auf. Im Vergleich zum übrigen Europa stieg

Lebensstandard

der Lebensstandard in den österreichischen Ländern, in Böhmen und in Mähren trotz des zum Dauerzustand gewordenen Religionskonflikts stetig: die Umwelthygiene, die Art und Weise der Ernährung, die Versorgung mit Gebrauchsgegenständen des Alltags und die Wohnkultur besserten sich, was aber keineswegs einem kontinuierlich zunehmenden Wohlstand, sondern in erster Linie dem geradezu durch den Glaubensstreit entstandenen höheren Informations- und Bildungsniveau zu verdanken war.

Gold- und Silberbergwerk. Zeitgenössischer Kupferstich

Katholiken und Protestanten wetteiferten miteinander, Schulen zu errichten, in denen sie die Jugend in ihrem Sinn ausbilden konnten. Neben einer Anzahl von mittleren und höheren Schulen für die Söhne des Adels und des wohlhabenden Bürgertums entstanden auch die ersten »deutschen Schulen« im Dorf. Bauern lernten lesen und schreiben, sie blätterten zwar meist nur in der Bibel, in frommen Traktaten und erbaulichen Kalendern, ihre geistige Isolation und damit auch das Gefühl ihrer vollkommenen Hilflosigkeit war dennoch durchbrochen.

Schulordnung

Die Schulordnung, ob protestantisch oder katholisch, diente vor allem der Festigung des Autoritätsprinzips und der kollektiven Meinungsbildung ohne Widerspruch. Sie war fast immer äußerst streng, eine seltsame Mischung aus fortschrittlichen und rückständigen Verordnungen. Sie schrieb zum Beispiel vor, daß »die Knaben fein sauber gebutzt in die Schuel und nit wie die Schwein in ein Stall« erscheinen, »ihr Negel und Haar abschneiden und kemmen, ihre Angesicht, Mund und Hand waschen« müßten, aber auch, daß in den Schulklassen Spitzel, »heimliche Aufmerker«, installiert und die Lehrer täglich mit frischen Ruten versorgt werden sollten, um ihres Amtes wirksam walten zu können. (Aus der Schulordnung der Lateinschule von Laibach, Gründungsjahr 1563.) Die Tiroler Schulordnung, wohl die vernünftigste im konfessionellen Zeitalter in Österreich, verbot immerhin, die Schüler ins Gesicht zu schlagen oder sie an den Haaren zu zerren, und sie sorgte auch dafür, daß die Lehrer ihr Gehalt pünktlich erhielten.

Obwohl die Zahl der Schulen rasch zunahm, blieb der Unterricht selbst, was Stoff und System anbelangt, vorerst noch den starren Klischees des Mittelalters verhaftet; die protestantischen Landstände und die katholischen Orden, die eifrigsten Schulgründer, fanden dies jedoch anscheinend für richtig. Der erste, geradezu besessene Vorkämpfer eines modernen Schulwesens, Jan Amos Komenský (1592—1670), mehr unter seinem lateinischen Gelehrtennamen Johannes Amos Comenius bekannt, war ein Einzelgänger, ein Flüchtling aus Mähren, ein verjagter evangelischer Priester ohne Macht und ohne Einfluß. Er sah bereits deutlich die folgenschweren Mängel der allzuharten Disziplin und des mechanischen Auswendiglernens und forderte in mehreren, später berühmt gewordenen Schriften eine umfassende pädagogische Reform: »Die Jugend recht unterrichten heißt nicht, ihr einen Mischmasch von Wörtern, Phrasen, Sentenzen und Meinungen einzustopfen, sondern ihr das Verständnis für die Dinge zu öffnen.« Er trat, inmitten der allgemeinen Hexenhysterie, für die Gleichberechtigung der Frau im Bildungswesen ein, er forderte, allerdings vergeblich und auch etwa um zweihundert Jahre zu früh, daß Mädchen der Besuch höherer Schulen gestattet werden sollte: »Es ist kein Grund vorhanden, das weibliche Geschlecht von der Bildung auszuschließen. Warum es zum Alphabet zulassen, nachher aber von den Büchern fortjagen?«

Comenius

Comenius hatte zwar Gönner, Bewunderer und Beschützer, so in Böhmen die Grundherren Sadowski und Zerotin, in Ungarn eine reiche Dame aus dem Hochadel, Zsuzsanna Lorántffy, die ihm in der Burg Sárospatak sogar eine Schule für seine Experimente einrichten ließ, doch für eine große Lösung der von ihm angeschnittenen Probleme gab es weder

Oben: Erzherzog Ferdinand überreicht Kaiser Rudolf II. den Orden vom Goldenen Vlies. Zeitgenössische Miniatur

Unten: Bankett Kaiser Rudolfs II. Zeitgenössische Miniatur

(70)

XXVIII.
Navis bellicæ rector, Pirata, (Prædo maritimus.)
Der Armateur (Capre) Corsaire oder See Rauber.

Primus est *Dux navigii bellici*,	Der erste ist ein Commendant eines Kriegs-Schiffs/	Navis bellica, navigium bellicum, ein Kriegs-Schiff.
armis ad pugnam instructi,	welches armirt worden/	
ut navibus *adversæ partis* immineat:	daß es auf die Schiffe des Gegenparts kreutze:	Adversa pars, der Gegentheil. Gegen-Part.
Pirata vel *prædo maritimus* verò, nulla habita ratione in *amicos & hostes* incursionem facit,	Der Corsaire 1 aber/ greifft ohne Unterschied Freund und Feinde an/	Pirata, m. 1. See-Rauber.

merce

Porträt des Johannes Amos Comenius von Jürgen Ovens (rechts) und Seite aus seinem »Orbis sensualium picti«

Verständnis noch Unterstützung. Denn neben der quälenden Frage, wie und auf welcher Seite, auf der protestantischen oder auf der katholischen, man sein Seelenheil retten, der Hölle entrinnen und sich einen sicheren Platz im Himmelreich reservieren könnte, beschäftigte die Zeitgenossen vornehmlich die Sorge um ihren irdischen Besitz. Die Kampfhandlungen, auf österreichischem Gebiet zwar eher kurz, und die oft rücksichtslos vorangetriebene gewaltsame Bekehrung stürzten manche Gebiete über Nacht in schwerste Not. Die Geldentwertung und das unzulängliche, weil ebenso verworrene wie ungerechte Steuersystem verschärften die Lage der Bevölkerung auch dort, wo ihr Hab und Gut von den durchziehenden Truppen verschont blieb. Der Chronist von Steyr berichtet 1622, wohl das erste Mal in Österreich, über eine neue, unerfreuliche Erscheinung in der Stadt, über das Schlangestehen um Lebensmittel: »Es ist ein so mühsamb teure Zeit gewesen, daß oftermals Morgen fruehe bei 100 Personen bei einem Brotladen gestanden und auf Brot gewartet haben.«

Chaotisches Finanzwesen

Lebte der kleine Mann notgedrungen von der Hand in den Mund, so erging es, freilich im großen Stil, auch den obersten Rängen der gesellschaftlichen Hierarchie kaum anders: in den Vorzimmern der kaiserlichen Gemächer standen die Lieferanten Schlange; Uhrmacher, Tuchhändler und Goldschmiede, aber auch Bäcker und Fleischhauer warteten vergeblich auf ihr Geld. Die ohnehin umstrittene Zentralgewalt des Monarchen wirtschaftete planlos und unfähig. Über das Finanzwesen hatte man nach wie vor kein klares Bild, es gab weder eine exakte Bestandaufnahme der vorhandenen Werte noch einen detaillierten Jahresvoranschlag für die mannigfaltigen Ausgaben. Man improvisierte, man borgte aus, machte

Schulden, verkaufte und verpfändete die verschiedensten Besitztümer »bis aufs eigene Hemd«. Die Stände, und somit die einzelnen Länder, verwalteten ihre Finanzen selbst, sie bewilligten auch die Steuern für den Gesamtstaat und für dessen militärische Ausgaben. Sie setzten dadurch den Herrscher immer wieder unter Druck, um von ihm neue Privilegien, die Bestätigung oder eben den Widerruf von Gesetzen zu verlangen. Der Kaiser des Heiligen Römischen Reiches, König von Böhmen und Ungarn, Erzherzog von Österreich war von den Landständen finanziell abhängig und lebte obendrein auf Kredit. Seine Einkünfte aus Eigenbesitz, aus den schlecht und recht verwalteten Gütern der Krone, aus den Zöllen und Mautgebühren, aus dem Gewinnanteil der Bergwerke und aus der Judensteuer, fast alle längst verpachtet und kaum noch kontrollierbar, reichten nicht aus, um den Hofstaat und die Beamten der zentralen Behörden zu bezahlen, die hohen Kosten von Bauten, Geschenken und repräsentativen Festen zu bestreiten. Als Kaiser Rudolf II. am 20. Januar 1612 in Prag starb, hinterließ er einen Schuldenberg von 32 Millionen Gulden.
Er gab die riesige Summe allerdings nicht, wie später oft behauptet wurde, ausschließlich für seine kostspieligen Privatvergnügen, für Sterndeuter und Alchimisten, für schöne Bilder und kuriose Gegenstände, darunter für die Zähne einer Nixe und für Nägel von der Arche Noah, für exotische Tiere und treue Kammerdiener, aus. Die Rüstung gegen die Türken, die in Not geratenen Institutionen der katholischen Kirche und nicht zuletzt die politischen Manöver im verzweifelten Ringen um die Macht, der »Bruderzwist in Habsburg«*, verschlangen einen beträchtlichen Teil der mühsam aufgetriebenen Gelder.

Rudolf II.

Rudolf II. (am 18. Juli 1552 in Wien geboren) bekam von der deutschsprachigen Geschichtsschreibung durchwegs schlechte Noten. Er residierte in Prag, was schon befremdend wirkte, die Böhmen nannten ihn »den guten Herrn«, und das ließ den Verdacht aufkommen, daß er seine deutschen Pflichten, voran die imperiale Tugend eines Kaisers, Mehrer des Reiches zu sein, arg vernachlässigt hatte. Der »Einsiedler auf dem Hradschin«** heiratete nicht und führte auch keinen Eroberungskrieg. Er war aber keineswegs homoerotisch veranlagt, wie ihm dies oft nachgesagt wurde. Seine langjährige Geliebte Katharina Strada, Tochter seines Antiquars, eines italienischen Kunstexperten, schenkte ihm sechs Kinder; ein Geschenk, das den schwermütigen, zur Melancholie neigenden Monarchen jedoch weder erfreute noch interessierte. Der untersetzte, ein wenig korpulente Mann mit einem breiten Gesicht von gelblich-weißer Farbe, mit großen dunklen Augen, einer eher platten Nase und dicken Lippen laborierte zeit seines Lebens an einer hartnäckigen Gastritis, an nervösen Magenschmerzen. Die Syphilis hatte ihm sein Vater übertragen, die Anlage zur Depression, die zuweilen zu manisch-depressiven Anfällen führte, war ein Erbteil seiner Mutter, der spanischen Habsburgerin Maria, Toch-

* Durch den Titel des Dramas von Franz Grillparzer »Ein Bruderzwist in Habsburg« wurde der Machtkampf zwischen Rudolf II. und seinen Verwandten zum vielzitierten Begriff.

** Die Burg beziehungsweise das Burgviertel in Prag. Das tschechische Wort Hrad bedeutet Burg.

ter des ebenfalls schwermütigen, zur Melancholie neigenden Kaisers Karl V. Sie war die Nichte ihres Ehemannes, Maximilian II.; die spanischen und die österreichischen Habsburger betrieben bereits fleißig Inzucht, um, wie sie glaubten, ihr besonderes Blut weiter zu veredeln und die Geschlossenheit ihres von Gott zum Regieren ausgewählten Geschlechts möglichst lückenlos zu bewahren. Ob die Folgen der Verwandtschaftsehen in der Tat verheerend waren, läßt sich nicht eindeutig feststellen, wenn auch erschreckende Fälle von geistigem und körperlichem Verfall als wahrscheinliches Ergebnis der pausenlosen Kreuz- und Querheiraten vor allem in Spanien ziemlich häufig registriert werden mußten. Rudolf II. wird in diesem Zusammenhang als trauriges Paradebeispiel für die planmäßige Inzuchtpolitik der österreichischen Linie herangezogen. Doch er war gewiß nicht geisteskrank, impotent war er schon gar nicht, und er lebte immerhin neunundfünfzig Jahre lang. Der offiziellen Version seines Hofstaates zufolge soll er an der Wassersucht, die vermutlich durch eine chronische Nierenentzündung entstand, gestorben sein, den zahlreichen inoffiziellen Berichten zufolge an Delirium tremens (in seinen letzten Jahren trank er tatsächlich viel), an geistiger Umnachtung, an Leichengift, weil er in seiner Alchimistenstube Tote zum Leben erwecken beziehungsweise weil er seinen Zeitgenossen, den von ihm verehrten Rabbi Löw, nachahmen und aus präparierten Organen einen Golem, einen künstlichen Menschen, machen wollte (Rabbi Löw soll bloß Lehm als Grundmaterial benutzt haben). Schließlich, der Teufel habe ihn geholt, denn er hätte mit ihm schon längst einen Vertrag geschlossen, in dem er unter anderem versprach, daß er Protestanten und Juden (Verbündete des Teufels) niemals verfolgen werde.

Empfangssaal im Prager Hradschin mit persischer Gesandtschaft. Kupferstich von Aegydius Sadeler

Das oft sonderbare Benehmen Rudolfs II. lieferte freilich Stoff genug auch für die abwegigsten Gerüchte und Legenden. Ein Narr saß auf dem Thron des Heiligen Römischen Reiches, jedoch, und viele Tatsachen deuten darauf hin, ein kluger Narr. Seine Außenpolitik basierte auf neuen, vernünftigen Ideen: er wollte ein Gleichgewicht des Friedens im Osten herstellen, nahm freundliche Beziehungen zu Polen und zu Rußland auf und bemühte sich um eine polnisch-russische Versöhnung, die durch die Vermittlung Österreichs zustande kommen sollte. Um die Türken aus Mitteleuropa zurückzudrängen, entwarf er den Plan ihrer großräumigen Einkreisung durch eine mächtige europäisch-asiatische Koalition. Er verhandelte darüber nicht nur mit Polen und Rußland, sondern, und das war das Neue an seinem Konzept, mit dem reichsten und militärisch am besten gerüsteten Gegner der Osmanen, mit Persien. Eine persische Gesandtschaft traf in Prag ein, für die damalige Zeit eine märchenhafte Sensation. Schah Abbas I., der Große, ein mutiger Reformer, schlug tatsächlich los, er eroberte die türkischen Provinzen Aserbeidschan, Georgien und die Stadt Eriwan in Armenien. Die Türken zeigten sich nun auch im Westen verhandlungsbereit. Im Frieden von Zsitvatorok* (11. November 1606) gaben sie dann zwar nicht wesentlich nach, aber sie erkannten Österreich als gleichberechtigten Partner in der Mitte Europas an. Im pompösen Vertragswerk nannte Sultan Ahmed I. Kaiser Rudolf II. seinen Vater, der Kaiser den Sultan seinen Sohn. Der Frieden war billig. Ahmed I. bekam bloß einen Betrag von 200 000 Gulden, den er in die kostspielige Ausstattung der berühmten Blauen Moschee steckte, die er in Istanbul gerade erbauen ließ.

Außenpolitische Pläne

Doch knapp vor den Verhandlungen an der Zsitvamündung leistete sich Rudolf II. den größten außenpolitischen Fehler seiner gesamten Regierungszeit: er lehnte den günstigen Frieden, der in seinen Augen nicht ehrenhaft genug war, jähzornig ab und verschloß sich allen stichhaltigen Argumenten. Sein Kammerdiener Philipp Lang, von den böhmischen und ungarischen Ständen, die keinen Türkenkrieg mehr finanzieren wollten, generös bestochen, brachte den Vertrag von Zsitvatorok schließlich unter Dach und Fach. Er überredete den störrischen Kaiser, anzunehmen und zu unterschreiben, was Rudolf II. dann auch tat.

Kammerdiener Philipp Lang

Daß Österreich, Böhmen, Mähren, Ungarn und auch das Heilige Römische Reich Deutscher Nation zeitweilig von dem Kammerdiener Philipp Lang regiert worden wäre, wird zwar mit schöner Regelmäßigkeit und auch gehöriger Empörung behauptet, entspricht aber der historischen Wahrheit kaum. Lang war den Zeitgenossen zweifellos verhaßt, und auch die Geschichte brach angeekelt den sprichwörtlichen Stab über ihn. Er hat bei Hof tatsächlich viel gestohlen und viel unterschlagen, ein Recht, das nach traditioneller Auffassung den Mitgliedern des Hochadels hätte vorbehalten bleiben müssen. So wie die politische und religiöse Beeinflussung eines Monarchen, wobei auch die emsige Tätigkeit eines Beichtvaters noch als absolut zulässig gelten kann. Aber Philipp Lang war nicht nur Kammerdiener, er war auch Jude, was das Maß aller Peinlichkeiten überstieg. Er war zwar ein gebildeter Kammerdiener, der sich in den Staatsge-

* Die Mündung des Flusses Zsitva in der Nähe von Komorn an der Donau.

schäften ebenso gut auskannte wie ein Graf oder Prälat, denn er war, bevor er an den Hof zu Prag kam, Burgvogt von Innsbruck und hatte in Tirol verschiedene verwaltungstechnische Probleme zu lösen. Und er war ein getaufter Jude. Rudolf II. ernannte ihn zum Kaiserlichen Rat. Damit erbrachte er wieder einmal den Beweis, daß er geisteskrank sei. Und, woran man allen Ernstes glaubte, daß Philipp Lang ihn behext hätte. Auch Rudolf II. glaubte während seiner depressiven Anfälle, daß er behext sei, nicht aber von dem treuen Lang, sondern von seinem bösen Bruder Matthias, der mit Hilfe von Höllenscharen nach seinen Kronen griff. Der »Bruderzwist in Habsburg« spielte auch in die finsteren Regionen des Hexensabbats hinein.

Es war ein ganz gewöhnlicher und wahrscheinlich unvermeidlicher Konflikt, ein Machtkampf innerhalb einer mächtigen Familie, an den Fürstenhöfen Europas beinahe eine Alltagserscheinung, im Hause Habsburg wenigstens im Sinn der österreichischen Mentalität ausgetragen; Gift, Dolch oder flinke Meuchelmörder kamen als Lösung nicht in Frage. Die Ausgangsposition war ebenfalls einfach, von Kaiser Maximilian II. bloß insofern verschuldet, als er mehrere Söhne hatte und der Älteste von ihnen nur bis an die Grenze des Wahnsinns gelangte, nicht aber, glücklicher- oder unglücklicherweise, endgültig darüber.

Rudolf II. zahlte, als er nach dem Tod seines Vaters die Regierung antrat, seinen zu kurz gekommenen Brüdern vorerst je 45 000 Gulden Jahresgehalt. Es waren aber auch noch Onkel und Neffen da, die er, so wie seine Brüder, nach und nach zu Statthaltern der verschiedenen österreichischen Länder ernannte beziehungsweise sie in ihren Ämtern beließ, wie Onkel Ferdinand in Tirol, der in erster Ehe mit der Bürgerstochter Philippine Welser verheiratet war. Die Regelung erschien Rudolf II. gerecht; eine zumindest theoretisch gesunde Dezentralisierung der Staatsmacht hatten auch die Stände begrüßt. Dem Kaiser blieb mehr Zeit, sich seiner Kunstsammlung und der Gesellschaft seiner Wissenschaftler und Scharlatane zu widmen. Denn mit hochwohlgeborenen Würdenträgern verkehrte er ungern, er gab auch selten Audienzen, lieber verbrachte er einsame und wahrscheinlich glückliche Stunden vor den erlesenen Skulpturen, Gemälden, Goldschmiedearbeiten und Kodizes, die seine Beauftragten in ganz Europa zusammenkauften. Albrecht Dürers prächtiges »Rosenkranzfest« ließ er, um das kostbare Bild keiner Erschütterung auszusetzen, in Baumwolle gewickelt auf langen Stangen im langsamen Marsch zu Fuß von Venedig nach Prag transportieren; um eine Statue des altgriechischen Bildhauers Skopas (um 400 v. Chr.), die später in Prag, weil »beschädigt«, um ganze 51 Kreuzer versteigert wurde, feilschte er jahrelang, er zahlte dafür 34 000 Gulden. Er unterstützte großzügig den Italiener Giuseppe Arcimboldo, den Ahnherrn des Surrealismus, der aus Büchern, Töpfen, Früchten, Fischen und Vögeln zusammengesetzte menschliche Porträts, unter anderem auch das des Kaisers, malte und natürlich als verrückt galt. Als verrückt galt auch, daß Rudolf II. Kunstgegenstände nicht als Geldanlage und nicht, um durch sie zu glänzen, um als Kenner und Mäzen zu figurieren, sammelte, sondern einzig und allein aus einer schier abstrakten, religiös-schwärmerischen Liebe zur Kunst.

Mäzen und Sammler

Einen Hofnarren, einen Mohren, einen Buckligen oder einen Zwerg hielt sich der königliche Narr nicht, im Gegensatz zu der fast zwingenden Mode der europäischen Fürstenhöfe; er fand das schale Spiel mit der menschlichen Würde unnütz und ekelhaft. Dennoch verabscheute er die Menschen, voran die hochgestellten Persönlichkeiten, die unter dem Deckmantel einer patriotischen oder religiösen Politik gierig nach mehr Macht und Besitz strebten. Er verabscheute in den qualvollen Stunden seiner depressiven Anfälle mitunter auch sich selbst: im Herbst des Jahres 1600 unternahm er mit einem Degen den ersten Selbstmordversuch im Hause Habsburg. Was er über das Jenseits oder über Gott wirklich dachte, konnte nie ergründet werden. Sein Beichtvater Johann Pistorius war skeptisch: »Der Kaiser denkt nicht im geringsten an Gott, er kennt ihn gar nicht.« Im Kampf der Religionen blieb er stets zurückhaltend; daß er die gewaltsame Rekatholisierung Österreichs in die Wege geleitet hätte, ist ein weitverbreiteter Irrtum. Die Gegenreformation begann zwar in seiner Regierungszeit, wurde aber in den verschiedenen österreichischen Ländern von seinen Onkeln, Brüdern und Neffen, den Statthaltern, in Angriff genommen und energisch vorangetrieben. Erzherzog Ferdinand in Tirol und in Vorarlberg, Karl und nach ihm sein Sohn Ferdinand II. in der Steiermark, in Kärnten und Krain, Ernst, Maximilian und Matthias in Nieder- und Oberösterreich ließen sich dabei nicht nur von ihrer religiösen Überzeugung, sondern auch von politischen Motiven leiten. Der nun gezielt und hart geführte Kampf sollte neben der protestantischen Ketzerei auch mit der Macht der Stände aufräumen und die volle landesfürstliche Autorität wiederherstellen.

Selbstmordversuch

Daß die Stände, die den Pluralismus vertraten, gleichsam die Vorkämpfer des Fortschritts gewesen wären, ist eine Vergröberung der damaligen, recht komplizierten gesellschaftspolitischen Lage, ebenso wie die Ansicht, daß die Erzherzöge aus dem Hause Habsburg, Verfechter der persönlichen Diktatur, mit dem Vormarsch des Katholizismus auch einem konservativ-reaktionären System zum Sieg verholfen hätten. Die Stände drangsalierten die untersten Gesellschaftsschichten, vor allem die Bauern, viel mehr als der Landesfürst, der sie sogar zeitweilig beschützte; sie bedienten sich aber einer besseren, in ihren Ansätzen demokratischen Verwaltung und Finanzgebarung. Der Landesfürst lebte, zumindest nach außen hin, wie ein Despot und verpulverte das ihm zugeflossene Geld, das andere erarbeitet hatten, wie es ihm gefiel; doch im Streit mit dem rückständigen Adel entschied er freilich undemokratisch, weil durch einfaches Machtwort, oft zugunsten einer humanen oder fortschrittlichen Lösung.

Als der schon immer mehr unbrauchbar gewordene, noch von Julius Caesar eingeführte alte Julianische Kalender auf Initiative von Papst Gregor XIII. reformiert werden sollte, wehrten sich die protestantischen Stände entrüstet. Da im neuen Gregorianischen Kalender vorerst zehn Tage einfach wegfielen, um die weitere Zeitrechnung übersichtlich und dem tatsächlichen Zeitablauf gemäß gestalten zu können, beklagten die Grundherren den Verlust zehn wertvoller Fronarbeitstage. Es gab auch Stimmen, und nicht wenige, die dafür plädierten, man solle sich mit der schwierigen Angelegenheit gar nicht befassen, denn das Ende der Welt sei bereits so nahe, daß man bald keinen Kalender mehr brauchen werde. Man protestierte auch, weil der neue Kalender »katholisch« war, er

Kalenderreform

Kardinal Melchior Khlesl. Porträt von Annibale Carracci

stammte von der päpstlichen Kurie in Rom, ja vom Papst selbst, also vom Antichrist. Kaiser Rudolf II., ein Fachmann der astronomischen Zeitberechnung, trat hartnäckig für die Reform ein, er sagte: »Es kommt nicht darauf an, von wem der Kalender herrührt, sondern, daß er gut ist.« Er setzte sich durch. Im Herbst 1582 nahm der Reichstag von Augsburg den neuen, bis zum heutigen Tag gültigen Gregorianischen Kalender an.

Kardinal Khlesl

Zur Zeit des Kalenderstreits war die von Rudolf II. keineswegs ernsthaft gefährdete Machtstellung der protestantischen Stände noch ungebrochen. Kardinal Melchior Khlesl (1552–1630), die Seele der katholischen Gegenoffensive, erschien erst einige Jahre später auf der politischen Bühne des östlichen Habsburgerreiches. Der begabte Sohn eines Wiener Bäckers trat unter dem Einfluß der Jesuiten zum Katholizismus über, studierte in deren deutscher Hochburg, in Ingolstadt, wurde 1579 Domprobst von Sankt Stephan, 1588 Verwalter des Bistums Wiener Neustadt, 1598 Bischof von Wien. Mit ihm, einem Vorläufer Metternichs, stieg das erste Mal in Österreich der schon moderne, wenn auch in mancher Hinsicht fragwürdige Typ des rein politischen Menschen auf, der Politik nur noch aus kalter Leidenschaft für das politische Spiel betreibt, der sich sein Leben ohne die Hochspannung der Intrigen, der geheimen Entscheidungen, der taktischen Sinneswandlungen und der machtvollen Winkelzüge, die das Schicksal einer größeren Gemeinschaft, einer Nation oder eines Staates nachhaltig beeinflussen sollen (ohne daß das Volk darum gebeten hätte), nicht vorstellen kann. Melchior Khlesl war süchtig nach einer entscheidenden politischen Rolle, er war unermüdlich, und er war ein blendender Organisator. Seine »Reformkommissionen«, die verirrte Bauern und Bürger auf den richtigen Weg Gottes zurückführen sollten, überrumpelten die Dörfer und Städte, sie redeten den Leuten gekonnt ins Gewissen, sie fanden auch Gehör, denn sie wurden von Söldnern begleitet, meist deutschen oder tschechischen Landsknechten, denen so ziemlich egal war, wem sie den Kopf einschlugen. Die Rekatholisierung machte beachtliche Fortschritte, die Kommissionen und ihre Truppen stießen nur vereinzelt auf Widerstand. Das Volk arrangierte sich, zum Blutvergießen kam es kaum, nur in Niederösterreich brach eine Bauernrevolte aus, von der sich der protestantische Adel jedoch sofort distanzierte. Das Standesbewußtsein war anscheinend wesentlich stärker als die Solidarität mit den bedrängten Glaubensgenossen niederer Herkunft.

Erzherzog Matthias

Im Jahr 1599 schloß sich der bis dahin schon recht erfolgreiche Kirchenpolitiker Khlesl enger an den Bruder des Kaisers, Matthias, an, um auch die Fäden der weltlichen Machtpolitik in die Hände zu bekommen. Er wurde Kanzler, erster Ratgeber, für viele Zeitgenossen der böse, für andere wiederum der gute Geist des zunächst vergrämten, weil als kleiner Provinzherrscher in Linz hängengebliebenen Erzherzogs. Matthias war, wie sein um fünf Jahre älterer Bruder Rudolf II., ein labiler Mensch, aber er war weit weniger klug und gebildet als der Kaiser, dafür ehrgeizig, eitel und, wenn es sein mußte, auch fromm. Mit zwanzig Jahren ließ er sich ohne Wissen Rudolfs II. in ein zweifelhaftes Abenteuer ein: er wollte König oder zumindest Statthalter der Niederlande werden, die sich gerade gegen die Herrschaft der spanischen Habsburger auflehnten. Der Versuch endete mit einem peinlichen Fiasko, und auch Rudolf II. fühlte sich durch den halben Staatsstreich seines Bruders vor den spanischen Verwandten bloßgestellt. Nun mißtraute er ihm, und als sich die vertraulichen Nachrichten häuften, daß Matthias gegen ihn eine Verschwörung aller Brüder, Onkel und Neffen vorbereitete, begann er ihn unversöhnlich zu hassen und sich vor ihm zu fürchten. Matthias taktierte mit der Zeit geschickt, von Bischof Khlesl gelenkt: er befürwortete die Verhandlung mit den Türken, da er wußte (Khlesl hatte es ihm ja erklärt), daß die Stände kein Geld mehr für einen neuen Krieg flüssigmachen wollten. Er schloß auch Frieden mit den aufständischen Ungarn, die unter dem Fürsten von Siebenbürgen, dem Protestanten István Bocskai, mit türkischer Hilfe einen unabhängigen Rumpfstaat im Nordosten des Landes zu erkämpfen versuchten. Matthias versprach ihnen wieder einmal die Achtung der althergebrachten Rechte ihrer Oberschicht und die Religionsfreiheit.

Rudolf II. wehrt sich

Nun sahen die Stände in Matthias einen harmlosen Jasager. Die Idee Khlesls, ihn an die Stelle des unberechenbaren Rudolf II. zu setzen, nahm Gestalt an. Am 25. April 1606 trafen einander die Erzherzöge in Wien, um Matthias zum Oberhaupt des Hauses Habsburg zu wählen. Sie begründeten ihren Entschluß in einem Dokument, in dem sie auch schriftlich festhielten, daß Rudolf II. für die Regierung nicht mehr tauge, weil er sich im Zustand einer »gefährlichen Gemütsblödigkeit« befinde. Er befand sich jedoch mitunter in einer aktiven, ja geradezu aggressiven Phase, er kämpfte zäh um die Macht, setzte aber denkbar unglückliche Mittel ein. Um den vereinten Verwandten zuvorzukommen, suchte er Unterstützung bei einem noch abseits stehenden Neffen, bei dem erst vierundzwanzig Jahre alten Hitzkopf Leopold, Bischof von Passau und Straßburg, der später Claudia von Medici heiratete und brav zu Matthias überging.

Rudolf II. wollte ihn zu seinem Nachfolger machen, und Leopold erschien, wie vereinbart, im Februar 1610 in Prag, doch mit 12 000 Söldnern, einem wüsten Haufen, der in der Goldenen Stadt so furchtbar hauste, daß die böhmischen Stände, bis dahin treue Anhänger des sonderbaren Kaisers, Matthias um Hilfe baten. Der Vorwand für eine militärische Aktion auf böhmischem Boden war da. Matthias brach an der Spitze einer größeren Streitmacht auf, um Prag von der Soldatenplage zu befreien. Die gute Tat gelang. Ende März zog Matthias feierlich in Prag ein und übernahm die Macht. Er beließ Rudolf II. taktvoll den Kaisertitel und sorgte für seinen Haushalt. Doch der angeblich Gemütsblöde gab noch immer nicht auf. Er verlegte sich auf die Geheimdiplomatie, versuchte eine protestantische Union zustande zu bringen, mit deren Hilfe er seinen Bruder zu entmachten gedachte; er sah also recht klar, wo er noch unzufriedene politische Kräfte hätte mobilisieren können, starb aber während der ersten Gespräche, die in seinem Namen in einigen Fürstentümern des Heiligen Römischen Reiches aufgenommen wurden.

Matthias wird Kaiser

Die Kurfürsten wählten am 13. Juni 1612 Matthias zum Kaiser. Kammerdiener Philipp Lang landete im Gefängnis, Bischof Melchior Khlesl erhielt den Kardinalshut. Doch das Schicksal des politischen Menschen führt manchmal rasant in die Tiefe: auf den Höhepunkt der Herrlichkeit folgt der jähe Sturz. Kaiser Ferdinand II. ließ den allmächtigen Kardinal nach dem Tod seines Gönners und Werkzeuges Matthias wegen Verdacht auf geheime Verständigung mit noch immer einflußreichen protestantischen Kreisen Böhmens verhaften. Vier Jahre lang blieb Melchior Khlesl im strengen Hausarrest auf Schloß Ambras in Tirol, dann durfte er nach Rom ausreisen. Er nahm die Fäden aber wieder in die Hand und kehrte 1627 voll rehabilitiert nach Wien zurück, wo er dann im Alter von achtundsiebzig Jahren starb.

Das große Geschäft mit dem Tod

Der Dreißigjährige Krieg

Kardinal Khlesl wurde im Dom von Wiener Neustadt beigesetzt, sein unglücklicher Gegenspieler Rudolf II. im St.-Veits-Dom in Prag*, der am 20. März 1619 im Alter von zweiundsechzig Jahren verstorbene Kaiser Matthias, als erster Habsburger, in der von seiner frommen Frau und Nichte, Anna von Tirol, gestifteten und unter Ferdinand II. erbauten Kapuzinergruft in Wien.

Kapuzinergruft

Durch die unverhoffte Auszeichnung, von nun an die allerhöchsten Leichname in ihre Obhut nehmen und bewachen zu dürfen, stieg das Ansehen der erst seit 1599 in der Haupt- und Residenzstadt ansässigen Kapuziner beträchtlich. Ihre Aussichten, im unterschwelligen Konkurrenzkampf mit den Benediktinern, Zisterziensern, Franziskanern, Karmeliten, Serviten, Minoriten und Augustinern bestehen zu können, besserten sich spürbar. Denn anfangs nahm man die ziemlich verwahrlosten Bettelmönche, die auch im Winter in Sandalen herumliefen, nicht sehr ernst. Vor allem, weil sie in ihrer Missionsarbeit unter den streng puritanischen Protestanten ein neues, bis dahin undenkbares Element einsetzten: den Witz, den derben, volkstümlichen Humor; ihre bald »Kapuzinade« genannten possenhaften Predigten brachten ihnen zunächst viel Spott, aber mit der Zeit immer mehr gewaltlos bekehrte Seelen ein.

In der vordersten Linie und auch in den wichtigsten Stabsstellen der großen katholischen Gegenoffensive standen nach wie vor die Aristokraten unter den Ordensbrüdern, die Jesuiten. Sie hatten auch Ferdinand II.** in Ingolstadt zu einem tüchtigen und unbeugsamen katholischen Herrscher erzogen. Carlo Carafa, der päpstliche Nuntius in Wien, berichtete zufrieden nach Rom: »Gewöhnlich trinkt und schläft er sehr wenig. Abends 10 Uhr legt er nach deutscher Gewohnheit sich nieder, früh um 4 Uhr, oft noch früher, ist er schon wieder auf den Beinen.«

Ferdinand II.

Er mußte wohl, er hatte viel zu tun. Sein kinderlos gebliebener Onkel, Matthias, der ihn zu seinem Mitregenten und Nachfolger berief, machte in verhältnismäßig kurzer Zeit ungleich mehr schwere politische Fehler als

* Ferdinand I., der Begründer der Donaumonarchie, und sein Sohn Maximilian II. wurden ebenfalls im St.-Veits-Dom in Prag beigesetzt. Das prächtige Grabmal, ein Mausoleum aus weißem Marmor im Renaissancestil, ließ Rudolf II. errichten.

** Geboren am 9. Juli 1578 in Graz, gestorben am 15. Februar 1637 in Wien.

der halbverrückte Rudolf II. Auch Khlesl konnte nichts mehr glätten und zusammenflicken: der Staatsverband der österreichischen Habsburger befand sich in Aufruhr und drohte auseinanderzufallen. Ferdinand II., ursprünglich ein gutmütiger, beinahe schon gemütlicher Vorzugsschüler der Macht, klein geraten und weich gepolstert, kurzsichtig und mit Sommersprossen übersät, sah sich einem schweren Konflikt gegenüber, der später unter der Bezeichnung »Dreißigjähriger Krieg« in die Geschichte einging.

Explosion in Prag

Der aufgestaute Zündstoff explodierte wieder einmal in Prag, in der Hauptstadt des reichen und kultivierten Böhmen, dessen eminente Bedeutung für einen funktionsfähigen Staatsverband im Donauraum die Habsburger mit Ausnahme Rudolfs II. stets fatal verkannt und das Land daher auch stets fatal falsch behandelt haben. Der Anlaß der rasch um sich greifenden verheerenden Auseinandersetzung, ein Streit um zwei Kirchen, war scheinbar belanglos, das auslösende Moment, der zweite Prager Fenstersturz, vorerst mehr kurios als katastrophal.

Die protestantischen Stände verlangten die in Aussicht gestellte Belohnung für ihre tätige Treue im Bruderzwist: die schon am 9. Juli 1609 im sogenannten Majestätsbrief Kaiser Rudolfs II. verkündete Religionsfreiheit. Daran wollte sich der Hof in Wien jedoch nur noch vage erinnern. In der böhmischen Stadt Braunau an der Stege wurde der Bau einer evangelischen Kirche untersagt, in der Bergwerkssiedlung Klostergrab am Fuß des Erzgebirges eine bereits bestehende zugesperrt und beschädigt. Eine

Der Prager Fenstersturz. Kupferstich von Merian

Protestversammlung in Prag war die Folge: am 23. Mai 1618 sprachen etwa hundert Herren unter der Leitung des Grafen Jindrich Matthias Thurn bei den tschechischen Statthaltern des Kaisers und Königs auf dem Hradschin vor. Nach einem erregten Wortwechsel warfen sie den Grafen Wilhelm Slavata und den Grafen Jaroslav von Martinitz aus dem Fenster der alten Ratsstube in den zwanzig Meter tiefer gelegenen Burggraben. Die Todgeweihten kamen mit dem Leben davon. Graf Slavata, der achtzig Jahre alt wurde, beschrieb in seinen »Denkwürdigkeiten« den Sturz seines Amtskollegen Martinitz:

»Aber er ist, nachdem er im Herabfliegen unaufhörlich den Namen ›Jesus Maria‹ gerufen, so leise auf die Erde gesunken, als wenn er sich setzen täte, so daß ihm durch die Fürbitte der Jungfrau Maria und den Schutz Gottes der schreckliche Fall an seiner Gesundheit trotz seines schweren Leibes nichts geschadet hat. Etliche fromme glaubwürdige Leute haben auch ausgesagt, daß sie damals, während sie über die große Brücke mit der Prozession auf die Kleinseite gingen, die allerseligste Jungfrau Maria gesehen, wie sie den Herrn mit ihrem Mantel in den Lüften erhalten und auf die Erde getragen hat. Graf Martinitz hat dies nicht selbst gesehen.«

Er landete, so wie Slavata, weich auf einem Komposthaufen. Die Deputierten warfen ihnen noch den Geheimschreiber Philipp Fabrizius nach. Er fiel auf den Grafen Martinitz, wofür er sich in aller Form entschuldigte. Dann ging er Hilfe holen. Die Abordnung verließ lärmend die Burg. Der Dreißigjährige Krieg begann.

Der Krieg beginnt

Die böhmischen Stände bildeten ein Direktorium, das die Regierungsgewalt provisorisch übernahm. Jindrich Matthias Graf Thurn stellte in aller Eile eine Armee auf. Die Jesuiten wurden des Landes verwiesen, die Habsburger der Krone Böhmens verlustig erklärt. Die Ungarn machten unverzüglich mit. Gábor Bethlen, der Fürst von Siebenbürgen, rückte mit einer Streitmacht über Preßburg bis nach Schwechat vor. Die Böhmen trafen die Abgesandten der protestantischen Stände von Nieder- und Oberösterreich zu Beratungen in Horn. Die Truppen des Grafen Thurn bedrohten Wien, sie konnten aber die Stadt nicht nehmen, denn sie führten keine schweren Geschütze mit. Ferdinand II. wurde in der Hofburg von Delegierten der Stände Niederösterreichs bedrängt. Aus Krems herbeigeholte Kürassiere des Regiments Dampierre retteten ihn, bevor er, um sich zu retten, vor den aufgebrachten Adeligen hätte kapitulieren müssen. Die Szene wurde oft und auf verschiedene Art wiedergegeben. Die gängige Legende weiß von den Kürassieren nichts, es heißt, Ferdinand sei vor einem Kruzifix niedergekniet, und Jesus Christus habe zu ihm gesprochen: »Bleib fest, Ferdinand, ich werde dich nicht verlassen!« Das Kruzifix befindet sich heute in der Schatzkammer in Wien.

Auch die Verwandten in Madrid ließen Ferdinand II. nicht im Stich. Aus Norditalien schickten sie spanische Truppen nach Österreich, und sie bezahlten die furchterregenden Kosaken, die der Kaiser in seine Dienste nahm. Tirol und das katholische Bayern unterstützten Ferdinand II. ebenfalls, und auch der protestantische Kurfürst Johann Georg von Sachsen stellte sich bedingungslos auf seine Seite, ging aber später zu seinen Gegnern über. Schon zu Beginn des Dreißigjährigen Krieges, der in Wirklichkeit aus einer Reihe von verschiedenen Kriegen bestand, war das religiöse,

Kaiser Ferdinand II. im Gebet. Zeitgenössischer Kupferstich

das ideologische Motiv eher vordergründig. Weltliche Machtinteressen der Herrscherhäuser, der Kirchenprovinzen, der Grundherren und auch der neu aufgestiegenen politischen Persönlichkeiten, Kanzler, Minister und Feldherren trieben die mehr und mehr außer Kontrolle geratenen Ereignisse auf ein totales Chaos zu. Mit der Zeit verliefen die Fronten quer durch das katholische und das protestantische Lager. Das katholische Frankreich, dessen politische Strategie Kardinal Richelieu entwarf, kämpfte gegen das katholische Spanien und das katholische Österreich, nahm jeden protestantischen Gegner der katholischen Habsburger mit offenen Armen auf, schloß Bündnisverträge mit den protestantischen Niederlanden und dem protestantischen Schweden. Papst Urban VIII., der alles in seiner Macht Stehende tat, um dem katholischen Österreich und dem katholischen Spanien zu schaden, gab seinen apostolischen Segen dazu. Das protestantische Schweden zog gegen das protestantische Dänemark los, und die kleinen deutschen Fürsten zwischen Köln und Königsberg wechselten je nach Druck der Stärkeren oder nach Hoffnung auf schöne Beute mehrmals die Position.

Der »Winterkönig«

Die Böhmen blieben vorerst standhaft. Nach der Absetzung der Habsburger suchten und fanden sie einen protestantischen Monarchen, den Kurfürsten Friedrich von der Pfalz, der wegen seiner kurzen Herrschaft in Prag den Spottnamen »Winterkönig« bekam. Er regierte jedoch auch noch einen Sommer lang, wobei das Regieren zum Verdruß der böhmischen Stände hauptsächlich aus der Veranstaltung von Bällen, Festmählern und Jagdpartien bestand. Im Herbst 1620 rückte eine katholische, eine kaiserliche Armee gegen Prag, 25 000 kampferprobte Söldner, Wallonen, Flamen, Franzosen, Spanier, Italiener, Schotten und Iren; sie schienen der Hölle unterwegs einen Besuch abgestattet zu haben, denn áus ihrem Mund und aus ihrer Nase stieg blauer Qualm auf; das war die Uraufführung des bis dahin unbekannten Lasters Rauchen in Mitteleuropa.* Die Böhmen stellten ihre hastig in Marsch gesetzten, mit ungarischen und mährischen Kontingenten verstärkten Truppen, etwa 20 000 Mann, in der Nähe von Prag auf. Doch die Berufssoldaten meuterten, sie forderten ihren rückständigen Sold und auch einen Vorschuß; Befehle wurden ignoriert, Offiziere niedergeschrien, Disziplin und Kampfmoral sanken beinahe auf den Nullpunkt. Am 8. November 1620 kam es auf dem nur

Schlacht auf dem Weißen Berg

379 Meter hohen Weißen Berg bei Prag, auf dem Rücken sanfter Hügel, zur Entscheidungsschlacht. Sie war kurz, sie dauerte kaum länger als eine halbe Stunde. Unter der Führung des flämischen Edelmannes Johann Tserclaes von Tilly, eines fähigen Generals, der ausnahmsweise nicht um Beute und Titel, sondern für seine katholische Überzeugung in den Krieg zog, errangen die Kaiserlichen einen leichten Sieg. Der »Winterkönig« floh, Ferdinand II. war wieder Herr in Böhmen. Er krempelte das Land gründlich um. Daß er dabei nach tschechischem Blut lechzte, wie ihm dies manche Quellen immer wieder andichten, ist purer Unsinn. Das Strafge-

* Das Rauchen wurde um die Mitte des 16. Jahrhunderts aus Westindien nach Spanien und aus dem amerikanischen Virginia nach England eingeführt. Jean Nicot, der französische Gesandte in Portugal, schickte 1560 die ersten Tabaksamen nach Paris. Das erste Verbot, das Geistlichen den Genuß von Schnupftabak untersagte, erließ Papst Urban VIII. im Jahr 1636.

richt fiel verhältnismäßig milde aus, es gab bloß siebenundzwanzig Todesurteile. Die abgeschnittenen Köpfe stellte man, nach dem Brauch der Zeit, zehn Jahre lang auf der Karlsbrücke in Prag zur Abschreckung aus. Ferdinand II. betete in Mariazell für das Seelenheil der Hingerichteten. Wirklich entscheidend war die zielbewußte und gewaltsame Ablöse der böhmischen und mährischen Oberschicht: der einheimische Adel wurde entmachtet und enteignet, 53 Prozent des gesamten Grundbesitzes gingen in die Hände kaisertreuer Familien, meist nach dem Sieg auf dem Weißen Berg eingewanderter Deutscher, Österreicher, Italiener, Spanier, Flamen und Wallonen, über. Etwa 120 000 Böhmen und Mährer verließen unter Zwang ihre Heimat. Die tschechische Sprache wurde systematisch zurückgedrängt, in den lokalen Schaltstellen der Macht und in der sogenannten guten Gesellschaft sprach man zunehmend Deutsch. Königliche Kommissionen trieben die Rekatholisierung rasch, unduldsam und unbeugsam voran. Die Alternative hieß: entweder sofort katholisch werden oder auswandern. Die am 10. Mai 1627 veröffentlichte »Verneuerte Landesordnung« räumte dann auch mit den letzten Resten der staatlichen Unabhängigkeit Böhmens und Mährens auf. Die beiden Länder wurden zu Erbländern, zum Besitztum des Hauses Habsburg erklärt, sie durften ihren Herrscher nicht mehr aus freien Stücken wählen, sie mußten stets einen nun auch für sie geborenen Habsburger als König akzeptieren. Der Landtag verlor, mit Ausnahme von einigen beschränkten Finanzangelegenheiten, jeglichen Einfluß auf die Staatsgeschäfte, er durfte keinen Antrag mehr stellen. Das Recht der Gesetzgebung stand fortan nur dem Herrscher zu. Die oberste Verwaltungsbehörde des Landes, die Böhmische Hofkanzlei, wurde nach Wien verlegt. Böhmen sank zu einer Provinz des österreichischen Habsburgerreiches herab.

Krieg als Geschäft

Feldmarschall Tilly, der am Weißen Berg in einer knappen Dreiviertelstunde das künftige Schicksal der Donaumonarchie entschied, kämpfte für den Kaiser wacker weiter. Er versuchte dabei, eine einsame Erscheinung in den schmutzigen Wirren des Dreißigjährigen Krieges, so etwas wie Anstand und Menschlichkeit zu bewahren. Was aber auch ihm nur selten gelang. Denn der Dreißigjährige Krieg war der erste totale Krieg, es war der erste Krieg, in dem sich große Massen bewegten, die ganze Landstriche überflutet, kahlgefressen und zerstört haben. Zu Beginn des 17. Jahrhunderts nahm die Zahl der Bevölkerung in Europa stetig zu, und auch die Lebenserwartung stieg um einige Jahre. Doch die nach wie vor hoffnungslos zurückgebliebene Landwirtschaft konnte sie nicht mehr beschäftigen, und eine Industrie, die neue Arbeitskräfte gebraucht hätte, war gerade erst und nur langsam im Entstehen. So kam der Krieg, der nicht mehr auf einer zum Schlachtfeld auserkorenen Wiese, sondern gleichzeitig in mehreren Ländern ausgetragen wurde, der großen Schar der armen Schlucker zunächst willkommen. Mitmarschieren und ein wenig mitzutun beim Transport, beim Kochen, beim Munitionieren, beim Plündern und Morden war zum alltäglichen Beruf geworden und nach und nach zum einzig möglichen. Der Krieg hatte im weiten Umkreis Felder und Werkstätten verwüstet, man hätte, auch wenn man wollte, nichts anderes mehr tun können als mitziehen, mit dem Tod und in den Tod, um mit Glück

Feldmarschall Johann Tserclaes von Tilly. Gemälde von Anthonis van Dyck

und Gerissenheit am Leben zu bleiben. So erzeugte der Krieg den fortgesetzten und immer mehr ausgedehnten Krieg, und so erzeugte er laufend seine kleinen und großen Nutznießer, die Horde der namenlosen Söldner, Schnapsbrenner, Flickschuster, Kanonenknechte, Marketenderinnen, Feldschere, Diebe, Musikanten und die namhaften Generäle, die gleichsam als Unternehmer und Profitmacher auftraten, voran der berühmteste von allen, ein gebürtiger Böhme, der ursprünglich Waldstein hieß, Generalissimus Albrecht Wenzel Eusebius von Wallenstein (1583–1634), Herzog von Friedland, Herzog von Mecklenburg, Fürst von Sagan, General des Ozeanischen und des Baltischen Meeres.
Er stellte den weit besseren Strategen und Soldaten, den ungleich anständigeren Menschen Tilly bald in den Schatten. Durchaus begreiflich. Denn es gibt nur wenige Gestalten in der europäischen Geschichte, die für Dichtung und Dokumentation, für Rampenlicht und psychologische Studien mehr geeignet waren als Wallenstein, über den man tatsächlich eine ganze Bibliothek mit schier unentwirrbaren Für und Wider zusammenschrieb.

Ein unbekannter junger Mann, klug, rücksichtslos und ehrgeizig, stieg kometenhaft auf, wurde unermeßlich reich und beängstigend mächtig, stürzte dann und erlitt einen gewaltsamen Tod. Seine letzten Beweggründe und Pläne blieben für immer im dunkeln. Das zog enorm, das hatte schon die Zeitgenossen ungemein interessiert. Hat Wallenstein mit sechsundzwanzig Jahren eine häßliche Greisin geheiratet, oder war seine erste Frau, Lucretia Nekeschin von Vičkov, die Grundlage seines Vermögens, zwar viel älter als er, dennoch sehr schön und von unwiderstehlichem weiblichen Charme? Schon darüber hat man endlos diskutiert. Tatsache ist, daß Wallenstein nach dem Tod seiner Frau im Jahr 1614 bereits ein wohlhabender Mann war. Seine zweite Ehe mit Isabella von Harrach sicherte ihm die besten Verbindungen zum österreichischen Hochadel und zum Wiener Hof. In den Dienst Kaiser Ferdinands II. meldete sich der zum Katholizismus übergetretene Wallenstein mit einem auf eigene Kosten in Flandern aufgestellten Kürassierregiment und mit der Kriegskasse der mährischen Stände, die er aus Olmütz mitgehen ließ. Nach der Enteignung des böhmischen Adels erwarb er für ein Spottgeld ausgedehnte Ländereien, gab sie mit hohem Gewinn weiter und rüstete eine Armee von 20 000 Söldnern aus, die später sogar zeitweilig auf 60 000 Mann anwuchs.

Wallensteins Armee

Daß Wallenstein der eigentliche Begründer des österreichischen Heeres gewesen wäre, ist ein Irrtum. Seine Streitmacht war eine bunt zusammengewürfelte Fremdenlegion, das Offizierskorps bestand aus Schotten, Iren, Italienern, Flamen und Tschechen. Er war auch kein genialer Feldherr und kein großer Stratege. Seine militärischen Operationen, zu langsam, zu umständlich und zu zersplittert, erwiesen sich selten als erfolgreich. Wallenstein war in erster Linie ein politischer Geschäftsmann, ein profunder Kenner der wirtschaftlichen Lage und einer der ersten Experten der Logistik, der Versorgung der Truppe, die unter seiner Führung tatsächlich bestens funktionierte. Er entwarf für das Nachschubwesen klare Richtlinien, die darauf abzielten, daß der Krieg den Krieg, das eroberte Land die Armee erhalten mußte. Das Plündern wurde geordnet und im großen Stil durchgeführt, das Mitschleppen von allerlei Kram und Tand war verboten. Die Söldner bekamen pünktlich ihren Lohn, und der war nicht schlecht: einem Hauptmann zahlte Wallenstein monatlich 400, einem Leutnant 140, einem Feldwebel 28 Gulden. Er sorgte auch dafür, daß sie rechtzeitig ins Bett kamen und ausgeschlafen ihren Geschäften nachgingen: er erfand den Zapfenstreich, die Sperrstunde im Lager und auf dem Schlachtfeld.

Doch der fähige Fachmann, der seine jeweilige Armee wie einen rollenden Großbetrieb durch halb Europa dirigierte, hatte auch noch ein zweites Gesicht: das eines Phantasten, der vom Aberglauben, vor allem von dem Einfluß der Planeten, einmal ermuntert, einmal erschreckt, seltsame Pläne entwarf. So wollte er mit 100 000 Mann im Süden Dalmatiens landen, die Balkanhalbinsel im Eilmarsch durchqueren und Konstantinopel seinem Kaiser zu Füßen legen. Später dachte er daran, König von Böhmen zu werden. Darüber lagen zwar keine schriftlichen Beweise vor, doch verschiedene Zeugenaussagen wiesen immer wieder darauf hin, was freilich den Hof in Wien in höchsten Alarmzustand versetzen mußte. Die

ALBERTVS DEI G
FRIDLANDIÆ SACR. CES. MA
CAPITANEUS GENERALIS
Invita invidia.
Matth: Merian fecit.

Reibereien zwischen Ferdinand II. und seinem selbstherrlichen Feldherrn, dessen Macht von Tag zu Tag unaufhaltsam und unkontrolliert zunahm, führten im Jahr 1630 zu einem offenen Konflikt. Auf Drängen der deutschen Fürsten setzte der Kaiser den Oberbefehlshaber der katholisch-habsburgischen Truppen ab. Wallenstein zog sich tief gekränkt auf seine böhmischen Güter zurück, mußte aber bald wieder geholt werden, weil die Sache der Kaiserlichen nicht zum besten stand. Er nahm das Kommando erneut in die Hand, doch seine Schritte waren bereits recht zweideutig. Kontakte mit dem protestantischen Feind, vor allem mit Gustav Adolf, König der Schweden, Zögern bei den nur mit halber Kraft begonnenen Offensiven, Milde den böhmischen Rebellen gegenüber (zum Beispiel die für den Kaiser unbegreifliche Freilassung des »Fenstersturzlers« Graf Thun), ließen in Wien immer mehr den Verdacht aufkommen, daß der ohnehin unangenehme, weil jähzornige und hochmütige Herzog von Friedland ein übles Doppelspiel treibe.

Gerüchte und Pläne

Wallenstein wollte den Krieg tatsächlich beenden. Als erfahrener Unternehmer sah er ganz richtig, daß die Kräfte erschöpft, die Länder ausgepreßt waren und daß man daher keine eindeutige Entscheidung mehr herbeiführen könnte. Er war krank, litt schwer an der Gicht, konnte kaum noch gehen, hatte Malaria und einen ruinierten, widerspenstigen Magen. Die Sterne versprachen auch nichts Gutes. Er wollte nun Ruhe haben und seinen Reichtum genießen. Er wolle das Haus Habsburg entmachten, das Heilige Römische Reich auseinanderreißen, Mitteleuropa unter seiner Herrschaft in neue Staaten aufteilen, meldete einer seiner Unterführer, der Kapitän seiner Leibgarde, Octavio Piccolomini, nach Wien. Ferdinand II. war bestürzt, brach aber die Verbindung mit Wallenstein vorerst nicht ab. Der Verräter sollte sich noch sicher fühlen. Eine scharfsinnige Dame, die Gräfin Spaur, Äbtissin des Frauenstiftes Buchau in Württemberg, hatte bereits 1628 maßgeblichen Herren in Wien vorgeschlagen, man solle den unbotmäßigen Wallenstein auf kürzestem Weg ins Jenseits befördern. Nun kam der Kaiser auf die Idee zurück, die keineswegs von seinem Beichtvater, dem Jesuiten Pater Lamormaini, stammte und auch nicht, wie nachher vielfach behauptet wurde, von dem spanischen Botschafter Graf Oñate. Ferdinand hatte sie auch nicht ganz eindeutig formuliert. Die schottischen und irischen Offiziere, die Wallenstein in der Nacht des 25. Februar 1634 beseitigten, handelten auf eigene Faust, vom Hof in Wien nicht beauftragt, wenn auch ermächtigt. Denn am 18. Februar erließ Ferdinand II. ein »Proskriptionspatent« gegen Wallenstein, da seine »meineidige Treulosigkeit und barbarische Tyrannei, dergleichen nicht gehört noch in Historiis zu finden ist«. Das war der Freibrief für den Mord, den man letztlich einer Verhaftung und einem Prozeß vorzog; man wußte ja nicht, wie viele Anhänger Wallenstein tatsächlich noch hatte.

Er hatte nur noch wenige. Mit denen zog er sich nach Eger in Böhmen zurück. Seine treugebliebenen Offiziere, die Generäle Ilow, Trčka und Kinsky und der Rittmeister Neumann, wurden während eines Festmahls in der Burg niedergemacht. Dann stürmte Hauptmann Deveroux, ein Ire französischer Abstammung, mit sechs Mann das Quartier des Generalissimus, das Haus des Bürgers Pachelbel auf dem Marktplatz. Es war gegen elf Uhr nachts, die Szene bühnenreif: ein Unwetter ging über Eger nieder, Wallenstein, noch wach, stand im schwachen Licht der flackernden Fakkeln aufrecht, er bat um Pardon, wurde aber mit einer Partisane, einem langen, zweischneidigen böhmischen Spieß durchbohrt, dann in einen roten Teppich gewickelt und durch das Stiegenhaus hinuntergeschleift; der Kopf schlug an jeder Stufe auf. Seine Güter wurden unter seinen Gegnern, kaisertreuen Aristokraten und Offizieren, unter den Hatzfelds, Colloredos, Clam-Gallas' und Clary-Aldringens verteilt. Piccolomini bekam die Herrschaft Nachod, die Marschallwürde und 100 000 Gulden, Hauptmann Deveroux bloß ein Trinkgeld, 40 000 Gulden.

Wallensteins Tod

Der Krieg ging nun ohne Wallenstein weiter, berührte jedoch, wie auch früher schon, das Gebiet des heutigen Österreich kaum. Im März 1645 brachen schwedische Truppen unter Feldmarschall Lennart Torstensson von Böhmen her bis nach Krems durch, rückten gegen Wien vor, doch die Ruhr und der Mangel an Lebensmitteln zwang sie, das Unternehmen aufzugeben. Die Eroberung von Brünn gelang ebenfalls nicht, den Ansturm der protestantischen Schweden wehrten Hugenotten, in katholisch-habsburgischen Dienst getretene protestantische Franzosen, ab. Die Schweden verwüsteten das Donautal nur oberflächlich, sie wurden auch bald vergessen, da sie weder gründlich gebrandschatzt noch vergewaltigt oder gemordet hatten.

Die »Pappenheimer«

Viel mehr Schaden richteten die gefürchteten Bayern, die katholischen »Pappenheimer« des Reitergenerals Gottfried Heinrich Graf von Pappenheim, an, die im Herbst 1626 den oberösterreichischen Bauernaufstand niederwarfen. Es war eine gut vorbereitete und am Anfang recht erfolgreiche Rebellion, die zu einem kurzen, aber überaus intensiven lokalen Krieg, zum schwersten auf österreichischem Gebiet während des gesamten Dreißigjährigen Krieges, ausartete. Die Ursache des blutigen Konflikts lag in einer doppelten Belastung des niederen Volkes: Die verhaßte Rekatholisierung nahm eine fremde, eine bayrische Besatzungsmacht äußerst unduldsam in Angriff. Denn Ferdinand II., den der Kampf um Böhmen immer mehr Geld kostete, verpfändete Oberösterreich, freilich ohne die Bevölkerung zu befragen, an den Kurfürsten Maximilian von Bayern. Bauern und Bürger verhielten sich daraufhin recht aggressiv: schon am 25. Juli 1620 wurde in Eferding ein fremder Fürst, der katholische Herzog Ernst von Sachsen-Lauenburg, brutal ermordet. Im Mai 1625 belagerten mehr als 5 000 aufgebrachte Bauern, die die Einsetzung von katholischen Geistlichen verhindern wollten, das Schloß Frankenburg. Der bayrische Statthalter, Adam von Herberstorff, jagte sie mit seinen 1 200 Landsknechten auseinander, er ließ die Gemeindevorsteher verhaften und paarweise um ihr Leben würfeln. Wer verlor, wurde gehenkt. Das »Frankenburger Würfelspiel« forderte siebzehn Todesopfer. Die Empörung war groß, die Bauern drohten nun, den Abzug der unmenschlichen Besatzungsmacht und die Rückkehr nach Österreich mit Gewalt zu erzwingen. »Wir wollen den Kaiser zum Herrn und nicht den Kurfürsten von Bayern!« verkündeten sie in ihrem Manifest. Stephan Fadinger, ein begüterter Bauer, der auch das Hutmacherhandwerk erlernt hatte, bereitete auf sei-

Das »Frankenburger Würfelspiel«

nem Hof in Parz, in der Nähe des Dorfes St. Agatha oberhalb von Eferding, einen Aufstand vor. Die Bauern, nach einem umsichtigen Operationsplan organisiert, sollten am 31. Mai 1626, Pfingstsonntag, losschlagen. Die Parole hieß: »Es mueß seyn!« Doch schon am 17. Mai kam es zu einer Rauferei in Lembach, sechs bayrische Soldaten fanden den Tod. Der Krieg begann. Am 21. Mai schlug die in einheitliche schwarze Tracht gekleidete Bauernarmee die Truppe des Statthalters Herberstorff bei Peuerbach so schwer, daß sie sich in das befestigte Linz zurückziehen mußte. Stephan Fadinger fiel aber bei der Belagerung von Linz, und auch der zweite fähige Anführer, Christoph Zeller, der Wirt von St. Agatha, verlor in einem Gefecht gegen eine bayrische Donauflottille in Urfahr das Leben. Nun rückte Reitergeneral Pappenheim mit einer schlagkräftigen Streitmacht gegen die Rebellen vor. Am 9. November 1626 stellten sich 8 000 Bauern zu Fuß und 500 zu Pferd zu einer verzweifelten Schlacht im Emlinger Holz, in einem schütteren Wald in der Nähe von Eferding. Pappenheims Veteranen fegten sie hinweg, etwa 3 000 Bauern fielen oder kamen auf der Flucht um. Ferdinand II. bemühte sich, die bayrische Strafexpedition in Grenzen zu halten: nur achtzehn Anführer der Rebellen wurden hingerichtet, die vielen Tausenden Mitstreiter und Mitläufer erhielten trotz wiederholten Einspruchs der Bayern Generalpardon, auch ihr Haus und Hof blieben unangetastet. Doch katholisch mußten sie werden, oder sie mußten auswandern.*

Bauernkrieg in Oberösterreich

Dies verlangte dann auch Kaiser Ferdinand III.** von seinen Untertanen, der Sohn und Nachfolger des am 15. Februar 1637 im Alter von achtundfünfzig Jahren in Wien verstorbenen Ferdinand II. Denn er war, so wie sein Vater, felsenfest davon überzeugt, daß es in den Ländern des Hauses Habsburg nur eine christliche Religion, die katholische, geben dürfe. Er zog für diese These auch willig in den Krieg: nach der Ermordung Wallensteins stellte ihn sein Vater an die Spitze der kaiserlichen Armee, und Ferdinand ritt pflichtbewußt von Lager zu Lager, von Schlachtfeld zu Schlachtfeld. Das Kommando führte er mit Hilfe der früheren Generäle Wallensteins, Gallas und Piccolomini, sparsam und mit einigem Erfolg, aber auch mit spürbar abnehmender Begeisterung. Bald nach dem Tod seines Vaters zeigte er sich bereit, über den Frieden zu verhandeln.

Ferdinand III.

Doch der Krieg schleppte sich noch neun Jahre lang weiter, flackerte einmal da, einmal dort auf, am Ende wieder vor Prag, dort, wo er begonnen hatte; schwedische Truppen belagerten die Stadt, aber es waren kaum noch kampffähige Regimenter vorhanden, man fand kaum noch Lebensmittel, konnte fast keine Pferde und keine Fuhrwerke auftreiben, geschweige denn so lebensnotwendige Dinge für das Geschäft mit dem Tod wie Pulver und Blei. »Dieser Krieg«, sagte Kurfürst Maximilian von Bayern, »ist nicht beendet worden, er ist verreckt.«

Mehr als dreißig Jahre nach dem zweiten Prager Fenstersturz, am 24. Oktober 1648, wurde das lange und umständlich ausgehandelte große Frie-

* Im Jahr 1628 kam das verpfändete Oberösterreich wieder unter die Herrschaft des Hauses Habsburg.

** Geboren am 13. Juli 1608 in Graz, gestorben am 2. April 1657 in Wien.

Der Westfälische Frieden

denswerk, der Westfälische Frieden*, in Münster unterzeichnet. Das österreichische Haus Habsburg verlor einige nicht sehr bedeutsame Territorien, die Stadt Breisach und die Grafschaften Ober- und Unterelsaß. Die Städte Metz, Toul und Verdun wurden auch formalrechtlich französisch, die Schweiz und die Republik der Vereinigten Niederlande unabhängig. Das Heilige Römische Reich, von neuen inneren Grenzen durchzogen und insgesamt aus 236 Teilstaaten zusammengefügt, fiel noch mehr auseinander: die einzelnen Fürstentümer, Länder und Reichsstädte erhielten das Recht, Bündnisse mit fremden Mächten abzuschließen, das heißt eine eigenständige Außenpolitik zu führen, was die schon gewohnte Verwirrung zwischen Rhein und Oder noch beträchtlich vergrößerte. Durch verschiedene politische und verwaltungstechnische Einschränkungen blieb auch die Macht des Kaisers in seinem Reich fast nur noch eine symbolische. So verloren die Habsburger zwangsläufig das Interesse für die deutschen Länder, um ihre politischen, wirtschaftlichen und kulturellen Bemühungen zunehmend auf die österreichischen Gebiete zu konzentrieren, obwohl sie auf den deutschen Kaisertitel, der ja ihre höchste Würde war, nach wie vor größten Wert legten und weder Mittel noch Wege scheuten, ihn zu behalten. Das ist verständlich, da ihre Stellung im christlichen Abendland, in Anbetracht der unheimlichen Nachbarschaft mit den Osmanen, auch für sie selbst ein wenig unklar und kurios erscheinen mußte: In ihren Stammländern, in den österreichischen Ländern, wo ihre Position als absolut gesichert galt, regierten sie bloß als Erzherzöge; in zwei fremden Ländern, in denen man ihre erheirateten Rechte immer wieder in Frage stellte, im widerspenstigen Böhmen und im von Türken besetzten Ungarn, hatten sie einen schon bedeutend höheren Rang, dort waren sie Könige; im Heiligen Römischen Reich, das mit Rom und den Römern nicht das geringste zu tun hatte, das aus einem schier unüberschaubaren und obendrein überwiegend protestantischen Staatenmosaik bestand, waren sie Kaiser, ohne jedoch in der Tat Kaiser zu sein, als Imperator mit unbeschränkter Macht regieren zu können.

Auch Ferdinand III. konnte in den deutschen Ländern nichts mehr entscheiden und nichts mehr verhindern. Er wehrte sich vergeblich gegen die Beschlüsse des Westfälischen Friedens, die den Protestanten im Heiligen Römischen Reich die volle Gleichberechtigung zusicherten. In den österreichischen Ländern, in Böhmen und in Ungarn sollte es weiterhin keine Religionsfreiheit geben. Doch die Ungarn, stets in einem halben, mal offenen, mal geheimen Bündnis mit den Türken, erwirkten für sich wieder einmal eine Sonderstellung: Als der Fürst von Siebenbürgen, György Rákóczi I., mit seinen Truppen über Oberungarn bis nach Brünn vorgedrungen war, um den Schweden Waffenhilfe zu leisten, handelte er mit Ferdinand III. in Linz einen günstigen Vertrag aus, in dem die Frage der Religion zu einer inneren Angelegenheit des Fürstentums Siebenbürgen und der von den Türken nicht besetzten nordöstlichen Teile Ungarns erklärt wurde. Hätte Ferdinand III. bereits zur Zeit der Verhandlungen mit Rákóczi gewußt, daß Sultan Ibrahim dem Fürsten von Siebenbürgen

* Benannt nach den zwei Städten Münster und Osnabrück in Westfalen, wo man jahrelang über die Friedensbedingungen verhandelte.

rundweg verboten hatte, gemeinsam mit dem schwedischen Feldmarschall Lennart Torstensson Wien zu stürmen, wäre er wahrscheinlich nicht so nachgiebig gewesen. Warum die Türken den Rücken des bedrängten Kaisers deckten, scheint auf den ersten Blick ebenso rätselhaft zu sein wie die im Grunde ganz und gar unbegreifliche Tatsache, daß sie den Dreißigjährigen Krieg verschlafen und die einmalige Gelegenheit nicht wahrgenommen haben, zumindest in den letzten Jahren des verheerenden Ringens in das schon total erschöpfte Abendland einzubrechen.

Verfallserscheinungen im Osmanenreich

Die dynamische Aufstiegsphase des Osmanenreiches war in der ersten Hälfte des 17. Jahrhunderts eindeutig vorbei. Verfallserscheinungen hemmten die Planung und die Ausführung wirksamer politischer Konzepte. Den »Bruderzwist« im Hause Osman, das Problem eines möglichen Kampfes um die Macht, löste man ab dem ausgehenden 16. Jahrhundert in Konstantinopel auf ebenso einfache wie grausame Weise: der neue Sultan ließ alle seine Brüder erdrosseln. Spezialisten, kräftige Taubstumme, mit dünnen Bogensehnen ausgerüstet, standen für den schauderhaften Staatsakt Tag und Nacht bereit. Die jüngeren Brüder lebten zwar im höchsten Luxus, aber unter scharfer Bewachung im Großen Serail, im Palast des Herrschers. Sie bildeten eine todgeweihte Reserve, denn man wußte nicht, ob der älteste Sohn des Sultans den Abgang seines Vaters ins Paradies erleben würde oder nicht. Eine stets gespannnte Atmosphäre der Angst, der Intrigen, der Gerüchte und der versuchten Komplotte paralysierte die Regierungsarbeit, die auch immer mehr von den Frauen im Harem beeinflußt wurde, wobei die Walide, die Mutter des Sultans, von der Außenwelt völlig isoliert, eine Schlüsselposition innehatte. Eine schwerwiegende Desorientierung war die Folge, die falsche Einschätzung der politischen und wirtschaftlichen Lage im eigenen Reich, aber auch in den Ländern der christlichen Gegner und Verbündeten.

Sultan Murad III. stieg 1574 über die Leichen von fünf Brüdern auf. Sein Nachfolger, Mohammed III., ließ 1595, im Jahr seiner Machtübernahme, neunzehn Brüder hinrichten. Mustafa I. wurde 1617 nach drei Monaten für schwachsinnig erklärt und abgesetzt, Osman II. im Jahr 1622, Ibrahim im Jahr 1648 von den Janitscharen ermordet. Die Kerntruppe der Armee spielte in Konstantinopel zunehmend eine entscheidende politische Rolle, wobei ihre Einsatzbereitschaft während der langen Feldzüge fern der Heimat schon merklich nachließ. Verstand der Großwesir, die verwöhnten und mitunter hysterischen Janitscharen für sich zu gewinnen, so hatte er auch die tatsächliche Macht sicher in der Hand. Mohammed Sokolli, »der Falke«, ein Serbe, regierte bereits 1566 bis 1574 anstelle des Sultans Selim II., und kaum hundert Jahre später tauchte eine ganze Großwesir-Dynastie aus kleinsten Verhältnissen auf, die aus Albanien stammende Familie der Köprülü: Vater Mohammed vererbte seine Stelle, obwohl Gesetz und Gewohnheitsrecht dies ausdrücklich verboten, seinem Sohn Ahmed, von dem wiederum sein Schwager, Kara Mustafa, der Schwarze, die höchste Würde im osmanischen Staatsapparat übernahm. Die Köprülüs waren geschickte Politiker, sie waren unbestechlich und verwalteten das riesige Reich, in dem sie chaotische Zustände vorfanden, mit unbeugsamer Härte. Großwesir Mohammed Köprülü brachte das Finanz- und Steuer-

Die Köprülüs

wesen in Ordnung, stellte die Disziplin in der Armee wieder her, rüstete eine Flotte auf, schaltete die einflußreiche Gruppe der religiösen Fanatiker aus, rief christliche Fachleute, vor allem Ingenieure aus Frankreich, in die Türkei und zeigte lebhaftes Interesse für die politischen Vorgänge in Mitteleuropa, in die dann sein Sohn Ahmed mit voller Kraft einstieg.

Glück auf österreichisch

Die Türken vor Wien

Die große Chance, die der Dreißigjährige Krieg den Türken bot, war vertan. Doch günstige Stunden gab es noch genug. Denn in den österreichischen Ländern der Habsburger etablierte sich zunächst ein korruptes, durch religiöse Intoleranz geschwächtes, engstirniges System, das bald mit dem feudalen Hochmut der Ungarn und mit dem Hochmut eines zentralistisch regierten, einheitlichen Staates, des französischen Königreiches, konfrontiert wurde.

Den neuen Herrscher der österreichischen Länder, Böhmens und der christlich gebliebenen Landstriche Ungarns, Leopold I.*, brachte eine ansteckende Krankheit, die Pocken, auf den Thron. Ferdinand IV., der älteste Sohn Ferdinands III., fiel am 9. Juli 1654 im Alter von zwanzig Jahren der aus dem Südosten Europas eingeschleppten Seuche zum Opfer. Leopold I., von den Jesuiten erzogen, sollte die geistliche Laufbahn einschlagen, um ein hoher Würdenträger der katholischen Kirche zu werden. Es war eine neue, bemerkenswerte politische Idee, Macht und Einfluß des Hauses Habsburg durch einen Erzherzog auch in der Hierarchie des nun siegreich und daher schon recht selbstbewußt gewordenen Klerus zu sichern. Der Tod Ferdinands IV. warf den zukunftsträchtigen Plan um. Mit fünfzehn Jahren mußte Leopold I. die Regierung übernehmen, mit achtzehn wurde er Kaiser des Heiligen Römischen Reiches. Die deutschen Kurfürsten wählten am 18. Juli 1658, trotz der eleganten Wühlarbeit der französischen Abgesandten und nach Erhalt eines beachtlichen Handgeldes, einen scheuen und schwerfälligen jungen Mann, der ganz und gar nicht majestätisch aussah. Leopold I., Sohn einer spanischen Habsburgerin namens Maria Anna, war klein, dünn und häßlich; er war kurzsichtig und hatte schlechte Zähne, eine viel zu lange Nase, einen monströsen Mund, eine geschwollene Unterlippe und ein deformiertes Kinn. Er trug stets die schwarze spanische Tracht mit scharlachroten Strümpfen und scharlachroter Hutfeder und bestand starrköpfig auf den kleinsten, unsinnigsten Details des spanischen Zeremoniells. Ansonsten liebte er die Jagd und pflegte leidenschaftlich die Musik: er spielte mehrere Instrumente, dirigierte sein ausgezeichnetes Hoforchester selbst, komponierte Madrigale und Chöre. Der Herzog von Gramont, ein Beobachter der Kaiserwahl in

Leopold I.

* Geboren am 9. Juni 1640 in Wien, gestorben am 5. Mai 1705 in Wien.

LEOPOL-
DVS I. Ro. Imp.
Hun. Boem. Rex
A. A.
CONSILIO ET INDVSTRIA.
1. Margar. Te-
resia Hisp. Inf.
3.
Eleonora
Magdal.
Teresia C.
Palatina
Rheni
2. Claudia Feli-
citas A. Au. C. Tir.

Kaiser Leopold I. und seine drei Gemahlinnen. Kupferstich von Salomon Kleiner

Frankfurt, vermerkte in seinen Aufzeichnungen: »Er liebt die Musik und versteht sie so weit, daß er sehr traurige Melodien sehr richtig komponiert.«

Traurig war Leopold I. jedoch nicht, er war eher auffallend phlegmatisch, aber auch frostig und unnahbar, dabei sehr fromm. Wie seine Briefe an seinen Beichtvater, den Kapuzinermönch Marco d'Aviano, beweisen, wurde er immer wieder von Zweifeln und quälenden Schuldgefühlen geplagt. Sein Gleichmut erschien seiner Umgebung mitunter als Mut und hatte Wirkung, seine Unentschlossenheit war zäh und verwandelte sich in Ausdauer, ebenso wie seine Engstirnigkeit zur würdevollen Beharrlichkeit wurde. Der wortkarge Kaiser führte die Regierungsgeschäfte nicht, er zelebrierte sie und litt schwer unter der ungeheuren Verantwortung, die Gott ihm aufgebürdet hatte. In einem Brief an Marco d'Aviano schrieb er: »Wahrlich, ich würde lieber in einer Wüsteneinsamkeit leben als in meiner Hofburg.«

Verschwendung bei Hof

Er lebte in seiner Hofburg, die er um den Leopoldinischen Trakt erweitern ließ, keineswegs wie in einer Wüsteneinsamkeit; er lebte so prunkvoll und so verschwenderisch wie kein österreichischer Habsburger vor ihm. Die höfischen Feste, die großen Treibjagden und die nächtlichen Schlittenfahrten, für die Hunderte von Fuhrwerke Schnee in die Residenzstadt transportierten, verschlangen Unsummen. Die Aufführung der ersten italienischen Oper in Wien, »Il pomo d'oro« (»Urteil des Paris«) von Marc Antonio Cesti, in dem an der Stelle der heutigen Nationalbibliothek eigens dafür erbauten »Comödienhaus« kostete mehr als 100 000 Gulden – sie hatte fünfundsechzig Bühnenbilder. Das berühmte Roßballett war auch kaum billiger; die Hochzeitsfeierlichkeiten im Jahr 1666, anläßlich der Vermählung des Kaisers mit seiner ersten Frau, der spanischen Königstochter Margarete Theresia, an denen fast die gesamte Bevölkerung der Hauptstadt teilnahm, dauerten wochenlang an; etwa 350 000 Gulden wurden verpulvert, allein der Wert der gestohlenen Teller betrug 9000 Gulden. Im allegorischen Spiel »Siegesstreit der Luft und des Wassers« wirkten mehr als 1300 Personen in sündteuren Kostümen mit. Kostspielige Theatermaschinen versetzten die Zuschauer in Staunen: Schiffe fuhren in den Burghof ein, mythologische Gestalten schwebten in der Luft, Schriftzüge erschienen am Himmel. Von den Gipfeln der künstlich aufgeworfenen Berge Ätna und Parnaß stiegen bunte Sterne und Raketen auf, insgesamt etwa 80 000 Feuerwerkskörper mit einer Pulverladung von nahezu 500 Kilogramm.

Bedeutend mehr als die wahrhaft phantastischen Festivitäten kosteten in den ersten Jahren der Regierung Leopolds I. seine Ratgeber und Minister. Philipp Lang, der diebische Kammerdiener des Kaisers Rudolf II. in Prag, wäre mit seinen dunklen Geschäften im erlauchten Kreis der Fürsten Wenzel Eusebius Lobkowitz, Johann Adolf Schwarzenberg und des Grafen Ludwig Sinzendorf kaum aufgefallen. Doch mit der Zeit kam auch der im Denken und Handeln etwas träge Kaiser dahinter, daß die hohen Herren der raschen Vermehrung ihres Vermögens viel mehr Fleiß und

Hingabe geopfert hatten als der Lenkung des ramponierten Staatsschiffes. Sinzendorf mußte unterschlagene Gelder in der Höhe von zwei Millionen Gulden zurückzahlen, Lobkowitz, wegen angeblicher Geheimkontakte mit dem französischen Hof des Hochverrats angeklagt, mußte die riesige Herrschaft Wels und Umgebung abtreten und in die Verbannung gehen. Auch Schwarzenberg verlor weitgehend an Einfluß. Paul Hocher, Sohn eines Universitätsprofessor aus Freiburg, übernahm beim Kaiser die Stelle des ersten Ratgebers. Hocher hatte zweifellos saubere Hände, dafür aber einen ziemlich beschränkten Horizont: von einer flexiblen Außenpolitik und von notwendigen Reformen im Inneren des österreichischen Habsburgerreiches wollte er und somit auch Leopold I., der ihm voll und ganz vertraute, nichts hören.

Raimondo Montecuccoli

Einer redete viel von Geld, nahm es aber niemals für sich: der Präsident des Hofkriegsrates, Raimondo Montecuccoli (1609–1680), ein italienischer Edelmann aus Montecuccolo bei Modena, Berufssoldat mit fünfzig Dienstjahren, Feldmarschall und Militärschriftsteller, der in seinem theoretischen Werk »Aforismi dell' arte bellica« (Bemerkungen über die Kriegskunst) der Nachwelt die berühmte, wenn auch von seinem Landsmann Marschall Gian-Jacopo Trivulzio entliehene Weisheit hinterließ »Zum Kriegführen sind drei Dinge nötig, Geld, Geld und nochmals Geld.« Sollte die österreichische Armee einen Vater haben, dann ist es Montecuccoli. Er schuf nach dem Dreißigjährigen Krieg das erste stehende Heer der Donaumonarchie, das aus neun Regimentern zu Fuß, neun Regimentern zu Pferd und einem Dragonerregiment bestand. Die Infanterieregimenter wurden in Bataillone und Kompanien, die Kavallerieregimenter in Eskadronen eingeteilt, die Troßmeute in eine geordnete Traintruppe umgewandelt, eine Feldapotheke als obligatorisch eingeführt. Die taktischen und strategischen Gedanken und Methoden Montecuccolis prägten nachhaltig den Geist und den Operationsstil der österreichischen Armee: möglichst langsam manövrieren, große Schlachten vermeiden, den Sieg keineswegs um den Preis von hohen Verlusten erkaufen, den Feind lieber ermüden und – mit einem Blick auf künftige Friedensverhandlungen – zu einer Pattstellung, zu einem Unentschieden, gelangen.
Im Frühjahr 1663 zog das kleine, nicht gerade verschwenderisch ausgestattete Heer des Kaisers unter Montecuccoli in Ungarn umher. Nach mehr als fünfzig Jahren Frieden stießen die Türken wieder gegen Westen vor. Der Konflikt brach um Siebenbürgen aus, um das durch den Karpatenbogen geschützte blühende Hochland mit reichen Gold-, Eisen- und Salzvorkommen, mit unermeßlichen Holzvorräten, kultivierten Obstgärten und prächtigen Jagdgebieten. Leopold I. wollte sein Reich mit Siebenbürgen abrunden, und die Türken wollten, immerhin in der Form eines ungarisch-protestantischen Vasallenstaates, dasselbe. Die militärische Intervention des Kaisers mißlang, die Türken waren aber zunächst bereit, über den künftigen Status Siebenbürgens zu verhandeln. Doch Fürst Lobkowitz ließ die Gespräche absichtlich nur schleppend führen, denn er hoffte, daß er mit einer Rückendeckung des Heiligen Römischen Reiches oder gar Frankreichs den Gegner noch hintergehen könnte. Im Winter 1663 verlor Großwesir Ahmed Köprülü die Geduld, der Krieg begann. Im Sommer des Jahres 1664 zog eine etwa 40 000 Mann starke türkische Ar-

mee auf einer Südroute in Richtung Wien. Montecuccoli marschierte, vom Feind durch den schmalen Fluß Raab getrennt, zunächst parallel mit ihm. Er hatte 25 000 Mann, unter ihnen Truppen der deutschen Fürstentümer am Rhein, ein ungarisches Kontingent des Fürsten Paul Esterházy und – das erste und zugleich letzte Mal — ein französisches Hilfskorps, 5 000 Mann, überwiegend junge, abenteuerlustige Aristokraten, die in prachtvoller Aufmachung auf dem Schlachtfeld erschienen. Als Großwesir Ahmed Köprülü sie erblickte, fragte er erstaunt, ob auch ein christliches Mädchenregiment gegen die Osmanen ausgerückt sei.

Mogersdorf

Die Entscheidung fiel am 1. August: Montecuccoli schlug zu. Er tat es im geeigneten Moment, als die Türken im Begriff waren, bei Mogersdorf im heutigen Burgenland über die Raab zu setzen. Einen Fluß in gesicherter Gefechtsformation zu überqueren war für die allmählich altmodisch gewordene türkische Armee ein fast unlösbares Problem. Das kaiserliche Heer ritt den Gegner nieder, wobei die wunderschön ausstaffierten Franzosen ebenso kühn wie erfolgreich vorpreschten. Ahmed Köprülü bot sofort Verhandlungen an, und schon am 10. August wurde der Frieden von Vasvár (Eisenburg) geschlossen. Siebenbürgen blieb in einem politischen Schwebezustand zwischen Wien und Konstantinopel; Sultan Mehmed IV. bekam das übliche Ehrengeschenk in der Höhe von 200 000 Talern, das etwa dem Wert von 100 000 Golddukaten entsprach.

Indessen nahmen in den von den Türken nicht besetzten nordöstlichen, westlichen und südwestlichen Teilen Ungarns einige Magnaten*, reiche Grundherren, die auch in der Verwaltung des Landes hohe Positionen innehatten, Geheimverhandlungen auf: sie strebten, wie dies ihr Anführer Nikola Zrínyi, Banus von Kroatien, Feldherr und Dichter, Urenkel des legendären Verteidigers von Szigetvár, formulierte, »zwischen türkischem Rauschgift und deutschem Köder« eine dritte Lösung an, die Schaffung eines unabhängigen, das heißt eines von Frankreich abhängigen Ungarn unter einem König aus einem französischen Fürstenhaus. Sie konferierten und korrespondierten pausenlos, und so wußte man bald nicht nur in Paris, sondern auch in Warschau, London, Venedig, Konstantinopel und schließlich auch in Wien, daß eine Verschwörung im Gange sei. Nikola Zrínyi fiel dann am 18. November 1664 auf einer Jagd dem schon oftmals bewährten Eber zum Opfer. Das neue Haupt der Verschwörer, Franz Graf Nádasdy, Herr von Pottendorf, oberster Richter Ungarns und ein Günstling des Kaisers, konspirierte noch geräuschvoller als Zrínyi; sogar Großwesir Ahmed Köprülü schickte, um zu zeigen, daß er mit der Sache nichts zu tun habe, dem Wiener Hof eine detaillierte Warnung. Nun endlich entschloß sich Leopold I. zu handeln, und zwar im Sinn des Jesuitenprinzips, der Zweck heilige die Mittel. Er lud Nádasdy und seinen Mitverschwörer Peter Zrínyi, den jüngeren Bruder von Nikola Zrínyi, in einem freundlichen Brief zu einer Aussprache nach Wien ein, ließ sie verhaften und nach einem ordentlich geführten Hochverratsprozeß am 30. April 1671 hinrichten, so wie den ebenfalls in das Komplott verwickelten kroati-

Magnatenverschwörung

* Aus dem Lateinischen: magno nati, Großgeborene, das heißt hohe Würdenträger, Spitze der Gesellschaft.

schen Edelmann Franz Christoph Frangepan. Den Kopf des vierten führenden Verschwörers, des steirischen Grafen Hans Erasmus von Tattenbach, schlug der Henker nach einem schwachen Protest der steirischen Stände erst am 1. Dezember ab. Die Güter der Hingerichteten wurden konfisziert, allein das Vermögen Nádasdys brachte dem Kaiser nahezu 200 000 Gulden ein. Der Hof nahm Ungarn enger an die Kandare, die im Jahr 1673 in Preßburg neu errichtete »Königlich-Ungarische Statthalterei« sorgte für die reibungslose Durchführung der Anordnungen aus Wien. Vor allem was die Ausrottung der protestantischen Ketzerei betraf. Die Antwort auf ungarisch folgte bald: 1678 brach unter dem jungen, launenhaften Grafen Imre Thököly ein Aufstand aus. Die Rebellen, meist bedrängte protestantische Bauern und Kleinadelige, nannten sich »Kuruzzen«, nicht aber, wie allgemein angenommen wird, nach dem lateinischen *crux* (Kreuz), weil sie sich als Kreuzfahrer des wahren Glaubens betrachtet hätten, sondern nach dem türkischen Wort *khurudsch*, was soviel wie freier Krieger, Aufständischer bedeutet. Thököly verstand es nicht, sie militärisch zu organisieren und in ihren Reihen auch nur einigermaßen Disziplin zu halten; ihre kleinen, zerlumpten Reiterscharen überfielen die reichen Bergwerkssiedlungen in Nordungarn, plünderten wahllos die Dörfer in Mähren, wagten es aber nicht, weiter nach Westen, nach Österreich, vorzudringen.

Die Kuruzzen

Die »Kruzitürken«, wie man sie in Wien nannte, erschienen zunächst bloß als eine vorübergehende Plage, weit weg von der gut gesicherten Haupt- und Residenzstadt. Die Wiener fürchteten vorerst viel mehr die verschiedenen Seuchen, die sie immer wieder heimsuchten. Die Ruhr flackerte nach wie vor auf, die Pocken kamen in kleineren und größeren Wellen beinahe regelmäßig, und im Sommer 1679 breitete sich in allen Schichten der Bevölkerung mit unheimlicher Geschwindigkeit die fast schon vergessene Pest aus. Die größte Pestepidemie in der Geschichte Österreichs forderte allein in Wien, das damals etwa 100 000 Einwohner zählte, um die 30 000 Todesopfer. Wer nur konnte, ergriff die Flucht, voran der Hof und der Hochadel. Fürst Johann Schwarzenberg bewies jedoch beachtliche Zivilcourage, indem er als freiwilliger Statthalter in der Gespensterstadt zurückblieb, um mit den namhaften Ärzten Dr. Wolfgang Plöckner und Dr. Paul Sorbait die Seuche zu bekämpfen. Über die Ansteckungsgefahr und den Ablauf der Krankheit wußte man schon einiges, und so bemühte man sich, wenigstens die Toten so rasch wie möglich zu begraben.

Abraham a Santa Clara

Wer die Seuche in die österreichischen Länder eingeschleppt hat, konnte nicht festgestellt werden. An eine Brunnenvergiftung oder an die heimliche Rache der gottlosen Juden glaubte wohl niemand mehr, wenn auch der deutsche Bußprediger Ulrich Megerle, ein Marktschreier der Intoleranz, besser bekannt als großer Stilist und literarisches Original unter seinem Mönchs- und Künstlernamen Abraham a Santa Clara, in seinem »Merks Wien!« mit dem nachträglichen Seitenhieb brillierte: »Erstlich hat der Todt seinen Anfang genommen in der Leopoldstadt, so vor etlichen Jahren wegen der schlimmen Inwohner die Judenstadt genannt . . .«

Zu ihrem Glück waren die »schlimmen Inwohner« längst nicht mehr da. Im Sommer des Jahres 1669 wurden die Juden von Wien und Niederösterreich auf Drängen der spanischen Frau Leopolds I. und des Bischofs von Wiener Neustadt, Leopold Graf Kollonitsch, des Landes verwiesen. Die Aussiedlung ging allerdings auf ausdrücklichen Wunsch des Kaisers ohne jegliche Brutalität vor sich: die Juden erhielten Pässe, und auch den Stichtag, bis zu dem sie das Getto in der heutigen Leopoldstadt verlassen mußten, hatte man mehrmals verschoben. Sie wanderten in zwei großen Gruppen aus. Die eine ließ sich in Berlin nieder, die andere suchte und fand Schutz und menschenwürdige Lebensbedingungen in Westungarn, auf den ausgedehnten Gütern des Fürsten Paul Esterházy im heutigen Burgenland, wo dann ihre berühmte »Siebengemeinde« entstand, ein bis 1938 blühendes Zentrum jüdisch-religiöser Kultur von einer besonderen österreichisch-ungarischen Prägung.

Die Bürger von Wien waren über die Vertreibung der Juden nicht gerade erfreut; schon deshalb nicht, weil sie die ausgefallene Judensteuer in der Höhe von 10 000 Gulden pro Jahr ersetzen mußten, aber auch, weil das plötzliche Verschwinden von einigen Tausenden tüchtigen Kaufleuten, die bei den Handwerkern der Stadt als gute Kunden bekannt waren, sich recht bald unangenehm bemerkbar machte. Auf Veranlassung einflußreicher Bürger erstellte nun die theologische Fakultät der Universität Wien ein Gutachten, wonach die Anwesenheit von Juden in einer christlichen Stadt das Seelenheil der Einwohner in keiner Weise gefährden könne. Daraufhin rief der Kaiser die kleinen Juden zwar nicht zurück, bat aber einen großen, den steinreichen Armeelieferanten Samuel Oppenheimer aus Worms, nach Wien zu kommen, sich in der Haupt- und Residenzstadt häuslich einzurichten und die leeren Kassen des Hauses Habsburg durch Riesenkredite aufzufüllen. Oppenheimer tat wie gebeten, er verdiente auch blendend, zahlte aber am Ende doch drauf. Leopold I. ließ ihn verhaften, sein Haus wurde geplündert, wobei alle Geschäftsbücher mit den langen Listen der kaiserlichen Schulden in Flammen aufgingen. Oppenheimer kam gegen 500 000 Gulden »Kaution« frei, er blieb in Wien, schuf erneut ein Vermögen, das sich auf etwa 4,5 Millionen Gulden belief und nach seinem Tod kurzerhand zugunsten des Kaisers konfisziert wurde. Leopold I. sah sich nach einem neuen Hofjuden um und fand ihn wieder in Worms. Samson Wertheimer kam und nahm den nicht ganz gefahrlosen Posten an, auf dem er sich dann als geschickter, aber auch korrekter Bankier bestens bewährte.

Samuel Oppenheimer

Die Hofjuden, die, wie Oppenheimer, auch den klangvollen Titel eines »Oberkriegsfaktors« erhielten, versorgten die Armee mit den notwendigen Ausrüstungsgegenständen, die aus England und aus den Niederlanden eingeführt werden mußten, da in den österreichischen Ländern weder strapazfähige Tuchsorten noch Gewehre und Munition erzeugt wurden. Die staatliche Verwaltung wollte zwar einige Male den Einkauf und den Transport des notwendigen Kriegsmaterials selbst übernehmen, versagte aber kläglich. Als der Generalissimus Ludwig von Baden erfuhr, daß man wieder einmal überlegte, Oppenheimer auszubooten und die Versorgung der Armee einer Hofstelle zu übertragen, drohte er erzürnt, daß er sein Kommando sofort niederlegen und nach England auswandern werde.

Das nach wie vor kleine und nur unzulänglich ausgerüstete Heer des Kai-

Links: Die alte Wiener Judenstadt. Rechts: Porträt des Samuel Oppenheimer

sers brauchte dringend neue Waffen, Stiefel, Hosen, Pulver und Blei. Denn aus Konstantinopel sickerten höchst beunruhigende Nachrichten nach Wien durch: Großwesir Kara Mustafa, der 1676 das hohe Amt von dem klugen und zurückhaltenden Ahmed Köprülü übernommen hatte, sei dabei, die größte Armee des Osmanischen Reichs zu sammeln und vermutlich in westlicher Richtung in Marsch zu setzen. Der ehrgeizige und skrupellose Mann an der Spitze der türkischen Regierung war kein Unbekannter: er hatte an der Eroberung der Insel Kreta teilgenommen, führte dann umfangreiche militärische Operationen in Südrußland durch, bezwang befestigte Städte und schlug ein Entsatzheer in die Flucht. Im Jahr 1682 beschloß er – nicht zuletzt auf Anraten französischer Unterhändler in Konstantinopel, darunter etlicher Jesuiten- und Kapuzinerpater – das seit mehr als hundertfünfzig Jahren bestehende ungarische Problem durch einen Angriffskrieg zu lösen. Dabei baute er auf den übertriebenen Optimismus des Kuruzzenführers Imre Thököly, der behauptet hatte, ganz Ungarn würde auf der Seite der Türken zu den Waffen greifen. Vergeblich versuchte Albrecht Karl Caprara, der Sonderbotschafter des Kaisers in Konstantinopel, den Großwesir umzustimmen. Am 31. März 1683 sandte Kara Mustafa im Namen des Sultans Mehmed IV. eine formelle Kriegserklärung nach Wien. Es war ein sonderbares Schriftstück, über das man bei Hof gewiß hätte lachen können, wäre die Lage nicht so bitterernst gewesen:

Kara Mustafa

Kriegserklärung

»Von Gnaden des im Himmel waltenden Gottes verpfänden wir, Mehmed, glorreicher und ganz allgewaltiger Kaiser von Babylonien und Judäa, vom Orient und Okzident, König aller irdischen und himmlischen

Könige, Großkönig des heiligen Arabien, Mauretanien, geborener und ruhmgekrönter König Jerusalems, Gebieter und Herr des Grabes des gekreuzigten Gottes der Ungläubigen, Dir, Cäsar Roms, und Dir, König von Polen, Unser heiligstes Wort, ebenso allen Deinen Anhängern, daß wir im Begriffe sind, Dein Ländchen mit Krieg zu überziehen, und führen Wir mit uns 13 Könige mit 1 300 000 Kriegern, Fußvolk und Reiterei und werden Dein Ländchen mit diesem Heer, von dem weder Du noch Deine Anhänger eine Ahnung hatten, ohne Gnade und Barmherzigkeit mit Hufeisen zertreten und dem Feuer und Schwert überliefern . . .«

Das türkische Heer, das am 31. März 1683 von Konstantinopel nach Wien aufbrach, bestand aus etwa 180 000 Mann, davon an die 60 000 Mann Elitesoldaten, Janitscharen und Spahis. Der Rest verteilte sich auf die leichtbewaffneten Hilfsvölker, auf die Tataren aus der Krim und auf die Rumänen aus der Moldau und der Walachei. Könige zogen nicht mit, bloß Serban Cantacuzino II., Fürst der Walachei, leistete Kara Mustafa widerwillig Heerfolge, und der Tatarenkhan Murad Girey ritt der osmanischen Hauptmacht voran. Der Kuruzzenführer Thököly schloß sich erst auf ungarischem Gebiet mit einer Reiterschar der türkischen Armee an. Die Rumänen des Fürsten Cantacuzino führten ihre Fahnen, auf denen das Kruzifix und das Bildnis der Jungfrau Maria zu sehen waren, offen mit, und sie unternahmen auch alles, was sie nur konnten, um die Operationen der Türken zu stören. Die Spannung zwischen dem Khan der Tataren und dem Großwesir wuchs von Tag zu Tag; sie trug einige Wochen später wesentlich zur Niederlage des türkischen Heeres bei. Auch Thököly erwies sich als unsicherer Bundesgenosse, nicht nur weil er alle Schlachten verlor, sondern weil seine Kuruzzen scharenweise zu den Kaiserlichen überliefen.

Vormarsch der Türken

Kara Mustafa machte sich rechtzeitig auf den Weg und konnte ein beachtliches Marschtempo halten. Anfang Mai erreichten die Truppen Belgrad, das letzte große Proviant- und Munitionsdepot, das die Türken Dar-ul-Dschidad, »Haus der Kriege für den Glauben«, nannten. Im Juni überquerten sie die Ungarische Tiefebene und die pannonische Hügellandschaft. Die Armee des Kaisers, dem Gegner zahlenmäßig unterlegen, leistete nur hinhaltenden Widerstand. Am 10. Juli standen die Türken vor Mosonmagyaróvár (Wieselburg-Ungarisch-Altenburg), am 11. Juli lagerten sie bereits bei Gattendorf, im Gebiet des heutigen Burgenlandes. Die Städte Ödenburg und Bruck an der Leitha stellten sich unter den Schutz des Großwesirs und wurden verschont. Hainburg verteidigte sich drei Tage lang, worauf die Türken ein fürchterliches Blutbad unter der Bevölkerung anrichteten. Kara Mustafa wandte den gnadenlosen Terror als Mittel der psychologischen Kriegführung bewußt an. Das grausame Massaker in Perchtoldsdorf am 15. Juli ging allerdings auf das Konto einer starken Abteilung von Tataren, deren Anführer sich als türkischer Pascha ausgab. Die Bürger hatten vorher einen Tataren gefangengenommen, gefoltert und, an sein Pferd gebunden, zu Tode geschleift, was die anrükkenden »Renner und Brenner« von einigen Perchtoldsdorfern, die sich mit dem Feind gut stellen wollten, sogleich erfahren hatten. Ob dies das auslösende Moment für den Massenmord auf dem Hauptplatz war, kann man heute jedoch nicht mehr eindeutig feststellen.

Die Reiter des Khans Murad Girey plünderten die Dörfer, erschlugen die Bewohner und setzten die Häuser in Brand. Flüchtlinge aus Westungarn tauchten bereits in Perchtoldsdorf auf, als Kaiser Leopold I., als wäre nichts geschehen, dort auf die Hirschjagd ging, um anschließend im Haus eines Herrn Perger das Mittagmahl einzunehmen und dabei »schöne Tafelmusik« zu hören. Ob er wirklich so indolent war, daß er die Gefahr nicht begriff, oder seine unerschütterliche Ruhe absichtlich zur Schau stellte, darüber haben schon die Zeitgenossen heftige Debatten geführt. Wollte der Kaiser, während die Perchtoldsdorfer mit Weib und Kind sich um Schlafplätze in der befestigten Wehrkirche balgten, »im schönen Garten mit schönen Wasserkünsten« in der Tat den heldenhaften Gleichmut des Landesvaters demonstrieren, so konnte er das Aufkommen einer Panikstimmung dennoch nicht mehr verhindern. In Wien wurde bereits fieberhaft gepackt. »Was nur von Schiffen, Karren, Wagen, Pferden, was nur von Knechten, Dienern und anderen Lumpen sowie sonst nicht geachtetem Gesindel und allerlei nichtsnutzigen Rossen und Trossen, ja Spitzbuben, was nur von Zug- und Bagagepferden für zehnfaches Geld in der Eile aufzutreiben war, das wurde alles gemietet und gedingt, um jedem die Flucht zu ermöglichen«, schreibt ein Augenzeuge, der Hofkriegsrat Johann Peter von Vaelckeren. Er gab die Zahl der wohlhabenden Wiener, die Hals über Kopf das Weite suchten, mit 60 000 an, was aber sicher um etwa das Zweifache zu hoch geschätzt ist.

Flucht des Kaisers

Am Abend des 7. Juli verließ auch der Kaiser seine Haupt- und Residenzstadt. Um Mitternacht war er in Korneuburg. Entsetzt berichten einige Historiker über das Elend, mit dem er sich abfinden mußte: er lag, ebenso wie die Hofdamen und Kavaliere, auf Stroh und benützte als Decke seinen eigenen Mantel. Von Korneuburg ging es über Linz nach Passau, wo Leopold I. mit bemerkenswerter Energie, aber auch mit viel diplomatischem Taktgefühl die umfassenden Hilfsmaßnahmen für Wien zu organisieren begann. Die Reise war alles andere denn angenehm, das aufgebrachte Volk, über die Flucht des Monarchen empört, machte Schwierigkeiten. Ein Wiener Advokat, Christian Wilhelm Huhn, berichtet am 8. Juli: »Ihre Majestät reisten unter der Begleitung von zweihundert Kürassieren, so viel es sich tun ließ, schleunigst nach Linz, und wurden unterwegs von dem ungehaltenen Pöbel und sogenannten landlerischen Bauernvolk mit Schimpfworten übel angelassen, welche Schmach aber Majestät mit höchster Geduld überwunden haben und an keinem Rache üben lassen.«

Am 13. Juli standen die Türken vor Wien, am 14. Juli schlossen sie die Stadt vollständig ein. Kara Mustafa hatte den Wettlauf mit der Zeit diesmal gewonnen, doch um einen Preis, der ihn schließlich den Sieg kostete. Denn er verzichtete auf die Mitnahme der schweren Belagerungsgeschütze, der gefürchteten »Balyemez«, deren Transport stets ungemein mühsam und zeitraubend war; allerdings führte er auf mehr als zweihundert Wagen seine private Schatzkammer, seinen Harem und sein Orchester mit. Silihdar Findiklili Mehmed Aga, ein hoher türkischer Würdenträger, der über die Belagerung von Wien einen recht kritischen Bericht schrieb, war entsetzt: »Das war ja ein sonderbarer Oberfeldherr, der da bei all dem Pomp und Prachtaufwand, bei der reichen Ausrüstung der

Truppen mit Kriegsgerät und Munition und all den Schätzen, die er mit vollen Händen verschwendete, kein großes Geschütz und keine Bombenmörser im Heer mitführte! Vor allem hier, wo er doch einen Feldzug gegen die Deutschen unternahm und sich zumutete, eine Festung wie Wien zu belagern, hätte er mindestens vierzig bis fünfzig Balyemez-Geschütze und fünfzehn bis zwanzig große Kolumbrinen-Geschütze*, ebensoviel Bombenmörser und etwa dreihundert Sahi-Geschütze** im großherrlichen Heer zur Verfügung halten müssen. So befanden sich aber im Heer nur neunzehn Kolumbrinen-Geschütze, ferner fünf Bombenmörser und hundertzwanzig Sahi-Geschütze. Selbst von diesem Bestand waren fünf Kolumbrinen-Geschütze vor Raab zurückgelassen worden.«

Kara Mustafa glaubte, ohne schwere Artillerie auskommen zu können, weil er Wien keinesfalls in Schutt und Asche legen wollte. Da er von seinen zahlreichen Feinden bei dem unberechenbaren Mehmed IV. bereits über die zumutbare politische Gefahrengrenze hinaus angeschwärzt worden war, hatte er vor, dem Sultan das reiche Wien, den »Goldenen Apfel«, wie die Türken die Stadt nannten, möglichst unbeschädigt zu präsentieren. Er wollte die Festung auch nicht sturmreif schießen lassen, denn er hoffte auf eine friedliche Übergabe. Eine Stadt, die im Sturm genommen wurde, mußte nach türkischem Kriegsrecht für eine mit drei Tagen befristete Plünderung durch die siegreiche Armee freigegeben werden. Streckten aber die Verteidiger einer feindlichen Festung die Waffen, so gehörte die Stadt dem Oberbefehlshaber: er durfte sich seine Beute aussuchen, die Streiter des Islams bekamen dann nur das, was er nicht haben wollte. Der Großwesir, ein besessener Liebhaber von Geld, Gold und erlesenen Kunstwerken, wußte nur allzugut, wie viele Kostbarkeiten im Lauf einer dreitägigen Massenplünderung gestohlen, beschädigt, zertrampelt und verbrannt worden wären. Er wußte auch, was man in der Residenzstadt des Kaisers, des »Cäsars von Rom«, würde finden, genußvoll begutachten und sorgfältig verpacken können; seine Kundschafter, die meist von Belgrad nach Österreich ausschwärmten, hatten darüber schon mehrmals ausführlich Bericht erstattet. Kara Mustafa wollte die Kapitulation.

Der »Goldene Apfel«

Am 14. Juli sandte er eine in türkischer und lateinischer Sprache abgefaßte Aufforderung in die Stadt: »Wenn Ihr sie mir übergebt, so werdet Ihr alle, vom Kleinsten bis zum Größten, ungehindert mit allem Eigentum abziehen können, und jene, die zurückzubleiben wünschen, werden im Besitz ihrer Güter geschützt werden. Weigert Ihr Euch, sie mir zu übergeben, so werden wir Euch erstürmen und alles, vom Kleinsten bis zum Größten, über die Klinge springen lassen...« Der letzte Satz des Schreibens lautete: »Friede dem, der gehorcht.«

Die Verteidiger gehorchten nicht. Wien war nach den neuesten italienischen und holländischen Vorbildern befestigt, die Wälle und Bastionen hatte man mit insgesamt 312 leichten und schweren Geschützen – einer Artillerie, die der türkischen weit überlegen war – bestückt. Die Besatzung bestand aus 12 000 Berufssoldaten, Österreichern, Deutschen, Tschechen, Italienern, Ungarn, Spaniern und Franzosen. Die kommandierenden Offi-

* Richtig: Colubrina, schweres Feldgeschütz, italienisches Fabrikat.

** Leichtes türkisches Feldgeschütz.

ziere hießen Hoffmann, Scherffenberg, Kottulinsky, Serényi, Leslie, Balfour, des Souches, Areyzaga, Du Dupigny, Chevalier de Gournay und Chevalier de St. Croix. Die Bewohner Wiens stellten etwa 5 000 Freiwillige zur Verfügung, in Berufsgruppen und nach Wohnbezirken zusammengefaßt, darunter mehr als 1 000 Hofbedienstete, Lakaien, Diener und Köche, 230 Gastwirte, 220 Schuhmacher und 700 Studenten der Universität. Den obersten Führungsstab, an dessen Spitze der fünfundvierzigjährige, in Graz geborene Berufsoffizier Ernst Rüdiger Graf von Starhemberg stand, bildeten der Bischof von Wiener Neustadt, Leopold Kollonitsch, der Wiener Bürgermeister Johann Andreas von Liebenberg und Zdenko Caspar Graf Kaplíř, ein von der populären Geschichtsschreibung zu Unrecht vergessener zweiundsiebzigjähriger General aus Böhmen, der alle Schwierigkeiten besonnen und ideenreich zu meistern verstand und im Kriegsrat für eine sachliche Atmosphäre sorgte. Auch der mutige Pestarzt Dr. Paul Sorbait, ein Holländer, blieb in der Stadt; er übernahm die Aufsicht über die Notspitäler und kommandierte zeitweilig die Studentenkompanien. Diese fähigen und in der Tat selbstlosen Männer organisierten die Verteidigung als ein komplexes, nicht nur rein militärisches Unternehmen. Sie beschäftigten sich eingehend mit den technischen Problemen der Versorgung, mit der Lösung der sanitären Fragen, mit einem wirksamen Feuerschutz und mit den Möglichkeiten, wie man beschädigte Mauern auch im feindlichen Kugelhagel ohne hohe Verluste ausbessern konnte. Sie verteilten die vorhandenen Kräfte nach sorgfältiger Berechnung optimal, setzten ihre Entscheidung rasch und rigoros durch, wobei sie den Schwächen der nicht gerade charakterfesten Wiener bis zum letzten Tag eher nachsichtig und verständnisvoll gegenüberstanden.

Mitte August verschlechterte sich die Lage der Stadt zusehends: die Regimenter kämpften verbissen, erlitten aber bereits schwere Verluste. Die Männer der Bürgerkompanien, mit Ausnahme der Studenten, denen das große Abenteuer anscheinend Spaß machte, traten den gefährlichen Gefechtsdienst schon ziemlich ungern an. Viele von ihnen verschwanden, um das Ende der Belagerung in einem sicheren Keller abzuwarten. Bäcker, Fleischer, aber auch Apotheker verlangten Wucherpreise. Bürgerhäuser und Klöster weigerten sich, Verwundete aufzunehmen oder einen Gartenplatz für die Beerdigung der Toten freizugeben. Eine – übrigens begreifliche – Spionagehysterie blieb zum Glück in Grenzen, obwohl sie bedauerlicherweise vor allem Kinder traf. Denn viele Kinder schlüpften tagsüber durch die Kampflinien, um dem bunten Treiben der märchenhaft gekleideten Türken zuzuschauen; sie bekamen manchmal von den Janitscharen und Spahis Süßigkeiten oder einen Brotfladen. Am 8. August wurde der fünfzehnjährige Lehrjunge eines Schnapsbrenners am Kohlmarkt, als er sich am Abend in die Stadt zurückstahl, unter dem vagen Verdacht der Spionage festgenommen und geköpft. Am 20. August geriet ein Knabe von zehn Jahren unter Spionageverdacht. Stadtkommandant Starhemberg ordnete eine strenge Untersuchung an und verhinderte die Hinrichtung des Kindes.

Kinder unter Spionageverdacht

Die tatsächlichen Kundschafter beider Seiten waren meist unverläßlich, ihre Informationen falsch. So glaubten die Türken schon in der dritten Woche der Belagerung, die Besatzung von Wien sei am Ende, die Über-

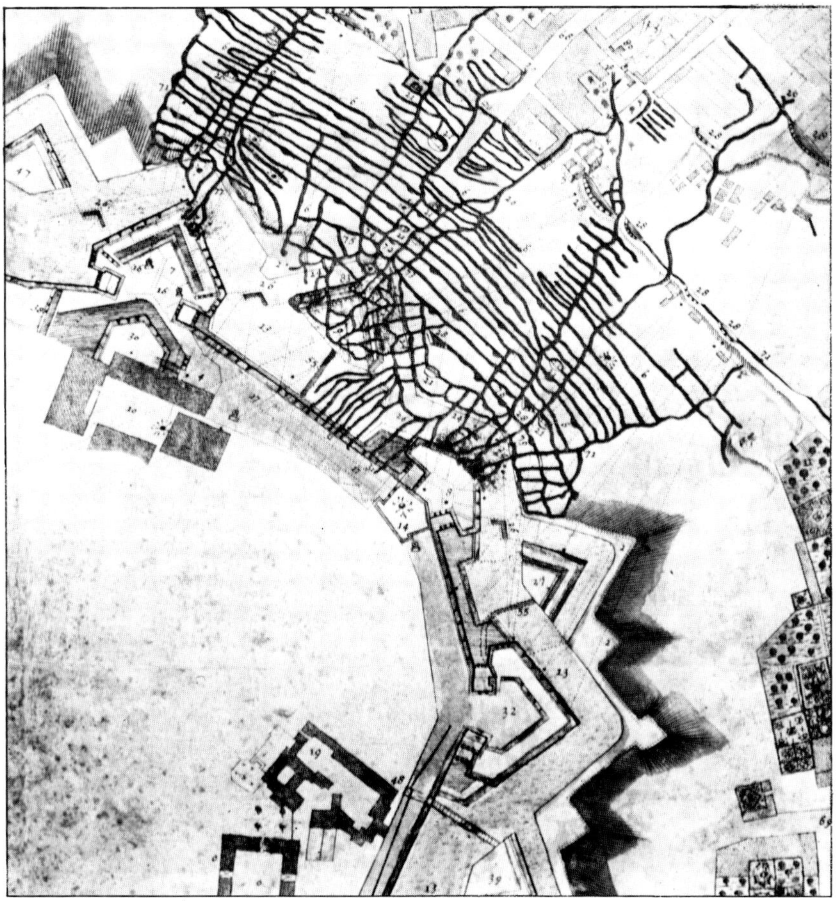

Plan der türkischen Minen im Vorfeld von Wien 1683 (Ausschnitt). Zeitgenössischer Kupferstich

gabe der Stadt nur eine Frage von Stunden. Erst gegen Ende August erkannte Kara Mustafa, daß Starhembergs Truppen noch immer genügend Vorräte besaßen und daß ihr Kampfgeist nur wenig nachgelassen hatte. Andererseits erfuhren die Verteidiger nicht, daß die angeschlagene Disziplin der türkischen Kerntruppen dem Großwesir zunehmend Sorge bereitete: die Janitscharen hatten sich schon einige Male geweigert, gegen die Mauern vorzudringen. Da die Tataren die Umgebung von Wien verwüstet hatten, stockte die Versorgung der Riesenarmee; auch im türkischen Lager verlangten die Lieferanten aus der Gegend von Györ und Sopron Wucherpreise. Immer mehr Elitesoldaten verließen heimlich die Stellungen, mischten sich unter die beutejagenden Tataren und betätigten sich dann als fliegende Händler. Der Geschichtsschreiber Silihdar Findiklili Mehmed Aga schildert die Mißstände im osmanischen Heer: die Soldaten seien oft betrunken und verübten »die mannigfachsten Übeltaten und unbegreiflichsten Schändlichkeiten«. »Nur Allah der Allwissende kennt die Anzahl der Beute, die gemacht wurde an Schafen, Rindern und Pferden, an goldenem und silbernem Geschirr und an Edelsteinen, an schlankhüfti-

»... mannigfachste Übeltaten«

gen, hochwüchsigen und blondhaarigen Mädchen mit Augenbrauen wie der Halbmond und mit mandelförmig geschnittenen Augen. So kamen die Krieger dann in das großherrliche Lager vor Wien und verkauften dort wegen des Überflusses an Dingen alles bald zu Spottpreisen. Man konnte die schönsten Sklavinnen schon um vierzig bis fünfzig Piaster erstehen, eine mittelmäßige um fünfzehn bis zwanzig Piaster, ein Mutterschaf samt Jungen um drei Piaster.«

Anfang September, nach fünfundvierzig Tagen vergeblicher Belagerung, gab Kara Mustafa die Hoffnung, die Verteidiger würden kapitulieren, auf: er ließ die Stadt mit voller Wucht berennen. Am 4. September erlebte Wien seine schwersten Stunden: den Türken gelang es, einen Teil der Mauer in der Nähe der Burgbastei wegzusprengen, sie stürmten pausenlos gegen die Bresche an. Starhemberg bereitete sich schon auf einen letzten Straßenkampf vor. Doch seine Truppen hielten stand, der Angriff brach schließlich zusammen. Dennoch war die Stadt in höchster Gefahr: es gab nur noch etwa 4 000 kampffähige, aber schon todmüde Soldaten; die Freiwilligen ließen sich immer seltener blicken, Pulver und Blei gingen zu Ende, die Ruhr grassierte. Aber man hatte Hoffnung, man wußte, daß ein Entsatzheer im Anmarsch war.

Leopold I. blieb in Passau und später in Linz keineswegs untätig, sein Beichtvater Marco d'Aviano, dessen psychologischem Einfühlungsvermögen und diplomatischem Taktgefühl Wien seine Rettung zum Teil verdankte, gab dem von Zweifeln geplagten Kaiser kluge Ratschläge, er flößte ihm eine fast heitere, gottergebene Zuversicht ein und half ihm bei der schier unmöglichen Aufgabe, von dem zerstrittenen Abendland wirksame Hilfe zu erlangen.

Man brauchte vor allem Geld, und es ließ sich diesmal sogar beschaffen: Papst Innozenz XI. stellte über eineinhalb Millionen Gulden zur Verfügung, und Spanien, Portugal, die Toskana sowie Genua machten eine weitere Million flüssig. Der polnische König Jan Sobieski III.

Jan Sobieski

(1624–1696), impulsiv, geistreich und mutig, mit einem starken Hang für das Theatralische und einem nüchternen Sinn für das Materielle, war bereit, gegen eine Zahlung von 500 000 Gulden an der Rettung Wiens teilzunehmen. Er zog mit etwa 18 000 Mann über Mähren nach Österreich. Mehrere Fürstentümer des Heiligen Römischen Reiches sandten gut ausgerüstete Truppen; gegen Ende August sammelten sich zwischen Linz und Krems um die 35 000 Bayern, Sachsen, Brandenburger, Hannoveraner und Württemberger. Die österreichische Feldarmee unter Herzog Karl von Lothringen (1643–1690), einem begabten Schüler Montecuccolis, bestand aus 21 000 Österreichern, Kroaten, Flamen, Wallonen, Ungarn, Italienern, Böhmen und Exilfranzosen.

Die Kundschafter

Die strategisch, aber auch psychologisch enorm wichtige Verbindung zwischen der eingeschlossenen Stadt und dem Hauptquartier des Entsatzheeres wurde durch waghalsige Boten aufrechterhalten. Allerdings war Georg Franz Kolschitzky, ein serbischer Orientwarenhändler aus der Leopoldstadt, nicht, wie dies in fast allen einschlägigen Werken hervorgehoben wird, der einzige und auch nicht der erste, dem das gefährliche Unternehmen (und somit, wie es heißt, sogar die Rettung des Abendlandes) gelang.

Das Kaffeehaus. Kupferstich aus Abraham a Santa Claras Buch »Etwas für alle«

Am 5. August durchschwamm ein für die Nachwelt unbekannt gebliebener Kürassier des Regiments Caraffa bei Klosterneuburg die Donau und überbrachte dem Stadtkommandanten Starhemberg einen Brief Karls von Lothringen. Am 8. August stahl sich ein Leutnant des Heisterschen Infanterieregiments, der Serbe Michael Gregorowitz, mit einer chiffrierten Antwort aus der umzingelten Stadt und erreichte wohlbehalten das kaiserliche Hauptquartier in der Nähe von Mautern an der Donau. Georg Franz Kolschitzky trat erst als dritter Bote am 14. August auf den Plan, forderte für die patriotische Tat immerhin 200 Golddukaten und verließ mit seinem Diener, dem Ungarn Stephan Seradly (wahrscheinlich: Szeredlay), Wien in türkischer Kleidung, kam durch und kehrte am 17. August mit der Meldung zurück, daß das Entsatzheer, bereits auf 70 000 Mann angewachsen, alsbald in Marsch gesetzt werde. Am 19. August wurde Kolschitzky gebeten, das Unternehmen zu wiederholen, aber er weigerte sich, er hatte Angst. Nun ging sein Diener Seradly allein (er bekam ebenfalls 200 Goldstücke), brachte einen von Starhemberg geschriebenen ausführlichen Lagebericht nach Tulln und traf am 22. August mit »besonders guten

Kolschitzky

Nachrichten« in Wien ein. Am 27. August überschritt ein Dolmetscher, Georg Thomas Michaelowitz, die türkischen Linien und meldete sich am 1. September beim Kommandanten Starhemberg mit Briefen und wertvollen Beobachtungen zurück. Kolschitzky wurde erst dadurch berühmt, daß er gleich nach der Schlacht um Wien seine reichlich ausgeschmückte Geschichte schreiben, drucken, in mehrere Sprachen übersetzen und eifrig vertreiben ließ. Dafür jedoch, daß er die im türkischen Lager zurückgelassenen Säcke mit Kaffeebohnen als Belohnung für sein kühnes Unternehmen erbat und damit das erste Kaffeehaus in Wien beziehungsweise in Europa eröffnet habe, gibt es keine Beweise.*

Folgenschwere Niederlage Kara Mustafas

Am 9. September erlitt Kara Mustafa eine folgenschwere Niederlage, ohne daß dabei das Entsatzheer auch nur einen einzigen Schuß abgegeben hätte. Denn als die Polen und starke Kontingente der deutschen Fürstentümer die Donaubrücke bei Krems-Stein passierten, sah der beleidigte Tatarenkhan Murad Girey tatenlos zu. Dem türkischen Geschichtsschreiber Silihdar Findiklili Mehmed Aga zufolge begründete der Anführer der »Renner und Brenner«, der den Brückenkopf hätte sichern sollen, sein Verhalten einem Augenzeugen, einem Imam, gegenüber mit folgenden Worten: »Er (der Großwesir) hat mir immer wieder Schmähbriefe geschickt und darin geschrieben, wir hätten stinkendes Pferdefleisch gegessen. Den Feind hier aufzuhalten wäre mir ein leichtes gewesen, und ich bin mir auch bewußt, daß das nun ein Verrat an unserem Glauben ist – aber wahrhaftig, ich kann nicht anders! Jetzt sollen die Türken nur sehen, was ihr Feldherr wert ist, und jetzt sollen sie erfahren, was es heißt, ohne die Tataren kämpfen zu müssen!«

Der wahre Grund des Konflikts war keineswegs die angebliche Beschuldigung, die Tataren hätten infolge der durch sie verursachten Hungersnot bereits das Fleisch von toten Pferden gegessen, sondern lag darin, daß der Großwesir ihre militärisch wertlosen Raubzüge mehrmals scharf verurteilt hatte. Der Khan zog sich schmollend zurück, die verschiedenen Truppenteile der deutschen, polnischen und österreichischen Armeen konnten sich ungehindert vereinigen und ihre Bereitstellung beziehen.

Am 12. September stürmte das Entsatzheer von den Höhen des Wienerwaldes herab gegen die mehr als 140 000 Mann starke, von der langen Belagerung allerdings schon recht erschöpfte türkische Streitmacht an. Jan Sobieski III., als König die ranghöchste Person in der Armee, galt als nomineller Oberbefehlshaber; der Operationsplan und dessen Durchführung waren jedoch das Werk des mit dem Gelände bestens vertrauten Herzogs Karl von Lothringen. Der gelehrte Streit, wer die Schlacht um Wien für das Abendland entschied, der Polenkönig oder der zum Österreicher gewordene Herzog von Lothringen, dauert nun schon seit dreihundert Jah-

* Erst am 17. Januar 1685 erteilte Kaiser Leopold I. einem Armenier namens Johann Diodate ein Privileg für das öffentliche Ausschenken des »thürkischen Gethränks Chava«. Diodate richtete sein Lokal, das nachweisbar erste Wiener Kaffeehaus, ein kleines, nur mit Holzbänken ausgestattetes Zimmer, im Hachenbergerischen Haus auf dem Haarmarkt (heute Rotenturmstraße 14) ein. Das erste Kaffeehaus auf europäischem Boden wurde bereits im Jahr 1647 auf dem Markusplatz in Venedig eröffnet.

Kaiser Leopold I. begegnet König Jan Sobieski III. nach der Belagerung von Wien 1683. Zeitgenössischer Kupferstich

ren an. Die Frage ist eher müßig, denn Kara Mustafa hatte das Treffen verloren, schon bevor der erste Schuß fiel. Er hatte für die Begegnung mit dem Entsatzheer keinen Plan ausgearbeitet, ließ die strategisch wichtigen Punkte, den heutigen Leopoldsberg, Kahlenberg und den Dreimarkstein, nicht besetzen, er stellte hoch oben im Wienerwald nicht einmal Beobachtungsposten auf. Als man ihm den Vormarsch des vereinigten christlichen Heeres gemeldet hatte, erwartete er den Angriff entlang der Donau, und zwar aus der Richtung Klosterneuburg, schickte jedoch bloß zwei Kolumbrinen-Geschütze und einige Sahi-Geschütze zur Sicherung der Straße aus. Die türkischen Truppen kämpften dann, ohne die Verbindung zueinander aufrechtzuerhalten, auf eigene Faust, sie erhielten auch widersprüchliche Befehle; etwa 30 000 Mann, vor allem die Janitscharen, rannten mit dem Rücken zu den Angreifern nach wie vor gegen die Stadtmauern an. In einigen Stunden war das Chaos perfekt, wilde Panik brach aus. Die polnische Kavallerie griff die Zeltburg des Großwesirs im Trautsonschen Garten in der Nähe der St.-Ulrichs-Kirche frontal an; für die verstörten Türken erschienen die in enggestaffelten Schwadronen heranbrausenden Lanzenreiter, die auf dem Rücken ihrer Brustharnische mit weißen Schwanenfedern beklebte Holzflügel trugen, wie vom Himmel herabgestiegene zornige Erzengel. Die ungestüm vorpreschenden Polen hatten die meisten Verluste erlitten, aber auch die meiste Beute gemacht. Jan Sobieski III. nahm die angeblich unermeßlichen Schätze, die er in der prunkvollen Zeltstadt Kara Mustafas fand, in Besitz, was seine deutschen und österreichischen Mitstreiter arg verstimmte. Er zog auch, ohne auf Leopold I. zu warten, im Triumph in das gerettete Wien ein, und das wurde als eine schwere Beleidigung des Kaisers angesehen. So bedankte sich dann Leopold I., ohnehin introvertiert und kontaktarm, recht kühl und herablassend für die Bemühungen des polnischen Königs. Sobieski quit-

Verstimmung unter den Siegern

tierte das dünn ausgefallene Lob mit einer leicht ironischen Replik: »Ich freue mich, Sire, Ihnen diesen kleinen Dienst erwiesen zu haben.« Er war tief gekränkt, denn die Wiener zeigten sich den nicht gerade vorbildlich disziplinierten polnischen Reitern gegenüber nur mäßig dankbar. In einem Brief an seine Frau beklagte sich Sobieski: »Da viele unserer Leute sich gegen die Stadt drängen, um dort einige Nahrung zu finden, weil man im Feld vor Hunger stirbt, so hat der Kommandant von Wien Befehl gegeben, sie nicht hineinzulassen und auf sie zu feuern. Unsere Kranken liegen auf Misthaufen; man weigert sich, unsere Toten auf den Kirchhöfen der Stadt zu beerdigen ...« Verbürgt ist immerhin, daß Stadtkommandant Starhemberg einen Aufruf erließ, wonach die Wiener die gestohlenen Pferde der polnischen Soldaten »unverzüglich und bei Vermeidung hoher Strafe wieder zurückgeben« sollten.

Kara Mustafa, ein überaus frommer Muslim, nun davon fest überzeugt, Allah habe seine Niederlage beschlossen, unternahm nichts mehr, um den Rückzug zu organisieren. Die türkische Armee floh in völligem Durcheinander und mit beachtlicher Eile; Zelte, Waffen, Proviant, Beute, alles blieb vor den Mauern Wiens zurück. Am 26. Oktober fiel bereits die Festung Esztergom (Gran), kaum fünfzig Kilometer von der ehemaligen ungarischen Haupt- und Residenzstadt Buda (Ofen) entfernt. Dann trat in den Kampfhandlungen die übliche Winterpause ein.

Ein spanisches Trauerspiel

Karl VI.

Am 25. Dezember 1683 ließ Sultan Mehmed IV. den glücklosen Kara Mustafa in Belgrad erdrosseln. Im späten Frühjahr 1684 begann die kaiserliche Armee, schon tief im ungarischen Gebiet, mit einer neuen, erfolgreichen Offensive. Am 30. Juni wurde Pest, damals noch ein kleiner Marktflecken der Burg Buda gegenüber, erobert, am 19. August die strategisch äußerst wichtige Festung Érsekujvár (Neuhäusel) genommen. Den Winter verbrachten die Truppen in den verschneiten, zum Teil abgebrannten und geplünderten Städten und Dörfern Ungarns, die hohen Offiziere, die Herzöge, Markgrafen und Grafen begaben sich, wie jedes Jahr, nach Venedig, um in vielerlei Masken und Kostümen den berühmten Karneval zu genießen. Nach der Schneeschmelze ging der Krieg weiter; die Türken, obwohl zahlenmäßig überlegen, wichen nun ständig zurück: ihre bereits veraltete Bewaffnung, an der die Janitscharen hartnäckig festhielten, war der des besser ausgerüsteten christlichen Heeres nicht mehr gewachsen. Karl von Lothringen führte in der österreichischen Armee das Bajonett ein, das in der französischen Stadt Bayonne erfundene wirksame Mordinstrument, das neben der Laufmündung des Gewehrs befestigte lange Messer, das aus einer Waffe zwei machte. Der Janitschar mußte, nachdem er aus seiner unzulänglichen Flinte den Schuß abgegeben hatte, zum Krummsäbel greifen; der kaiserliche Soldat ging ohne Zeitverlust und hinderliches Hantieren mit gefälltem Bajonett vor, er konnte dann seine Stoßwaffe rasch wieder in eine Schußwaffe verwandeln.

Krieg und Karneval

Großoffensive in Ungarn

Am 21. Juni 1686 schlossen die vereinigten christlichen Heere, in denen diesmal auch Engländer, Franzosen und Schweden mitkämpften, die Stadt und Festung Buda ein. Der türkische Kommandant, Abd el Rahman Pascha, ein religiöser Fanatiker, wollte den Weg vor den Angreifern durch Trümmerfelder versperren; in den letzten Tagen der Belagerung flogen ganze Bastionen und Straßenzüge in die Luft. Am 2. September wurden die Ruinen von Buda im Sturm genommen, der Pascha fiel, von den 17 000 Mann Besatzung kamen etwa 200 Soldaten mit dem Leben davon.

Am 19. Oktober 1686 zog die deutsch-österreichische Armee in Szeged in Südungarn ein; im nächsten Frühjahr begann jenseits der Donau der neue, allerdings bereits bedeutend langsamer geführte Vorstoß. Am 6. September 1688 ergab sich der stark befestigte Stützpunkt Belgrad, ein

Herzog Karl V. von Lothringen. Zeitgenössisches Gemälde

Jahr darauf, am 24. September 1689, standen die kaiserlichen Truppen im Süden Serbiens, in Niš. Nun waren aber die Nachschublinien viel zu lang geworden, und der neue Großwesir, wieder ein Köprülü, Mustafa Fazil, erwies sich als fähiger Feldherr. Er schlug die schon erschöpfte christliche Streitmacht und eroberte am 18. Oktober 1690 Belgrad zurück, fiel aber am 19. August 1691 in der Schlacht von Slankamen an der Theißmündung, wo die türkische Armee eine verheerende Niederlage erlitt. Der Vormarsch des kaiserlichen Heeres stockte dennoch, vor allem, weil die Versorgung mit Lebensmitteln und Futter kaum mehr bewältigt werden konnte. Die Bevölkerung, von den Befreiern tief enttäuscht, versteckte den kümmerlichen Rest ihrer Habe und wünschte bald die ungleich toleranteren Türken zurück. Denn die christlichen Truppen, voran die Bayern und die Brandenburger, hausten furchtbar im eroberten Land und kämpften nicht nur gegen den bewaffneten Feind. Bei der Erstürmung von Érsekujvár wurden die Bewohner, Deutsche, Ungarn und Slowaken, auch Frauen und Kinder, in einem Blutrausch niedergemetzelt, in Buda fast alle Bürger, Christen und Juden, erschlagen. Die türkischen Frauen schleppte man zwar nicht in die Sklaverei, man vergewaltigte, folterte und mordete sie an Ort und Stelle. Die schweren Niederlagen, die das kaiserliche Heer im

Sommer 1695 weit nach Norden zurückwarf, waren in erster Linie die Folgen der zerrütteten Disziplin und der rücksichtslosen Jagd nach Beute. Die recht kritische Lage besserte sich erst, als am 5. April 1697 der vierunddreißig Jahre alte Feldmarschall Prinz Eugen von Savoyen (1663–1736) das Oberkommando in Ungarn übernahm.

Prinz Eugen

Der untersetzte, schmächtige Offizier mit den ein wenig verbildeten Schultern, mit länglichen Gesichtszügen, stark vorstehenden Vorderzähnen und einer deformierten, fast komisch aufgestülpten Nase kam in Paris auf die Welt. Er war der Sohn des Prinzen Eugen Mauritius von Savoyen, der sich auch Carignan Graf von Soisson nannte, und der Olympia Mancini, einer Italienerin, der Jugendliebe des »Sonnenkönigs« Louis XIV., die, am Hof von Versailles in einen Giftmischer-und-Zaubertrank-Skandal verwickelt, aus Frankreich fliehen mußte. Das belastete den jungen Prinzen Eugen schwer, und er beleidigte den König auch noch dadurch, daß er sich seinem Wunsch schroff widersetzte: der allmächtige Louis XIV. verordnete dem Mancini-Sohn die geistliche Laufbahn; der ehrgeizige »kleine Abbé« aber verlangte ein militärisches Kommando. Der König verweigerte es, nicht zuletzt deshalb, weil der junge Prinz den zweifelhaften Ruf genoß, die innige Freundschaft von Männern der Liebe der Frauen vorzuziehen. Eugen drohte nun, ins Ausland zu gehen und in fremde Dienste zu treten. Dies wollte aber Louis XIV., der keine Widerrede duldete, nicht erlauben. Er gab den Befehl, die Grenzen zu sperren und den frechen Rebell zu verhaften. Eugen floh mit einem Freund, dem jungen Prinzen François Louis Conti, in Frauenkleidern nach Köln. Conti überlegte es sich jedoch und kehrte reumütig nach Paris zurück. Eugen, hartnäckig und zielbewußt, meldete sich, vom spanischen Botschafter Don Carlo Emanuele d'Este, Marchese di Borgomanero, wärmstens empfoh-

Belagerung von Buda 1686. Kreidezeichnung von Adam Frans van der Meulen

len, am 14. August 1683 am Hof des Kaisers Leopold I. in Passau. Er verlangte hochmütig ein Regiment. Der Kaiser gab es ihm nicht, erlaubte ihm aber, als Freiwilliger dem Entsatzheer beizutreten. In der Schlacht um Wien focht Prinz Eugen bereits mit, und er muß sich bewährt und die Aufmerksamkeit einflußreicher Protektoren auf sich gelenkt haben, denn schon am 14. Dezember 1683, mit nur zwanzig Jahren, erhielt er das heiß begehrte Kommando: er wurde zum Obersten befördert und bekam das Dragonerregiment »Khueffstein«. In den folgenden Jahren zeichnete er sich auf dem ungarisch-türkischen Kriegsschauplatz durch persönlichen Mut, aber auch als umsichtiger Truppenführer aus; er betrachtete seine Untergebenen nicht bloß als gesichtsloses Menschenmaterial für den ruhmreichen Feldzug, wenn auch seine fürsorgliche Liebe für die Mannschaft oft übertrieben geschildert wird. Prinz Eugen wußte, daß der Soldat bedeutend mehr leisten kann, wenn er nicht in zerfetzten Lumpen herumlaufen muß, wenn er ausreichend ernährt wird und menschenwürdige Quartiere zugewiesen bekommt. Seine humane Haltung war klug und zweckgebunden, seine problemlose christliche Weltanschauung mehr eine moralische als eine religiöse; es gelang ihm allerdings, sie auch für seine Truppen verständlich zu machen, als Richtschnur für das von ihm mit Nachdruck erwünschte korrekte Verhalten von Offizieren und Gemeinen hinzustellen, Disziplin und Einsatzbereitschaft im Namen von höheren Idealen zu fordern. Das war neu in der Armee und hatte anscheinend Wirkung: die schlimmsten Ausschreitungen, vor allem der Mord an Frauen und Kindern und das Plündern der christlichen Bürgerhäuser, hörten allmählich auf; die Bewegungen der Regimenter und Bataillone in der Schlacht waren schneller, exakter und effektiver geworden, die Verluste nahmen merklich ab.

Ein umsichtiger Truppenführer

Zenta

Am 11. September 1697 brachte Prinz Eugen bei der kleinen Stadt Zenta, südlich von Szeged, eine von Sultan Mustafa II. persönlich geführte Gegenoffensive zum Stehen: er griff auf die schon bewährte Methode von Montecuccoli zurück, überraschte die Türken, als sie auf einer schmalen Pontonbrücke gerade den Fluß Theiß passierten und, von ihrer eigenen Artillerie und vom Troß behindert, keine Schlachtordnung mehr entfalten konnten. Die verwirrten Spahis ritten die Janitscharen nieder, der Sultan verlor den Kopf und floh, und auch die hohen Würdenträger ließen ihre Truppen nacheinander im Stich. Die Siegesmeldung sprach von über 25 000 erschlagenen und ertrunkenen Türken und von nur 430 gefallenen kaiserlichen Soldaten. Wien jubelte, die Türkengefahr schien nun für alle Zeiten gebannt. Der häßliche Prinz, das Schwert des Hauses Habsburg, wurde als Retter des Abendlandes gefeiert. Seine Popularität stieg in ganz Europa. Von den Fürstenhöfen kamen fortan zahlreiche junge Kavaliere zu ihm, um bei seinen Schlachten zuzuschauen und zu lernen, nicht aber nur Strategie und Taktik, sondern auch beste Umgangsformen trotz Lebensgefahr, eine noble Zurückhaltung selbst in den Stunden des Triumphs und nicht zuletzt die unerschütterliche Treue zum gekrönten Haupt der regierenden Dynastie. Daß man dabei auch eine »hehre deutsche Gesinnung« vorexerziert bekam, wie dies in manchen Geschichtswerken nach-

Die Wahrheit hinter der Legende

zulesen ist, gehört ins Reich allzu patriotischer Phantasien. Prinz Eugen von Savoyen war zeit seines Lebens Kosmopolit mit einer starken Neigung für alles Italienische, er konnte auch kaum Deutsch und weigerte sich stets, die Volkssprache seiner Wahlheimat zu sprechen oder zu schreiben. (Der Hof sprach ja ohnehin Französisch oder Italienisch.) Die Bemühungen der Nachwelt, ihn, den »Helden des österreichischen Heldenzeitalters«, restlos in Wien einzugemeinden, bewegen sich mehr oder weniger auf der mit grellen Farben gemalten Oberfläche, schon auch deshalb, weil wesentliche Daten und Fakten aus der Laufbahn und aus dem Privatleben dieses »größten Zugereisten« wahrscheinlich für immer verborgen bleiben werden. Er hinterließ keine Aufzeichnungen, nicht einmal ein Testament (obwohl er etliche ausfertigte), die meisten Schriftstücke seiner Archive verschwanden spurlos, und auch manche zeitgenössischen Hinweise und Tagebucheintragungen wurden von unbekannten Händen sorgfältig vernichtet. Dies geschah vermutlich auf seinen Wunsch oder zumindest in seinem Sinn: eine der unbestrittenen Tugenden des Prinzen Eugen war seine in allen Belangen strenge und verläßliche Diskretion, die eine unsichtbare Wand zwischen ihm und seiner Umgebung aufrichtete und die man mit der Zeit zunehmend geheimnisvoll, ja geradezu unheimlich und störend empfand. Er gab sich, auch auf dem Höhepunkt seiner politischen Macht, vorsichtig und verschlossen, wahrscheinlich aus dem Gefühl einer doppelten Isolation heraus: als ein von der Wiener Gesellschaft scheel angesehener, weil viel zu begabter und viel zu erfolgreicher Fremder, und als ein alternder Junggeselle, den man anscheinend in keine lukrativen Heiratspläne mit einbeziehen, aber auch nicht der in den österreichischen Ländern als charakteristisch französisch gebrandmarkten Mätressen-Wirtschaft bezichtigen konnte. Das Gesetz Kaiser Ferdinands III., dem zufolge »abwegig veranlagte« Menschen auf dem Scheiterhaufen enden sollten, war immerhin noch in Kraft, wenn es auch so gut wie nicht mehr beachtet wurde. So sah sich Prinz Eugen genötigt, seine private Sphäre von der Außenwelt hermetisch abzuschließen. Zu seiner privaten Sphäre gehörten auch seine Finanzen, das bis zum heutigen Tag nicht geklärte Zustandekommen seines sagenhaften Vermögens, das ihm den nicht ganz ungefährlichen Ruf, der reichste Mann Österreichs zu sein, eintrug. Er bezog zwar in seinen verschiedenen Funktionen, so seit 1702 als Präsident des Hofkriegsrates (Kriegsminister), im Jahr 1706 als Gouverneur von Mailand, seit 1707 Generalissimus mit dem Titel eines »katholischen Reichsfeldmarschalls« und in den Jahren 1714 bis 1724 als Generalstatthalter der Niederlande, hohe Einkünfte; nach seinen Siegen bekam er wertvolle Geschenke vom Kaiser und vom Hof, Edelsteine, Prunkwaffen und Güter, vor allem im Osten Österreichs und in Ungarn. Dennoch klafft zwischen seinem nachweisbaren Einkommen und dem tatsächlichen Stand seines Vermögens eine gewaltige Lücke. Seine Schlösser samt erlesener Einrichtung, Skulpturen und Gemälden (unter anderem das Belvedere und das Winterpalais in Wien, Schloßhof im Marchfeld, Ráckeve und Bellye in Ungarn), seine Bibliothek, seine Münzen- und Medaillensammlung und nicht zuletzt die Personalkosten seiner privaten Hofhaltung (auf seinen verschiedenen Schlössern hatte er allein über 1 500 Gärtner ständig beschäftigt) verschlangen Millionen über Millionen.

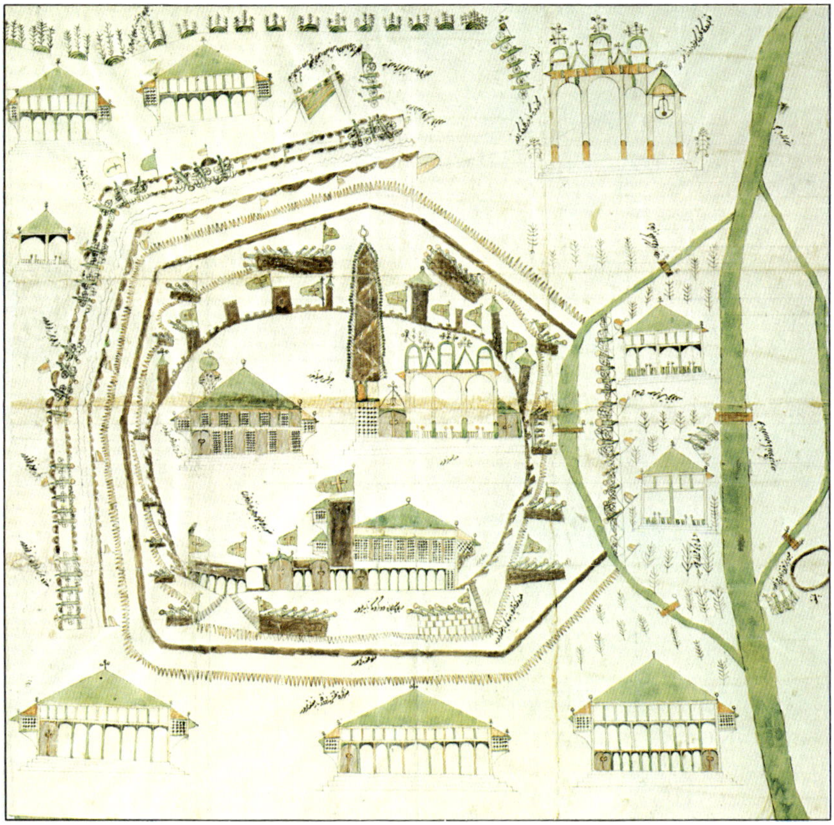

Türkischer Plan von Wien, 1683. Kolorierte Federzeichnung

Gewiß verrechnete er die im Lauf seiner Feldzüge gemachte Beute nur sporadisch oder überhaupt nicht (man hatte ihn allerdings auch kaum dazu angehalten), so zum Beispiel die drei Millionen Goldgulden* des Sultans, die ihm in der Schlacht von Zenta in die Hände fielen, oder die mehr als dreitausend »beladenen Wagen«, welche die besiegten Türken vor Belgrad stehenließen. Sicherlich konnte ein umsichtiger und erfahrener Feldherr auch bei der Finanzierung eines Krieges, bei der Anforderung, Bestellung und Lieferung von Waffen, Geräten und Nachschubgütern beachtliche Summen einsparen. Eine nur annähernd überzeugende Rekonstruktion der damaligen Verhältnisse ist jedoch nach fast dreihundert Jahren und auch, weil die diesbezüglichen Unterlagen wahrscheinlich bewußt beiseite geschafft wurden, nicht möglich.

Seine politischen Ansichten hingegen vertrat der zum einflußreichen Staatsmann gewordene Feldherr mit einer seltenen Offenheit und Konsequenz: er betrachtete die österreichischen Länder als unantastbaren per-

* Eine Umrechnung des Guldens in eine heutige Währung ist kaum möglich. Berücksichtigt man einige Anhaltspunkte, so zum Beispiel den Goldpreis, die Baukosten oder das für die Aufstellung und Ausstattung eines Kürassierregiments notwendige Geld gegen Ende des 17. und zu Beginn des 18. Jahrhunderts, kommt man, eher vorsichtig geschätzt, zum Schlüssel: 1 Million Gulden = 20 Millionen Schilling nach der Kaufkraft im Jahr 1979.

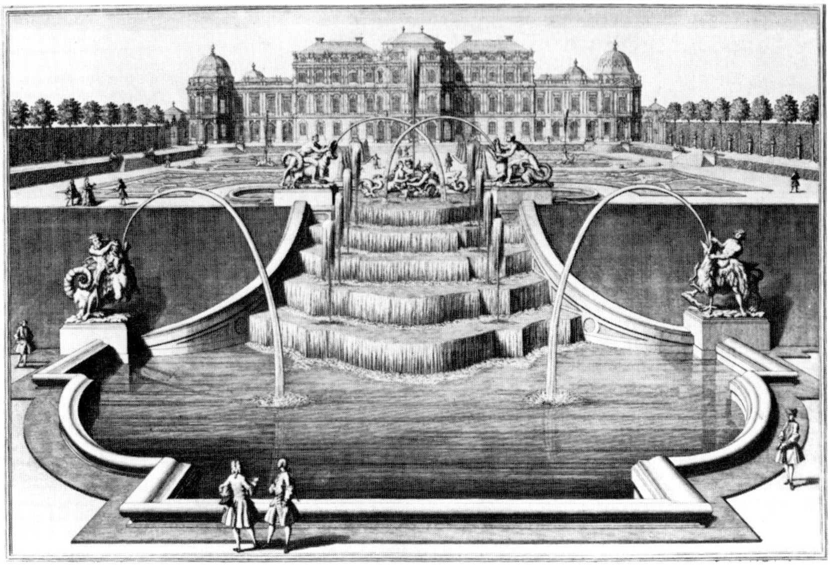

Schloß Belvedere. Stich von Jakob Gottlieb Thelott nach einer Zeichnung von Salomon Kleiner

sönlichen Besitz des Hauses Habsburg. Sie zu mehren, abzurunden und abzusichern hielt er für seine erste und heiligste Pflicht. Sein eisern durchgehaltenes Prinzip, der von Gott legitimierten Dynastie bedingungslos zu dienen, umgab seine Gestalt mit der Aura der absoluten Ehrlichkeit; sein imperialer Konservativismus verhalf ihm zu dem Ruhm, der Architekt der Größe Österreichs gewesen zu sein. Dabei interessierte er sich weder für Fragen der Verwaltung noch der Gesellschaftspolitik, er kümmerte sich auch kaum um die Lage der privaten Wirtschaft oder der Staatsfinanzen. Der historischen Entwicklung, der sozialen, kulturellen oder religiösen Eigenart der verschiedenen Völker, die auf dem riesigen Gut der Familie Habsburg – im Staate Österreich – wohnten, stand er gleichgültig und verständnislos gegenüber. Reformen und Experimente lehnte er entschieden ab, übrigens auch in der Armee. Soldat und Beamter, Bauer und Bürger sollten auf ihren von Gott und Kaiser angewiesenen Plätzen bleiben, eine große, verläßliche Dienerschaft des Hofes bilden, die human und höflich zu behandeln seiner Meinung nach ebenfalls heilige Pflicht eines wirklichen Herrn, eines echten christlichen Kavaliers war. Das populäre Prinz-Eugen-Lied aus dem Jahr 1717, wohl der erste Schlager in den österreichischen Ländern, Werk eines Unbekannten, vermutlich eines Offiziers, verlieh ihm mit Recht das Prädikat »der edle Ritter«, verriet aber, zwar unbewußt, doch deutlich das politische Leitmotiv des strahlenden Siegers: Er ließ die vielbesungene Brücke schlagen, denn er *»wollt' dem Kaiser wiederum kriegen Stadt und Festung Belgerad«*. Dem Kaiser, nicht etwa Österreich. Die Türken hatten ja die serbische Stadt Belgrad dem Besitz des Kaisers entrissen. Durch das »nimmermüde Schwert« des Prinzen Eugen bekam der Kaiser bloß wieder, was vor Gott und der Welt (und auch vor der Nachwelt) ihm gehörte.

Politisches Kredo

Er bekam noch viel mehr. Nach der verheerenden Niederlage der Türken bei Zenta und nach einem waghalsigen Blitzangriff des edlen Ritters gegen Sarajevo (die Stadt ging in Flammen auf), schloß der verstörte Sultan Mustafa II. am 26. Januar 1699 in Karlowitz, südlich von Peterwardein (heute in Jugoslawien), einen für das Haus Habsburg überaus günstigen Frieden. Er sah sich dazu nicht nur durch den Sieg der Kaiserlichen gezwungen: auch Polen, Rußland und die Republik Venedig führten gegen das türkische Reich Krieg, und die persische Armee stand wieder einmal sprungbereit im Hintergrund. Die Janitscharen grollten und meuterten, sie stürzten den Sultan bald nach den Friedensverhandlungen. Mustafa II. starb als Gefangener im Großen Serail an den Folgen eines Giftanschlags.

Rückzug der Türken

Die Türken hatten das gesamte Gebiet Ungarns und Siebenbürgens mit Ausnahme des Banats, der Umgebung von Temesvár (heute in Rumänien), geräumt. Die neu gewonnenen Länder sollten nun enger dem Besitz des Hauses Österreich angeschlossen werden. In Ungarn bestand die Rechtsgrundlage für diesen Anschluß bereits seit dem Jahr 1687; nach der Rückeroberung von Buda erkannte die ungarische Adelsversammlung in Preßburg das Erbrecht des Hauses Habsburg an und verzichtete auf die freie Königswahl und auch auf die mehr als vierhundertfünfzig Jahre alte Bestimmung der ungarischen Verfassung, wonach der Adel dem König, falls dieser die Interessen der Nation, sprich des Adels, verletzen sollte, straflos Widerstand leisten dürfe. Siebenbürgen wurde am 4. Dezember 1691 mit dem »Diploma Leopoldinum«, einer in feierlicher Form gestalteten Urkunde des Kaisers, in den österreichischen Staatsverband eingegliedert.

Bischof Kollonitsch

Für den Wiederaufbau der verwüsteten und entvölkerten ungarischen Gebiete arbeitete Bischof Leopold Kollonitsch, seit 1686 Kardinal, einen großangelegten Plan, das »Einrichtungswerk des Königreichs Hungarn«, aus. Seine Vorschläge, die nur zögernd und bruchstückweise verwirklicht wurden, beinhalteten neben sehr realistischen, progressiven Ideen, so die Modernisierung der Landwirtschaft und die Schaffung kleinerer Industrieanlagen, auch rücksichtslos autoritäre und kolonisatorische Gedanken. Der in Ungarn oft zitierte Spruch Kollonitsch', »Zuerst mache ich die Ungarn zu Bettlern, dann katholisch und schließlich zu Deutschen«, ist jedoch eine plumpe Erfindung. Der Kardinal war viel zu klug, als daß er solche Weisheiten von sich gegeben hätte; er war aber anscheinend doch nicht klug genug, gegen die Protestanten, wie dies Prinz Eugen geraten hatte, nur langsam und wenigstens mit einer halbwegs praktizierten Milde vorzugehen. Kollonitsch, ein ehemaliger Malteserritter, der auf der Insel Kreta noch in voller Rüstung Türken tötete, war ein geradliniger Mann: er verkündete offen, daß die schändliche Ketzerei in Ungarn mit Feuer und Schwert ausgerottet gehöre. Er setzte Sondergerichtshöfe ein, die berüchtigten »Bluttribunale«, ließ Hunderte von reformierten Geistlichen verhaften, foltern, in Ketten schlagen, zu Fuß nach Neapel treiben und als Galeerensträflinge an die Ruderbänke fesseln. Die Empörung der Ungarn machte sich umgehend Luft, und diese Luft roch bald nach Pulver. Ein Anführer von Format erschien: Fürst Franz Rákóczi II., der reichste Grundherr des Landes, gebildet, sensibel, weltoffen. Im Februar

hara Musta:
nno 1683 den 12
ber wider den 12
Spott Weck geschlagen
Tha Türckischer Groß Vezier welcher
Jūlÿ die Kaÿ: Residenz Statt wien Belage
Er: mit verlußt und groß
worden

Oben: Deckengemälde von Martin Altomonte im Unteren Belvedere

Links: Kara Mustafa. Zeitgenössisches Gemälde

Bischof Leopold Kollonitsch. Zeitgenössischer Kupferstich

Kuruzzenkrieg

1704 gab er mit einem Manifest, das auch die Bauern mitriß, das Signal zum Krieg. Die Kuruzzen tauchten wieder auf, aber es waren nicht mehr die halb verhungerten Wegelagerer des Grafen Thököly, es waren mit französischem Geld ausgerüstete und mit leichter französischer Feldartillerie verstärkte Reiterbrigaden und Reiterregimenter, die, von ehemaligen kaiserlichen Offizieren (unter anderem General Graf Károlyi, General Bottyán, die Brigadiers Ocskay, Bezerédy, Béri-Balogh) geführt, zeitweise bis zu den Vorstädten von Wien vordrangen. Doch sie hatten kein militärisches Oberkommando und auch keinen Generalstab, ihre Einheiten operierten meist voneinander getrennt, wobei sie den Husarenritt und den Handstreich den gründlich geplanten militärischen Operationen stets vorzogen. Das langsame, aber methodische Vorgehen der österreichischen Armee, vor allem ihrer gut ausgebildeten Infanterie, bewirkte schließlich, allerdings erst nach sieben Jahren, den Zusammenbruch der erschöpften Kuruzzen-Regimenter. Der österreichische General ungarischer Abstammung, Johann Graf Pálffy, nahm Verhandlungen mit dem Kuruzzen-General Sándor Graf Károlyi auf. Am 29. April 1711 wurde in Szatmár, einem kleinen Marktflecken in Nordostungarn, zwischen dem Kaiser und den Ständen Ungarns Frieden geschlossen. Auf Rat des Prinzen Eugen sahen die Bedingungen teilweise aus, als hätten die Kuruzzen den Krieg gewonnen: keine Strafe für die Rebellion, keine Beschlagnahme von Gütern, Unterstützung für die Hinterbliebenen der gefallenen Soldaten. Den

Kuruzzen-Offizieren stellte man frei, der kaiserlichen Armee beizutreten. (Sándor Graf Károlyi trat bei, er wurde österreichischer Feldmarschall.) Der Kaiser garantierte für Ungarn und für Siebenbürgen die Religionsfreiheit; Ungarn gestand er sogar eine wenn auch eher symbolische Unabhängigkeit und eine Sonderstellung innerhalb der österreichischen Länder zu.
Daß die Kuruzzen keineswegs bloß berittene Räuber waren, wie dies noch heute in manchen Geschichts- und Schulbüchern zu lesen ist, beweist schon die Tatsache, daß der Wiener Hof mit ihnen einen regelrechten Friedensvertrag abschloß und daß er sich daran korrekt gehalten hat. Die Versöhnung im Osten war zweifellos ein Gebot der politischen Vernunft; denn im Westen war der Kaiser in einen ungleich größeren Konflikt verwickelt: in den Spanischen Erbfolgekrieg. Es ging dabei um eine wahrhaft gigantische Erbschaft, um den riesigen Besitz der spanischen Habsburger, um Länder und Reichtümer auf der Iberischen Halbinsel, in Nord- und Süditalien, in den Niederlanden und in Amerika.

Spanien

Auf dem Thron in Madrid saß nur noch ein Häufchen Elend: Carlos II., von Inzucht und Syphilis gezeichnet, von eitrigen Geschwüren geplagt, schwachsinnig, impotent, zahnlos, kahl, fast blind. Immerhin vegetierte er neununddreißig Jahre lang, sehr zum Verdruß seiner Umgebung und seiner Verwandten, die sein erstaunlich zähes Festhalten am Leben für taktlos, politisch unklug und nicht zuletzt für eine sinnlose Zeitverschwendung hielten. Endlich, am 1. November 1700, starb der letzte spanische Habsburger. Kaiser Leopold I. in Wien und der Sonnenkönig Louis XIV. in Paris erhoben sofort Anspruch auf das Erbe: beide waren mit dem Verblichenen verwandt, und beide hatten einen Thronfolger parat; der Sonnenkönig seinen Enkel Philipp aus dem Hause der Bourbonen, der Kaiser seinen zweitältesten Sohn Karl. Das diplomatische Tauziehen brachte kein Ergebnis. Nun wollte Louis XIV. vollendete Tatsachen schaffen: er schickte seinen Enkel unter starker militärischer Bedeckung nach Spanien und ließ ihn als Philipp V. zum König ausrufen. Leopold I., vom Prinzen Eugen überredet, beschloß, die vollendeten Tatsachen durch einen Krieg zu annullieren. Italienische Bauern, deren Felder plötzlich verwüstet wurden, spürten als erste die bitteren Folgen des für sie ganz und gar unbegreiflichen Erbfolgestreits: im Sommer des Jahres 1701 überquerte Prinz Eugen mit 32 000 Mann und 42 Geschützen die Alpen (es war eine höchst bewundernswerte bergsteigerische Leistung), schlug die Franzosen am 9. Juli bei Carpi, in der Nähe von Verona, und erreichte am 15. August 1702 bei Luzzara am Po, unweit von Guastalla, ein ehrenhaftes Unentschieden. Die französische Armee war, was Taktik und Bewaffnung betraf, im Gegensatz zu den schlecht geführten und altmodisch ausgerüsteten Türken, dem österreichischen Heer durchaus ebenbürtig, und so konnte sich das Feldherrngenie des Prinzen Eugen im Westen nicht so frei entfalten wie im Osten; die kaiserlichen Truppen mußten neben bedeutenden Erfolgen auch schwere Rückschläge hinnehmen.
Der Krieg dauerte insgesamt dreizehn Jahre. Auf der Seite des Hauses Habsburg standen England, das durch eine mögliche Ausdehnung der französischen Kolonialmacht seine Wirtschaft bedroht sah, Holland, das

Vorhergehende Doppelseite:
Schloßhof bei Marchegg, das Lustschloß des Prinzen Eugen. Gemälde von Canaletto

zwischen Frankreich und einem französisch regierten Spanien seine totale Abhängigkeit befürchtete, das Deutsche Reich, das heißt einige der Kleinstaaten und das am 18. Januar 1701 zum Königreich erhobene Preußen, ferner das Herzogtum Savoyen und Portugal. Bayern kämpfte für die französische Sache; die Idee des Prinzen Eugen, den Besitz des Hauses Habsburg mit Bayern abzurunden, zündete nun am verkehrten Ende; obendrein versprach König Louis XIV. dem Kurfürsten von Bayern, Max Emanuel, die Krone des Heiligen Römischen Reiches. Auch das geistliche Kurfürstentum Mainz unter seinem bayrischen Erzbischof nahm gegen den Kaiser Partei, spielte aber im bewaffneten Konflikt nur eine untergeordnete Rolle.

Der Spanische Erbfolgekrieg

In den ersten Kriegsjahren sah die Lage des Hauses Habsburg recht günstig aus. Auch Leopold I. schickte seinen Kandidaten, Karl, ebenfalls unter starker militärischer Bedeckung, nach Spanien; er trat als Carlos III. vorerst in Barcelona, dann für kurze Zeit in der Hauptstadt Madrid die Gegenregierung an. Die Hilfe Englands erwies sich als äußerst wirksam: London sandte Geld und Elitetruppen. John Churchill, Herzog von Marlborough, erfocht gemeinsam mit der Armee des Prinzen Eugen am 13. August 1704 bei Höchstädt und Blindheim an der oberen Donau gegen Franzosen und Bayern einen glänzenden Sieg (insgesamt 10 500 Tote und 21 000 Verwundete). Die Bayern waren ohnehin schon angeschlagen; ein hastig aufgestellter Landsturm unter der Führung des Richters von Landeck, Michael Sterzing, und des Linserwirtes hatte im Juli 1703 die Eroberung Tirols vereitelt und den Angreifern am Brenner, bei der alten Pontlatzbrücke im Oberinntal und bei der Stadt Rattenberg schwere Verluste zugefügt. Nach der Schlacht von Höchstädt und Blindheim kam Bayern unter österreichische Herrschaft; der Aufstand des zur Legende gewordenen »Schmieds von Kochel«, Balthes, wurde brutal unterdrückt.

Ein weiterer glänzender Sieg des Herzogs von Marlborough und des Prinzen Eugen am 11. September 1709 bei Malplaquet in Frankreich, nordöstlich von Cambrai (insgesamt 19 500 Tote, 31 000 Verwundete), ließ Wien auf einen vorteilhaften Abschluß des Spanischen Erbfolgekrieges hoffen. Aber im Jahr 1710 entließ die englische Königin Anna die Regierung der Whig-Partei, die mehr die Interessen des Überseehandels und der Kolonialpolitik vertrat und demgemäß die französische Konkurrenz mit allen Mitteln zu bekämpfen wünschte. Die neuen Männer der Tory-Partei, überwiegend Großgrundbesitzer, Verfechter einer Politik der Isolation, betrachteten die Unterstützung Österreichs als Verlustgeschäft. Die berechtigte Angst, daß ein vereintes Ost-West-Habsburgerreich das europäische Gleichgewicht zerstören und London an die Wand spielen würde, bewirkte dann den kaltblütigen Entschluß: England stellte die Kampfhandlungen und die Überweisung von Geldern ein. Prinz Eugen versuchte im Januar 1711 in London vergeblich, Königin Anna umzustimmen; sie wies ihn eisig ab. Der Herzog von Marlborough, der am Hof in London eine ähnliche Stellung hatte wie Prinz Eugen am Hof in Wien,

Die Schlacht bei Höchstädt 1704. Zeitgenössischer Kupferstich

konnte auch nicht mehr helfen: er war in eine peinliche Korruptionsaffäre verwickelt. Dennoch plädierte Prinz Eugen für die Fortsetzung des Krieges, er war erst nach einer Reihe von Niederlagen an der französisch-deutschen Grenze bereit, Friedensverhandlungen aufzunehmen. Er führte sie dann geschickt und zäh, er rettete von dem spanischen Erbe bedeutend mehr, als der Kaiser es sich nach dem tatsächlichen Stand der militärischen Lage hätte erhoffen können. Im Frieden von Rastatt (6. März 1714) bekam das Haus Habsburg die spanischen Niederlande (das heutige Belgien und Luxemburg), Mailand, Mantua und das kleine Herzogtum Mirandolina in der Nähe von Modena in Norditalien, im Süden Neapel und die Insel Sardinien. Bayern wurde wieder unabhängig. England stieg mit einem beachtlichen strategischen Gewinn aus dem Krieg: es erhielt, neben französischen Kolonien in Nordamerika, Gibraltar, die auf Felsen gebaute Sperrfestung zwischen Mittelmeer und Atlantik. Philipp V. blieb König von Spanien, sein Land eine Großmacht im europäischen Westen und in Mittel- und Südamerika.

Joseph I.

Kaiser Leopold I. war nach einer langen, achtundvierzigjährigen Regierungszeit noch während des harten Ringens um die spanischen Besitztümer gestorben; er erlag am 5. Mai 1705, im Alter von fünfundsechzig Jahren, in Wien einem Lungenödem. Sein Sohn, der sechsundzwanzigjährige Joseph I.*, nahm die Staatsgeschäfte energisch in die Hand. Der venezianische Botschafter Carlo Ruzini beschrieb Joseph I. als einen hübschen Mann von kräftigem Körperbau, mit rotblondem Haar und lebhaft leuch-

* Geboren am 26. Juli 1678 in Wien, gestorben am 17. April 1711 in Wien.

Wien vor dem Rotenturmtor. Gemälde von Johann Adam Delsenbach

Prinz Eugen in der Schlacht bei Belgrad. Anonymes Ölbild

tenden blauen Augen; er habe ein fabelhaftes Gedächtnis, spreche vier Sprachen, könne aber nicht als musikbegabt bezeichnet werden; er verstehe eine Menge von den Grundregeln der Baukunst, interessiere sich für die Probleme der Wirtschaft und sei fest entschlossen, auch in religiösen Fragen Toleranz walten zu lassen.

Doch Joseph I. blieb nur eine hoffnungsvolle Episode. Im Alter von zweiunddreißig Jahren starb er an den Pocken. Was von seiner Regierung die Zeiten überdauert hat, mutet eher kurios an: die erste Pfandleihanstalt Österreichs, das am 14. März 1707 mit kaiserlichem Patent gegründete spätere Dorotheum in Wien, geschaffen zu dem Zweck, daß »den nothleidenden gegen versatz einiger pfänder von juwelen, goldt, silber, schatzgeld, zinn, kupfer, lein- und pöttgewandt gegen abstattung geringer tax aufgeholfen werde«.

Pfandleihanstalt Dorotheum

Auch der Staat gehörte zu den Notleidenden, ihm konnte aber anscheinend nicht aufgeholfen werden. Josephs I. Nachfolger, sein jüngerer Bruder Carlos III., der aus dem unsicheren Spanien nach Wien eilte und am 22. Mai 1722 als Karl VI.* auch den imaginären Thron des Heiligen Römischen Reiches Deutscher Nation bestieg, versuchte fast dreißig Jahre lang vergeblich, weil beinahe ausnahmslos mit den untauglichsten Mitteln, den desolaten Zustand der Staatsfinanzen und der privaten Wirtschaft zu ordnen und zu bessern. Seine Regierungszeit, nach außen hin besonders glanz- und würdevoll, Höhepunkt und Abschluß des »Heldenzeitalters«, verlief im kaum überschaubaren Durcheinander eines mühsam verschleppten Dauerbankrotts. Was nur angepackt wurde, um die wirtschaftliche Lage der österreichischen Länder zu sanieren, wurde sogleich treffsicher verpatzt; Beispiele aus dem bereits weit fortgeschrittenen Ausland (Frankreich, England, Holland) hatte man entweder verschlafen, milde belächelt oder, im besten Fall, verkehrt nachgeahmt, obwohl bereits in der Regierungszeit Leopolds I. die ersten Wirtschaftstheoretiker Österreichs, nach Wien eingewanderte deutsche Konvertiten, sich zu Wort gemeldet hatten. Ihre damals noch kaum beachteten Werke muten heute wie historische Kuriositäten an, wenn auch der eine oder andere ihrer Vorschläge sicherlich brauchbar gewesen wäre, hätte der Hof diese nur ernsthaft geprüft.

Wirtschaftstheoretiker

Wilhelm von Schröder, ein vielseitiger Unternehmer aus Königsberg, der sich als Finanzbeamter in Österreich niederließ, plädierte in seiner »Fürstlichen Schatz- und Rentkammer« für die Anwendung der Statistik in der Volkswirtschaft und für die Finanzierung von Industrievorhaben mittels langfristiger Bankkredite. Johann Joachim Becher, Fabrikant, Alchimist, Theologe und Finanzfachmann aus Speyer, einige Jahre lang ebenfalls im österreichischen Staatsdienst beschäftigt, trat in seiner Schrift »Politischer Diskurs von den eigentlichen Ursachen des Auf- und Abnehmens der Städte, Länder und Republiken« gegen die Beschränkung des freien Wettbewerbs, gegen die Kapitalkonzentration in nur wenigen Händen und für eine wirksame staatliche Unterstützung des Außenhandels ein. Am meisten bekannt und geschätzt wurde, allerdings erst etwa fünfzig Jahre nach seinem Erscheinen, das wirtschaftspolitische Buch des in Frankfurt gebo-

* Geboren am 1. Oktober 1685 in Wien, gestorben am 20. Oktober 1740 in Wien.

Kaiser Joseph I. Gemälde von Johann Kupetzky

renen Philipp Wilhelm von Hörnigk, Sekretär eines spanischen Diplomaten in Wien und später Gutsverwalter im steirischen Hartberg. Es hatte einen ausgezeichneten Titel: »Österreich über alles, wenn es nur will« (der volle Titel lautete: »Österreich über alles, wenn es nur will. Das ist wohlmeinender Furschlag wie mittelst einer wolbestellten Lands-Oeconomie die Kayserl. Erbland in kurzem über alle andere Staat von Europa zu erheben und mehr als einiger derselben von denen andern Independent zu machen. Durch einen Liebhaber der Kayserl. Erbland Wolfahrt«).

»Österreich über alles«

Hörnigks Werk, das erste Mal 1684, ein Jahr nach der Türkenbelagerung von Wien, gedruckt, wurde im Lauf der Zeit sechzehnmal neu aufgelegt, die Kurzform seines Titels, »Österreich über alles, wenn es nur will«, kursierte als geflügeltes Wort, als trotzige oder hoffnungsvolle Parole, die man noch im zwanzigsten Jahrhundert zur Empfehlung oder zur Rechtfertigung verschiedener politischer Träume und wirtschaftlicher Programme heranzog.
Genützt oder bewirkt hatten die Mahnungen und Vorschläge der ersten österreichischen Wirtschaftstheoretiker vorerst überhaupt nichts. Auch noch zu Beginn des 18. Jahrhunderts kannten die zuständigen Stellen beim Wiener Hof keine ordentliche Buchführung, sie wußten nicht, wieviel man eingenommen und wieviel man ausgegeben hatte. Die Beamten wa-

ren miserabel bezahlt; der Sekretär des Hofkammerarchivs, Siegmund Friedrich Sandtner, beklagte sich 1714 in einem Brief, daß seine Untergebenen mit einem Jahresgehalt von höchstens 300 Gulden ihre Frauen und Kinder nicht ernähren könnten. Den Handwerkern erging es auch nicht viel besser; in den Jahren 1715 und 1722 revoltierten in Wien die Schuhknechte (Schustergesellen) wegen der unmenschlichen Arbeitsbedingungen und der schlechten Bezahlung. Die Behörde griff hart durch; am 3. Oktober 1722 wurden zwei »Rädelsführer«, zwei Schuhknechte, öffentlich gehenkt. Die Lage der Bauern blieb mit Ausnahme des damals noch fortschrittlichen Tirol und Vorarlberg unverändert: die Robotforderung der Herrschaft, die rücksichtslose Ausnützung der kostenlosen Hand- und Spanndienste nun auch schon beim Bau von Kirchen, Klöstern und Schlössern, lähmte nach wie vor die ohnehin rückständige landwirtschaftliche Produktion. Die Armee bekam nichts oder zu wenig; Prinz Eugen schrieb recht zornige Briefe aus dem jeweiligen Feldlager, so am 10. September 1717 aus Südungarn: »Es ist eine Unmöglichkeit, ohne Verpflegung eine Armee zu erhalten, wenn man anders nicht haben will, daß die Truppen bei Einrückung in die Quartiere das Land mit Excessen beschweren und aus vordringender Noth, mit Hintansetzung all anordnender Disciplin, sich helfen und durchzubringen suchen.«

Lage der Bauern

Kaiser Karl VI. drängte zwar mit Nachdruck darauf, die österreichischen Länder zu einer politischen Einheit zusammenzufügen, an die Förderung einer wirtschaftlichen Kooperation zwischen den verschiedenen Gebieten seines Besitzes dachte er anscheinend nicht. Er ließ immerhin, vornehmlich aus strategischen Gründen, neue Straßen bauen, so über den Semmering und über den Loiblpaß, doch das mittelalterliche Zoll- und Mautunwesen verhinderte die Entfaltung eines regen Handelsverkehrs. Der Linienwall, eine einfache Erdbefestigung, die Prinz Eugen in den ersten Wochen des Jahres 1704 an Stelle des heutigen Gürtels in Wien gegen die Reiterregimenter der Kuruzzen in Zwangsarbeit errichten ließ (alle männlichen Bewohner der Hauptstadt zwischen 18 und 60 Jahren mußten unentgeltlich mitarbeiten), wurde auch bald zu einer unsinnigen und verhaßten Zollbarriere.

Industrie und Handel

Die ersten Fabriken, die man auf österreichischem Boden gegründet hatte, ohne jedoch den notwendigen Absatzmarkt zu sichern, gingen fast alle nach kurzer Zeit ein: so die Kerzenfabrik von Fiume, die Seidenspinnerei in Görz, die Baumwollwarenfabrik in Schwechat und die Wiener Tafterzeugung des Genfer Geschäftsmannes François Dunant; die 1722 eröffnete staatliche Wollzeugfabrik in Linz konnte 1737 ihren 8 000 Arbeitnehmern keine Löhne mehr auszahlen. Die erste österreichische Staatsbank, die Banco del Giro (Gründungsjahr 1703), brach zusammen, ihre Nachfolgerin, die Universalbancalität, ebenfalls; die erste österreichische Staatslotterie machte Bankrott, die Orientalische Handelskompagnie, die den hoffnungsvollen türkischen und levantinischen Markt beliefern sollte, mußte liquidiert werden. Die kaiserliche Tabakfabrik in Hainburg und die Porzellanmanufaktur des Claudius Innozenz Du Paquier – eines

Italieners französischer Abstammung – im heutigen Augarten in Wien überlebten, ihre Erzeugnisse waren auch im Inland gefragt. Sonst kaufte die kapitalkräftige Oberschicht Haushalts- und Luxusartikel, Schuhe und Bekleidung, Waffen, Schmuck, Wein und Gewürze ausschließlich im Ausland, in erster Linie in Frankreich. Die Ware, auch aus England und aus Holland, wurde auf dem billigen Wasserweg transportiert, nicht aber an Bord österreichischer Hochseeschiffe, die es ja nicht gab, obwohl die Donaumonarchie Küstenstreifen und seit 1713 zwei Freihäfen, Fiume und Triest, besaß. Um die nicht vorhandenen Konvois zu begleiten, stellte Wien immerhin drei Kriegsschiffe, die »Santa Barbara«, die »S. Leopoldo« und die »S. Carlo«, sowie einen Admiral, den Grafen Lucca Pallavicini aus Genua, in Dienst (allein die spanische Mittelmeerflotte verfügte zu dieser Zeit über sechshundert Kriegsschiffe).

Kolonien

Man fuhr nicht auf die Weltmeere hinaus und man suchte auch keine Kolonien, wo man Wilde zähmen, taufen, versklaven und dabei riesige Rohstoffvorräte hätte erschließen können – ein überaus sympathischer Zug Österreichs und des Hauses Habsburg. Versuchen wollte Karl VI. die Gründung kaiserlicher Niederlassungen in fernen Märchenländern freilich schon, er tat es jedoch nur mit der linken Hand. Das erste Abenteuer österreichischer Kolonisten in Indien spielte sich mehr oder weniger wie eine Parodie der großen Entdeckungsfahrten ab: Ein französischer Kapitän, Godefroi de la Merveille, erhielt vom Kaiser das Recht, in seinem Namen an einem schönen Platz eine Handelsstation zu gründen. In der Nähe des Hafens Tranquebar an der Koromandelküste in Madras pflanzte der tüchtige Seemann die kaiserliche Standarte auf, ließ dreißig Mann Besatzung, darunter achtzehn Inder, mit sieben kleinen Geschützen unter dem Kommando eines spanischen Leutnants namens Luis Díaz de la Peña zurück und segelte in dringenden Geschäften, die er für andere große Herren verrichten wollte, weiter. Schon gegen Mitte des 18. Jahrhunderts verschwand die erste österreichische Kolonie; entweder hatten Einheimische sie zerstört oder Engländer sie besetzt. Wien kümmerte sich nicht weiter darum.
Es hatte ja Kolonien gleich vor der Tür: die den Türken abgenommenen südungarischen Gebiete, die neu besiedelt und kultiviert werden sollten. Ein französischer Offizier aus Lothringen, Feldmarschall Claudius Florimund Graf Mercy, seit 1716 Gouverneur von Temesvár, leistete dabei klug durchdachte, wirksame Arbeit. Er rief Schwaben, Franken, Pfälzer, Rheinländer, Deutschböhmen und Niederösterreicher nach Ungarn – Bauern, Handwerker, Lehrer, Priester, aber auch Ingenieure und Ärzte –, siedelte sie in der Umgebung des Ruinenfeldes von Buda, in den südwestlichen Komitaten Tolna und Baranya und im Temesvárer Banat an. Grund und Boden sowie Baumaterial wurden den Siedlern kostenlos zur Verfügung gestellt, man sicherte ihnen drei Jahre volle Steuerfreiheit zu und fragte auch nicht danach, ob sie in ihrem gratis beförderten Reisegepäck protestantisches Ideengut mitführten. Die mutigen Einwanderer fuhren per Schiff auf der Donau in die neue Heimat, und so nannte man sie in Ungarn bald »Donauschwaben«; die Bezeichnung wurde mit der Zeit zum Inbegriff für Fleiß, Sauberkeit und Erfolg. Die Kolonisten verwandelten das türkische Ödland in die sprichwörtlich reiche Kornkammer der

Monarchie, aber auch in einen riesigen Obst- und Gemüsegarten und in die größte Freiluft-Schweinemastanstalt des späteren Österreich-Ungarn. In der Ebene zwischen Szeged und Belgrad, in der heutigen jugoslawischen Provinz Wojwodina, ließen sich mehr als 30 000 serbische Familien nieder. Sie wurden von den österreichischen Behörden ebenfalls großzügig unterstützt. Insgesamt wurden über 100 000 Personen in Bewegung gesetzt, versorgt und gezielt angesiedelt, wobei man auch bereits Grundsätze der Hygiene streng beachtete. (Die Instruktion für die Bezirksverwalter verbat unter anderem das Bewohnen von Lehmhütten, schrieb den Bau von Häusern mit abgeteilten Räumen, dem Zeitalter entsprechenden sanitären Anlagen und mit einem Obstgarten vor.) Feldmarschall Mercy, der eines der größten Friedenswerke in Mitteleuropa vollbrachte, fand einen seltsamen Tod: er fiel im Alter von achtundsechzig Jahren, taub und blind, von seinen Adjutanten behutsam gestützt, als Oberkommandierender einer kaiserlichen Streitmacht im Kampf um das befestigte Schloß Crocetta bei Parma in Italien.

Neuer Türkenkrieg

Kaum war der Konflikt um das spanische Erbe mit einigem Glück ausgestanden, nahm der Kaiser schon am nächsten Krieg teil. Als im Sommer des Jahres 1715 die Türken die in Griechenland liegenden Besitztümer der bereits tief verschuldeten, vom inneren Zerfall gezeichneten Republik Venedig angegriffen und die Halbinsel Peloponnes erobert hatten, leistete Karl VI., nicht zuletzt in der Hoffnung, neue Gebiete erwerben zu können, christliche Waffenhilfe. Die kaiserliche Armee brach gegen die Osmanen in Richtung Serbien auf: am 5. August 1716 siegte Prinz Eugen bei Peterwardein, in der Nähe des heutigen Novi Sad, in einer von vielen vornehmen Gästen beobachteten Musterschlacht über den Initiator des venezianischen Krieges, den machthungrigen Großwesir Damad Ali Kömürdschi. Am 13. Oktober 1716 nahmen die Kaiserlichen Temesvár, und am 16. August 1717 begann Prinz Eugen, aus einer recht ungünstigen Position heraus, von einem türkischen Entsatzheer schon halb eingeschlossen, die Belagerung von Belgrad. Der taktisch überlegen, aber auch waghalsig geführte Kampf um Stadt und Festung, in dessen Verlauf die Türken, vom dichten Morgennebel behindert, eine schwere Niederlage erlitten, wurde zur erfolgreichsten, wie ein Kunstwerk gefeierten Schlacht des damals vierundfünfzig Jahre alten Feldherrn und Politikers. Die Entscheidung brachte das bayrische Regiment »Kurprinz«, das vorzeitig und auch ohne Befehl »mit fürchterlichem Geheul und Geschrei« und »keine Gefahr achtend« die türkische Hauptschanze stürmte. Prinz Eugen, aufrichtig und bescheiden, stellte später, unter anderem auch in einem Brief an seinen Freund, den Herzog von Marlborough, nüchtern fest, er habe an diesem 16. August, einem der gefährlichsten Tage seines Lebens, vielleicht viel zuviel aufs Spiel gesetzt und gewiß auch viel Glück gehabt.

Belgrad

Am 22. August kapitulierte die türkische Besatzung von Belgrad, etwa 30 000 Janitscharen und Toptschi (Kanoniere) streckten ihre kaum gebrauchten Waffen. Am 21. Juli 1718 wurde in Passarowitz (heute Požarevac) an der Donau, südöstlich von Belgrad, der Friedensvertrag unterzeichnet. Prinz Eugen enttäuschte auch am Verhandlungstisch nicht: sein Herr, Karl VI., bekam das Bollwerk Belgrad, die Stadt Temesvár, das Banat, beachtliche Teile Serbiens, Bosniens und der heute rumänischen Walachei. Als Wien dann im Jahr 1720 Sardinien gegen Sizilien eintauschte, erreichte der österreichische Staatsverband seine größte territoriale Ausdehnung im Lauf seiner Geschichte.

Polen und die Toskana

Der Kaiser jedoch wollte weitere Gebiete und neue Einflußsphären gewinnen. Im Jahr 1733 mischte sich Karl VI. in den Streit um die polnische Thronfolge ein. Er unterstützte den deutschen Kandidaten, den sächsischen Kurfürsten Friedrich August III. Die Franzosen setzten auf den Polen Stanisław Leszczyński, dem auch der polnische Primas Potocki und der polnische Adel das Vertrauen aussprachen. Leszczyński war katholisch, Friedrich August III. trat erst im Alter von einundzwanzig Jahren in Wien öffentlich zum Katholizismus über. Diesmal war also Krakau eine Messe wert.* Der Kurfürst von Sachsen, mit dem Kaiser verwandt, wurde mit österreichischer und russischer Hilfe am 17. Januar 1734 zum polnischen König gekrönt. Nun hatte aber das Land zwei rechtmäßige Herrscher, denn Stanisław Leszczyński erhielt Krone, Zepter und die heilige Salbe bereits am 11. September 1733 in Warschau. Im Juni 1734 verjagten russische Truppen Leszczyński aus Polen; Frankreich und Spanien erklärten dem Verbündeten der Russen, Kaiser Karl VI., den Krieg. Die Schlachten wurden am Rhein, an der deutsch-französischen Grenze und in Nord- und Süditalien geliefert. Die kaiserliche Armee erlitt mehrere Niederlagen, das Haus Habsburg verlor Neapel und Sizilien. Frankreich eroberte Lothringen, schenkte es dem land- und machtlos gewordenen König Stanisław Leszczyński, der das Herzogtum gegen eine Jahrespension von mehr als drei Millionen Gulden zugunsten Frankreichs wieder abtrat und sich als Privatmann in Nancy niederließ. Der lebhafte Länder- und Untertanentausch, im 18. Jahrhundert keine Seltenheit, ging weiter: der aus Lothringen vertriebene Herzog Franz Stephan, der bereits am Wiener Hof lebte, bekam als Entschädigung das italienische Herzogtum Toskana. Er mußte bloß ein wenig warten, bis der dortige Herzog, der letzte Medici, starb. Das tat er dann, am 9. Juli 1737, im Alter von sechsundsechzig Jahren; er hieß Giovanni Gasto oder, nach österreichischer Schreibweise, Gian Gastone.

Tod des Prinzen Eugen

Kaum zwei Jahre nach dem Polnischen Erbfolgekrieg schickte der Kaiser seine Soldaten gegen die Türken, nun als Verbündete der Russen. Doch seine Armee operierte ohne Erfolg. Prinz Eugen war bereits tot; er starb am 21. April 1736 in seinem Winterpalais in Wien an einer Lungenentzündung und wurde in der Kreuzkapelle des Stephansdomes beigesetzt. Karl VI. nahm am Begräbnis nicht teil, er war verhindert, am selben Tag gab es eine schöne Reiherjagd in Laxenburg. Bald sehnte sich der Kaiser jedoch nach einem Feldherrn und Ratgeber, wie es der oft schwierige edle Ritter gewesen: seine Truppen verloren alle Schlachten in Bosnien und in Serbien und zogen sich nach Belgrad zurück. Die Belagerung von Stadt und Festung begann. Die türkische Armee zeigte plötzlich ein neues Gesicht, sie kämpfte nach westeuropäischen taktischen Grundsätzen, und sie

* »Paris ist wohl eine Messe wert«, soll der Protestant Heinrich IV. im Jahr 1593 in St.-Denis gesagt haben, bevor er, um in Paris zum König von Frankreich gekrönt zu werden, zum Katholizismus übertrat.

Illumination der Böhmischen Hofkanzlei zu Wien anläßlich des Friedens von Passarowitz 1718. Zeitgenössischer Kupferstich

hatte auch eine neue, treffsichere Artillerie. Sultan Mahmud I. verdankte den Erfolg Ahmed Pascha, einem zum Islam übergetretenen österreichischen Offizier französischer Abstammung namens Claude Alexander Bonneval. In der deutschsprachigen Literatur figuriert er meist unter der Bezeichnung »dubioser Abenteurer«, und man spricht im Zusammenhang mit seiner Kehrtwendung von »üblen Skandalen«. Bonneval, ein Artilleriefachmann, Feldmarschall-Leutnant im österreichischen Dienst, bei Peterwardein verwundet, bei der großen Schlacht um Belgrad als tapferer Kommandant aufgefallen, ertrug unbedingte Autorität nur schwer und hatte für Witz und Ironie mehr übrig, als dies im öffentlichen Leben zulässig war. So schrieb er auch Spottgedichte auf die Umgebung des Prinzen Eugen. Wien amüsierte sich, der edle Ritter war beleidigt und ließ Bonneval nach Brüssel versetzen. Dort gab es Krach mit dem Gouverneur, Marquis de Prié, anschließend eine Verhaftung und einen angeblich ungemein frechen Brief an den Prinzen Eugen aus dem Gefängnis. Bonneval wurde nach Wien transportiert, all seiner Würden verlustig erklärt und nach Venedig abgeschoben. Um das Jahr 1730 tauchte er als Ahmed Pascha in Konstantinopel auf, führte einige Reformen in der türkischen Armee durch und reorganisierte ihre veraltete Artillerie. Bonneval kannte natürlich die Struktur und die Schwächen des österreichischen Heeres recht gut; als die kaiserlichen Truppen sich bis Niš vorwagten, setzte mit voller Wucht eine gründlich vorbereitete und präzis durchgeführte türkische Gegenoffensive ein. Bevor Belgrad fiel, gab der Kaiser auf. Im Frieden von Belgrad (18. September 1739) verlor Karl VI. seine serbischen, bosnischen und walachischen Neuerwerbungen, die Stadt und Festung Belgrad, und er verlor auf dem Balkan, aber auch in manchen Fürstentümern des Deutschen Reiches und, was sich bald verhängnisvoll auswirken sollte, im neuen Königreich Preußen das Gesicht. Die Verluste an Menschenleben in den drei unglücklichen Kriegen betrugen allein auf der österreichischen Seite etwa hunderttausend Soldaten. (Die Verluste

Bonneval Pascha

Links: Kaiser Karl VI. Gemälde eines österreichischen Hofmalers. Rechts: Claude Alexandre Graf Bonneval als türkischer Pascha. Stich von Johann Jakob Haid

der Zivilbevölkerung zählte man damals noch nicht.) Die Staatskasse war leer, man bemühte sich verzweifelt, von jüdischen Bankiers Kredite zu bekommen.

Karl VI., der Spanier

Dennoch wurde beim Wiener Hof das aufwendige und zeitraubende spanische Zeremoniell weiterhin in allen Einzelheiten streng beachtet und tagtäglich mit gleichbleibender Monotonie durchgespielt. Karl VI., so hieß es in seiner Umgebung, trage Spanien, das verlorene Paradies, auf das er innerlich niemals verzichtet habe, wie eine brennende Wunde in seinem Herzen. Er trug es in Form seines versteinerten Blickes und seines schwarzen Gewandes auch nach außen hin sichtbar; nie lächelte er in der Öffentlichkeit (und schon ein Staatsrat von drei Vertrauten galt für ihn als Öffentlichkeit); sein längliches, ein wenig schiefes Gesicht mit dem eher schmalen Mund über dem ausladenden Kinn, seine ein wenig zu lang geratene Nase und seine großen, dunklen, hervorstehenden Augen drückten mit der Zeit nicht nur majestätische Würde, sondern auch zunehmend Verdrossenheit, Mißtrauen und Angst aus. Graphologische Untersuchungen deuten darauf hin, daß der Kaiser etwa ab seinem vierzigsten Lebensjahr nicht mehr ganz zurechnungsfähig war; die tiefe Melancholie, die ihn immer öfter befiel, und die heftigen Zornausbrüche lassen auf eine beginnende Geisteskrankheit schließen. Seine unmittelbaren Untergebenen, voran seine zahlreichen spanischen Berater und Beamten, nahmen jedoch die bedenkliche Veränderung in der Seele ihres Herrn, dessen traurig-spanisches Wesen die sichere Grundlage ihres angenehmen Lebens im »barbarischen« Wien war, krampfhaft nicht zur Kenntnis. Man sprach von den vielen Betrübnissen, die auf seinem Gemüt lasteten, vor allem von der schmerzlichen Sorge, daß er keine männlichen Nachkommen habe.

Die Sorge war in der Tat groß, und sie wuchs, als die Frau des Kaisers, Elisabeth Christine von Braunschweig-Wolfenbüttel, die einst schöne und stattliche »weiße Lisl«, zu kränkeln begann und die Hoffnung, daß sie noch einem Sohn das Leben schenken könne, vollends begraben werden mußte. Gott schien auch nicht mehr helfen zu wollen, obwohl Karl VI., ein äußerst frommer Herrscher, der letzte militant katholische Habsburger spanischer Prägung war: er ließ noch im Jahr 1723 im damals österreichischen Sizilien zwei katholische Abweicher, die Nonne Geltruda Maria und den Mönch Romualdo, mit aller Pracht der Inquisition, die er selber bezahlte, bei lebendigem Leib verbrennen. Doch das erhoffte Wunder blieb aus; der Kaiser hatte bloß drei Töchter, Maria Theresia, Maria Anna und Maria Amalia. Er nahm jahrzehntelang gewaltige Anstrengungen auf sich, um sein Reich, das er dabei mitunter fast ruinierte, seiner ältesten Tochter, Maria Theresia, erhalten zu können.

Pragmatische Sanktion

Die Idee stammte ursprünglich von den kroatischen Ständen, die schon im Jahr 1712 einen Beschluß gefaßt hatten, wonach sie, sollte die männliche Linie des Hauses Habsburg aussterben, bereit seien, auch eine Prinzessin, die Österreich, die Steiermark, Kärnten und Krain regieren würde, als Herrscherin anzuerkennen. Schon im folgenden Jahr griff der Kaiser auf die Anregung zurück: am 19. April 1713 erläßt er die »immerwährende Satzung« der Pragmatischen Sanktion, das Grundgesetz der österreichischen Länder, das maßgeblich durch den Hofkanzler Johann Friedrich Graf Seilern ausgearbeitet worden war. Die germanisierte lateinische Bezeichnung Pragmatische Sanktion bedeutet bloß ein wichtiges Dekret eines Herrschers. Pragmatische Sanktionen gab es bereits in der Spätantike und im Mittelalter. Die österreichische jedoch, da sie die jüngste und wohl auch die folgenschwerste war, stellte alle früheren in den Schatten; sie wurde zum historischen Begriff.

Sie regelte nicht nur, wie oft angenommen wird, die weibliche Erbfolge im Hause Habsburg, sondern legte auch eindeutig fest, daß die österreichischen Länder, von Tirol bis Böhmen und Ungarn, *eine* staatliche Einheit bilden: sie sind unteilbar und untrennbar *(indivisibiliter ac inseparabiliter).*

Gleich nach der Verkündung der Pragmatischen Sanktion begann Karl VI., geradezu mit manischer Sturheit, eine überaus komplizierte diplomatische Offensive, um das neue Grundgesetz durch alle europäischen Mächte anerkennen zu lassen. Prinz Eugen war skeptisch, er meinte, Verträge seien bloß Papier, sie schützten weder das Reich des Kaisers noch die Rechte seiner Tochter, man brauche vielmehr eine schlagkräftige Armee und einen »gefüllten Staatsschatz«. Doch Karl VI. glaubte an die langfristige Wirkung eines korrekt ausgehandelten Vertragswerkes, er kämpfte mit bewundernswerter Ausdauer für die heißersehnten Urkunden und Unterschriften und ließ sie sich auch einiges kosten. England war bereit, die Pragmatische Sanktion anzuerkennen, wenn Österreich seinen Überseehandel nicht störte. Der Kaiser löste sogleich die Handelskompagnie von Ostende auf, die im Verkehr mit Indien und mit China bereits einige finanzielle Erfolge aufwies. Er verzichtete, und das fiel ihm sicher besonders schwer, auch offiziell auf die spanische Krone; Philipp V. gab daraufhin dem österreichischen Grundgesetz seine

Kaiser Karl VI. auf dem Totenbett. Zeichnung von Salomon Kleiner

Zustimmung. Karl VI. bezahlte Frankreich mit Lothringen, Rußland durch die militärische Unterstützung im Krieg gegen die Türken, die meisten deutschen Fürsten mit Geld, Bayern mit der Tochter des verstorbenen Kaisers Joseph I., Maria Amalia, Ungarn mit dem Versprechen, die alten Rechte auch in Zukunft nicht antasten zu wollen. Selbst die österreichischen Stammländer waren für die Pragmatische Sanktion nur schwer zu gewinnen: die Stände von Tirol und Kärnten protestierten empört, da sie in der Unteilbarkeit und Untrennbarkeit der österreichischen Länder eine Bedrohung ihrer althergebrachten Freiheiten sahen. Doch der Kaiser kümmerte sich kaum darum, er setzte seinen Willen mit dem unbeugsamen Starrsinn eines Besessenen durch. Ob sein österreichisches Volk, das in seinen Augen ohnehin nur einen minderwertigen Ersatz für das verlorene spanische darstellte, ihn liebte oder nicht, war ihm gleichgültig.
Es liebte ihn nicht, es verstand ihn auch gar nicht. Karl VI. blieb für Tirol ebenso wie für die Steiermark, für Böhmen und für Ungarn, aber auch für seine Haupt- und Residenzstadt Wien immer ein Fremder, ein Spanier, der gefährlichen Träumen nachjagte und die Not vor der eigenen Haustür nicht sah. Als er dann im Alter von fünfundfünfzig Jahren starb, legte man sein unverhofftes Hinscheiden als einen Wink Gottes aus und beweinte ihn nur amtlich.

Tod Karls VI.

Karl VI. starb plötzlich, und er starb einen qualvollen Tod, nachdem er im Jagdschloß Halbturn, in der Nähe des Neusiedler Sees, ein giftiges Pilzgericht gegessen hatte, das ihm aber keineswegs aus politischen Gründen, sondern bloß infolge sorgloser Dummheit und stümperhafter Kochkunst gereicht worden war.* Man brachte ihn schleunigst nach Wien (die Wagenfahrt dauerte vier Stunden), er mußte unterwegs mehrmals »heftig erbrechen«, sein Leib schwoll an, Krämpfe schüttelten ihn, die Ärzte standen

* Der Chronist L. M. D. Massuet behauptet in seiner im Jahr 1741 in Amsterdam gedruckten »Geschichte des Kaisers Karl VI.«, unbekannte Täter hätten den Monarchen auf Schloß Halbturn vergiftet.

ratlos an seinem Bett. Am 20. Oktober 1740, um halb ein Uhr nachts, starb der letzte österreichische Habsburger aus dem Mannesstamm der Dynastie, wie die hierfür gebräuchliche historisch-genealogische Formel lautet. Die Wiener schienen die Tragik der Stunde nicht voll und ganz begriffen zu haben; in der Stadt tauchten Maueranschläge auf:

»Vivat! Der Kaiser ist tot!
Wir bekommen jetzt großes Brot!«

Den toten Kaiser trug man, wie dies das Hausgesetz der Familie Habsburg vorschrieb, nachts in die Kapuzinergruft. Die engen, finsteren Gassen von Wien, nur vom fahlen Fackelschein des langsam dahinziehenden Leichenzuges beleuchtet, verwandelten sich in eine gespenstische Bühne, auf der das gewaltige Schauspiel von Macht und Vergänglichkeit mit düsterem Pomp in Szene ging. Als die Mönche Karl VI., Kaiser des Heiligen Römischen Reiches, König von Ungarn, König von Böhmen, Erzherzog von Österreich, Herr der gefürsteten Grafschaft Tirol, Herr von Siebenbürgen, Mähren und Schlesien, von Mailand, Mantua und Piacenza, von Triest, Gradisca und Görz, von Sizilien und von den Niederlanden im Eingang der Gruft im Empfang nahmen, war er für sie und für all die übrigen Mitwirkenden und Zuschauer, zumindest nach den ungeschriebenen dramaturgischen Gesetzen des großen barocken Welttheaters, nur noch ein armer Sünder, vorgemerkt für das Jüngste Gericht.

Zeitalter des Barocks

Geist und Stil des Barocks kamen aus dem italienischen Süden, seine Blüte begann in Österreich nach der Schlacht um Wien im Jahr 1683; als Kaiser Karl VI. starb, war der Höhepunkt bereits überschritten. Die Bezeichnung der Epoche, nach dem portugiesischen Wort *barocco*, das ursprünglich die unregelmäßige Oberfläche einer minderwertigen Perle bedeutete und später zunächst für das Verschnörkelte, für das Überladene und Schwulstige abschätzig gebraucht wurde, tauchte erst gegen Ende des 18. Jahrhunderts auf.

Ausgelöst hat die völlige Neuorientierung in der geistigen Haltung, in der Lebensweise und in der Kunst vorerst die katholische Kirche, als sie gegen die christliche Ketzerei im Sinn der von den Jesuiten entwickelten Strategie mit neuen, erfolgreichen Methoden vorging. Die Abtrünnigen sollten nicht mehr unbarmherzig verfolgt und gnadenlos bestraft, sondern durch Prunk und Pracht, durch Spiel und Spektakel, durch unterhaltsamen Trost und heitere Hoffnung gewonnen werden. Im Gegensatz zu der strengen Einfachheit des Protestantismus, die bereits allzuoft in schulmeisterhafte Langeweile abglitt, bot die katholische Kirche nun einen farbenfrohen, mit liebenswürdigen Gestalten bevölkerten Himmel an, dessen Glanz im hellen Blau, im warmen Gold und im milden Rosarot auch die schöne Erde, die man nicht mehr als karges Jammertal ansehen mußte, im göttlichen Licht aufleuchten ließ. Der Klerus griff bewußt auf alte heidnische Bräuche, auf feuchtfröhliche Feste und Umzüge, auf die Altäre und Opfersteine und auf die sanften Flur- und Waldgötter der alten Griechen und Römer zurück, die, in Marterln und in Heiligenfiguren verwandelt, nun die Dorfplätze, die Quellen, die Hügel, die Haine und die Wegkreuzungen in Niederösterreich, in Tirol, in Böhmen, in Mähren und in Ungarn schmückten. Sie stellten, stets im gleichen barocken Stil errichtet, mehr als alle Fahnen und Wappen die erste einheitliche, mit der Landschaft verwachsene Markierung des österreichischen Länderkomplexes dar.

Neues Phänomen: Illusion

Die Schaffung einer glücklichen, von den Sendboten des Teufels nicht mehr bedrohten Verbindung des Himmelreichs mit der katholischen Erde gab die Phantasie frei, und sie bediente sich des neu entdeckten Phänomens Illusion: diese wiederum entsprang mehr der Form als dem Inhalt, entfaltete sich in verschwenderisch gestalteten Dekorationen, um dem staunenden Menschen einen entzückten, aber auch sicheren Schwebezustand zwischen den gütigen Mächten des himmlischen und des irdischen Reiches vorzuspiegeln. Hof und Adel folgten bald dem von der Kirche vorgezeichneten neuen Weg; das Barock entsprach dem Wunsch nach mehr Freude, nach mehr Repräsentation, aber nicht zuletzt auch der wirtschaftlichen Lage Österreichs nach der wundersamen Errettung der Haupt- und Residenzstadt Wien. Gekämpft wurde nur noch an der unteren Donau, meist auf serbischem Gebiet; die Gefahr, daß bleibende Werte in den österreichischen Ländern geplündert und zerstört würden, schien nun endgültig gebannt zu sein. Doch der Dauerbankrott des Staates, die verzweifelten und unberechenbaren Vorstöße der Steuerbehörden, die Geldentwertung und das heillose Durcheinander des Finanzwesens bedeuteten für die wohlhabende Schicht der Bevölkerung eine ständige Bedrohung. Wer sein Vermögen sicher anlegen wollte, begann im großen Stil zu bauen. Das österreichische Barock entstand nicht zuletzt als eine neue Form einer gigantischen Steuer- und Kapitalflucht: Kaiser, Fürst, Graf, Bischof, Abt, Beamter und Bürger, aber auch mancher freie Bauer retteten ihr Geld in prachtvolle Fassaden und Kuppeln, in Prunkräume und Freitreppen, in Fresken, Statuen und Springbrunnen, in Stallungen und Kornspeicher, die auch oft wie Paläste angelegt wurden. Das Bauen war verhältnismäßig billig, zumal die ungelernte Arbeitskraft, die zum Robot gezwungene Landbevölkerung, nichts kostete und auch die meist italienischen Facharbeiter aus der Gegend von Como und Lugano einen eher bescheidenen Lohn erhielten. Der namhafte Architekt jedoch, zwischen mehreren Baustellen in Wien, Böhmen, Tirol und Westungarn immer wieder unterwegs, bekam ein ansehnliches Honorar, das in manchen Fällen 15 000 bis 20 000 Gulden betrug. Die erste Generation der barokken Baumeister in den österreichischen Ländern bildeten noch die Italiener (unter anderem Carlo Antonio Carlone, Domenico Martinelli, Domenico Sciassia, Carlo Canevale), die zweite, die die Italiener dann weit übertraf, die Österreicher: Johann Bernhard Fischer von Erlach (Karlskirche, Winterpalais des Prinzen Eugen, Palais Trautson in Wien, Palais Clam-Gallas in Prag), sein Sohn, Joseph Emanuel Fischer von Erlach (Hofreitschule, Hofbibliothek in Wien, Innenausstattung des Palais Schwarzenberg), Johann Lukas von Hildebrandt (Belvedere, Palais Kinsky, Teile der Hofburg, wie das heutige Bundeskanzleramt, Piaristenkirche in Wien, Stift Göttweig), Jakob Prandtauer (Stift Melk, Stift St. Florian, Stift Herzogenburg), Josef Munggenast (Stift Zwettl, Stift Seitenstetten). Schloß Schönbrunn, das ursprünglich nach den Plänen von Johann Bernhard Fischer von Erlach auf dem Hügel der später errichteten

Steuer- und Kapitalflucht

Deckengemälde von Andrea Pozzo im Wiener Palais Liechtenstein

Gloriette als ein riesiger Gebäudekomplex, als ein zweites, pompöses Versailles angelegt werden sollte, wurde dann nach einem weiteren, bescheideneren Entwurf Fischers von Erlach erbaut und abgeändert von Nikolaus Pacassi, einem jungen, zweitrangigen Architekten, fertiggestellt. Auch das Stift Klosterneuburg, das Kaiser Karl VI. zu einem Escorial*, zu einer spanischen Staats- und Kirchenfestung an der Donau erweitern wollte, blieb unvollendet. Für beide Großprojekte reichten die durch die fortlaufenden Kriege erschöpften finanziellen Mittel des Hauses Habsburg zum Glück nicht aus: anstatt der geplanten kolossalen Anlagen entstanden schöne, echt österreichische Halblösungen.

Bedeutend mehr Geld als der Hof konnten der Hochadel und die Kirche in die Errichtung und Ausstattung neuer und in den kostspieligen Umbau alter Objekte investieren (dabei gab man manche wertvollen Denkmäler der Romanik und der Gotik gedankenlos der Zerstörung preis). Die Esterházy, die Kinsky, die Lobkowitz, die Liechtenstein, die Bischöfe von Wien, Laibach, Esztergom und Prag, die Klöster Kremsmünster, Melk, St. Florian und Klosterneuburg, um nur die reichsten zu erwähnen, hielten den gesamten Kunstbetrieb der österreichischen Länder großzügig in Schwung. Gefragt war in erster Linie die mit der Architektur in vollen Einklang gebrachte bildende Kunst. Die *architettura finta*, die listig gemalte Scheinarchitektur, schloß den Kreis des barocken Universalgedankens ab und öffnete ihn zugleich gegen den Himmel.

Lage der Künstler

Leben und Werke der barocken Meister Österreichs, die neben Rubens, Rembrandt, Tiepolo, Murillo, van Dyck und Velazquez freilich mehr oder weniger nur als lokale Größen gelten können, die Maler Daniel Gran, Paul Troger, Martin Altomonte, Johann Michael Rottmayr von Rosenbrunn, die Bildhauer Georg Rafael Donner, Servatius Hoffmann, Matthias Steindl und Franz Caspar, sind bereits in unzähligen Abhandlungen bis in die kleinsten Einzelheiten beschrieben und analysiert worden. Man schätzte sie, man bezahlte sie auch verhältnismäßig gut, sie hatten ihren festen Platz in einem angenehmen gesellschaftlichen Randgebiet zwischen Herrschenden und Dienenden, der ihnen auch eine gewisse Narren- und Bewegungsfreiheit sicherte. Die Auftraggeber, ob weltliche oder geistliche Herren, setzten der Themenwahl und Gestaltung keine engen Grenzen mehr: mit der erwünschten Pracht durfte auch irdische Lust und fürstlicher Reichtum, zwar im makellosen Gewand einer biblischen Szene oder einer historischen Allegorie, doch geradezu mit heidnischem Genuß in prallen Farben geschildert werden. Die antiken Götter tauchten, meist in gewagten Kostümen, scharenweise auf, manche Heilige erschienen in voller Rüstung als strahlende Offiziere oder als in Samt und Seide gehüllte vornehme Hofdamen – auch auf der Bühne des barocken Theaters, wo Paris und Helena, Amor und Psyche, Mars und Minerva sich mit Judas, Petrus, Pilatus, Veronika und Maria Magdalena bestens vertrugen.

* Der Escorial, ein mächtiges Klosterschloß mit Kathedrale und Königspalast, wurde im Auftrag Philipps II. als Residenz und Begräbnisstätte der spanischen Könige in den Jahren 1563 bis 1595 errichtet. Der in der unwirtlichen Landschaft des Guadarramagebirges aus dunkelgrauem Granit aufgetürmte Gebäudekomplex mit seinen 7 Kuppeln, 16 Höfen und 1111 Fenstern macht einen unheimlich-bedrohlichen Eindruck.

Das Stück beziehungsweise seine Dramaturgie war beinahe nebensächlich; Kostüme und Kulissen und die mittels komplizierter Maschinen erzeugten Theatereffekte, die künstlichen Wunder, spielten die Hauptrolle. Das aufwendige, in seiner Wirkung überwältigende Schauspiel war eine Erfindung der Jesuiten. Das Publikum strömte zu ihren Aufführungen in Wien, in Graz und in Innsbruck. Im Zuschauerraum herrschte christliche Demokratie, Aristokraten und Bürger saßen, wenn auch nicht nebeneinander, so doch in einem Saal. Die Darsteller waren Laien, Zöglinge der Jesuiten. Die Theaterarbeit hatte nicht nur einen propagandistischen, sondern auch einen pädagogischen Zweck: die Schüler übten den öffentlichen Auftritt, die ungezwungene Bewegung in der Gesellschaft und das gewählte, formvollendete Sprechen.

Theater und Literatur

Neben dem höfischen und dem kirchlichen Theater gab es bereits die ziemlich freizügige Volksbühne in der Vorstadt; Joseph Anton Stranitzky, Sohn eines in Graz ansässig gewesenen tschechischen Lakaien, ursprünglich Mund- und Zahnmediziner, dann Schauspieler, Autor und Direktor, schuf die legendäre Figur des derb-spaßigen Hans Wurst. Seine Stücke, ab 1712 in dem von ihm geleiteten Theater am Kärntnertor gespielt (zum Beispiel »Ollapatrida des durchgetriebenen Fuchsmundi«), waren improvisierte Nachahmungen der italienischen Barockdramen, doch schon mit einem heiteren Wiener Akzent und mit einem Anflug von Sozialkritik durchsetzt, was seiner Truppe Jahre hindurch Serienerfolge sicherte.
Stranitzkys Hans Wurst und die Donnerpredigten und Streitschriften des Abraham a Santa Clara waren die literarischen Höhepunkte des österreichischen Hochbarocks. Die amtlich ernannten und besoldeten Hofdichter, Metastasio und Apostolo Zeno, saßen zwar in Wien, ihre mittelmäßigen Werke gehören jedoch mehr der italienischen als der österreichischen Literatur an. Ein eher trauriges Bild, wenn man bedenkt, daß in England bereits Shakespeare und Milton, in Frankreich Molière, Corneille und Racine, in Spanien Cervantes, Calderon und Lope de Vega gespielt und gelesen wurden. Der zum *poeta laureatus* gekrönte Lieblingsdichter des Kaisers Leopold I. hieß Adam von Lebenwaldt. Den Namen sucht man heute auch in den österreichischen Literaturgeschichten meist vergeblich. Literatur hatte man in den österreichischen Ländern nur mäßig geschätzt, wahrscheinlich, weil sie für repräsentative Zwecke kaum dienen konnte und auch als Geldanlage völlig ungeeignet war. Da investierte man wesentlich mehr in die Musik. Ein Orchester ließ sich nicht nur hören, sondern, in prunkvolle Uniformen gekleidet, auch sehen. Das Konzert im Hause eines hochgestellten weltlichen oder geistlichen Herrn galt oft als Vorwand für ein anregendes gesellschaftliches Treffen; ein Theaterstück ohne Musik- und Balletteinlagen bedeutete eine armselige, drittklassige Produktion.

Musik

Die Gebrauchsmusik, und dazu zählte auch die Oper, wurde überwiegend aus Italien importiert; doch Kaiser Karl VI. hielt sich schon einen österreichischen Hofcompositeur, den in Hirtenfeld in der Steiermark geborenen Johann Joseph Fux. Er war ein guter und fleißiger Musiker, schrieb unter anderem achtzehn Opern, über fünfzig Messen, zehn Oratorien, zahlreiche Motetten und Sonaten und ein auch im Ausland vielbeachtetes theoretisches Werk über die strengen Regeln der Komposition und die Problematik des Kontrapunktes (»Gradus ad Parnassum«).

Ideologie des Barocks

Die Musik sollte ebenso wie die Architektur und die monumentale Freskenmalerei die göttliche Harmonie der neuen Zeit vermitteln, das fröhliche Gleichgewicht der Gegensätze, die glückliche Eintracht des Menschen mit seiner wohlgeordneten Umwelt. Das österreichische Barock war nicht nur der mit gewaltigem Aufwand sichtbar gemachte Triumph des katholischen Himmels und seines irdischen Verbündeten, des in siegreichen Schlachten zur führenden Macht Mitteleuropas aufgestiegenen Hauses Österreich, sondern auch der zur Kunst und zum Lebensstil gewordene Ausdruck einer großen, allgemeingültigen Versöhnung. Selbst der Schrecken des Todes wurde durch Prunk und Pomp, durch den Brauch eines üppigen Leichenschmauses gemildert, in den von Gott gelenkten Ablauf des Lebens integriert, der Abschied für immer als ein kostspieliges, beinahe schon genußreiches Fest gefeiert. Die »schöne Leich'«, die im Ausland oft bewunderte seltsame Beziehung der Österreicher, vornehmlich der Wiener, zum Tod, ist auch ein charakteristisches Erbe des österreichischen Barocks.

Die im Dreißigjährigen Krieg und in der Türkennot alltäglich und allgegenwärtig gewordene Angst wich nun von der Seite des von den gütigen himmlischen und irdischen Mächten scheinbar wirksam beschützten Untertans. Die Pest tauchte, als hätten sie die barocken Säulen und Votivtafeln tatsächlich abgewehrt, nicht mehr auf, und von Ketzern, Dämonen und Hexen hörte man kaum. Die Dominikaner, die scharfen Verwalter der Inquisition und professionellen Hexenjäger, verloren den aufgeklärten Jesuiten gegenüber zunehmend an Einfluß; das Feindbild Weib verschwand.

Die neue Rolle der Frau

Im geistlichen Bereich förderten neue Marienfeste die Achtung und die Verehrung der Frau, so das Fest der Sieben Schmerzen Mariä, das Fest Mariä vom Verdienst oder von der Erlösung der Gefangenen, das Fest Herz Mariä und das Fest Mariä Schutz. Die Freskenmaler mit ihren antiken Göttinnen und anmutigen Heiligen trugen zu einer ästhetischen Rehabilitierung der weiblichen Formen wesentlich bei. In der weltlichen und auch in der machtpolitischen Sphäre begann das Umdenken, die Anerkennung der Frau als ein dem Mann gleichgestelltes, selbständiges Wesen: in Frankreich schilderte Molière in seiner Komödie »Die Schule der Frauen« halb realistisch, halb verfremdet die neue Modewelle Emanzipation, und am Hof von Versailles mischten sich bereits ehrgeizige Damen in die Innen- und Außenpolitik ein. In Österreich vollzog sich der Wandel durch eine vorerst als fragwürdig angesehene dynastische Notlösung auf höchster Ebene: das erste Mal in der Geschichte der Monarchia Austriaca nahm in den Ländern des Hauses Habsburg eine Frau die Führung der Staatsgeschäfte souverän in die Hand.

Die große Hausfrau

Maria Theresia

Als Maria Theresia* am 20. Oktober 1740 das Erbe ihres Vaters antrat, war sie dreiundzwanzig Jahre alt, mit dem einunddreißig Jahre alten Herzog von Lothringen, Franz Stephan, verheiratet, Mutter von drei Kindern und im vierten Monat schwanger. Zahlreiche zeitgenössische Berichte heben hervor, daß sie eine ausnehmend schöne Person sei, die nur zu erscheinen brauche, um ihre Umgebung unverzüglich in ihren Bann zu ziehen. Die Männer des Staatsapparates standen in der Tat – teils begeistert, teils aber auch verunsichert – einem völlig neuen Phänomen gegenüber: einem regierenden Monarchen in der Gestalt einer jungen Frau, mit einer gutgebauten, vollschlanken Figur, mit blondem Haar, großen, leicht mandelförmigen, graublauen Augen, einer hübschen, nur eine Spur gebogenen Nase und einem ein wenig zu breit geratenen, sinnlichen Mund. »Die Zähne weiß, das Lächeln angenehm. Hals und Kehle gut geformt. Arme und Hände wundervoll«, meldete der preußische Gesandte beim Wiener Hof, Otto Christoph Graf von Podewils, nach Berlin. Diplomaten der europäischen Mächte und hohe Würdenträger der österreichischen Länder schwärmten einmütig von ihrem makellosen Teint, ihrem schwebend-majestätischen Gang, ihrer Haltung voll Grazie und Würde.
Maria Theresia wußte um ihre betont weibliche Ausstrahlung, die ein anregendes Spannungsfeld um sie schuf, das sie, mal instinktiv, mal bewußt, aber stets unter Kontrolle gehalten, in den ersten Jahren ihrer Regierung oft und geschickt als politisches Mittel anzuwenden verstand. Sie hatte vorerst auch keine andere Wahl. Ihr Vater, Karl VI., der siebenundzwanzig Jahre hindurch um die Anerkennung ihrer Rechte rang, ließ sie auf die Führung der Staatsgeschäfte überhaupt nicht vorbereiten. Ein Rätsel, mehr ein psychologisches als ein politisches, das mangels jeglicher Unterlagen oder Hinweise kaum mehr gelöst werden kann. Vielleicht vertraute der Kaiser, in seinem Geist noch dem spanischen Mittelalter verhaftet, dem Weib – auch der eigenen Tochter – nicht und hoffte, daß Maria Theresias Ehemann, der liebenswürdige Herzog Franz Stephan, letztlich einen trefflichen Monarchen abgeben werde. Doch der kluge Lebemann aus Nancy bemühte sich gar nicht um die Macht. Gesandter Graf Pode-

* Geboren am 13. Mai 1717 in Wien, gestorben am 29. November 1780 in Wien.

Karoline Gräfin Fuchs. Zeitgenössisches Porträt

wils notierte: »Er hat eine ziemlich lebhafte Einbildungskraft, ein gutes Gedächtnis und viel gesunden Menschenverstand. Aber da er von Natur träge ist, weiß er sich mit keiner Sache gründlich zu befassen. Er haßt die Arbeit. Er ist wenig ehrgeizig und kümmert sich so wenig wie möglich um die Regierungsgeschäfte.«

Maria Theresia merkte das bald. Sie zog Franz Stephan, eher aus Höflichkeit, noch eine Weile zu den Beratungen heran, beachtete seine Meinung aber, mit Ausnahme von Fragen der Wirtschaft, für die er lebhaftes Interesse zeigte und für die er auch oft überaus nützliche Lösungen vorschlug, kaum. Der alte Beraterstab des verstorbenen Kaisers, mit dem einflußreichen Johann Christoph von Bartenstein, Sohn eines Philosophieprofessors aus Straßburg, an der Spitze, wurde ebenfalls höchst taktvoll nach und nach entmachtet; nicht aber, wie es in vielen einschlägigen Wer-

Kaiser Franz I. und seine Gemahlin Maria Theresia im Garten von Schloß Schönbrunn. Tuschzeichnung von Franz Walter

ken heißt, weil die Herren schon betagte Greise, sondern weil sie dem neuen Regierungsstil nicht gewachsen waren.

Es war ein impulsiver, oft sprunghafter und auch eindeutig weiblicher Regierungsstil, der, anfangs aus hastigen Improvisationen entstanden, mit der Zeit zu einem ausgewogenen und umfassenden System, zu einem zwar langsam, aber effektiv arbeitenden Mechanismus wurde. Der Übergang vom strengen spanischen Regime des Kaisers Karl VI. zum scheinbar zerfahrenen österreichischen seiner Tochter wirkte bei Hof vorerst wie ein Schock. Denn zu ihrem und zu Österreichs Glück blieb Maria Theresia die traditionelle Schulung eines habsburgischen Thronerben erspart. Die junge Erzherzogin wurde von einer recht einfachen, warmherzigen Frau, der Tochter eines hohen Beamten, der verwitweten Gräfin Charlotte Maria Karoline Fuchs, geborene Mollart (1681–1754), erzogen und dabei

mehr auf die Rolle der Ehefrau und Mutter als auf die eines unnahbaren und auch unfehlbaren Herrschers, der das Reich zu mehren, Kriege zu führen, die absolute Macht zu behaupten hatte, vorbereitet.
Anstand und Ehre, Gerechtigkeit und Nächstenliebe, Höflichkeit und Hilfsbereitschaft hießen die heiligen Prinzipien, die eine christliche Dame aus gutem Hause niemals, auch in der schwersten Not nicht, verletzen durfte. Maria Theresia bemühte sich zeit ihres Lebens, dem von ihrer Erzieherin entworfenen Idealbild einer ehrbaren und rechtschaffenen Person, die immer mit dem Beistand Gottes rechnen kann, so nah wie möglich zu kommen. Sie dachte und handelte in der Tat als eine überhöhte, universelle Hausfrau und Mutter auf dem Thron und führte dadurch in der Entwicklung der Donaumonarchie, in der Gestaltung und Prägung des österreichischen Staatscharakters, ja des österreichischen Wesens schlechthin eine entscheidende Wende herbei.

Die Gräfin Fuchs

Die Gräfin Fuchs, von ihr liebevoll »die Füchsin« genannt, wurde bis in die Ewigkeit belohnt: ihre irdischen Überreste hatte man auf Wunsch Maria Theresias in der Kapuzinergruft beigesetzt. Sollte der bescheidene Platz des einzigen Toten, der nicht dem Hause Habsburg angehört, an der hintersten Mauer der allerhöchsten Begräbnisstätte tatsächlich eine Auszeichnung sein, so hatte sich die Gräfin Fuchs diese redlich verdient.
Das Lügen im Interesse eines sogenannten höheren Zieles, das Sich-Verstellen, die faulen Winkelzüge, die leeren Versprechungen, der kaum verschleierte Rechtsbruch und die Anwendung von nackter Gewalt hielten die Gräfin Fuchs und somit auch Maria Theresia für verwerfliche Mittel einer brutalen männlichen Staatskunst. Die Erzherzogin von Österreich, Königin von Ungarn und Böhmen versteckte sich nur selten hinter einer politischen Maske; sie platzte mit ihrer Meinung allzu oft und allzu offen heraus, sie machte auch Szenen, sie ließ sich ab und zu von ihren Launen leiten, bremste sich aber dann selber ein; am Ende und vor allem, wenn es um wichtige Probleme ging, entschied sie fast immer nach ihrem gesunden Hausverstand.
In ihren jungen Jahren war sie körperlich und seelisch ungemein robust, sie konnte zwanzig Stunden lang wach bleiben, sich konzentrieren, Akten durcharbeiten, Briefe schreiben, endlose Beratungen leiten und dann noch auf einem Fest bis zum Morgengrauen vergnügt tanzen. Das gekünstelt Feierliche, das traditionell Erstarrte war für sie ein Greuel: das spanische Hofzeremoniell schaffte sie gleich nach ihrem Regierungsantritt ab.

Krönung in Ungarn und Böhmen

Als sie am 25. Juni 1741 in Preßburg zur Königin von Ungarn gekrönt wurde, nahm sie während des anschließenden Festmahls, zum Entsetzen der ungarischen Magnaten, die heilige Stephanskrone vom Kopf und legte sie neben ihren Teller auf den Tisch, um bequem speisen zu können. Ihre Krönung in Prag setzte sie kurzfristig für den 12. Mai 1743 fest, worauf die böhmischen Stände verzweifelt protestierten, die Zeit reiche für die notwendigen Vorbereitungen nicht aus. Sie ließ den Einwand nicht gelten. Der oberste Kanzler von Böhmen, Philipp Graf Kinsky, erhielt von ihr eine handgeschriebene Notiz: »Zu Preßburg war noch weniger Zeit ... Wegen der Tafel hat es keine Bedenken, werde schon denselben Tag Fisch essen. Kirchen gibt es genug, daß die Bürger Messe hören können ... Es bleibt bei der Resolution, ohne eine Stunde zu ändern.« Und

dann: »Die Krone ist hier, habe selbe aufgehabt, ist schwerer als die von Preßburg, seht einem Narrenhäubel gleich.«
Sie hatte Mutterwitz, mit einem Schuß schroffer Selbstironie durchsetzt, und sie konnte hart sein, bisweilen rücksichtslos, hörte aber vernünftige Argumente aufmerksam an und war dann bereit, offen nachzugeben. Von ihren Heerführern verlangte sie auch im Krieg die Achtung der »angestammbten österreichischen Milde«, die sie jedoch in Fragen der Religion für eine Todsünde hielt. Sie war fromm, ihr unerschütterlicher Glaube an die katholische Lehre verdichtete sich mitunter zu engstirniger Bigotterie, doch sie bestand darauf, daß die Kirche nur die Seele der Untertanen, niemals aber die politische Führung des Staates zu betreuen habe; sie grenzte die Agenden der himmlischen und der irdischen Verwaltung sehr klar ab. Juden gegenüber, solange sie sich nicht taufen ließen, zeigte sie sich unerbittlich, Ausschreitungen gegen ihre Gemeinden duldete sie dennoch nicht. In Wien durften sich immerhin nur reiche Juden aufhalten, und sie mußten hohe »Toleranzgelder« zahlen; so spendeten zum Beispiel die Brüder Hirschler nicht ganz freiwillig den enormen Betrag von 150 000 Gulden für die Renovierung der Karlskirche und der Hofbibliothek. Der ins Stocken geratene Bau des Schlosses Schönbrunn wurde zum Teil mit Hilfe von jüdischen Geldern weitergeführt; Baron Diego d'Aguilar, ein steinreicher jüdischer Bankier aus Spanien, stellte dem Wiener Hof eine große, niemals genau verzeichnete Summe zur Verfügung. Um die Einzelheiten der Transaktion zu erörtern, bat er um eine Audienz bei Maria Theresia, wurde aber entrüstet abgewiesen. Die Allerhöchste Majestät nahm an der entscheidenden Besprechung dennoch teil; sie saß hinter einem Paravent verborgen.

Versicherung und Lotto

Maria Theresia befaßte sich, einer sparsamen und umsichtigen Hausfrau gleich, stets gern mit Finanz- und Wirtschaftsfragen, sie vertiefte sich dabei auch in Detailprobleme und verlangte immer und überall eine genaue Rechnung. Sie verachtete auch den kleinsten Gewinn nicht. Als die erste Versicherungs-Aktiengesellschaft Österreichs, die im Jahr 1773 gegründete »Compagnie Royal d'assecurances«, eine achtprozentige Dividende ausschüttete, erhielt Maria Theresia auf ihre zwölf Aktien 240 Gulden. Das Kleine Lotto, das ein Italiener, Ottavio di Cataldi, 1752 in Wien einführte, ließ sie scharf überwachen. Als sie davon überzeugt war, daß das gute Geschäft in falschen Händen lag, ließ sie Idee und Einrichtung vom Staat übernehmen. Das neue österreichische Amt für Glücksspiel hieß »Lottogefällsdirektion«.
Daß sie für die großen ökonomischen Zusammenhänge, für Ursache und Wirkung in den Bereichen des Handels, der Industrie und des Finanzwesens einen klaren Blick hatte, bewies sie bald nach ihrem Regierungsantritt. Schon mit sechsundzwanzig Jahren schrieb sie ihrem damaligen Hofkanzler, dem Grafen Corfiz Anton Urfeld: »Je länger ich Einsicht habe, um so klarer sehe ich, daß nirgendwo in den Landen Handel und Gewerbe die nötige Fürsorge erfahren; und doch sind dieselben das einzige Mittel, den Landen Wohlstand zu bringen und fremdes Geld anzuziehen.«
Das fremde Geld kam. Eine großzügige Haltung Ausländern gegenüber, seit Maria Theresia eine bewußt praktizierte österreichische Tradition,

Ziehung der Wiener Staatslotterie. Zeitgenössischer Kupferstich

zog Kapital und auch kluge Köpfe an. Eine Regierungsverordnung aus dem Jahr 1749 lud »alle Fremden, von welcher Nation sie auch sein mögen«, nach Österreich ein, versprach ihnen, freilich im Rahmen der gegebenen Gesellschaftsordnung, Gleichberechtigung und Bewegungsfreiheit sowie Begünstigung und Nachsicht in Sachen Steuer und Religion. Man konnte in Wien als Ausländer in der Tat unbehelligt leben und relativ leicht Karriere machen. Der Staat war, das erste Mal nach Jahrhunderten, finanziell gesichert: 1754 betrugen die Einnahmen des österreichischen Fiskus 40 Millionen Gulden, 1757 bereits 57 Millionen, nach Abzug aller Ausgaben wies die Bilanz einen Überschuß von 4 Millionen auf. Denn es gab endlich auch eine Bilanz: ein kleiner Beamter aus Krems, Johann Matthias Puechberg, der zum führenden Finanzfachmann der österreichischen Länder aufstieg, setzte die Erkenntnis durch, daß man die Art der Geschäfts- und Buchführung, deren sich die privaten Bankiers bedienten, auch in der Verwaltung der Staatsfinanzen anwenden sollte. Er empfahl die doppelte Buchführung, da dieses System »für eine gegenseitige Kontrolle bei gleichzeitiger Vermeidung von Fehlerquellen« bürge. Nach den üblichen bürokratischen Schwierigkeiten errichtete man eine »Hofrechenkammer«, die Vorläuferin des heutigen Rechnungshofes; die Einnahmen und Ausgaben des Staates wurden fortan von einer von der Finanzverwaltung unabhängigen Behörde kontrolliert.

Geordnetes Finanzwesen

Die Finanzreform, zum Teil mit einer großangelegten Verwaltungsreform gekoppelt, machte auch vor den althergebrachten Privilegien nicht halt. Die Regierung Maria Theresias schrieb eine einheitliche und übersichtliche Einkommensteuer vor. Klerus und Hochadel büßten, trotz heftigem Protest, ihre jahrhundertealte Steuerfreiheit ein. Die Steuersätze waren progressiv: Knechte mußten 4 Kreuzer pro Jahr zahlen, Taglöhner 12 Kreuzer, Bauern 48 Kreuzer, Handwerker 1 bis 3 Gulden, Grundherren, je nach Wert ihres Besitzes, der nun nach Größe, Lage und Ertrag in einem amtlichen Kataster erfaßt wurde, 200 bis 400 Gulden, Bischöfe 600

Gulden. Um an alle Steuerpflichtigen herankommen zu können, führte man, ebenfalls das erste Mal in Österreich, am 13. Oktober 1754 eine Volkszählung durch, die man damals »Seelenbeschreibung« nannte. Da die Ungarn sich lange dagegen gewehrt hatten, »wie das Vieh« gezählt zu werden, lag das Gesamtergebnis erst 1780 vor: demnach lebten in den österreichischen Ländern etwas mehr als siebzehn Millionen Einwohner (genau: 17437181). Im Jahr 1770 schloß man die amtliche Häusernumerierung in Wien ab; Städte und Dörfer in der Steiermark, in Tirol, in Böhmen und in Ungarn folgten mit der Zeit dem Beispiel der Haupt- und Residenzstadt, einer damals noch aufsehenerregenden und auch umstrittenen Neuerung.

Volkszählung

Der bis dahin schwerfällige Geldumlauf wurde durch eine ebenfalls aufsehenerregende und umstrittene Neuerung beschleunigt und vereinfacht: am 15. Juni 1762 erschien das erste Papiergeld in Österreich, der »Bancozettel«; die bunten Scheine hatten den Nennwert von 5, 10, 25, 50 und 100 Gulden. Eine bereits im Jahr 1751 durchgeführte Münzreform, die Schaffung des wertbeständigen Maria-Theresien-Talers, sicherte dem österreichischen Papiergeld eine solide finanzielle Basis.

Die für den Handelsverkehr nachteiligen Binnenzölle und Privatmauten wurden aufgehoben. Nur die ungarische Zollgrenze blieb, um den übrigen österreichischen Markt vor einer Überschwemmung mit billigen landwirtschaftlichen Produkten zu schützen; eine Maßnahme, die sich dann als recht unglücklich erwies, weil sie politischen Zündstoff in sich barg und die Sonderstellung Ungarns innerhalb des österreichischen Staatsverbandes wieder einmal unterstrich. Im Jahr 1776 erhielt Ungarn einen zollfreien Zugang zum Meer, den Adriahafen Fiume (Rijeka), der aber für das rasch aufblühende Triest, das zwischen 1755 und 1770 jährlich von etwa 3 000 vollbeladenen Schiffen angelaufen wurde, keine ernsthafte Konkurrenz mehr bedeuten konnte. Der von Zöllen und Mauten weitgehend befreite Handel setzte nun auch die Produkte der heimischen Industrie in immer größerem Ausmaß und mit sicherem Gewinn ab. Die österreichischen Betriebe, unter ihnen schon einige Großunternehmen, so die staatseigene Linzer Wollzeugfabrik, erwiesen sich als durchaus lebensfähig. Auf dem Steinfeld bei Wiener Neustadt entstand 1753 die ebenfalls staatliche »Nadelburg«, eine Metallwaren- und Messingnadelfabrik mit einer »Fabric-Colonie«, einer planmäßig angelegten Arbeitersiedlung. Das früheste Experiment sozialen Wohnbaus im österreichischen Raum umfaßte fünfzig um eine neue Kirche gruppierte Häuser, in denen 300 Familien untergebracht waren.

Sozialer Wohnbau

Der Staat griff, freilich nur sporadisch, auch in die Lohngestaltung der Industrieunternehmen ein, aber nicht aus humanitären Gründen, sondern um die qualifizierten Facharbeiter von der Abwanderung ins Ausland abzuhalten. So wurde im Jahr 1753 verboten, die Löhne in den Glashütten weiter herabzusetzen. Die in mehreren Etappen durchgeführte große Verwaltungsreform der Regierung Maria Theresias, die auf eine Erweiterung und Zentralisierung des Staatsapparates hinauslief, ermöglichte den Behörden, seit 1745 mit den Kennbuchstaben *k. k.* (kaiserlich-königlich) versehen, eine wirkungsvolle Einmischung in die lokalen Angelegenheiten, die bis dahin von den Mächtigen der einzelnen Regionen, von den

Grundherren, von den Würdenträgern der Kirche und der Städte noch allzuoft im Geist des Mittelalters, in manchen Fällen geradezu mit unmenschlicher Härte, geregelt wurden. Für die große Mehrheit der Bevölkerung bedeutete daher die Errichtung der k. k. Kreisämter, der unmittelbaren Vertretung der Zentralgewalt in den ländlichen Bezirken, den wichtigsten Schritt der gesamten Reform. Denn mit den Kreisämtern erschien selbst in den entferntesten Winkeln der Donaumonarchie die zwar bürokratisch langsame, aber auch nachlässig humane und nicht zuletzt unbestechliche österreichische Beamtenverwaltung, die durchaus fähig war, den kleinen Mann vor dem Faustrecht der Großen zu schützen, ihn aber auch unter Aufsicht zu halten, den Untertan im Sinne der gütigen Landesmutter als ein hilfsbedürftiges, unmündiges, ein wenig schwachsinniges Kind des Staates zu behandeln. In Anbetracht der früheren Zustände in den entlegenen Provinzen war dies immerhin ein beachtlicher Fortschritt.

Reform des Staatsapparats

In den höheren Etagen des Staatsapparats ging es in erster Linie um die Entmachtung der zweifellos rückständig gewordenen, nur noch auf ihre eigenen Vorrechte bedachten Stände, vor allem des finanzkräftigen Hochadels, ferner um die Vereinfachung und Konzentration der politischen Arbeit, das heißt des schwerfälligen Lenkmechanismus der österreichischen Länder, die nun durch verwaltungstechnische Maßnahmen zu einem Einheitsstaat zusammengeschlossen werden sollten. Am 15. Januar und am 2. Mai 1749, nach verhältnismäßig kurzen und zum Teil übereilten Vorbereitungen, ordnete Maria Theresia mittels »Handschreiben*« eine umfassende Reorganisation des österreichischen Länderkomplexes an. Eine oberste Verwaltungsstelle mit dem Namen »Directorium publicis et cameralibus«, später Vereinigte böhmische und österreichische Hofkanzlei genannt, fungierte fortan als ein gemeinsames Innen- und Finanzministerium. Alle wichtigen Urkunden und Akten des Hofes und des Staates sollten im neu gegründeten Haus-, Hof- und Staatsarchiv geordnet aufbewahrt werden. Das bereits 1742 geschaffene Außenamt, die Geheime Hof- und Staatskanzlei, blieb so wie der Hofkriegsrat bestehen. Als Justizministerium und Oberster Gerichtshof zugleich wurde eine Oberste Justizstelle eingerichtet. Im Jahr 1761 bildete man einen Staatsrat. Diese den sogenannten Obersten Stellen übergeordnete beratende Körperschaft war auch für die reibungslose Zusammenarbeit zwischen den einzelnen hohen Behörden verantwortlich. Das Idealziel, ein straffes, völlig zentralisiertes Regierungssystem wie im Königreich Preußen, konnte in Österreich natürlich nicht erreicht werden; Halblösungen und die sprichwörtliche – nicht selten aber auch wohltuende – österreichische Schlamperei schwächten die Wirkung der Entscheidungen und Beschlüsse immer wieder ab. Die meisten Vorhaben wurden mehrmals modifiziert, die Behörden zusammengelegt, erneut getrennt oder nach einigen Jahren zur Gänze aufgehoben, wobei nicht immer Ratlosigkeit die Ursache der späteren Korrektur war, sondern auch die Freude am Experiment oder die

* Besonders wichtige Entscheidungen eines Herrschers wurden traditionsgemäß in Form eigenhändig geschriebener Urkunden, »Handschreiben«, mitgeteilt und zugleich zum Gesetz erhoben.

Die Böhmische Hofkanzlei. Stich von J. A. Delsenbach

Vernunft, den einmal gemachten Fehler zu erkennen und zu beseitigen. Den alten schwerwiegenden politischen Fehler des Hauses Habsburg, die unterschiedliche Behandlung Böhmens und Ungarns, beseitigte allerdings auch die große Verwaltungsreform Maria Theresias nicht. Böhmen gliederte man, ohne Rücksicht auf seine nationale Eigenständigkeit, in die neue, amtlich nun »die im Reichsrat vertretenen Königreiche und Länder« genannte Form des österreichischen Staatsverbandes ein, Ungarn jedoch (offiziell: »die Länder der ungarischen Krone«) beließ man die beinahe völlig unabhängige Stellung samt den schon vielfach anachronistisch gewordenen versteinerten Institutionen des regierenden Adels. Die Ursache dafür lag zum Teil in der oft hervorgehobenen sentimentalen Haltung Maria Theresias den ungarischen Herren gegenüber, zum Teil in der berechtigten Angst, sie könnten sich wieder einmal mit den Gegnern Österreichs verbünden und den Aufstand proklamieren.

Justizreform

Man hatte ja, was die Durchführung der Verwaltungs- und Justizreform und der Reform des Unterrichtswesens betraf, auch ohne die unberechenbaren Ungarn Schwierigkeiten genug. Das bürgerliche Gesetzbuch, der »Codex Theresianus«, ein beachtlicher Wegbereiter der modernen Rechtspflege, blieb Stückwerk, es konnte erst im Jahr 1811 vollendet werden. Am 1. Januar 1770 trat die »Constitutio Criminalis Theresiana«, das neue österreichisch-böhmische Strafrecht, in Kraft, fand aber, weil als teils zu rückständig und teils zu fortschrittlich empfunden, wenig Verständnis in den oberen, den tonangebenden Schichten der Gesellschaft. Ob man die Folter, die »peinliche Befragung«, abschaffen sollte, darüber war sich auch Maria Theresia nicht schlüssig. Härte den Verbrechern gegenüber hielt sie für ein notwendiges Übel, das mittels Marterwerkzeugen erpreßte Geständnis einen zwar traurigen, aber unerläßlichen Bestandteil des gerichtlichen Beweisverfahrens. Doch die öffentliche Meinung – und es gab sie bereits, obwohl sie sich nur bedingt bilden und artikulieren konnte – beschäftigte sich zunehmend mit der Frage der Tortur. Im Jahr 1764 erschien, wohlweislich außer Reichweite österreichischer Zensurbehörden, im Fürstentum Monaco, eine ebenso kluge wie leidenschaftliche Anklageschrift gegen die Folter und die Todesstrafe, »Dei delitti e delle pene« (Von den Verbrechen und Strafen). Sie wurde in rascher Folge in mehrere Sprachen übersetzt und in ganz Europa erschüttert gelesen. Der Verfasser, Cesare Beccaria Marchese de Bonesana, Professor des Staatsrechts, als gebürtiger Mailänder österreichischer Untertan, forderte vehement Humanität und die Achtung der Menschenwürde im Strafverfahren und im Strafvollzug. Joseph von Sonnenfels, Professor der Staatswissenschaften, Schriftsteller, Theaterzensor, später Staatsrat Maria Theresias, griff die Initiative Beccarias auf. Er ließ seine Studie »Über die Abschaffung der Tortur« vorsichtshalber in Zürich drucken, trat aber dann in Wien offen und mutig gegen die Anwendung der Folter ein. Er gewann die Unterstützung hoher Staatsbeamter, darunter des Hofkanzlers Johann Rudolf Graf Chotek, untergrub geschickt den zähen Widerstand des Erzbischofs von Wien, des aus Tirol stammenden konservativen Kardinals Christoph Anton Migazzi, und setzte sich schließlich auch bei Maria Theresia durch. Am 2. Januar 1776 wurde die Folter in Österreich abgeschafft.

Schulreform

Hochadel und Klerus standen anfangs auch der großen Schulreform, die für das gesamte Unterrichtswesen völlig neue, in vielen Ansätzen bis heute gültig gebliebene Strukturen schuf, ablehnend gegenüber. Die Grundherren hielten allzuviel Bildung der Bauern für überflüssig, ja geradezu gefährlich, die Geistlichkeit sah sich von der weltlichen Macht überrumpelt, um eine ihrer wichtigsten Aufgaben geprellt. Denn fast tausend Jahre hindurch hatte die Erziehung der Kinder und somit auch die des Volkes in den Händen der Kirche gelegen, die ihre freiwillig auf sich genommene Pflicht mit Hingabe und auch mit beachtlichem Erfolg erfüllte. Nun sollte sie über Nacht der Staat ablösen, die Kinder als seine künftigen Untertanen, Diener, aber auch Mitgestalter in seinem Sinn nach neuen Lehrplänen heranbilden. Maria Theresia formulierte das Leitmotiv der Reform knapp und klar: »Die Schule ist und bleibt ein Politicum, das heißt ein Teil und Interesse des öffentlichen staatlichen Lebens.« Für die Ausarbeitung der neuen Unterrichtsformen holte man sich einen Fachmann des modernen Schulwesens, einen aufgeschlossenen Ordensbruder aus dem Königreich Preußen, den Augustinerabt Ignaz von Felbiger. Am 6. Dezember 1774 trat die »Allgemeine Schulordnung für Österreich« in Kraft. Auf dem flachen Land wurden sogenannte Trivialschulen, einklassige Volksschulen, eingerichtet, in der die sechs- bis zwölfjährigen Kinder Lesen, Schreiben und Rechnen lernten und Religionsunterricht erhielten. In den größeren Städten gründete man Hauptschulen mit drei Klassen; der Lehrplan umfaßte auch die Gegenstände Deutsch, Geschichte, Geographie und Zeichnen. In jeder Landeshauptstadt gab es eine »Normalschule« für die Lehrerausbildung. Das Schulalter der Kinder wurde, mit dem sechsten Lebensjahr beginnend, amtlich festgelegt, das Schulbuch als wichtigstes Hilfsmittel des Unterrichts eingeführt.

Der »Entwurf zur Errichtung von Gymnasien in den K. K. Erblanden« regelte ab 1775 die Beschaffenheit der höheren Mittelschulen, an denen La-

Joseph von Sonnenfels. Zeitgenössisches Porträt

Unterricht an einer weltlichen Knabenvolksschule. Gemälde eines anonymen Künstlers

Die Tochter Daniel Grans wird in die Klosterschule aufgenommen. Anonymes Aquarell

tein (zum Teil als Unterrichtssprache), Physik, Geometrie, Naturgeschichte, Rhetorik und Poetik zu den Pflichtgegenständen gehörten. Der am 10. September 1776 gebilligte Lehrplan für die Gymnasien stammte vom Piaristenpater Gratian a Sancta Barbara. Da es an weltlichen Lehrkräften mangelte, ließ man die meisten höheren Mittelschulen von den Orden betreuen.

Die Reform der Universität bedeutete teilweise einen Rückschritt: die Freiheit des Unterrichts wurde drastisch eingeschränkt. Der von Maria Theresia regierte Staat erwartete von den Hochschulen keine neuen Ideen und auch keine neuen Forschungsergebnisse, er verlangte von ihnen die in strikt vorgeschriebenen Bahnen verlaufende Ausbildung tüchtiger und loyaler Beamter. Da die medizinische Fakultät am wenigsten mit Politik und Verwaltung zu tun hatte, gelang ihre Reorganisation am besten; ihr Aufstieg zu internationaler Geltung begann.

Berufsschulen

Die ersten Berufsschulen entstanden ebenfalls in der Regierungszeit Maria Theresias: 1746 die Theresianische Ritterakademie, das spätere Theresianum, ursprünglich für die Vorbereitung junger Adeliger für den Staatsdienst geschaffen, 1752 die Theresianische Militärakademie in Wiener Neustadt für die Ausbildung von Berufsoffizieren, 1754 die Orientalische Akademie, die erste Diplomatenschule der österreichischen Länder, 1758 die Commerzial-Zeichnungsakademie, 1770 die Real-Handlungsakademie und 1776 die Pferde-Cur-Schule, eine Ausbildungsstätte für Veterinärmediziner. Die Bauern gingen auch diesmal leer aus: an die Errichtung von Schulen für die Fortbildung von Landwirten dachte im Beraterstab Maria Theresias anscheinend niemand, obwohl man bereits deutlich sehen mußte, daß Formen und Methoden der landwirtschaftlichen Produktion den Anforderungen der Zeit nicht mehr entsprachen. Der österreichische Staatsverband war auch in der zweiten Hälfte des 18. Jahrhunderts immer noch ein Agrarland, Grund und Boden und was darauf wuchs, bildeten nach wie vor die breite Basis der gesamten Wirtschaft. Doch der Bauer, von den Grundherren hart unterdrückt, schonungslos und daher auch wider jegliche ökonomische Vernunft ausgenutzt, produzierte nur noch recht und schlecht. Maria Theresia bemühte sich, wenn auch eher aus emotionellen Gründen, aus Mitleid und christlicher Nächstenliebe, die Lage der Landbevölkerung zu verbessern. Ihre Justizreform schränkte die lokale Gerichtsbarkeit des Adels, der die Bauern bis dahin hilflos ausgeliefert waren, wesentlich ein, die Verwaltungs- und Finanzreform schaffte die durch die Grundherren von den Bauern eingehobenen privaten Steuern ab. Die Kernfrage des Bauernproblems, die Robot, der unentgeltliche Frondienst für die Herrschaft, Hemmschuh der landwirtschaftlichen Produktion, blieb aber ungelöst. Maria Theresia wagte es nicht, gegen die tragende Schicht ihrer Länder, die Grundbesitzer, auf vollen Kollisionskurs zu gehen. Eine geringfügige Milderung der schweren Last setzte sie dennoch durch: das »Robotpatent« aus dem Jahr 1775 legte eine gesetzliche Höchstgrenze für den Frondienst fest, und zwar drei Tage in der Woche, beziehungsweise 104 Tage im Jahr. Auf ihren eigenen Gütern, den Gütern der Krone, hob sie die Robot versuchsweise auf. Sie hoffte, daß das vernünftige Beispiel Schule machen werde.

Kernfrage Robot

Sie hoffte vergeblich. Die Grundherren waren nicht bereit, auf die unentgeltliche Arbeit der Bauern zu verzichten. Im ruhig gewordenen Böhmen brach 1775 eine Revolte gegen die Robot aus. Der Adel verlangte gnadenlose Vergeltung. Maria Theresia war tief betroffen, sie plädierte für Einsicht statt Strafe, für Konzessionen zugunsten der verzweifelten Bauern. Ihr Vorschlag, den Frondienst durch eine von den Bauern zu leistende finanzielle Entschädigung zu ersetzen, fand bei der überwiegenden Mehrheit der Grundbesitzer kein Verständnis. Die Robot blieb. Die gütige Landesmutter sah nun all ihre Möglichkeiten erschöpft, sie befürchtete obendrein eine gefährliche Zuspitzung des Konflikts zwischen Adel und Staatsapparat, ja sogar die Anarchie, von der im Ausland schon so viel die Rede war. Gegen ihre innere Überzeugung unternahm sie keine neuen Anstrengungen, den Bauern, den ärmsten Kindern des Hauses Habsburg, zu helfen. Sie resignierte und schwieg.

Maria Theresia war keine geniale Frau, ihre Bildung hatte ziemlich enge Grenzen, ihre Aufmerksamkeit ließ, wenn es um komplizierte Probleme ging, rasch nach. Für ihre großen Reformen lieferte sie nur die vagen Ideen, daß auf diesem oder jenem Gebiet etwas geschehen müsse. Den vorgeschlagenen konkreten Maßnahmen stand sie vorerst aber fast immer mißtrauisch gegenüber. Ursachen und Ziele der Aufklärung, der gewaltigen geistigen Strömung, die den europäischen Westen und Norden bereits erfaßt hatte und langsam auch nach Wien vordrang, begriff sie kaum, ja lehnte sie sogar ab; sie schwamm aber, im Grunde völlig unbewußt, nur von ihrem sicheren taktischen Gefühl geleitet, in die richtige Richtung.

Die Aufklärung

Das Abendland wurde von neuen Gedanken wachgerüttelt. Die beschleunigte Entwicklung der Wissenschaft, Technik und Wirtschaft sprengte gesetzmäßig das veraltete Bild von Welt und Moral, von Politik und Glauben, vom Sinn des Lebens, von den Rechten und Pflichten der Untertanen. Die Philosophie wurde zunehmend zur Gesellschaftskritik, nannte den »gesunden Menschenverstand« als Wertmesser aller Dinge und verkündete die angeborenen Rechte auf Leben, Freiheit und Eigentum, die

Gerard van Swieten. Zeitgenössisches Porträt

der Staat zu achten und zu schützen habe. Toleranz galt als die vornehmste Tugend, Arbeit als eine edle Beschäftigung, Pädagogie als das wichtigste Mittel für die Vorbereitung eines goldenen Zeitalters von Freiheit, Wohlstand und Gerechtigkeit.
Ohne den vielschichtigen, zum Teil offenen, zum Teil noch verdeckten Einfluß der Aufklärung, die von England ausgehend über Frankreich in mannigfaltigen Formen bis auf den Balkan vordrang, wären die Reformen Maria Theresias nicht denkbar gewesen. Und auch ohne ihren Beraterstab nicht, den sie mit sicherem Gespür zusammenzustellen und zu lenken verstand. Dabei nahm sie auf ihre eigenen Gefühle, auf Sympathie oder Abneigung keine Rücksicht. Sie suchte sich weder liebenswürdige noch geschmeidige Männer aus, sondern brauchbare, und sie benahm sich ihnen gegenüber keineswegs als gekrönte Herrscherin, sondern wie die stets be-

sorgte Chefin eines riesigen Unternehmens, die sich mit ihren leitenden Angestellten immer wieder zusammenraufen muß.

Es waren in der Tat keine angenehmen Zeitgenossen, die Mitglieder ihrer »hohen Menagerie«, allesamt, wenn auch in verschiedenen Abstufungen, mutige Anhänger der Aufklärung. Joseph von Sonnenfels (1732–1817), ein getaufter Jude aus einem mährischen Rabbinergeschlecht, galt als subtiler Meister verschlagener Intrigen, seine krankhafte Eitelkeit und seine arrogante Besserwisserei stellten jeden, der mit ihm Umgang pflegen mußte, auf eine harte Probe. Der deutsche Dramatiker und Kritiker Gotthold Ephraim Lessing, sonst durchaus großzügig und tolerant, nannte ihn einen »falschen und niederträchtigen Mann«. Sonnenfels kämpfte nicht nur erfolgreich für die Abschaffung der Folter, er gab auch wertvolle Anregungen für die Finanzreform, trat für die Gewerbefreiheit ein, reorganisierte das Polizeiwesen, und als Zensor ließ er die Schriften der englischen und französischen Aufklärung in Österreich ungehindert zirkulieren. Gerard van Swieten (1700–1772), ein Holländer, Leibarzt Maria Theresias, oberste Instanz des Unterrichtswesens, Präfekt der Hofbibliothek, Vorstand der medizinischen Fakultät an der Universität Wien und Direktor der gesamten Medizinalverwaltung Österreichs, war ein streitsüchtiger, überheblicher Grobian; Oberhofmeister Johann Joseph Fürst Khevenhüller-Metsch vermerkte über ihn in seinem Tagebuch, daß der »Medico« in Wien »ungemein verhaßt« sei. Van Swieten reformierte die Studienordnung der Universität, er schuf die Grundlagen eines staatlichen Gesundheitswesens, führte die Pockenschutzimpfung in Österreich ein, errichtete ein neues Anatomieinstitut, und als er die Leitung der Zensurkommission übernahm, stellte er die Razzien in den Buchhandlungen und die von den kirchlichen Stellen befohlenen Bücherverbrennungen ab. Er war, obwohl selbst ein frommer Katholik, ein erbitterter Gegner des Wiener Erzbischofs Kardinal Migazzi, der die neuen Ideen der Aufklärung erbost bekämpfte, und er führte unversöhnlichen Krieg gegen die Jesuiten.

Sonnenfels

van Swieten

Das Soldatenspital in der Wiener Alser Straße, das spätere Allgemeine Krankenhaus. Stich von J. A. Corvinus

Daß Maria Theresia den Jesuitenorden in Österreich auf Betreiben von van Swieten aufgehoben hätte, gehört jedoch in die Welt der oft strapazierten historisch-politischen Fabel. Den Orden hob, nachdem die Wellen der Aufklärung auch die Kirche erreicht hatten, Papst Klemens XIV.* am 21. Juli 1773 in Rom auf. Maria Theresia, den Jesuiten freundlich gesinnt, nahm die Entscheidung des Heiligen Stuhls nur widerwillig zur Kenntnis. Dann aber sorgte sie umsichtig dafür, daß das recht beachtliche, insgesamt auf etwa 400 Millionen Gulden geschätzte Vermögen des Ordens in Österreich so rasch wie möglich, ohne daß die Patres die Gelegenheit gehabt hätten, Geld oder mobile Werte zu verstecken oder ins Ausland zu schaffen, in den Besitz des Staates überging. Sie trauerte den Jesuiten nach, beklagte sich aber am 13. Oktober 1773 in einem Brief an die Gräfin Sophie Enzenberg, daß sie 40 Millionen Gulden Ordensgelder noch immer nicht finden konnte, vermutlich, weil sie doch verschoben worden waren. Der weise Rat, der Anordnung des Papstes ohne Zögern Folge zu leisten, um Spannungen zwischen Rom und Wien aus dem Wege zu gehen, gleichzeitig aber auf das volle Verfügungsrecht des Staates über das gesamte Vermögen der Jesuiten in Österreich zu bestehen, stammte von Wenzel Anton Graf Kaunitz (1711–1794), Leiter der Außenpolitik der österreichischen Länder. Er war in der Haupt- und Residenzstadt nicht minder verhaßt als der »Medico« van Swieten; man spottete öffentlich über ihn, und man staunte, daß Maria Theresia den wahrhaft unmöglichen, ja in mancher Hinsicht geradezu ekelhaften Mann Jahrzehnte hindurch unbeirrt in ihren Diensten behielt. Kaunitz, der erste Karriere-Diplomat in der österreichischen Geschichte, Sohn eines böhmischen Vaters und einer ostfriesischen Mutter, 1764 in den Fürstenstand erhoben, hing zeit seines Lebens mit kultischer Liebe an allem, was aus Frankreich kam: Küche, Mode, Literatur, Geisteshaltung, Umgangsformen. Obwohl in Wien geboren, sprach er meist nur Französisch, oder, wenn es schon sein mußte, affektiert gebrochen Deutsch. Er war maßlos eitel, litt unablässig an eingebildeten Krankheiten (dabei wurde er dreiundachtzig Jahre alt), widmete täglich mehrere andächtige Stunden der Pflege seiner Schönheit und seiner Gesundheit, verspätete sich immer und überall, auch bei den wichtigsten Staatskonferenzen, fand aber stets Zeit, sich in unzählige Liebschaften zu verwickeln, um die recht verworrenen Beziehungen dann in einem Anfall von Angst oder Ungeduld rücksichtslos abzubrechen. »Es genügt, die Pocken nur zu erwähnen, um ihn für den ganzen Tag außer Gefecht zu setzen«, vermerkte Sir Henry Swinburne, ein Gast aus England, über ihn. »Er ist kalt und gefühllos; niemand hat durch ihn sein Glück gemacht.« Oberhofmeister Khevenhüller-Metsch berichtet in seinem Tagebuch über die drei berühmten Bürsten, die Kaunitz Tag und Nacht bei sich trug: »Die erste war dazu bestimmt, einen Augenblick, be-

Kaunitz

* Papst Klemens XIV., der frühere Minoritenbruder Giovanni Vincenco Ganganelli, stammte aus einer einfachen Bauernfamilie in Sant'Arcangelo bei Rimini. Er starb plötzlich, genau zwei Monate nach der Aufhebung des Jesuitenordens. Das Gerücht, er sei von den Jesuiten vergiftet worden, wurde damals in ganz Europa als erwiesene Tatsache angenommen. Am 7. August 1814 wurde der Jesuitenorden durch Papst Pius VII., den früheren Kardinal Barnaba Graf Chiaramonti, wieder zugelassen.

vor er vom Tische aufstand, seine Zähne zu putzen; er nahm sie aus ihrem Behälter, verlangte ein Glas Wasser, scheuerte seinen Mund aus und spuckte dann auf seinen Teller. Die zweite Bürste diente dazu, seine Diamanten zu säubern. Die dritte und letzte Bürste war für die Tabaksdose. Er hatte eine Menge davon, alle mit Frauenbildnissen geschmückt.«

Doch der schrullige Kauz Kaunitz, Liebhaber rosaroter Gewänder und billigster Lobpreisungen, ein stiller Atheist und vorlauter Zyniker, stellte in wenigen Jahren das erste vollwertige und funktionsfähige Außenamt Österreichs auf die Beine, in dem die Agenden, nach Sprachen und Gebieten aufgeschlüsselt, von fähigen Beamten systematisch und unter größter Geheimhaltung bearbeitet wurden. Der preußische Sonderbotschafter in Wien, Freiherr von Fürst und Kupferberg, hob in einem seiner Berichte hervor: Früher konnte man über die konfuse Außenpolitik der österreichischen Länder ziemlich leicht die notwendigen Informationen beschaffen, »aber der Graf Kaunitz ist nicht allein selbst unbestechlich und viel zu umsichtig, um sich zu verraten; auch seine Subalternen sind beinahe unzugänglich«.

Kaunitz, ein begeisterter Anhänger Voltaires und der Philosophie der französischen Aufklärung, befaßte sich eingehend mit Wissenschaft und Kunst und griff mit klaren, zum Teil durchaus progressiven Vorstellungen auch in die Gestaltung der Innenpolitik ein. Da kam es unweigerlich zu harten Zusammenstößen mit dem Vater der großen Finanz- und Verwaltungsreform, dem Grafen Friedrich Wilhelm Haugwitz (1700–1765). Der ungemein fleißige Sachse kam erst mit einundvierzig Jahren mittellos aus Schlesien nach Wien, machte rasch Karriere und wurde von allen Seiten zäh befehdet. Er war, will man seinen Zeitgenossen unbeschränkt Glauben schenken, erschreckend häßlich; Fürst und Kupfenberg berichtet über ihn: »Er zwinkert unaufhörlich mit den Augen und sieht mehr einem Narren als einem großen Manne ähnlich.« Haugwitz war, und dies fiel in Wien anscheinend besonders unangenehm auf, von seiner Arbeit besessen, er war stur, pedantisch und bis zur Taktlosigkeit offen, und dies alles wurde in der Haupt- und Residenzstadt, in der man die verbindliche, charmante Mittelmäßigkeit einem unbeugsamen Charakter oder einer herausragenden Leistung schon damals vorzog, mit kaum verhehlter feindseliger Verachtung betrachtet.

Haugwitz

Aber nicht nur Haugwitz hatte man in der sogenannten guten Gesellschaft und bei Hof demonstrativ geschnitten, auch Kaunitz konnte sich, obwohl er ein großes Haus führte, nur auf wenige Freunde verlassen. Den Holländer van Swieten und den getauften Juden Sonnenfels duldete man bloß, weil Maria Theresia konsequent zu ihnen hielt. Die Mitglieder des engsten Beraterstabes führten auch gegeneinander einen ständigen, mal offenen, mal unterirdischen Kleinkrieg, allerdings nicht um Pfründe und Positionen, sondern, wie es sich eben für aufgeklärte Männer gehörte, um ihre Überzeugung in Sachen Politik, Philosophie, Kirche, Verwaltung, medizinischer Fortschritt oder Geschmack. Und sie bekämpften alle, wenn auch fast dreißig Jahre hindurch ohne Erfolg, die graue Eminenz der Regierung, den stillen Vertrauten Maria Theresias, den Grafen Don Manoel Tellez de Menezes e Castro Sylva-Tarouca (1686–1761). Der »kleine Portugiese«, ein hübscher, zierlicher Mann mit dunklem Haar und dunkler Hautfarbe, im Hofstaat des Kaisers Karl VI. noch in einer unbedeutenden Stellung, stieg plötzlich, unter nicht völlig geklärten Umständen, zu einem der wichtigsten, amtlich jedoch niemals festgelegten Posten des österreichischen Länderkomplexes auf: er stand Maria Theresia unter allen Männern und Frauen bei Hof am nächsten. Denn sie wünschte, daß er täglich bei ihr erscheine, ihre Sorgen, politische wie familiäre, mit ihr aufrichtig bespreche, sie auf ihre Fehler aufmerksam mache, ihre Zweifel anhöre und ihr Trost spende. Sylva-Tarouca hatte für sie zu Beginn ihrer Regierungszeit einen detaillierten Stundenplan ausgearbeitet; er sorgte dafür, daß die junge Herrscherin sich nicht übermäßig viel dem Tanz, der Jagd und dem Kartenspiel widmete, er wirkte auch bei politischen Entscheidungen mäßigend und gab in finanziellen und persönlichen Problemen manch vernünftigen Rat. Österreich verdankt dem Fremden aus Portugal vermutlich viel mehr, als man aus den spärlichen Nachweisen über seine tatsächliche Rolle erfahren kann. Von den täglichen vertraulichen Gesprächen blieben keine Notizen erhalten. Sylva-Tarouca, die Diskretion in Person, führte kein Tagebuch, und er schrieb auch keine Memoiren. Oberhofmeister Khevenhüller-Metsch vermerkte jedoch, er sei »l'ami de l'Impératrice«, Freund der Herrscherin, und auch der kunstvolle Klatsch von Wien, die mündliche Regenbogenpresse der Rokokozeit, bewertete die seltsame, sehr menschliche, sehr persönliche Beziehung zwischen der Allerhöchsten Majestät und ihrem stets im Hintergrund gebliebenen Untertan recht eindeutig. Doch Sylva-Tarouca, der um einund-

Sylva-Tarouca

Maria Theresia beim Kartenspiel mit Fürst Batthyány, Graf Nádasdy und Graf Daun. Aquarellierte Bleistiftzeichnung eines anonymen Künstlers

Prostituierte der Josephinischen Zeit, zum Straßenkehren verurteilt. Stich von Johann Hieronymus Löschenkohl

zwanzig Jahre älter war als Maria Theresia und dem auch seine Feinde einen messerscharfen Verstand bescheinigten, wußte genau, wie weit er gehen konnte, und Maria Theresia war fromm genug, um den Ehebruch unter allen Umständen als eine Todsünde zu betrachten.

Ihre Ehe war, nach einer stürmischen Periode der echten leidenschaftlichen Liebe und trotz der sechzehn Kinder, die sie von 1737 bis 1756 zwischen Audienzen, Staatskonferenzen, Reformstudien, Repräsentationspflichten, Kriegserklärungen und Friedensschlüssen auf die Welt brachte, nicht ungetrübt. Franz Stephan hatte neben einer stets überlasteten Ehefrau viel zuviel Zeit, und er ging allzugern amourösen Abenteuern nach. In seinen späteren Jahren hielt er sich nach französischem Muster eine halboffizielle Mätresse, die Gräfin Wilhelmina Auersperg, die von ihm neben zahlreichen kostspieligen Geschenken auch ein Haus in Laxenburg bekam. Maria Theresia verlegte sich auf die Wiener Maxime »Nichts anmerken lassen« (die, wie manche Traditionen, Gewohnheiten, Spielregeln und Bräuche der »guten Gesellschaft« von Wien, aus ihrer Zeit stammt); als Franz Stephan starb, bezahlte sie wortlos die hohen Spielschulden der Gräfin Auersperg. Doch sie fühlte sich von den Eskapaden ihres Gemahls gekränkt, ja verletzt, machte dafür aber nicht ihn, sondern die lockeren Sitten der Haupt- und Residenzstadt verantwortlich. Dies war wahrscheinlich auch das Motiv für die Schaffung der berüchtigten Keuschheitskommission, die alle Eheleute überwachen und die Liederlichkeit durch Polizeimaßnahmen ausrotten sollte. Die Behörde, im Ausland verhöhnt, in Wien verspottet, ging bald sang- und klanglos unter. Über ihre Tätigkeit blieb keine Akte, keine amtliche Unterlage erhalten, nur ein Vermerk des venezianischen Botschafters Piero Correr vom 19. Mai 1753, wonach die Sittenpolizei der Kammer, das heißt der Landesregierung von Niederösterreich, unterstellt gewesen wäre. Die Berichte der Keuschheits-

Keuschheitskommission

kommission hatte man, wahrscheinlich um Maria Theresia nicht vor der Nachwelt der Lächerlichkeit preiszugeben, zu einem unbekannten Zeitpunkt vernichtet. Doch Giacomo Casanova* erwähnt den staatlichen Trupp der Moralkundschafter in seinen Memoiren. Er langweilte sich in Wien und verließ die Stadt auch bald: »Wegen der Bigotterie der Kaiserin war es außerordentlich schwer, besonders für Fremde, sich Cytherens Freuden zu verschaffen. Eine Legion gemeiner Spitzel, die man mit dem schönen Namen Keuschheitskommissäre schmückte, waren die unerbittlichen Verfolger aller Mädchen.« Daß sie auch namhafte oder vermögende Personen ernsthaft belangt hätten (zum Beispiel Sonnenfels oder Kaunitz), darüber gibt es keinen einzigen Hinweis in den zeitgenössischen Dokumenten, Briefen, Tagebüchern und Reisebeschreibungen. Leichte Mädchen aus der Vorstadt jedoch, die man beschuldigte, fortlaufend Unzucht betrieben zu haben, wurden verhaftet und nach Ungarn abgeschoben, nach dem mehr oder minder exterritorialen Gebiet der Donaumonarchie, wo andere Sitten und Bräuche herrschten und auch andere Gesetze gegolten hatten als in den übrigen Ländern des Hauses Habsburg. Daß Maria Theresia die weitgehende Unabhängigkeit des alten und so fremdartigen Königreiches hinnahm, war Staatsraison, aber auch eine Form der Allerhöchsten, von einer damenhaften Grandezza geprägten Dankbarkeit. Denn Maria Theresia lernte die Ungarn erst in der Stunde Null ihrer Regierung kennen, und sie war eine Frau, die ihre Erfahrungen, die guten wie die bösen, nie vergaß.

Prinz Eugen hatte recht gehabt: die mit den europäischen Mächten abgeschlossenen Verträge, die im Sinne der Pragmatischen Sanktion das volle Erbrecht Maria Theresias, der ältesten Tochter Kaiser Karls VI., hätten bestätigen und schützen sollen, erwiesen sich als wertloses Papier. Kaum übernahm die Erzherzogin von Österreich, Königin von Ungarn und Böhmen die Regierungsgewalt in Wien, griff man in mehreren Haupt- und Residenzstädten des Abendlandes auf Pläne zurück, die in den geheimen Schreibstuben schon längst ausgearbeitet worden waren. Das geistige Zentrum der emsigen Vorbereitungen war der französische Hof in Versailles; sein Entwurf sah eine Neuordnung der habsburgischen Besitztümer vor: das Königreich Preußen sollte Schlesien erhalten, Frankreich die österreichischen Niederlande und Luxemburg, das Herzogtum Bayern Oberösterreich, Tirol, Vorarlberg, Böhmen und den römisch-deutschen Kaisertitel dazu, Spanien beziehungsweise Savoyen die ebenfalls österreichische Toskana, Parma und die Lombardei. Ungarn wollte zwar niemand haben, die politischen Strategen in Versailles, mit dem militanten Marschall Charles Louis Auguste Graf Belle-Isle an der Spitze, rechneten aber fest mit einem Aufstand der Magyaren und in der Folge mit einem völligen Zerfall des österreichischen Staatsverbandes. Doch auf Rat und Bitte des betagten Kardinals Fleury, Premierminister des schwankenden

Versailles gegen Wien

* Giovanni Giacomo Casanova (1725–1798), Bürger von Venedig, Schriftsteller, Abenteurer, Frauenheld, Lotteriedirektor, Polizeiagent, fand nach einem bewegten Leben im Alter von sechzig Jahren auf österreichischem Staatsgebiet Asyl: auf dem böhmischen Schloß Duchov (Dux) der Grafen Waldstein, wo er auch starb.

Vorhergehende Doppelseite:
Festmahl anläßlich der Hochzeit Maria Theresias mit Franz Stephan von Lothringen. Gemälde, Martin van Meytens zugeschrieben

Königs Louis XV., wartete Frankreich mit einer bewaffneten Intervention vorerst noch ab. Bis Preußen dann den Anfang machte.

Der »Raub Schlesiens«

Der »Raub Schlesiens« spielte sich allerdings nicht so ab, wie dies in den meisten österreichischen Geschichts- und Schulbüchern mit gehöriger Empörung geschildert wird. Zumal auch das Haus Habsburg das von Wien recht entfernt liegende, ursprünglich polnische, später in mehrere deutsche Fürstentümer aufgesplitterte Land trotz gültiger Erbverträge regierender Familien* im Jahr 1546 unter fragwürdigen Umständen in Besitz nahm. Es hatte dort auch kaum mehr zu suchen als die Preußen. Denn das städtische Bürgertum war deutsch und protestantisch, die überwiegende Mehrheit der Bevölkerung bestand aus polnischen Bauern. Immerhin galt die fruchtbare Provinz zur Zeit Maria Theresias als eine schöne Beute: reich an Rohstoffen, vor allem an Kohle, mit einer aufstrebenden Industrie und einem beispielhaft geordneten Finanzwesen.

Daß der junge König Friedrich II. von Preußen (für die deutsche Geschichtsschreibung »Friedrich der Große«) Schlesien ohne jegliche Vorwarnung überfallen hätte, wie es in den gängigen, mittels kleinerer und größerer Auslassungen zurechtgezimmerten Erzählungen heißt, stimmt mit der historischen Wahrheit nicht überein. Friedrich II., damals achtundzwanzig Jahre alt, zweifellos bis zur Aggressivität ehrgeizig und – was das Handwerk der Politik betraf – ohne Skrupel, wollte das kleine, seiner Ansicht nach zu unbedeutende und kaum noch entwicklungsfähige Territorium des Königreichs Preußen erweitern und abrunden. Das war weder neu noch ungewöhnlich. Er bot Maria Theresia als Gegenleistung für einen Teil von Schlesien, das mit Preußen eine gemeinsame Grenze hatte, seine Unterstützung in ihrem Kampf um die Anerkennung der Pragmatischen Sanktion, seine Stimme für die geplante, aber fragwürdige Wahl Franz Stephans zum römisch-deutschen Kaiser und außerdem noch die beachtliche Summe von zwei Millionen Taler. Maria Theresia, als gute Hausfrau voll und ganz auf ihre Besitztümer fixiert, lehnte den Vorschlag entrüstet ab, ohne die möglichen politischen Konsequenzen in Betracht gezogen zu haben. Nun überfiel Friedrich II. am 16. Dezember 1740 tatsächlich Schlesien, und zwar ohne Kriegserklärung, was man ihm besonders übelnahm, als hätte die bewußt versäumte diplomatische Höflichkeitsfloskel den Ausgang des Angriffskrieges auf irgendeine Weise beeinflussen können.

Die Bevölkerung Schlesiens begrüßte die Truppen des protestantischen Preußen mit Freude und Hoffnung. Denn Friedrich II. zeigte sich zu Beginn seiner Regierung als ein toleranter und aufgeklärter Monarch: gleich nach seiner Machtübernahme, am 31. Mai 1740, schaffte er die Folter ab, verbot die Hexenprozesse, schränkte die herrschaftliche Jagd auf den

* Der Erbvertrag, den Ferdinand I. aus dem Hause Habsburg einfach für nichtig erklärte, wurde zwischen Herzog Friedrich II. von Liegnitz, Brieg und Wohlau und Herzog Joachim II. von Brandenburg im Jahr 1537 geschlossen. Heute gehört Schlesien mit der ehemaligen Provinzhauptstadt Breslau (Wrocław) der Volksrepublik Polen an.

Bauerngütern, eine immense Plage der Zeit, rigoros ein und versprach, den Frondienst auf ein Mindestmaß zu reduzieren.
Der Einmarsch der Preußen traf die österreichische Armee, obwohl man die Absichten des jungen Königs in Berlin fast mühelos hätte erfahren können, völlig unvorbereitet. Die Österreicher rückten, mehr oder minder in desolatem Zustand, mangelhaft verproviantiert und mit allzuwenig Munition versehen, nur langsam gegen die straff disziplinierten, gut ausgerüsteten Einheiten der Preußen vor. Die Schlesier, Bürger wie Bauern, scheinen für die Besitzrechte Maria Theresias kein Verständnis gehabt zu haben; ein Jesuitenpater namens Rodel, der als Kaplan des österreichischen Dragonerregiments »Althan« den Feldzug mitmachte, berichtet empört: »Da muß ich nun vorläufig anmerken, wie daß uns die Inwohner dieses Landes durchaus mit scheelen Blicken gleich bei unserer Ankunft angesehen, denn der meiste Teil derer ist lutherisch, und dies sind wahrhaftig die größten Schelmen von der Welt. Sie zeugen immer recht angeborenen Haß gegen uns, geben uns wenig auch umbs Geld, und sogar die Lügen und Unwarheiten muß man aus ihrem Mund gemeinglich mit dem Stock in der Hand erpressen.«
Am 10. April 1741 erlitt die österreichische Armee (16 000 Mann, 18 Geschütze) gegen die Preußen (22 000 Mann, 60 Geschütze) bei Mollwitz, in der Nähe von Breslau, eine schwere Niederlage. Die Nachricht wirkte in München, in Madrid und in Versailles wie ein schon ungeduldig erwartetes Signal. Das Unternehmen Österreich kam ins Rollen. Am 28. Mai 1741 schlossen Bayern und Spanien, am 4. Juni Preußen und Frankreich ein Militärbündnis; Bayern und Spanien traten bei. Am 31. Juli besetzten bayrische Truppen die damals österreichische Stadt Passau, am 15. August begann der Vormarsch der vereinigten bayrisch-französischen Armeen in Richtung Oberösterreich und Böhmen. Der englische Gesandte in Wien, Sir Thomas Robinson, schildert die Reaktion im Staatsrat: »Da fielen die Minister leichenblaß in ihre Stühle zurück; nur ein Herz blieb standhaft: das der Königin selbst.«

Unternehmen Österreich

Maria Theresia handelte mehr instinktiv als überlegt. Sie sah im ganz und gar unsicheren Ungarn, das noch weit vom Schuß lag, die letzte unverbrauchte Reserve ihres Besitztums und beschloß, sofort hinzufahren, um die Magyaren durch einen gewagten persönlichen Einsatz zu mobilisieren. Die alten Ratgeber ihres Vaters, Gundakar Thomas Graf Starhemberg, 77, Alois Raimund Graf Harrach, 71, Philipp Ludwig Graf Sinzendorf, 69, und Joseph Lothar Graf Königsegg-Rothenfels, 67, rieten ab: sie könne sich bloß eine Abfuhr holen. Maria Theresia reiste trotzdem nach Preßburg und erschien am 11. September vor dem ungarischen Reichstag. Sie war sehr hübsch, trug Trauerkleider, hatte aber ihren erst sechs Monate alten Sohn, den Thronfolger Joseph, nicht am Arm, wie dies die gemalten und geschriebenen pathetischen Darstellungen ihres dramatischen Auftritts häufig der Nachwelt überliefert haben. Sie hielt eine Rede in der Amtssprache des Landes, Latein, sprach offen von ihrer großen Not, appellierte an die ritterliche Tapferkeit der ungarischen Nation und brach dabei in Tränen aus. Sie war eine gute Schauspielerin, sie konnte sich mit der Rolle der von allen verlassenen »armen Königin«, wie sie sich damals gern nannte, völlig identifizieren. Der Erfolg war stürmisch, die ungari-

Vorhergehende Seiten:
Links: Maria Theresia hoch zu Roß auf dem Krönungshügel in Preßburg. Gemälde von Fr. Moessmer und W. Pohl
Rechts: Franz Stephan mit den Vorständen seiner Sammlungen. Gemälde von Fr. Messmer und L. Kohl

»Aber keinen Hafer!«

schen Herren riefen mit gezogenem Säbel: »*Vitam nostram et sanguinem consecramus!*« (»Wir weihen unser Leben und unser Blut!«) Doch aus den hinteren Reihen, wo die Abgesandten der protestantischen Bezirke Ostungarns standen, hörte man laut und deutlich: *»sed avenam non!«* (»aber keinen Hafer!«); das hieß, keine materiellen Leistungen, keine Naturalien und auch kein Geld, ein Schönheitsfehler der großartigen Szene, der in den meisten einschlägigen Werken unerwähnt blieb. Der spontane Jubel der ungarischen Magnaten war übrigens gut vorbereitet: der Palatin (Vizekönig) Ungarns, General János Pálffy, ein getreuer Veteran der Türken- und Kuruzzenkriege, und Kardinal Imre Esterházy, Erzbischof von Esztergom, versprachen den versammelten Grundherren schon vor der Rede Maria Theresias im Namen der Königin bedeutende Konzessionen: die volle Achtung der ungarischen Verfassung, die Herabsetzung der Zölle und die Nichteinmischung in die inneren Angelegenheiten der ungarischen Herrengüter, namentlich in die lokale Gerichtsbarkeit und in die Handhabung des Frondienstes.
Die Ungarn, zweifellos auch von der gewinnenden Persönlichkeit ihrer jungen, schönen Königin begeistert, wollten eine Streitmacht von 80 000 Mann aufstellen. Letztlich zog dann, allerdings binnen kürzester Zeit, eine Reiterarmee von etwa 20 000 Adeligen ins Feld, die aber immer noch schlagkräftig genug war, um das bayrisch-französische Heer bei Sankt Pölten aufzuhalten, Linz im tiefsten Winter zu berennen, am 23. Januar 1742 zurückzuerobern und am 13. Februar – verstärkt mit Tiroler Infanterie – in München, der Hauptstadt von Bayern, einzuziehen. Die unmittelbare Gefahr war gebannt, der Zusammenbruch der habsburgischen Machtstellung verhindert. Die ungarische Geschichtsschreibung hebt auch gebührend hervor, daß die Ungarn in der Stunde der höchsten Not Maria Theresia und Österreich gerettet haben, was den Tatsachen jedoch nur bedingt entspricht. Sicherlich hatte der Erfolg vor dem ungarischen Reichstag und der Blitzfeldzug der ungarischen Reiterei die »arme Königin« psychologisch gestützt, die Einnahme Münchens die Gegner Österreichs überrascht und verwirrt. Aber die wohlwollende Neutralität der Türken, die mit ihren österreichischen Nachbarn schon recht gut auskamen und sie auch als Wirtschaftspartner schätzten, deckte den Rücken der Donaumonarchie und trug somit wesentlich zu ihrer Rettung bei. Sultan Mahmud I. lehnte das verlockende Angebot der Franzosen, den Beutezug vom Süden her mitzumachen, entschieden ab, nicht zuletzt weil der Harem, aus dem die türkische Politik ihre Impulse bezog, mit der bedrängten Frau in Wien, auch wenn sie eine Christin war, spürbar solidarisierte. Und nachdem der Kurfürst von Bayern, Karl Albrecht, am 19. Dezember 1741 in Prag zum König von Böhmen ausgerufen und am 12. Februar 1742 als Karl VII. zum römisch-deutschen Kaiser gekrönt worden war, überdachte auch Friedrich II. von Preußen die neu entstandene Lage.

Hilfe aus dem Harem

Er betrieb in der Maske des Kavaliers, der eine schwache Frau nicht bis zu ihrem vollständigen Untergang bekämpfen wollte, Realpolitik: er stellte die Operationen seiner Truppen unverhofft ein. Denn eine Großmacht Bayern, mit einem römisch-deutschen Kaiser aus München an der Spitze, erschien ihm für seine ehrgeizigen Pläne weit gefährlicher als der angeschlagene österreichische Staatsverband unter seiner »armen Königin«. Am 28. Juli 1742 wurde in Berlin zwischen Preußen und Österreich Frieden geschlossen. Friedrich II. behielt Schlesien. Der österreichische Erbfolgekrieg aber ging weiter, er nahm immer größere Dimensionen an; die Hilfe des ungarischen Adels reichte schon lange nicht mehr aus. Nun sprang England, Frankreichs Rivale im Kampf um die Kolonien, mit gewaltigen Mitteln in die Bresche. Das englische Parlament bewilligte für die Unterstützung Maria Theresias die Riesensumme von 500 000 Pfund und entsandte Truppen auf das europäische Festland. Eine sogenannte »Pragmatische Armee« aus Engländern, Holländern, Hannoveranern und Österreichern wurde aufgestellt; sie bestand aus mehr als 40 000 Mann, schlug die Franzosen am 27. Juni 1743 bei dem Dorf Dettingen in der Nähe von Aschaffenburg und verhalf Wien dadurch zu einer entscheidenden Atempause. Friedrich II. sah seine »Neuerwerbung« Schlesien gefährdet, da Maria Theresia ohne Rücksicht auf die einfachsten Regeln der Taktik offen verkündete, sie werde das verlorene Land niemals aufgeben, sondern erbittert für dieses kämpfen: »Ich will Grund und Boden haben, und es müssen alle meine Armeen, alle Ungarn totgeschlagen werden, bevor ich irgend etwas abtrete.« Um einem Angriff auf Schlesien zuvorzukommen, marschierten die Preußen, wiederum ohne Kriegserklärung, am 14. August 1744 in Böhmen ein. Am 15. September nahmen sie Prag, am 30. September standen sie bereits in Budweis. Doch die »Pragmatische Armee« hielt im Westen die Franzosen und Bayern in Schach, die Spanier führten den Feldzug auf italienischem Boden nur mit halber Kraft, die englische Flotte unter dem Ersten Lord der Admiralität, Sir George Anson of Soberton, den man ebenfalls zu den Rettern Österreichs zählen kann, setzte der französischen Seemacht schwer zu und nahm den führenden Politikern in Versailles immer mehr die Lust, sich weiterhin im Osten, in Böhmen und in Schlesien, zu engagieren. Die Österreicher räumten zwar, um ihre Kräfte nicht zu zersplittern, München, drangen aber mit etwa 80 000 Mann erfolgreich in Böhmen vor. Am 26. November zogen sie wieder in Prag ein.

Erbfolgekrieg

Maria Theresia hatte Glück: am 20. Januar 1745 starb der Kurfürst von Bayern und römisch-deutsche Kaiser Karl VII. im Alter von siebenundvierzig Jahren. Sein Nachfolger, Kurfürst Maximilian III. Joseph, ein Befürworter der Aufklärung, mehr an Wissenschaft und Kunst als an Machtpolitik interessiert, schloß bereits am 22. April 1745 in Füssen in Bayern Frieden mit Österreich, anerkannte die Pragmatische Sanktion und versprach seine Stimme bei der Wahl Franz Stephans zum römisch-deutschen Kaiser. Die Wahl ging dann ohne Schwierigkeiten vor sich, auch ohne die übliche Verteilung von Bestechungsgeldern; zumindest blieb keine Aufzeichnung darüber erhalten. Am 25. September 1745 wurde Franz I. Stephan in Frankfurt zum Kaiser des Heiligen Römischen Reiches Deutscher Nation gekrönt. Maria Theresia, im fünften Monat

Kaiserwahl

Vorhergehende Seiten:
Links: Einzug der Braut Kaiser Josephs II., Isabella von Parma, in Wien 1760. Gemälde in der Art des Martin van Meytens
Rechts: Theateraufführung anläßlich der Vermählung Josephs II. mit Isabella von Parma. Gemälde von Martin van Meytens und seiner Werkstatt (Detail)

schwanger, nahm an den Feierlichkeiten bloß als ranghöchste Zuschauerin teil; sie lehnte es, angeblich wegen der hohen Kosten, vermutlich aber weil sie politische Schwierigkeiten befürchtete, ab, zusammen mit Franz I. Stephan gekrönt zu werden. Sie war, streng nach der Rechtslage, niemals Kaiserin, sie war nur die Ehefrau eines Kaisers. Dennoch sprach man ab dem Herbst 1745 von ihr auch offiziell nur noch als von der Kaiserin, wobei man keineswegs eine römisch-deutsche, sondern *die* österreichische Kaiserin meinte und bezeichnete. Der Titel, den sie in Wirklichkeit nie besaß, bürgerte sich ins historische Bewußtsein Österreichs, aber auch in das der anderen Nationen ein. Nur Friedrich II. nannte Maria Theresia hartnäckig, nach dem geltenden internationalen Recht allerdings absolut legitim, »Königin von Ungarn«, was freilich als verfeinerter Hohn und als deutliche Herabsetzung gedacht war.

Niemals Kaiserin

Der König von Preußen ließ auch nach dem Ausscheiden Bayerns aus der antiösterreichischen Front mit unverminderter Kraft weiterkämpfen. In drei Entscheidungsschlachten, in denen die österreichischen Truppen empfindlich geschlagen wurden, am 5. Juni 1745 bei Hohenfriedberg in der Nähe von Liegnitz, am 30. September bei Soor, unweit von Trautenau, und am 15. Dezember bei Kesselsdorf, im Vorfeld von Dresden, verloren auf beiden Seiten mehr als 30 000 Soldaten ihr Leben. Über die Verluste der Zivilbevölkerung wurde in den Schlesischen Kriegen nicht Buch geführt.

Frieden von Dresden

Das englische Parlament, dem die Auseinandersetzung zwischen Friedrich II. und Maria Theresia schon viel zu kostspielig erschien, drängte auf Waffenruhe. Am 25. Dezember 1745 unterzeichneten die Bevollmächtigten Österreichs und Preußens in Dresden den neuen Friedensvertrag. Friedrich II. behielt zum zweiten Mal Schlesien, anerkannte aber die Kaiserwahl Franz I. Stephans. Auf dem westlichen Kriegsschauplatz, im Gebiet der Niederlande, und auch im Norden von Italien dauerten die Kämpfe noch zwei Jahre an. Am 18. Oktober 1748 kam dann zwischen der »Pragmatischen Partei« (Österreich, England, Holland und Sardinien) und den Verfechtern einer Neuaufteilung Österreichs (Frankreich, Spanien, das Herzogtum Modena und die Stadt Genua) der Frieden von Aachen zustande. Österreich mußte die Herzogtümer Parma, Piacenza und Guastalla zugunsten Spaniens abtreten (was die Kaiserin ungemein bedauerte), konnte aber die volle Anerkennung der Pragmatischen Sanktion durchsetzen. Maria Theresia ging als Siegerin aus dem Kampf um ihr Erbe hervor.

Als bittere Erfahrung für sie blieb aber die Erkenntnis, daß ein wichtiges Instrument ihrer Außenpolitik, die Armee, im Konflikt um Schlesien versagt hatte. Das österreichische Heer war, was seine Struktur, seinen Funktionsmechanismus und Operationsstil betraf, veraltet und schwerfällig. Maria Theresia merkte das bald. In einem Brief an den Kommandanten der Festung Neiße in Schlesien, Oberst Wilhelm Moritz Freiherr von

Zusammenkunft Josephs II. und Friedrichs II. im Lager bei Neustadt in Mähren. Zeitgenössischer Kupferstich

Roth, beklagte sie sich: »Ich sehe wohl, daß bei uns alles mit viel zu großer Langsamkeit geschieht. Sie wird immer unser Verderben sein, und man beeilt sich niemals, das zu tun, was am allernotwendigsten ist.«
Friedrich II. setzte in erster Linie auf die Infanterie, er tat es auch aus wohldurchdachten ökonomischen Gründen: ein Mann als Kampfeinheit brauchte weniger Proviant und weniger Pflege als ein Mann mit Pferd als Kampfeinheit; wobei das Pferd sich im Krieg als das bedeutend empfindlichere Lebewesen erwies. In Österreich bevorzugte man aber die Kavallerie, zum Teil aus Standesdünkel, weil die Reiterei als die vornehmere Waffengattung galt, zum Teil aus politischer Rücksicht, weil der ungari-

sche und der kroatische Kleinadel nicht bereit waren, zu Fuß in den Krieg zu ziehen. In den Regimentern machte sich sorgloses Durcheinander breit; die Kaiserin stellte in einer ihrer zahlreichen Denkschriften über den Zustand der Armee verdrossen fest: »Wer würde glauben, daß nicht das mindeste eingeführt wäre in Regul bey meinen Trouppen, ein jeder machte ein anderes manouvre in Marche, in Exercitio und in allen, einer schüssete geschwind, der andere langsam; die nemliche Wort und Befehle wurden bey einem also, bei dem andern wiederumb anders ausgedeutet ...«

Armeereform

Im Februar 1748 begann der k. k. Feldzeugmeister und spätere k. k. Feldmarschall Leopold Joseph Graf Daun (1705–1766), ein bedächtiger und vorsichtiger – für die meisten Militärhistoriker ein allzu bedächtiger und mehr als vorsichtiger – Offizier, mit der Ausarbeitung einer Heeresreform. Das »Regulament und Ordnung Des Gesamten Kaiserlich-Königlichen Fuß-Volkes« trat 1749 in Kraft. Die Infanterie wurde aufgewertet, ihre Ausbildung mittels eines gedruckten, reich bebilderten Leitfadens vereinheitlicht, der Alltag der Truppe und ihr Verhalten in der Schlacht wurden durch eine Anzahl von Vorschriften geregelt. Zwei Jahre später erließ Feldzeugmeister Daun das neue Reglement für die Kavallerie. Die Reform nützte jedoch kaum, die österreichische Armee, mit Ausnahme ihrer leichten Reiterei, blieb nach wie vor langsam und schwerfällig, ihre Disziplin von sympathischer Schlamperei und einer lässigen Humanität durchlöchert, ihre Schlagkraft durch skurril anmutende bürokratische Bestimmungen gedämpft. Kadavergehorsam und unmenschlich harter Drill, bei den preußischen und russischen Truppen üblich, fanden in das österreichische Heer keinen Eingang.

Die Regimenter bestanden aus Freiwilligen, aus Bauernsöhnen, die von Berufswerbern, die für jeden Mann eine Kopfprämie erhielten, meist unter Alkoholeinfluß zum schönen Soldatenleben überredet worden waren. Nicht zuletzt der harte Frondienst und die drückende Armut in manchen Gebieten des Landes sorgten dafür, daß das Heer laufend genug Menschenmaterial bekam; denn das Abenteuer im bunten Waffenrock erschien vielen jungen Bauern der Enge und der Hoffnungslosigkeit des heimatlichen Dorfes gegenüber als echte Befreiung. Allerdings währte der Militärdienst dann lebenslänglich beziehungsweise bis der Soldat schwer verwundet aus der Armee ausschied. Um die entlassenen Krüppel kümmerte sich niemand, sie vermehrten das große Heer der Bettler, gegen die auch die neuen Behörden Maria Theresias so gut wie machtlos waren.

Die Zahl der Invaliden nahm ständig zu. Im Dritten Schlesischen Krieg, besser bekannt unter dem Namen Siebenjähriger Krieg, prallten bereits immer größere Armeekorps aufeinander. In den mit wechselhaftem Glück geschlagenen Schlachten verlor Österreich insgesamt 303 592 Mann, 82 483 Pferde, 397 Geschütze, 89 Fahnen und eine Pauke. Und es verlor Schlesien, diesmal endgültig.

Graf Kaunitz, als Staatsmann keineswegs eine so hervorragende Gestalt, wie allgemein behauptet und geglaubt wird, verrannte sich in die Zwangs-

Leopold Joseph Graf Daun. Bleistiftzeichnung, Johann Elias Ridinger zugeschrieben

vorstellung Maria Theresias, Schlesien unter allen Umständen zurückgewinnen zu müssen. Das war ein gravierender Fehler. Kaunitz beging ihn immerhin brillant, mit viel Phantasie und mit neuen, unkonventionellen Ideen. Seine Liebe zu Frankreich wurde zur treibenden politischen Kraft. Er zog sein Konzept, das *»renversement des alliances«*, die Umkehr der Bündnisse, trotz heftigen Widerstands in Wien und in Versailles konsequent durch: nach fast dreihundert Jahren unversöhnlicher Feindschaft zwischen den Häusern Habsburg und Bourbon im Kampf um die Vormachtstellung in Europa schlossen Frankreich und Österreich am 1. Mai 1756 einen Freundschaftsvertrag, in dem auch die Zusage gegenseitiger Militärhilfe verankert war. Dem zweifellos gelungenen Schachzug von Kaunitz war eine Annäherung zwischen England und Preußen vorausgegangen, die Versailles verstimmte und für die Verhandlungen mit Wien zugänglich machte. Die politische Öffentlichkeit in London hatte sich nämlich zunehmend darüber beunruhigt gezeigt, daß das protestantische

England bereit war, das protestantische Preußen, einen möglichen und auch zahlungskräftigen Wirtschaftspartner, zugunsten des katholischen Österreich zu bekämpfen. Am 16. Januar 1756 hatten dann die Abgesandten beider Staaten die »Konvention von Westminster« unterzeichnet, in der die englische Regierung in künftigen Konflikten, in die Preußen verwickelt werden sollte, eine neutrale Haltung zusicherte. Indessen ging ein Geschenk, ein Miniaturbildnis Maria Theresias im Wert von 31 000 Gulden, an die einflußreiche Geliebte König Louis' XV., Madame Pompadour, ab, um die erste Beraterin beim französischen Hof für die Sache Österreichs zu gewinnen, es kam aber, da die Dame in Todsünde lebte, ohne den von Kaunitz bestellten und erhofften persönlichen Begleitbrief der Kaiserin in Versailles an. Die Pompadour freute sich dennoch und setzte sich fortan energisch für die Versöhnung mit dem Haus Habsburg ein.

Madame Pompadour

Friedrich II. antwortete auf den Vertrag zwischen Versailles und Wien mit einem Präventivkrieg: am 29. August 1756 marschierten seine Truppen in das mit Österreich verbündete Sachsen ein. Am 11. Januar 1757 trat Rußland und am 21. März das Königreich Schweden dem österreichisch-französischen Bündnis bei. Es gelang aber nach wie vor nicht, Preußen, das sich immer mehr zu einem Militärstaat entwickelte und von Jahr zu Jahr neue Armeen aus dem Boden stampfte, zu überrennen. England blieb nicht bei der Neutralität, es kämpfte nun, um die französischen Kolonien in Kanada zu erobern, auf der Seite Friedrichs II. Die Österrei-

Madame Pompadour mit ihrer Tochter. Kreide und Pastell von François Guérin

cher siegten zwar am 18. Juni 1757 bei Kolin* an der Elbe in Böhmen, am 14. Oktober 1758 bei Hochkirch in der Nähe von Bautzen in Sachsen und am 12. August 1759 bei Kunersdorf, einem Vorort der Stadt Frankfurt an der Oder in Preußen; Friedrich II. schrieb verzweifelt an seinen Kabinettsminister Karl Wilhelm Graf Finck von Finckenstein: »Retten Sie die königliche Familie, ich habe keine Reserven mehr, und, um die Wahrheit zu sagen, ich glaube, daß alles verloren ist.« Doch es war nicht alles verloren. Das rücksichtslos zusammengetriebene letzte Aufgebot aus den preußischen Dörfern hielt das zaghaft geführte österreichische Heer unter k. k. Feldmarschall Daun am 15. August 1760 bei Liegnitz in Schlesien und am 3. November bei Torgau, in der Nähe von Merseburg in Preußen, auf. Die Atempause half Friedrich II. kaum noch, die Wirtschaft seines Landes stand vor dem Zusammenbruch, die Versorgung der Truppen stockte, die verängstigte und ausgepreßte Bevölkerung, statt von einem aufgeklärten und toleranten König nun von einem Fanatiker des Krieges regiert, sehnte das Ende herbei und machte nicht mehr mit. Da geschah ein Wunder: Rußland ging mit seinen riesigen Vorräten an Menschen und Material in das preußische Lager über. Am 5. Januar 1762 trat in Moskau der in Kiel geborene Peter Fedorowitsch, Sohn des Herzogs Karl Friedrich von Gottorp, als Zar Peter III. die Regierung an. Er schwärmte für Friedrich II., bewunderte die preußischen Reformen, ließ nach seiner Machtübernahme die Folter abschaffen, das traditionelle russische Reiseverbot, das auch innerhalb des Reiches galt, aufheben, die Geheimpolizei auflösen und die Verwaltung nach preußischem Muster reorganisieren. Am 5. Mai 1762 schloß der neue Zar mit seinem geliebten Vorbild, dem König von Preußen, einen Bündnisvertrag und schickte ihm Elitetruppen unter seinem besten General Tschernischew zur Hilfe. Am 29. Oktober 1762 wurde die letzte Schlacht des Siebenjährigen Krieges bei Freiberg, unweit von Dresden, geschlagen. Die Preußen siegten.

Russischer Frontwechsel

Frieden von Hubertusburg

Am 15. Februar 1763 unterzeichneten die Vertreter Österreichs und Preußens auf Schloß Hubertusburg bei Leipzig den dritten Friedensvertrag zwischen den beiden kriegführenden Staaten. Seit dem Ersten Schlesischen Krieg, nach insgesamt einundzwanzig Jahren militärischer Auseinandersetzung, nach mehr als einer Million Toten auf allen Schlachtfeldern im Westen und im Osten, zu Land und zur See, nach Zerstörung, Plünderung und Hungersnot in den Kampfgebieten, hatte sich nichts geändert. Die einundzwanzig Artikel des Vertragswerks von Hubertusburg bestätigten bloß die Beschlüsse des Ersten Schlesischen Friedens aus dem Jahr 1742. Schlesien blieb ein auch von Österreich anerkannter Bestandteil des preußischen Staates.

* Nach der Schlacht von Kolin stiftete die Kaiserin den »Militärischen Maria-Theresia-Orden«, die erste und gleichsam die höchste militärische Auszeichnung des alten Österreich. Der Orden wurde allerdings nur Offizieren verliehen, die dadurch in den Ritterstand aufstiegen und eine Jahrespension auf Lebenszeit erhielten. Die weitverbreitete Auffassung, wonach die Statuten des Ordens die Auszeichnung nur für Bravourstücke im Krieg, die ohne Befehl, ja gegen einen Befehl vollbracht gewesen wären, vorgesehen hätte, ist ein Irrtum. Die von Feldmarschall Daun entworfenen Statuten legen nur fest, den Orden sollten Offiziere erhalten, die »nicht bloß nach Ehr und Pflichten ihrer Schuldigkeit ein Genügen geleistet, sondern sich noch überdies durch eine besondere tapfere Tat vor anderen hervortun ...«

Die Schlacht bei Hochkirch 1758. Gemälde von Johann Christian Brand

Maria Theresia hat den Krieg gründlich kennengelernt, und sie hatte genug von ihm. In einem Brief an ihren ältesten Sohn, dem Thronfolger Joseph, schrieb sie: »Vergesset niemals, besser ein mittelmäßiger Frieden als ein glücklicher Krieg!« Als sie während einer Periode bereits häufig wiederkehrender Anfälle von Depression daranging, die Liste ihrer Sünden und Unterlassungen zusammenzustellen, notierte sie als ihre schwerstwiegende Verfehlung »aus Stolz Krieg geführt zu haben«. Die Sorgen, Belastungen, Geburten, die noble Taktik ihren Ratgebern gegenüber, »nichts anmerken zu lassen«, die Aufregungen der Kriege und das wachsende Mitleid mit den gefallenen und verstümmelten Soldaten ihrer Armee gingen nicht spurlos an ihr vorüber. Ihr Gesundheitszustand verschlechterte sich rasch. Gerard van Swieten war sicherlich ein guter Theoretiker, aber er war ein schlechter praktischer Arzt: er fand die geradezu erschreckende Gewichtszunahme der Monarchin nicht weiter bedenklich und verordnete auch nichts dagegen. Maria Theresia konnte kaum noch gehen, in ihre Gemächer in Schönbrunn wurde sie mittels eines handbetriebenen Aufzugs hinaufgehievt und ebenfalls mittels eines handbetriebenen Aufzugs in die Kapuzinergruft hinabgelassen, wo sie am Sarg ihres Gemahls stundenlang betete.

Depressionen Maria Theresias

Der Kaiser, in Wahrheit nur der geschmeidige Ehemann einer wirklichen Kaiserin, war am 18. August 1765 im Alter von sechsundfünfzig Jahren nach einem Schlaganfall in Innsbruck gestorben. Maria Theresia betrieb mit der Anbetung des plötzlich verklärten Toten einen komplizierten, für ihre Umgebung zunehmend lästig werdenden Kult, der unter anderem aus Kleider- und Schminkvorschriften für den Hof, aus Fasttagen, Messen, Gruftbesuchen, Wallfahrten und langen Briefen bestand. Sie brach psychisch zusammen (was ihre Ärzte allerdings nicht wahrhaben wollten):

Die Lage des Königreichs Polen im Jahr 1773. Kupferstich

»Ich betäube mich mit Arbeit, bis ich keine Zeit zu denken und zu fühlen habe.« Die Tragik ihrer letzten Jahre hatte, wie alles Große und Erhabene in Österreich, auch groteske und schlicht menschliche Züge: so schnallte sie ungeniert ein kleines Schreibpult um ihren umfangreichen Leib, in dem sie Akten, Briefe und Denkschriften mit sich spazierenführte, um überall bequem arbeiten zu können. Sie sah schlecht, in einem Brief an eine ihrer alten Freundinnen, die Gräfin Rosalie Edling, beklagte sie sich darüber und schrieb: »Ich bin sehr fett, mehr als meine hochselige Mutter, auch roth, besonders seit den Blattern, aber die Füße, Brust, Augen gehen zu Grunde.« Die Freundin schickte ihr sofort ihre eigene Brille, und die Kaiserin bedankte sich postwendend: »Ich habe dein Schreiben und die Brillen bekommen, und ich danke dafür, kann aber durch diese so wenig sehen, als durch alle anderen.«

Die polnische Frage

Die fragwürdigen Ziele und Methoden einer brutalen Machtpolitik sah sie aber sehr scharf, und sie stemmte sich nun geradezu verstockt dagegen. Sie war tief beunruhigt, weil ihr Sohn Joseph II., seit dem Tod Franz I. Stephans ihr Mitregent und nominell römisch-deutscher Kaiser, von der militanten Persönlichkeit Friedrichs II. fasziniert, auf offensive Abenteuer drängte, um das Gebiet des österreichischen Länderkomplexes weiter zu vergrößern. Im Februar 1769 regte Friedrich II. die Teilung Polens unter Preußen, Rußland und Österreich an, er fand seine eigene Idee »blendend und bestechend«. Joseph II., von Fürst Kaunitz eifrig unterstützt, war bereit mitzumachen. Das katholische Königreich Polen, von einem korrupten, verkommenen Adel beherrscht, drohte in der Tat in einem politischen und wirtschaftlichen Chaos unterzugehen und bot sich für die selbsternannten »Ordungsmächte« als leichte Beute an. Im Sejm, in der polnischen Nationalversammlung, hatte jeder Abgeordnete das Recht, durch den berüchtigten Spruch »*Nie pozwalam!*« (»Ich erlaube es nicht!«) jeden Beschluß, jeden Gesetzesentwurf zu verhindern. Das Land besaß fast überhaupt keine Industrie, der Frondienst in Polen war der härteste in Europa, die Bauern vegetierten in halbverfallenen Dörfern, eine Armee existierte nicht. Dennoch widersetzte sich Maria Theresia dem Teilungsplan, sie befürchtete instinktiv, daß der willkürliche Schritt noch in den kommenden Jahrhunderten schwerwiegende Folgen haben könnte. Nach endlosen Debatten gab sie dann aber, vermutlich, weil sie sich völlig isoliert fühlte, widerwillig nach: »Placet, weil so viele und große Männer es wollen; wenn ich aber schon längst tot bin, wird man erfahren, was daraus hervorgegangen ist.« In einem Brief vom 17. Februar 1772 schrieb sie an Fürst Kaunitz: »Ich bekenne, daß zeit meines Lebens nichts so beängstiget mich gefunden. Als alle meine Länder angefochten und ich gar nicht mehr wußte, wo ich niederkommen sollte, steifete ich mich auf mein gutes Recht und den Beistand Gottes. Aber in dieser Sache, wo nicht allein das Recht auf meiner Seite nicht vorhanden, sondern auch Billigkeit und Vernunft wider mich streiten, bleibt mir keine Ruhe, vielmehr Unruhe und Vorwürffe eines Herzens übrig. Bedenk der Fürst, was wir aller Welt ein Exempel geben, wenn wir um ein elendes Stück Polen oder von der Moldau und Walachei unsere Ehre und Reputation in die Schanze schlagen. Ich bin nicht stark genug, allein die affaires zu führen, mithin lasse, jedoch nicht ohne meinen größten Gram, selbe ihren Weg gehen.«*

Teilung Polens

Am 5. August 1772 wurde in Petersburg (heute Leningrad) der Vertrag, der die Einzelheiten der Teilung Polens festlegte, unterzeichnet. Der polnische Adel leistete keinen Widerstand. Österreich erhielt Ostgalizien, Westpodolien, Wolhynien, das Gebiet um Krakau und die Herzogtümer Zator und Auschwitz, insgesamt 83 000 Quadratkilometer mit über zwei Millionen Einwohnern, meist bettelarmen polnischen und ruthenischen Bauern und Juden. Das Territorium wurde als Königreich Galizien und Lodomerien mit der Hauptstadt Lemberg (Lwów) an Österreich angeschlossen. Die moderne polnische Geschichtsschreibung vertritt heute die Ansicht, daß von den drei Besatzungsmächten (Preußen, Rußland, Österreich) die österreichische mit Abstand die humanste und toleranteste war und am meisten zur wirtschaftlichen und kulturellen Entwicklung der rückständigen Gebiete beitrug.

Die Bukowina

Am 7. Mai 1775 kam die Bukowina, ein 10 400 Quadratkilometer großes, von etwa einer halben Million Ruthenen und Rumänen bewohntes Land östlich der Karpaten mit der Hauptstadt Czernowitz an Österreich. Es war ein diplomatisches Meisterstück des jungen österreichischen Botschafters in Konstantinopel, Franz Amadeus Thugut, eines Bürgersohns aus Linz; Sultan Abdul Hamid I. trat die Bukowina als Gegenleistung für die erfolgreiche Vermittlung und diskrete finanzielle Hilfe Österreichs im russisch-türkischen Konflikt zugunsten des Hauses Habsburg ab. Das war ein schönes Geschäft, das auch der alten Kaiserin gefiel. Verzweifelt bekämpfte sie hingegen den ehrgeizigen Plan Josephs II., Österreich mit

* Nach Meinung der meisten polnischen Historiker sei der Brief Maria Theresias eine spätere Fälschung. Tatsache ist, daß man in den österreichischen Geschichts- und Schulbüchern mehrere voneinander stark abweichende Versionen des Briefes findet. Daß die Kaiserin sich jedoch der Teilung Polens verzweifelt widersetzte, kann man an Hand zahlreicher Briefe und zeitgenössischer Aufzeichnungen eindeutig nachweisen.

Bayern »abzurunden«, und wenn es nicht anders ging, dann unter Anwendung von Gewalt. Es ging nicht anders, und am Ende ging es überhaupt nicht. Im Frühjahr 1778 stellte sich Joseph II. an die Spitze der österreichischen Armee und begann die Operationen gegen Bayern. Friedrich II. wollte einem weiteren Machtzuwachs der Donaumonarchie nicht untätig zusehen und mobilisierte sofort; seine Truppen überschritten die böhmische Grenze.

Der »Kartoffelkrieg«

Maria Theresia protestierte gegen den Krieg, sie nahm sogar, wenn auch erfolglos, Geheimverhandlungen mit ihrem alten Feind Friedrich II. auf, was Joseph arg verstimmte. Der Bayerische Erbfolgekrieg, in dem verhältnismäßig wenig geschossen, dafür aber viel, vor allem auf dem flachen Land, gestohlen wurde und der daher in Preußen »Kartoffelkrieg«, in Österreich »Zwetschkenrummel« hieß, dauerte bloß neun Monate. So lustig, wie es in manchen Memoiren berichtet wird, war der bayrische Feldzug aber nicht: in Scharmützeln, durch Krankheiten und Unfälle verlor die österreichische Armee immerhin fast 20 000 Mann.

Nach einem Waffenstillstand im März schloß man am 13. Mai 1779 in Teschen (Cieszyn) in Schlesien den vierten Frieden zwischen Preußen und Österreich. Bayern blieb unabhängig, trat aber das Innviertel an Österreich ab.

Joseph II. war enttäuscht und vergrämt, Maria Theresia glücklich. Sie nannte das Vertragswerk »das nützlichste für die Monarchie«. Am 23. Mai schrieb sie an Fürst Kaunitz: »Ich habe heut gloriose meine carriere geendigt, mit einem te Deum; was wegen der ruhe meiner landen mit freuden übernommen, so schwer mir gekostet, mit seiner hilff geendigt. Das übrige wird nicht mehr in vielen bestehen.«

Tod der Kaiserin

Es bestand noch aus siebzehn Monaten qualvollen Lebens. »Ich werde völlig zu Stein; innerlich empfinde ich es«, sagte sie ihrer Tochter Maria Amalia. Sie litt an der Gicht, an Wassersucht, an Kreislaufstörungen und an Lungenemphysem (Lungenblähung beziehungsweise Verkümmerung der Lungenbläschen), das ihr übermäßig belastetes Herz schließlich zum Stillstand brachte. Am 29. November 1780, gegen neun Uhr abends, stand sie nach getaner, allerdings schon sinnloser Arbeit aus ihrem Lehnsessel auf, brach zusammen, wurde von ihren Söhnen Joseph, Ferdinand und Maximilian Franz hastig und recht ungeschickt auf ihr Bett gehoben. »Liegen Eure Majestät nicht schlecht?« fragte Joseph II. Ihr schlagfertigscharfer Mutterwitz flackerte noch einmal auf: »Ja, aber gut genug zum Sterben.« Zwei Minuten später war sie tot.

Sie erreichte ein Alter von dreiundsechzig Jahren, und sie regierte rund vierzig Jahre lang, sie formte aus ihren Ländern das Österreich, das im Bewußtsein der Welt, aber auch in manchen Phänomenen, Institutionen, Reflexen und Konturen der heutigen Republik als das Österreichische schlechthin, mit Respekt oder mit leichter Ironie betrachtet, unverkennbar weiterlebt.

Ein Volkskaiser gegen das Volk

Joseph II.

Nach dem Tod der Kaiserin schrieb Joseph II.* an Staatskanzler Kaunitz: »Das schreckliche Unglück, das mich zu Boden drückt, wird Ihnen, mein teurer Fürst, wohl schon bekannt sein. Ich habe aufgehört, Sohn zu sein, und dies war es doch, was ich am besten zu sein glaubte.« Ob er es in der Tat glaubte, ist nicht bekannt. Er war kein guter Sohn, sein Verhältnis zu Maria Theresia war von einer innigen Haßliebe geprägt; er fühlte sich zu seiner warmherzigen, von vielerlei Leiden geplagten Mutter stark hingezogen, konnte aber die alte konservative Herrscherin, die durch ihre religiösen und moralischen Skrupel seine Reformpläne und seine offensive Außenpolitik immer wieder durchkreuzte, kaum ausstehen. Hinter den Kulissen eines in der Öffentlichkeit gelegentlich zur Schau gestellten Familienidylls im Hause Habsburg-Lothringen** gab es laufend harte Zusammenstöße, gegenseitige Beschuldigungen, heimliche Winkelzüge und hektische Aussprachen. Leopold, Maria Theresias zweitältester Sohn, berichtet in seinen Aufzeichnungen mehrere Male, daß Joseph II. alles, was die Kaiserin tat, scharf kritisierte und daß er sich seiner Mutter gegenüber barsch und arrogant benommen habe: »Deshalb streiten und schreien sie immer miteinander, wobei er immer ärgerliche Dinge sagt und sie ärgert und ihr droht, weggehen zu wollen und einen Skandal heraufzubeschwören und die Mitregentschaft aufzugeben und ähnliche Dinge.«

Isabella von Parma

Nur allzukurze Zeit war es Joseph II. vergönnt, ein ungetrübtes Familienidyll zu erleben: seine Frau, Isabella von Parma, die er leidenschaftlich liebte, weil er bei ihr, einer blitzgescheiten, amüsanten Gefährtin, eine anregende Geborgenheit fand, starb im Alter von zweiundzwanzig Jahren an einer durch die Pocken verursachten Fehlgeburt. Bald darauf erfuhr aber Joseph II., daß auch dieses, das einzige persönliche Glück seines Lebens, zumindest teilweise eine peinliche Lüge war. Isabella von Parma, halb Französin, halb Spanierin, übersensibel, exaltiert, wie im Flug über ihr eigenes Dasein hinweggeweht, verliebte sich unsterblich in ihre Schwägerin Marie Christine, die schöne Tochter Maria Theresias. Sie schrieb ihr

* Geboren am 13. März 1741 in Wien, gestorben am 20. Februar 1790 in Wien.

** Seit dem Aussterben der männlichen Linie mit Kaiser Karl VI. wurde das »Erzhaus«, die regierende Familie der Habsburger, Haus Habsburg-Lothringen genannt, da Franz I. Stephan, Josephs II. Vater, aus dem Haus Lothringen stammte.

glühende Liebesbriefe und sehnte sich, da sie an der Seite eines Mannes niemals wirklich glücklich sein konnte, nach dem Tod. Als sie starb, brach der damals zweiundzwanzig Jahre alte Joseph II. zusammen, seine Umgebung bangte um sein Leben und um seine Gesundheit. Marie Christine, nicht gerade übermäßig klug, griff zu einem primitiven Heilmittel: sie zeigte ihrem Bruder die Liebesbriefe Isabellas, um Joseph II. durch den Schock wieder auf die Beine zu helfen. Die psychologische Roßkur gelang, ließ aber tiefe Spuren zurück: eine innere Starre, die Verachtung der Frauen, ja der Menschen schlechthin, Mißtrauen, zur Aggression gewordene Scham und einen bitteren Zynismus. Die zweite Ehe, von Maria Theresia und Kaunitz bereits zwei Jahre später ohne Rücksicht auf Gefühle aus politischen Gründen arrangiert, ging kläglich schief: Maria Josefa von Bayern war klein und dick, sie hatte eine unreine Haut, dünnes, rötliches Haar, schlechte Zähne und einen ziemlich beschränkten Verstand. Joseph II. sah sie nach der Hochzeit nur selten, und als sie nach zwei kalten Ehejahren achtundzwanzigjährig an den Pocken starb, nahm er die Nachricht mit einem Anflug von heiterem Gleichmut zur Kenntnis. Er weigerte sich, noch einmal für die Dynastie zu heiraten, und bevorzugte geradezu demonstrativ die kurzlebige Bekanntschaft von »niedrigen und verrufenen« Frauen aus der Vorstadt. Die Ansteckung ließ nicht lange auf sich warten. Der außerordentliche Gesandte des Königreichs Preußen in Wien, Baron Friedrich Adolf Riedesel, meldete pflichtschuldig nach Berlin: »In der Gesellschaft flüstert man einander ins Ohr, daß das Blut Seiner Majestät von einer übel verheilten Geschlechtskrankheit verdorben sei.«

Der Mensch Joseph II.

Zu einer vermutlich angeborenen Tuberkulose gesellten sich mit der Zeit Geschwüre am Kopf, eine chronische Augenentzündung, Rotlauf, Hämorrhoiden, Nierenkoliken und Gallenanfälle. Als Joseph II. nach dem Tod seiner Mutter am 30. November 1780 im Alter von neununddreißig Jahren die Alleinregierung antrat, war er ein kranker Mann; seine ursprünglich schmale Gestalt und sein längliches Gesicht wirkten wie aufgedunsen; er trug eine Perücke, weil er keine Haare mehr hatte, er hustete häufig und schlief schlecht. Doch ein an kalte Besessenheit grenzendes Sendungsbewußtsein und eine fieberhafte Arbeitswut, die mehr und mehr zum Inhalt seines Lebens wurden, halfen ihm über seine körperlichen Gebrechen hinweg, machten ihn äußerst belastbar und spornten ihn zu erstaunlichen Leistungen an.

Schon seine Zeitgenossen entwarfen von ihm ein recht widersprüchliches Bild: Joseph II. konnte anscheinend ebenso leutselig und freundlich sein wie schroff und unnahbar; man rühmte seine schlichten Umgangsformen und beklagte sich über seine gezielte Taktlosigkeit. Er war bescheiden, aber er war auch hochmütig; er war sensibel und er hatte eine dicke Haut; er gab sich oft eigensinnig und engstirnig, und er bewies immer wieder, daß er die großen Fragen seiner Zeit mit einem in Mitteleuropa beinahe einzigartigen Weitblick erfassen konnte. Er las viel, seine Bildung war mannigfaltig und fundiert, sein Sarkasmus beißend, sein Humor stets mit gesellschaftspolitischer Ironie durchsetzt. Er reiste, vor allem noch als Mitregent seiner Mutter, meist unter einem Pseudonym und ohne Gefolge, viel durch Europa; er scheute sich nicht, als gewöhnlicher Passagier

Links: Erzherzogin Marie Christine. Pastell von Jean Etienne Liotard. Rechts: Isabella von Parma. Gemälde von Jean-Marc Nattier

die Postkutsche zu nehmen und stieg in bescheidenen Herbergen ab. In Versailles logierte er in der Wohnung eines bürgerlichen Bademeisters, und auf die provokative Frage der Hofgesellschaft, was er über die gerade aktuelle revolutionäre Entwicklung in Amerika und über die republikanische Unabhängigkeitserklärung von 1776 denke, antwortete er gelassen: »Kein Zweifel, daß die Leute da drüben in mancher Hinsicht recht haben. Mein Beruf erfordert jedoch, Royalist zu sein.« Als er am 7. April 1766 den Prater in Wien, einen Jagdgrund des Hauses Habsburg, für das gemeine Volk öffnen ließ, beklagten sich einige hochgestellte Damen bei ihm, daß man in der Haupt- und Residenzstadt bald keinen Ort mehr finden werde, wo die besseren Leut' ungestört unter sich sein könnten. Joseph II. bemerkte trocken: »Wenn ich stets unter meinesgleichen sein wollte, müßte ich den ganzen Tag in der Kapuzinergruft spazierengehen.« Jüdische Kaufleute waren verpflichtet, für ihre Zugpferde eine Sondersteuer zu entrichten; sie baten die zuständige Behörde, die Abgabe zu streichen. Die Angelegenheit wurde dem Kaiser vorgelegt. »Kann man Pferde taufen?« fragte Joseph II. »Nein, das kann man nicht, Majestät«, erwiderten die Beamten. »Dann«, sagte der Kaiser, »sollte man Judenpferde und Christenpferde gleich behandeln.« Die Sondersteuer fiel.

Anekdoten und Legenden

Zahlreiche Anekdoten und Legenden, die aber meist einen wahren Kern hatten, entsprachen schon zu Lebzeiten Josephs II. der märchenhaften Wunschvorstellung der kleinen Leute von dem guten »Volkskaiser«. Er stellte sich ja in Posořitz in Mähren hinter den Pflug eines Bauern und zog im Schweiße seines majestätischen Angesichts die Furchen, um Arbeit und Landmann zu ehren, und er ruderte mit einem Kahn über die reißende Donau, um in der Roßau in Wien Familien, die von Überschwemmung bedroht waren, Hilfe zu bringen. Dennoch schwankte das Urteil der Nachwelt über ihn, je nach Zeitgeist und politischer Überzeugung, zwischen Bewunderung für den größten Staatsmann der österreichischen Geschichte und Verdammung des schwarzen Schafes im Hause Habsburg, das die Monarchie bereits im 18. Jahrhundert systematisch zerstören wollte.

Sein Leben und sein Wirken lieferten für beide extreme Auffassungen Stoff und stichhaltige Beweise genug. Joseph II. befreite die Bauern von ihrem Sklavendasein, er hob mit dem »Untertanenpatent« vom 1. November 1781 die Leibeigenschaft auf; die Bauern durften ihren Wohnort frei wechseln, sie durften ohne Bewilligung ihres Grundherrn heiraten, und sie durften einen Beruf ergreifen. Der Kaiser schrieb vor, daß jeder Bauer von seinem Bruttoeinkommen 70 Prozent für sich behalten und nur 17 Prozent als Robotablösung dem Grundherrn und 13 Prozent als Steuer dem Staat abliefern sollte (Steuerdekret vom 10. Februar 1789). Aber er war der einzige Habsburger, der den Handel mit Negersklaven billigte und förderte. Diese unrühmliche und daher auch vergessene Episode der österreichischen Geschichte spielte sich in den Jahren 1780 bis 1784 ab: das Handelshaus Romberg transportierte die menschliche Ware unter österreichischer Flagge mit zehn Schiffen, die pro Fahrt insgesamt fünftausend Neger in Ketten an Bord nahmen, von der Goldküste Afrikas nach Amerika. Joseph II. verlieh Gisbert Romberg, dem Chef des Unternehmens, in Anerkennung seiner erfolg- und ertragreichen Tätigkeit die Baronie. Kritik über das fragwürdige Geschäft wurde niemals laut.

Bauernbefreiung

Sklavenhandel

Der Kaiser duldete keine Kritik. Nach seinem Regierungsantritt schaffte er zwar die Zensur sofort ab, als aber die ersten Schmähschriften über ihn erschienen, führte er sie wieder ein und verschärfte sie sogar. In seinen Ansichten, Theorien und Zielen war er zweifellos ein Vorkämpfer des Liberalismus und der Demokratie; in der Handhabung der autoritären Machtinstrumente jedoch ein Mann der Diktatur. Dabei sah er sich nicht als einen Kaiser von Gottes Gnaden, sondern als den ersten Diener des Staates (die Definition entlieh er von seinem Vorbild, dem Preußenkönig Friedrich II.), aber er bestand darauf, als unumstrittener Alleinherrscher akzeptiert zu werden. Die Devise des aufgeklärten Absolutismus, die man auch als die Devise seiner von der Geschichtsschreibung als »Josephinismus« bezeichneten Regierungszeit gelten lassen kann, lautete: »Alles für das Volk, aber nichts durch das Volk.« Die Revolution Josephs II. sollte von oben, auf dem verordneten Weg der Zwangsbeglückung stattfinden, und das war, noch vor der Französischen Revolution, vor dem Auftreten eines Robespierre und eines Napoleon, völlig neu; ein Konzept, das im zwanzigsten Jahrhundert dann alle totalitären Staaten und Diktaturen, unabhängig von ihrer Ideologie, zur Grundlage ihrer politischen Praxis gemacht haben. Joseph II., der Erfinder der Methode, vermied allerdings das Blutvergießen; das Volk sollte nicht über Leichen in das irdische Paradies eines utopischen Wohlfahrtstaates gehen.

Zwangsbeglückung

Mit dem »Patent über die Bestrafung der Untertanen und das Verfahren bei ihren Beschwerden« (1. September 1781) schaffte der Kaiser die Todesstrafe ab. Doch in den Sumpfgebieten Südungarns wurden Strafkolonien eingerichtet, mobile Konzentrationslager, deren Insassen unter unmenschlichen Bedingungen schwerbeladene Schiffe donauaufwärts ziehen mußten. Sie starben reihenweise, um die Verbesserung ihrer Behandlung und Ernährung kümmerte sich niemand. Dafür, daß die Schiffsunternehmer stets genug Häftlinge erhielten, sorgte eine neue, bis dahin unbe-

Strafrechtsreform

kannte Organisation der Ordnungsmacht: die geheime Polizei. Joseph II. verstand nicht, warum seine Untertanen ihn nicht verstehen wollten und warum sie sich hartnäckig gegen seine Reformen wehrten. Er war gekränkt und verdrossen, und als er sah, daß das vernünftige Argument, das gute Beispiel nichts nützten, ließ er jegliche Opposition systematisch unterdrücken. Johann Anton Graf Pergen, der berüchtigte Leiter der Polizei, arbeitete mit einer großen Schar von Agenten, Konfidenten und Provokateuren zum Teil völlig im dunkeln; der nach außen hin unsichtbare Apparat wuchs rasch, kontrollierte zunehmend alle Bereiche des öffentlichen und privaten Lebens, wurde jedoch von keinem Amt, von keiner Behörde oder Institution kontrolliert. Der erste Polizeistaat der europäischen Geschichte entstand, um eine Revolution der Vernunft, der Wohlfahrt und der Toleranz mit den suspekten Methoden einer Diktatur zielbewußt durchzuführen.

Polizeistaat

Auf die im vertrauten Geflecht von mittelalterlichen Rechtsnormen, veralteten Glaubensvorstellungen und zur heiligen Tradition gewordenen Bräuchen eingesponnenen Untertanen prasselte eine Flut von bis dahin unvorstellbaren Gesetzen und Verordnungen nieder. Sie entsprangen durchwegs neuen, fortschrittlichen Gedanken über den Menschen, über die Gesellschaft, über die Religion und über den Staat. Es waren, mit wenig Ausnahmen, kluge und humane Erkenntnisse, die im gesamten Abendland erst hundert Jahre später zum Durchbruch gelangen konnten.

Schon das Steuerdekret des Kaisers setzte neue gesellschaftspolitische Signale: »Alle Zahlungen sollen voll und ganz auf einer Grundsteuer beruhen. Es wäre gegen Anstand und alle besten Prinzipien, dabei Stand und Rang des Besitzers zu berücksichtigen und irgendwelche Unterschiede zu machen ...« Im Strafverfahren wurde die Unabsetzbarkeit der Richter eingeführt, die Sippenhaftung aufgehoben. Güter beziehungsweise Vermögen der Verurteilten wurden nicht mehr konfisziert. Joseph II. verbot, die Gefangenen in den Zellen in Ketten zu legen, und er ordnete an, daß minderjährige Verbrecher von den erwachsenen Sträflingen zu trennen seien: »Kinder sind künftig in einem ganz besonderem Behältnisse, unter der Aufsicht eines Wächters aufzubewahren, damit sie sich nicht mit berüchtigten Verbrechern in einem nämlichen Arrest befinden und von solchen nicht noch mehr zum Bösen angeleitet oder wohl gar von ihnen mißbraucht werden.« Das war der, wenn auch zaghafte, Anfang eines gesonderten Strafvollzugs für Jugendliche, nicht nur in Österreich, sondern in ganz Europa. Ebenfalls im josephinischen Österreich erschienen das erste Mal in der Geschichte Verordnungen, die sich mit der immer häufiger um sich greifenden Kinderarbeit befaßten. Joseph II. wollte die Kinderarbeit zwar nicht abschaffen – er sah in ihr sogar eine nützliche Variante der Erziehung –, aber er kümmerte sich wenigstens um das Los der Minderjährigen, die von den Fabrikanten neben den frei gewordenen Bauern als die billigsten und oft auch als die willigsten Arbeitskräfte recht gern beschäftigt wurden. Die kaiserlichen Dekrete schrieben vor, daß Kinder unter acht Jahren nicht »ohne besondere Not« der Eltern in die Fabrik geschickt werden durften und daß der Fabrikant einige einfache hygienische Regeln im Betrieb und im Quartier befolgen und somit auf die Gesundheit der minderjährigen Arbeitnehmer achten mußte.

Kinderarbeit

Am 10. Oktober 1781 erließ Joseph II. das »Toleranzedikt«, das Protestanten, Lutheranern und Calvinisten sowie den Griechisch-Orthodoxen Religionsfreiheit und ihre staatsbürgerliche Gleichstellung mit den Katholiken zusicherte. Auch die Juden wurden von ihrem Gettodasein befreit. Der Kaiser hob die im Lauf der Jahrhunderte ihnen auferlegten menschenunwürdigen Beschränkungen auf und verkündete zugleich:

Gleichstellung der Juden

»Ohne weitere Modalität soll der Jude als Staatsbürger zu allem verwendet werden, was anderen obliegt.« Um ihre Eingliederung in die Gesellschaft zu erleichtern, mußten sie deutsche Familiennamen annehmen. Die orthodoxen Juden, vor allem im polnischen Galizien, die von einer Emanzipation nichts hören wollten, weigerten sich jedoch, der kaiserlichen Anordnung Folge zu leisten. Sie wählten keine deutschen Namen und erhielten also welche auf dem Amtsweg von den lokalen Behörden. Die zuständigen Beamten dachten dabei nicht lange nach, sie teilten den Juden die einfachsten Namen wie Grün, Gelb, Schwarz und Weiß zu; manche von ihnen ließen allerdings ihrer spöttischen oder gar poetischen Neigung freien Lauf: die Juden in den österreichischen Ländern hießen nun auch Grünspan, Mandelbaum und Rosenzweig.

»Civil-Ehe«

Mit der Einführung der sogenannten »Civil-Ehe« (»Ehepatent« vom 16. Januar 1783) stand der Gründung einer Familie nicht mehr ausschließlich die Kirche als Vertreter des Himmels, sondern auch der Staat als oberster Wohltäter auf Erden gesetzlich Pate. Eine Scheidung beziehungsweise die Wiederverheiratung geschiedener Eheleute war dadurch – zwar eher theoretisch als praktisch – möglich geworden. Es war nicht der erste schwere Eingriff des Kaisers in den bis dahin unumstrittenen Machtbereich der katholischen Kirche. Am 29. November 1781 verfügte Joseph II. die Aufhebung von Orden beziehungsweise Klöstern, die sich nicht einer für die Gesellschaft nützlichen Tätigkeit, wie Krankenpflege oder Jugenderziehung, widmeten. Kartäuser, Kamaldulenser, Eremiten,

Aufhebung der Klöster

Pauliner, Klarissen, Kapuzinerinnen, Franziskanerinnen, Dominikanerinnen, Benediktinerinnen und Coelestinnen mußten ihre Häuser räumen. Aber von den insgesamt 2163 Klöstern in Österreich wurden nur 359, also nicht ganze 17 Prozent, säkularisiert, in den Besitz des Staates übernommen, und fortan als Kasernen, Militärdepots, Spitäler, Irrenhäuser und auch als Wohnblöcke für Fabriksarbeiter verwendet.* Das eingezogene Vermögen der aufgehobenen Orden floß in einen Religionsfonds, aus dem neue Kirchenbauten finanziert und die staatlich festgesetzten Gehälter der Priester bezahlt wurden.

Joseph II. war keineswegs, wie oft fälschlich behauptet wird, ein heimlicher Atheist, und er war auch kein Gegner der katholischen Religion. Doch die gewaltigen und seiner Ansicht nach veralteten Machtstrukturen der Kirche reizten seinen Reformeifer, er wollte die weltlichen Funktionen der allgegenwärtigen Organisation verbessern, sie in den Dienst der gesellschaftlichen Entwicklung stellen. So wurden auf seinen ausdrücklichen Wunsch hin die Pfarrer angewiesen, in ihre Sonntagspredigten auch nützliche Hinweise für die Erhaltung der Gesundheit, für die Bekämpfung von

* Daß Joseph II. alle Klöster beziehungsweise »mindestens die Hälfte« oder »mehr als 500« schließen ließ, ist ein weitverbreiteter Irrtum.

Papst Pius VI. im Gespräch mit Joseph II. Stich von A. Poggioli, nach einem Gemälde von G. Beys

Tierseuchen und für die Förderung der landwirtschaftlichen Produktion einzuflechten. Der Kaiser ließ in entlegenen Gegenden neue Kirchen bauen, da er die Meinung vertrat, daß die Bauern binnen einer Stunde ihr Gotteshaus erreichen sollten, um ihre kostbare freie Zeit nicht durch einen überlangen Anmarschweg zur Messe zu verschwenden. Wallfahrten zu den Gnadenorten, für Joseph II. unnütze Überbleibsel heidnischen Aberglaubens, wurden drastisch eingeschränkt.

Papst Pius VI. in Wien

Der rücksichtslose Einbruch in den Machtbereich der Kirche hatte Rom alarmiert. Im März 1782 reiste Papst Pius VI. nach Wien, um den Kaiser zum Einlenken zu bewegen. Er blieb, von der Bevölkerung umjubelt, ganze vier Wochen in der Haupt- und Residenzstadt, verhandelte zäh, drohte am Ende mit Gottes schwerer Hand, die den Herrscher in der Blüte seines Lebens in den Abgrund stoßen werde, erreichte jedoch nichts. Er hielt sich noch in Wien auf, als Joseph II. schon zum nächsten Schlag ausholte: Am 3. April 1782 erließ der Kaiser ein »Regierungs-Circular« über die neue Ordnung der Totenbestattung in den österreichischen Ländern. Der medizinisch gebildete Monarch verbot aus hygienischen Gründen die Beisetzung der Toten mitten in Ortschaften, in und um den Kirchen; Familiengrüfte mußten aufgelassen werden. Joseph II. untersagte auch die Verwendung von Särgen, da man seiner Meinung nach kein teures Holz vergeuden und den natürlichen Verwesungsprozeß durch das widerstandsfähige Material nicht verlangsamen sollte. Die Leichen mußten, mit Kalk bestreut, in Leinensäcken eingenäht begraben werden. Wenn die Hinterbliebenen unbedingt einem Sarg folgen wollten, mußte das eine gemeindeeigene Mehrfach-Totentruhe sein. Sie diente bloß als Requisit, denn sie hatte einen beweglichen Boden, der wie eine Falltür funktionierte. Nachdem der Tote im Gemeinschaftssarg in die Grube gelassen wurde, betätigte der Totengräber mittels Seilen eine einfache mechanische Vorrichtung: der Boden öffnete sich, die Leiche blieb im Grab

Totenverordnung

liegen, den Sarg zog man wieder hinauf und desinfizierte ihn mit Kalk für den nächsten Einsatz. Der Kaiser entwarf auch Richtlinien für die Vereinfachung der Totenfeier und für die Gestaltung der Gräber. Die Verstorbenen mußten nachts auf das neue, meist außerhalb des Ortes zur Verfügung gestellte Friedhofsgelände gebracht und ohne jeglichen Prunk und Pomp bestattet werden. Die Gräber waren genormt: Schachtgräber, ohne Schmuck und Zierat, »6 Schuh tief und 4 Schuh breit« (etwa 1,80 Meter tief und 1,20 Meter breit).

Rückschläge

Die neue Friedhofsordnung des Kaisers, sein Versuch, auch den Tod zu verstaatlichen und das Gleichheitsprinzip der Aufklärung für Leichen der Armen und der Reichen, der Knechte und der Grafen zwingend zu verordnen, löste in allen Schichten der Bevölkerung Entsetzen und Empörung aus. Da man nicht ganze Dörfer, ja ganze Städte arretieren konnte, stand auch die geheime Polizei der schwelenden Rebellion machtlos gegenüber. Joseph II. sah ein, daß er zu weit gegangen war, und trat, von der vermeintlichen Dummheit seiner Zeitgenossen bitter enttäuscht, den Rückzug an: »Da sehr viele Untertanen die Gründe für die Vorschriften betreffend der Leichensäcke nicht verstehen wollen, die doch nur in Anbetracht der raschen Verwesung mit Rücksicht auf die Gesundheit der Bevölkerung erlassen wurden, und da die Wiener eine so große Sorgfalt für ihre Leiber auch noch nach ihrem Tode äußerten, ohne zu bedenken, daß sie alsdann nichts als stinkende Kadaver wären, so ist mir nichts weiter daran gelegen, auf was für eine Art sie künftig begraben sein wollten.«
Es war seine erste empfindliche Niederlage. Bald folgten weitere, die viel schwerer und viel bedeutender ausfielen als die vergrämte Kapitulation vor dem barocken Totenkult. Nach einem entschlossenen Vorstoß gegen die alten feudalen Rechte des Königreichs Ungarn, den er zum Zweck der Demokratisierung und der Vereinheitlichung des gesamten österreichischen Länderkomplexes unternahm, erzwang der ungarische Adel durch einen jahrelangen hartnäckigen Widerstand die totale Aufgabe des Vorhabens. Joseph II. ließ sich weder in Böhmen noch in Ungarn krönen, er hielt von solchen prunkvollen Zeremonien nicht viel, und er wollte seine Reformpläne durch den Krönungseid nicht beschränken oder gar lahmlegen lassen. Die Böhmen nahmen die Weigerung des Herrschers mehr oder minder gleichgültig zur Kenntnis. Die Ungarn gerieten in hellen Aufruhr: Joseph II. habe die Nation tief beleidigt. Er habe sie auch bestohlen, hieß es. Denn er befahl, die Heilige Stephanskrone, die für ihn weder das hohe Symbol aller Rechte Ungarns noch das seiner Freiheit und Unabhängigkeit, sondern bloß ein kostbares Juwel war, nach Wien zu bringen und in der Schatzkammer des Hauses Habsburg-Lothringen aufzubewahren. Er hob die alte Komitatsverfassung auf und teilte Ungarn in zehn neue Verwaltungsbezirke, schaffte die lateinische Amtssprache ab und ersetzte sie durch die deutsche, was die Ungarn fälschlich als einen gewaltsamen Akt der Germanisierung betrachtet und bekämpft haben.
Doch Joseph II. wollte weder die Ungarn noch die Böhmen zu Deutschen machen; er förderte die deutsche Sprache bloß, weil er für den zentralistisch regierten übernationalen Staat nach einem gemeinsamen Kommunikationsmittel, nach einer gemeinsamen Amts- und Kommandosprache suchte. Für ihn war naheliegend, die deutsche zu wählen. Die Gründung

eines deutschsprachigen »Hof- und Nationaltheaters« in Wien (23. März 1776), des späteren Burgtheaters, war auch mehr eine politische als eine kulturelle Tat, ebenso wie die Verordnung, an den Universitäten, an den Ausbildungsstätten von verläßlichen Beamten, die Vorlesungen fortan anstatt in Latein in Deutsch zu halten.

Die patriotische Empörung des ungarischen Adels hatte handfeste wirtschaftliche Gründe. Die Großgrundbesitzer hielten die allgemeine Steuerpflicht für eine Nationalkatastrophe, ebenso wie die Bauernbefreiung, die ihnen die billigen Arbeitskräfte wegzunehmen drohte. Die Abwanderung vom Dorf in die Industrie war in Böhmen, wo binnen weniger Jahre zahlreiche neue Großbetriebe entstanden, bereits spürbar geworden. Die Bauern zeigten nun überall mehr Selbstbewußtsein und forderten von der Herrschaft die ihnen vom Kaiser zugebilligten Rechte. Die Ungarn drohten mit dem Aufstand. Sie verhandelten mit preußischen Agenten über einen möglichen Zweifrontenkrieg gegen das Haus Habsburg. Joseph II., von seinen verschiedenen Krankheiten nicht nur physisch, sondern zunehmend auch psychisch geschwächt, war schon zu müde, den Kampf aufzunehmen. Er gab nach. Krönen ließ er sich zwar nicht, er schickte aber die Heilige Stephanskrone nach Ungarn zurück und setzte all seine Patente und Dekrete, Verordnungen und Verbote, die das Königreich Ungarn betrafen, außer Kraft, allerdings mit Ausnahme des »Toleranzediktes« und einiger Schutzmaßnahmen für die bedrängten Bauern.

Aufstand in Belgien

In Belgien, das damals noch im Besitz des Hauses Habsburg war, brach, vornehmlich wegen der kirchenfeindlichen Reformen des Kaisers, der Aufstand tatsächlich aus. Am 24. Oktober 1789 begann der bewaffnete Kampf gegen die österreichische Besatzungsmacht. Am 13. November zogen die Belgier in Gent ein, am 1. Januar 1790 hielten ihre Delegierten in Brüssel eine verfassunggebende Versammlung ab. Am 11. Januar 1790 wurden die »Vereinigten Staaten von Belgien« ausgerufen.

Die Lage in Belgien war schon Jahre hindurch recht gespannt gewesen. Denn der Kaiser versuchte bereits 1784 das Land, freilich, wie immer, ohne die Bewohner zu befragen, gegen Bayern einzutauschen. Das politische Geschäft mit dem Kurfürsten Karl Theodor kam zwar nicht zustande, weil Friedrich II. von Preußen die deutschen Kleinstaaten gegen den Plan mobilisierte, machte aber in Belgien einen äußerst schlechten Eindruck. Joseph II., als aufgeklärter Freund des Volkes, verlor in Brüssel und in Gent jedweden Kredit.

Rücksichtslose Außenpolitik

Seine Außenpolitik war in der Tat rücksichtslos und rückständig, von den Ideen der Aufklärung findet man darin keine Spur. Er wollte Gebiete gewinnen oder abrunden und schreckte dabei auch vor einem Angriffskrieg nicht zurück; er hätte gern den erfolgreichen Feldherrn gespielt, sich auf dem Schlachtfeld dem Preußenkönig Friedrich II. ebenbürtig gezeigt, aber er hatte für militärische Operationen keine glückliche Hand. Dennoch trug er mit Vorliebe den bunten Rock der Soldaten, er war es, der im Hause Habsburg die Generalsuniform als das alltägliche Amtskleid des Kaisers einführte.

Am 9. Februar 1788 erklärte Joseph II., zwar als Verbündeter der Russen, aber völlig unmotiviert und, was das politische Gleichgewicht im südosteuropäischen Raum betraf, eindeutig gegen die Interessen der österrei-

chischen Länder, dem türkischen Reich den Krieg. Er leitete die Offensive vorerst selber, seine Truppen erlitten aber am 28. August in der Schlacht von Mehadia im Banat (heute Rumänien) und am 20. September bei Lugos, ebenfalls im Banat, schwere Niederlagen. Am 8. Oktober 1789 gelang es Feldmarschall Gideon Ernst von Laudon (1717–1790), einem zugereisten Livländer, Belgrad zu erobern. Das Ende des Krieges, den Frieden von Sistowa an der Donau (heute in Bulgarien), der am 4. August 1791 unterzeichnet wurde und in dem Österreich auf alle eroberten Gebiete im türkischen Reich verzichtete, erlebte Joseph II. nicht mehr. Er starb, vermutlich an der Tuberkulose, im Alter von achtundvierzig Jahren am 20. Februar 1790 in Wien. Einige Tage vor seinem Tod schrieb er noch an die russische Zarin Katharina II. die erschütternden Worte: »Ich habe immer nur gewollt . . .«
Fürst Kaunitz, der alte Fuchs, bemerkte zynisch nach einem kurzen Besuch bei dem in Generalsuniform aufgebahrten Toten: er sei zum erstenmal seit Jahren dem Kaiser mit einem Gefühl der Erleichterung gegenübergetreten. Und Johann Wolfgang von Goethe, Dichterfürst der Deutschen und Minister im deutschen Fürstentum Weimar, bezeichnete den verstorbenen Joseph II. »als besonders einflußreiches Glied jener Gruppe von Großen, deren Vorgang schließlich zum Sansculottismus* führt. Diese verneinen einen naturhaften sozialen Wesensunterschied zwischen hoch und niedrig, sie werfen die äußere Form geflissentlich weg, stellen die Maxime auf, daß ein Regent nichts als der erste Staatsdiener sei, und so geht diese Sinnesart weiter, bis der König von Frankreich sich selbst für einen Mißbrauch hält«.

* Sansculotten, aus dem französischen *sans-culottes*, die »Hosenlosen«, beziehungsweise Leute, die aus niedrigem Stand stammten und daher keine Culotten, keine eleganten Kniehosen, trugen. Zur Zeit der Französischen Revolution wurden die Proletarier beziehungsweise die radikalen Revolutionäre Sansculotten genannt.

Die Kunst des Überlebens

Österreich im Schatten Napoleons

Der König von Frankreich, Louis XVI., hielt sich selbst keineswegs für einen Mißbrauch. Der fünfunddreißig Jahre alte Monarch, nur mäßig begabt und lückenhaft gebildet, ein leidenschaftlicher Jäger und tüchtiger Amateurtischler, unter dem Einfluß seiner traditionellen Erziehung und seiner korrupten Umgebung in einem schon weltfremd gewordenen Konservativismus verhaftet, kämpfte ebenso verstockt wie stümperhaft um die Erhaltung seiner absoluten Macht. Denn im Sommer und im Herbst des Jahres 1789 brach in Frankreich in mehreren Etappen die Revolution aus. Die infolge von Mißernten regelmäßig wiederkehrenden Hungersnöte hatten einen beachtlichen Teil der Bevölkerung für die in Tausenden und aber Tausenden Flugschriften verbreiteten Ideen der Aufklärung empfänglich gemacht. Der neue, geradezu springflutartige Informationsfluß, von der Obrigkeit zunächst arg unterschätzt, legte auch die vom übrigen Land hermetisch abgeschlossene Märchenwelt der königlichen Residenz von Versailles bloß: ein für den Durchschnittsmenschen unvorstellbar leichtes und süßes Leben, von raffiniertem Luxus und maßloser Verschwendungssucht geprägt, von einem zum Selbstzweck gewordenen Regierungssystem getragen, das sich für die Nöte und Wünsche der Untertanen blind und taub erwies.

Die Französische Revolution

Der Staatsbankrott wurde zum Dauerzustand. Hofclique und Hochadel brachten jeden Reformversuch empört zu Fall, um von ihren nahezu unbegrenzten Privilegien nicht ein Jota preisgeben zu müssen. Doch der Druck von unten nahm spürbar zu, und so entschloß sich die Regierung im Frühjahr 1789 zu einem halbherzigen Ablenkungsmanöver. Der König gab der Einberufung einer Ständeversammlung, die über die Finanzkrise des Staates und über eine Steuerreform beraten sollte, seine allerhöchste Zustimmung. Die folgenschwere Entwicklung, die daraus entstand, war im taktischen Plan des Hofes, der auf Verzögerung aufgebaut war, allerdings nicht vorgesehen: der sogenannte dritte Stand der Intellektuellen, Bürger, Bauern und niederen Geistlichen konstituierte sich als Nationalversammlung, um für Frankreich eine neue Verfassung auszuarbeiten. Das ging freilich, nach Ansicht der regierenden Gesellschaft von Versailles, zu weit. Marie Antoinette, die vierunddreißig Jahre alte Königin, Tochter der Kaiserin Maria Theresia, strahlender Mittelpunkt des vergnügungs- und verschwendungssüchtigen Hofes, im Volksmund nur noch

Marie Antoinette mit ihren Kindern. Gemälde von Elisabeth Vigée-Lebrun

»Madame Déficit« genannt, forderte rasche und harte Gegenmaßnahmen: statt Verhandlungen mit den selbsternannten Volksvertretern die reinigende Kraft der Bajonette.

Louis XVI. ließ um die Hauptstadt Truppen zusammenziehen, um die frech gewordene »Nationalversammlung« auseinanderzujagen. Daraufhin griffen am 14. Juli 1789 einige hundert Pariser die Bastille an, das Staatsgefängnis am östlichen Stadtrand, verhaßtes Symbol der königlichen Willkür. Der Sturm auf die Bastille, in den Augen der Zeitgenossen eine unbedeutende Episode des heißen Sommers von 1789, wurde später zum heroischen Beginn der Französischen Revolution hochstilisiert. Am 14. Juli befanden sich in der Bastille, wohl rein zufällig, überhaupt keine politischen Gefangenen; nur sieben Häftlinge saßen in den recht bequem eingerichteten Zellen: vier Geldfälscher, ein Sittlichkeitsverbrecher und zwei Geisteskranke. Die Wache bestand aus alten Kriegsveteranen, meist Invaliden, ihr Kommandant, der sanftmütige und korrupte Marquis de Launay, der bei dem Sturm getötet wurde, galt als käuflicher Wohltäter der Gefangenen.

Sturm auf die Bastille

Die Französische Revolution brach erst am 5. Oktober 1789 aus, als das Pariser Proletariat, wegen der Lebensmittelknappheit und der exorbitant hohen Brotpreise in Wut geraten, nach Versailles marschierte, in das Schloß eindrang und die königliche Familie mehr zwang als bat, nach Paris zu übersiedeln, um die Probleme des niederen Volkes an Ort und Stelle zu studieren und zu lösen. Es waren vor allem verzweifelte Frauen, die sich auf den Weg machten, die Frauen der schlecht bezahlten Arbeiter in den Manufakturen, Wäscherinnen, Schneiderinnen, Ladenmädchen, aber auch Prostituierte; diese schlossen sich dem Demonstrationszug in hellen Scharen an, übernahmen dann, in nicht gerade zimperlichem Ton, die Führung, wobei sie sich, das erste Mal in der langen Geschichte ihrer

Marsch der Frauen

verachteten Zunft, als gleichberechtigte Menschen, die für das Wohl der Allgemeinheit in den Kampf ziehen, fühlen konnten.

Die Armee des Königs blieb überraschend passiv; die Soldaten weigerten sich, auf kreischende Weiber zu schießen. Die königliche Familie, angewidert und entsetzt, gab der Drohung nach: sie fuhr, von den Frauen bejubelt, nach Paris. Damit war die absolute Monarchie bereits gestürzt, die konstitutionelle jedoch, die mittels einer Verfassung regieren sollte, von vornherein nicht handlungsfähig. In den Straßen der französischen Hauptstadt herrschte nun das niedere Volk, auch der Pöbel, wie immer, wenn die Welt aus den Fugen geriet. Doch dies war für den Umsturz vorerst nicht bezeichnend. Das Wichtige, das Historische geschah in der vom Pöbel geretteten Nationalversammlung: diese verkündete in einer »Erklärung der Rechte des Menschen und des Bürgers«, die deutlich dem amerikanischen Vorbild nachgezeichnet war, schier Ungeheuerliches: »Die Menschen werden frei und gleich an Rechten geboren, und sie bleiben es.«

Ruhe in Österreich

Die Kunde davon erreichte bald auch die österreichischen Länder, zeigte jedoch so gut wie keine Wirkung. Die Reformpolitik Maria Theresias und Josephs II., eine mehr oder minder zaghafte und behäbige Revolution von oben und auf Raten, baute, im Gegensatz zu Frankreich, eine Menge von gefährlichem Zündstoff rechtzeitig ab; Bauern, Bürger, Beamte und Offiziere hatten den Eindruck, in einem wohlgeordneten und fortschrittlichen Staat zu leben. Ein Blick nach dem türkischen Reich, nach Polen oder Rußland bestärkte sie in ihrer Meinung, in Österreich herrschten beinahe schon die idealen Zustände einer fürsorglichen Aufklärung. Einige der als übereilt, gottlos oder gar verrückt angesehenen Reformen Josephs II., vor allem sein Frontalangriff auf die kirchlichen Institutionen und Bräuche, sein kurioses Vorgehen gegen den Totenkult hielten auch die einfachen Menschen vor allzu intensiven revolutionären Erneuerungen zurück. Unter Freiheit verstand man daher meist die Beibehaltung der Hierarchien und Traditionen, ja oft die Wiederherstellung der von Joseph II. rücksichtslos bekämpften alten Ordnung. Die Nachrichten über die blutigen Zusammenstöße in Paris, über Mord, Plünderung und sittlichen Verfall trugen auch dazu bei, daß die Bevölkerung im Reich der Habsburger keinen jähen Umsturz herbeigesehnt hatte.

Leopold II.

Bei Hof sah man zunächst keinen Grund, wegen der prekären Lage des Hauses Bourbon besonders beunruhigt zu sein. Der Nachfolger Josephs II., sein um sechs Jahre jüngerer Bruder Leopold II.*, betrachtete die Revolution vorerst als eine innere Angelegenheit Frankreichs, obwohl seine Schwester, die Königin Marie Antoinette, ihn bereits um Hilfe bat. Er weigerte sich zu intervenieren. In einem Brief schrieb er nach Paris: »Ich habe eine Schwester, die Königin von Frankreich. Aber das Heilige Reich hat keine Schwester, und Österreich hat keine Schwester. Ich darf einzig handeln, wie das Wohl der Völker gebietet, und nicht nach Familieninteressen.«

Dabei spielte gewiß auch die kühle Überlegung eine Rolle, daß die Wirren in Frankreich die Macht des Rivalen und potentiellen Feindes im We-

* Geboren am 5. Mai 1747 in Wien, gestorben am 1. März 1792 in Wien.

sten zumindest für eine Zeitlang aushöhlen würden, was Österreich keineswegs schaden könnte. Leopold II. war, anders als seine Mutter Maria Theresia und sein Bruder Joseph II., ein weitsichtiger, geschickter Außenpolitiker, dem es binnen erstaunlich kurzer Zeit gelang, Gegner durch fast ausschließlich friedliche Mittel auszuschalten und die internationale Stellung des Habsburgerreiches, die auch für dessen innere Sicherheit maßgebend war, zu konsolidieren. Am 27. Juli 1790 schloß Leopold II. mit dem Königreich Preußen die Reichenbacher Konvention, die eine Versöhnung der beiden bis dahin einander feindlich gesinnten Mächte eingeleitet hatte. Die Preußen verzichteten nun auf die Unterstützung der Aufständischen in den österreichischen Niederlanden und brachen die Geheimverhandlungen mit dem ungarischen Hochadel ab, der diesmal mit preußischer Hilfe aus dem Länderverband der Habsburger ausscheren wollte. Der Aufstand in den Niederlanden, durch die inneren Auseinandersetzungen der verschiedenen Fraktionen, des Bürgertums und des Adels, bereits in Auflösung begriffen, wurde von österreichischen Truppen rasch unterdrückt. Doch statt einer blutigen Abrechnung mit den Rebellen erließ Leopold II. eine Generalamnestie und hob die meisten Reformen Josephs II., die als die unmittelbare Ursache der Los-von-Wien-Bewegung galten, auf. Die Ungarn besänftigte er mit den üblichen Zugeständnissen: Rechte und Privilegien des Adels sollten in Zukunft unangetastet bleiben; den Protestanten wurde die freie Religionsausübung erneut garantiert, und über den Fragenkomplex Zölle und Abgaben stellte der Monarch Verhandlungen in Aussicht. Außerdem ließ er sich am 15. November 1790 in Preßburg mit all dem traditionellen Prunk und Pomp zum König von Ungarn krönen. Seine Wahl zum römisch-deutschen Kaiser, für das Haus Habsburg bereits eine problemlose Routine, ging reibungslos vor sich und kostete auch nicht viel; die Krönung fand am 9. Oktober 1790 in Frankfurt am Main statt.

Frieden von Sistowa

Den schleppenden, aber verlustreichen und teuren Türkenkrieg seines verstorbenen Bruders beendete Leopold II. schon am 24. September 1790 durch einen Waffenstillstand. Am 4. August 1791 wurde dann der Frieden von Sistowa (Svištov an der Donau, heute in Bulgarien) mit einer vernünftigen Kompromißlösung geschlossen: die Österreicher räumten die türkischen Grenzstreifen, die noch unter Joseph II. erobert worden waren; sie verloren ein überwiegend unwirtliches Gebiet, das ohnehin schwer zu kontrollieren und zu verwalten war. Am 11. Februar 1792 traf der neue türkische Botschafter, Ehn Bekir Ratif Effendi, in Wien ein – und wurde stürmisch bejubelt. Österreich hatte seine gutnachbarlichen Beziehungen zu den Osmanen, den riesigen türkischen Markt für seine Waren und die politisch-militärische Rückendeckung im Südosten wieder. Auch im unglücklichen Polen sah der Kaiser kein bloßes Beutestück; er bemühte sich um die Schaffung eines lebensfähigen Staates, der als Bollwerk gegen das nun eindeutig offensiv gewordene russische Reich gedacht war.

In den schwierigen, zum Teil recht verworrenen Fragen der Innenpolitik bewies Leopold II. jedoch keineswegs eine so sichere und glückliche Hand wie in der zweifellos initiativ und ideenreich geführten Außenpolitik. Sein guter Ruf eilte ihm zwar voraus, als er am 12. März 1790, aus Florenz kommend, in der Wiener Hofburg eintraf, um die Regierungsgeschäfte zu übernehmen. Er hatte bereits fünfundzwanzig Jahre lang ein österreichisches Nebenland regiert, eine sogenannte Sekundogenitur*: er war Großherzog der Toskana und machte aus dem schönsten Gebiet Mittelitaliens einen blühenden Musterstaat. Dies war aber für einen zweifellos begabten und gebildeten Herrscher gar nicht so schwer: das kleine, überschaubare Territorium mit einer einheitlichen Bevölkerung war reich an irdischen Gütern und an demokratischen und kulturellen Traditionen. Schon die erste Verfassung der Republik Florenz aus dem Jahr 1250 sicherte auch den niederen Klassen Mitspracherecht in der Regierung. Als Martin Luther im Herbst 1510 auf seiner Reise nach Rom sich in der prachtvollen Hauptstadt der Toskana umsah, fielen ihm die Ordnung, die kaum auf Unterdrückung basierte, der treffliche Zustand und die Sauberkeit der Herbergen und Spitäler, das funktionsfähige Wohlfahrtswesen und die seltene Erscheinung, daß die Reichen den Armen weitgehend Beistand leisteten, besonders auf. Leopold II. korrespondierte obendrein unablässig mit seiner in Regierungsgeschäften erfahrenen Mutter Maria Theresia und mit seinem reformfreudigen Bruder Joseph II. und holte aus den Briefen, die in dichter Folge von Wien nach Florenz abgingen, entscheidende Anregungen für seine Regierungspraxis.

Musterstaat Toskana

Der österreichische Länderkomplex war aber nun einmal nicht die kleine, sonnenüberflutete Toskana; er war, als Leopold II. die Macht übernahm, durch die erhebliche Spannung zwischen den Befürwortern und den Gegnern der Reformen Josephs II., durch die Politik der Aufklärung, die jedoch mittels einer unduldsamen Diktatur des einsamen und schwerkranken Kaisers verwirklicht werden sollte, in einem chaotischen Zustand. Leopold II., damals dreiundvierzig Jahre alt, kerngesund und ausgeglichen, ging in Wien mit großem Eifer ans Werk: »Ich bin mit Arbeit überhäuft, ich habe alles in der größten Verwirrung vorgefunden, habe niemanden, auf den ich mich verlassen oder mit dem ich mich beratschlagen könnte, verbringe seit zehn Tagen 17 Stunden täglich an meinem Schreibtisch bei der Arbeit . . .« schrieb er an seine Schwester, Erzherzogin Marie Christine.

Er arbeitete fleißig und gewissenhaft, aber er arbeitete auch sehr vorsichtig; ob allzu zaghaft oder bewußt behutsam, darüber gingen schon die Meinungen der Zeitgenossen auseinander. Der preußische Gesandte Constans Philipp Wilhelm von Jacobi-Klöst berichtete am 14. Januar 1792 seinem König, Friedrich Wilhelm II: ». . . so muß man sich überzeugen, daß die Langsamkeit und das vorsichtige, anscheinende Schwanken, welches zur Zeit, als er die Regierung der Österreichischen Monarchie antrat, seine ersten Anordnungen nach allen Richtungen zu charakterisieren schien, viel mehr die Wirkung einer tiefen Überlegung als des Leichtsinns oder der Unbeständigkeit war.«

Arbeitsstil

Der preußische Gesandte in Wien gab seinem König gegenüber zwar pflichtbewußt vor, das Verhalten des Kaisers richtig gedeutet zu haben, aber er sah die Motive und Ziele des neuen Herrschers ebensowenig klar wie die anderen Botschafter in der österreichischen Haupt- und Residenz-

* Bezeichnung eines Fürstentums, das von dem jüngeren Bruder beziehungsweise der jüngeren Schwester eines Monarchen regiert und eigentlich als Familienbesitz angesehen wurde.

Erzherzog Franz mit seiner Gemahlin (Mitte) und seinen Brüdern Carl (Nr. 13) und Johann (Nr. 17). Zeitgenössischer Kupferstich

stadt, wie die führenden Männer der Verwaltung, die hochwohlgeborenen Damen in den Adelspalästen, die Beamten, die Geistlichen und auch das rang- und namenlose Volk. Leopold II. war eine rätselhafte Gestalt, und er blieb es auch für die Geschichtsschreibung bis zum heutigen Tag. Er liebte die Geheimniskrämerei, die verborgenen und verschlungenen Wege der kalt berechneten Intrigen. Seine politische Tagesarbeit hatte stets einen doppelten Boden, er war ein Meister in der Kunst des Irreführens, wobei weder seine Umgebung noch die Nachwelt jemals seine wahren Absichten ergründen konnte.

Kaiserliche Verschwörer

Der Kaiser ließ in den Dörfern seines Reiches verbotene Flugschriften verteilen, die er zum Teil selbst verfaßte und in denen er im Tonfall der französischen Revolutionäre für die Freiheit und die Rechte der Bauern eintrat und das Landvolk aufforderte, gegen die Grundherren Widerstand zu leisten. Er baute aber gleichzeitig die von Joseph II. geschaffene geheime Polizei gewaltig aus und verschärfte und verfeinerte die Überwachung der Untertanen und der Ausländer. Die zahlreichen Spitzel und Agenten berichteten auch bald über die Gründung von illegalen Vereinen, die sich in die Dienste der Aufklärung gestellt und gegen die Willkür der absoluten Monarchie agitiert hatten; sie wußten nicht, daß gerade der Kaiser diese eher losen Freundeskreise und Debattierklubs aufziehen und finanziell unterstützen ließ, vermutlich um den Hochadel zu beunruhigen und ihn in der Frage der Privilegien zum Nachgeben zu zwingen. Selbst die »Verschwörer«, meist hohe Beamte, Universitätsprofessoren und Studenten, hatten keine Ahnung, daß sie ihr scheinbar gefährliches Spiel unter allerhöchster und allergeheimster Patronanz treiben durften. Ein »geheimer Mitarbeiterstab« Leopolds II., Intellektuelle bürgerlicher Herkunft,

schrieb revolutionäre Abhandlungen und Analysen, die ohne die sonst unerläßliche Genehmigung der Zensurbehörde gedruckt und ungehindert in alle Teile der Monarchie ausgeliefert werden konnten.
Die Grundherren hatten jedoch keine Angst. Weder die alarmierenden Nachrichten aus Frankreich noch die Flugschriften in den Dörfern und die Gerüchte über die revolutionären Geheimgesellschaften bewogen sie einzulenken. Sie forderten lauthals die Wiederherstellung ihrer von Joseph II. beschnittenen Sonderrechte und Freiheiten. Leopold II. gab nach: die meisten Reformen seines Bruders wurden zurückgenommen oder verwässert; zum Entsetzen der Bauern fiel auch das Robotpatent, die Zwangsarbeit zugunsten des Grundherrn mußte wieder verrichtet werden. Der Kirche gegenüber blieb der Kaiser eher hart, denn er schätzte ihre politische Macht nicht so hoch ein wie die der Grundherren. So ließ er zwar auf rein religiösem Gebiet die Verbote oder die befremdenden Vorschriften Josephs II. annullieren, gab jedoch nur einige der konfiszierten Klöster und Güter zurück.
Indessen spitzte sich die Lage in Frankreich immer mehr zu. Die Revolution, die in ihrer ersten Phase eine gerechte, verfassungsmäßige Umgestaltung des Staatswesens zum Ziel hatte, geriet nun zunehmend in das wilde Fahrwasser der Radikalen. Den rüden Ton des sich ausbreitenden Terrors gaben die Jakobiner an.* Nach einem mißglückten Fluchtversuch der königlichen Familie im Juni 1791 brachen die letzten schwachen Dämme des alten Regimes.

Konvention von Pillnitz

Leopold II. horchte auf, er erkannte nun die Gefahr für alle Monarchen Europas. Am 25. August 1791 traf er auf Schloß Pillnitz in der Nähe von Dresden den König von Preußen, Friedrich Wilhelm II. Am 27. August wurde die Konvention von Pillnitz unterzeichnet, die bewaffnete Hilfe für den König von Frankreich vorsah. In den österreichischen Ländern schlug der Kaiser aber wieder einmal einen gänzlich anderen Weg ein, um die möglichen Unruheherde, Böhmen und Ungarn, vor den gefährlichen Ideen der Französischen Revolution zu schützen: anstatt Gewalt anzuwenden, befürwortete er den Versuch einer vorsichtigen Demokratisierung. In den böhmischen Landtag sollten in Zukunft alle Schichten der Bevölkerung, auch Bauern und Handwerker, Delegierte entsenden; für eine Änderung der alten ungarischen Verfassung, die in der Hand des Hochadels zu einem perfekten Instrument der Unterdrückung geworden war, entwarf der »geheime Mitarbeiterstab« Reformvorschläge.
Leopold II. konnte seine Pläne nicht mehr verwirklichen. Er starb am 1. März 1792, im Alter von vierundvierzig Jahren, nach kurzem heftigem Leiden in der Wiener Hofburg. Man munkelte sogleich von einem Mordanschlag: Jakobiner beziehungsweise hohe Geistliche beziehungsweise erboste Grundherren hätten den Kaiser vergiftet. Nach den Symptomen sei-

* Mitglieder eines politischen Klubs, ursprünglich noch in Versailles von Abgeordneten der Bretagne gegründet, nach der Übersiedlung nach Paris dann Club des Jacobins genannt, nach seinem Versammlungslokal, dem Saal im Dominikanerkloster zum heiligen Jakob in der Rue St-Honoré. Im Sommer 1791 übernahmen die Jakobiner die politische Führung der Revolution und schlugen einen scharfen, radikalen Kurs ein, der bald in eine blutige Schreckensherrschaft mündete.

ner Krankheit zu schließen, erlag Leopold II. einer Blinddarm- beziehungsweise Bauchfellentzündung.

Thronfolger Franz

Von seinen insgesamt sechzehn Kindern war sein ältester Sohn, der am 12. Februar 1768 in Florenz geborene Franz, nicht gerade der begabteste; seine jüngeren Brüder, der spätere Feldherr Carl, der Statthalter von Ungarn, Joseph, der Großherzog von Toskana, Ferdinand, und vor allem der legendäre Erzherzog Johann schienen für das Herrscheramt viel geeigneter zu sein als der phantasielose und ängstliche Thronfolger. Doch das eherne Gesetz der Primogenitur, das die Nachfolge durch die Stunde der Geburt bestimmte, wagte niemand in Frage zu stellen. Nicht einmal der recht unkonventiell und progressiv denkende Joseph II., der Franz mit sechzehn Jahren nach Wien kommen ließ, um ihn auf die Regierungsgeschäfte persönlich vorzubereiten. Doch der schwächliche Neffe enttäuschte ihn schwer. In einer als pädagogische Anleitung gedachten Analyse mit dem Titel »Beobachtungen betreffend die weitere Erziehung des Erzherzogs Franz« schrieb Joseph II. über den seiner Ansicht nach mißratenen Sohn seines Bruders Leopold II.: »Er ist an Wuchs und Stärke zurückgeblieben und in körperlicher Geistigkeit und Haltung unterentwikkelt ... Er verkörpert, kurz gesagt, einen Weichling, einen Schwächling ohne Fähigkeiten, gewöhnt, geführt zu werden, für einen Staatsmann ungeeignet ...«

Der erst vierundzwanzig Jahre alte Erzherzog Franz, schon am 5. Juli 1792 als Franz II. einstimmig zum römisch-deutschen Kaiser gewählt und neun Tage später in Frankfurt gekrönt*, fühlte sich mit der Zeit in der Rolle des unumstrittenen Herrschers von Gottes Gnaden sehr wohl. Er war auch felsenfest davon überzeugt, daß er ein trefflicher Monarch sei, und demgemäß ließ er sich von seinen Ministern zwar beraten, aber niemals lenken; die letzte Entscheidung behielt er sich stets vor. Er war zäh und fleißig, er hatte eine dicke Haut und setzte, wie einst der vielgeschmähte Kaiser Friedrich III., die Taktik der Verzögerung und des Abwartens erfolgreich ein. Er war phlegmatisch, aber er hatte auch Sinn für Humor, er konnte liebenswürdig sein, sich recht schlicht und einfach geben, er war, nicht zuletzt, weil er oft und gern Wiener Dialekt sprach, in einem schmucklosen braunen Rock herumlief und zu seinen Ausfahrten in den Prater meist eine gewöhnliche Kutsche, einen alten, schäbigen Landauer benützte, beim niederen Volk als »guter Kaiser« beliebt. Der Wiener Hof präsentierte sich, im Gegensatz zu den meisten Höfen Europas, betont bürgerlich: Franz II. benahm sich wie ein wohlhabender Bürger, wie ein hoher Beamter, wie ein strenger, aber auch zugänglicher und verantwortungsvoller Hausvorstand. Auch in seiner Familie ging es bürgerlich zu, seine Kinder sprachen ihn nicht als Eure Majestät, sondern, wie dies in Wien bei den kleinen Leuten Brauch war, als Papa an; in der Hofburg wurde nicht sehr üppig und gar nicht feierlich getafelt, man setzte sich zum Mittagstisch und machte nachher oder gegen Abend Hausmusik, der Kaiser spielte die Geige, er fabrizierte aber auch Spielzeuge, Käfige für Lieblingsvögel und hübsche Lackschachteln für allerlei Kleinkram.

Der Bürgerkaiser

* Franz II. wurde am 6. Juni 1792 in Buda zum König von Ungarn und am 9. August in Prag zum König von Böhmen gekrönt.

Er liebte auch den politischen Kleinkram, die Aktenarbeit, er las stundenlang die läppischen Berichte der Geheimagenten über die in Wien eingetroffenen Ausländer. Er gab Tag für Tag Audienzen, in denen er auch Familienproblemen seiner Untertanen geduldig lauschte – um den »Fall« dann meist durch die Polizei untersuchen zu lassen.

Die Polizei wurde zu einer staatstragenden Institution der Monarchie, sie überwachte die österreichischen Länder lückenlos, um die Ruhe und Ordnung im Reich des lieben Vaters Franz II. zu sichern. Der Kaiser verlangte von seinem Volk übrigens nicht allzuviel; seine Parole lautete: »Gesunder Menschenverstand und brav Sitzfleisch, das ist das beste.« Jeder Staatsbürger hatte sich nach dem heilen Weltbild des Kaisers zu richten, auch die klugen Köpfe, die als verdächtige Köpfe galten, weil man vermutete, sie wären zum selbständigen, also höchst suspekten Denken fähig. Des Kaisers berühmte Mahnung an die Professoren des Lyzeums von Laibach klang unmißverständlich: »Ich brauche keine Gelehrten, sondern brave Bürger. Die Jugend zu solchen zu erziehen liegt ihnen ob. Wer mir dient, muß lehren, was ich befehle. Wer das nicht kann, oder mit neuen Ideen kommt, der kann gehen, oder ich werde ihn entfernen.«

»Jakobinerverschwörung«

Wenn es um die Verfolgung von neuen Ideen ging, kannte der gemütliche Patriarch Franz II. keine Milde. Der »geheime Mitarbeiterstab« seines Vaters, Leopold II., erfuhr das bald; er wurde zum Teil in eine von der Polizei mehr konstruierte als aufgedeckte »Jakobinerverschwörung« verwikkelt. Geheimdienste, die bekanntlich viel kosten und eine bevorzugte Sonderstellung genießen, brauchen von Zeit zu Zeit einen Tätigkeitsnachweis, um ihren Brotgeber von der ungeheuren Wichtigkeit ihrer Arbeit zu überzeugen. Das wollte auch Polizeichef Johann Anton Graf Pergen, denn der Kaiser war ein sparsamer Monarch, und er war nicht bereit, für nichts und wieder nichts viel Geld auszugeben. Die »Jakobiner« waren bei der Hand, Leopold II. hatte sie zusammengeholt und gefördert, und sie waren noch nicht hinreichend informiert, daß ihre recht harmlosen »Umtriebe«, unter dem verstorbenen Kaiser erwünscht oder zumindest geduldet, unter seinem Nachfolger das Leben kosten könnten. Sie trafen einander weiter und diskutierten weiter über Menschenrechte und Reformen, aber eine Verschwörung oder gar einen Umsturzversuch konnten sie gar nicht anzetteln; sie hatten weder die finanziellen Mittel, noch knüpften sie die notwendigen Verbindungen zu den bewaffneten Kräften des Staates oder zu den breiten Massen.

Der Wiener Buchhändler und Hofbuchdrucker Josef Vinzenz Degen von Elsenau, ein hochbezahlter Nobelagent der geheimen Polizei, denunzierte die »Jakobiner«: den ehemaligen Mathematikprofessor des jungen Kaisers, Andreas Freiherr von Riedel, den Oberleutnant der Wiener Garnison, Franz von Hebenstreit, den Direktor der Tierärztlichen Hochschule, Johann Gottlieb Wolstein, den Magistratsrat Josef Prandstätter und einige ihrer Freunde. Die Polizei schlug im Juli 1794 zu; gleichzeitig flog auch die Verschwörung der mit den Wienern in loser Verbindung stehenden ungarischen »Jakobiner« auf. Die Österreicher stellte man in Wien vor Gericht, die Strafen fielen schwer aus: der Offizier Franz von Hebenstreit wurde hingerichtet, die anderen erhielten lange und verschärfte Festungshaft, Professor Riedel, von seinem einstigen unbegabten Schüler, Erzherzog Franz, gehaßt, sogar sechzig Jahre, also lebenslänglich. Im unruhigen Ungarn ging man noch härter vor. In Wien setzte sich ein Berufsrichter, Karl Anton von Martini, zweiter Präsident der obersten Justizstelle, für eine halbwegs ordentliche Prozeßführung ein, wozu zweifellos Mut gehörte; in der ungarischen Hauptstadt Buda fungierte der erst zwanzig Jahre alte Erzherzog Alexander Leopold als Vorsitzender des Gerichtshofs. Sieben Verschwörer wurden auf der Generalswiese unterhalb der königlichen Burg, die seitdem Blutwiese heißt, öffentlich enthauptet, der Rest, mehr als fünfzig Adelige und Bürger, hohe Verwaltungsbeamte, Professoren und Richter, verschwand in Ketten geschlagen in den berüchtigten Festungskerkern der Monarchie. Vergeblich beteuerte der Hauptangeklagte, der ehemalige Abt des Franziskanerklosters Szatmár und Professor der Physik an der Akademie von Lemberg, Ignaz Martinovics, ein Mann des einstigen »geheimen Mitarbeiterstabes« und eine Zeitlang sogar Polizeiagent, daß er nur im Sinne des verstorbenen Kaisers Leopold II. gehandelt habe; er mußte ebenfalls, nicht zuletzt als unbequemer Zeuge, sterben. Seine Hinrichtung geriet zu einem grausamen Schauspiel: er bekam, während man ihn auf das Schafott zerrte, einen epileptischen Anfall. In Ungarn wuchs wieder einmal der heimliche Groll gegen die Herrschaft der Habsburger.

Abt und Polizeiagent

Vom Standpunkt des Wiener Hofes aus gesehen war die Beseitigung der kaiserlich-königlichen »Jakobiner« eine höchst notwendige Abwehrmaßnahme; sie artete allerdings in keine großangelegte Menschenjagd aus, sie blieb eine isolierte Aktion, wenn sie auch unverkennbar den Stempel einer kleinlichen, ja geradezu ohnmächtigen Vergeltung trug. Die echten Jakobiner in Paris führten bereits ein blutiges Terrorregime, sie mordeten in der Hauptstadt und in der Provinz Tausende und aber Tausende und schickten auch den gesalbten König von Gottes Gnaden kaltblütig in den Tod. Louis XVI., degradiert als Bürger Capet, wurde am 21. Januar 1793 hingerichtet, die Königin, Marie Antoinette, immerhin eine österreichische Erzherzogin, am 16. Oktober, als die Untersuchung gegen die heimischen »Jakobiner«, von den Ereignissen in Frankreich gewiß erheblich beeinflußt, knapp vor dem Abschluß stand.

Hinrichtung Marie Antoinettes

Der Prozeß gegen die Königin war in der Tat eine ekelhafte, empörende Farce. Marie Antoinette verteidigte sich mit Würde gegen die niederträchtigen Beschuldigungen, darunter gegen die Anklage, sie hätte ihren minderjährigen Sohn sexuell mißbraucht. Sie kämpfte vor dem wildgewordenen Tribunal nicht mehr um ihr Leben, sie wußte, daß sie verloren war, sie kämpfte nur noch um ihre Ehre, vor allem um die Ehre einer Mutter. Sie hatte bis zu ihrem letzten Atemzug eine bewunderswerte Haltung bewahrt. Auf dem Schafott trat sie versehentlich auf den Fuß des Henkers: »Entschuldigen Sie mich, Herr, es geschah nicht absichtlich ...« waren ihre letzten Worte.

Der Terror in Frankreich eskalierte wiederum in der äußerst gespannten Atmosphäre eines verzweifelten Verteidigungskrieges, in dem es vorerst um Sein oder Nichtsein der Französischen Revolution ging. Denn die europäischen Monarchen beschlossen, und zwar auf Initiative des Hofes in Wien, dem gefährlichen Spuk jenseits des Rheins rasch ein Ende zu machen. Eine preußisch-österreichische Koalitionsarmee begann im Spät-

Franz II. im Kreis seiner Familie. Stich von Passini, nach einem Gemälde von Peter Fendi

sommer 1793, allerdings recht langsam und bequem, den Vorstoß gegen Paris, betrat französischen Boden, nahm Verdun, blieb aber vor dem Dorf Valmy* stecken und zog durch Luxemburg über den Rhein wieder ab. Das französische Revolutionsheer, von Berufsoffizieren geführt, erwies sich überraschend als ein äußerst zäher Gegner. Es war ein Volksheer, das zumindest in den ersten Jahren des Krieges so etwas wie eine Ideologie besaß, es kämpfte nicht, wie die zu Soldaten gepreßten österreichischen, ungarischen, böhmischen, preußischen und russischen Bauern für Gott und Kaiser beziehungsweise König, sondern für Recht und Freiheit, für die Rettung und Befreiung des eigenen Landes und für ein besseres Los der unterdrückten Bevölkerung in den angrenzenden Kaiser- und Königreichen, geistlichen und weltlichen Fürstentümern. Es kämpfte aber im Zuge seiner zahlreichen Offensiven auf fremdem Boden auch einfach um Beute, was jedoch nicht als Raub, sondern als legitime Enteignung der Reichen im Feindesland galt. Die Parole hieß ja: »Krieg den Palästen! Friede den Hütten«, wobei freilich oft auch die ärmsten Taglöhner in ihren Hütten mit Waffengewalt »enteignet« worden waren.

Das französische Revolutionsheer

Der französische Kriegsminister, der ehemalige Pionierhauptmann Lazare Carnot, erfand die allgemeine Mobilmachung *(levée en masse),* und so konnte das Revolutionsheer mit immer neuen Armeekorps, Brigaden und Regimentern aufgefüllt werden, während in den Staaten der alten Ordnung weiterhin das unzulängliche und korrupte System der Soldatenwerbung praktiziert wurde.

* Die Schlacht, die keine war, ging als die »Kanonade von Valmy« in die Geschichte ein. Am 20. September 1793 ließ der Oberkommandierende der verbündeten kaiserlichen und königlichen Armeen, Herzog Karl Wilhelm Ferdinand von Braunschweig, die französischen Stellungen bei dem Dorf Valmy im Departement Marne mit seiner veralteten Artillerie beschießen und wartete darauf, daß die französischen Revolutionstruppen einfach weglaufen würden. Sie liefen nicht weg, sie schossen zurück. Der Herzog fand die Lage plötzlich allzu gefährlich und trat den Rückzug an.

Der Krieg gegen Frankreich, in den nach und nach ganz Europa hineingeraten war, dauerte mit kleineren Unterbrechungen insgesamt dreiundzwanzig Jahre. Die berühmten Schlachten, in denen die österreichische Armee, weil zu langsam, zu schwerfällig, mitunter zu lustlos und meist auch miserabel geführt, fast immer unterlag, trug man nach wie vor auf einer größeren Wiese, auf ein paar Quadratkilometern Ackerland aus, mit einigen Dörfern dazwischen, die in Brand geschossen wurden: bei Jemappes in Belgien (6. November 1792), bei Lodi in Italien (10. Mai 1796), bei Arcole (15. bis 17. November 1796) und bei Rivoli in Italien (14. und 15. Januar 1797), bei Marengo in Italien (14. Juni 1800), bei Austerlitz in Mähren (»Dreikaiserschlacht«, 2. Dezember 1805), bei Aspern in der unmittelbaren Nähe von Wien, wo der Oberbefehlshaber der österreichischen Armee, Erzherzog Carl, einen ersten bedeutenden, wenn auch keinen entscheidenden Sieg für sich und seine Soldaten verbuchen konnte (21. und 22. Mai 1809), bei Deutsch Wagram, ebenfalls in der Nähe von Wien (5. und 6. Juli 1809), bei Leipzig, wo die verbündeten preußischen, russischen und österreichischen Armeen unter dem Oberbefehl des k. k. Feldmarschalls Fürst Karl zu Schwarzenberg die Franzosen schwer schlugen (»Völkerschlacht«, 16. bis 19. Oktober 1813), bei Bar-sur-Aube, bei Laon und bei Arcis-sur-Aube auf französischem Boden (zwischen dem 27. Februar und dem 21. März 1814) und auf dem Montmartre in Paris (30. März 1814). Das letzte Treffen, mit dem die sogenannte Franzosenzeit in Europa zu Ende ging, die Schlacht von Waterloo in der Ebene von Brabant in Belgien, fand am 18. Juni 1815 ohne Beteiligung österreichischer Truppen statt. Die französische Armee wurde besiegt, die Welt hatte die vertraute alte Ordnung wieder. Oder es schien zumindest so.

Krieg gegen Frankreich

Die Verluste an Menschenleben in den dreiundzwanzig stürmischen Jahren betrugen etwa vier bis fünf Millionen (genaue Angaben stehen nicht zur Verfügung). Man schob die Grenzen innerhalb des europäischen Kontinents unablässig hin und her, Gebiete wurden abgetrennt und angegliedert, um wieder abgetrennt und angegliedert zu werden; es entstanden neue, überwiegend kurzlebige Staatengebilde, sonderbare Königreiche, Herzogtümer und Republiken, und es verschwanden manche alten, ehrwürdigen für immer: die Republik Venedig und das Heilige Römische Reich Deutscher Nation.

Die zentrale Figur all dieser verlustreichen Kämpfe, hastig in Szene gesetzten Veränderungen, der diplomatischen Ränkespiele und der folgenschweren politischen Entscheidungen, die dann scheinbar spurlos rückgängig gemacht werden konnten, war ein Mann von auffallend kleinem Wuchs (er maß nur 1,63 Meter), ein geballtes Bündel Ehrgeiz und Energie: Napoleon Bonaparte.

Napoleon Bonaparte

Er hatte keine berühmten Vorfahren, kam aus der kleinen Stadt Ajaccio auf der Insel Korsika, besuchte die Kriegsschule in Brienne in Frankreich, wurde zum Artillerieoffizier ausgebildet, diente zunächst als karg bezahlter Unterleutnant im königlichen Regiment Lafère, marschierte dann mit der Revolution mit, kaum aber aus ideologischen Gründen, sondern weil er auf der Seite des neuen Regimes, das neue Männer ohne Rücksicht auf Geburt und Herkommen auf leitende Posten stellte, die Chance für eine glänzende militärische Karriere sah. Er täuschte sich nicht: nach der Belagerung des von den Engländern besetzten Hafens Toulon, in der er sich eifrig hervortat, wurde er im Februar 1794 zum Brigadegeneral der Artillerie befördert. Er bewährte sich bald als skrupelloser Soldat, der es verstand, mit dem konzentrierten Feuer seiner Geschütze Politik zu machen. Die Revolution durchlief bereits, wie ein Modellfall für alle späteren großen Revolutionen, die furchtbare Phase des blindwütigen Terrors, sie etablierte sich und saturierte sich, begann neue Hierarchien aufzurichten, in wüsten Fraktionskämpfen den Weg einer konsolidierten und selbstgefälligen Diktatur einzuschlagen. Da witterten auch die Royalisten, die Anhänger der Monarchie, Morgenluft, sie organisierten einen Aufstand: die Pariser, die gestern noch den Tod des Königs bejubelt hatten, wollten nun die bereits gemäßigte Nationalversammlung, den Konvent, stürmen. General Jacques de Menou, dem der Schutz der Volksvertretung oblag, hielt sich zurück, er dachte nicht daran, seine künftige Karriere, falls die Royalisten siegten, durch den Widerstand seiner Truppen zu gefährden, und so sprang der Artillerist Napoleon Bonaparte in die Bresche: er ließ die aufgebrachte Menge um die Kirche St-Rochus herum mit Feldgeschützen auf kurzer Distanz zusammenschießen und bekam als Belohnung für die »Rettung der Versammlung, der Republik und des Vaterlandes« im Alter von sechsundzwanzig Jahren den Posten des Oberbefehlshabers in Italien.

Handwerk Krieg

Von seinem Handwerk, dem Krieg, verstand er wesentlich mehr als seine Gegner, die hochadeligen Feldherren, die meist nicht einmal exakt rechnen konnten. Napoleon konnte rechnen, er war ein Fachmann der damals modernsten, schon auf mathematischen Formeln aufgebauten Waffengattung, der Artillerie, und er kannte auch das Rohmaterial des Krieges, den Soldaten, viel besser, er war doch Unterleutnant, er kam aus der Kaserne und nicht aus dem Palast, aus dem Ball- oder Audienzsaal, um zwischen Jagd- und Faschingsvergnügen ein wenig Krieg zu machen. Er verstand die Sprache der Soldaten, die er auch selber sprach, er wußte um seine Nöte und auch um die empfindlichen Stellen seiner Psyche, wo man ihn in einer Notlage packen konnte; er entdeckte seinen Fuß, als das wichtigste Instrument der strategischen und taktischen Operationen, er forcierte den schnellen Marsch in möglichst guten Stiefeln und mit möglichst wenig Troß; er griff auf die Idee Wallensteins zurück, die Armee solle den Nachschub nicht mitschleppen, sondern im eroberten Land zwar diszipliniert, aber rücksichtslos besorgen.

Seine Schlachtpläne waren gar nicht so genial, wie dies die Napoleon-Legende später hingestellt hat. Auf einer Wiese mit ein paar verbrannten Dörfern rundherum konnte man kaum allzuneue Varianten des Gemetzels durchspielen. Die französische Armee siegte meist schon vor der Schlacht durch ihre für die damalige Zeit unfaßbare Geschwindigkeit, aber auch durch ihre tüchtigen Offiziere und Unteroffiziere, die Karriere machen wollten und auch konnten; Napoleon schätzte die Leistung und belohnte sie. Seine Soldaten trugen den sprichwörtlichen Marschallstab in der Tat in ihrem Tornister.

Schon nach seinem siegreichen Feldzug in Italien im Jahr 1796 stieg General Bonaparte in die hohe Politik ein. Im März 1797 überrannten seine

Kaiser Franz II. verzichtet auf die römisch-deutsche Kaiserwürde. Illustration zu einem Geschichtswerk von Anton Ziegler aus dem Besitz Kaiser Ferdinands. Gouachemalerei über Lithographie

schnellen Truppen von Süden her Österreich, sie machten erst vor Leoben halt, in bedenklicher Nähe der Haupt- und Residenzstadt Wien. Am 7. April 1797 wurde in Judenburg ein Waffenstillstand geschlossen, und Anfang Oktober diktierte Napoleon die Friedensbedingungen von Campoformido*. Der große Länder- und Bevölkerungstausch begann: Österreich trat die Niederlande und die Lombardei mit Mailand, Mantua und Modena ab, bekam aber Istrien, Dalmatien und Venedig. Das Tauschobjekt Venedig hatte General Bonaparte am selben Tag, an dem der Friedensvertrag unterschrieben wurde, am 17. Oktober 1797, bereitgestellt: eine französische Halbbrigade, bloß 3 000 Mann stark, rückte in die Lagunenstadt, die in ihren Mauern noch niemals fremde Soldaten gesehen hatte, kampflos ein und machte mit der fast zweitausend Jahre alten, einst sagenhaft reichen und mächtigen Republik der Kaufleute, Seefahrer und Lebenskünstler für immer Schluß.

Nach einem verwegenen militärischen Abenteuer in Ägypten kehrte der bereits vergötterte, aber auch gehaßte und gefürchtete Revolutionsgeneral nach Paris zurück. Mit dem Staatsstreich vom 9. November 1799 machte er der Revolution den Garaus und installierte als Erster Konsul der Republik eine auf die Bajonette der Armee gestützte Ein-Mann-Diktatur. Fünf Jahre später liquidierte er auch die Republik: am 2. Dezember 1804 ließ sich der »kleine Korporal«, wie ihn seine Soldaten noch in Italien nannten, in Anwesenheit von Papst Pius VII. in der Pariser Notre-Dame-Kirche zum erblichen Kaiser der Franzosen krönen. Die alteingesessenen Fürstenhöfe Europas wurden mit einer monströsen Parodie ihres eigenen Daseins konfrontiert: Napoleon I. richtete auf den Ruinen der Revolution und der Republik die prunkvollen Fassaden und Kulissen einer absoluten Monarchie von Gottes Gnaden auf. Er hantierte mit Krone, Zepter und Reichsapfel, die Etikette seines Hofes umfaßte nicht weniger als 819 Vorschriften. Seine nächsten Verwandten erhielten Primo- und Sekundogenituren, Königreiche und Herzogtümer: Bruder Joseph wurde König von Spanien und Kaiser von Indien, Louis König von Holland, Jérôme König von Westfalen, Lucien, der sich mit der Zeit nicht mehr fügen wollte, stieg immerhin zum Erbprinzen von Canino auf. Auch seine drei Schwestern bekamen ihren Anteil vom Glanz der Krone: Caroline als Königin von Neapel, Elisa als Großherzogin von Toskana, das skandalumwitterte Sorgenkind Pauline als Fürstin von Guastalla. Den braven Onkel Fesch, einen armen Priester aus Ajaccio, machte der mächtige Neffe zum Kardinal, zum Primas von Gallien und Großalmosenier des Kaiserreiches. Der funkelnagelneue Monarch stampfte auch eine neue Aristokratie aus dem Boden; seine früheren Kameraden und seine erfolgreichen Kommandeure stattete er mit phantastischen Titeln aus, die auch mit beträchtlichen Einkünften verbunden waren: Marschall Ney, Sohn eines Faßbinders, der

Kaiser Napoleon

* Das Dorf Campoformido, fast immer falsch Campoformio (nach einheimischem Dialekt) geschrieben, liegt nur fünf Kilometer westlich von Udine. Der Friedensvertrag wurde zwar in Campoformido ausgehandelt, aber in Passeriano, ebenfalls in der Nähe von Udine, unterzeichnet.

seine militärische Laufbahn als gemeiner Husar begann, wurde Herzog von Elchingen und Fürst von der Moskwa; Marschall Murat, Sohn eines Gastwirtes und ehemaliger Theologiestudent, Großherzog von Berg; Marschall Lefebvre, Sohn eines Polizeiwachtmeisters, einstiger Gardesoldat des geköpften Königs, Herzog von Danzig; Marschall Soult, Sohn eines Bauern, in seinen jungen Jahren Korporal im Regiment »Royal-Infanterie«, Herzog von Dalmatien; Polizeiminister Fouché, Sohn eines Seemannes, vor der Revolution Lehrer in Nantes, Herzog von Otranto.

Der totalitäre Staat

Doch hinter den pompösen Fassaden und kostspieligen Kulissen des erblichen Kaisertums, das seine Versatzstücke von mehreren Ländern und von mehreren Epochen, von den alten Römern über Karl den Großen bis zu den gestürzten Bourbonen entliehen hatte, schuf der zum Imperator gesalbte Soldat Bonaparte die erste totalitäre Staatsmaschinerie in Europa, mit einer zentral und diktatorisch gelenkten Wirtschaft, mit einer von weltlichen Behörden kontrollierten und geführten Kirche, mit einem streng beaufsichtigten Justiz- und Unterrichtswesen, mit einer gleichgeschalteten Jubelpresse, mit »linientreuem« Theater, bildender Kunst, Musikleben und Literatur, mit großen Bauprojekten und nicht zuletzt mit einer allmächtigen Geheimpolizei. Alle Kräfte und Reserven des Landes wurden registriert, konzentriert und auf das eine Ziel abgerichtet, auf das Wesentliche und Grundlegende der Politik Napoleons: auf den Krieg.

Immer zu spät

Der organisch gewachsene, altmodische und komplizierte Staatsapparat der österreichischen Länder stand dem Phänomen Bonaparte, zumindest in den ersten Jahren des Napoleonischen Zeitalters, hilflos gegenüber. Staatskanzler Fürst Kaunitz, ein Greis von einundachtzig Jahren, ein Relikt aus den Tagen Maria Theresias, ein Freund und Bewunderer Frankreichs, der Frankreich und die Welt nicht mehr verstand, legte sein Amt schon im August 1792 verdrossen nieder. Sein Nachfolger, Franz Freiherr von Thugut (1736–1818), als Diplomat geschickt und erfolgreich, hatte als »Direktor der auswärtigen Angelegenheiten« ein ebenso phantasieloses wie auch fragwürdiges Konzept: den Krieg gegen Frankreich unter allen Umständen und ohne Rücksicht auf Verluste entschlossen weiterzuführen. Er war als »Kriegsbaron« bei der Bevölkerung, aber auch bei Hof bald verhaßt und mußte gehen; im Januar 1801 übernahm Vizekanzler Johann Ludwig Graf von Cobenzl (1753–1809) gemeinsam mit Kabinettsminister Franz de Paula Reichsgraf von Colloredo (1736–1806) die Führung der Staatsgeschäfte. Beide Männer gehörten dem Hochadel an und vertraten bedingungslos die erzkonservativen Ansichten des Kaisers Franz II., sie steuerten der österreichischen Politik keine neuen Impulse bei, sie lavierten und improvisierten, allerdings viel vorsichtiger als ihr Vorgänger Thugut. Erzherzog Carl (1771–1847) meinte damals, es sei kein Wunder, daß nichts weitergehe, da »Männer zu Ministern ernannt werden, die sich öffentlich rühmen, in dreißig Jahren weder Buch noch Zeitung gelesen zu haben«. Und auf der gegnerischen Seite bemerkte der geistreiche französische Schriftsteller Antoine Rivarol über das Vorgehen der Verbündeten im Kampf gegen Napoleon: »Immer um ein Jahr, eine Idee und eine Armee zu spät...«
Österreich wurde nur in Osteuropa initiativ, in dem Gebiet, für das Gene-

ral Bonaparte vorerst noch kein Interesse gezeigt hatte. Den Beschluß, im östlichen Vorfeld der Monarchie einzugreifen, um Land zu »erwerben«, faßte noch der zweifellos energische Franz von Thugut. Im Jahr 1793 hatten Rußland und Preußen das Königreich Polen zum zweitenmal unter sich aufgeteilt. Doch unter der Führung von Tadeusz Kościuszko kam es zum bewaffneten Widerstand. Kościuszko, ein überaus fähiger Berufsoffizier, war einer der ersten der im 19. Jahrhundert dann häufig auftretenden nationalen Revolutionäre und kompromißlosen Verfechter liberaler Ideen, die in Sachen Freiheit und sozialer Gerechtigkeit auf abenteuerliche Reisen gingen; er lebte in Paris und in Brest, diente im amerikanischen Unabhängigkeitskrieg als Adjutant von George Washington* und stieg bis zum Brigadegeneral auf. Seine polnischen Freiwilligen eroberten im Sommer 1794 Warschau und Krakau zurück, schlugen die Preußen und Russen mehrmals, mußten aber im Herbst vor der Übermacht kapitulieren.** Am 24. Oktober 1795 unterzeichneten die Bevollmächtigten Rußlands, Preußens und Österreichs in Petersburg den Vertrag über die dritte Teilung beziehungsweise über die vollständige Auflösung Polens. Kaiser Franz II. bekam 51 000 Quadratkilometer mit einer Million Untertanen, Krakau und seine Umgebung und Westgalizien mit den Städten Lublin, Radom, Cholm und Sandomir, eine »Erwerbung«, die für den österreichischen Staatshaushalt, für die Verwaltung und auch für die Armee fortan jedoch mehr Last und Sorge als Gewinn bedeutete.

Polen

Die polnischen Rekruten kämpften unter der Fahne des Kaisers irgendwo im fernen Italien oder Belgien ebenso widerwillig wie die Bauernsöhne aus Böhmen, Mähren, Siebenbürgen und Ungarn. Eine von Erzherzog Carl, Generalissimus, Reichsfeldmarschall und Kriegsminister, ausgearbeitete und im Sommer 1807 eingeführte Heeresreform erleichterte zwar das Los der Soldaten und straffte die veraltete Organisation der Armee, wirkte sich aber, schon wegen der notwendigen Anlaufzeit, erst in den letzten Jahren der Napoleonischen Kriege aus. Die lebenslängliche Dienstzeit wurde abgeschafft beziehungsweise bei der Infanterie auf zehn, bei der Kavallerie auf zwölf und bei der Artillerie auf vierzehn Jahre herabgesetzt. Die Offiziere mußten die Mannschaft im Sinn der neuen Vorschriften korrekt und menschenwürdig behandeln. Die Reform vereinfachte die Bürokratie des Heeres und schuf die Voraussetzungen für eine allgemeine Mobilmachung, indem sie die Aufstellung einer Landwehr, einer Armee von Reservisten von hundertfünfzig Bataillonen vorsah. Das Mindestalter der Wehrfähigkeit legte man dabei mit achtzehn, das Höchstalter mit fünfundvierzig Jahren fest.

Heeresreform

Aufhalten konnte man die Franzosen dennoch nicht. Schon vor dem Abgang des »Kriegsbarons« Thugut hatte sich daher in der Umgebung von Franz II., wenn auch noch zaghaft, die Ansicht durchzusetzen begonnen,

* George Washington (1732–1799), im amerikanischen Unabhängigkeitskrieg Oberbefehlshaber der Armee, erster Präsident der USA.

** Kościuszko fiel verwundet in russische Gefangenschaft, wurde nach zwei Jahren freigelassen, ging nach England und nach Amerika, kehrte nach Frankreich zurück, bereiste Italien und ließ sich als Landwirt in Solothurn in der Schweiz nieder, wo er 1817 im Alter von einundsiebzig Jahren starb.

Vorhergehende Doppelseite:
Treffen bei Wörgl. Gemälde vom Peter Heß

daß Österreich dem unschlagbaren General Bonaparte anstatt mit Waffen mit politischen und diplomatischen Mitteln entgegentreten müßte. Am 9. Februar 1801 schloß der Kaiser mit dem Ersten Konsul des republikanischen, aber nicht mehr revolutionären Frankreich den Frieden von Lunéville. Der Vertrag bestätigte bloß die Abmachungen von Campoformido. Doch als Rußland, England und Schweden sich in einer neuen Koalition gegen Frankreich vereinigten, trat auch Österreich dem Bündnis bei, obwohl Erzherzog Carl energisch dagegen protestierte; er legte sogar das Amt des Kriegsministers (Präsident des Hofkriegsrates) zurück; er wußte, in welch desolatem Zustand die österreichische Armee sich am Vorabend des neuen Krieges befand. Ende September 1805 brach der Krieg dann tatsächlich aus, dauerte diesmal aber nur einige Wochen: bereits am 14. November besetzten die Franzosen Wien, Kaiser Napoleon traf in Schönbrunn ein. Seine Truppen benahmen sich in der Haupt- und Residenzstadt des geschlagenen Österreich recht anständig, ihr oberster Kriegsherr achtete streng auf Disziplin, denn er hatte mit der Donaumonarchie weitreichende Pläne, er wollte sie, als mächtigen Verbündeten, den man bloß ein wenig durchorganisieren müßte, auf seine Seite ziehen, er warb um Sympathie. Bei der Uraufführung der Oper »Fidelio« von Ludwig van Beethoven am 20. November saßen gruppenweise hohe französische Offiziere im Zuschauerraum des Theaters an der Wien, um die österreichische Kultur zu ehren. Sie langweilten sich zwar, wie Augenzeugen berichten, machten aber dennoch eine gute Figur, sie bewiesen, daß ihr schlechter Ruf, sie seien ungehobelte Barbaren, der Wahrheit nicht im geringsten entsprach.

Napoleon in Wien

Frieden von Preßburg

Am 26. Dezember 1805 schloß Kaiser Franz II. erneut Frieden mit Kaiser Napoleon I., diesmal in Preßburg. Nun waren die Bedingungen des Siegers hart: Österreich verlor das Geschenk von Campoformido, Venetien, Istrien und Dalmatien, weiterhin den Breisgau, die Stadt Konstanz am Bodensee, Gebiete um Passau, die Grafschaft Hohenberg und noch einige kleinere Landstriche im ehemaligen Vorderösterreich. Als schwersten Schlag empfand man in Wien freilich die erzwungene Abtretung Tirols, Vorarlbergs und der Bistümer Trient und Brixen an das am 1. Januar 1806 zum Königreich erhobene Kurfürstentum Bayern. Der allmächtige Kaiser der Franzosen genehmigte dem Haus Habsburg aber auch einen Trostpreis: Salzburg, bis dahin unabhängiges geistliches Fürstentum, dem Deutschen Reich zugehörig, kam das erstemal an Österreich, mußte jedoch schon vier Jahre später auf Befehl des launenhaften Imperators aus dem Staatsverband der Monarchie wieder ausscheiden.

Mit den wertvollen altösterreichischen Territorien bezahlte Napoleon seine neuen Verbündeten und demonstrierte abermals sein erfolgreiches Prinzip: wer dient, der wird belohnt. Nun dienten ihm die deutschen Fürsten, Bischöfe und Landgrafen, die meist am Rhein ihre Besitztümer hatten. Sie sahen, daß der Kaiser des Heiligen Römischen Reiches Deutscher

Nation, der immerfort gedemütigte Habsburger in Wien, für die Erhaltung ihrer Hausmacht, für ihre Vorrechte und Einnahmequellen, für den Glanz ihrer Höfe nichts mehr tun wollte oder konnte. Der Unbesiegbare in Paris hingegen verteilte großzügig Länder und Titel und zwang ganz Europa seinen eisernen Willen auf. Es schien ihnen daher vorteilhaft, ihn zum väterlichen Freund zu erklären und um Schutz zu bitten. Am 1. August 1806 kehrten sechzehn deutsche Landesherren dem Heiligen Römischen Reich den Rücken und gründeten unter der offiziellen Patronanz Napoleons den Rheinbund. Ihre Rechnung ging unverzüglich auf: der Kurfürst von Baden, der Herzog von Berg und der Landgraf von Hessen-Darmstadt wurden zu Großherzögen erhoben, und auch die anderen Gründungsmitglieder bekamen einen höheren Rang oder ein schönes Stück Land. Das machte den Verein im Handumdrehen attraktiv: der Kurfürst von Würzburg trat dem Bund schon am 30. September bei und erhielt sogleich den Titel eines Großherzogs. Der Kurfürst von Sachsen gab seinen sehnlichsten Wunsch, mittun zu dürfen, am 11. Dezember kund und wurde König. Napoleon knauserte nicht mit Gaben, die ihn nichts kosteten: bald bestand der Rheinbund aus vier Königreichen, fünf Großherzogtümern, elf Herzogtümern und sechzehn Fürstentümern mit insgesamt 14,5 Millionen Einwohnern. Es war ein beachtliches Staatengebilde, in dem viele Zeitgenossen die Geburt eines neuen, geeinten Deutschland sehen wollten.

Ende des Heiligen Römischen Reiches

Der Rest, immerhin noch sechsundsiebzig unabhängige Länder und Städte mit eigener Finanzgebarung und Gesetzgebung, mit eigenem Hofstaat und Soldatenspiel, rührte keinen Finger, um die unnütze und ungeliebte Fiktion, das Heilige Römische Reich, zu retten. Franz II. zog die Konsequenzen (Napoleon half mit massiven Drohungen nach): er legte die Krone des Heiligen Römischen Reiches Deutscher Nation schon eine Woche nach der Gründung des Rheinbundes nieder. Das Ende der rund 842 Jahre alten sonderbaren Vereinigung deutscher Länder vollzog sich formell in der Wiener Innenstadt: am 6. August 1806 ließ Franz II. von der Balustrade der Kirche »Zu den neun Chören der Engel« auf dem Platz Am Hof seinen Verzicht auf die römisch-deutsche Kaiserwürde und somit auch die Auflösung des Reiches bekanntgeben.

Franz I., Kaiser von Österreich

Der Verlust traf das Haus Habsburg nicht allzu schwer. Denn Franz II. hatte bereits eine wertvolle Entschädigung für den verlorenen Titel: er erhob sich am 11. August 1804 als Franz I. zum Kaiser von Österreich und war von da an nach dem geltenden internationalen Recht der erste wirkliche Kaiser der Donaumonarchie.

Die Initialzündung zu dem damals noch heftig umstrittenen Entschluß gab mittelbar der Emporkömmling Napoleon; die Idee, mit dem Artillerieoffizier aus Ajaccio gleichzuziehen, sich selber zum Kaiser zu proklamieren, stammte von Vizekanzler und Außenminister Johann Ludwig Graf von Cobenzl; ein zweifellos historisches Verdienst, das aber bald in Vergessenheit geraten war. Das Patent über die Annahme des Titels und die Würde eines erblichen Kaisers von Österreich wurde ohne Wissen der politischen Vertretungen, der Stände, der Landtage und freilich auch der rechtlosen Bevölkerung vorbereitet und verfaßt. Mit einem Seitenhieb auf das schon sterbende Heilige Römische Reich gab das Dokument die wah-

Oben: Die Schlacht bei Wagram. Kolorierter Aquatintastich von B. Piringer, aus Alexandre Delaborde: »Voyage pittoresque en Autriche«

Rechts: Kaiserin Marie Louise und der König von Rom. Ölgemälde von Jean François Franque

ren Motive des für viele Zeitgenossen als vermessen und übereilt erscheinenden Schrittes recht offen bekannt:
»Obwohl wir durch göttliche Fügung durch die Wahl der Churfürsten des Römisch-Deutschen Reiches zu einer Würde gediehen sind, welche Uns für Unsere Person keinen Zuwachs an Titel und Ansehen zu wünschen übrig läßt, so muß doch Unsere Sorgfalt als Regent des Hauses der Monarchie von Österreich dahin gerichtet sein, daß jene vollkommene Gleichheit des Titels und der erblichen Würde mit den vorzüglichsten Europäischen Regenten und Mächten aufrecht erhalten und behauptet werde, welche den Souverän Österreichs, sowohl in Hinsicht des uralten Glanzes Ihres Erzhauses, als vermöge der Größe und Bevölkerung Ihrer, so beträchtliche Königreiche und unabhängige Fürstenthümer in sich fassenden Staaten gebühret, und durch völkerrechtliche Ausübung und Tractaten versichert ist.
Wir sehen Uns demnach zur dauerhaften Befestigung dieser Vollkommenen Rangs-Gleichheit veranlaßt und berechtigt, nach den Beyspielen, welche in dem vorigen Jahrhundert der Russisch-Kaiserliche Hof, und nunmehr auch der neue Beherrscher Frankreichs gegeben hat, dem Hause von Österreich, in Rücksicht auf dessen unabhängige Staaten, den erblichen Kaiser-Titel gleichfalls beyzulegen.«

Doppeladler und Polizeihymnus

Auf eine feierliche Krönungszeremonie verzichtete der bürgerlich gesinnte, sparsame Monarch. Es war eine noble Geste, sie fiel jedoch, da die finanziellen Mittel des Hofes infolge der verlustreichen Franzosenkriege bereits spürbar im Schwinden waren, kaum ins Gewicht. Im Jahr 1806 übernahm dann das neue Erbkaisertum an der Donau auch offiziell die alten Symbole des zerfallenen Heiligen Römischen Reiches, sein Wappentier, den schwarzen Doppeladler, und seine schwarzgelben (ursprünglich schwarzgoldenen) Farben. Einen Hymnus, einen frommen Lobgesang zu Ehren des Herrschers nach englischem Vorbild, hatte Österreich schon gehabt, dafür hatte bereits 1796 die Polizei gesorgt. Ihr in Literatur und Musik bewanderter Vizepräsident, Franz Joseph Graf Saurau, bestellte den Text – »Gott erhalte Franz, den Kaiser...« – bei dem damals hochgeschätzten Dichter Lorenz Leopold Haschka, Professor der Ästhetik am Theresianum, die Melodie bei dem in ganz Europa bekannten und gefeierten Komponisten Joseph Haydn. Haydn arbeitete, wie immer, ökonomisch, er griff in der befohlenen Eile auf Motive eines kroatischen Volksliedes aus Westungarn zurück und nahm die in der Tat trefflich gelungene Komposition auch in sein Kaiserquartett op. 76 Nr. 3 auf. Die Uraufführung des sofort populär gewordenen Werkes fand am 12. Februar 1797 im Wiener Hofburgtheater statt.*
Franz I. fühlte sich für den unverhofften Kaisertitel seines Erzhauses dem

* Der Text der österreichischen Kaiserhymne wurde noch zweimal, 1836 und 1854, geändert, das Lied blieb bis zum Zusammenbruch der Monarchie im Herbst 1918 im amtlichen Gebrauch. Mit dem aus dem Jahr 1841 stammenden Text des deutschen Dichters August Heinrich Hoffmann von Fallersleben – »Deutschland, Deutschland über alles...« – übernahm das nationalsozialistische Dritte Reich die Melodie Haydns. Sie überdauerte auch den Untergang Hitlers, sie existiert noch heute als der Hymnus der Bundesrepublik Deutschland – während die Republik Österreich sich für eine angebliche Komposition von Wolfgang Amadeus Mozart entschied, die in Wirklichkeit jedoch von dem gänzlich unbekannten, 1753 in Korneuburg geborenen »Compositeur und Klaviermeister« Johannes Holzer stammt.

Grafen Cobenzl gegenüber anscheinend zu keinem langanhaltenden Dank verpflichtet; als er sah, daß der unfähige Leiter der österreichischen Außenpolitik dem Druck Napoleons nicht gewachsen war, ließ er ihn ablösen. Am 25. Dezember 1805 übernahm Johann Philipp Reichsgraf von Stadion (1763–1824) die Direktion der auswärtigen Angelegenheiten. Der neue Mann hatte neue, verheißungsvolle Gedanken entwickelt, er holte sich dabei auch Anregungen vom Feind, vom bereits übermächtig gewordenen Frankreich, dessen erstaunliche Erfolge er gründlich zu analysieren verstand. Er erkannte, daß die Franzosen ihre Schlagkraft einem dynamischen Nationalismus verdankten, während in Österreich der Kampf ums Überleben nur eine Angelegenheit des Hauses Habsburg, des Hochadels und der höheren Beamtenschaft war. Er plädierte dafür, daß man den Krieg gegen Napoleon auf breite Basis stellen, das heißt, zur Sache der gesamten Bevölkerung machen sollte. Dazu müßte man jedoch das Volk durch Reformen und Konzessionen gewinnen, ihm das Gefühl vermitteln, es ginge in der schweren Auseinandersetzung mit dem Emporkömmling Bonaparte nicht bloß um Besitztümer des Kaisers, sondern um das geliebte, fürsorgliche Heimatland. Stadion dachte daran, die harten Belastungen, die das niedere Volk verbitterten, vorsichtig zu mildern, Bürgertum und Intellektuelle durch die Lockerung der Zensurbestimmungen, durch die Zulassung einer wenn auch bedingt freien öffentlichen Meinung zu versöhnen, die österreichischen Länder mittels eines Propagandaapparates wachzurütteln und zu mobilisieren, der dem napoleonischen ebenbürtig war. Doch der gute Kaiser Franz I. beharrte auf dem »braven Sitzfleisch«, er lehnte auch die nur vagen Ansätze von gesellschaftspolitischen Reformen und Konzessionen stur ab.

Patriotische Propaganda

Die vom Hof und von der Polizei gemeinsam in Gang gesetzte Propagandamaschinerie hingegen lief erfolgreich an. Namhafte und begabte Männer, wie der aus Schlesien gebürtige Publizist Friedrich von Gentz, der 1802 den preußischen Staatsdienst verließ, um nach Wien zu übersiedeln, die deutschen Dichter August Wilhelm Schlegel und sein Bruder Friedrich, Ernst Moritz von Arndt, die Wiener Autoren Adolf Bäuerle, Heinrich von Collin, Ignaz Franz Castelli und der Tiroler Historiker Josef Freiherr von Hormayr schufen mit vielen anderen, heute bereits in Vergessenheit geratenen Mitarbeitern in den von Hof- und Polizeistellen gegründeten oder unterstützten Zeitungen und Zeitschriften, in Vorlesungen und Liederabenden für ein eher bescheidenes Honorar einen neuen, militanten österreichischen Patriotismus. Sie riefen im Namen der Freiheit zum Kampf gegen die Tyrannei Napoleons auf, wobei es mit den politischen und persönlichen Freiheiten im Reich des Kaisers Franz I. ungleich schlechter stand als in den von Franzosen besetzten Teilen Europas. Doch die Parolen zündeten, vor allem in Wien, in den Alpenländern, aber auch in den ehemaligen Fürstentümern und Städten des untergegangenen Heiligen Römischen Reiches; sie waren, mit den mitreißenden Beiträgen des blendenden Stilisten Gentz an der Spitze, geschickt verpackt und wurden auch bestens verkauft. Da sie aber, von einer gerade modisch gewordenen Deutschtümelei durchsetzt, nur die deutschsprachigen Untertanen der Monarchie bewegten, blieben sie in Galizien, in Böhmen, in Ungarn, in Siebenbürgen, in Kroatien und Slowenien sowie in den italienischen Pro-

Vorhergehende Seiten:
Links: Die Rückkehr Kaiser Franz' I. nach Wien 1809. Gemälde von Peter Krafft
Rechts: Kaiser Franz I. von Österreich, König Friedrich Wilhelm III. von Preußen und Zar Alexander I. von Rußland. Aquarell mit Deckweiß von J. G. Mansfeld und J. A. Klein

»... als Nation konstituiert«

vinzen des Habsburgerreiches so gut wie wirkungslos. Graf Stadion erkannte den gravierenden Fehler nicht, er äußerte sich zufrieden: »Wir haben uns als Nation konstituiert.«
Nun sollte die durch vorwiegend deutsche Publizisten und Dichter proklamierte österreichische Nation vereint und gestärkt in einen neuen Krieg ziehen, um den blutrünstigen Menschenschlächter Napoleon endlich zu schlagen, die kaiserlichen Gebiete von der französischen Fremdherrschaft zu befreien, sie in den rechtmäßigen Besitz des Hauses Habsburg zurückzuführen. Die politische Großwetterlage versprach dem Unternehmen allerdings kaum Erfolg, was man aber in Wien, von der eigenen Propaganda geblendet, nicht zur Kenntnis nehmen wollte. Denn nur England kämpfte, ohne jemals die Front zu wechseln, zäh und beharrlich gegen Napoleon: Rußland ging vorübergehend in das Lager des französischen Imperators über, und das Königreich Preußen blieb vorsichtshalber neutral. Am Hof des Kaisers Franz I. vertraute man nur auf die eigenen Waffen, man hoffte, daß die von Erzherzog Carl unter Mitarbeit des Grafen Stadion in Angriff genommene Militärreform der Armee zu einem schnellen Sieg verhelfen würde, zumal französische Elitetruppen einen Aufstand in Spanien zu bekämpfen hatten, das von der Familie Bonaparte okkupiert war. Sie mußten bei dieser Aktion schwere Schläge hinnehmen, die ihnen ein englisches Expeditionskorps unter Sir Arthur Wellesley, dem späteren Herzog von Wellington und Fürsten von Waterloo, versetzte.
Im Februar 1809 beschloß man in Wien den Krieg. Friedrich von Gentz verfaßte ein brillant geschriebenes »Österreichisches Kriegsmanifest«, Friedrich von Schlegel richtete im Namen des Oberbefehlshabers Erzherzog Carl einen eindringlichen Appell an die österreichischen Regimenter: »Ihr werdet nie für fremdes Interesse und fremde Habsucht bluten ... Die Freiheit Europas hat sich unter Eure Fahnen geflüchtet, Eure Siege werden ihre Fesseln lösen; Eure deutschen Brüder, jetzt noch in feindlichen Reihen, harren auf ihre Erlösung.«

Die Franzosen in Wien

Die amtliche Begeisterung, die den gemeinen Soldaten gewiß nur bedingt erfaßte, half nichts. Napoleon reagierte auf die Kriegserklärung des Kaisers blitzschnell, seine Truppen drangen wieder einmal mit einer für die österreichische Heeresleitung geradezu unvorstellbaren Geschwindigkeit im Donautal vor. Am 10. Mai 1809 standen sie bereits in den Vororten von Wien, am 12. Mai belegten sie die Gegend der Hofburg und der Kärntner Straße mit schwerem Artilleriefeuer, am 13. Mai marschierten sie in die Haupt- und Residenzstadt des Kaisers von Österreich ein. Die militärische Lage änderte sich auch nach dem Sieg des Erzherzogs Carl am 21. und 22. Mai bei Aspern und Eßling, in der unmittelbaren Nähe von Wien, nicht. Am 11. Juli wurde in Znaim, in Mähren, ein Waffenstillstand ausgehandelt, am 14. Oktober in Schönbrunn Frieden geschlossen. Kaiser Franz I. verlor in Polen Krakau, West- und Ostgalizien, in Italien

Triest und seine Umgebung, beachtliche Gebiete in Slowenien und in Kroatien, einige Landstriche in Nordböhmen, das vorübergehend österreichisch gewordene Salzburg mit Berchtesgaden, das Innviertel und einen Teil des Hausruckviertels in Oberösterreich sowie das gesamte Territorium von Vorarlberg und Tirol. Diesmal kostete der Frieden auch Geld, 85 Millionen Goldfranken, und er kostete einem Mann, der in den Verhandlungen in Schönbrunn, ohne ausdrücklich genannt zu werden, verraten und verkauft wurde, das Leben: Andreas Hofer, der als Held des Tiroler Freiheitskampfes in die österreichische Geschichte einging.

Andreas Hofer

Der Sandwirt aus dem Passeiertal, am 22. November 1767 im Gasthof »Am Sand« bei St. Leonhard in Tirol geboren, war ein grundanständiger, tiefreligiöser Mann; er war unerschrocken, aber auch leichtgläubig und in mancher Hinsicht recht beschränkt, ihm fehlte der klare Blick für den tatsächlichen Stand der Dinge, und so geriet er, geradezu gesetzmäßig, unter die Räder der in den Kabinettstuben der Monarchen geräusch- und emotionslos arbeitenden politischen Mechanismen.

Für die Freiheit kämpfte Andreas Hofer allerdings nicht; er kämpfte für die Zugehörigkeit Tirols zu Österreich, für die uneingeschränkte Macht der katholischen Kirche und für die althergebrachten Formen der Religion. Und er kämpfte auch, was man ihm keineswegs vorwerfen darf, zusammen mit den anderen Gastwirten, die, ebenso wie er, wohlhabende Wein-, Vieh- und Getreidehändler waren und im Aufstand eine maßgebliche Rolle spielten, für handfeste wirtschaftliche Interessen.

Die bayrische Regierung des Staatsministers Maximilian Joseph Montgelas, die auf Befehl Napoleons die Macht in Tirol übernahm, vertrat bei weitem mehr die Sache der persönlichen, der politischen und der sozialen Freiheit als das Bauernheer des Andreas Hofer. Die bayrische Verwaltung, vom Innsbrucker Bürgertum übrigens eindeutig begrüßt, brachte nach französischem Muster demokratische Reformen nach Tirol: eine Modernisierung des Justiz- und Finanzwesens, die Abschaffung der Adelsprivilegien, darunter die patrimoniale Gerichtsbarkeit, das Recht des Gutsherrn, seine Bauern auf eigene Faust zu verurteilen, die Aufhebung aller, auch verdeckter Formen der Leibeigenschaft und des Frondienstes, die bürgerliche Gleichstellung der Protestanten und der Juden, das Scheidungsrecht. Die neuen, einheitlichen Steuervorschriften, der ungünstige Wechselkurs des österreichischen Papiergeldes der bayrischen Währung gegenüber, die neuen Zollbestimmungen und nicht zuletzt auch die Konkurrenz des billigen französischen und italienischen Weines trafen die Tiroler Gastwirte und zum Teil auch die Bauern schwer; die offene Unterdrückung der katholischen Kirche, die Aufhebung der Klöster, aber vor allem das rücksichtslose Vorgehen der bayrischen Beamten gegen althergebrachte religiöse Bräuche, das Verbot der Christmette, der Roratenmessen, Wettersegen und Kreuzwegandachten, empörten das Landvolk zutiefst. Das Auslöschen des Namens Tirol, der durch die Bezeichnung »Südbayern« ersetzt wurde, war auch einer der schwerwiegenden Fehler der von Napoleon unterstützten bayrischen Besatzungsmacht.

Motive
des Aufstandes

Der Wiener Hof verfolgte die Entwicklung in Tirol sehr aufmerksam. Die verbürgten Nachrichten waren eindeutig genug, um daraus politische und strategische Konsequenzen zu ziehen: die Umgebung des Kaisers be-

schloß, einen Aufstand vorzubereiten, mit dem Ziel, im geplanten Krieg gegen Napoleon im schwer zugänglichen Alpengebiet starke französische und bayrische Kräfte zu binden. Erzherzog Johann und sein treuer Gefolgsmann, der Historiker Joseph Freiherr von Hormayr, Direktor des Geheimen Haus-, Hof- und Staatsarchivs, nahmen die Fäden in die Hand. Sie luden im Januar 1809 Tiroler Gastwirte, Viehhändler und Bauern, unter ihnen den Schützenhauptmann Andreas Hofer, nach Wien ein, ermunterten sie zum Losschlagen und versprachen ihnen ausreichende militärische Hilfe durch die reguläre Armee. Anfang April marschierte ein österreichisches Armeekorps tatsächlich in das von Bayern und Franzosen besetzte Tirol ein, mußte jedoch das Land nach einer Niederlage bei Wörgl bald wieder räumen. Nun kämpften die etwa 14 000 Mann des von Andreas Hofer geschickt geführten Bauernheeres gegen die erdrückende Übermacht allein; sie kämpften tapfer und erfolgreich, sie schlugen zwischen Mitte April und Mitte August in mehreren Gefechten und in vier offenen Feldschlachten am Bergisel bei der Mündungsschlucht des Flusses Ill bestens geschulte und ausgerüstete Kontingente der bayrischen und der französischen Armee und zwangen sie, Tirol zu verlassen. Am 15. August zog Andreas Hofer als Oberkommandant und Chef einer provisorischen Landesregierung, dem die gesamte militärische und zivile Verwaltung Tirols unterstand, in Innsbruck ein. Er begrüßte die Bevölkerung auf seine schlichte Art und sagte unter anderem: »Alle, die meine Waffenbrüder sein wöll'n, dö müeßn für Gott, Koaser und Vaterland als tapfere, rödle* und brave Tiroler streit'n.« Von der Freiheit sprach er nicht. Seine von Hormayr unterstützte, recht sonderbare Regierung unterdrückte sofort die bürgerlichen Freiheiten und drängte Protestanten, Juden, aber auch die Frauen in ihre gewohnte Außenseiterrolle. Die Verwaltung, vor allem die der Finanzen, funktionierte so gut wie überhaupt nicht; Andreas Hofer befaßte sich mit Schmink- und Kleidervorschriften und mit der Bekämpfung der Sittenlosigkeit, wozu auch das Verbot der Ehescheidung und die Verfolgung der Ehebrecher gehörte. In dem von seiner Regierung am 25. August in Innsbruck erlassenen »Sittenmandat« hieß es: »Viele meiner guten Waffenbrüder und Landesverteidiger haben sich geärgert, daß die Frauenzimmer von allerhand Gattungen ihre Brust und Armfleisch zu wenig oder mit durchsichtigen Hadern bedecken und also zu sündhaften Reizungen Anlaß geben, welches Gott und jedem Christenmenschen höchst mißfallen muß.« Die Priester wurden amtlich aufgefordert, für die Wiederherstellung der traditionellen Religionsausübung strengstens Sorge zu tragen und für den Sieg Lob- und Dankopfer darzubringen. Am 4. Oktober übersandte Kaiser Franz I. Andreas Hofer eine goldene Ehrenkette und die nicht gerade überhöhte Summe von 3 000 Dukaten für die weiteren Ausgaben der Landesverteidigung.

Hofer in Innsbruck

Der zehn Tage später unterzeichnete Frieden von Schönbrunn, der die bayrische Oberhoheit über Tirol erneut bestätigte, erschütterte den gradli-

* Redliche.

nigen, charakterfesten Sandwirt schwer; er verstand die Welt nicht mehr, aber er fügte sich dem unerforschlichen Willen seines vergötterten Kaisers. Die Bauernregierung von Innsbruck ging auseinander. Nach einer letzten, verlustreichen Schlacht am Bergisel am 1. November streckte Andreas Hofer weisungsgemäß die Waffen und erließ eine Friedensbotschaft. Eine in Schönbrunn vereinbarte Generalamnestie, an die das bayrisch-französische Heer sich korrekt gehalten hat, sicherte allen Teilnehmern des Aufstandes volle Straffreiheit zu. Andreas Hofer kehrte unbehelligt in sein Wirtshaus bei St. Leonhard zurück. Nun traten aber, mit dem fanatischen Kapuzinerpater Joachim Haspinger an der Spitze, verblendete Scharfmacher auf den Plan: sie erzählten dem rechtschaffenen, naiven Hofer, der gute Kaiser Franz I. habe mit Napoleon gar keinen Frieden geschlossen, Tirol niemals an Bayern abgetreten; die Berichte aus Wien seien falsch, vom Feind erfunden und verbreitet, der Kampf müsse unverzüglich weitergehen. Eine siegreiche österreichische Armee sei bereits in Anmarsch, um den Tirolern zu helfen. Hofer, von den widersprüchlichen Nachrichten vollends verwirrt, ließ sich täuschen und überreden. Am 12. November rief er das letzte Aufgebot, die noch wehrfähigen Bewohner des Vintschgaues und des Oberinntals, zu den Waffen. Eine aus Halbwüchsigen und aus alten Männern bestehende kleine Streitmacht zog in den Kampf, ging aber, nach einigen lokalen Erfolgen, bald unter. Andreas Hofer flüchtete auf die Pfandleralm, wurde von einem Tiroler Bauern namens Franz Raffl gegen eine Belohnung von 1 500 Gulden verraten, von der Besatzungsmacht verhaftet und in der Festung Mantua in der Lombardei vor ein Kriegsgericht gestellt. Der Wiener Hof, den das Schicksal des Tiroler Störenfrieds kaum mehr interessierte, schickte zwar ein Gnadengesuch nach Paris, das auch sicherlich beachtet worden wäre, da Napoleon wieder einmal dabei war, mit Nachdruck um Österreich zu werben; doch die Bitte des Kaisers, zu spät abgefaßt und zu langsam weitergeleitet, kam nicht mehr rechtzeitig an: Andreas Hofer war schon tot, er wurde am 20. Februar 1810 auf der Bastion der Porta Ceresa in Mantua erschossen.* Drei Wochen später, am 11. März 1810, heiratete Napoleon I. Marie Louise, die älteste Tochter des Kaisers Franz I. von Österreich.

Verraten und verkauft

* Kapuzinerpater Haspinger konnte sich retten, er führte im Nobelvorort Hietzing bei Wien und dann auf Schloß Mirabell in Salzburg als Held des Tiroler Freiheitskampfes ein angenehmes Leben und starb hochbetagt erst im Jahr 1858.

Die neue alte Ordnung

Der Wiener Kongreß

Die politische Ehe, die dem immerfort geschlagenen, schwer bedrängten Kaisertum Österreich als Schutzschild gegen die weiteren Aggressionen Frankreichs dienen, den wiederholt heimgesuchten böhmischen und deutschsprachigen Gebieten der Monarchie eine längere Atempause verschaffen sollte, war das Werk eines jungen, erst sechsunddreißigjährigen Diplomaten, des Grafen und späteren Fürsten Clemens Wenzel Lothar von Metternich. Er war zuletzt Botschafter in Paris gewesen und kam, nachdem die Kampfhandlungen zwischen Frankreich und Österreich begonnen hatten und die diplomatischen Beziehungen abgebrochen worden waren, Anfang Juli nach Wien zurück. Er drängte den Kaiser sogleich, den aussichtslosen Krieg so rasch wie möglich zu beenden. Metternich galt, da er drei Jahre in der französischen Hauptstadt gelebt hatte, Napoleon, seine Familie, seine Unterführer und zumindest in groben Zügen auch die wichtigsten Intrigen in seiner Umgebung kannte, als Experte Nummer eins des leidlichen Problems Bonaparte. Graf Stadion, im Glauben, daß der neu entfachte österreichische Patriotismus und die reformierte Armee doch noch Wunder wirken könnten, befürwortete vehement die Fortsetzung des Krieges. Kaiser Franz I. hatte zweifellos Sinn für die Realität und haßte den Krieg; er entschied sich für den Vorschlag des Botschafters Metternich. Graf Stadion trat am 8. Juli 1809 gekränkt zurück. Der Kaiser beauftragte den Nächstbesten, eben Metternich, mit der Leitung der auswärtigen Angelegenheiten, eine provisorische Lösung, die erst am 8. Oktober 1809 in ein dauerhaftes Dienstverhältnis umgewandelt wurde.

Metternich

Es wurde ein recht dauerhaftes Dienstverhältnis, es währte insgesamt neununddreißig Jahre; der einstige junge Diplomat und Lebemann mit den angenehmen Umgangsformen ging nach und nach als *der* politische Bösewicht der Donaumonarchie, als der häßliche Österreicher schlechthin in das Geschichtsbewußtsein der meisten europäischen Nationen ein.

Der häßliche Österreicher

Der häßliche Österreicher stammte aus Deutschland. Seine Familie, seit Jahrhunderten am Rhein ansässig, nannte sich nach einem Dorf bei Euskirchen in Preußen von Metternich. Clemens Wenzel Lothar wurde am 15. Mai 1773 in Koblenz, neunzig Kilometer südöstlich von Köln, geboren. Er studierte in Straßburg Staatswissenschaften, erlebte dort den Ausbruch der Französischen Revolution, sah zu, als der aufgebrachte Pöbel

das Rathaus stürmte und plünderte, und behauptete später, die grauenhaften Szenen hätten ihn für alle Zeiten zum entschlossenen Gegner jeglicher Revolution gemacht: »Die Lehren der Jacobiner und der Appell an die Volksleidenschaft flößten mir Ekel ein, den Alter und Erfahrung in mir nur verstärkt haben.«
Für ihn, den jungen Müßiggänger, der die Annehmlichkeiten eines süßen Lebens, die Liebschaften vornehmer Damen, das kultivierte, vom Vater, einem wohlhabenden Reichsgrafen und Grundherrn, bezahlte Nichtstun genoß, war die Welt in bester Ordnung; für die Nöte und Wünsche der anderen hatte Metternich, ein in sich vernarrter, selbstsüchtiger Egoist, niemals Augen und Ohren. Doch der blutige Umsturz in Paris traf auch seinen Vater hart: die Metternichs verloren ihre Besitztümer am Rhein, sie flüchteten 1794 über London, wo sie nicht Fuß fassen konnten, nach Wien. Der Aufstieg des unbekannten deutschen Reichsgrafen begann in der gastfreundlichen Haupt- und Residenzstadt Österreichs mit einer Ehe: im September 1795 heiratete Clemens Wenzel Lothar von Metternich Maria Eleonore Kaunitz, die Enkelin des einstigen Staatskanzlers Kaunitz, ihr Vermögen und den politischen Einfluß ihres Kreises. Mächtige Damen der Wiener Gesellschaft, darunter die Fürstin Liechtenstein und die Gräfin Rombek, Freundinnen der jungvermählten Frau von Metternich, ebneten den Weg für den damals noch beschäftigungslosen Ehemann in die Kanzleien der Hofburg. In den Jahren 1801 bis 1803 war der elegante, anschmiegsame Herr von Metternich bereits Gesandter beim sächsischen Hof in Dresden, zwischen 1803 und 1806 in der Hauptstadt des Königreichs Preußen, in Berlin. Als der wohl bestinformierte Botschafter in Paris bewies er dann schon im Jahr 1806, daß er nicht bloß ein karrieresüchtiges Protektionskind der Kaunitz-Clique war; er mauserte sich zum fähigsten Diplomaten des Kaisers, der die Interessen Österreichs auf dem schwierigen Terrain mit geschickt kaschiertem Fleiß, mit Scharfsinn, mit überlegenem taktischem Können und auch mit mutiger Entschlossenheit vertrat.

Aufstieg eines Unbekannten

Tragbares Vaterland

Die Interessen Österreichs oder die Interessen des Grafen Clemens Wenzel Lothar von Metternich? Die Grenzen blieben stets fließend. Metternich war kein österreichischer Patriot, er liebte Österreich nicht, er kannte und verstand die verschiedenartigen Völker der Donaumonarchie nicht, weder die Böhmen noch die Tiroler, nicht die Ungarn und nicht die Kroaten und auch die kleinen Leute vor seiner Haustür nicht, die Bewohner der Wiener Vorstädte Landstraße oder Wieden. Metternich liebte und verstand im Grunde nur sich selbst, er war ein begeisterter Metternich-Anhänger, selbstbewußt, arrogant und bis an die Grenze der Lächerlichkeit eitel. Er war, und dies war eine seiner besten Seiten, Kosmopolit, nicht aber aus einer über den nationalen Hader gestellten humanen Toleranz, sondern aus einer spezifischen politischen Leidenschaft heraus; er hätte ebenso gekonnt und effektiv, wie er Österreich diente, auch einem anderen, von konservativen Prinzipien geleiteten Land gedient, vorausgesetzt, daß dieses Land, groß und mächtig genug, ihm für den einzig wahren Inhalt seines Lebens, Politik für den gesamten europäischen Raum zu machen, die notwendige Basis bereitgestellt hätte: »Mein Schreibtisch ist ein tragbares Vaterland.«

Trauung der Erzherzogin Marie Louise mit Kaiser Napoleon I. per procurationem des Erzherzogs Carl in der Augustinerkirche zu Wien 1810. Gemälde von Johann Nepomuk Höchle

Nun stand sein Schreibtisch, zum Glück für Franz I. und zunächst auch für Österreich, in Wien. Der junge Metternich zeigte nicht nur Talent, er hatte auch bereits einen stillen Reifeprozeß hinter sich und war dabei zu weitsichtigen Grundgedanken gelangt: Er hielt die »Erwerbung« fremder Länder für die Entwicklung eines Staates nicht unbedingt von Vorteil, und er hielt den Krieg für kein geeignetes Mittel, um durch ihn politische beziehungsweise territoriale Fragen zu regeln. Er wollte Napoleon auch nicht auf dem Schlachtfeld, sondern auf dem diplomatischen Parkett einkreisen, besiegen oder zumindest für eine Zeitlang neutralisieren. Und er kannte den gefürchteten Gegner in der Tat recht gut, er wußte genau, wo der schwächste Punkt seiner robusten Psyche zu finden war: Der Armengeruch von Ajaccio verfolgte den Kaiser der Franzosen noch immer, er litt darunter, daß er wegen seines funkelnagelneuen Wappens, seines pseudofeinen Hofstaates, seiner gequält majestätischen Amtssprache von den alten Höfen Europas verachtet und höhnisch belächelt wurde. Der Parvenu Bonaparte sehnte sich nach einer standesgemäßen Ehe, er wollte um jeden Preis in ein wirkliches, traditionsreiches Herrscherhaus einheiraten. Er sondierte bereits beim russischen Hof, doch Zar Alexander I., obwohl mit ihm verbündet, ließ ihm eine unmißverständliche Absage erteilen. Metternich war über den gescheiterten Versuch im Bilde. Er ging der Spur entschlossen nach, er forschte, lauschte und vermittelte, und es gelang ihm schließlich, Kaiser Franz I. zu überreden, er solle seine heißgeliebte Tochter der Staatsraison und dem Frieden in Europa opfern.

Napoleons Heiratspläne

Das kaltblütig beschlossene Martyrium der erst achtzehn Jahre alten Marie Louise bedeutete für die Hofgesellschaften Europas eine delikate Sensation. Man war schockiert und empörte sich über den herzlosen Vater und über den gerissenen Diplomaten Metternich, um einige Wochen später dann schockiert und empört zu sein, daß die lebenslustige Marie Louise, vor der erzwungenen Hochzeit mit dem Ungeheuer noch in Tränen aufgelöst, aus der schaurig-schönen Rolle des Opfers fiel, sich in den vierzig Jahre alten Napoleon verliebte, und daß auch Bonaparte, von der dicklichen Kaisertochter in jeder Hinsicht entzückt, plötzlich als glückstrahlender Ehemann auftrat. Am 20. März 1811 kam ein Thronfolger auf die Welt, Napoléon François Bonaparte, der spätere Herzog von Reichstadt. Er erhielt von seinem stolzen Vater schon in der Wiege den aus den Zeiten des Heiligen Römischen Reiches übriggebliebenen Titel eines Königs von Rom.

Österreich, nun durch zarte Familienbande an Frankreich gebunden, marschierte auf der siegreichen Straße Napoleons ein Stück des Weges mit. Metternich wollte Zeit gewinnen, die günstige Stunde abwarten, bis er es behutsam versuchen könnte, gegen den Emporkömmling Bonaparte eine politisch-diplomatische Front im gesamteuropäischen Ausmaß zustande zu bringen.

Staatsbankrott

Allerdings hatte das Haus Habsburg sowohl bei den Großmächten als auch bei den Kleinstaaten so gut wie überhaupt keinen Kredit mehr: Im Jahr 1811 wurde der österreichische Länderkomplex von einem schweren Staatsbankrott erschüttert. Er war vorauszusehen, doch keiner der verantwortlichen Männer im Verwaltungsapparat des Kaiserreiches kümmerte sich rechtzeitig darum. Das Finanzwesen galt noch immer als eine Geheimwissenschaft der privaten Hofbankiers, und diese, Steiner, Arnstein, Eskeles, Geymüller und Fries, standen schon zu Beginn der Krise vorsichtig abseits. Bereits seit dem Jahr 1801 wurden die steigenden Kosten der fortlaufenden Kriege durch die unkontrollierte Vermehrung des Papiergeldes gedeckt. Eine galoppierende Inflation bis zu etwa 300 Prozent war die Folge, und die Regierung sah keinen anderen Ausweg, als immer wieder riesige Mengen von Bancozetteln in Umlauf zu bringen. Erst der neue Präsident der Hofkammer, Josef Graf Wallis, der nun, das erste Mal in der Geschichte Österreichs, ausschließlich die Funktion eines Finanzministers ausübte, schlug eine später heftig umstrittene Notlösung vor: die Abwertung und den Umtausch des Papiergeldes. Der Nennwert des Bancozettels wurde überfallsartig auf ein Fünftel herabgesetzt, und an Stelle der alten Scheine erschien ein neues Papiergeld, die sogenannte Wiener Währung. Doch die Preise stiegen weiterhin rasch an, die geschäftlichen Transaktionen gerieten völlig durcheinander, da man Kaufverträge und Verpflichtungen nicht mehr akzeptieren wollte. Der Untertan verlor einen beachtlichen Teil seiner Ersparnisse, sein Einkommen sank in vielen Fällen tief unter die Grenze der Lebenshaltungskosten herab. Die niederen Beamten mußten sich in ihrer Freizeit als Handwerker, Gärtner, Hauslehrer oder Musikanten verdingen, um sich mit Nahrungsmitteln und Heizmaterial versorgen zu können. Der Selbstmord, eine in Mitteleuropa bis dahin fast unbekannte Erscheinung, war auf dem Land und in der Großstadt keine Seltenheit mehr. Der gute Kaiser Franz I. büßte seine Popularität merklich ein. Am Reiterstandbild seines Vorgängers Joseph II. in der Wiener Innenstadt brachten unbekannte Täter ein Schild mit dem Text an: »Joseph, das sind Zeiten! Geh, steig runter, laß den Franzl reiten!«

Napoleon zeigte für die äußerst schwierige finanzielle Lage des Hauses Habsburg Verständnis: er half zwar nicht, aber er forderte von seinem angeheirateten Verbündeten auch nicht allzuviel. Für seinen größten Feldzug, den er im Sommer 1812 gegen Rußland begann, stellte Österreich bloß ein Hilfskorps von 30 000 Mann, das unter dem Kommando von Feldmarschall Karl Philipp Fürst zu Schwarzenberg am rechten Flügel der »Großen Armee«, in der ruhigen Gegend von Lemberg und Tarnopol, als Flankenschutz eingesetzt und hauptsächlich damit beschäftigt war, heil davonzukommen. Was beinahe auch gelang. Während die gesamte Heeresmacht Napoleons, etwa 500 000 Mann stark, in der Schnee- und Eiswüste des russischen Winters unter grauenhaften Umständen zugrunde ging, verlor Fürst Schwarzenberg bloß ein Drittel seiner Mannschaft.

Schwächen der Diktatur

Wer in Europa nur einigermaßen rechnen konnte, der mußte nun begreifen, daß die fürchterliche Niederlage in Rußland den Anfang vom Ende des unbesiegbaren Militärkaisers bedeutete. Denn die Schwäche der straff organisierten Diktatur Napoleons lag gerade in ihrer aggressiven Kraft; eben darin, daß sie alle Reserven systematisch erschlossen, alle Mittel konzentriert eingesetzt, diese aber in verhältnismäßig kurzer Zeit auch systematisch und konzentriert verbraucht hatte. Im Frühjahr 1813 war Frankreich nicht mehr imstande, neue, schlagkräftige Armeen aufzustellen, mit der notwendigen Ausrüstung und Munition zu versehen und zu unterhalten. Nun ging Metternich daran, zumindest die erste Stufe seines großen Planes, die vernünftige Beschränkung der französischen Macht, zu verwirklichen. In enger Zusammenarbeit mit Rußland und Preußen versuchte er, den Krieg zu beenden und zwischen den Parteien, die am 4. Juni 1813 einen provisorischen Waffenstillstand abgeschlossen hatten, zu vermitteln. Doch Napoleon wollte die tatsächliche Lage nicht wahrhaben, er glaubte, wie Diktatoren fast immer, an seinen guten Stern, an die Vorsehung, an sein militärisches und politisches Genie. Vergeblich bestürmte ihn Metternich am 26. Juni in einem beinahe achtstündigen Gespräch, er solle eine ehrenhafte Kompromißlösung annehmen, die eroberten Gebiete, die er ja kaum mehr halten könnte, räumen, sich auf die natürlichen, historischen Grenzen Frankreichs zurückziehen und als Souverän einer anerkannten Großmacht an der Herstellung eines dauerhaften politischen Gleichgewichts in Europa mitwirken.

Napoleon lehnte den Vorschlag schroff ab und ließ den Friedenskongreß platzen, der für den 12. Juli nach Prag einberufen war. Nun konnte Metternich ohne moralische Skrupel den zweiten, den wesentlichen Teil seines langfristigen Planes in die Tat umsetzen: die totale Einkreisung und Vernichtung des von Bonaparte beherrschten französischen Militärstaates. Schon am 27. Juni war in Reichenbach in Böhmen ein Geheimvertrag zwischen Österreich, Rußland und Preußen gegen Napoleon geschlossen worden; England und Schweden waren an der neuen Koalition bereits beteiligt. Am 7. August überreichte Metternich dem Kaiser der Franzosen ein Ultimatum, in dem er aufgefordert wurde, zu den Bedingungen des Prager Friedens Stellung zu nehmen. Napoleon antwortete nicht einmal und lieferte damit den gewünschten Vorwand für den Krieg. Am 17. August begannen die Armeen der Verbündeten unter dem Oberbefehl des Feldmarschalls Karl Philipp Fürst zu Schwarzenberg mit den Operationen in Böhmen, in Preußen, in Schlesien und in Sachsen. Zwischen dem 16. und 19. Oktober 1813 kam es dann zu der berühmten »Völkerschlacht bei

Ultimatum

Leipzig«: Die zahlenmäßig stark unterlegenen französischen Truppen hielten nicht stand, Napoleon verlor von seinen etwa 200 000 um die 60 000 Mann, er trat den Rückzug an, räumte Deutschland und rettete seine letzte, schwer angeschlagene Armee auf französisches Gebiet. Die Verluste der Verbündeten, die mit 330 000 Mann angetreten waren, betrugen 53 000 Tote und Verwundete, darunter 14 958 Soldaten in österreichischer Uniform. Am 20. Oktober schrieb Fürst Schwarzenberg an seine Frau: »Zu Deinen Füßen, meine Nani, lege ich die heiligen Lorbeeren, die mir der Allmächtige gewährte. Gott hat unsere Waffen gesegnet, die Niederlage des Feindes ist beispiellos, nie sah ich ein schaudervolleres Schlachtfeld . . .«

Das verhältnismäßig kleine preußische Kontingent, 45 000 Mann hoch, hatte die schwersten Verluste: 16 033 Tote und Schwerverwundete. General Gebhard Leberecht Blücher, der bald nach der Schlacht den Beinamen »Marschall Vorwärts« erhielt, führte seine Truppen rücksichtslos in das feindliche Feuer und trug somit zum Erfolg der noch immer zu zaghaft operierenden Verbündeten entschieden bei. Blücher war dem strategischen und taktischen Können Napoleons durchaus gewachsen. Er begann seine militärische Laufbahn als gemeiner Husar und als Kornett, also ebenfalls ganz unten bei der Truppe; seine Führungsprinzipien waren rasche Bewegung und Angriff um jeden Preis. Seine Mannschaft folgte ihm auch willig, oft mit Begeisterung. Der Kampf gegen Napoleon wurde in Preußen zum Befreiungskrieg gegen die Tyrannei deklariert, die starke Welle eines neuen deutsch-preußischen Patriotismus erfaßte die Intellektuellen, die Bürger, die Beamtenschaft, aber auch die Bauern, die den Staat nun das erste Mal in der Geschichte der deutschen Länder als ihr Vaterland betrachteten. Dies war nicht nur das Ergebnis einer mit wertvollen literarischen Komponenten durchsetzten Propaganda; auch handfeste soziale und gesellschaftspolitische Errungenschaften hatten alle Schichten der Bevölkerung für den Kampf gegen Napoleon motiviert. Denn im Gegensatz zu Österreich, wo unter dem guten Kaiser Franz I.

Preußischer Patriotismus

Die Völkerschlacht bei Leipzig 1813. Kolorierter Stich von C. Rahl nach S. A. Klein

alles beim alten blieb, machte der bis dahin absolutistische Militär- und Beamtenstaat Preußen in den Jahren 1806 bis 1813 eine eindeutig progressive Entwicklung durch. Die Regierung führte für alle Klassen der Bevölkerung die gleichen Steuersätze ein. Das »Martinitag-Edikt« vom 11. November 1810 beseitigte sämtliche Formen der bäuerlichen Abhängigkeit. »Mit dem Martinitag 1810 hört alle Gutsuntertänigkeit in unseren sämtlichen Staaten auf. Nach dem Martinitag 1810 gibt es nur noch freie Leute.« Die Städte erhielten die volle Selbstverwaltung und die mit ihr gekoppelte Finanzhoheit. Die Juden wurden mit den christlichen Bürgern des Staates gleichgestellt. Eine umfassende Armeereform führte die allgemeine Wehrpflicht ein, setzte die Dienstzeit auf drei Jahre herab und ermöglichte jedermann, ohne Rücksicht auf seine Herkunft, Offizier zu werden.

Am 30. März 1814 erstürmten Blüchers Truppen das letzte französische Widerstandsnest, den Montmartre in Paris. Am 6. April dankte Napoleon I. ab. Eine provisorische französische Regierung proklamierte Louis XVIII., einen Bruder des in den Tagen der Revolution hingerichteten Louis XVI., zum König von Frankreich. Mit Napoleon verfuhren die Sieger, in Rücksicht darauf, daß er nach wie vor der Schwiegersohn Kaiser Franz' I. war, recht milde: er bekam ein winziges Reich, die Insel Elba vor der toskanischen Küste, und ein beachtliches Taschengeld dazu. Seine Frau Marie Louise folgte ihm nicht in das noble Exil. Die Hofgesellschaften Europas waren nun über die schnöde Untreue der liederlichen Person schockiert. Die nachweisbare Wahrheit sah jedoch anders aus: Marie Louise wollte nach Elba gehen, aber Napoleon verzögerte das Treffen mit seiner nicht mehr so heißgeliebten Frau; er hatte sich während der letzten Abwehrkämpfe auf französischem Boden angesteckt, er wollte die galante Infektion vorerst auskurieren. Metternich griff wieder einmal behutsam ein, ihm schien die skandalöse Trennung der Kaiserstochter von dem geschlagenen und bedeutungslos gewordenen General Bonaparte aus politischen Gründen willkommen. Nun verzögerte auch der Wiener Hof die Abreise von Marie Louise nach Elba. Sie gab dann den Plan, sich mit ihrem Gemahl zu vereinen, nach und nach auf und tröstete sich mit ihrem amtlich zugeordneten Begleiter, dem österreichischen Feldmarschalleutnant Adam Albert Graf von Neipperg, den sie später auch heiratete. Das alles war für die Hofgesellschaften wieder höchst interessant und auch Grund genug, über Marie Louise den Bann der Dauerempörung zu verhängen.

Marie Louise

Napoleons Sohn, der kleine König von Rom, wurde nach Wien gebracht. Sein angebliches Martyrium in Schönbrunn ist allerdings eine in Frankreich ersonnene und auch mit literarischen Mitteln reichlich genährte und ausgeschmückte Legende.* Die »Gefangenschaft« des Napoleon Franz

* Das romantische Versdrama des französischen Dichters Edmond Rostand (1864–1918), »L'aiglon«, auf deutsch »Der junge Aar«, wurde im Jahr 1900 mit der berühmten Schauspielerin Sarah Bernhardt in der Titelrolle zu einem nachhaltigen Erfolg und trug zur Bildung der falschen Legende wesentlich bei. Das Stück barg zwar keinen politischen Zündstoff mehr, sprach jedoch die unter der autoritären Erziehung der Jahrhundertwende leidende junge Generation besonders an.

Öffentliche Hoftafel im Redoutensaal 1816, in Gegenwart des Kaisers Franz I. und der Kaiserin. Aquarell von Johann Nepomuk Höchle

Joseph Karl Habsburg-Bonaparte, der bereits mit 21 Jahren an der Schwindsucht starb, war alles andere als grausam. Kaiser Franz I. liebte seinen Enkel beinahe abgöttisch; der hochgewachsene, schmale Jüngling wurde auch zum Liebling der gesamten Familie Habsburg und der sogenannten ersten Gesellschaft von Wien. Er bewegte sich völlig frei, amüsierte sich unablässig und gab sehr viel Geld aus, sein Hofstaat bestand aus mehr als zwanzig Personen. Er bekam ein eigens für ihn geschaffenes Herzogtum, die böhmische Reichstadt, und auch sein sehnlichster Wunsch, ein militärisches Kommando in der österreichischen Armee zu erhalten, wurde erfüllt. Tatsache ist, daß Metternich ihn scharf überwachen ließ, denn in Frankreich lebte noch der Mythos Napoleons, und es gab einflußreiche Kreise, die den Sohn des Eroberers an die Spitze eines neuen, napoleonischen Militärstaates stellen wollten, was unweigerlich zum Krieg und zum Zusammenbruch des mühsam hergestellten europäischen Gleichgewichts geführt hätte. Metternich hatte mit seinen Maßnahmen völlig recht. Daß er jedoch die ärztliche Betreuung des todkranken Herzogs von Reichstadt bewußt in eine falsche Richtung dirigiert oder gar verhindert hätte, ist eine plumpe Erfindung, die von der modernen historischen Forschung längst widerlegt werden konnte.

Der Herzog von Reichstadt

Das Problem Napoleon schien endgültig beseitigt. Metternich schwebte nun eine Neuordnung Europas, das heißt die Herstellung der alten Ordnung aus der Zeit vor der Französischen Revolution vor. Die Mittel und Wege, die er vorschlug, waren neu, sie wirken in der gesamten Weltpolitik noch heute spürbar nach. Denn Metternich erfand die Kongreßdiplomatie, die internationale Tagung, die politische Arbeit in von mehreren Ländern beschickten Gremien, die alle Fragen des Zusammenlebens von Staaten und Nationen am Verhandlungstisch lösen sollte.
Er stand, von seinem dankbaren Kaiser in den Fürstenstand erhoben, auf dem Höhepunkt seiner Laufbahn, er galt als der weitblickende Organisator des Sieges, und so war es für alle Parteien, die gegen Napoleon ge-

kämpft hatten, nahezu selbstverständlich, daß die von Metternich ersonnene internationale Konferenz in die Haupt- und Residenzstadt Österreichs einberufen wurde.

Der Wiener Kongreß

Der Wiener Kongreß begann am 18. September 1814. An den Beratungen nahmen Vertreter von fast zweihundert Staaten, Herzog- und Fürstentümern und unabhängigen Städten teil, die aber nur als eine Art politische Statisterie auftraten. Die wesentlichen Beschlüsse, die in 121 Artikeln festgelegt in die Schlußakte des Kongresses aufgenommen wurden, hatten die führenden Staatsmänner der fünf anerkannten Großmächte Rußland, England, Österreich, Preußen und Frankreich in einer Reihe von Geheimsitzungen in den Räumen der österreichischen Staatskanzlei auf dem Wiener Ballhausplatz ausgearbeitet. Mit den offiziellen Delegationen kamen etwa 100 000 Gäste in die Haupt- und Residenzstadt des Habsburgerreiches, an der Spitze Zar Alexander I. von Rußland, König Friedrich Wilhelm III. von Preußen, König Friedrich VI. von Dänemark, König Maximilian I. Joseph von Bayern, König Karl Friedrich I. von Württemberg, dann die führenden Politiker des Zarenreiches, Karl Wassiljewitsch Graf von Nesselrode, André Kirilowitsch Fürst Rasumowsky und Otto Magnus Freiherr von Stackelberg, die Vertreter Englands, der Herzog von Wellington und Außenminister Robert Stewart Viscount Castlereagh, Karl August Fürst von Hardenberg, der Staatskanzler von Preußen und sein engster Mitarbeiter, Kultur- und Unterrichtsminister Wilhelm Freiherr von Humboldt, sowie der französische Außenminister Herzog Charles Maurice de Talleyrand. Mit ihnen erschien auch eine große Anzahl von Fürsten und Grafen, Diplomaten und Offizieren, kirchlichen Würdenträgern, hochwohlgeborenen und recht lebenslustigen Damen und als Aufputz noch namhafte Wissenschaftler, Schriftsteller, Prediger, Schauspieler und Musiker, aber auch Abenteurer, falsche Aristokraten, Wahrsager, Alchimisten, Zuhälter und Taschendiebe. Es war die goldene Zeit der Wiener Polizeiagenten und Spitzel, die gegen gute Bezahlung täglich Hunderte von Geheimberichten verfaßten; sie erstatteten detaillierte Meldungen über die amourösen Stunden des russischen Zaren ebenso wie über die Wirtshausgespräche der zu den Herrschaften abkommandierten Kutscher.

Bankier Rothschild

Der Kongreß dauerte insgesamt mehr als neun Monate, die Kosten, fast ausschließlich von der österreichischen Staatskasse getragen, beliefen sich auf etwa 80 000 Gulden pro Tag. Doch Kaiser Franz I. hatte wieder Geld. Graf Stadion, der im April 1813 als Finanzminister in das politische Leben zurückgekehrt war, brachte das Finanzwesen mit Hilfe der damals noch jungen Bankiers Rothschild, die Österreich zinsenlose Kredite beschafft hatten, einigermaßen wieder in Ordnung.* Die Bälle, Umzüge, Schlittenpartien, Militärparaden, Opernaufführungen, Konzerte und Abendgesellschaften bildeten rund um den Kongreß einen glanzvollen Rahmen, der die Öffentlichkeit mehr beschäftigte und beeindruckte als die Konferenz selbst. Es war in der Tat das letzte große Fest des von Monarchen be-

* Aus Dankbarkeit für die Sanierung der österreichischen Staatskasse verlieh Kaiser Franz I. 1815 vier der an den Transaktionen beteiligten Rothschild-Brüdern, Salomon (Wien), James (Paris), Carl (Neapel) und Anselm (Frankfurt), die österreichische Baronie.

herrschten alten Europa, noch ganz im sorglosen Weltbild des bereits abgelaufenen 18. Jahrhunderts verhaftet, gestaltet in der nostalgischen Sehnsucht nach den unvergeßlich schönen Tagen von Versailles. Wien hatte seinen Ruf, der angenehmste Ort der Begegnung zu sein, begründet, und es brillierte auch als Fremdenverkehrsgemeinde ersten Ranges. Die Gäste wurden tüchtig gerupft, die von den einheimischen Unternehmern, Kaufleuten und Hausherren willkürlich hochgeschraubten Preise setzten bald auch der eigenen Bevölkerung empfindlich zu: Lebensmittel, Dienstleistungen, Brennstoffe und Wohnungsmieten wurden schon im Winter so teuer, daß die Wiener wünschten, das hinreißende Spektakel sollte so rasch wie möglich zu Ende gehen.

Der Kongreß tanzt

Doch die Verhandlungen zogen sich in die Länge, die Fronten zwischen den Großmächten wurden immer härter, ein Abschluß war auch im Frühjahr 1815 noch nicht abzusehen. Dennoch amüsierten sich die Teilnehmer königlich und meist in voller Eintracht. Der Fürst von Ligne* prägte das berühmt gewordene, jedoch fast immer falsch zitierte Bonmot: »Le Congrès ne marche pas; il danse.« (»Der Kongreß kommt nicht vom Fleck; er tanzt.«)

Die geistreiche Bemerkung machte bald in ganz Europa die Runde – den Tatsachen entsprach sie jedoch nicht. Denn der Kongreß hat eine umfangreiche Arbeit geleistet, manche seiner Beschlüsse sind noch heute gültig. Er regelte den Status der Diplomaten und der diplomatischen Vertretungen und die Rangordnung der Staaten bei internationalen Anlässen nach dem französischen Alphabet; er entwarf die juridischen Grundlagen für die freie Schiffahrt auf den europäischen Flüssen und verbot den Sklavenhandel; er zog neue Grenzlinien, die zum Teil, zumindest im europäischen Westen, noch heute bestehen. Die großen Probleme des friedlichen Zusammenlebens von Völkern und Nationen konnte der Wiener Kongreß freilich nicht lösen. Vor allem, weil er sie gar nicht lösen wollte. Es wurden zwar Länder, Provinzen, Städte und Grenzstreifen in großem Umfang hin- und hergeschoben, aber immer nur unter den Monarchen und Fürsten verteilt, ohne die daraus entstehenden politischen, wirtschaftlichen und kulturellen Folgen für die Bewohner der ausgetauschten, vergrößerten oder verkleinerten Landstriche zu berücksichtigen, getreu der Maxime Metternichs: »Es stehe den Fürsten allein zu, die Geschicke der Völker zu leiten; die Fürsten seien für ihre Handlungen niemand außer Gott verantwortlich.«

Die Staatsmänner, die in Wien stellvertretend für die Fürsten agierten, wodurch der Kongreß zweifellos schon einen modernen Anstrich hatte, warfen sich mit zunehmender Härte in die große Auktion von Ländern und Völkern. Zwei Interessengruppen der führenden Mächte formierten

* Charles Joseph Fürst von Ligne wurde am 23. Mai 1735 in Brüssel geboren; er trat der österreichischen Armee bei, schied als k. k. Feldmarschall aus dem aktiven Dienst und lebte als wohlhabender Pensionist in Wien. Der hochgebildete und geistreiche Mann, ein passionierter Schriftsteller und Militärwissenschaftler, Held zahlreicher Anekdoten, war eine allbekannte, liebenswürdige Figur der Haupt- und Residenzstadt. Er starb am 13. Dezember 1814, noch während des Wiener Kongresses; am Totenbett sagte er, er tue dies, um das umfangreiche Programm mit dem Schauspiel seines prunkvollen Begräbnisses, eines Feldmarschalls und Ritters des Goldenen Vlieses, zu bereichern.

sich nach und nach und bekämpften einander mittels verborgener Schachzüge, hinterhältiger Intrigen, vielversprechender Geheimabkommen, aber auch mittels offener Drohungen: die des Zaren und des preußischen Königs auf der einen und die des Kaisers von Österreich, des Königs von England und des Königs von Frankreich auf der anderen Seite. Man befürchtete bereits einen neuen Krieg, als die Kongreßteilnehmer im wahrsten Sinne des Wortes über Nacht wieder zueinanderfanden.

Ein Gespenst taucht auf

Ein Gespenst tauchte überraschend auf: der selbsternannte Kaiser der Franzosen, Napoleon, der Störenfried aus dem Armenviertel, verließ mit einer kleinen Schar bewaffneter Getreuen die Insel Elba und landete an der südfranzösischen Küste in der Nähe von Cannes. Die unheimliche Nachricht traf in der Nacht auf den 6. März 1815 in Wien ein. Die bekannte, auch in erfolgreichen Filmen effektvoll gestaltete Szene, wie ein erschöpfter, mit Schlamm über und über bespritzter Kurier mitten in einem rauschenden Ball Metternich die Hiobsbotschaft bringt, ist zwar sehr eindrucksvoll, aber nicht zutreffend. Metternich lag bereits zu Hause im Bett, als sein Kammerdiener ihm eine dringende Depesche eines drittrangigen Diplomaten, des österreichischen Konsuls in Genua, in sein Schlafzimmer brachte. Metternich legte das Schriftstück ungelesen auf seinen Nachttisch. Erst in den späten Morgenstunden überflog er den Text: »Der britische Kommissar Campbell ist soeben im Hafen erschienen, um sich zu erkundigen, ob sich Napoleon vielleicht in Genua habe blicken lassen, denn von der Insel Elba sei er verschwunden.«

Metternich tat, was er sonst so gut wie nie getan hat: er beeilte sich. Er kleidete sich hastig an und alarmierte binnen zwei Stunden den Kaiser, den Zaren und den König von Preußen. Der französische Außenminister, Fürst Talleyrand, ein geistreicher Zyniker, der schon der Revolution, dem Konsul Bonaparte und dem Kaiser Napoleon gedient hatte, meinte, die Landung Napoleons in Frankreich sei zwar eine Nachricht, aber kein Ereignis mehr.

Die hundert Tage

Es war ein Ereignis. Napoleon hatte aus den Fehlern der Vergangenheit gelernt, und er bewies auch politisches Feingefühl. Er kam im Namen der auch von ihm verratenen Ideale der Französischen Revolution, er kam als »Volkskaiser«, der Freiheit, Gleichheit und Brüderlichkeit verkündete. Er versprach der von den zurückgekehrten Bourbonen schwer enttäuschten Nation eine Verfassung und eine demokratische Regierungspraxis. Das Volk jubelte ihm zu, die Truppen liefen zu ihm über. König Louis XVIII. schwor, daß er dem Usurpator Widerstand leisten und notfalls auf seinem Thron sterben werde – und floh Hals über Kopf aus seiner Hauptstadt. Am 20. März 1815 war Napoleon in Paris, er nannte sich wieder Kaiser der Franzosen. Die berühmten hundert Tage seiner letzten Regierungszeit, die übrigens nicht hundert, sondern einhundertvierzehn Tage dauerte*, brachen an.

* Der historische Begriff »Die hundert Tage« stammt von dem Präfekten des Departements Seine, Chabrol, der anscheinend nicht rechnen konnte: bei der Begrüßung des zurückgekehrten Königs Louis XVIII. sprach er von rund hundert Tagen schmerzhafter Abwesenheit des Monarchen.

Die in Wien versammelten Monarchen reagierten scharf. Sie stempelten Napoleon zum politischen Verbrecher, sie erklärten feierlich, daß er »sich außerhalb der bürgerlichen und sozialen Bindungen gestellt und sich, als Feind und Störer der Ruhe der Welt, der öffentlichen Ahndung ausgeliefert habe«.

Waterloo

Die »öffentliche Ahndung« bedeutete Krieg. Er dauerte nicht lange. Am 18. Juni verlor die hastig aufgestellte Armee Napoleons gegen die englischen und preußischen Truppen unter Wellington und Blücher die Entscheidungsschlacht auf den regennassen Feldern von Waterloo in Belgien. Ob darum, weil Marschall Ney die gesamte französische Kavallerie im aufgeweichten, tiefen Boden in einen sinnlosen Angriff gehetzt, weil das Armeekorps des Marschalls Grouchy sich mit 33 000 Mann und 100 Geschützen verirrt und ins Leere manövriert hatte oder weil Napoleon, von fürchterlichen Magenschmerzen geplagt, nicht mehr wußte, was auf dem Schlachtfeld vor sich ging, ist letzten Endes, obwohl darüber ganze Bibliotheken geschrieben wurden, unerheblich. Hätte Bonaparte bei Waterloo gesiegt, so hätte er, da er über keinerlei Menschen- und Materialreserven und auch über kein Geld mehr verfügte, die nächste Schlacht gegen die drückende Übermacht der Verbündeten sicherlich verloren. Am 22. Juni dankte er ab. Die Sieger internierten ihn auf der Atlantikinsel Sankt Helena, wo er am 5. März 1821 im Alter von einundfünfzig Jahren starb, vermutlich an Magenkrebs.

Ungeachtet des Krieges gegen Napoleon arbeitete der aufgescheuchte Kongreß nun ziemlich rasch und effektiv weiter. Auf den Trümmern des Heiligen Römischen Reiches gründete man eine bald umstrittene Föderation, den Deutschen Bund. Er bestand aus fünfunddreißig größeren und kleineren Staaten und vier unabhängigen Städten, deren gemeinsame Interessen von einem Parlament, dem Bundestag in Frankfurt, unter dem ständigen Vorsitz Österreichs beraten und vertreten werden sollten.

Der Deutsche Bund

Gemeinsame Interessen hatten die Mitglieder des Deutschen Bundes jedoch kaum; es gab weder eine einheitliche deutsche Währung, noch wurden wirtschaftliche, juridische oder kulturelle Fragen unter- oder aufeinander abgestimmt. In den ersten Jahren nach dem Wiener Kongreß erstreckte sich die Zusammenarbeit bloß auf die scharfe Überwachung der bestehenden Ordnung, auf die Unterdrückung jeglichen Versuchs, mehr Rechte und Freiheiten für den Untertan zu fordern oder das Staatswesen zu modernisieren. Das politische, wirtschaftliche und militärische Übergewicht des Königreichs Preußen wurde im Bund mit der Zeit immer mehr spürbar, seine Führungsrolle als eine reale Hoffnung auf dem schwierigen Weg zur deutschen Einheit bedingungslos anerkannt. Österreich gab seine Positionen auf deutschem Boden nach und nach auf, es zog sich auf den Donauraum zurück, in das historische Zentrum des Habsburgerreiches, von wo aus die politischen, wirtschaftlichen und kulturellen Schwerpunkte zum Teil nach dem Osten und Südosten verlagert wurden.

Metternich arbeitete bewußt darauf hin, daß der österreichische Länderkomplex fortan eine geographisch abgerundete und geschlossene Einheit bilden sollte. Kaiser Franz I. trat das bis dahin österreichische Belgien zugunsten des neugeschaffenen Königreichs der Niederlande ab, erhielt aber dafür wertvolle Gebiete: Salzburg und seine Umgebung, die gesamte Lombardei in Norditalien, Venedig, Triest, Fiume, Istrien, Monfalcone, die Provinzen Friaul, Brixen und Trient, das Veltliner Tal, Bormio und Chiavenna, Krain, Oberkärnten und Kroatien, Dalmatien mit Ragusa und Cattaro und die der Küste vorgelagerten italienischen Inseln. Napoleons Gemahlin, Marie Louise, von ihrem verbannten Ehemann offiziell niemals geschieden, erhielt die Herzogtümer Parma, Piacenza und Guastalla, wo sie bis zu ihrem Tod im Jahr 1847 ein mildes und fröhliches Operettenregiment führte.

Metternichs Pläne

Trotz des Beharrens auf dem heiligen Fürstenprinzip dachte Metternich in mancher Hinsicht recht modern: Er schlug vor, den an Österreich angegliederten italienischen Gebieten eine beschränkte Autonomie zu gewähren, sie in einer »Lega Italica«, in einer italienischen Konföderation, unter dem Vorsitz des Mutterlandes Österreich zusammenzufassen. Doch Kaiser Franz I. lehnte ab: Die Italiener sollten »gut österreichisch« gemacht werden. Zuständig dafür war die Polizei. Auch den Bewohnern von Kroatien und Slowenien wollte Metternich die schwer haltbare Fiktion, sie seien Österreicher, nicht einfach aufzwingen: Er plante die Schaffung eines südslawischen Königreiches, freilich als Besitztum des Hauses Habsburg, aber immerhin mit einigen Sonderrechten ausgestattet. Er verwendete dabei das erste Mal in der Geschichte die Bezeichnung »Südslawien«, die später in ihrer serbokroatisch-deutschen Form »Jugoslawien« allgemein bekanntgeworden ist. Der Kaiser verwarf auch die Idee eines südslawischen Teilstaates und machte dabei einen folgenschweren politischen Fehler, denn Kroatien und das von Italienern und Kroaten bewohnte Küstenland um Fiume (heute Rijeka) kam unter ungarische Verwaltung, was die gefährliche Übermacht des ungarischen Hochadels innerhalb der Monarchie noch verstärkte, anstatt sie durch die Existenz eines kaisertreuen neuen Königreiches mit überwiegend slawischer Bevölkerung zumindest vom Süden her wirksam auszubalancieren.

Polen

Auch die polnische Frage löste der Wiener Kongreß im Sinne des Fürstenprinzips denkbar unglücklich und kurzsichtig: er teilte das Land und seine Bevölkerung nun das vierte Mal unter den Monarchen von Preußen, Österreich und Rußland auf und schuf dadurch eine dauernde und verhängnisvolle Konfliktsituation im mittleren Osten Europas. Österreich trat diesmal das sogenannte Westgalizien zwischen den Flüssen Bug und Pilica an Zar Alexander I. ab, bekam jedoch als Entschädigung den Tarnopoler Kreis und die Salzwerke um Wieliczka. Krakau wurde, allerdings ohne sein natürliches Hinterland, als Freistaat unter die Patronanz des Zaren von Rußland, des Königs von Preußen und des Kaisers von Österreich gestellt. Den noch übriggebliebenen Rest des einstigen Königreichs Polen, nun »Kongreßpolen« genannt, erhielt Zar Alexander I. mit der Auflage, dem nicht lebensfähigen Rumpf- und Pufferstaat eine beschränkte Autonomie zu gewähren.

Salzburg

Von all den Gebieten, die der Wiener Kongreß auf das Haus Habsburg übertrug, blieben nach dem Zusammenbruch der Donaumonarchie im Herbst 1918 nur die Stadt Salzburg und ihre Umgebung der Republik Österreich erhalten. Die Geschichte des heutigen Bundeslandes Salzburg entwickelte sich mehr als elfhundert Jahre hindurch außerhalb der Geschichte Österreichs, von den politischen und wirtschaftlichen Ereignissen und auch von den geistigen Strömungen im habsburgisch-österreichischen Länderkomplex nur bedingt beeinflußt. So kamen in der Stadt und im Land Salzburg manche charakteristisch österreichischen Merkmale des politischen und sozialen Klimas, wie die stete Kompromißbereitschaft, die friedfertige Humanität, die Aufgeschlossenheit Fremden gegenüber, aber auch der Hang zur Improvisation, die Liebe zu dauerhaften Halblösungen und nicht zuletzt die sprichwörtliche Schlamperei, niemals zum Durchbruch. Alltag und historische Stunden waren zumeist von der intoleranten Regierungspraxis eines geistlichen Fürstentums, eines strengen, theokratischen Staatswesens, geprägt, an dessen Spitze der Erzbischof beziehungsweise Fürsterzbischof, in der Regel von christlicher Nächstenliebe ungerührt und von fähigen Ratgebern oder gar von oppositionellen Stimmen voll und ganz ungestört, die absolute Macht mit harter Hand ausübte.

Geistliches Fürstentum

Im Jahr 696 n. Chr. ließ sich der heilige Rupert, Bischof von Worms und späterer Schutzpatron Bayerns, in der von den Römern verlassenen Siedlung Juvavum, in der befestigten *Salzpurch* auf dem heutigen Nonnberg, nieder. Seine Nachfolger, vor allem der Iroschotte Virgil (745–786 n. Chr.) und der aus Franken stammende Arno (785–821 n. Chr.), ordneten die kirchliche und weltliche Verwaltung und bauten die Stadt und die umliegenden Ortschaften bedeutend aus. Am 20. April 798 n. Chr. erhob Papst Leo III. Salzburg zum Erzbistum.

Bis zum Ende des 13. Jahrhunderts gehörte das Erzstift Salzburg, Teil des Heiligen Römischen Reiches, mehr oder minder Bayern an: innerhalb seiner Grenzen und auf seinen ausgedehnten Gütern, die in der Wachau in Niederösterreich, im Defreggental in Osttirol, um Friesach in Kärnten, im Ennstal in der Steiermark und auch im italienischen Friaul lagen, galt das bayrische Landrecht. Erst im späten Mittelalter erschien Salzburg auf der politischen Bühne als unabhängiger Staat, der mit Waffengewalt an den Kämpfen zwischen Kaiser und Papst, aber auch an den Streitigkeiten der Päpste und Gegenpäpste, Bischöfe und Gegenbischöfe, Herzöge und Landgrafen teilnahm. Regiert wurde das geistliche Fürstentum fast ausnahmslos von Männern aus landfremdem Hochadel, die das Amt des Erzbischofs in erster Linie als eine reich dotierte Machtposition betrachteten, wie Rudolf von Hohenegg, Konrad von Vansdorf, Ortolf von Weißenegg, Pilgrim von Puchheim, Bernhard von Rohr, Friedrich von Schaunberg, Leonhard von Keutschach oder Matthäus Lang von Wellenburg. Eine schillernde, aber auch tragische Figur war der aus Schwaben stammende Wolf Dietrich von Raitenau, ein verspäteter Renaissancefürst, der 1587 mit erst achtundzwanzig Jahren Erzbischof und Staatsoberhaupt wurde. Er führte am Salzburger Hof die in den österreichischen Ländern so gut wie unbekannt gewesene Mätressenwirtschaft ein. Seine offizielle Geliebte, die Bürgerstochter Salome Alt, nahm Einfluß auf die Regierungsgeschäfte, ihre Kinder, die Kinder des Erzbischofs, hob man in den Adelsstand.

Der Mirabellgarten in Salzburg. Stich von J. A. Corvinus nach einer Zeichnung von F. A. Danreiter

Wolf Dietrich von Raitenau begann unter der Anleitung des italienischen Baumeisters Vincenzo Scamozzi eine prunkvolle Residenz an der Salzach zu bauen. Er ließ dabei fast die ganze Innenstadt niederreißen, wobei auch wertvolle romanische Baudenkmäler, darunter Teile des alten, im 8. Jahrhundert geweihten Domes, dem Erdboden gleichgemacht wurden. Unter ihm und unter seinen unmittelbaren Nachfolgern, Markus Sittikus Graf von Hohenems und Paris Graf Lodron, die sich des italienischen Architekten Santino Solari bedienten, entstand das in der ganzen Welt bewunderte Stadtbild von Salzburg. Der neue, im Stil des italienischen Frühbarock errichtete Dom, die fürstbischöfliche Residenz, Schloß Mirabell und Schloß Hellbrunn trugen Macht und Reichtum der mit weltlichen Zügen stark durchsetzten kirchlichen Feudalherrschaft zur Schau. Doch Wolf Dietrich von Raitenau wollte sein Reich auch mehren, er wollte Land erwerben. Er überfiel mit seiner Armee 1611 das benachbarte Fürstentum Berchtesgaden, wurde aber von bayrischen Truppen zurückgeschlagen, verfolgt, verhaftet, zur Abdankung gezwungen und auf Befehl des neuen Erzbischofs Markus Sittikus auf der Feste Hohensalzburg unter unmenschlichen Bedingungen eingekerkert, wo er im fünften Jahr seiner strengen Haft starb.

Verfolgung und Vertreibung

Strenge Haft, Folter, Hinrichtung und Vertreibung waren hinter den prachtvollen Fassaden des Salzburger Kirchenstaates bewährte und auch allzuoft benützte Mittel, um Andersdenkende auszuschalten, Verdächtige zu beseitigen, die volle Autorität der Obrigkeit zu sichern. Die Juden wurden 1498 über Nacht vertrieben, die Protestanten in mehreren Etappen, zuletzt mit dem Edikt des Fürstbischofs Leopold Anton Graf von Firmian am 31. Oktober 1731. Mehr als 20 000 Personen, Ärzte, Lehrer, Handwerker, Bergleute und Bauern, verließen die Stadt und das Land, die meisten von ihnen fanden in Ostpreußen eine neue Heimat. Versuche der Salzburger Bürger, die Stadtregierung zu demokratisieren, gegen die Diktatur der Fürstbischöfe Widerstand zu leisten, wurden schon zu Beginn des 16. Jahrhunderts durch großangelegte Polizei- und Militäraktionen unbarmherzig unterdrückt; an eine Wiederholung wagte dann niemand mehr zu denken. Im Gegensatz zu den österreichischen Ländern betrieb die fürstbischöfliche Behörde auch die Hexenprozesse mit vorbildlicher Energie: in dem der Stadt gehörigen Turm bei Loreto richtete man ein eigenes Hexengefängnis ein; die Zahl der Frauen, die nach entsetzlichen Martern verbrannt wurden, gaben die verschiedenen Chroniken der großen deutschen Hexenjagd mit achtzig bis einhundertzwanzig an. Auch Landstreicher, die man auf Salzburger Gebiet aufgriff, übergab man dem Henker: allein gegen Ende des 17. Jahrhunderts, in der Regierungszeit des Fürstbischofs Maximilian Gandolf Graf Kuenburg, waren es mehr als einhundertsechzig.

Aufklärung

In der zweiten Hälfte des 18. Jahrhunderts drangen die Ideen der Aufklärung auch in den Kirchenstaat Salzburg ein. Die Fürstbischöfe Sigismund Graf Schrattenbach und Hieronymus Graf Colloredo, von den Reformen Maria Theresias und Josephs II. beeinflußt, führten ein aufgeschlossenes, in mancher Hinsicht sogar recht progressives, vor allem aber ein tolerantes Regiment. Salzburg wurde zunehmend zu einem bedeutenden, vom österreichischen Geist geprägten Zentrum von Kunst und Wissenschaft zwischen München und Wien, zwischen dem deutschsprachigen Westen und dem deutschsprachigen Osten.

Das Ende des geistlichen Fürstentums Salzburg kam mit General Bonaparte: die Bestimmungen des Friedens von Lunéville hoben 1801 auf französischen Druck das Kirchenregiment an der Salzach auf. Der letzte Fürstbischof, Hieronymus Graf Colloredo, ging nach Wien ins Exil und dankte als Staatsoberhaupt am 11. Februar 1803 auch förmlich ab. Stadt und Land Salzburg wurden in ein weltliches Kurfürstentum umgewandelt und Erzherzog Ferdinand, dem früheren Großherzog von Toskana, einem Bruder des Kaisers Franz, zugesprochen. Die Bevölkerung begrüßte den Wechsel, der in der Stadtverwaltung, im Wirtschaftsleben und in den bis dahin starren mittelalterlichen Normen der Gesellschaftspolitik einen hoffnungsvollen Demokratisierungsprozeß einleitete. Doch nach zwei Jahren erfolgreicher und populärer Regierungstätigkeit mußte Erzherzog Ferdinand Salzburg verlassen; französische Truppen rückten in die Stadt ein, die Napoleon im Dezember 1806 im Preßburger Frieden dem Kaiser von Österreich geschenkt hatte. Im neuen Krieg im Frühjahr 1809 ging Salzburg abermals verloren. Napoleon entschied sich diesmal für seinen Bundesgenossen in Süddeutschland: am 30. September 1810 übergab er das einstige geistliche Fürstentum und Kurfürstentum an König Maximilian I. von Bayern. In den nächsten sechs Jahren zogen bayrische Beamte nach französischem Vorbild eine neue, moderne Verwaltung auf, sie führten die Brandversicherung ein, errichteten eine landärztliche Schule und stellten eine bürgerliche Nationalgarde in Dienst. Sie verschleppten und versteigerten jedoch einen beträchtlichen Teil der erzbischöflichen Kunstschätze, um die zerrütteten Finanzen des nun »Salzachkreis« genannten Gebietes in Ordnung bringen zu können, was ihnen aber nicht gelang.

Demokratisierungsprozeß

Nach dem Wiener Kongreß fiel Salzburg endgültig dem Haus Habsburg zu. Die kaiserlich-österreichische Verwaltung nahm ihre Tätigkeit mit dem 1. Mai 1816 im neuerworbenen Territorium auf. Die Stadt war heruntergekommen, sie hatte kaum 12 000 Einwohner; Fremdenverkehr gab es noch nicht, auf dem Domplatz wuchs Gras. Der Wiener Hof dachte nicht daran, Salzburg innerhalb des österreichischen Landesverbandes wieder zu einem geistlichen Fürstentum zu machen. Kaiser Franz nahm zwar den Titel eines Herzogs von Salzburg an, doch man fürchtete sich, völlig unbegründet, vor der Erinnerung an die Selbständigkeit, und so beließ man dem Land nicht einmal den Anschein von Autonomie: Salzburg wurde bis zum Jahr 1848 als ein Teil Oberösterreichs von Linz aus verwaltet. Das aufgehobene Erzbistum stellte man im Einvernehmen mit dem Heiligen Stuhl 1823 als eine rein kirchliche Behörde wieder her. Doch erst im Jahr 1850 wurde Salzburg zum selbständigen Kronland innerhalb der Monarchie. Ab 1861 verfügte es über einen eigenen Landtag. Gleichzeitig begann, infolge einer überaus günstigen wirtschaftlichen Entwicklung, eine zweite, großzügige Ausbauphase in der Stadt und in den umliegenden Gemeinden.

Heilige Allianz

Am 26. September 1815 wurde in Paris ein seltsames Dokument unterzeichnet: die Gründungsurkunde der »Heiligen Allianz«. Zar Alexander I. von Rußland, Kaiser Franz I. von Österreich und König Friedrich Wilhelm III. von Preußen verpflichteten sich darin zu einer internationalen Friedenspolitik. Sie gelobten feierlich in der dritten Person: »Gemäß den Worten der Heiligen Schrift, welche allen Menschen befiehlt, werden sie einander als Brüder betrachten, durch die Bande einer wahren und unauflöslichen Brüderschaft vereinigt bleiben und einander wie Landsleute bei allen Gelegenheiten und allen Fällen Beistand leisten. Ihren Untertanen und ihren Armeen gegenüber werden sie sich als Familienväter betrachten und sie im demselben Geiste der Brüderlichkeit leiten, von dem sie selbst beseelt sind.« Die christlichen Fürsten Europas wurden aufgefordert, dem neuen Bund der gottesfürchtigen Herrscher beizutreten. Die meisten von ihnen taten es, mit Ausnahme des Königs von England, Georg III., der bereits 1810 wegen unheilbarer Geisteskrankheit entmündigt, von dem Prinzen von Wales beziehungsweise vom Parlament in London vertreten wurde. Die nüchternen Engländer beriefen sich auf staatsrechtliche Schwierigkeiten und lehnten die Teilnahme an der frommen politischen Bruderschaft dankend ab. Papst Pius VII. luden die erhabenen Stifter merkwürdigerweise zum Beitritt gar nicht ein; als Vorwand diente ihnen die Tatsache, daß die heilige Vereinigung eine ökumenische war: von den drei Gründungsmitgliedern bekannte sich nur Kaiser Franz I. zur römisch-katholischen Kirche; der orthodoxe Zar Alexander I. und der protestantische König von Preußen, Friedrich Wilhelm III., galten in Rom offiziell als Ketzer. In Wirklichkeit schlossen die »Bevollmächtigten der Vorsehung« die Möglichkeit nicht aus, daß der Papst, ein von Amts wegen heiliges Staatsoberhaupt, der Stellvertreter Christi auf Erden, im gottgefälligen Bund für sich mit Recht eine Führungsrolle beanspruchen könnte.

Die »Heilige Allianz« war nicht, wie dies oft fälschlich angenommen wird, ein Werk des Fürsten Metternich. Er stand der christlichen Brüderschaft der von der Nächstenliebe geleiteten Herrscher Rußlands, Preußens und

Die Heilige Allianz. Zar Alexander I. von Rußland (rechts), Kaiser Franz I. von Österreich (Mitte) und König Friedrich Wilhelm III. von Preußen. Zeitgenössischer Stich

Österreichs vorerst skeptisch gegenüber; er nannte sie ein »lauttönendes Nichts«, überredete Kaiser Franz I. dennoch, mitzumachen, um den Initiator des himmlischen Bundes, Zar Alexander I., nicht zu vergrämen. Die Vorgeschichte der »Heiligen Allianz«, dem stets gutinformierten Metternich wohl bekannt, war in der Tat recht kurios, und sie bürgte zunächst auch keineswegs für eine reale und solide politisch-militärische Zusammenarbeit. Denn die Idee, oder zumindest die vage Anregung zu dem im Geist der Bibel verankerten Monarchenbund stammte ursprünglich von einer exaltierten Frau, von Barbara Juliane von Krüdener, geborene von Vietinghoff, Tochter eines Gutsherrn in Livland, die als Schriftstellerin, Abenteurerin und religiöse Schwärmerin durch halb Europa zog. Sie verfolgte Zar Alexander I. hartnäckig mit ihrer besessenen Zuneigung, bis sie ihn am 4. Juni 1815 persönlich treffen und den labilen, zwischen Genußsucht und Schuldbewußtsein schwankenden Monarchen für sich und für die verschwommenen Gedanken einer neuen, von Liebe erfüllten christlichen Weltordnung gewinnen konnte. An der Ausarbeitung des Pariser Manifestes hatte Barbara von Krüdener, die auch dem Zar bald lästig wurde und in Richtung Schweiz verschwand, vermutlich keinen Anteil mehr. Metternich half die Endfassung des Textes zu redigieren. Es gelang ihm in zähen Diskussionen mit Alexander I., manche lächerlichen oder gar unverständlich mystischen Passagen zu streichen oder wenigstens zu mildern. Mit der Zeit kam er dann darauf, daß er das »lauttönende Nichts« zu einem höchst brauchbaren Instrument umformen und benützen konnte, um die auf dem Wiener Kongreß beschlossene neue europäische Ordnung vor Erschütterungen zu bewahren.

Frau von Krüdener

Mittels seiner eleganten Kongreßdiplomatie machte Metternich die »Heilige Allianz« zu einem internationalen Überwachungssystem. In den Konferenzen von Karlsbad im Sommer 1819, von Troppau im Herbst 1820, von Laibach im Winter 1821 und von Verona im Herbst 1822 war von der christlichen Nächstenliebe, von der väterlichen Fürsorge oder von der

Botschaft der Heiligen Schrift auch nicht mehr die Rede; man sprach ausschließlich über militärische und polizeiliche Maßnahmen, die dazu dienen sollten, das unumschränkte Verfügungsrecht der Monarchen über ihre Länder und über ihre Untertanen wirksam zu schützen, Reform- und Umsturzversuche im Keim zu ersticken.

»Friedensperiode«

In der deutschsprachigen, aber auch in der angelsächsischen Geschichtsschreibung des neunzehnten und des zwanzigsten Jahrhunderts wird oft betont, die vielgelästerte »Heilige Allianz« habe Europa immerhin eine lange, über drei Jahrzehnte hindurch stabil gebliebene Periode des Friedens beschert. Die Monarchen führten in der Tat keinen Krieg gegeneinander, was aber zum Teil eine natürliche Reaktion auf den mehr als zwanzigjährigen Kriegszustand des Napoleonischen Zeitalters war: ihre Kassen waren meist leer, ihre Armeen abgekämpft, weite Landstriche ihrer Gebiete verwüstet. So herrschte zwar Frieden unter den christlichen Brüdern auf dem Thron, marschiert, geschossen und geplündert wurde in vielen Gegenden Europas dennoch. Der Schwerpunkt der bewaffneten Auseinandersetzungen verlagerte sich allerdings in gänzlich neue Bereiche: Man kämpfte nicht mehr um Grund und Boden, um Häfen und Handelswege, um wirtschaftliche und strategische Schlüsselpositionen, sondern um die Regierungsform, um die Durchsetzung bürgerlich-demokratischer Ideale, um mehr Rechte für die Bevölkerung, um die Befreiung von der repressiven Herrschaft landfremder Potentaten, beziehungsweise man kämpfte als Hüter und Verwalter der alten Ordnung unnachgiebig dagegen. Der in Europa immer wieder aufflackernde Krieg wurde nun zwischen dem seit Jahrhunderten etablierten Machtapparat der Fürstenhöfe und der kunterbunten Schar der neuen national-revolutionären Bewegungen, die im Kampf um die Unabhängigkeit oder um eine zeitgemäße Regierung vereinzelt auch schon soziale Forderungen erhoben hatten, ausgetragen.

Europa rebelliert

In Spanien brach am 1. Januar 1820 ein Aufstand gegen das mittelalterlich-rückständige Regime des Königs Ferdinand VII. aus. Die Kämpfe dauerten drei Jahre. Im Auftrag der »Heiligen Allianz« schlug schließlich eine französische Interventionsarmee unter dem erzkonservativen Herzog von Angoulême den Aufstand unbarmherzig nieder. Im Frühjahr 1821 marschierte der österreichische General Johann Maria Frimont im Namen der »Heiligen Allianz« mit 46 000 Soldaten des Kaisers gegen die Revolution in Neapel und setzte den korrupten, unfähigen König Ferdinand I. aus dem Hause der spanischen Bourbonen mit Waffengewalt wieder auf den Thron. Der dankbare Herrscher schenkte dem siegreichen General 220 000 Golddukaten und den Titel eines Fürsten von Antrodocco. Zehn Jahre später zeichnete sich Fürst Frimont-Antrodocco an der Spitze österreichischer Regimenter in Parma, in Modena und in der Provinz Ancona aus, wo er den Aufstand italienischer Nationalrevolutionäre rasch und gekonnt niederwarf. In Portugal tobte, volle siebzehn Jahre lang, zwischen 1817 und 1834, ein Bürgerkrieg; auch hier ging der Kampf um die Abschaffung der Monarchie und um die Einführung einer liberalen Verfassung. Nach der Intervention spanischer, französischer und englischer Truppen scheiterte das Vorhaben.

Doch die alte Ordnung, das heilige Fürstenprinzip, der Status quo des Wiener Kongresses, konnte auch mit nackter Gewalt nicht überall gesichert beziehungsweise wiederhergestellt werden. Am 25. März 1821 erhoben sich auf der Halbinsel Peloponnes griechische Patrioten gegen die türkische Fremdherrschaft, gegen die veraltete feudale Verwaltung des osmanischen Staatsapparates. Die Truppen des Sultans konnten mit der Erhebung nicht fertig werden. In einigen Jahren war aus der Revolte ein großangelegter Befreiungskrieg geworden. Das Schicksal Griechenlands, der Wiege des Abendlandes, beschäftigte immer mehr die europäische Öffentlichkeit. Namhafte Politiker, Philosophen, Dichter, Publizisten und Künstler riefen zur Rettung des schwer bedrängten und verzweifelt kämpfenden Hellas auf. Eine romantische Begeisterung für alles Griechische, aber auch für den heldenhaften Freiheitskampf an und für sich mobilisierte die gebildeten, die tonangebenden Schichten der Bevölkerung in fast allen Ländern Europas. Metternich stand mit seiner unbeugsamen Ablehnung jeglicher Volkserhebung auf der Seite des verhaßten Sultans Mahmud II. – und er stand diesmal auf verlorenem Posten. Das Königreich Bayern, dann England, Frankreich und auch Rußland begannen im krassen Gegensatz zu den Prinzipien der »Heiligen Allianz« – immer für den Herrscher, niemals für das Volk – den äußerst populär gewordenen Befreiungskrieg der Griechen tatkräftig zu unterstützen. Im Oktober 1827 griff ein vereinigtes englisches, französisches und russisches Geschwader die türkische Flotte bei Navarino (heute Pylos) an der Südwestküste des Peloponnes an, im August landete ein französisches Expeditionskorps auf der heißumkämpften Halbinsel. Die Türken zogen sich zurück. Am 3. Februar 1830 erklärten England, Frankreich und Rußland das bis dahin als osmanische Provinz verwaltete Griechenland zum unabhängigen Staat. Die »Heilige Allianz« funktionierte nicht mehr; sie war in der Bucht von Navarino, vor den Mauern von Korinth und Athen praktisch zerfallen, sie bestand nur noch aus dem Haus Habsburg und einigen Ländern des Deutschen Bundes, sie bestand vor allem aus dem Fürsten Metternich, der sich selber und somit Österreich immer mehr in die suspekte Rolle eines Polizei- und Kerkermeisters von Europa manövriert hatte.

Erhebung in Griechenland

Zar Nikolaus I.

Zar Alexander I., der verläßlichste Bruder des mächtigen Monarchenbundes, war tot, er starb bereits am 1. Dezember 1825 im Alter von siebenundfünfzig Jahren, enttäuscht, gebrochen, von Ängsten geplagt, an einem nicht näher bezeichneten »Nervenfieber«. Sein Nachfolger, Nikolaus I., ein Fanatiker der Militär- und Beamtenbürokratie, kehrte zu der traditionellen russischen Politik der strengen Absperrung dem Westen gegenüber zurück. Er half den – übrigens auch untereinander arg zerstrittenen – griechischen Patrioten mit Geld, Waffen und Kriegsschiffen nur deshalb, weil er den Balkan als die künftige Einflußsphäre Rußlands betrachtete; er wollte die Großmacht der Türken nach Asien zurückdrängen, wodurch er jedoch das von Metternich geschaffene und sorgsam gehütete europäische Gleichgewicht bereits ernstlich in Frage stellte.

Auch der französische Bruder, der letzte Bourbone auf dem Thron, Charles X., fiel über Nacht aus: eine Revolution zwischen dem 27. und 29. Juli 1830 fegte ihn hinweg. Die Republik auszurufen gelang den radikalen Gruppen zwar nicht, am 9. August wurde aber immerhin der liberal gesinnte Herzog von Chartres, Louis Philippe, einst Mitglied des Jakobinerklubs und Generalleutnant der Revolutionsarmee, als vom Volk gewählter Monarch zum König proklamiert. Sein Hoheitszeichen war nicht mehr die Krone, sondern der bürgerliche Regenschirm, den er auch bei offiziellen Anlässen demonstrativ trug. Sein Beiname lautete »der Bürgerkönig«. Frankreich blieb fortan zum Verdruß Metternichs ein schwer kontrollierbarer Unruheherd; gutorganisierte Arbeiteraufstände in Paris, in Lyon und in St-Etienne zeigten schon eine neue Phase der Auseinandersetzungen in Europa an: den sozialen Kampf zwischen Arbeitnehmern und Arbeitgebern, zwischen dem Proletariat und der Exekutive des von König, Adel und Großbürgertum beherrschten Staates.

Belgien unabhängig

In Belgien brach die nationale Revolution am 25. August 1830 aus; holländische Interventionstruppen konnten die Ruhe und Ordnung nicht mehr herstellen. Das Herrscherhaus der Oranier wurde abgesetzt, die Republik wiederum beinahe errichtet, dann, als Kompromißlösung, die konstitutionelle Monarchie* eingeführt. Am 4. Juni 1831 bot der aus der Revolution hervorgegangene Nationalkongreß dem protestantischen Prinzen Leopold von Sachsen-Koburg die Krone Belgiens an, das von den Niederlanden unabhängig geworden war.

Am 29. November 1830 erhoben sich die Polen gegen die russische Fremdherrschaft. Nach schweren Kämpfen gelang es den Truppen des Zaren Nikolaus I. den Aufstand zu liquidieren: am 8. September 1831 zog ihr Oberbefehlshaber, der bewährte Ordnungsmacher Feldmarschall Iwan Fedorowitsch Paskewitsch, in das zerstörte Warschau ein und erhielt von seinem dankbaren Herrn sogleich den Titel eines Fürsten von Warschau. (Den Titel eines Grafen von Eriwan hatte er schon, nachdem er am 13. Oktober 1827 die alte armenische Hauptstadt Eriwan erstürmt und einen Teil Armeniens dem Zarenreich angegliedert hatte.)

Wartburgfest

Es gärte auch in den deutschen Ländern. Der Wunsch nach einem neuen, geeinten Deutschland war stets mit liberalen gesellschaftspolitischen Forderungen gekoppelt und vor allem von der Studentenschaft und von einer großen Zahl von Universitätsprofessoren diskutiert und propagiert worden. Schon im Herbst 1817 erregte das eher harmlose, später hochstilisierte Wartburgfest der national und liberal gesinnten deutschen Burschenschaften die Gemüter, obwohl der berühmt gewordene spontane Abschluß der Feier, die Verbrennung einer Perücke mit Zopf, einer preußischen Uniform und eines österreichischen Korporalstabes, Symbole der konservativ-reaktionären Unterdrückungsmechanismen, mehr oder minder bloß ein Studentenulk war. Das Hambacher Fest auf Schloß Hambach bei Neustadt an der Hardt am 27. Mai 1832, an dem mehr als 30 000 Bauern, Bürger, Studenten und Arbeiter teilnahmen, welche die »Volkssouveränität« als Grundlage des modernen Staatswesens forderten, war schon ein wichtiges, von der deutschsprachigen Geschichtsschreibung später merkwürdigerweise oft verdrängtes oder verniedlichtes Alarmzei-

* In einer konstitutionellen Monarchie hat der Herrscher nicht mehr die absolute Macht, er ist bei der Gesetzgebung an eine Verfassung gebunden und kann ohne die Mitwirkung einer Volksvertretung (Nationalversammlung, Parlament) nicht regieren.

chen. Ebenso das sogenannte Frankfurter Attentat, ein mißglückter Umsturzversuch am 3. April 1833; die kurzen Straßenkämpfe um die Hauptwache und um die Konstablerwache in der inneren Stadt forderten neun Tote und vierundzwanzig Schwerverletzte.

Metternich reagierte auf die bösen Nachrichten stets unverändert. Die Motive der widerspenstig gewordenen Untertanen interessierten ihn im Grunde nicht, er beharrte darauf, daß Revolten allerorts durch entschlossene Intervention der Obrigkeit zerschlagen werden müßten. Sein schwerwiegender Irrtum war, daß er die Französische Revolution für einen einmaligen historischen Unfall gehalten hatte, dessen lästige Spätfolgen die Herrscherhäuser, ohne ihre Ursachen zu analysieren, mittels bloßer Militär- und Polizeiaktionen aus der Welt schaffen könnten. Seit dem 25. Mai 1821 war Fürst Metternich Haus-, Hof- und Staatskanzler, das heißt Regierungschef, mit so viel Macht und so viel Eigenverantwortung ausgestattet wie wohl kein österreichischer Staatsmann vor ihm. Doch er war zusehends alt und unbeweglich geworden, er hatte keine neuen Ideen mehr, sein Regierungsprogramm strebte sowohl in der Außenpolitik wie auch in der Innenpolitik nichts anderes an als den geruhsamen Stillstand in allen Gebieten und auf allen Ebenen. Die Probleme der Innenpolitik fand der Bezwinger Napoleons und der Organisator des Wiener Kongresses übrigens zu minderwertig und zu langweilig, er überließ sie dem Polizeipräsidenten, dem Grafen Josef Sedlnitzky von Choltitz, einem überaus tüchtigen Mann aus altem böhmischem Adelsgeschlecht, der sie mit Hilfe seines verbesserten und verfeinerten Agentennetzes, meist ohne direkte Gewaltanwendung, verläßlich im Griff hatte.

Metternich Haus-, Hof- und Staatskanzler

Am 30. Januar 1831 heiratete der damals siebenundfünfzig Jahre alte Fürst Metternich die erst sechsundzwanzig Jahre alte ungarische Gräfin Melanie Zichy-Ferraris, eine energische und selbstbewußte Dame, die ihn vergötterte, aber auch vollends beherrschte und den behäbig gewordenen Staatsmann mit einer steifen, künstlichen Atmosphäre eines überspitzten Aristokratismus und eines frömmelnden katholischen Schwärmertums umgab. Der Kaiser nahm die Verwandlung seines hochgeschätzten Kanzlers mit Befremden zur Kenntnis. Franz I. hielt zwar den Stillstand auch für das höchste Wohl seiner Untertanen, blieb dabei jedoch auf dem Boden der Realität; er sah, im Gegensatz zu Metternich, erstaunlich klar, daß das Bemühen, die Zeit stillstehen zu lassen, um das Reich der Habsburger zu bewahren, sich irgendwann doch als hoffnungs- und wirkungslos erweisen werde. »Mein Reich«, sagte er, »gleicht einem morschen Haus. Wenn man einen Teil demolieren will, weiß man nicht, wieviel man zum Einsturz bringt.« Wobei das Haus noch keineswegs morsch war; man hätte bloß die Fenster öffnen müssen, um frische Luft hereinzulassen. Denn das alte Gebäude stand noch auf festem Grund, es war auch noch intakt, und es war, im Vergleich zu vielen europäischen Ländern, für einen überwiegend großen Teil der Bevölkerung eine behagliche Wohnstätte. Es rumorte nicht einmal im Hause Österreich, während rundherum schon Balken und Dachziegel flogen. Was der Kaiser wohl merkte. Als

sich Metternich während eines Vortrages wieder einmal bei ihm beklagte, man höre fortwährend von Wünschen und Rechten der Völker, meinte Franz I. resigniert: »Mein lieber Metternich, heutzutag' san die Völker a' wer . . .«

Am 2. März 1835 starb der gute Kaiser Franz* im Alter von siebenundsechzig Jahren an einer Lungenentzündung in Wien. Die Nachfolge war problematisch. Der am 19. April 1793 in Wien geborene, einundvierzig Jahre alte Ferdinand I., in der Hofgesellschaft und in den Kreisen der Diplomaten kurz und bündig »der Kretin« genannt, für das Volk mit dem halbamtlichen Beinamen »der Gütige« versehen, litt an epileptischen Anfällen, war jedoch nicht, wie zeitgenössische Berichterstatter und spätere Historiker über ihn fast einhellig behauptet haben, schwachsinnig. Er war bloß geistig beschränkt, ein gemütlicher Langsamdenker mit guten Umgangsformen und mit einem allerdings recht selten aufflackernden, dann aber geradezu verblüffend klaren Menschenverstand; er schrieb ein fehlerloses Deutsch und sprach ein gewähltes Französisch, interessierte sich für neue Methoden der Pflanzenzucht und für schwierige Fragen der Heraldik, der Wissenschaft der Wappenkunde. Für Politik, Verwaltung, Wirtschafts- und Finanzwesen interessierte sich Kaiser Ferdinand I., König von Ungarn, König von Böhmen und auch König der Lombardei, nicht. Dennoch hielt der Hof, vor allem auf Betreiben Metternichs, am Gesetz der Primogenitur, am Recht des erstgeborenen Sohnes auf die Krone, unerschütterlich fest. Die Geschäfte wurden allerdings von der Geheimen Staatskonferenz geführt, wie dies Kaiser Franz I. in seinem politischen Testament vorschrieb – nicht zuletzt, um die Allmacht Metternichs an der Seite eines behinderten Monarchen in Grenzen zu halten. Ferdinand I. nahm brav zur Kenntnis, daß er nicht regieren könne und nicht regieren dürfe, und störte den von Metternich erwünschten Stillstand der Staatsmaschinerie in keiner Weise.

Ferdinand »der Gütige«

Als Präsident der Geheimen Staatskonferenz fungierte der jüngste Bruder des verstorbenen Kaisers, der erzkonservative, durch geistige Gaben und politische Weitsicht nicht gerade hervorstechende Erzherzog Ludwig; seine Maxime lautete: »Liegenlassen ist die beste Erledigung.« Die ständigen Mitglieder des obersten Regierungskomitees waren Fürst Metternich, der die Außenpolitik der österreichischen Länder zu leiten hatte, ferner Franz Anton Graf Kolowrat (1778–1861), der frühere Stadthauptmann von Prag, der für die Innenpolitik und für das Finanzwesen zuständig war, sowie Erzherzog Franz Karl, ein jüngerer Bruder und designierter Thronfolger des gütigen Kaisers Ferdinand I., der jedoch meist von seiner ehrgeizigen, für politische Fragen lebhaft interessierten Frau, der bayrischen Prinzessin Sophie, beraten und gelenkt wurde. Die wirklich fähigen Brüder des toten Kaisers Franz I., die Erzherzöge Carl und Johann, schloß man, gemäß einer Bestimmung des politischen Testaments, von der Geheimen Staatskonferenz und somit auch von der Regierungsarbeit völlig aus; sie standen, da sie als verdächtige Liberale galten, unter Polizeiaufsicht. Vor allem der äußerst populär gewordene Johann, der sich in die

Geheime Staatskonferenz

* Franz I. war viermal verheiratet und dreimal verwitwet; seine dreizehn Kinder stammten aus seiner zweiten Ehe mit Maria Theresia von Bourbon-Neapel.

Steiermark zurückzog, wurde für Metternich, aber auch für Kolowrat und für die Erzherzogin Sophie zunehmend unheimlich. Denn er brach aus der Familie Habsburg, aus dem geweihten Kreis der fürstlichen Halbgötter, aus, stieg zum niederen Volk herab, heiratete ein Bürgermädchen, Anna Plochl, die Tochter des k. k. Postmeisters von Bad Aussee, gründete selbstlos Wirtschaftsbetriebe und wissenschaftliche Institutionen und setzte im lokalen Bereich liberale Reformen durch. Der politische Zündstoff seiner Ansichten und seiner Handlungen ging aber letztlich in die Jodlerseligkeit einer romantischen Landsage auf; die markante Figur eines demokratischen Rebellen im Hause Habsburg verflachte zur volkstümlichen Gestalt eines noblen Jägers im sauberen Steirergewand. Das Idyll in der klaren Bergluft störte dann Metternich auch nicht weiter.

Graf Kolowrat

Bedeutend mehr Schwierigkeiten hatte er mit seinem zähen Gegenspieler in der Geheimen Staatskonferenz, mit dem Grafen Kolowrat. Der listenreiche Innen- und Finanzminister gab sich, von Erzherzogin Sophie vehement unterstützt, gelegentlich sogar liberal, um dem überheblichen, ihm aber auch zweifellos weit überlegenen Haus-, Hof- und Staatskanzler wirksame Schläge versetzen zu können. Daß jedoch Kolowrat das berühmt-berüchtigte »System Metternich« zielbewußt bekämpft hätte, gehört zu den vielen, anscheinend unausrottbaren Legenden der österreichischen Geschichte. Kolowrat bekämpfte Metternich, die Person, die er nicht leiden konnte, und die herausragende Position des Fürsten, die ihm im Wege stand. Denn der Graf aus Böhmen, mit einer steilen Beamtenkarriere hinter sich, war ein entschlossener Aufsteiger, der vor der höchsten Stufe der für ihn erreichbaren Macht so lange haltmachen mußte, solange Fürst Clemens Wenzel Lothar von Metternich als lebendiges Denkmal der Rettung Europas und des Hauses Habsburg unumstritten an der Spitze stand.

Graf Kolowrat hatte das »System Metternich« schon deshalb nicht bekämpft, weil es ein »System Metternich« eigentlich überhaupt nicht gab. Den bürokratischen Apparat des politischen Stillstandes, den Polizeistaat mit all seinen sanften, halbsanften und auch eher selten unverhüllt brutalen Überwachungs- und Unterdrückungsmechanismen fand der junge Botschafter Metternich, als er aus Paris nach Wien zurückkam und in die unmittelbare Nähe des Kaisers aufrückte, schon fertig vor. In der Regierungszeit der Geheimen Staatskonferenz wiederum, ab dem 12. Dezember 1836, könnte man mehr von einem »System Kolowrat« oder ganz präzis von einem »System Sedlnitzky«, vom System des allgegenwärtigen Polizeipräsidenten, sprechen als von einem System des alt und bequem gewordenen, von der Leitung der Innenpolitik bewußt ferngehaltenen Metternich.

System Sedlnitzky

Aber auch in der Außenpolitik existierte das »System Metternich« kaum noch. Was nach dem Tod des Kaisers Franz I. in Angriff genommen wurde, war meist nur bruchstückhaft, hilflos improvisiert und mündete in neue Konfliktsituationen. Als der türkische Statthalter von Ägypten, Mehmed Ali, ein ehemaliger Tabakhändler aus Mazedonien, der den Freiheitskampf der Griechen offen unterstützte, einen regelrechten Krieg gegen seinen Herrn, den erst siebzehn Jahre alten Sultan Abdul Medschid, begann und in Syrien eindrang, raffte sich Metternich zu einer Intervention auf. Doch die von ihm mühsam zustande gebrachte Allianz der europäischen Großmächte blieb uneinig, sie ging nur zögernd gegen den Rebellen im fernen Morgenland vor, und so machte Wien, das erste und auch das letzte Mal in der Geschichte Österreichs, Kanonenboot-Politik: Im Herbst 1840 segelten zusammen mit einem englischen Geschwader österreichische Kriegsschiffe nach Syrien. Sie beteiligten sich, wie es hieß »höchst ehrenvoll«, an der Beschießung beziehungsweise Erstürmung von Beirut, Sidon und Akkon, was dann als gelungene Feuertaufe der jungen österreichischen Flotte in den Annalen der k. k. Kriegsmarine Aufnahme fand. Als Vertreter des Hauses Habsburg nahm der neunzehn Jahre alte Erzherzog Friedrich im Rang eines Schiffskapitäns an der Expedition teil; er wurde bald darauf Vizeadmiral und Oberkommandierender der Flotte, starb jedoch schon mit sechsundzwanzig Jahren in Venedig.

Aufstand in Krakau

In Krakau brach am 18. Februar 1846 ein vom polnischen Adel organisierter Aufstand aus; eine »Nationalregierung« wurde gebildet, die in ihrem Manifest die Aufhebung der feudalen Privilegien, eine Bodenreform und auch eine soziale Fürsorge für Arme und Kranke versprach. Doch die Bauern glaubten ihren Herren nicht, sie standen wiederum gegen sie auf, steckten Schlösser und Klöster in Brand, ermordeten etwa zweitausend Gutsbesitzer und Priester, bis österreichische Truppen die Ordnung herstellten. Am 15. April 1846 gliederte Metternich den Freistaat Krakau dem Reich des Hauses Habsburg an, ungeachtet der scharfen Proteste Englands und Frankreichs. Die Folge war eine Welle der Entrüstung in Polen, in England, in Frankreich, aber auch in den deutschen Ländern, obwohl die österreichische Verwaltung sich fortan ehrlich und auch mit Erfolg bemühte, das wirtschaftliche und kulturelle Niveau des neu besetzten Gebietes zu heben und die frühere unbarmherzige Unterdrückung der Bauern durch die polnischen Grundherren einigermaßen zu mildern.

Idyll im Polizeistaat

Die Welt des Biedermeier

In der Regierungszeit von Franz I. und Ferdinand I. gestaltete sich die Lage der Landbevölkerung in den österreichischen Ländern regional unterschiedlich: in Tirol, in Vorarlberg, in Istrien und Dalmatien waren die Bauern meist freie Eigentümer ihres Bodens, in Tirol besaßen sie auch begrenzte politische Rechte, ihre Vertreter hatten Sitz und Stimme im Landtag. In Niederösterreich, in Oberösterreich, in der Steiermark, in Kärnten, Krain, Böhmen und Mähren waren sie zwar persönlich weitgehend frei, sie mußten jedoch den Grundherren beträchtliche Abgaben liefern und unterstanden noch vielfach der von den Großgrundbesitzern ausgeübten niederen Gerichtsbarkeit. In Ungarn und in Siebenbürgen wurden sie, obwohl das Gesetz dies bereits verboten hatte, nach wie vor als Leibeigene behandelt und zu langen und harten Frondiensten angehalten. In den deutschsprachigen Ländern der Monarchie sowie in Böhmen und Mähren konnten die Bauern die Robotleistung durch Geld oder durch Naturalien ablösen, doch die Grundherren setzten den »Wechselkurs« in der Regel so ungünstig fest, daß ihre Bauern fortlaufend Schulden machen mußten; manche von ihnen verloren am Ende Haus und Hof. Im Waldviertel und im Mühlviertel kam es im Jahr 1834 zu vereinzelten Revolten gegen die unnachgiebigen Großgrundbesitzer; Militär rückte aus und schlug die Empörung rasch nieder.

Die Welt der Industrie

Vielen jungen Bauern erschien nun die aufstrebende Industrie als verheißungsvolles Neuland, das mehr Freiheit, mehr Wohlstand und auch mehr Unterhaltungswert zu bieten hatte als das mühsame und eintönige Leben im entlegenen Dorf. Die Abwanderung in die Städte und in die Fabriken setzte mit immer größer werdender Intensität ein, bis die Regierung sie nach 1830 vorübergehend verbot. Die Welt der Industrie war in der Tat verlockend, ja geradezu faszinierend, die neue Technik, meist in den Städten zu Hause, machte das Dasein zweifellos leichter und erlebnisreicher. Allein die Verbreitung des Streichholzes in Österreich in den Jahren 1831 bis 1835 bedeutete für die Zeitgenossen eine Sensation und eine Herrlichkeit zugleich; die tägliche Plage des Feuermachens gehörte plötzlich der Vergangenheit an, Licht und Wärme konnten mühelos und in Sekundenschnelle bereitgestellt werden. Die schier unglaublichen, berauschenden Nachrichten über neue wissenschaftliche, medizinische und technische Errungenschaften häuften sich, sie verdichteten sich allmählich zu einem wundersamen Zukunftsbild über ein komfortables Paradies auf Erden, das der Mensch mit Hilfe von Maschinen in absehbarer Zeit errichten werde. Der politische Stillstand im Habsburgerreich störte daher den einfachen Untertanen kaum. Der kleine Mann hatte das Gefühl, es ginge nun kontinuierlich vorwärts und aufwärts, er war bereit zu glauben, der Fortschritt der Technik sei der Fortschritt schlechthin. Am besten, man stellte keine politischen Fragen, man überließ die Lenkung und Sicherung des Staates der weisen Obrigkeit, die für Ruhe und Ordnung sorgte und die technische und industrielle Entwicklung, die sichtbar in das Allgemeinwohl mündete, mit Nachdruck vorantrieb. Selbst Fürst Metternich, der dem Neuen, Revolutionären mit geradezu krankhaftem Mißtrauen gegenüberstand, befürwortete die Technisierung des täglichen Lebens, die Ansiedlung von neuen Industriezweigen in den österreichischen Ländern, da er darin eine wirksame Ablenkung von gefährlichen politischen Ideen, von Reformbestrebungen und Umsturzversuchen sah: »Soziale Revolutionen, einen gewaltsamen Umsturz der bestehenden Regierungsformen und deren Ersatz durch unbekannte Größen wünscht heutzutage niemand, denn die heutige Welt ist viel zu erpicht auf materiellen Genuß und industriellen Gewinn, um diese Güter schalen Theorien zuliebe aufs Spiel zu setzen.« Es war ein Trugschluß, der vorwiegend daraus resultierte, daß Metternich sich in der neuen Welt des technischen und industriellen Fortschritts niemals gründlich umsah, daß er sich für ihre strukturellen Probleme und für ihre verhängnisvollen Folgeerscheinungen gar nicht interessierte.

Lage der Arbeiter

Von Jahr zu Jahr beschäftigte die neue österreichische Industrie mehr und mehr Arbeitskräfte. Die Unternehmer betrachteten und behandelten sie jedoch noch im Sinn der alten feudalen Ordnung; die Industriellen kamen vorerst überwiegend aus den Kreisen des Hochadels, und so kannten sie auch keine anderen Normen für die Verwendung von Menschen in einem gewinnbringenden Arbeitsprozeß als die in der Landwirtschaft gültig gewesenen. Die Großbürger, die bald in die Schlüsselpositionen der Industrialisierung nachrückten, orientierten sich zunächst ebenfalls an dem Vorbild des grundherrlichen Großbetriebes, an der Verhaltensweise des Aristokraten seinen Arbeitskräften, den Bauern, gegenüber. So war der Fabrikarbeiter, den man im engen Raum einer Industrieanlage auch viel strenger kontrollieren konnte als den Dorfbewohner auf dem freien Feld, letztlich keineswegs besser gestellt als der von seinem Grundherrn abhängige Bauer: die Zweiundsiebzigstundenwoche war obligat, in manchen Betrieben dauerte die Arbeitszeit von fünf Uhr morgens bis acht Uhr abends. Die Bezahlung war miserabel. Ein Facharbeiter erhielt fünf Gulden in der Woche, eine weibliche Arbeitskraft etwa die Hälfte. Ein Kilo Rindfleisch kostete einen halben Gulden, eine Schlafstelle für eine Woche zwei Gulden. Die Arbeitszeit für Kinder betrug täglich zwölf bis dreizehn Stunden, ihr Wochenlohn höchstens eineinhalb oder zwei Gulden. Anfangs hielt man die Kinderarbeit für ein ausgezeichnetes pädagogisches Mittel. 1812 berichteten die Wiener »Vaterländischen Blätter« noch stolz darüber, wieviel Mühe und Aufopferung es gekostet habe, »einige hundert kleine Kinder von 6 bis 10 Jahren mit Spinnarbeit zu beschäftigen«. Im Durchschnitt setzten sich die Arbeitskräfte in den deutschsprachigen Ländern der Monarchie, in Böhmen und in Mähren zu 43 Prozent aus Männern, zu 42 Prozent aus Frauen und zu 15 Prozent aus Kindern zusammen. Es gab in den Jahren zwischen 1800 und 1830 keine soziale Gesetzgebung, die diesbezüglichen Bestimmungen aus der Regierungszeit Maria Theresias und Josephs II. waren in Vergessenheit geraten. Erst am 18. Februar 1837 schrieb ein Hofdekret vor, daß der Arbeitgeber für die Spitalskosten eines schwer erkrankten Arbeitnehmers vier Wochen lang aufkommen müsse. Das Ergebnis war eine gründliche Musterung bei der Aufnahme. Magere, allzu blasse oder ältere Arbeitnehmer wurden nicht mehr beschäftigt. Ab etwa 1840 tauchte auch in den österreichischen Ländern ein neues, rasch explosiv werdendes Problem der Industrialisierung auf: die Arbeitslosigkeit.

Fortschrittsglaube

Bis dahin war das Aufbegehren gegen die schlechte Bezahlung, gegen die unmenschlichen Zustände am Arbeitsplatz und im Massenquartier eher selten: Die Arbeitnehmer fügten sich zunächst in ihr schweres Los, sie nahmen es hin, daß dies die gottgewollte Ordnung der Welt sei. Aber auch Handwerker, Kaufleute, Beamte und Intellektuelle dachten über die Lage der Fabrikarbeiter nicht viel nach, Mitleid mit ihnen war in den verschiedenen Schichten der Bevölkerung lange Zeit kaum spürbar. Der Fortschrittsglaube deckte die häßliche, ja zunehmend unheimlich gewordene Kehrseite der Medaille vorerst noch beinahe vollständig zu. Man interessierte sich für das elende Fußvolk der zukunftsträchtigen Industrialisierung nicht, man blickte vielmehr auf die neuen, aufregenden Errungenschaften der ersten großen Gründerzeit, auf die beachtlichen Leistungen des Staates und der privaten Unternehmer, die, im Vergleich mit dem europäischen Westen zwar reichlich spät und viel zu langsam, ein neues modernes Zeitalter eingeleitet hatten.
Es gab mehr Licht. Nach langwierigen Versuchen wurde 1832 in der Wiener Innenstadt die Gasbeleuchtung eingeführt. Im selben Jahr begann

»In der Effektenabteilung.« Xylographie

der Erfinder Stephan Romer mit der serienmäßigen Erzeugung von Phosphorstreichhölzern. Fünf Jahre später richtete der aus England gekommene Gaston de Milly mit seinem Kompagnon Walter Madera im Apollo-Saal, einem ehemaligen Tanzpalais auf dem Wiener Schottenfeld, die erste Stearinkerzenfabrik Europas ein. Die Stearinkerze mit ihrer helleren Flamme und längeren Brenndauer löste binnen weniger Jahre die viel schwächere Wachskerze ab. Mit Hilfe des Lichts gelang auch ein in den Augen der Zeitgenossen schier unglaublicher Vorgang: die naturgetreue Herstellung und Wiedergabe von Bildern mittels eines optischen Geräts, des Photoapparats. Das von einem brotlos gewordenen Offizier der französischen Revolutionsarmee, Joseph Nicéphore Niepce, 1826 erfundene und von dem Pariser Maler Louis Daguerre 1839 verbesserte Verfahren wurde in Österreich weiter vervollkommnet: der in Wien geborene Optiker Peter Voigtländer verwendete in Zusammenarbeit mit dem aus Ungarn stammenden Mathematik- und Physikprofessor Joseph Petzval 1840 das erste brauchbare Objektiv für Porträtaufnahmen und baute die erste Metallkamera der Welt.

Österreichische Schicksale

Die staatlichen Stellen unterstützten die Forschungsarbeit auf dem Gebiet der Technik oft durch die Erteilung von Genehmigungen oder durch finanzielle Zuschüsse, übersahen aber auch manche wertvollen Projekte und bereiteten somit ihren Erfindern ein sprichwörtliches »österreichisches Schicksal«. Der aus Chudrin in Böhmen stammende Distriktförster und Vizewaldmeister Josef Ressel konstruierte eine archimedische Schiffsschraube, unternahm mit dem in Triest gebauten ersten Schraubendampfer der Welt, mit der »Civetta«, 1829 erfolgreiche Probefahrten, die dann aber von der Polizei verboten wurden.Vierzehn Jahre später überquerte das erste von einer archimedischen Schraube angetriebene englische Passagierschiff, die »Great Britain«, den Atlantik. Der Tiroler Schneidermeister Joseph Madersperger führte 1840 eine funktionsfähige Nähmaschine vor, sie schien jedoch in Österreich niemanden zu interessieren. Madersperger starb 1850 in einem Armenhaus in der Wiener Vorstadt St. Marx. Zwanzig Jahre später machte der Amerikaner Isaac Merrit Singer mit der Massenerzeugung von Nähmaschinen das große Geschäft. Mehr Glück hatte mit seinem neuen Produkt Franz Wertheim aus Krems, Konstrukteur der »Wertheim-Kasse«, des feuer- und einbruchsicheren Geldschranks, und Johann Nepomuk Freiherr von Reithoffer aus Feldsberg in Mähren, der das mit Kautschukfäden gemischte Gewebe und den elastischen Hosenträger erfand. Auf dem Gebiet der Waffentechnik und der Rüstungsindustrie blieb die Monarchie merklich zurück, in der Erfindung und Herstellung von Kriegsgerät und Militärmaterial zeichneten sich die Österreicher nicht aus.

Auch der Staat wandte sich überwiegend friedlichen Plänen und Projekten zu. Im Jahr 1804 wurde die erste Wiener Trinkwasserleitung ihrer Bestimmung übergeben. Die Post, jahrhundertelang von privaten Unternehmern betrieben, war 1813 mit spürbarem Erfolg verstaatlicht und modernisiert worden, nicht zuletzt, um die Briefzensur effektiver durchführen zu können. Auf Initiative des Finanzministers Graf Stadion beschloß Kaiser Franz I. mit dem 1. Juni 1816 die Gründung eines zentralen staatlichen Geldinstituts, der »Privilegierten Österreichischen Nationalbank«, der es auch bald gelang, im chaotischen Geldumlauf der Monarchie Ordnung zu schaffen. Gewaltige Fehlinvestitionen konnte sie allerdings nicht verhindern, so den Bau der 128,8 Kilometer langen Pferdeeisenbahn zwischen Linz und Budweis, die im Sommer 1832 den planmäßigen Verkehr aufnahm, zu einer Zeit, als in England, Frankreich und in den Vereinigten Staaten die Zugsgarnituren bereits von Dampflokomotiven gezogen wurden. Auf der Strecke Linz–Budweis setzte man insgesamt achthundert Pferde ein; die Fahrzeit betrug rund vierzehn Stunden. Den Vorschlag von Franz Joseph Gerstner, Direktor des 1802 gegründeten Polytechnischen Instituts von Prag, die Anlage gleich mit Dampflokomotiven zu befahren, lehnten die zuständigen Behörden ab. Sie griffen aber den Plan Franz Xaver Riepls, Professor des 1816 eröffneten Wiener Polytechnischen Instituts, dann doch bereitwillig auf, eine dampfbetriebene Eisenbahnlinie von Wien über Krakau bis zu den Salzbergwerken von Bochnia in Galizien zu bauen, da der Bankier Salomon Rothschild, von Metternich offen unterstützt, sich energisch für das Projekt aussprach und das nötige Kapital mittels einer Anleihe binnen vier Wochen beschaffen konnte. Der erste Streckenabschnitt der »Kaiser-Ferdinands-Nordbahn« zwischen Wien-Floridsdorf und Deutsch Wagram wurde am 19. November in Betrieb genommen: eine englische Lokomotive zog acht Waggons mit einer Durchschnittsgeschwindigkeit von dreiunddreißig Kilometer pro Stunde. Die Eisenbahngegner prophezeiten indes den Untergang der Menschheit: der furchtbare Anblick der feuerspeienden Lokomotive werde die Landbevölkerung wahnsinnig machen; auch die Fahrgäste würden, da die Landschaft vor ihren Augen wie im Traum vorbeifliege, den Verstand verlieren. Es gab sehr ernstzunehmende und recht logisch klingende Gutachten, unter anderem von Professoren der Universität Göttingen, die darauf hinwiesen, daß der menschliche Organismus eine Dauergeschwindigkeit über fünfunddreißig Stundenkilometer nicht vertragen könne: Herz, Lunge, Nieren und Gedärme würden nach einer halbstündigen Fahrt aus ihrer Verankerung gerissen oder zumindest plattgedrückt werden. Es fehlte auch nicht an groben antisemitischen Hetzparolen; die teuflische Dampfeisenbahn, von Rothschild finanziert, wurde zum »gottlosen Judengeschäft« gestempelt. Die Lage des mächtigen Bankiers war ohnehin fragwürdig und kurios genug: er besaß bereits ein Palais in Wien, das offiziell einem christlichen Edelmann gehörte, und führte ein großes Haus, obwohl Juden nach dem geltenden Gesetz in der Haupt- und Residenzstadt nicht einmal übernachten durften. Dennoch lebten in Wien bereits mehr als zehntausend Juden, sie bekamen vom k. k. Judenamt am Sankt Peter eine Aufenthaltsgenehmigung für acht Tage, dann mußten sie die Stadt kurzfristig verlassen und um einen neuen Judenpaß ansuchen. Sie gingen beim Kärntnertor hinaus und kamen gleich durch das Schottentor zurück oder umgekehrt. Das österreichische »Hintertürl« funktionierte tadellos. Baron Rothschild brauchte allerdings die kurze symbolische Fußwanderung nicht zu absolvieren, er stand als »tolerierter israelitischer Handelsmann« über dem Gesetz.

Fehlinvestition Pferdeeisenbahn

Juden in Wien

Gegen das Dampfschiff, das Christen, die Engländer John Andrews und Joseph Prickard und der Wiener Peter van Boor, einer der Mitbegründer der Ersten österreichischen Spar-Casse, protegierten, gab es keinen nennenswerten Widerstand. Am 13. März 1829 wurde die »Erste österreichische k. k. privilegierte Donau-Dampfschiffahrts-Gesellschaft« gegründet, im Herbst 1830 fuhr der erste Raddampfer der DDSG, die »Kaiser Franz I.«, in vierzehn Stunden von Wien nach Pestbuda, wie die Hauptstadt Ungarns damals noch hieß. Das erste Hochseeschiff des 1832 gegründeten »Österreichischen Lloyd«, die in England gebaute »Ludovico Arciduca d'Austria«, verließ, mit Exportgut beladen, im Frühjahr 1837 Triest in Richtung Konstantinopel.

Kommerz-Hofkommission

Seit 1816 beschäftigte sich eine Kommerz-Hofkommission, die Vorläuferin der heutigen Wirtschaftskammern, mit Problemen des Exports und des Imports, mit Handelsverträgen, Zolltarifen, Wirtschaftsstatistiken, Erfinder- und Erzeugerpatenten und Fabrikinspektionen. Ihren Vorschlägen gemäß wurde der Binnenhandel zwischen 1817 und 1826 stufenweise liberalisiert, für die österreichischen Länder, mit Ausnahme von Ungarn und einigen Randbereichen in Istrien, in Dalmatien und in Ostgalizien, ein einheitliches Zollgebiet geschaffen. Im Jahr 1835 wurde in Wien die erste »Allgemeine österreichische Gewerksprodukten-Ausstellung« eröffnet, 1839 gründeten führende Industrielle den »Niederösterreichischen Gewerbeverein«, der zunächst mehr ein liberal gesinnter Debattierklub als eine echte Interessenvertretung war. Erzherzog Carl übernahm das »Protektorat«, Graf Kolowrat fungierte als Kurator, Fürst Metternich stand, gemeinsam mit Erzherzog Johann, auf der Liste der Ehrenmitglieder.

Die Privatwirtschaft

Die Privatwirtschaft, mit Steuern noch kaum belastet, ging daran, bedeutende Industrieanlagen zu bauen. Die Vöslauer Kammgarnspinnerei wurde 1833 errichtet, die Papierfabriken der Neusiedler Aktiengesellschaft arbeiteten seit 1837, die Großziegeleien am Wienerberg seit 1840 auf Hochtouren. Die von Alexander Schoeller gegründete und von Hermann Krupp geleitete Berndorfer Metallwarenfabrik nahm den Betrieb im Jahr 1843 auf, das Schoeller-Bleckmann-Stahlwerk in Ternitz im Jahr 1847. Die erste Dampfmaschine in den österreichischen Ländern wurde bereits 1816 in der Brünner Tuchfabrik J. H. Offermann installiert, der erste Kokshochofen 1841 im Eisenwerk von Witkowitz in Mähren, das dem Bankhaus Rothschild gehörte. Erdöl wurde das erste Mal in ganz Europa im österreichischen Galizien gefördert: in Drogobyč, südlich von Lemberg, baute der k. k. Salinenbeamte Josef Hecker 1816 eine primitive Bohranlage und eine kleine Raffinerie. Drogobyč war der erste Ort der Welt, der eine Zeitlang mit dem Erdölprodukt Naphtha beleuchtet wurde. Josef Hecker bot seine Erfindung der Stadt Prag an, schloß mit dem Magistrat einen Vertrag, konnte aber wegen des strengen Winters vorerst kein Brennmaterial für die geplante Straßenbeleuchtung liefern und mußte 6000 Gulden Schadenersatz zahlen. Finanziell ruiniert, stellte er seine Versuche ein. Das Erdöl von Drogobyč wurde vergessen.
Die neu geschaffene Industrie hatte den Produktionsprozeß bereits weitgehend mechanisiert und die Warenpalette laufend erweitert. Die Engländer Fletcher & Punshon bauten Dampfmaschinen, die Wiener Niederlassung der französischen Firma Rolé & Schwilgué Brückenwaagen, die Österreicher Hellwig und Müller in Wiener Neustadt Schnellpressen. Michael Thonet aus Boppard am Rhein, Erfinder des gebogenen Bugholzes, ließ sich 1838 in Wien nieder und nahm die Erzeugung seiner weltbe-

rühmt gewordenen Möbel auf. Im Jahr 1810 gründete der »bürgerliche Webermeister« Philipp Haas ein Unternehmen, das seine Söhne in fünfundzwanzig Jahren zu einer in ganz Europa bekannten Teppich- und Möbelstoff-Fabrik erweiterten. Um 1840 gab es in den Wiener Vororten Schottenfeld, Gumpendorf, Sechshaus und Fünfhaus, die man den »Brillantengrund« nannte, mehr als vierhundert Seidenwebereien. In Vorarlberg errichtete Franz Martin Hämmerle das erste komplexe »Textil-Imperium« in Österreich: sein Großbetrieb bestand aus einer Spinnerei, einer Glatt- und Buntweberei, einer Färberei und einer Schnellbleicherei für Garne und Tücher. Dolianski und Ghirardello erzeugten ab 1837 in Dürnkrut in Niederösterreich Rübenzucker, Anton Dreher ab 1838 in Schwechat Bier; 1842 wurde das »Bürgerliche Brauhaus« in Pilsen, die damals größte Brauerei in Europa, eröffnet. Das Gastgewerbe begann mit der kräftigen Förderung einer neuen Unterhaltungsindustrie, es baute Riesenlokale, mehrstöckige, verschwenderisch ausgestattete Tanzpaläste, wie den Wiener Apollo-Saal und den Odeon-Saal, in denen mehrere tausend Personen Platz fanden. Im Fasching 1821 hatte man allein in Wien mehr als 1500 Bälle veranstaltet, an allen Ecken und Enden der Haupt- und Residenzstadt spielten kleinere und größere Kapellen auf, die Instrumentenerzeuger kamen mit den Lieferungen kaum nach. Im Jahr 1829 arbeiteten in Wien um die neunzig Klavierbauer, 1839 bereits mehr als einhundertvierzig Meister und Fabrikanten, darunter international bekannte wie Graf, Stein, Streicher, Schweighofer und Bösendorfer.

Musik

Die Pflege der Musik ging ursprünglich vom Herrscherhaus aus, verbreitete sich über den Hochadel, die Beamtenschaft und das Bürgertum bis in die untersten Volksschichten und erschien zumeist in dreifacher Form: Mäzenatentum, Mitwirkung bei Liebhaber-Aufführungen beziehungsweise bei der Hausmusik und Teilnahme als kritischer und engagierter Zuhörer. Bei Hof allerdings wurde die frühere Musikbegeisterung schon in der Zeit Maria Theresias zu einer protokollarischen Routine: man hielt sich Komponisten und ließ Singspiele aufführen, da dies der Tradition der Habsburger entsprach und das Ansehen des Monarchen hob. In den Jahren 1754–1764 stand der Deutsche Christoph Willibald Gluck (1714–1787) als Kapellmeister und Compositeur im Dienst der Kaiserin; er erarbeitete, vorerst an französischen Vorbildern orientiert, eine neue, klassisch-antikisierende Richtung in der Opernmusik, die die Alleinherrschaft der blutleer gewordenen, in Klischees erstarrten italienischen Oper brach, was man zwar zur Kenntnis nahm, aber nicht begriff. Die Uraufführungen von »Orpheus und Eurydike«, 1762, und »Alceste«, 1767, im Wiener Kärntnerthortheater fanden nur höflichen Beifall. Der durchschlagende Erfolg für Gluck stellte sich erst 1774 in Paris mit »Iphigenie in Aulis« ein.

Mozart

Wolfgang Amadeus Mozart (1756–1791) hatte sich in seiner Geburtsstadt Salzburg mit seinem Dienstgeber, dem regierenden Erzbischof Hieronymus Colloredo, zerstritten, übersiedelte nach Wien, schrieb im Auftrag des völlig unmusikalischen Joseph II. die Oper »Belmonte und Konstanze oder die Entführung aus dem Serail«, die am 16. Juli 1782 im »Nationaltheater nächst der Burg« (dem späteren Burgtheater) uraufgeführt, aber nur mäßig beachtet wurde; »Figaros Hochzeit« fiel am 1. Mai

Links: Wolfgang Amadeus Mozart. Gemälde von Barbara Krafft. Rechts: Joseph Haydn. Anonyme Zeichnung

1786 so gut wie durch. »Don Giovanni«, bei der Uraufführung in Prag am 29. Oktober 1787 stürmisch bejubelt, kam in Wien nicht an. Ab 1789 erhielt Mozart als kaiserlicher Kammerkompositeur – er schrieb Tanzmusik für die Hofbälle – ein eher bescheidenes Gehalt von 800 Gulden im Jahr. Daß er völlig mittellos gestorben und in ein Armengrab geworfen worden wäre, gehört zu den beliebtesten Mozart-Legenden. Er verdiente mit seinen Werken nicht schlecht, noch knapp vor seinem Tod besaß er ein Pferd und ritt täglich aus. Als er zu Grabe getragen wurde, waren die von Joseph II. angeordneten Totenfeier-Bestimmungen (kein Leichenzug, Schachtgrab ohne Grabstein) noch in Kraft, deshalb gingen seine zahlreichen Verehrer nicht auf den Friedhof, und deshalb fand man später seine letzte Ruhestätte nicht. Daß er einer der Größten der österreichischen, ja der gesamten Musikwelt war, wußte man trotz der anfangs kühlen Aufnahme seiner Opern bald: seine erste Biographie erschien bereits drei Jahre nach seinem Tod in Graz, die zweite vier Jahre später in Prag; 1841 wurde das Mozarteum in Salzburg gegründet, 1842 die erste Mozart-Statue in seiner Geburtsstadt aufgestellt.

Neben dem Hof und auch viel mehr als die im Grunde desinteressierten Herrscher bemühte sich der Hochadel um die Förderung der zeitgenössischen, das heißt um eine zum Teil als bahnbrechend modern geltende

Haydn

Musik. Denn auch Joseph Haydn (1732–1809) war einst schockierend modern: er schuf als erster vollendete Symphonien und einen neuen, zumeist heiteren, unverkennbar österreichischen musikalischen Inhalt und Stil. Zu der Arbeit an seinem ersten Quartett wurde er 1755 von einem Baron Fürnberg angeregt. Der begüterte Musikliebhaber vermittelte den jungen Komponisten 1759 als Musikdirektor auf Schloß Lukaveč des Grafen Morzin in Böhmen; hier entstand Haydns erste Symphonie in D-Dur. Zwei Jahre später holte ihn Fürst Nikolaus Esterházy, der reichste Grundherr im Königreich Ungarn. Haydn blieb als vielbeschäftigter Or-

Links: Ludwig van Beethoven. Gemälde von J. W. Mähler. Rechts: Franz Schubert. Farbstiftzeichnung von Moritz Michael Daffinger

chesterchef, Kapellmeister und Hauskompositeur volle neunundzwanzig Jahre bei ihm in Eisenstadt und in Esterháza und wurde dann mit vollem Gehalt, 1400 Gulden im Jahr, in den Ruhestand versetzt. Er war damals schon in ganz Europa bekannt und berühmt, unternahm erfolgreiche Konzertreisen nach London, erhielt das Ehrendoktorat der Universität Oxford und die Ehrenbürgerschaft von Wien. Die Uraufführungen seiner Oratorien »Die Schöpfung« und »Die Jahreszeiten« in der Haupt- und Residenzstadt am 29. April 1798 beziehungsweise am 24. April 1801 gingen als triumphale Erfolge in die Musikgeschichte ein.

Um von Haydn zu lernen, kam Ludwig van Beethoven (1770–1827) aus Bonn nach Wien. Aus der Studienreise wurde ein Aufenthalt auf Lebenszeit, aus dem Gast ein einheimischer Fremder, der zwischen Begeisterung und Verachtung für die Kaiserstadt und ihre Bewohner schwankte. (»Vom Kaiser bis zum Schusterjungen sind die Wiener nichts wert!«) Mitglieder der Hocharistokratie, Fürst Lichnowsky, Fürst Lobkowitz, Fürst Esterházy, Fürst Kinský, Graf Erdödy und Erzherzog Rudolph, der spätere Erzbischof von Olmütz, unterstützten und förderten ihn; dennoch lehnte Beethoven das althergebrachte Dienst- und Abhängigkeitsverhältnis schroff ab: er betrachtete sich als freien Künstler, den hochgeborenen Herren ebenbürtig, er benahm sich auch dementsprechend und wurde akzeptiert. Man bewunderte den »Titan«, das »entfesselte Genie«, den »göttlichen Genius«, der die Instrumentalmusik revolutionierte, sie in bis dahin unbekannte Dimensionen erhob. Die sogenannte »erste Gesellschaft« behandelte ihn ehrfürchtig, als wäre er ein einflußreicher Staatsmann oder ein Kirchenfürst. Als Beethoven im Jahr 1809 Wien den Rücken kehren wollte, sagten ihm seine bestürzten Gönner sofort ein hohes Jahresgehalt »auf Lebenslänge« zu, auch für den Fall, sollte »Herr L. van Beethoven durch einen unglücklichen Zufall oder Alter verhindert sein, seine Kunst auszuüben ...« Der Vertrag, der ein völlig neues Verhältnis zwischen

Beethoven

Künstler und Gesellschaft in Österreich signalisiert, ist ein interessantes Zeitdokument:

Die täglichen Beweise, welche Herr Ludwig van Beethoven von seinem außerordentlichen Talente und Genie als Tonkünstler und Kompositeur gibt, erregen den Wunsch, daß er die größten Erwartungen übertreffe, wozu man durch die bisher gemachten Erfahrungen berechtigt ist. Da es aber erwiesen ist, daß nur ein so viel möglich sorgenfreier Mensch sich einem Fache allein widmen könne und diese, von allen übrigen Beschäftigungen ausschließliche Verwendung allein imstande sei, große, erhabene und die Kunst veredelnde Werke zu erzeugen, so haben Unterzeichnete den Entschluß gefaßt, Herrn Ludwig van Beethoven in den Stand zu setzen, daß die notwendigsten Bedürfnisse ihn in keine Verlegenheit bringen und sein kraftvolles Genie hemmen sollen. Demnach verbinden sie sich, ihm die bestimmte Summe von 4 000, sage viertausend, Gulden jährlich auszuzahlen, und zwar:

Se. kaiserliche Hoheit der Erzherzog Rudolph	Gld 1500
Der hochgeborene Fürst Lobkowitz	Gld 700
Der hochgeborene Fürst Ferdinand Kinský	Gld 1800
Zusammen	Gld 4000

Beethoven blieb. Ließ die Uraufführung seiner ersten Symphonie am 2. April 1800 in Wien nur einen kleinen Kreis von hellhörigen Kennern aufhorchen, so wurde die mit Spannung erwartete Uraufführung der »Neunten« am 7. Mai 1824 zu einem inoffiziellen Staatsakt und zu einem überwältigenden, beinahe schon kultisch anmutenden Siegesfest. Als Beethoven starb, folgten etwa zwanzigtausend Personen dem Sarg.

Mit einer Kerze in der Hand ging auch der »Liederfürst« Franz Schubert (1797–1828) im Trauerkondukt zum alten Währinger Friedhof mit. Er wäre, so berichtete man Jahrzehnte später, tief erschüttert, aber zugleich auch erleichtert, weil vom großen, unheimlichen Vorbild endlich befreit gewesen.

Schubert

Den Menschen und Künstler Schubert hat die in der zweiten Hälfte des 19. Jahrhunderts üppig ins Kraut geschossene Legendenbildung (die auch Beethoven arg zusetzte) am meisten mit Zuckerwasser und Himbeersaft übergossen. Man entwarf das rundlich rosige Bild eines gemütlichen, urwienerischen Bohemiens, eines zu stiller Melancholie neigenden liebenswürdigen Künstlers, der dann bettelarm und verkannt durch einen geheimnisvollen Tod allzufrüh aus der Mitte seiner sorglosen Freunde gerissen wurde. Schubert verdiente, als er bei den Musikverlegern allmählich bekannt wurde, etwa 1500 Gulden im Jahr, mehr als die unteren Klassen der festbesoldeten Beamten, konnte aber mit Geld nicht umgehen. Er war schwer depressiv, introvertiert, auch in Gesellschaft stets einsam, aber er beharrte konsequent und unnachgiebig auf seiner Freiheit. Er wollte keinen sicheren Posten haben, und er wollte auch nicht Karriere machen. Das Schaffen war für ihn Anfang und Ende, ungleich wichtiger als die Verwertung des künstlerischen Produkts. Er komponierte seine Lieder, seine Instrumentalmusik besessen und kümmerte sich kaum noch darum, was mit den Werken geschah. Seine h-Moll-Symphonie, die »Unvollendete«, blieb nicht unvollendet; Schubert schob hier das von Haydn eingeführte Schema der Symphonie in vier Sätzen einfach beiseite, er schrieb nur zwei Sätze und betrachtete sie als eine vollkommene, abgeschlossene Einheit. Er komponierte auch nicht in der Höldrichsmühle in der Hinterbrühl und war in keine schöne Müllerin verliebt. Schubert bewegte sich, allerdings als eigenwillige und unabhängige Randfigur, im bürgerlichen Milieu und hatte auch Erfolgserlebnisse: die »Schubertiaden«, die musikalischen Abende und Ausflüge, in deren Mittelpunkt er stand, wurden schon zu seinen Lebzeiten zu einem festen Begriff. In seinen letzten Jahren sonderte er sich immer mehr ab, er laborierte an der Syphilis, die nach wie vor fast eine Volkskrankheit war, aber er starb keineswegs an Verzweiflung oder an gebrochenem Herzen, sondern an den Folgen einer nicht erkannten und verschleppten Fischvergiftung.

Wiener Walzer

Die Werke Schuberts waren in Wien zwar beliebt, man bevorzugte jedoch Komponisten, die leichte Klavier- und Violinstücke für die ungemein verbreitete Hausmusik schrieben; sie kamen vor allem aus dem böhmisch-mährischen Raum in die Haupt- und Residenzstadt, wie Wenzel Pichl, Johann Baptist Wanhal, Paul Wranitzky, Leopold Anton Kozeluch. Am meisten gefragt war der Tanz, die wichtigste musikalische Basis für die tägliche Unterhaltung der breiten Bevölkerungsschicht. In den Jahren nach dem Wiener Kongreß, in der Zeit des politischen Stillstandes und der angeblichen Grabesstille, brach in Österreich eine nahezu epidemische Tanzwut aus. Wie ein Wirbelsturm fegte der neueste, der modernste Tanz über Stadt und Land: der Walzer. Sein Rhythmus, der Dreivierteltakt, und seine beschwingte Melodieführung gingen auf den Ländler, einen Bauerntanz im oberösterreichischen Gebiet Landl zurück. Den ersten Wiener Walzer, die »Aufforderung zum Tanz« (op. 7.) schrieb der beliebte Tanzkapellmeister Joseph Lanner (1801–1843). Johann Strauß Vater (1804–1849) trat ab 1828 mit einer eigenen Kapelle auf. Er beherrschte die besten Tanz- und Gartenlokale, für die er auch die großangelegten künstlerischen Programme arrangierte. Als erfolgreicher Komponist und gefeierter Interpret verschaffte Strauß dem Wiener Walzer in wenigen Jahren internationale Geltung. Sein Sohn Johann (1825–1899), der spätere »Walzerkönig«, debütierte 1846 im Alter von einundzwanzig Jahren mit eigenen Kompositionen und mit einer eigenen Kapelle im Café Dommayer in Wien-Hietzing. Das Bürgertum, das in hellen Scharen in die Tanzlokale strömte, unterschied dennoch streng zwischen der populären Unterhaltungsmusik, deren Pflege ausschließlich im Zuständigkeitsbereich von Professionisten, von hochbezahlten Tanzkapellmeistern und wohlhabenden Gastwirten lag, und der ernsten Musik, die zu fördern man sich verpflichtet fühlte. Schon im Jahr 1812 wurde die bürgerliche »Gesellschaft der Musikfreunde« gegründet, seit 1817 hatte Wien ein Konservatorium, aus dem dann die Musikakademie hervorging, 1842 gaben die Wiener Philharmoniker ihr erstes Konzert, 1843 konstituierte sich der »Wiener Männergesangsverein«.

Daß Wien unbestritten zur europäischen Hauptstadt der Musik geworden war, hing mit sehr verschiedenen Faktoren zusammen. Das Vorhandensein eines großen musikalischen Reservoirs, vor allem im böhmisch-mährischen und im norditalienischen Raum, trug dazu ebenso bei wie die Tat-

Altes Musikvereinsgebäude in Wien I., Tuchlauben 14. Aquatinta,

sache, daß die allgegenwärtige Zensur mit der Musik nichts anfangen konnte. Sie betrachtete sie als abstrakte Kunst, völlig ungeeignet für die Verbreitung politischer Ideen. Die Polizei ließ die Musiker und ihr Publikum in Ruhe, nur Schubert wurde einmal unter der unsinnigen Beschuldigung, in einem Wiener Wirtshaus an einem »libertinischen Treffen« teilgenommen zu haben, für einige Stunden in Gewahrsam genommen und verhört.

Zensur

Die Zensur war borniert, sie balancierte stets am Rande der unfreiwilligen Komik, wurde oft verhöhnt und zumeist geschickt hintergangen. Manche Zeichen deuten darauf hin, daß auch innerhalb der Zensurbehörde Widerstand geleistet wurde, denn es gab Zensoren, die sich demonstrativ blind und taub stellten. Andere wiederum waren ungeheuer beflissen, aber auch abgrundtief dumm, sie merkten das Wesentliche nicht und klammerten sich an lächerliche Details. Die Entfaltung eines regen und fruchtbaren literarischen Lebens in Österreich konnte die Zensur zwar behindern, aber nicht verhindern.

Die Grundlagen zu der großen, der klassischen Zeit der österreichischen Literatur legte noch der Regierungsapparat Maria Theresias beziehungsweise die Kaiserin selbst, die für den amtlichen Gebrauch der deutschen Sprache eintrat. Sie wollte ein sauberes Hochdeutsch in Österreich heimisch machen und berief den preußischen Literaturpapst Johann Christoph Gottsched als Sprachlehrer ihrer Länder nach Wien. Der Verfasser langweiliger Schuldramen versuchte jedoch vergeblich, sein Hochdeutsch, das beim Kursächsischen Hof gesprochene »Meißner Deutsch«, an die Donau zu verpflanzen. Die Intellektuellen, die Beamten und die gebildeten Bürger bedienten sich lieber einer österreichischen Sprache, eines mit der Grammatik des Wiener Dialekts und mit Ausdrücken der Alpenländer, mit »Austriazismen« durchsetzten, weichen und flexiblen Deutsch, das auch mit italienischen, französischen, slawischen und jiddischen Wörtern und mit Wendungen des kaiserlich-königlichen Militärjargons bereichert, zur unverkennbar eigenen Sprache der österreichischen Länder wurde.

Die Sprache der offiziellen Hofliteratur blieb aber vorerst noch Italienisch. Der amtliche Hofdichter Maria Theresias, Pietro Metastasio, starb erst 1782, zwei Jahre nach dem Tod der Kaiserin. Der sparsame Joseph II. ernannte zwar keinen Nachfolger, Franz I. jedoch griff noch einmal auf die verstaubte Tradition zurück; sein italienischer Hofdichter hieß Giambattista Casti. Er verfaßte lange Melodramen, darunter »La grotta di Trofino« und »La congiura Catilina«, die vermutlich schon damals niemand gelesen hat. Das größte dramatische Talent der Zeit, Philipp Hafner (1731–1764), Sohn eines Amtsdieners, erhielt keine kaiserlich-königliche Unterstützung. Er schrieb bereits ein österreichisches Deutsch, seine Theaterstücke »Megära, die fürchterliche Hexe«, »Die bürgerliche Dame« und »Neue Burlesque« enthalten realistische, mitunter schon sozialkritische Elemente. Der dramaturgische Aufbau, der oft doppelbödig-satirische, volksnahe Dialog kommt aus der Schule Shakespeares und deutet auf die spätere Vollendung bei Nestroy hin. Sein bestes Prosawerk, »Songes Hannswurstiques oder auf gut Chinesisch, es könnte einem nicht närrischer träumen«, gibt eine farbige Schilderung des barocken Wien, der noch bäuerlichen Vorstadt, der Welt der Bürger und der Beamten. Philipp Hafner war selbst für kurze Zeit Beamter und lebte dann als freier Schriftsteller. Er war einer der ersten unsteten »genialischen Dichter«, lange noch vor den später berühmt gewordenen Wanderpoeten und Bürgerschrecks des deutschen »Sturm und Drang«; er trank viel, starb schon mit zweiunddreißig Jahren und wurde dann gründlich vergessen.

Philipp Hafner

Hofdichter Casti, der letzte amtliche italienische Versemacher des Hauses Habsburg, verließ 1803 Wien für immer; er ging, nachdem ihn die Zensur einige Male belästigt hatte, vergrämt nach Florenz. Bald darauf begann der neue Regierungsapparat Metternichs aus wohlüberlegten politischen Gründen eine patriotisch gesinnte deutschsprachige Literatur zu fördern. Die besten vom Staat bezahlten Literaten, Heinrich Joseph Collin (»Kaiser Max auf der Martinswand«), Ignaz Franz Castelli (»Wehrmannlieder«) und Joseph Freiherr von Zedlitz (»Die nächtliche Heerschau«) sind heute nur noch mühsam zu lesen. Zu ihrer Zeit hatten sie Erfolg, die Requisiten der Romantik, deren sie sich bedienten, samt holdem Mädchen, seufzendem Wind, schauriger Nacht und reitenden Toten, waren neu, ebenso neu war die zweckgebundene Ideologie eines in eherner Sprache formulierten Heldenkults: »Der Tod wird Pflicht, wenn er dem Staate frommt« (Collin).

Patriotische Dichter

Links: »Der berühmte Poet Franz Grillparzer, von ihm selbst gezeichnet und gestochen«
Rechts: Johann Nepomuk Nestroy als Schauspieler Pitzl in der Posse »Umsonst«. Photo

Grillparzer

Ein österreichischer Patriot, der aber nur selten militante Töne anschlug, war Franz Grillparzer (1791–1872), laut heute noch gültiger, offizieller Bewertung der größte klassische Dichter des deutschsprachigen Österreich. Er war kein Günstling Metternichs, bekam keine Schmiergelder von der Regierung, hatte manchmal Schwierigkeiten mit der Zensur, blieb aber stets vorsichtig und loyal, vor allem dem Haus Habsburg gegenüber, das er voll und ganz mit Österreich identifizierte. Grillparzer war Staatsbeamter, er versah seinen Dienst bei der k. k. Zollverwaltung, dann als Direktor des Hofkammerarchivs gewissenhaft und brachte es zum Hofrat. Er dichtete nebenberuflich und nahm dabei stets Rücksicht auf seine Beamtenkarriere. Seine Werke, »Ein treuer Diener seines Herrn«, »König Ottokars Glück und Ende«, »Ein Bruderzwist in Habsburg«, »Der Traum, ein Leben« sind verspätete spanische Barockdramen in österreichischer Kostümierung, sie wirken teilweise blutleer, von Pathos überladen, als wären sie für eine endlose historische Feierstunde gedacht. Sie kamen, trotz eifriger Pflege der amtlichen Kulturpolitik seit der zweiten Hälfte des 19. Jahrhunderts, außerhalb des deutschsprachigen Österreich nicht an, während die im Wiener Dialekt geschriebenen Stücke seines Zeitgenossen Nestroy noch heute in Zürich, in Berlin, aber auch in London, Budapest und Warschau zu den größten österreichischen Erfolgen zählen.

Nestroy

Johann Nepomuk Nestroy (1801–1862), Advokatensohn aus Wien, stellte keine heroische Scheinwelt im feierlichen Gewand auf die Bühne, er verdichtete das tägliche Leben, aber auch dessen zeitlos-allgemeingültigen und dennoch sehr österreichischen Züge zu brillanten Theaterstücken (»Lumpazivagabundus«, »Das Mädel aus der Vorstadt«, »Der Zerrissene«, »Zu ebener Erd' und im ersten Stock«, »Einen Jux will er sich machen«). Von Beruf Schauspieler und später Theaterdirektor beherrschte er den literarischen Mechanismus der Bühne meisterhaft, ebenso wie die österreichische Volkssprache, die bei ihm oft zum hinreißenden Feuerwerk wurde, ohne jedoch den im Grunde harten Boden der Realität zu verlassen. Seine Analysen der Zeit und der Menschen in der Zeit waren treffend und präzis, sein köstlicher Humor schuf in Momentaufnahmen scharfe gesellschaftspolitische und psychologische Satiren. Seine Sozialkritik war erstaunlich offen, seine humane Weisheit bestechend, seine Resignation Parteinahme für die Gerechtigkeit und Trost zugleich. Die Zensur war Nestroy nicht gewachsen, er spielte mit ihr immer wieder Katz und Maus und hatte dabei auch spürbar seinen überlegenen Spaß.

Raimund

Schon das zeitgenössische Publikum und dann die Literaturwissenschaft stritten über die Frage, wer der größere Dichter sei, Johann Nestroy oder der elf Jahre ältere Ferdinand Raimund (1790–1836). Nestroy war zweifellos mutiger und robuster, und er hatte seinen Zuschauern und seinen Lesern auch viel mehr zu sagen als der äußerst labile, verängstigte Raimund, der sich im Alter von sechsundvierzig Jahren eine Kugel in den Kopf jagte. Er war ursprünglich Zuckerbäckerlehrling, wechselte zum Schauspielerberuf über, schrieb bühnenwirksame Märchen- und Zauberstücke, die seinem dankbaren Publikum eine heile und gerechte Welt vorspiegelten, ein liebliches österreichisches Feenreich, ohne den Kaiser, den Fürsten Metternich und den Polizeiminister Sedlnitzky, wo der kleine Mann nach vielen wundersamen Verwicklungen das ihm angemessene Glück fand (»Barometermacher auf der Zauberinsel«, »Der Alpenkönig und der Menschenfeind«, »Der Verschwender«). Raimund bot Flucht vor der Wirklichkeit, seine Philosophie, daß man nur brav, arbeitsam und zufrieden sein muß, um sich's mit den Mächtigen vorteilhaft richten zu können, traf den Geschmack seines Publikums, das vornehmlich aus niederen Beamten, Bürgern und Handwerkern bestand, und deckte sich obendrein problemlos mit den Richtlinien der Zensur.

Auch der beliebte Lustspielschreiber Adolf Bäuerle (1786–1859), ein Professionist der Bühnenkonfektion, Sekretär des Leopoldstädter Theaters und Herausgeber der »Wiener Theaterzeitung«, galt mit seinem Wiener Lokalpatriotismus als harmlos und nützlich zugleich. Er schuf den Nachfolger des Hanswurst, die stehende Figur des Parapluiemachers Staberl, und es gelang ihm der bis heute populär gebliebene Liedertext, »'s gibt nur a Kaiserstadt, 's gibt nur a Wien ...« Lokalkolorit war Mode geworden, er kanalisierte die unter der scheinbar ruhigen Oberfläche des Alltags aufgestauten Sehnsüchte und Unzufriedenheiten. Zu der meist sentimental verfälschten Poesie der heimischen Landschaft kam eine Pseudoexotik der Fremde; der im südungarischen Dorf Csatád geborene donauschwäbische Aristokratensohn Nikolaus Niembsch von Strehlenau (1802–1850), der sich später Lenau nannte, entdeckte die Ungarn-Nostalgie und blieb damit im literarischen Bewußtsein des deutschsprachigen Lesers hoffnungslos haften. Daß er von der stickigen Atmosphäre der österreichischen und deutschen Polizeistaaten und vor sich selbst nach Amerika floh, um dann vom »Land der unbegrenzten Möglichkeiten« bitter enttäuscht als einer der ersten amerikamüden Europäer heimzukehren, daß er das Leben der Indianer lange vor Karl May und mit wesentlich mehr Anteilnahme und Realismus beschrieb, eine Revolution für notwendig hielt und scharf antiklerikale Werke verfaßte, wurde mit dem melancholischen Klischee des

Lenau

Schilf-und-Pußta-Dichters fast vollständig zugedeckt. Sein jammervoller Tod in geistiger Umnachtung in der Irrenanstalt von Döbling bei Wien rundete das Bild eines unglücklichen Lyrikers ab, der unablässig leiden muß, um bleibende Werke schaffen zu können. Die Ursache seiner fortgeschrittenen Paralyse verschwieg man taktvoll.

Postl-Sealsfield

Ein geheimnisvoller Amerika-Reisender, ein amerikanischer Abenteuer-Schriftsteller, wiederum lange vor Jack London und B. Traven, war Charles Sealsfield (1793–1864), dessen wahre Identität erst nach seinem Tod bekannt wurde: er hieß Karl Anton Postl, stammte aus Poppitz bei Znaim in Mähren, verließ, wahrscheinlich aus gekränkter Eitelkeit, weil man ihn für den Staatsdienst ungeeignet fand, Österreich für immer und schrieb das erste, zum Teil mit übertrieben düsteren Farben durchsetzte analytische Werk über das Habsburgerreich, das 1828 in London erschien: »Austria as it is« (Österreich wie es ist). Die erste österreichische Reiseschriftstellerin, Ida Pfeiffer, geborene Reyer (1797–1858), geschiedene Frau eines Wiener Advokaten, durchquerte im Reifrock und mit Federhut den Urwald von Madagaskar und bestieg Vulkane auf Island. Sie legte in fünfzehn Jahren um die 300 000 Kilometer zurück und verfaßte vielgelesene, wenn auch vom wissenschaftlichen Standpunkt aus gesehen eher unbedeutende Bücher (»Reise einer Wienerin in das Heilige Land«, »Eine Frauenfahrt um die Welt«). Die Hofratstochter Karoline Pichler (1769–1843) produzierte Gedichte, Romane und Theaterstücke in fast unübersehbarer Menge, insgesamt dreiundfünfzig Bände schöne Literatur. Sie führte in Wien einen literarischen Salon, der damals noch »Besuchszimmer« hieß; ihr Tagebuch, die »Denkwürdigkeiten«, ist eine amüsante kulturgeschichtliche Fundgrube.

Mit Johann Senn (1795–1857) tauchte in der literarischen Welt der Donaumonarchie zum ersten Mal die später so vertraut gewordene Doppelfigur des österreichischen Offiziers und Dichters auf; Senn war in Italien stationiert, wo er nach dem Kasernendienst unter anderem die »Sonette aus Welschtirol« und das Lied »Tiroler Adler« schrieb. Der in Krakau geborene Eligius Freiherr von Münch-Bellinghausen (1806–1871) verfaßte unter dem Pseudonym Friedrich Halm schlechte Dramen, aber mit seiner »Marzipanliese« schuf er die erste realistisch-sozialkritische Kriminalgeschichte der österreichischen Literatur, und mit dem »Haus an der Veronabrücke« die erste, aus einer kühlen, nahezu psychoanalytischen Distanz geschriebene erotische Erzählung.

Münch-Bellinghausen

Mundartdichtung

Zur selben Zeit verhalf das wachsende Interesse für die Landschaft und für das freilich zum Teil romantisch idealisierte Leben des »einfachen Volkes« der Mundartdichtung zum literarischen Durchbruch. Ihr bis heute bester Vertreter, Franz Stelzhamer (1802–1874) aus dem oberösterreichischen Innviertel, schaffte den weiten Weg vom Dorf in das Wiener Künstlermilieu, hatte mit seinen »Lieder in oberennscher Mundart« beachtlichen Erfolg und zog dann, schon als anerkannter Dichter, wieder aufs Land. Er war allerdings kein ungehobeltes Naturtalent, er besuchte das Gymnasium in Salzburg und studierte an der Universität Graz, war ursprünglich katholischer Geistlicher, später eine Zeitlang Schauspieler, konnte aber bereits nach dem Erscheinen seines ersten Gedichtbandes, wenn auch bescheiden, von seinen Honoraren leben.

Ohne Rücksicht auf materielle Verwertung, als noble Passion, aber auch aus Gewissenspflicht schrieb seine Werke Anton Alexander Graf von Auersperg (1806–1876), ein liberal gesinnter reicher Grundherr, der sich auch um die Pflege der slowenischen Literatur verdient gemacht hatte. Seine Arbeiten erschienen unter dem Pseudonym Anastasius Grün, die wichtigsten, »Spaziergänge eines Wiener Poeten« und »Schutt«, wurden in Hamburg gedruckt. Sie enthielten lyrisch verklausulierte, aber unverkennbar harte Kritik an den Zuständen im österreichischen Polizeistaat und auch die Prophezeiung, das veraltete System werde einem besseren, humaneren Platz machen müssen.

Anastasius Grün

In den spritzig-humorvollen Dialogen seiner erfolgreichen Lustspiele, vor allem aber in der Satire »Großjährig« klagte Eduard von Bauernfeld (1802–1890) gekonnt das Kolowrat-Metternich-Regime an. Im Frühjahr 1845 organisierte Bauernfeld eine Unterschriftenaktion: nahezu hundert Schriftsteller baten formell den Kaiser, tatsächlich die Geheime Staatskonferenz, um eine Reform der Zensur. Die Petition wurde auf Veranlassung Metternichs abgewiesen. Auch in Sachen Literatur galt die erste und oberste politische Maxime des toten Kaisers Franz I.: »Verändere nichts!«

Bauernfeld

Man mußte mit der Zensur leben, und man hatte es gelernt, mit ihr zu leben; man zog sich, wie Grillparzer, in eine wenn auch bequeme innere Emigration zurück, oder man wich in den apolitischen Bereich der für den damaligen Leser noch neuen stimmungsvollen Landschaftsschilderungen aus, wie Adalbert Stifter (1805–1868), der schon in seinen ersten Werken (»Feldblumen«, »Der Hochwald«) eine einsame Höhe der österreichischen Prosa erreichte. Seine Verleger fand Stifter merkwürdigerweise in Ungarn, seine Bücher wurden in Pest gedruckt. Probleme gab es mit ihm zunächst keine, er stand in der Regierungszeit Kolowrat-Metternich erst am Anfang seiner späteren großen epischen Arbeit (»Witiko«, »Nachsommer«), war Hauslehrer von Metternichs Sohn Richard. Über seine konservativ-katholischen Ansichten, denen er bis zu seinem Ende treu blieb, hegten auch die Zensur und die Polizei keinen Zweifel.

Stifter

Katholisch war in den österreichischen Ländern allerdings nicht mehr eindeutig identisch mit einer versteinerten, reaktionären Geisteshaltung. Das Gedankengut der Aufklärung blieb auch in der Kirche nicht unbeachtet. In Prag lehrte der Theologieprofessor Bernhard Bolzano (1781–1848) eine neue, rationelle katholische Philosophie, die den Versuch unternahm, Dogma und naturwissenschaftliche Vernunft miteinander in Einklang zu bringen. Das fiel freilich unangenehm auf. Bolzano wurde seines Lehramtes enthoben, er ging in die freiwillige Verbannung in das Dorf Techobucz in der Nähe von Prag. In Wien bildete sich um den 1909 heiliggesprochenen Redemptoristenpater Klemens Maria Hofbauer (1751–1820), einen ehemaligen Bäckergesellen aus Mähren, der ursprünglich Dvořak hieß, das geistige Zentrum eines romantischen Katholizismus, das der in der Regierungszeit Josephs II. verunsicherten und teilweise demolierten Kirche neue, starke Impulse gab, ihre Restauration maßgeblich mitbestimmte – und unter Polizeiüberwachung stand. Kaiser Franz I., Fürst Metternich und Graf Kolowrat waren zwar der Meinung, das alte Bündnis zwischen Thron und Altar sollte wiederhergestellt werden, aber die Kirche sollte an der politischen Macht nicht mehr teilhaben. In der Zeit

Klemens Maria Hofbauer

nach dem Wiener Kongreß gingen viele Geistliche in Österreich vorsichtig auf liberalen Kurs, und selbst die Jesuiten, die ab 1829 schrittweise wieder in die österreichischen Länder einzogen, traten vereinzelt für neue, progressive Ideen ein. Ihr Plan, das höhere Unterrichtswesen wie schon früher einmal mit zu beeinflussen, an den Universitäten lehren zu können, scheiterte an der hartnäckigen Ablehnung des Regierungsapparats.

Wiener Medizinische Schule

Die Schule blieb unter strenger Aufsicht des Staates, über die Universität wachte die Polizei. Österreichischen Studenten war der Besuch einer Hochschule im Ausland verboten. Die Forschung, die neue, gefährliche Erkenntnisse hätte erbringen können, wurde auf Veranlassung Kaiser Franz' I. drastisch eingeschränkt. Nur die medizinische Fakultät genoß eine wenn auch begrenzte Freiheit, nicht zuletzt deshalb, weil viele führende Herren und Damen der Hofgesellschaft hochgradige Hypochonder waren und weil man nach den Napoleonischen Kriegen erkannte, daß Volksgesundheit eine wichtige militärische Bedeutung habe. Der Arzt durfte auf seinem Fachgebiet nach neuem Wissen suchen, neue Methoden erproben, und er durfte seine Theorien und Erfahrungen weitergeben. Der in Pilsen geborene Primarius des Wiener Allgemeinen Krankenhauses, Joseph Skoda (1805–1881), veröffentlichte 1839 seine »Abhandlung über Auskultation und Perkussion«, über das damals noch neue Verfahren des Beklopfens und Abhorchens von Kranken, und er verlegte den praktischen Unterricht der Medizinstudenten an das Spitalsbett. In den Jahren 1842 bis 1846 erschien das bahnbrechende Werk des aus Böhmen stammenden Hochschulprofessors und Gerichtsmediziners Karl von Rokitansky (1804–1878), »Lehrbuch der pathologischen Anatomie«. Ignaz Semmelweis aus Ungarn (1818–1865) erkannte 1845 die Ursache des sehr verbreiteten, fast immer tödlich verlaufenden Kindbettfiebers in der mangelnden Hygiene im Kreißsaal. Ernst von Feuchtersleben (1806–1849) wies auf den entscheidenden Zusammenhang zwischen dem psychischen Zustand und den tatsächlichen Krankheitssymptomen des Patienten hin. Sein ungemein populär gewordenes Werk »Zur Diätetik der Seele« erschien 1838 und wurde zum ersten großen Publikumserfolg eines medizinischen Buches im deutschen Sprachraum. Feuchtersleben war der erste Arzt in Österreich, der auch als namhafter Schriftsteller hervortrat, er schrieb unter anderem das von Felix Mendelssohn-Bartholdy vertonte, zum Volkslied gewordene Gedicht »Es ist bestimmt in Gottes Rat«. Die im Jahr 1840 gegründete österreichische Ärztegesellschaft wählte den vielseitigen Wiener Doktor zu ihrem geschäftsführenden Sekretär.

Vormärz

Die Gruppenbildung, der freiwillige Zusammenschluß in Vereine, Korporationen, Brüderschaften, Liedertafeln, Kaffeekränzchen, in vorwiegend kleine, aber recht rührige Kreise von Männern und Frauen, die gemeinsame Interessen hatten, hilfsbereit zueinander standen und eine innige, schwärmerische Freundschaft pflegten, war eine charakteristische Erscheinung der Zeit, der insgesamt dreiunddreißig Jahre währenden Epoche zwischen dem Wiener Kongreß und der großen Wende von 1848, die als eine in sich geschlossene historisch-politische Periode später den Namen Vormärz erhielt. Man zog sich in vertrauter Gemeinschaft von Gleichgesinnten und Gleichgestellten in die unauffällige, private Sphäre zurück, man suchte das Glück im einfachen, naturnahen Idyll, in dem man mit der Behörde nicht in Konflikt kam. Diese nach innen gekehrte, auf die vom Regime zugelassenen kleinen Freiheiten und Freuden des Daseins ausgerichtete Lebensform, ein scheinbar fröhlicher Kompromiß zwischen System und Bevölkerung, prägte auch die Kunstrichtung der Zeit, das Biedermeier.

Der Begriff Biedermeier

Der Begriff Biedermeier, mit dem nicht nur ein Stil, sondern auch Verhaltensweise, Denkungsart und Umwelt des Durchschnittsmenschen im Vormärz bezeichnet wird, tauchte erst um das Jahr 1850 auf. Er stammte ursprünglich aus Deutschland, von einem dichtenden Oberamtsrichter, dem in Durlach bei Karlsruhe geborenen Ludwig Eichrodt, der die Figur des poetisch veranlagten schwäbischen Schulmeisters Gottlieb Biedermaier, eines treuherzigen und beschränkten, behäbigen und moralisierenden Spießbürgers erfand und seine albernen Gedichte unter dem Titel »Biedermaiers Liederlust« im Münchner satirischen Wochenblatt »Fliegende Blätter« veröffentlichte. In der zweiten Hälfte des 19. Jahrhunderts, in der die erste große Welle der Technisierung, ja bereits der Amerikanisierung über Europa hinwegrollte, entstand dann die verklärende, nostalgische Sehnsucht nach der guten alten Biedermeierzeit, in der die rechtschaffenen Bürger ein stilles, kaisergelb gestrichenes Haus mit grünen Fensterläden und einem kleinen Garten besaßen, mit der Postkutsche auf Landpartie fuhren, holde Mädchen liebten, kräftige Hausmannskost aßen, vom Hauer gepflegte Weine tranken, auf blumenübersäten Wiesen Gesellschaftsspiele spielten, im Chor sangen und im Reigen tanzten.

Bildende Kunst

Über die schönen Tage des Herrn und der Frau Biedermeier in Österreich gab es bereits eine umfassende und minuziöse Bildberichterstattung. Die letzten großen Freskenmaler des Spätbarock, die noch im Auftrag der Kirche die österreichischen Länder bereisten, Franz Anton Maulbertsch (1724–1796) und Martin Johann Schmidt, genannt »Kremser-Schmidt« (1718–1801), galten schon als ferne Klassiker einer imperialen Vergangenheit. Die neuen Landschafts-, Porträt- und Genremaler der Biedermeierzeit, Friedrich Gauermann (1807–1862), Joseph Danhauser (1805–1845), Peter Fendi (1796–1842), Moritz Michael Daffinger (1790 bis 1849), Leopold Kupelwieser (1796–1862) und Moritz von Schwind (1804–1871) lebten und arbeiteten im bäuerlichen und im bürgerlichen Milieu; Inhalt und Stil ihrer mit meisterhafter handwerklicher Präzision ausgeführten Bilder vertraten einen romantisierenden, aber schon sehr lebensnahen Realismus. Die größte Wirkung auf die Nachwelt, auch außerhalb von Österreich, vor allem in England und später in Rußland, hatte zweifellos Ferdinand Georg Waldmüller (1793–1865), in dessen Werken das genial gemalte natürliche Licht zum wesentlichen Element einer ungemein plastischen, realistischen Bildgestaltung wurde. Dieses wirkliche, beinahe schon spürbare Sonnenlicht erschien den etablierten Fachkreisen damals als viel zu gewagt; Waldmüller plädierte dafür, daß Malkunst in der Natur und nach der Natur zu schaffen sei, er wollte die veralteten akademischen Unterrichtsmethoden reformieren, kam jedoch mit seinen neuen Ideen, obwohl Metternich ihn zeitweilig unterstützte, nicht durch und mußte schließlich die frühzeitige Strafversetzung in den Ruhestand mit halbem Gehalt hinnehmen.

Im Mittelpunkt von Waldmüllers Gemälden steht immer der Mensch, häufig Gestalten und Gruppen aus dem bäuerlichen Volk von Niederösterreich. In den zahlreichen, auch als wertvolles Zeitdokument geltenden Aquarellen und Architekturbildern von Jakob Alt (1789–1872) und seinen Söhnen Rudolf Alt (1812–1905) und Franz Alt (1821–1914) wurde die gebaute Umwelt des Menschen genauestens festgehalten, die Städte, Kirchen, Paläste, Brücken, Gassen, Hafenanlagen und Wohnhäuser in allen Teilen der Monarchie, in Wien, Prag, Pest, Innsbruck, Agram, in Krakau und in Venedig, darunter viele Objekte, die heute längst verschwunden sind. Das Biedermeier hatte nicht mehr den Anspruch, für die Ewigkeit, oder zumindest für Jahrhunderte zu bauen, der Architekt nahm nicht mehr das Himmelreich und sein irdisches Spiegelbild, die kaiserlich-königliche Macht, sondern den namenlosen Bürger als Maß aller Dinge. Die pompösen Linien wurden vereinfacht, einem nüchternen Funktionalismus untergeordnet. Der beste Architekt des österreichischen Biedermeier, Joseph Kornhäusel (1782–1860), bevorzugte klare, leicht überschaubare klassizistische Formen (Josefstädter Theater, jüdischer Stadttempel, Neubau des Schottenklosters in Wien, das Rathaus, Villen und Bürgerhäuser in Baden bei Wien). In einem damals neuen, »ärarischen« Stil, der dem herrschenden Staatsgedanken über einen nach außen hin schlichten, aber mächtigen Verwaltungsapparat entsprach, errichtete Paul Eduard Sprenger (1798–1854) das Wiener Münzamt, das Zollamt und die Finanzlandesdirektion.

Architektur

Wohnkultur

Die kleinen, oft sehr begabten Baumeister, die Bürger- und Landhäuser entwarfen, gestalteten anmutige, trefflich proportionierte Intimsphären mit bescheidenen, fröhlichen Fassaden. Die Wohnkultur, die ureigenste Form des Biedermeier, war von Sparsamkeit und Zweckmäßigkeit geprägt, die Zimmer hatte man nicht vollgeräumt, Möbel und Hausrat wiesen keine überflüssigen Dekorationen auf, ihre einfache Schönheit entsprang der natürlichen Harmonie von Material, Form und Funktion. Die winzigen Figurinen, die Nippes in den Glasvitrinen, galten als beliebte Symbole eines hausbackenen, kleinbürgerlichen Luxus. Schloß man die Tür seiner Wohnung hinter sich und setzte sich mit Verwandten und Freunden zu Kaffee und Kuchen, war das Idyll vollkommen. Dann tuschelte und nörgelte der Untertan zwar über den unmündigen Kaiser Ferdinand I., über den vergreisten Fürsten Metternich, über Polizei und Zensur und über die »Zustände« im allgemeinen, aber eine Veränderung von Grund auf, einen radikalen Umsturz oder gar das Ende des Hauses Habsburg wünschte er, ob Bauer, Bürger, Handwerker oder Beamter, nicht. Im deutschsprachigen Kernland des österreichischen Länderkomplexes brach die Revolution nicht von unten aus, und sie wurde auch nicht von oben, etwa von liberal gesinnten Politikern in der Umgebung des Hofes, angeregt. Sie kam von außen, und sie traf den Großteil der Bevölkerung völlig unerwartet.

Bürgerkrieg im Hause Habsburg

Die Revolution 1848–1849

Die österreichische Geschichtsschreibung nennt 1848 das »Sturmjahr«. Die ein wenig romantisierende Bezeichnung ist gut gewählt, sie ist im Grund wertfrei, nach allen Seiten offen und beinhaltet keine Stellungnahme. Die Ereignisse waren in der Tat stürmisch, sie waren aber auch verworren; die schwerste Krise des Habsburgerreiches seit seinem Bestehen spielte sich gleichzeitig auf mehreren, voneinander weit entfernt liegenden Schauplätzen und auf mehreren politischen Ebenen ab. Die verschiedenen revolutionären Gruppen verfolgten oft recht unklare Ziele, sie bekämpften das Regime mit wechselnder Intensität, und zeitweilig bekämpften sie auch einander. In der Haupt- und Residenzstadt Wien gab es eine von Intellektuellen, vor allem von Studenten, geführte bürgerlich-liberale Revolution, die den Vielvölkerstaat und das Kaisertum gründlich reformieren, aber keineswegs zerstören wollte. Daneben profilierte sich eine von Arbeitern und Handwerkern getragene soziale Revolution, die mehrere Phasen der Radikalisierung durchlief und schließlich für die volle, kompromißlose Beseitigung des alten Systems samt Kaiser und Reich eintrat, ohne jedoch Pläne für die Schaffung einer neuen demokratischen Staats- und Regierungsform auch nur anzudeuten. In den italienischen Gebieten des Hauses Habsburg brach eine nationale Rebellion aus, die zu einem von regulären Truppen ausgefochtenen Freiheitskampf wurde, in Ungarn eine nationale und soziale Revolution, die in einen großangelegten Unabhängigkeitskrieg überging, in Böhmen ein nationaler Aufstand, der bald panslawistische Züge annahm, die Monarchie des Hauses Habsburg jedoch nicht in Frage stellte, sondern die Gleichberechtigung und später die Führungsrolle der slawischen Völker innerhalb des österreichischen Staatsverbandes auf seine Fahne schrieb.

Soziale Maßnahmen

Der Sturm hatte sich angekündigt. Seit 1845 fiel die Ernte in Mitteleuropa unterdurchschnittlich aus, in den Ländern des gütigen Kaisers Ferdinand I. wurden Lebensmittel knapp und teuer. Die Industrie mußte die Produktion herabsetzen, in den Vorstädten von Wien zerschlugen und plünderten entlassene Arbeiter wiederholt Bäckerläden und Lebensmittelgeschäfte. Der Staat versuchte, das erste Mal in der Geschichte Österreichs, die Not durch soziale Maßnahmen zu lindern. In der Umgebung von Wien wurden etwa 20 000 brotlose Gelegenheitsarbeiter zusammengezogen und bei Straßen-, Damm- und Kanalbauten beschäftigt. Der un-

Oben: Eisenbahnzug der Südbahn 1847. Aquarell von Leander Ruß

Links: Der Herzog von Reichstadt mit dem kleinen Franz Joseph und der Herzogin von Salerno. Aquarell von J. N. Ender

Unten: Ankunft des Dampfers »Amsterdam« am Donaukanal 1845. Aquarell von Leander Ruß

ter dem Ehrenschutz des Erzherzogs Franz Karl gegründete »Wiener Allgemeine Hilfsverein« verteilte »Rumfordsuppe« an die Armen, einen aus Blut und Knochen gekochten, angeblich sehr nahrhaften Brei, den Benjamin Thompson Graf von Rumford, ein in den bayrischen Staatsdienst getretener britischer Kavallerieoffizier, für die notleidenden Fabrikarbeiter erfand.

In manchen politischen Gremien regte sich, wenn auch eher vorsichtig und streng auf dem Boden der Legitimität, der liberale Geist. Am 3. Juni 1845 baten die Stände Niederösterreichs in einer höflich abgefaßten Petition die Allerhöchste Majestät um die Wiederherstellung ihrer alten, verfassungsmäßigen Rechte. Sie erhielten keine Antwort. Im Sommer 1847 bildete der niederösterreichische Landtag eine Kommission, die über die Notwendigkeit der Pressefreiheit debattierte.

Zigarrenrummel

In den nicht deutschsprachigen Gebieten der Monarchie nahm der Widerstand gegen das herrschende System schärfere Formen an. Am 1. Januar 1848 überfielen in Mailand, in Brescia und in Padua organisierte Schlägertrupps italienische Bürger, die auf offener Straße rauchten. Der Aufruhr richtete sich gegen das österreichische Tabakmonopol: ein italienischer Patriot sollte keine kaiserlich-königliche Zigarre in den Mund stecken. Die k. k. Polizei griff hart durch, der »Zigarrenrummel« wurde binnen achtundvierzig Stunden niedergeschlagen. Doch es war ein böses Vorspiel, das in Wien allerdings nur wenige Beobachter, meist Ausländer, ernst nahmen. Der sächsische Legationssekretär Carl Friedrich Graf Vitzhum von Eckstädt schrieb am 21. Januar an seine Mutter: »Ich bin der festen Überzeugung, daß der Friede nur an einem Haar hängt.«

Die Lage in Ungarn

Aus Ungarn trafen seit langem alarmierende Nachrichten ein, die das höchste zentrale Regierungsorgan in Wien, die Geheime Staatskonferenz, jedoch nicht aus der selbstherrlichen Ruhe zu bringen vermochten. Bereits ab 1830 wurde ein neu entfachter ungarischer Nationalismus zur treibenden gesellschaftspolitischen Kraft im hoffnungslos rückständig gebliebenen Agrarland. Der Adel und eine zunächst noch dünne, aber lautstarke bürgerliche Mittelschicht forderten die Besinnung auf die Werte des Magyarentums, das Erwachen aus einem tausendjährigen »asiatischen Schlaf«, den Anschluß an die westliche Zivilisation, eine rasche Industrialisierung, die wirtschaftliche Gleichstellung mit dem deutschsprachigen Österreich, das nun vielfach als habgierige Kolonialmacht hingestellt wurde. Das vereinzelte Echo, das aus Wien kam, war mehr als unglücklich. So erklärte der einflußreiche Bankier Georg Sina: »Es ist fraglich, ob Österreich etwas gewinnt, wenn Ungarn ein Kulturstaat wird. Jede Handvoll Getreide, jedes Stück Vieh, ja jedes Produkt Ungarns zahlt an der österreichischen Grenze einen hohen Zoll. Anderseits kauft Ungarn jedes, auch das schlechteste Industrieerzeugnis von Österreich . . .«

Széchenyi und Kossuth

Die sture Haltung der Wiener Finanzgewaltigen, der Hofgesellschaft und der Zentralbehörden gab dem radikalen Flügel der ungarischen Reformbewegung immer mehr Auftrieb. Während konservative und liberale Gruppen um Stephan Graf Széchenyi (1791–1860), einem anglophilen Mitglied des Hochadels, für die Modernisierung und Kultivierung des Landes im Einverständnis mit der kaiserlich-königlichen Macht eintraten, arbeitete der ehemalige Rechtsanwalt Lajos Kossuth (1802—1894), ein suggestiver Redner und brillanter Publizist, der nun von Tag zu Tag mehr Anhänger hatte, auf eine klare Trennung zwischen Ungarn und Österreich hin. Sein nationalistisch gefärbtes sozialrevolutionäres Programm forderte unter anderem die volle individuelle und wirtschaftliche Freiheit der Bauern, die Abschaffung aller Privilegien des Adels und der hohen Geistlichkeit, die Gleichberechtigung der Religionen, die staatsbürgerliche Gleichstellung der Juden, die Presse- und Versammlungsfreiheit und den Schutz der ungarischen Wirtschaft vor der zollbegünstigten österreichischen Konkurrenz. Die in zwei ideologisch-politische Lager gespaltene Bevölkerung Ungarns war nur in einer Frage einig: Sowohl Széchenyi wie Kossuth verlangten vehement das Recht auf die Muttersprache, die Einführung der ungarischen Amts- und Unterrichtssprache im eigenen Land.

Kampfparole Muttersprache

Die Sprache als Kampfparole, als Mittel der geistigen Erneuerung und als heiliges Band zwischen den Angehörigen der Nation spielte auch in der slawischen Bewegung des Vormärz eine zentrale Rolle. Der Versuch des kroatischen Schriftstellers Ljudevit Gaj (1809–1872), eine gemeinsame serbisch-kroatisch-slowenische Sprache, eine »illyrische« Schriftsprache, für alle Südslawen zu schaffen, erwies sich zwar als ein Traum, gab aber der weiteren Entwicklung der südslawischen Literatursprachen entscheidende Impulse. Einen durchschlagenden Erfolg im Kampf um die tschechische Sprache in Böhmen hatten der Dichter Jan Kollár (1793–1852), der Publizist Karel Havlìček-Borovský (1821–1856) und der Historiker František Palacký (1798–1876) allerdings nur bei der einheimischen Bevölkerung, nicht aber bei den kaiserlich-königlichen Behörden. Die deutsche Amtssprache blieb. Dennoch suchten die Führer der tschechischen Nationalisten vorerst keine offene Konfrontation mit Wien, sie wollten das Haus Österreich nicht einreißen, nur renovieren und teilweise neu einrichten. In Prag war man noch verhandlungsbereit, ebenso in Pestbuda*, in Agram, in Mailand und in Venedig. Der berühmte Ausspruch František Palackýs kennzeichnete die noch keineswegs hoffnungslos verfahrene Gesamtsituation: »Wahrlich, existierte der österreichische Staat nicht schon längst, man müßte im Interesse Europas, im Interesse der Humanität selbst sich beeilen, ihn zu schaffen.« Doch die Völker des Hauses Habsburg fanden in Wien keinen autorisierten Gesprächspartner. Das System verhielt sich unnahbar und unbeweglich, die Geheime Staatskonferenz wartete ab. Nur die Überwachung des italienischen Raumes unter österreichischer Verwaltung, der seit dem »Zigarrenrummel« als Gefahrenherd Nummer eins eingestuft war, wurde erheblich verschärft.

Revolution in Paris

Der Sturm brach in Frankreich los. Die Auseinandersetzung um ein neues demokratisches Wahlrecht in Paris artete am 23. Februar 1848 in Straßenkämpfe aus. Das Militär ging zu den Aufständischen über, der Bürgerkönig Louis Philippe dankte ab, eine provisorische Regierung beschloß, die Republik zu proklamieren. Die Nachricht von der Pariser Februarrevolu-

* Eine ungarische Hauptstadt namens Budapest gibt es erst seit dem 26. Dezember 1872, sie wurde durch die Zusammenlegung von drei Gemeinden – Buda, Pest und Obuda – gebildet. Bis dahin hieß die ungarische Hauptstadt, die von der Donau getrennte Doppelgemeinde Pest und Buda, allerdings inoffiziell, Pestbuda.

Überschwemmung in Wien 1847. Gemälde von Leander Ruß

tion löste in den österreichischen Ländern rasch hintereinander schwere politische Explosionen aus. Am 3. März hielt Lajos Kossuth vor dem ungarischen Reichstag in Preßburg eine zündende, poetisch-demagogische Rede: »Aus den Bleikammern des Wiener Systems weht eine verpestete Luft, die alles niederdrückt, vergiftet, unsere Nerven lähmt, unseren Geistesflug bannt.« Am 6. März deponierte die liberal gesinnte Interessenvertretung der Industriellen, der »Niederösterreichische Gewerbeverein«, bei Hof eine »Adresse gegen die herrschenden Verhältnisse«. Es folgten Petitionen der Wiener Buchhändler und verschiedener Bürgervereine: sie ver-

Reisigsammler. Gemälde von Ferdinand Georg Waldmüller

langten die Pressefreiheit, Einblick in die Staatsfinanzen, Einführung von Geschworenengerichten und genaue Festlegung von Rechten und Pflichten der Staatsbürger. Am 12. März forderten die Studenten der Universität Wien die volle akademische Freiheit und die Abschaffung der Zensur.

Am 13. März trat der niederösterreichische Landtag, vorsichtiger Vorkämpfer einer liberalen, aber eindeutig kaisertreuen Politik, im Landhaus in der Wiener Herrengasse zu einer Beratung über die neu entstandene Lage zusammen. Studenten, vor allem Hörer der medizinischen Fakultät, von jungen Ärzten angeführt, marschierten vor dem Gebäude auf, um die Vertreter der Stände zu einer harten Haltung der Geheimen Staatskonferenz gegenüber zu bewegen. Die bereits berühmt gewordene Preßburger Rede von Lajos Kossuth wurde vorgelesen, Dr. Adolf Fischhof, Sekundararzt am Allgemeinen Krankenhaus, hielt eine Ansprache, die Studenten drangen in das Landhaus ein, sie forderten die sofortige Entlassung des Fürsten Metternich, der verhaßten Galionsfigur des repressiven Systems.

Der Hof war ratlos. Nur Kaiser Ferdinand I., der angebliche Kretin, verlor die Nerven nicht, er schlug eine sehr einfache, vernünftige Lösung vor: man solle gegen die Demonstranten keine Gewalt anwenden, die Wünsche der Untertanen prüfen und sie möglichst erfüllen. Doch Metternich lehnte auch die kleinste Konzession ab, er befürwortete ein sofortiges rigoroses Durchgreifen. Erzherzog Albrecht, ein Cousin des Kaisers, einunddreißig Jahre alt, Feldmarschalleutnant, Oberkommandierender der Armee im deutschsprachigen Österreich, ließ gegen die aufgebrachte Menge, Studenten, Bürger und Arbeiter, Truppen ausrücken. Die Soldaten stürmten die Herrengasse, die Demonstranten umringten sie: »Schießt nicht auf eure Brüder!« Die Mannschaft verstand kein Wort, sie stammte aus Italien, sie fühlte sich bedroht und schoß. Die Herrengasse war in wenigen Minuten leer, fünf Tote blieben zurück. Doch die von Metternich erhoffte Ruhe und Ordnung kehrte nicht mehr ein. Wien, die gemütliche Kaiserstadt, verwandelte sich binnen Stunden in einen brodelnden Hexenkessel. In den Straßen der Innenstadt wurden Barrikaden errichtet, in den Vorstädten Villen zerstört, Fabriken in Brand gesteckt. Unter die Arbeiter mischte sich, wie immer und überall, wenn eine Revolution ausbricht, der Bodensatz der Großstadt. In Fünfhaus, Sechshaus, Ottakring und Hernals begann das Morden und Plündern, die erste Schreckensnacht forderte etwa fünfzig Tote, unter ihnen Polizisten, Nachtwächter, aber auch Arbeiter, die ihren Arbeitsplatz in den angegriffenen Fabriken verteidigen wollten. Der Hof beschloß, vor allem auf Drängen der Erzherzogin Sophie, nachzugeben. Fürst Metternich wurde entlassen, er floh mit Hilfe des Bankiers Salomon Rothschild nach England. Die Geheime Staatskonferenz hob im Namen des Kaisers die Zensur auf, versprach die Pressefreiheit und die Einführung einer demokratischen Verfassung. Am 14. März stellten die Studenten eine bewaffnete Einheit, die »Akademische Legion«, und die Bürger von Wien eine Nationalgarde auf, in die sie allerdings keine Arbeiter, Handwerksgesellen und Dienstboten aufnahmen. Die Kluft zwischen der liberal gesinnten Bürgerschaft und dem radikalen Proletariat war bereits deutlich geworden, eine Verständigung kam nur mehr sporadisch über die Studenten zustande. Die Revolution war schon am zweiten Tag gespalten, sie hatte keine zentrale Führung, keinen Generalstab und keine einheitliche Strategie, ihre Teilnehmer und Träger improvisierten von Tag zu Tag, ebenso wie ihr Gegner, der Hof, der aber mit seiner Verzögerungstaktik langsam die Oberhand gewann.

Tote in der Herrengasse

Akademische Legion und Nationalgarde

Indessen versetzte die Kunde von den nahezu unglaublichen Ereignissen in Wien Ungarn und die italienischen Gebiete der Monarchie in Aufruhr. In Pestbuda brach am 15. März die Revolution aus, sie traf auf keinen Widerstand und verlief unblutig. Anstelle der Hofbehörden übernahm das

Ansprache von Dr. Adolf Fischhof. Bleistiftzeichnung

»Erste verantwortliche ungarische Ministerium« unter dem gemäßigten Großgrundbesitzer Lajos Graf Batthyány die Regierungsgeschäfte; Lajos Kossuth und Stephan Graf Széchenyi waren Mitglieder des Kabinetts. Eine Anzahl neuer Gesetze wurde über Nacht erlassen, die Leibeigenschaft aufgehoben, die Gleichheit vor dem Gesetz, die Gleichberechtigung der Religionen und die Pressefreiheit verkündet, die freie Wahl einer Nationalversammlung beschlossen.

Aufstand in Mailand

In Mailand, der Hauptstadt der österreichischen Lombardei, kam es drei Tage später, am 18. März, zu einem gut vorbereiteten bewaffneten Aufstand. Feldmarschall Joseph Anton Wenzel Graf Radetzky (1766–1858), Oberkommandierender der österreichischen Armee in Italien, mußte die Stadt nach fünftägigen erbitterten Straßenkämpfen räumen. Am 22. März rief der Advokat Daniele Manin in Venedig die Republik aus. In Prag forderte die revolutionäre Bewegung, ohne zunächst Gewalt anzuwenden, die Einführung der tschechischen Amts- und Unterrichtssprache und die Vereinigung der böhmischen und mährischen Gebiete unter einem frei gewählten Landtag.

Die Erschütterung des gesamten Reichsgefüges machte den Hof weitgehend kompromißbereit. Erzherzog Albrecht legte sein Kommando nieder und begab sich auf den italienischen Kriegsschauplatz. Das Militär in Wien blieb fortan in den Kasernen. Am 21. März wurden die alten Hofbehörden, die Geheime Staatskonferenz, die Polizeihofstelle, aufgelöst. Als höchstes Regierungsorgan fungierte nunmehr ein »provisorisches Staatsministerium«, in dem aber die Vertreter der Revolution keinen Sitz

Rede eines Studenten an die Arbeiter am 27. Mai 1848. Aquarell (Detail) von Johann Nepomuk Höfel

hatten. Das Kabinett unter dem Grafen Kolowrat bestand aus fünf Aristokraten (Außenminister: Karl Ludwig Graf von Ficquelmont, Innenminister: Franz Freiherr von Pillersdorf, Finanzminister: Karl Friedrich Freiherr von Kübeck, Justizminister: Ludwig Graf von Taaffe, Kriegsminister: General Theodor Graf Baillet von Latour). Graf Kolowrat trat am 3. April zurück, sein Nachfolger, Graf Ficquelmont, am 4. Mai. Der neue Regierungschef, Freiherr von Pillersdorf, legte noch als Innenminister am 25. April einen Verfassungsentwurf vor, den aber fast alle revolutionären Gruppen für unzulänglich erklärten. Am 15. Mai zogen bewaffnete Stu-

Die Seressaner bei der Spinnerin am Kreuz. Zeitgenössisches Aquarell

denten, von Einheiten der bürgerlichen Nationalgarde begleitet, vor die Hofburg, sie forderten die Rücknahme der oktroyierten, das heißt aufgezwungenen Verfassung. Die sogenannte »Sturmpetition« hatte Erfolg, die Regierung gab, nachdem in Wien wieder Straßenkämpfe ausgebrochen waren, in der Nacht auf den 16. Mai nach. Am 17. Mai brachte die »Kamarilla«, wie die engste Umgebung des Kaisers nun häufig genannt wurde, Ferdinand I. nach Innsbruck. Eine kleine Spazierfahrt endete im ruhigen, habsburgtreuen Tirol; dem Kaiser, der keine Angst hatte und Wien nicht verlassen wollte, sagte man erst unterwegs, wohin die Reise ging. Ministerpräsident Pillersdorf versprach im Namen des verschwundenen Monarchen die Einführung des allgemeinen und gleichen Wahlrechts und die Schaffung eines »konstituierenden Reichstags«, der eine neue, demokratische Verfassung ausarbeiten sollte. Die Regierung glaubte, die Revolution nun in eine ruhige Endphase geleitet zu haben, und ging daran, den Ausnahmezustand schrittweise zu beseitigen. Am 26. Mai verfügte Pillersdorf die Auflösung der Akademischen Legion. Die Studenten leisteten Widerstand, in den Straßen von Wien wurde wieder geschossen, ein Teil der Nationalgarde ging erneut auf die Barrikaden. Die Regierung wagte keine Truppen einzusetzen, sie nahm die Verordnung zurück und stimmte der Bildung eines Sicherheitsausschusses zu, einer Art von Revolutionsregierung unter dem Vorsitz des erst zweiunddreißigjährigen Arztes Dr. Adolf Fischhof. In Wien saßen nun zwei Regierungen nebeneinander, wobei die alte, aristokratische besser taktierte und auch besser funktionierte als die neue. Der Sicherheitsausschuß, in den man nur Studenten und Bürger aufnahm, war isoliert, von den radikalen Arbeitern zeitweise mehr bedroht als von den Anhängern des Hauses Habsburg. Auf dem Land und in allen Landeshauptstädten des deutschsprachigen Österreich, mit Ausnahme von Graz, herrschte Ruhe. Die Bauern machten die Revolution nicht mit, und auch die meisten Wiener Bürger hatten nach der Flucht des Kaisers von den ständigen Aufrufen, Sitzungen, Tumulten und von den unleugbaren, zum Teil kriminellen Auswüchsen der Revolution langsam genug. Die Nachrichten von dem italienischen Kriegsschauplatz lösten in der Haupt- und Residenzstadt einen neuen, eher seltsam anmutenden großösterreichischen Patriotismus aus. Auch die Revolutionäre freuten sich, daß »unsere braven Truppen«, die Truppen des Kaisers, in der Lombardei von Sieg zu Sieg marschierten. Feldmarschall Radetzky, ein treuer Diener des Hauses Habsburg, noch mit zweiundachtzig Jahren ein überragender Meister des Soldatenhandwerks, schlug mit seiner hervorragend ausgebildeten und gerüsteten Armee in mehreren Schlachten und Gefechten die mit den regulären Truppen des unabhängigen italienischen Kleinstaates Piemont-Sardinien verstärkten Aufständischen. Nach dem entscheidenden Sieg, am 25. Juli bei Custozza, südlich des Gardasees, zogen die Österreicher wieder in Mailand ein.

Sicherheitsausschuß

Aufstand in Prag

Auch Böhmen wurde mit Waffengewalt gemaßregelt: Am 2. Juni trat in Prag unter dem Vorsitz des Historikers Palacký ein Slawenkongreß zusammen. Die 340 Delegierten forderten die Schaffung eines selbständigen, konstitutionell regierten böhmisch-mährischen Königreiches, immerhin aber keine Trennung vom Haus Habsburg. Die »Kamarilla« lehnte ab, der Kongreß wurde vom österreichischen Militär kurzerhand aufgelöst. Daraufhin brach am 12. Juni der Pfingstaufstand in Prag aus. Feldmarschall Alfred Fürst zu Windischgrätz schlug die Revolte in fünf Tagen nieder. Er setzte zwar bei den Kämpfen Artillerie ein, ging aber dennoch, obwohl seine Frau von einer verirrten Kugel tödlich getroffen wurde, möglichst behutsam gegen die Stadt vor, um hohe Verluste zu vermeiden. In Böhmen herrschte nun, auch zur Zufriedenheit der liberalen Bürgerschaft in Wien, wieder Ruhe.

Am 8. Juli trat Ministerpräsident Freiherr von Pillersdorf zurück, sein Nachfolger wurde Anton Freiherr von Doblhoff-Dier. Staatsministerium und Sicherheitsausschuß regierten in der Haupt- und Residenzstadt weiterhin neben- und gegeneinander. Nun formierten sich auch die Arbeiter in einer eigenen politischen Organisation: Unter der Leitung des Schuhmachergesellen Friedrich Sander gründeten sie am 24. Juni im Gasthaus »Zum Fürstenhof« in der Beatrixgasse den »Ersten Wiener Arbeiterbildungsverein«. Die Mitglieder trugen bereits ein Abzeichen, einen aus Blech gestanzten Bienenstock, und hielten ihre Versammlungen im Gebäude des Theaters in der Josefstadt ab. Den Beratungen des »konstituierenden Reichstags« blieben sie jedoch fern; man wählte sie nicht unter die 383 Deputierten. Die konservativen Vertreter des alten Systems und die liberalen Bürger fürchteten sich anscheinend vor den »Radikalen der Vorstädte«. Die erste Sitzung des neuen Gremiums in der Spanischen Hofreitschule hatte der volkstümliche Erzherzog Johann im Namen des Kaisers eröffnet. Die Debatte zog sich in die Länge, schon über die Verhandlungssprache, ob Deutsch oder Tschechisch, wurde endlos diskutiert. Am 26. Juli stellte der jüngste Abgeordnete, der vierundzwanzig Jahre alte Hans Kudlich, Sohn eines Landwirtes in Schlesien, einen Antrag über die vollständige Befreiung der Bauern, über die Aufhebung ihrer Untertanen- und Abgabepflichten (Robot, Zehent). Am 7. September nahm der Reichstag den Antrag an und erhob ihn zum Gesetz. Mehr hat die Versammlung in Wien dann auch nicht mehr geleistet, sie wurde von den Ereignissen, die immer mehr Eigendynamik entwickelt hatten, überrollt.

Erster Wiener Arbeiterverein

Gegen Ende August kam es erneut zu blutigen Tumulten in den Straßen der Haupt- und Residenzstadt. Die kaiserlich-königliche Regierung wollte sparen, sie kürzte den Lohn der etwa 20 000 Notstandsarbeiter, die auf Staatskosten in der Umgebung von Wien Erde aushoben, Dämme errichteten und Gräben gruben, um fünf Kreuzer. Am 21. August sammelten sich die empörten Arbeiter im Prater und zogen dann in Richtung Innere Stadt. Die Wiener Bürgergarde stellte sich ihnen in den Weg, berittene Bürgerkorps drängten sie zurück. Die Arbeiter versuchten mit Spitzhacken, Schaufeln und Eisenstangen den Durchbruch zu erzwingen, die Stadtgardisten eröffneten das Feuer. Es gab insgesamt zweiundzwanzig Tote, achtzehn Arbeiter und vier Bürger. Die Unruhen dauerten noch zwei Tage an, der Sicherheitsausschuß, von der Tatsache, daß Revolutionäre auf Revolutionäre geschossen hatten, erschüttert und verwirrt, löste sich selber auf. Immer mehr Bürger trugen schwarz-gelbe Bänder, die Farben des Hauses Habsburg, im Knopfloch, die Wiener Fiaker wickelten sie bereits um ihren Hut, die noch heil gebliebenen Auslagen in der Inneren Stadt waren ebenfalls mit der kaiserlichen Fahne dekoriert. Die »Kamarilla« kehrte mit Ferdinand I. am 12. August in die Hofburg zurück. Die Revolution war müde geworden, Wien präsentierte sich für die Allerhöchste Majestät wieder als eine sichere und treue Stadt.

Der Kaiser kehrt zurück

Dies merkte wohl auch Karl Marx*, der am 27. August mit der Bahn von

* Karl Marx (1818–1883), in Trier geboren, Sohn eines Rechtsanwalts, Privatgelehrter, Publizist, Begründer des wissenschaftlichen Sozialismus, des Marxismus, Organisator der Revolutionären Bewegung der Arbeiterklasse, Visionär einer Weltrevolution des Proletariats. Als Karl Marx im Alter von dreißig Jahren nach Wien kam, hatte er bereits am 29. Februar 1848 zusammen mit seinem Freund, Mäzen und Weggefährten, Friedrich Engels, das »Kommunistische Manifest«, das erste Grundsatzprogramm des Kommunismus, veröffentlicht.

Vorposten bei Venedig. Aquarell von Eugen Adam

Feldmarschall Radetzky und sein Stab vor Mailand. Gemälde von Albrecht Adam

Berlin kommend in Wien eintraf. Er sah hier das erste Mal eine Revolution aus der Nähe und in der Praxis. Er hielt, unter anderm auf Einladung des »Ersten Wiener Arbeiterbildungsvereins«, Vorträge über die Arbeiterbewegung in Westeuropa, drängte auf den totalen Sturz der kaiserlichen Macht in Österreich und erklärte, daß »alle Revolutionen soziale Revolutionen sind«, was seine Zuhörer, die den Kaiser nicht stürzen, sondern ihn nur von der Not der Arbeiter überzeugen und vor allem gegen die Lohnkürzung kämpfen wollten, nicht ganz verstanden. Marx schien die in der Tat schwer überschaubaren, spezifisch österreichischen Züge der Wiener Revolution auch nicht ganz klar begriffen zu haben. Er fuhr daher am 7. September eher enttäuscht wieder in Richtung Berlin ab. Sein wohl ein wenig vom Wunschdenken gefärbter Bericht für das Komitee des Kölner Arbeitervereins schildert in einer recht allgemein gehaltenen Form die »ausgezeichnete Rolle, die die Arbeiter in der neuesten Wiener Revolution spielten«. Johann Nestroy schrieb schon im Sommer eine boshaft-skeptische Posse über die unfreiwillige Komik der teils zerredeten, teils in theatralischen Äußerlichkeiten versandeten Revolution, die »Freiheit in Krähwinkel«, die am 1. Juli 1848 im Wiener Carl-Theater uraufgeführt und in der ersten Nummer der neuen Wiener Tageszeitung »Die Presse« am 3. Juli scharf angegriffen wurde: »Weiß Herr Nestroi nicht, daß es Gefühle gibt, über die wir keinen Scherz anhören können, ohne verletzt, verwundet bis in den Kern unserer Seele zu werden?« Grillparzer mokierte sich über die akademische Jugend, über die »Knaben, die Studenten, die nichts studieren«, und der deutsche Dichter Friedrich Hebbel, Sohn eines Maurers, Augenzeuge in Wien, notierte niedergeschlagen: »...von welchen Hammeln diese Revolutionsherde geleitet wird! Es ist unglaublich!«

Karl Marx in Wien

Das lebhafte Interesse der meisten progressiv eingestellten deutschen Intellektuellen für Wien, wo sich ihrer Meinung nach eine sonderbare, kaiserlich-königliche Kompromißrevolution etabliert hatte, ließ im Spätsommer 1848 merklich nach. Seit dem 18. Mai tagte in der Paulskirche in Frankfurt am Main die erste frei gewählte deutsche Nationalversammlung, die aber von Österreich keine wesentlichen Impulse erhalten hatte, obwohl das Habsburgerreich durch 115 Abgeordnete vertreten war. Allerdings sagten die Tschechen und Slowenen, die befürchtet hatten, Österreich, in Länder zergliedert, könnte in ein neu geschaffenes Deutsches Reich einverleibt werden, die Teilnahme an den Beratungen ab. In einem Brief an das Frankfurter Parlament schrieb der tschechische Historiker Palacký unter anderem: »... denken Sie sich Österreich in eine Menge Republiken und Republikchen aufgelöst – welch ein willkommener Grundbau zur russischen Universalmonarchie.« Man diskutierte monatelang und ergebnislos über eine zeitgemäße Form des deutschen Staatenbundes, über eine »großdeutsche« und eine »kleindeutsche« Lösung, das heißt über eine deutsche Konföderation mit Österreich als führende Macht beziehungsweise über einen deutschen Nationalstaat, der ohne Österreich unter preußischer Führung errichtet werden sollte. Grundlegende gesellschaftspolitische Reformen verlangten die Deputierten in Frankfurt – Gelehrte, Bürger und Aristokraten – nicht, und sie stellten auch die Monarchie des Hauses Österreich und ihren zentralistisch regierten Vielvölkerstaat nicht in Frage.

Frankfurter Parlament

Das taten nun die Ungarn. Anfang September wurden die gemäßigten Politiker, die eine Verständigung mit dem Kaiser beziehungsweise der Kamarilla suchten, von den Anhängern Kossuths in die Enge getrieben. Stephan Graf Széchenyi erlitt während einer Sitzung des Ministerrats einen Nervenzusammenbruch und landete in der Irrenanstalt von Wien-Döbling, Ministerpräsident Graf Batthyány trat zurück. Lajos Kossuth, Volkstribun und Diktator, übernahm die Regierungsgewalt und ging sofort auf vollen Kollisionskurs mit dem Haus Habsburg. Ungarn schied aus der Finanzhoheit des österreichischen Gesamtstaates aus, als Zahlungsmittel wurde nur mehr das neue ungarische Papiergeld, das »Kossuth-Bankó« akzeptiert, und, was noch schwerwiegender war, das Land stellte, um die Errungenschaften der Revolution zu verteidigen, eine eigene ungarische Armee, die »Honvédség« (Heimatwehr), auf. Doch Lajos Kossuth, für die Ungarn zweifellos ein dynamischer Vorkämpfer der nationalen Unabhängigkeit und der sozialen Demokratie, hatte für die Nöte, Wünsche und Rechte der auf dem Territorium des Königreichs Ungarn lebenden Minderheiten, Millionen von Kroaten, Slowaken, Serben und Rumänen, überhaupt kein Verständnis; er verfolgte eine verblendete Politik der Zwangsmagyarisierung. Die Minderheiten lehnten sich auf: Die Rumänen Siebenbürgens hielten in Blaj (Blasendorf) eine mehrtägige Protestkundgebung ab, Avram Jancu, ein rumänischer Anwalt, begann in den Westkarpaten mit einem Partisanenkrieg gegen die ungarischen Behörden. Die Slowaken forderten bei einer Volksversammlung in Liptovský Svätý Mikuláš (Liptószentmiklós) die Selbstverwaltung und die Verwendung der slowakischen Amts- und Unterrichtssprache. Die Sachsen Siebenbürgens verlangten ebenfalls die Autonomie. Die ungarischen Revolutionsbehörden ließen daraufhin ihren Wortführer, den Pfarrer Ludwig Roth, standrechtlich erschießen. Den stärksten militärisch organisierten Widerstand leisteten die Kroaten, die nicht bereit waren, in einem neuen, unabhängigen Ungarn ihre nationale Eigenständigkeit zu verlieren. Von der Zentralregierung in Wien ermuntert, brach Feldmarschalleutnant Joseph Graf Jellačić (1801–1859), Banus von Kroatien, mit 40 000 Mann kaiserlich-königlichen Grenztruppen nach Pestbuda auf, um die ungarische Rebellion niederzuschlagen. Der Hof betrachtete die Kossuth-Regierung nicht mehr als legitime Vertreterin des Königreichs Ungarn und ernannte Feldmarschalleutnant Franz Philipp Graf von Lamberg zum Stellvertreter des Kaisers und Oberkommandierenden der Armee in Ungarn. Am 28. September umstellte der von chauvinistischen Agitatoren aufgehetzte Pöbel seine Kutsche auf der Kettenbrücke zwischen Buda und Pest, zerrte ihn aus dem Wagen und streckte ihn mit tödlichen Messerstichen nieder. Kaiser Ferdinand I. löste daraufhin die ungarische Nationalversammlung auf, allerdings nur auf dem Papier, verhängte über das abtrünnige Land den Belagerungszustand und übertrug die absolute Macht in Ungarn auf den kroatischen Banus Jellačić. Der konnte aber die Statthalterschaft und das Oberkommando nicht übernehmen: Die neue ungarische Armee, die aus ehemaligen kaiserlich-königlichen Linienregimentern bestand, schlug seine kroatischen Grenztruppen nördlich des Plattensees und zwang ihn, einen übereilten Rückzug in Richtung Wien anzutreten. Die Kossuth-Regierung blieb im Amt, der offene Krieg zwischen Ungarn und dem Kaisertum Österreich begann.

Volkstribun Kossuth

Mord auf der Kettenbrücke

Die ungarische Armee drang langsam gegen die österreichische Grenze, die Leitha-Linie, vor. Die Zentralregierung in Wien ordnete an, alle noch verfügbaren Truppen in den Abwehrkampf zu werfen. Am 6. Oktober sollte das Grenadierbataillon Richter aus Wien per Bahn nach Westungarn in Marsch gesetzt werden. Die Soldaten weigerten sich abzufahren, Einheiten der bürgerlichen Nationalgarde, der Akademischen Legion und fliegende Truppen der Erdarbeiter unterstützten sie. Kaisertreues Militär griff ein, an mehreren Punkten der Stadt brachen heftige Straßenkämpfe aus, eine bewaffnete Menge stürmte das Kriegsministerium auf dem Platz Am Hof, ergriff den achtundsechzigjährigen Kriegsminister Theodor Graf Baillet von Latour, tötete ihn mit Hammerschlägen und Bajonettstichen und hängte seine Leiche an einer Straßenlaterne auf.

Flucht nach Olmütz

Der Hof floh mit dem Kaiser nach Olmütz in Mähren, etwa 50 000 Bürger, die »besseren Leut'«, verließen ebenfalls die wieder unsicher gewordene Stadt. Die letzten kaisertreuen Truppen der Garnison gingen im Garten des Schlosses Belvedere in Stellung. Die Ermordung Latours und die in den Straßen von Wien herrschende Anarchie fand die »Kamarilla« nun schwerwiegend genug, um dem scheinheiligen Zusammenleben mit der Revolution ein Ende zu bereiten, die Ordnung, die freilich die alte Ordnung bedeutete, mit Waffengewalt herstellen zu lassen.

Am 23. Oktober schlossen die Armeen des Banus von Kroatien, Jellačić, und des Feldmarschalleutnants Fürst Windischgrätz, insgesamt 70 000 Mann mit 200 Geschützen, die Haupt- und Residenzstadt ein. Die Revolutionäre, etwa 15 000 Männer und Frauen, leisteten verzweifelt Widerstand. Sie hatten nur 75 veraltete Kanonen fast ohne Munition, ihre »Kavallerie« bestand aus 31 polnischen Lanzenreitern. Die Führung war nach wie vor zersplittert und chaotisch. Zum Kommandanten der Nationalgarde schwang sich der fünfunddreißigjährige Cäsar Wenzel Messenhauser, ein ehemaliger Oberleutnant des Deutschmeister-Regiments, auf: ein verträumter, schlechter Dichter, ein tolpatschiger Revolutionär und ein miserabler Stratege, aber ein grundanständiger Mensch, human, tolerant und vor allem naiv. Ihm stand der polnische Berufsrevolutionär Józef Bem, dreiundfünfzig Jahre alt, General der Artillerie, zur Seite, der ohne Rücksicht auf Verluste die »offensive Verteidigung« befahl, in einer entscheidenden Stunde des Kampfes jedoch die Front in der Leopoldstadt im Stich ließ und nach Preßburg floh. Das »Studentencomité« und ein »Zentralausschuß der demokratischen Vereine« übten, ebenso wie der Gemeinderat, nicht genau abgegrenzte Befehlsgewalten aus. Die Schranken des gesellschaftlichen Kastensystems hielt man ungeachtet der verbitterten Untergangsstimmung aufrecht. Der radikale Journalist Ludwig Hauk stellte aus Akademikern ein »Elitekorps« zusammen, die Arbeiter und Handwerkergesellen kämpften in den »Mobilgarden«, die in der Bevölkerung wegen ihrer Ausschreitungen zwar gefürchtet waren, dem Ansturm der kaiserlich-königlichen Linienregimenter jedoch weit mehr standhielten als alle anderen bewaffneten Gruppen. Als die Vororte nach und nach verlorengingen, Lebensmittel und Munition knapp wurden, entschieden sich der Gemeinderat und die bürgerliche Nationalgarde für die bedingungslose Kapitulation. Am 29. Oktober meldete eine Abordnung im Hauptquartier des Fürsten Windischgrätz in Hetzendorf die Übergabe in

Die »Mobilgarden«

aller Form. Doch am nächsten Tag erschien die auf etwa 80 000 Mann geschätzte ungarische Revolutionsarmee in der unmittelbaren Nähe von Wien; vom Turm des Stephansdoms sah man die Mündungsfeuer ihrer Artillerie zwischen Fischamend und Schwechat aufblitzen. Daraufhin wurde auf Drängen der linksradikalen Anführer der soeben geschlossene Waffenstillstand einseitig gebrochen. Die Kämpfe vor den Stadtmauern flammten wieder auf, die Mobilgarden warfen sich ungestüm in das letzte Gefecht, machten aber auch gnadenlos Jagd auf »Feiglinge«, »Verräter«, »Kompromißler«, »Kapitulanten« und »Schwarzgelbe«, auf die verschreckten Bürger, die den aussichtslosen Widerstand nicht mehr unterstützen wollten.

Sturm auf Wien

Die ungarische Armee blieb vor der österreichischen Grenze stehen; ihr Generalstab diskutierte die politischen und moralischen Probleme einer bewaffneten Intervention in einem nach ungarischer Auffassung fremden Land. Die Oberkommandierenden, General János Móga und General Artur Görgey, ehemalige kaiserlich-königliche Berufsoffiziere, sprachen sich gegen einen Marsch auf Wien aus. Lajos Kossuth eilte in das Lager von Schwechat, um die gemäßigte Armeeführung umzustimmen, kam aber zu spät. Windischgrätz und Jellačić nützten die Zeit, sie bauten eine Verteidigungslinie am Laaer Berg und in der Vorstadt Simmering auf und traten, als die Ungarn ihren Vorstoß auf österreichischem Boden doch fortsetzen wollten, eine wirksame Gegenoffensive an. Die ungarische Revolutionsarmee zog sich zurück. Nun machten die kaiserlich-königlichen Truppen kehrt und gingen, unter rücksichtslosem Einsatz ihrer Artillerie, gegen Wien vor. Am 31. Oktober wurde die Innere Stadt im Sturm genommen, die letzten Widerstandsnester der »Mobilgarden« rund um den Stephansdom niedergekämpft. Die kroatischen Grenztruppen des Banus Jellačić, voran die berittenen Seressaner, hausten fürchterlich in der eroberten Stadt, sie plünderten und mordeten, schlachteten ganze Familien ab, die mit dem Aufstand gar nichts zu tun hatten, und steckten reihenweise Häuser in Brand. Die Regimenter des Fürsten Windischgrätz verhielten sich diszipliniert, die Mannschaft und die Offiziere sprachen meist Deutsch und konnten sich mit der Bevölkerung verständigen.

Vergeltung

Die unbestrittene Tatsache des von den Linksradikalen willkürlich gebrochenen Waffenstillstandes lieferte den legitimen Vorwand für ein hartes Strafgericht. Die Hinrichtungskommandos hatten vierundzwanzig Todesurteile »durch Kugel und Blei« vollstreckt. Fürst Windischgrätz, später oft und zu Unrecht »Bombenfürst« und »Bluthund der Reaktion« genannt, versuchte den von der »Kamarilla« befohlenen Rachefeldzug zu mildern, möglichst nur Personen zur Verantwortung zu ziehen, die erst nach der Kapitulation des Gemeinderates in den erneut ausgebrochenen Kämpfen eine führende Rolle spielten. Dennoch wurde der Kommandant der Nationalgarde, Messenhauser, der schon abgesetzt war und verzweifelt für die Einhaltung des Waffenstillstands plädierte, erschossen, ebenso der erst fünfundzwanzigjährige Publizist Dr. Hermann Jellinek, der deutsche Komponist und Musikwissenschaftler Dr. Alfred Julius Becher und Robert Blum, ein Abgeordneter des Frankfurter Parlaments, Herausgeber eines siebenbändigen Theaterlexikons. Hans Kudlich, der für die Bauernbefreiung eintrat, gelang die Flucht, ebenso Daniel Fenner von Fenneberg, dem linksradikalen Sohn eines k. k. Generals, letztem Kommandanten der Nationalgarde und Professor Anton Füster, Feldkaplan der Akademischen Legion, Vertreter eines progressiv-humanen Katholizismus. Die Militärbehörde nahm insgesamt 1579 Verhaftungen vor, doch nach sechs beziehungsweise acht Wochen ließ man 1537 Personen wieder frei. Die Zahl der Toten konnte man niemals genau feststellen, die Schätzungen bewegen sich zwischen 1200 und 2000. Fürst Windischgrätz verhängte über die Stadt den Belagerungszustand, alle politischen Vereine wurden aufgelöst, die Zeitungen unter Militärzensur gestellt, die Versammlungen verboten und die Ausländer ausgewiesen. Die von der »Kamarilla« gewünschte Ruhe und Ordnung kehrte aber nur langsam in Wien ein. Die Bürger, die der nun lückenlos unterdrückten Freiheit doch nachtrauerten, leisteten hie und da noch symbolischen Widerstand. Am 6. Dezember mußte sich der damals erst dreiundzwanzigjährige Komponist und Kapellmeister Johann Strauß vor der Stadthauptmannschaft rechtfertigen, weil er im Restaurant »Zum Grünen Tor« auf Wunsch des Publikums den französischen Revolutionsmarsch, die »Marseillaise«, gespielt und zweimal wiederholt hatte. Strauß verteidigte sich geschickt, er gab zu Protokoll: »... wollte man das Verlangen des Publikums nicht befriedigen, so steht zu befürchten, daß man vielleicht einen Exzeß provoziert, welcher viel bedeutender und unangenehmer wäre, als wenn man dann und wann notgedrungen dem Verlangen des Publikums nachgibt.« Ob der zuständige Beamte der Stadthauptmannschaft die kaum verdeckte politische Anspielung des jungen Strauß begriff, weiß man nicht. Er ließ ihn laufen. Das Sturmjahr war zu Ende.

Revolutionär Johann Strauß

Von Olmütz nach Königgrätz

Franz Joseph I.

Die Revolution hinterließ tiefe Spuren im gesamten Staatsgefüge. Sie war gescheitert, doch sie blieb, wie fast jede niedergeschlagene, aber nicht vergessene Revolution, in vielerlei Form wirksam, in mancher Hinsicht siegreich, ein bedeutender Faktor der politischen Bewußtseinsbildung, auf den fortan auch der höchste Inhaber der Macht, das Haus Habsburg, stets Rücksicht nehmen mußte. Die von Kaiser Franz I. etablierte und im Namen Ferdinands I. konservierte alte Ordnung, das System Kolowrat-Metternich konnte nicht mehr wiederhergestellt werden. Der »Kamarilla«, der Familie des Herrschers und ihrer engsten Umgebung, war klargeworden, daß ein Neubeginn unumgänglich war. Die ersten zaghaften Analysen in den langen Tagen des Wartens und des Bangens in Olmütz brachten bereits die vage Erkenntnis, daß das unerhörte Aufbäumen der gelehrten Köpfe, der studentischen Jugend, der Bürger und der Arbeiter doch reale Ursachen haben mußte. Der Hof beharrte nicht, wie später oft fälschlich behauptet wurde, auf dem Vergangenen, dem Unwiederbringbaren, er sah auch nicht allein in einer gnadenlosen Vergeltung den einzig gangbaren Weg zur Konsolidierung und zur Restauration – er hatte gelernt und zog die Konsequenzen.

List und Täuschung

Man beschloß, die oberste Staatsführung umzugestalten, die Macht zum Teil durch eine bessere, militärisch gestützte Organisation, zum Teil durch Konzessionen abzusichern. Aber auch durch List und Täuschung, solange man glaubte, Zeit gewinnen zu müssen, um mit der hie und da noch virulenten Krise endgültig fertig werden zu können. Die Entscheidung traf man im engsten Familienkreis, dem nur einige Mitglieder des Hochadels, die treuesten Paladine des Hauses Habsburg, beigezogen wurden. Die treibende Kraft war Erzherzogin Sophie, »der einzige, wirkliche Mann bei Hof«, wie man sie damals nannte; der wichtigste Berater war der zum Feldmarschall ernannte Fürst Windischgrätz. Er empfahl nun seinen Schwager, den Fürsten Felix zu Schwarzenberg, einen achtundvierzig Jahre alten ehemaligen hohen Offizier und Diplomaten, zum neuen Regierungschef. Am 21. November 1848 bildete Fürst Schwarzenberg sein Kabinett, das bis dahin jüngste in der Geschichte Österreichs. Von den vier Regierungsmitgliedern waren zwei bürgerlicher Abstammung: Justizminister Alexander Bach, fünfunddreißig Jahre alt, von Beruf Rechtsanwalt, begann seine politische Laufbahn sogar als Revolutionär,

Kaiser Ferdinand I. segnet seinen Neffen Franz Joseph bei dessen Amtsantritt 1848. Anonyme Federzeichnung

wechselte dann zu den Verteidigern der alten Ordnung über und erwies sich als ausgezeichneter Organisator der Verwaltung; der fünfzigjährige Handelsminister Karl Ludwig Bruck, Sohn eines Buchbinders, einst Kaufmannsgehilfe in Triest, Begründer und Direktor des österreichischen Lloyd, war ein kluger und risikofreudiger Wirtschaftsexperte. Innenminister Franz Graf von Stadion, zweiundvierzig Jahre alt, Sohn des berühmten Staatsmannes Johann Philipp Graf von Stadion, galt als gemäßigt und vorsichtig liberal. Finanzminister Philipp Freiherr von Krauß, sechsundfünfzig Jahre alt, gehörte ebenfalls zu den vorsichtig liberalen Staatsbeamten, er hatte sich als reformfreudiger Fachmann für Steuer- und Zollfragen einen Namen gemacht.

»Das Ministerium wird nicht hinter den Bestrebungen nach freisinnigen und volkstümlichen Einrichtungen zurückbleiben, es hält es vielmehr für seine Pflicht, sich an die Spitze dieser Bewegung zu stellen«, erklärte Fürst Schwarzenberg, als er sein Kabinett dem Reichstag vorstellte.

Reichstag von Kremsier

Denn es gab noch den aus der Revolution hervorgegangenen gesamtösterreichischen Reichstag. Er übersiedelte von Wien nach Kremsier in Mähren, in der Nähe von Olmütz, und begann am 22. November mit seinen Beratungen im Schloß des Erzbischofs von Olmütz. Der Reichstag sollte im Auftrag des Hofes und der Regierung eine demokratische Verfassung ausarbeiten. Doch Fürst Schwarzenberg dachte gar nicht daran, den Verfassungsentwurf in die Tat umzusetzen oder auch nur zu beachten; die Zulassung und Ermunterung des Reichstags von Kremsier war ein kaltblütig geplantes Täuschungsmanöver; die Herren sollten bloß träumen, diskutieren, untereinander über Detailfragen streiten, bis die absolute Macht stark genug sein würde, die Maske abzulegen, das liberale Theater für immer zu schließen.

Der nächste Schritt, den Schwarzenberg zusammen mit Erzherzogin Sophie und Feldmarschall Fürst Windischgrätz in Angriff nahm, war die Ausschaltung der verbrauchten Vaterfigur Ferdinand I. Der gütige Kaiser bedeutete für die »Kamarilla« zweifellos einen Risikofaktor: er trat ja immer wieder dafür ein, daß man mit dem Volk reden und seine Wünsche, soweit möglich, erfüllen sollte. Nun beschloß die Familie seine Absetzung. Ferdinand I. hatte keinen Sohn, der legitime Nachfolger wäre demnach Erzherzog Franz Karl, der Bruder des Kaisers, gewesen. Doch dessen Frau, Erzherzogin Sophie, sprach sich vehement gegen die gewohnheitsmäßige dynastische Lösung aus; sie hielt nicht viel von ihrem Gemahl; die Ehe war schlecht, das Gerede, Sophies zweitältester Sohn, der liebenswürdige, verträumte Maximilian, stamme von dem jung verstorbenen Herzog von Reichstadt, wollte in Hofkreisen nicht verstummen. Die Erzherzogin blieb hart, Schwarzenberg, Windischgrätz und Jellačić unterstützten sie nach Kräften, sie plädierten für Franz*, den ältesten Sohn Sophies. Er war achtzehn Jahre alt, fleißig, geradlinig, folgsam, und er machte in seiner Uniform gute Figur – er sollte Kaiser von Österreich werden. Erzherzog Franz Karl gab schließlich nach, und auch Ferdinand I. willigte ein: am 2. Dezember 1848 dankte er zugunsten seines Neffen Franz ab. Der neue Herrscher nahm auf Rat des Fürsten Schwarzenberg den zweiten Namen Joseph an, um dem Volk durch die Erinnerung an den Reformkaiser Joseph II. anzudeuten, die Revolution werde nun in geordneten Bahnen von oben her fortgesetzt.

Ferdinand dankt ab

»Es is' gern g'schehen, sei brav ...« sagte Kaiser Ferdinand I. der Gütige, als Franz Joseph vor ihm niederkniete, um sich für die Krone zu bedanken. Er notierte später in seinem Tagebuch: »Die Funktion endete damit, daß der neue Kaiser vor seinem alten Kaiser und Herrn, nämlich vor mir, kniend um den Segen bat, welchen ich unter Auflegung der Hände auf seinen Kopf und Bezeichnung mit dem heiligen Kreuz gab, ich ihn dann umarmte und er mir die Hand küßte. Und auch meine liebe Frau umarmte und küßte unseren neuen Herrn, dann entfernten wir uns in unsere Zimmer. Bald darauf hörten ich und meine liebe Frau in der Kapelle der erzbischöflichen Residenz die heilige Messe. Nachher packten ich und meine liebe Frau unsere Effekten zusammen ...« Sie übersiedelten nach Prag, wo der abgedankte Kaiser, nur mehr ein vergessener Staatspensionär, am 29. Juni 1875 im Alter von zweiundachtzig Jahren starb.

Die größte Sorge der neuen Staatsführung, in der Kaiser Franz Joseph I. zunächst nur eine rein repräsentative Rolle übernahm, galt Ungarn. Das Land baute in wenigen Wochen eine behelfsmäßige Kriegsindustrie auf, sein Revolutionsheer trat als gut organisierte reguläre Armee in Erscheinung und schlug die österreichischen Truppen zurück. Freiwillige aus vielen Ländern Europas eilten unter die rotweißgrüne Fahne, der Kampf gegen das Haus Habsburg, gegen den Thron schlechthin, bekam einen zunehmend internationalen Anstrich; die Parole hieß »Heilige Weltfreiheit«, sie sollte eine republikanische Verbrüderung aller Nationen bedeuten. Im Verband der revolutionären Honvédarmee gab es eine Wiener Legion, eine Deutsche Legion, eine Polnische Legion, eine Italienische Le-

Internationale Revolutionsarmee

* Geboren am 18. August 1830 in Wien, gestorben am 21. November 1916.

gion und ein Tiroler Freikorps; an der Spitze mehrerer ungarischer Regimenter standen Ausländer, vorwiegend österreichische Berufsoffiziere, nicht selten abtrünnige Söhne des Hochadels, die auf den Schlachtfeldern ihren eigenen Generationskonflikt austrugen. Die Ungarn kämpften ursprünglich unter anderem auch für die Einführung der ungarischen Kommandosprache, doch die Befehle mußten in deutscher Sprache abgefaßt und übermittelt werden, weil ein beachtlicher Teil der kommandierenden Offiziere kein Wort Ungarisch verstand: General Richard Guyon kam aus England, General Henrik Dembinski aus Polen, General Carl Graf Leiningen-Westerburg aus Norddeutschland, General Ernst Ritter Pölt von Pöltenberg und General Anton Vetter von Doggenfeld stammten aus Österreich; Regimenter und Bataillone wurden von fremden Obersten und Majoren befehligt, wie Alexander Graf Wartensleben, Mieczislaw Fürst Woronieczki, Ferdinand Duhamel Querlonde, Alessandro Monti, Heinrich Chevalier de Barst Forget, Carl Albrich von Albrichsfeld. Im Tiroler Freikorps und später im Husarenregiment »Miklós« diente »Oberleutnant Maria«, eine in Zagreb geborene neunzehnjährige Wienerin, Maria Lebstück, die sich mit den Resten der »Akademischen Legion« nach Ungarn durchschlug und in der Revolutionsarmee kommandierender Offizier wurde.

Oberleutnant Maria

Im Frühjahr 1849 trat das in neun Armeekorps gegliederte ungarische Heer eine stürmische Offensive an und drängte die kaiserlichen Truppen bis Preßburg zurück. Die Lage war äußerst bedenklich, da die militärischen Kräfte des kaiserlichen Österreich gleichzeitig auch in Norditalien eingesetzt werden mußten. Das kleine Königreich Piemont-Sardinien versuchte noch einmal, die Lombardei durch Waffengewalt an ein neues, geeintes Italien anzugliedern. Doch Feldmarschall Radetzky schlug die gegen Mailand von Westen her in Marsch gesetzte italienische Streitmacht am 21. März bei Mortara und am 23. März bei Novara. König Viktor Emanuel II. von Piemont-Sardinien schloß daraufhin einen Waffenstillstand, nur die zur demokratischen Republik ausgerufene Stadt Venedig kämpfte bis zum 24. August 1849 weiter. Dennoch konnte man von den italienischen Gebieten keine nennenswerten Truppenkontingente abziehen, ohne die österreichische Oberhoheit in den nach wie vor unruhigen Provinzen zu gefährden. Die nach Ungarn geworfenen Einheiten waren schwer angeschlagen und zum Teil spürbar demoralisiert, die progressive Propaganda der Gegenseite blieb für manche Offiziere der kaiserlich-königlichen Armee nicht unwirksam. Die radikalen Revolutionäre zeigten sich obendrein entschlossen und verfolgten klare Ziele: Am 14. April erklärte die ungarische Nationalversammlung in der Großen Reformierten Kirche in Debrecen das Haus Habsburg als abgesetzt, rief die Republik aus und ernannte Lajos Kossuth zum »Gubernator«, zum Oberhaupt des unabhängigen Ungarn. Der Hof griff in der scheinbar ausweglosen Situation auf die Idee der »Heiligen Allianz« zurück: Der Kaiser von Österreich bat den erzkonservativen russischen Zaren Nikolaus I. um Hilfe. In einem am 1. Mai 1849 abgefaßten und von Franz Joseph unterschriebenen Brief hieß es, der Aufstand der Ungarn »könnte in kurzem den Umfang einer europäischen Kalamität annehmen«. Zar Nikolaus I., der sein Reich praktisch durch eine Militärverwaltung und mit rücksichtsloser

Haus Habsburg abgesetzt

Härte regierte, verstand, daß es nicht um Ungarn allein, sondern um die Gefahr einer internationalen Revolution ging. Er rechnete kühl, er dachte, falls er Österreich beistehen, den Thron des jungen Kaisers retten würde, könnte er sich in die österreichische Außenpolitik einmischen, vom Haus Habsburg in Polen und auf dem Balkan Konzessionen verlangen. Er sagte zu und lud Franz Joseph zu einer persönlichen Aussprache nach Warschau ein. Der junge Monarch war von seinem Gastgeber, dem dreiundfünfzig Jahre alten, resoluten und energischen Soldatenkaiser Nikolaus I. und von der wohlgeordneten Grabesstille in seinem Reich tief beeindruckt. Er schrieb an seine Mutter, Erzherzogin Sophie: »Er hat mich unendlich gütig und herzlich empfangen, und ich habe um 4.00 Uhr mit ihm tête-à-tête gespeist. Wir sind sehr schnell gereist, und besonders die russische Eisenbahn zeichnet sich durch Ordnung und gleichmäßiges bequemes Fahren aus. Überhaupt ist hier alles so ordentlich und ruhig, daß es wohltut.«

Kapitulation

Mitte Juni sandte Zar Nikolaus ein Heer von 180 000 Mann nach Ungarn. Die Stärke der österreichischen Truppen belief sich auf etwa 100 000 Mann, die ungarischen Armeekorps, die nun von Osten, von Süden und von Westen her gleichzeitig angegriffen wurden, verfügten bloß über 130 000 Mann; sie hatten bereits zuwenig Munition. Ihre oberste Führung war mit dem radikalen Regierungsprogramm Lajos Kossuths nicht voll und ganz einverstanden, sie hoffte auf Verhandlungen mit Wien und leitete daher die ohnehin aussichtslosen Operationen nur mehr mit halbem Herzen. Dennoch dauerte der verzweifelte Widerstand volle zwei Monate: erst am 13. August streckte die auf etwa 35 000 Mann zusammengeschrumpfte Revolutionsarmee unter General Artur Görgey bei dem Dorf Világos, in der Nähe von Arad im damaligen Südungarn, die Waffen. Die Regierung Schwarzenberg vertrat offiziell die Ansicht – obwohl sie selber davon nicht ganz überzeugt war –, daß es sich hier um eine militärische Meuterei gehandelt habe, und gab die Instruktionen für die Bestrafung der Schuldigen dementsprechend aus. Die Durchführung oblag Feldzeugmeister Julius Freiherr von Haynau, der als »österreichischer Bluthund« in die Geschichte einging. Er war ein Deutscher, der uneheliche Sohn des Kurfürsten Wilhelm I. von Hessen-Kassel, trat bereits 1801 in die österreichische Armee ein, wurde wegen »Unverträglichkeit« entlassen, 1848 aber wieder in Dienst gestellt, nach Italien geschickt, wo er als tüchtiger, aber auch rücksichtsloser Truppenführer und vor allem als äußerst brutaler Besatzungsoffizier einen zweifelhaften Ruhm erwarb. Man nannte ihn »Hyäne von Brescia«, denn er ließ in der lombardischen Stadt Frauen öffentlich auspeitschen, Priester in vollem Ornat erschießen, Kinder, die der Spionage verdächtigt wurden, tagelang foltern. Seine krankhaft sadistische Veranlagung fiel auch dem alten Bohemien Feldmarschall Radetzky unangenehm auf, er war froh, als das »Rasiermesser«, wie er Haynau gelegentlich bezeichnete, aus seinem Generalstab ausschied und das Oberkommando in Ungarn übernahm.*

Haynau

Haynau arbeitete rasch und gnadenlos: am 6. Oktober, am Jahrestag der

* Haynau wurde bald auch dem Hof untragbar; man entließ ihn bereits 1850. Er lebte zurückgezogen in Graz und starb, offensichtlich geisteskrank, 1853 in Wien.

Reichstag im Juli 1848. Bleistiftzeichnung von A. Seyß

Ermordung des Kriegsministers Latour (die kleine Feinheit merkte kaum jemand), wurden in Arad dreizehn Generäle der ungarischen Revolutionsarmee hingerichtet, neun durch den Strang, unter ihnen Leiningen-Westerburg, Pölt von Pöltenberg, der ehemalige kaiserliche Kämmerer Graf Vécsey und der ungarische Verteidigungsminister Aulich. Die Militär- und Sondergerichte verhängten in mehr als dreihundert Fällen die Todesstrafe. Tausende Personen, unter ihnen eine große Anzahl von Frauen, wurden eingekerkert, die gemeinen Soldaten der Revolutionsarmee in den österreichischen Regimentern zu lebenslänglichem Dienst verpflichtet. Lajos Graf Batthyány, der gemäßigte Ministerpräsident der ungarischen Regierung, wurde in Pest erschossen. Lajos Kossuth setzte sich in die Türkei ab, er ging dann nach London und schließlich nach Turin, von wo er bis zu seinem Tod im Jahr 1894 die ungarische Politik zu beeinflussen versuchte.

Todesurteile

Daß der erst neunzehnjährige Kaiser Franz Joseph die Hinrichtungen verlangt oder die Todesurteile gegengezeichnet hätte, wie man dies in vielen, vor allem ungarischen, aber auch österreichischen Geschichtsbüchern und Biographien lesen kann, entspricht nicht den Tatsachen. Ministerpräsident Fürst Schwarzenberg sorgte dafür, daß Haynau in Ungarn freie Hand bekam; er mußte bloß die vollzogenen Urteile summarisch melden. Franz Joseph hatte damals kaum Überblick über Ursache und Ablauf der Revolution in Wien, in Ungarn und in Italien, ihre Anführer und die von der Zentralregierung angeordnete Vergeltung; er stand noch völlig unter dem Einfluß seiner Mutter und der Ratgeber bei Hof, die ihn freilich nur lückenhaft und einseitig informierten. Er war auch zu jung, um Tragweite und Wirkung der Ereignisse zu begreifen, und vertraute blind der zweifellos imponierenden Persönlichkeit des Fürsten Schwarzenberg. Der Ministerpräsident war eine seltsame und einsame Erscheinung in der österreichischen Politik; einst schneidiger Kürassieroffizier und aalglatter Diplomat, vielgereist und auch vielseitig gebildet, ein ausgebrannter Lebemann, der sich in Rußland, Portugal, Brasilien, England und Frankreich abwechselnd amüsiert und gelangweilt hatte und nach dem Zusammenbruch der Revolution eher rein zufällig Staatsmann wurde. Er setzte seine erzkonservativen Ansichten mit eiskaltem Zynismus durch, konnte unbarmherzig hart und entwaffnend entgegenkommend sein, er konnte meisterhaft lügen und hatte dabei keine moralischen Skrupel, er diente dem Haus Habsburg bedingungslos treu, doch seine persönlichen Motive und Ziele blieben letztlich verborgen. Vielleicht genoß er bloß das faszinierende Spiel mit der Macht, vielleicht war er von einem auch für ihn neuen Sendungsbewußtsein gepackt, das Kaiserreich zu retten, zu stabilisieren und zu einer bis dahin ungeahnten Größe heranzuführen.

Oktroyierte Verfassung

Er räumte zunächst, freilich in seinem Sinn, in der österreichischen Innenpolitik auf. Der Reichstag von Kremsier, der zwei Monate hindurch an einem fortschrittlichen und realistischen »Entwurf der Konstitutionsurkunde für die österreichischen Staaten« gearbeitet hatte, wurde am 7. März 1849 gewaltsam aufgelöst: Soldaten mit aufgepflanztem Bajonett trieben die Abgeordneten aus dem Sitzungssaal. Österreich sollte noch am selben Tag eine Verfassung erhalten, aber von oben, vom Kaiser. Der Text der sogenannten »oktroyierten Verfassung«, von Justizminister Bach zusammengestellt und redigiert, wies noch deutlich liberale Tendenzen auf. Doch auch diese Verfassung trat niemals in Kraft, sie war bloß als ein billiges Mittel für die präzis geplanten Täuschungs- und Beschwichtigungsmanöver des Fürsten Schwarzenberg gedacht. Am 26. August 1851 schrieb Franz Joseph an seine Mutter, Erzherzogin Sophie: »Ein großer Schritt ist weiter geschehen. Wir haben das Konstitutionelle über Bord geworfen, und Österreich hat nur mehr *einen* Herrn. Jetzt aber muß noch fleißig gearbeitet werden.« Erzherzogin Sophie notierte an den Rand des Briefes: »Gott sei gelobt!«

Es wurde in der Tat fleißig gearbeitet, stets mit einem besorgtem Blick auf das Gespenst, das bei Hof und in den Kanzleien und Kabinettstuben der neuen Zentralregierung unablässig anwesend zu sein schien: die geschlagene Revolution. Eine Mischung aus administrativen Unterdrückungsmaßnahmen und längst fälligen Reformen mit progressivem Anstrich ergaben einen komplexen, recht dynamischen Entwicklungsprozeß. Auf dem Land sorgte ein neuer, rein militärisch organisierter Sicherheitsdienst für Ruhe und Ordnung: Am 9. Juni 1849 wurde die österreichische Gendarmerie aufgestellt. Mit dem »Sylvesterpatent« vom 31. Dezember 1851 hob der Kaiser die niemals in Kraft getretene »oktroyierte Verfassung« auf; den Begriff Verfassung gab es zunächst nicht mehr, die Pressefreiheit, die Autonomie der Gemeinden und das öffentliche Gerichtsverfahren wurden abgeschafft. Doch die Befreiung der Bauern, eine Errungenschaft der Revolution, machte man nicht rückgängig, obwohl ihr Initiator, Hans Kudlich*, in Abwesenheit zum Tode verurteilt worden war. Für die weggefallenen Robot- und Abgabeleistungen erhielten die Grundherren eine

»Sylvesterpatent«

* Hans Kudlich ging nach Amerika, wurde Arzt und lebte in Hoboken bei New York. Im Jahr 1872 besuchte er Österreich, er erhielt von der Stadt Wien die Ehrenbürgerschaft.

Anton Alexander Graf Auersperg (Anastasius Grün) verläßt unter Ovationen das Wiener Landhaus nach einer Konkordatsdebatte. Xylographie

reichliche, zum Teil vom Staat bereitgestellte Entschädigung, insgesamt mehr als 600 Millionen Gulden. Die Lehr- und Lernfreiheit an den Hochschulen, ebenfalls eine Forderung der Revolution, wurde verwirklicht, das Gesetz vom 30. September 1849 über die Organisation der akademischen Behörden gewährte den Universitäten eine großzügige administrative und wissenschaftliche Autonomie: die höheren Mittelschulen, die Gymnasien, erhielten neue Lehrpläne und Organisationsformen (Achtklassenunterricht). Die Regierung führte eine allgemeine Grundsteuer und Einkommensteuer ein und hob die alte Zollgrenze zwischen Österreich und Ungarn auf. Die Ausfuhr österreichischer Waren nahm wieder zu, an der Spitze der Exportliste standen jedoch meist Agrarprodukte, Getreide, Zugtiere, Schlachtvieh, Holz und Zucker; mit Abstand folgten Textilien, Glas, Papier und grob bearbeitete Erzeugnisse aus Eisen. Der Hafen von Triest wurde ausgebaut, die erste Gebirgsbahn Europas, die Semmeringbahn, eröffnet (17. Juli 1854), Kapital aus dem Ausland nach Österreich transferiert und die Stahl-, Textil- und Chemieindustrie, bereits in Großbetriebsformat, bedeutend erweitert. Die liberal gesinnten Industriellen, Wirtschafts- und Finanzfachleute arbeiteten mit der autoritär-konservativen Regierung und ihren repressiven Behörden reibungslos zusammen. Es war eine merkwürdige, typisch österreichische Koalition: zwei grundverschiedene Lager, in denen man die ideologischen Gegensätze im Interesse der gemeinsamen Vorteile flexibel und höflich zuzudecken verstand.

Export

Kirche und Staat

Die Unterstützung der katholischen Kirche sicherte sich der Hof durch die Erneuerung des Bündnisses zwischen Thron und Altar. Im Frühjahr 1850 wurden die letzten noch in Kraft gewesenen Anordnungen Kaiser Josephs II. aufgehoben. Die Regierung genehmigte dem Klerus den freien, vom Staat nicht mehr kontrollierten Amtsverkehr mit Rom und schaffte das *placetum regium*, die behördliche Zensur der kirchlichen Verlautbarungen ab, gestand den Bischöfen die Gerichtsbarkeit innerhalb der Kirche zu und führte die kirchliche Schulaufsicht ein. Die Verhandlungen zwischen dem Staat, der österreichischen Kirche und dem Heiligen Stuhl dauerten fünf Jahre. Am 18. August 1855 unterzeichneten der Fürsterzbischof von Wien, Josef Othmar von Rauscher, und Pronuntius Kardinal Viale Prelà das Konkordat, das am 13. November desselben Jahres, in Form eines kaiserlichen Patents veröffentlicht, Rechtskraft erlangte: Demnach durfte die Kirche ihr Vermögen wieder selbst verwalten, Bücher und Presseerzeugnisse hinsichtlich der Religion und der guten Sitte zensurieren, das Eherecht bestimmen und die Rechtsprechung in Ehefragen, die seit Joseph II. den weltlichen Gerichten oblag, wieder uneingeschränkt ausüben. Die Jesuiten erhielten die Genehmigung, Schulen zu gründen und zu führen. Mit dem Konkordat wurde der katholische Glaube zwar inoffiziell, aber tatsächlich zur Staatsreligion, die katholische Kirche zur Staatskirche oder zumindest zur staatstragenden Kirche erhoben.

Kabinettsumbildung

Die Initiative zur amtlichen Versöhnung mit dem österreichischen Klerus und der Kurie in Rom stammte von einem konservativ-katholischen Aristokraten, von Leo Graf von Thun und Hohenstein, dem Kultur- und Unterrichtsminister* im neuen, am 28. Juli 1849 umgebildeten Kabinett des Fürsten Schwarzenberg. Das Revirement war notwendig geworden, weil der liberal gesinnte Innenminister Graf Stadion krankheitshalber zurücktrat; sein Ressort fiel an Alexander Bach, der es zur Schlüsselposition der gesamten österreichischen Innenpolitik ausbaute. Justizminister wurde Anton Ritter von Schmerling, ein Befürworter der Geschworenengerichte und der Pressefreiheit. Er scheiterte bald mit seinen demokratischen Reformversuchen und legte sein Amt im Januar 1851 aus Gewissensgründen zurück. Das war allerdings auch inmitten der konservativ-autoritären Restauration möglich, man belangte ihn dafür nicht, sondern ernannte ihn zum Präsidenten des Obersten Gerichtshofs.

Ministerpräsident Felix Fürst zu Schwarzenberg starb am 5. April 1852 im Alter von einundfünfzig Jahren, wie es hieß »völlig unerwartet«, nach einer kurzen schweren Krankheit, vermutlich an Lungenkrebs. Kaiser Franz Joseph ernannte keinen Ministerpräsidenten mehr, er übernahm den Vorsitz des Ministerrats und führte die Staatsgeschäfte, in die er nun immer mehr hineinwuchs, selbst. Zu seinen engsten Mitarbeitern gehörten seine Mutter, sein Vetter, der extrem konservativ eingestellte Erzherzog Albrecht, der für den Schießbefehl am ersten Tag der Revolution in Wien verantwortlich war, und Alexander Bach, der seine revolutionäre Vergangenheit durch Eifer und Härte auf der Seite des Hauses Habsburg zu kompensieren bemüht war, vom Hof dennoch bloß als nützliches Instrument, niemals aber als ein vertrauter und vertrauenswürdiger Paladin akzeptiert wurde.

System Bach

Bach führte in den österreichischen Ländern ein straff zentralistisches System ein; seine Amtsperiode, die am 21. August 1859 mit seiner Entlassung endete, nennt die Geschichtswissenschaft das Zeitalter des Neoabsolutismus. Die Bürokratie regierte tatsächlich ohne demokratische Kontrolle, die Macht des Kaisers galt als unbeschränkt, die Gesetzgebung

* Graf Thun war auch der Initiator der großen Schulreform, die in seinem Auftrag von dem Wiener Philosophen Franz Exner und dem deutschen Philologen und Schulfachmann Hermann Bonitz ausgearbeitet wurde.

erfolgte auf dem einfachen Verordnungsweg. Ungarn und die italienischen Gebiete hätten, der neuen Staatslenkungstheorie Bachs zufolge, durch die Rebellion alle ihre früheren Rechte verwirkt und wurden wie eroberte Länder beziehungsweise wie Kolonien verwaltet. Die Ungarn verhielten sich ruhig, sie verlegten sich auf einen passiven Widerstand, den ihnen einer ihrer Wortführer, der allseits beliebte und verehrte Rechtsanwalt Ferenc Deák, empfahl. In Italien brachen immer wieder lokale Unruhen aus, die österreichischen Behörden schlugen hart zu, es kam laufend zu Verhaftungen und Hinrichtungen. Der Widerstand nahm zuweilen auch recht geistreiche Formen an: An den Hausmauern erschien der Name des populären Opernkomponisten Verdi, aber er bedeutete eine brisante politische Parole: *V*ittorio *E*mmanuele *re* *d'* *I*talia (Viktor Emmanuel, König von Italien – das hieß eines mit den österreichischen Gebieten Lombardo-Venetiens *geeintes* Italien). Als Kaiser Franz Joseph am 15. Januar 1857 Mailand besuchte, mußten die Bewohner der Stadt ihre Häuser festlich schmücken. Die Contessa Erminella Dandolo hängte ein Tigerfell zum Fenster hinaus. Zur Galavorstellung in die Mailänder Scala schickte der italienische Hochadel seine als Aristokraten verkleidete Dienerschaft, was dem Auftritt des Kaisers eine tiefsinnig parodistische Note gab. Dennoch war man in Wien nicht bereit, die Lage zu überdenken, man vertraute weiterhin ausschließlich den Bajonetten der Armee, dem »Pulver und Blei« der Erschießungskommandos und dem Strick des Henkers.

Widerstand in Italien

Attentat auf der Bastei

In der Mittagsstunde des 18. Februar 1853 wurde Kaiser Franz Joseph auf der von den Wienern als Promenade benützten Bastei in der Nähe des Kärntnertors von einem einundzwanzigjährigen ungarischen Schneidergesellen namens János Libényi mit einem langen Messer überfallen. Der Anschlag auf einen regierenden Habsburger, der erste seit der Ermordung Albrechts I. im Jahr 1308, mißlang: das Messer rutschte am steifen Uniformkragen des Kaisers ab und verletzte seinen Hinterkopf nur geringfügig. Der Flügeladjutant des Monarchen und ein Wiener Fleischhauer überwältigten den Attentäter. Der Hof war tief betroffen, Militär rückte aus, um die strategisch wichtigen Punkte der Haupt- und Residenzstadt zu besetzen, die Polizei nahm zahlreiche Schneidermeister und -gesellen fest, da man vorerst ein »proletarisches Komplott« befürchtet hatte. Doch Libényi war ein exaltierter Einzelgänger, er wollte eine große, aufsehenerregende Heldentat vollbringen, Ungarn von der Tyrannei befreien. Man machte ihm einen kurzen Prozeß und hängte ihn schon am 26. Februar auf. Erzherzogin Sophie regte zum Dank für die Errettung des Kaisers den Bau einer Gedächtniskirche aus öffentlichen Spenden an. Mit der Durchführung wurde Erzherzog Maximilian, Sophies zweitältester Sohn, betraut. Am 24. April 1856 erfolgte die feierliche Grundsteinlegung der im pseudogotischen Stil errichteten Votivkirche. Unter den Spendern befand sich auch der aus seinem Londoner Exil heimgekehrte Fürst Metternich; er lebte zwar zurückgezogen in seinem Wiener Palais, versuchte aber immer wieder den geheimen Ratgeber des Kaisers zu spielen. Franz Joseph besuchte den betagten, in seine Erinnerungen versunkenen Staatsmann in der Tat einige Male, hörte seine Meinung über die Lage der Welt und Österreichs höflich an, zog daraus aber keinerlei Schlüsse für die konkrete politische Arbeit. Metternich war verbittert; knapp bevor er im Alter von

Das Attentat auf Kaiser Franz Joseph I. durch János Libényi. Gemälde von J. Reiner

sechsundachtzig Jahren am 11. Juni 1859 starb, beklagte er sich darüber, daß Kaiser, Hof und Regierung seine großen Erfahrungen nicht mehr nützen wollten und im Bereich der Außenpolitik Fehler auf Fehler häuften. Womit der greise Fürst nicht ganz unrecht hatte.

Schwachstelle Außenpolitik

Die Außenpolitik war eindeutig die Schwachstelle der mit beachtlicher Energie reorganisierten Staatsführung, sie oblag dem Grafen Karl Ferdinand Buol-Schauenstein, einem unfähigen Diplomaten, dem früheren österreichischen Botschafter in Petersburg und London. Erzherzogin Sophie verstand von den Fragen der Außenpolitik so gut wie nichts, und auch der junge Kaiser zeichnete sich nicht gerade als Kenner der internationalen Lage und der europäischen Kräfteverhältnisse aus. Es wurde konzept- und ziellos improvisiert, indem man kaum die möglichen, sondern immer nur die bereits eingetretenen Ereignisse in Betracht zog und sie dann mit empfindlicher Verspätung aufzufangen versuchte. Im Krimkrieg, in den Österreich fast hineingeraten war, ging das eher hilflose Taktieren allerdings noch recht gut aus, der Ratlosigkeit entsprungene Vorsicht machte sich, zumindest für die Untertanen des Hauses Habsburg, bezahlt.

Zar Nikolaus I. begann im Sommer 1853 unter dem Vorwand, die unterdrückten Christen im Orient zu schützen, einen Krieg gegen das Türkische Reich, mit dem Ziel, den Balkan zu erobern. England und Frankreich, die den türkischen Gesamtstaat in erster Linie als Wirtschaftspartner und Absatzmarkt erhalten wollten, leisteten dem bedrängten Sultan Abdul Medschid Waffenhilfe: ihre Truppen landeten auf der Halbinsel Krim und belagerten die russische Festung Sewastopol. Österreich blieb neutral, zwang durch die Mobilmachung seiner Armee jedoch den Zaren, die Donaufürstentümer auf dem Balkan, das Gebiet des heutigen Rumänien, zu räumen. Nikolaus I., der für die Niederwerfung der ungarischen Revolution mit dem ewigen Dank seines jungen Freundes Franz Joseph gerechnet hatte, sprach von einer »Perfidie ohnegleichen«. Die westlichen Alliierten, die gehofft hatten, Österreich werde auf ihrer Seite in den Krieg eintreten, waren ebenfalls enttäuscht. Die späteren historischen Analysen behaupten einhellig, die Regierung des Kaisers habe sich durch die Neutralität in eine verhängnisvolle Isolation hineinmanövriert, die Freundschaft Rußlands für immer verscherzt und die Engländer und Franzosen verärgert. Doch die russische Freundschaft hätte Österreich kaum genützt: Zuneigung und Dankbarkeit sind keine realen politischen Komponenten. Das Ziel der Zaren blieb, ohne Rücksicht auf ihre persönlichen Gefühle, seit dem 17. Jahrhundert, seit Peter dem Großen, unverändert: Vorstoß in Richtung Balkan und Dardanellen, die Eroberung Polens und Ostpreußens und Mitspracherecht im strategischen Vorfeld Mitteleuropa. Die Teilnahme Österreichs am Krieg im englisch-französischen Lager hätte, da die Politik der beiden Großmächte vornehmlich durch ihre wirtschaftlichen Interessen bestimmt wurde, keine bleibende Wirkung gezeitigt. In den drei Jahren des bald vergessenen Krimkrieges, einer der blutigsten und verlustreichsten Auseinandersetzungen im 19. Jahrhundert, hätten Tausende österreichische Soldaten ihr Leben verloren. Dies hat die zögernde, ja angeblich unehrenhafte Haltung des Hofes und der Regierung in Wien immerhin verhindert – und per saldo ist das auch nicht wenig.

Krimkrieg

Im späten Frühjahr 1859 mußten die österreichischen Regimenter dennoch in den Krieg ziehen. Die Innenpolitik, genauer gesagt die unglückselige Kolonialpolitik in den italienischen Gebieten, und die Außenpolitik der Wiener Regierung versagten völlig. Das Ergebnis war eine bewaffnete Auseinandersetzung, die für das Haus Habsburg mit einem schweren Debakel endete.

Risorgimento

Die italienische Freiheitsbewegung, das »Risorgimento«*, erhielt nach der gescheiterten Revolution von 1848 immer mehr moralische und materielle Hilfe aus dem Ausland. Das Zentrum der politischen Aktivität war Turin, die Hauptstadt des liberalen italienischen Kleinkönigreichs Piemont-Sardinien, ihr Motor der Ministerpräsident Camillo Graf Benso di Cavour (1810–1861), wohl einer der bedeutendsten Staatsmänner der neueren italienischen Geschichte. Es gelang ihm, einen mächtigen Verbündeten, Frankreich, zu gewinnen. In Paris regierte wieder ein Kaiser, Napoleon III. (1808–1873), ein Neffe des legendären Bonaparte, ein skrupelloser politischer Abenteurer, der nach mehreren mißglückten Putschversu-

* »Il Risorgimento«, das heißt »Die Wiedererstehung« war der Titel einer von Cavour herausgegebenen Zeitschrift, die dann der gesamten italienischen Freiheits- und Einigungsbewegung den Namen gab.

Links: Clemens Wenzel Fürst von Metternich. Rechts: Feldmarschall Radetzky. Photos

chen durch einen Staatsstreich an die Macht kam, abwechselnd den Demokraten und den autoritären Imperator spielte und hektisch und launenhaft daranging, bleibende historische Taten zu vollbringen, unter anderem die Erweiterung des französischen Staatsgebietes und die Schaffung eines unabhängigen, geeinten Italien. Der kluge Cavour hatte ein leichtes Spiel mit ihm, er packte ihn an seiner empfindlichsten Stelle, seiner krankhaften Eitelkeit, er bot ihm aber auch ein handfestes territoriales Gegengeschäft an. Am 20. Juli 1858 schloß Frankreich mit Piemont-Sardinien ein Geheimabkommen. Napoleon III. versprach Militärhilfe für das Risorgimento, Cavour erklärte sich bereit, dafür mit schönen, bis dahin italienischen Landstrichen, mit Savoyen und Nizza, zu zahlen. Die österreichische Diplomatie erfuhr von dem heimlichen Vertrag von Plombières zu spät und fand ihn obendrein nicht sehr schwerwiegend. Am 1. Januar 1859 richtete Napoleon III. in seiner Neujahrsansprache eine unmißverständliche Warnung an Wien, die fast einer Kriegserklärung gleichkam. Die österreichische Regierung reagierte nicht. Ihr Botschafter in Paris, Alexander Freiherr von Hübner, erklärte schroff: »Österreichs Grundsatz ist die Ehrfurcht vor den unverjährlichen Rechten der Monarchen und die Nichtanerkennung der Ansprüche der Nationalitäten.« Vermittlungsversuche Englands und Rußlands, die Einberufung eines europäischen Kongresses über das Problem Italien lehnte das Außenministerium in Wien ab; es ergriff vielmehr die unbedachte Flucht nach vorn, stellte am 23. April 1859 Piemont-Sardinien ein nur mit drei Tagen befristetes Ultimatum, das die teilweise Abrüstung der Armee und die Auflösung der italienischen Freiwilligenkorps verlangte. Das Ultimatum, das zweifellos eine Einmischung in die inneren Angelegenheiten eines fremden Staates bedeutete, wurde, wie erwartet, abgelehnt. Österreich erklärte den Krieg; es stand nun nicht nur als Aggressor da, es mobilisierte auch die französische Hilfe für Piemont-Sardinien.

Vertrag von Plombières

Feldmarschall Radetzky war bereits tot – er starb am 5. Januar 1858 im Alter von einundneunzig Jahren in Mailand –, an seiner Stelle leitete ein arroganter und unfähiger ungarischer Adeliger, Feldzeugmeister Franz Graf von Gyulai, die Operationen. Er zog unschlüssig im Kampfgebiet umher, ließ seine vom Nachschub abgeschnittenen erschöpften Truppen nach sinnlosen Gewaltmärschen ohne Ruhepause zur Schlacht antreten – und verlor. Am 4. Juni 1859 wurden die Österreicher bei Magenta in der Nähe des Flusses Ticino schwer geschlagen und mußten Mailand räumen. Kaiser Franz Joseph übernahm nun persönlich das Oberkommando, er versuchte sich das erste und das letzte Mal als Feldherr. Am 24. Juni erlitt das österreichische Heer bei Solferino, südlich des Gardasees, eine verheerende Niederlage (2 292 Tote, 10 807 Verwundete). Beobachter des preußischen Generalstabs vermerkten über die kaiserlich-königlichen Truppen: »Löwen, von Eseln geführt«. Der achtundzwanzigjährige Franz Joseph hatte das grauenhafte Elend der Schlachtfelder kennengelernt, er war tief erschüttert, seine Kriegsbegeisterung verflog für alle Zeiten.

Solferino

Auch ein einunddreißigjähriger Zivilist, der Schweizer Bürger Henri Dunant, ein Geschäftsreisender, sah die mit Leichen und Pferdekadavern übersäten Felder von Solferino, wo man die Schwerverwundeten einfach liegenließ. Er war entsetzt, er schrieb ein Buch, die »Erinnerungen an Solferino«, und warb fortan unermüdlich für eine gesetzlich verankerte international anerkannte Pflicht, die Verwundeten zu schonen beziehungsweise ihnen Hilfe zu leisten. Am 22. August 1864 wurde auf seine Initiative in Genf das »Rote Kreuz« gegründet und die »Genfer Konvention zum Schutz der Verwundeten und Kranken im Krieg« von den meisten europäischen Staaten angenommen.

Rotes Kreuz

Kaiser Napoleon III., der seine Truppen ebenfalls persönlich kommandierte, verfolgte die geschlagene österreichische Armee nicht. Er bot überraschend einen Waffenstillstand an. Denn am 4. Juli überreichte ihm der Adjutant des neuen russischen Zaren Alexander II. in seinem Hauptquartier in Valeggio einen Brief, in dem er aufgefordert wurde, die Feindseligkeiten sofort zu beenden. (Die Theorie, daß Österreich im Krimkrieg die Unterstützung Rußlands für immer verloren hätte, wurde damit bereits widerlegt.) Der Zar war beunruhigt über den Sieg einer liberalen Freiheitsbewegung, aber auch über die Zunahme der Macht und des Ansehens des französischen Kaisers. Napoleon III. wollte Rußland nicht herausfordern und bat Kaiser Franz Joseph, ihn in Villafranca, in der Nähe von Verona, zu treffen. Am 8. Juli unterzeichneten beide Monarchen den Waffenstillstand, dem der formelle Frieden von Zürich folgte (10. November 1859). Franz Joseph trat die Lombardei zugunsten Napoleons III. ab, der das Gebiet an König Viktor Emanuel II. weitergab. Frankreich erhielt den ausgehandelten Preis für seine Hilfe, Nizza und Savoyen. Über die Zukunft der noch habsburgischen Herzogtümer Toskana, Modena und Parma sollte eine Volksabstimmung entscheiden. Das Volk stimmte ab und entschied sich mit überwiegender Mehrheit für den Anschluß an ein geeintes Italien. Österreich durfte die lombardischen Festungen Mantua und Peschiera sowie Venedig behalten. Am 17. März 1861 nahm der einundvierzigjährige Viktor Emanuel II., König von Piemont-Sardinien, den Titel König von Italien an.

Frieden von Zürich

Die Niederlage bei Solferino, der Verlust der italienischen Gebiete warf auf die Popularität des Kaisers, die seit dem Attentat auf der Basteipromenade erheblich zunahm, vorerst kaum einen Schatten. Der junge Monarch war ein hübscher, schlanker Offizier (die Hofmaler hatten nur mit seinen abstehenden Ohren Schwierigkeiten), er gab sich würdevoll, aber nicht unnahbar, er war höflich auch dem kleinen Mann gegenüber, falls er ihn in seinem weichen, eleganten »Schönbrunner-Deutsch« gnädig ansprach. Für das Volk verkörperte er, vor allem seit seiner Hochzeit mit der siebzehnjährigen Tochter des Herzogs Maximilian Joseph in Bayern, Elisabeth, im April 1854 einen strahlenden Märchenprinzen aus Fleisch und Blut, einen Herrscher mit vertrauten menschlichen, ja österreichischen und wienerischen Zügen, der in seine entzückende Frau stürmisch verliebt war (was die Zuneigung der weiblichen Untertanen merklich intensivierte); alles in allem einen trefflichen Kaiser, wie Österreich ihn schon lange nicht hatte. Die höheren Kreise der Gesellschaft, voran die neue großbürgerliche Schicht der Industriellen, Finanzleute und der mit der Geschäftswelt bereits eng verbundene Hochadel, hofften in Franz Joseph ein ideales Staatsoberhaupt zu haben, das liberal genug war, um den technischen und ökonomischen Fortschritt und die rasche Vermögensbildung nicht zu behindern, aber auch konservativ genug, um die bestehende Ordnung unnachgiebig aufrechtzuerhalten.

Stadterweiterung

Die Stadterweiterung von Wien wurde als Paradebeispiel der vorsichtigen Reformpolitik des Kaisers gefeiert: Franz Joseph ließ die alten Befestigungsanlagen schleifen, der Haupt- und Residenzstadt schon mit einem Blick in das ferne 20. Jahrhundert einen neuen, modernen Zuschnitt geben, dabei eine riesige, gewinnbringende Bautätigkeit anregen, er sorgte aber auch gleichzeitig dafür, daß die Ordnungsmacht Militär im Falle eines Falles ungehindert aufmarschieren, in die innere Stadt gelangen, ihre Artillerie überall mit maximaler Wirkung einsetzen konnte. Das berühmte, an den Innenminister gerichtete »Allerhöchste Handschreiben« erschien am 25. Dezember 1857 in der »Wiener Zeitung«: »Lieber Freiherr von Bach! Es ist Mein Wille, daß die Erweiterung der inneren Stadt Wien mit Rücksicht auf eine entsprechende Verbindung derselben mit den Vorstädten ehemöglichst in Angriff genommen und hiebei auch auf die Regulierung und Verschönerung Meiner Residenz- und Reichshauptstadt Bedacht genommen werde. Zu diesem Ende bewillige Ich die Auflassung der Umwallung und Fortifikationen der inneren Stadt sowie der Gräben um dieselbe. Jener Teil der durch Auflassung der Umwallung der Fortifikationen und Stadtgräben gewonnenen Area und Glacis-Gründe, welcher nach Maßgabe des zu entwerfenden Grundplanes nicht einer anderwertigen Bestimmung vorbehalten wird, ist als Baugrund zu verwenden.«

Motivationsbericht

Der sogenannte Motivationsbericht zum »Allerhöchsten Handschreiben« war allerdings viel weniger bekannt. Darin hieß es über die geplante neue Ringstraße: »Die Anlage der Straße hat besonders auf militärische Strategie Rücksicht zu nehmen.« Das Gespenst der Revolution stand auch bei der Erweiterung und Verschönerung der kaiserlich-königlichen Haupt- und Reichsresidenzstadt Pate. Nach dem Zusammenbruch in der Lombardei tauchte es in der Hofburg recht lebhaft auf: Man befürchtete eine Kettenreaktion, einen starken Auftrieb demokratischer, ja republikanischer Kräfte, und erwies sich wieder einmal geschmeidiger und geschickter als die meisten europäischen Herrscherhäuser in einer ähnlichen Lage. Franz Joseph und seine engste Umgebung beschlossen, den Staatsapparat umzubauen, dem anscheinend unaufhaltsam vordringenden liberalen Zeitgeist Konzessionen zu machen. Am 21. August 1859, nicht einmal zwei Monate nach dem Waffenstillstand von Villafranca, wurden Alexander Freiherr von Bach, der Organisator des Neoabsolutismus, und Polizeiminister Johann Kempen Freiherr von Fichtenstamm entlassen. Der hilflose Außenminister Buol-Schauenstein trat bereits am 17. Mai, noch während der italienischen Krise, zurück. Die Nachfolger waren unbedeutende Bürokraten beziehungsweise brave Nullen des diplomatischen Dienstes; was Personalpolitik anbelangt, hatte Franz Joseph bis zu seinem Tod keine allzu glückliche Hand. Innenminister wurde ein polnischer Aristokrat, Agenor Romuald Graf Goluchowski, zum Polizeiminister ernannte man Alexander Freiherrn von Hübner, den früheren Botschafter in Paris. Die Leitung des Auswärtigen Amtes übernahm Johann Bernhard Graf von Rechberg, einst Botschafter in Stockholm und Rio de Janeiro, dann erster Sachbearbeiter im Stab Radetzkys für die Zivilangelegenheiten der Lombardei und Venetiens.

Zentralfrage Verfassung

Im Herbst 1860 begann der lange Marsch des kaiserlich-königlichen Staatsapparats um das heiße Eisen Verfassung; er wurde zuweilen hastig, dann wieder im recht gemächlichen Tempo zurückgelegt. Die Route verlief entlang einer launenhaften Zickzacklinie, wobei von Zeit zu Zeit der Eindruck entstehen mußte, es ginge da eigentlich im Kreis. Es ging aber, wenn auch meist auf Umwegen, stetig vorwärts, an wichtigen Mark- und Meilensteinen vorbei, ohne jedoch die entscheidende Etappe zu bewältigen, das gesteckte Ziel tatsächlich erreichen zu können.
Am 20. Oktober 1860 erhielt der österreichische Länderkomplex eine Verfassung, die vorsichtshalber nicht Verfassung, sondern, als kaiserliches Manifest erlassen, »Oktoberdiplom« hieß. Es sah eine neue, halbdemokratische Staatsstruktur vor: föderalistisch und zentralistisch zugleich, mit erheblich aufgewerteten Landtagen und ohne gemeinsames Innen-, Justiz- und Unterrichtsministerium; mit einem Reichsrat, in dem 25 deutschsprachige Österreicher, 18 Slawen, 11 Ungarn und 5 Italiener, 36 Aristokraten und 23 Bürger saßen, aber keine gravierenden politischen Entscheidungen treffen konnten. Obwohl nur teilweise verwirklicht, bedeutete das Oktoberdiplom dennoch einen wichtigen Schritt: es brachte die Gleichheit aller Staatsbürger vor dem Gesetz, die allgemeine Wehr- und Steuerpflicht und die Freiheit der Religionen – und dabei blieb es fortan in Österreich, zumindest in großen Zügen.
Das »Oktoberdiplom« trat als »ein beständig unwiderrufliches Staatsgrundgesetz« in Kraft – und wurde kaum ein Jahr später widerrufen. Die Opposition, die sich nun formieren und artikulieren konnte, trat lautstark gegen den Verfassungsversuch auf: Sowohl Konservative in der Armeeführung, in der hohen Beamtenschaft und im Klerus als auch Liberale in den Wirtschafts- und Finanzkreisen fanden die Neuregelung unannehmbar. Der Hof unternahm keinen Versuch, sein Vorhaben mittels Gewaltmaßnahmen durchzusetzen; der Kaiser gab nach. Im Dezember wurde

der einmal bereits entlassene liberale Politiker Anton Ritter von Schmerling wieder geholt und zum leitenden Staatsminister ernannt. Am 26. Februar 1861 legte die neue Regierung den nächsten Verfassungsversuch, das »Februarpatent« vor. Diesmal blieb der Föderalismus auf der Strecke; die österreichischen Länder sollten streng zentralistisch von Wien aus regiert werden, jedoch konstitutionell, das heißt mit Hilfe und unter Kontrolle einer Volksvertretung, die zwar nicht das Volk, sondern nur die obersten, wohlhabenden Schichten der Bevölkerung vertrat, aber immerhin das Zeitalter des Parlamentarismus im Reich der Habsburger eröffnet hatte. Sie bestand aus einem Zweikammersystem nach englischem Muster: aus einem »Herrenhaus«, dessen Mitglieder, hohe Würdenträger des Staates und der Kirche und Repräsentanten der sogenannten »ersten Gesellschaft«, der Kaiser durch einfache Ernennung berief, und aus einem Unterhaus, in dem 343 Abgeordnete die Angelegenheiten des gesamten österreichischen Länderkomplexes beraten sollten. Sie wurden von den Landtagen in direkter Wahl gestellt, doch die von Minister Schmerling befürwortete Wahlordnung war so beschaffen, daß sie zwei Gruppen, den deutschsprachigen Österreichern und den Großgrundbesitzern, automatisch eine Mehrheit zuschanzte. Die Ungarn und die Böhmen protestierten sofort dagegen: die Ungarn verschärften ihren passiven Widerstand und zahlten keine Steuern mehr, die Böhmen blieben den Sitzungen fern, weil sie ihre Rechte nicht gesichert sahen. Die Kroaten waren ebenfalls empört, da sie von der neuen Verfassung ein eigenes, kroatisch-slawonisch-dalmatinisches Königreich erhofft hatten, und auch die Tiroler murrten, denn sie fanden die Bestimmungen des Februarpatents viel zu liberal und somit geradezu anarchistisch.

Vierundzwanzig Regierungen

Am 20. September 1865 hob der Kaiser das nicht einmal fünf Jahre alte und niemals vollständig durchgezogene »Februarpatent« auf und kündigte eine neue, bessere Verfassung an. Staatsminister Anton Ritter von Schmerling, der den deutschsprachigen Österreichern im Gesamtstaat eine eindeutige Führungsrolle sichern wollte, war bereits im Juli zurückgetreten. Der neue Ministerpräsident hieß Richard Graf von Belcredi. Er war zweiundvierzig Jahre alt, stammte aus Mähren, stieg vom Kreishauptmann von Znaim zum Statthalter von Böhmen auf, gehörte dem konservativ-klerikalen Lager an und arbeitete, allerdings vergeblich, auf die Wiederherstellung der absoluten Monarchie hin. Er scheiterte, wie auch seine Nachfolger, an dem anscheinend unlösbaren Problem, politische, verwaltungstechnische und wirtschaftliche Strukturen des österreichischen Länderkomplexes den Erscheinungen und Forderungen der Zeit anzupassen, ohne ihre althergebrachten Grundlagen und Funktionsmechanismen entscheidend umzugestalten. Dabei verhielt sich Kaiser Franz Joseph, im Gegensatz zu der später oft verbreiteten Meinung – freilich in Grenzen – erstaunlich flexibel; er regte wiederholt neue Experimente und Reformen an, schreckte vor einer durchgreifenden, wirklich erfolgversprechenden Operation aber immer wieder zurück. Bis zu seinem Tod verbrauchte er insgesamt vierundzwanzig Regierungen, im Durchschnitt in jedem dritten Jahr eine, die nur Trümmer von Halblösungen zurückließen. Der Vielvölkerstaat erwies sich klar und eindeutig als unregierbar, und er konnte dennoch mehr als fünfzig Jahre lang, ohne katastrophale Erschütterungen in

Kauf nehmen zu müssen, irgendwie und sogar ganz passabel regiert werden, und es ließ sich, zumindest für einen großen Teil der Bevölkerung, in diesem unmöglichen Staat recht gut und sicher leben.

Die mittleren und kleinen Beamten der Verwaltung hielten die Staatsmaschinerie verläßlich in Gang; die brüchigen Stellen im gesamten politisch-administrativen Gefüge zeigten sich in erster Linie im Auswärtigen Amt, im diplomatischen Dienst und in der Armeeführung, wo bei der Besetzung der Schlüsselpositionen die sogenannte hohe Geburt, die als Garantie der Fähigkeit galt, entschied. Die fatale Personalpolitik des Kaisers und des Hofes machte sich bei den stur vorangetriebenen, stümperhaften Versuchen, die seit dem Revolutionsjahr 1848 verschleppte deutsche Frage zu lösen, deutlich bemerkbar.

Bismarck

An der Spitze der preußischen Regierung stand seit dem 23. September 1862 ein neuer Mann: Staatsminister Otto von Bismarck (1815–1898), dem Wien keine annähernd gleichwertige Persönlichkeit entgegensetzen konnte. Bismarck erwies sich als ein geborener, in parlamentarischen Parteigefechten und im diplomatischen Dienst bestens ausgebildeter Meister der politischen Strategie und Taktik; sein Ziel war die Schaffung eines neuen deutschen Staatenbundes unter der Führung Preußens – aber ohne Österreich. Er verschwieg es auch gar nicht. Bald nach seinem Amtsantritt erklärte er auf einem Bankett in London dem britischen Oppositionsführer Benjamin Disraeli, was er vorhatte: »Reorganisation der Armee, dann Kriegserklärung an Österreich unter dem erstbesten Vorwand, Auflösung des deutschen Bundestages, Überwältigung der Klein- und Mittelstaaten und als Schlußeffekt: nationale Einheit Deutschlands unter Führung Preußens.«

Das Auswärtige Amt in Wien registrierte zwar das Alarmzeichen, wußte aber nicht, wie man mit dem Problem fertig werden sollte. Der nur mangelhaft entworfene Plan, den Deutschen Bund zu reformieren, die heilige römische Kaiserwürde zu reaktivieren und sie dem Haus Habsburg zu sichern, scheiterte an der Durchführung, aber vor allem an der taktischen Überlegenheit Bismarcks. Im August 1864 lud Franz Joseph die im Deutschen Bund vereinigten Staaten beziehungsweise ihre Herrscher zu einer Fürstentagung nach Frankfurt ein. Bismarck erreichte, daß der König von Preußen, Wilhelm I., der an dem Kongreß gern teilgenommen hätte, zu Hause blieb. Dabei kam es zu heftigen, mitunter hysterischen Szenen zwischen dem Monarchen und seinem Staatsminister; Bismarck, der angeblich eiserne Mann, hatte eine recht komplexe, labile Psyche, er machte seine politischen Husarenritte meist leichenblaß und mit verstimmtem Magen, er war zuweilen depressiv, bekam Weinkrämpfe und versteckte sich tagelang vor seiner Umgebung. Doch im entscheidenden Moment, den er fast immer präzis bestimmen konnte, brachte er für den bestmöglichen Schritt alle seine Kraftreserven auf – und gewann. Die Abwesenheit des preußischen Königs machte die Konferenz von Frankfurt theoretisch beschlußunfähig, die von Kaiser Franz Joseph vorgeschlagenen Reformen, die freilich auf eine eindeutige Führungsrolle des österreichischen Staates in Deutschland abzielten, wurden verworfen. Die Fronten waren ohnehin schon klar abgesteckt. Bismarck deutete 1862 vor dem preußischen Abgeordnetenhaus unmißverständlich an, daß er die anstehenden großen Probleme nicht durch Diskussionen zu lösen gedenke: »Nicht durch Reden und Majoritätsbeschlüsse werden die großen Fragen der Zeit entschieden – das ist der Fehler von 1848 und 1849 gewesen –, sondern durch Eisen und Blut.«

Der dänische Krieg

Dennoch ging Österreich, für die europäische Öffentlichkeit überraschend, noch einmal mit Bismarck zusammen, um von Dänemark zwei überwiegend von Deutschen bewohnte Herzogtümer, Schleswig und Holstein, durch Eisen und Blut zu erwerben. Der territoriale Zuwachs kostete vorerst nur einen Spottpreis: im kurzen Krieg gegen Dänemark verlor Österreich kaum 600 Mann, die in der Nähe von Flensburg in Norddeutschland und in einer Seeschlacht bei der Insel Helgoland für Gott, Kaiser und Vaterland ihr Leben ließen. Die eroberten Herzogtümer sollten von Preußen und Österreich gemeinsam verwaltet werden, was freilich eine undurchführbare Idee war und die Spannung zwischen Wien und Berlin im Sinne Bismarcks nur erhöhte. Im August 1865 schlossen die beiden Mächte in Gastein eine Konvention, der zufolge die Beute gerecht geteilt werden sollte: Holstein sollte an Österreich fallen, Schleswig an Preußen. Es schien eine korrekte Lösung zu sein, doch Preußens Staatsminister hatte nicht die Absicht, sie zu akzeptieren; im Gegenteil, sie diente ihm als politische Falle. Der Hof und das Kabinett in Wien ahnten noch immer nichts Böses; Bismarck, der nach außen hin rechtschaffene und resolute Preuße, kam Franz Joseph und seinen Ministern zwar ein wenig unheimlich vor, aber er war ein Großgrundbesitzer aus dem ostpreußischen Landadel, das heißt ein gradliniger Junker, dem man letztlich Vertrauen schenken mußte.

Bismarcks Taktik

Bismarck war kein gradliniger Junker, er betrieb seine Politik keineswegs als moralisches Geschäft, sondern verfolgte seine Ziele mit allen Mitteln, hartnäckig und gekonnt. Zunächst entwarf er die Grundlagen für einen Zweifrontenkrieg: Am 8. April 1866 wurde zwischen Preußen und Italien ein gegen Österreich gerichtetes Abkommen unterzeichnet. Als Preis für die italienische Waffenhilfe in der exakt geplanten Auseinandersetzung war Venedig vorgesehen. Am 7. Juni rückten preußische Truppen in das von österreichischen Behörden verwaltete Herzogtum Holstein ein, um das Volk von der »drückenden Fremdherrschaft« zu befreien. Die Regierung in Wien wandte sich an den Deutschen Bundesrat in Frankfurt und beantragte die Mobilisierung aller deutschen Staaten gegen den Störenfried Preußen – und erfüllte damit Bismarcks Wunsch, den erstbesten Vorwand für einen Krieg zu liefern. Österreich sicherte sich dann noch rasch die Neutralität Frankreichs; der Preis dafür war Venedig. Es sollte, ungeachtet wie der Konflikt ausging, an Italien abgetreten werden.

Preußen erklärte nun die deutsche Bundesverfassung für null und nichtig und trat aus dem Deutschen Bund aus. Der Krieg begann. Er war weder in Österreich noch in Preußen populär, er hieß »deutscher Bruderkrieg«. In Österreich schüttelte man den Kopf und bedauerte den Unsinn, in Preußen kam es zu Friedenskundgebungen, doch Bismarck ließ hart durchgreifen. Er brauchte den Krieg, und er hatte dafür vorsorglich Geld gehortet. Die Rüstungsfirmen Stumm an der Saar und Krupp in Essen stellten ihm günstige Kredite zur Verfügung, außerdem verkaufte er unter

Die Seeschlacht von Lissa. Gemälde von C. F. Sörensen

anderem eine Eisenbahnlinie, die Strecke Köln–Minden, um ausreichend finanzielle Mittel für die Armee zu sichern. Er war bereit und ging zum Angriff über.

Österreich mußte seine Heeresmacht wieder einmal teilen. Die Südarmee in Italien unter dem Oberkommando des Erzherzogs Albrecht war etwa 100 000 Mann stark, den italienischen Streitkräften zahlenmäßig unterlegen. Die Nordarmee, die mit Truppen des Königreichs Sachsen ergänzt gegen Preußen antrat, bestand aus 270 000 Mann. Der italienische Feldzug verlief erfolgreich. Am 24. Juni 1866 siegte Erzherzog Albrecht bei Custozza, fünfzehn Kilometer südwestlich von Verona. 1170 Österreicher fielen, 5245 wurden schwer verwundet. Am 20. Juli schlug Konteradmiral Wilhelm Freiherr von Tegetthoff mit einem Geschwader von siebenundzwanzig meist veralteten Schiffen bei der Insel Lissa (heute Vis) vor der dalmatinischen Küste einen italienischen Flottenverband von vierunddreißig Einheiten, darunter zwölf Panzerschiffen, und erlitt dabei nur geringfügige Verluste: 38 Tote und 140 Verwundete wurden nach dem Treffen gezählt. Zwei Schiffe der österreichischen Marine, die »Kaiser« und die »Erzherzog Ferdinand«, waren zwar arg ramponiert, aber sie sanken nicht. Die Italiener verloren zwei Panzerschiffe; 612 Matrosen kamen um, 200 lagen schwerverwundet an Bord. Der damals achtunddreißigjährige Tegetthoff wurde zum Vizeadmiral befördert und erhielt das Komturkreuz des militärischen Maria-Theresien-Ordens. Seinen glücklosen Gegner, den italienischen Admiral Graf Carlo Pellion di Persano, stellte man vor Gericht.

Tegethoff

Die Siege im Süden beeinflußten den Ausgang des Krieges jedoch nicht. Die Entscheidung fiel im Norden. Am 22. Juni 1866 überschritten die ersten preußischen Truppen, das 7. Kavallerieregiment »Königshusaren« und das 8. Jägerbataillon »Rheinländer«, die böhmische, das heißt die österreichische Grenze auf der Straße von Dresden nach Rumburg. Die Armee des Kaisers, in weit voneinander liegenden Garnisonen zerstreut, sammelte sich nur langsam. Der Aufmarschplan war umständlich, der Transport unzulänglich, die Bürokratie ungeachtet der gefährlichen Lage stur: die ungarischen Husarenregimenter, die nach Böhmen verlegt wurden, mußten an der ungarisch-böhmischen Grenze, wie jeder Reisende, für vierzehn Tage in Quarantäne gehen...

Feldzeugmeister Benedek

Der Oberbefehlshaber der österreichischen Truppen, Feldzeugmeister Ludwig von Benedek, Sohn eines ungarischen Arztes, sah die Mängel in der Organisation und in der Führung der Armee, er hielt seine Zweifel bereits im Februar 1866 schriftlich fest: »Alte, schwache oder bequem kommandierende Generale oder höhere Kommandanten überhaupt sind absolut von Übel, und ich kann am Ende meiner Soldatenlaufbahn nur lebhaft wünschen, und bis zur Sekkatur wiederholen, unser allergnädigster Kaiser und König möge ehebaldigst Mitleid und Nachsicht Seines edlen Herzens überwinden und in den höheren Chargen Allerhöchst Seiner Armee gründlich aufräumen.«

Benedek wußte, daß auch er seiner Aufgabe nicht gewachsen war, und bat untertänigst, vom Oberkommando entbunden zu werden. Er hatte seine militärische Karriere als einfacher Fähnrich begonnen und sich langsam hinaufgedient. Er bewährte sich oftmals als verläßlicher Truppenführer unter Feldmarschall Radetzky auf dem italienischen Kriegsschauplatz, aber zum Feldherrn fehlte ihm sowohl die Schulung wie auch die Erfahrung. Benedek kannte sich in Böhmen nicht aus; Bewaffnung, Ausbildung und Taktik der preußischen Armee bedeuteten für ihn nahezu unbekannte Faktoren des ohnehin nur mangelhaft vorbereiteten Feldzugs. Doch der Hof blieb bei seinem Entschluß: Benedek mußte gehorchen und weitermachen. Nach den ersten, unglücklich verlaufenen Gefechten bei Soor, Skalitz, Münchengrätz und Gitschin versuchte er die seiner Ansicht nach hoffnungslose Lage durch einen für einen Feldherrn gewiß recht ungewöhnlichen Schritt zu retten. Er sandte ein Telegramm nach Wien, was zweifellos Zivilcourage bewies: »Bitte Euer Majestät dringend, um jeden Preis Frieden zu schließen. Katastrophe für Armee unvermeidlich.« Die Antwort des Kaisers lautete: »Einen Frieden zu schließen unmöglich. Ich befehle, wenn unausweichlich, Rückzug in größter Ordnung anzutreten. Hat eine Schlacht stattgefunden?« Die Frage am Ende der Depesche, die Benedek als verklausulierten Befehl verstand, die Entscheidungsschlacht unverzüglich anzutreten, stammte angeblich nicht von Franz Joseph, sondern von seinem kriegerisch gestimmten Generaladjutanten, Franz Folliot Graf von Creneville.

Zivilcourage

Königgrätz

Am Morgen des 3. Juli 1866 stellte sich die österreichische Armee zum Kampf. Die Schlacht bei Königgrätz (heute Hradec Králové in der ČSSR) fand nicht bei Königgrätz, sondern etwa zwölf Kilometer nordwestlich des befestigten Ortes bei den Dörfern Sadowa, Dohalitz, Lipa und Chlum statt, im engsten Raum von nur etwa zehn Kilometer Breite und fünf Kilometer Tiefe, wo rund 215 000 Österreicher 221 000 Preußen gegenüberstanden. Es war die letzte große Schlacht der europäischen Geschichte, die man noch auf einigen Hügeln und Wiesen austrug, aber sie ließ schon Elemente der späteren, modernen Kriege mit den endlos langen, lückenlosen Frontabschnitten erkennen. Die Preußen, in einheitlich dunkelblaue Uniform gekleidet, zogen ihre Linien rasch auseinander und suchten hinter jeder Bodenwelle, hinter jedem Baumstumpf Deckung; ihre Taktik war bereits auf die Feuerkraft der Infanterie aufgebaut. Die Österreicher, in ihren auffallenden, farbenprächtigen Monturen schon von weitem sichtbar, rückten hingegen in aufrechter Haltung und in geschlossenen Formationen, wie auf dem Exerzierplatz, vor. Die Preußen belegten sie mit konzentriertem Feuer aus ihren für die damalige Zeit hochmodernen Dreyse-Gewehren, mit Zündnadeln versehenen Hinterladern, die fünf Schüsse in der Minute abgeben konnten. Die veralteten Vorderlader der österreichischen Armee, Marke Lorenz, Baujahr 1852, der preußischen Waffe hoffnungslos unterlegen, schafften höchstens einen Schuß in der Minute. Daher wollten die kommandierenden Offiziere die Entscheidung mit gefälltem Bajonett im Nahkampf erzwingen, was dem rückständigen Reglement der kaiserlich-königlichen Armee voll und ganz entsprach: »Der Zugskommandant hat die Mannschaft zu belehren, daß der Bajonettangriff nicht nur in Verwendung kommt, um den Feind aus seiner Aufstellung zu verjagen, sondern daß diese Maßregel auch dem Ehrgefühl einer tapferen Truppe entspricht.«

Die tapfere Truppe – steirische, oberösterreichische, italienische, polnische, ruthenische und ungarische Regimenter des Vielvölkerstaates – marschierte mannhaft in das mörderische Feuer. Sie marschierte im Takt, denn die Militärkapellen zogen mit klingendem Spiel mit, sie stimmten immer wieder den Radetzkymarsch an, die schwungvoll-heitere Melodie von Johann Strauß Vater, die in den von Leichen übersäten Hohlwegen, im von Pferdekadavern zerdrückten Korn allmählich wie die makabre Musik eines verfremdeten Totentanzes klang. Die hohen Offiziere, Träger glänzender Namen, vor denen der skeptische Feldzeugmeister Benedek so eindringlich gewarnt hatte, Feldmarschalleutnant Tassilo Graf Festetics de Tolna, Feldmarschalleutnant Karl Graf Thun und Hohenstein, Feldmarschalleutnant Anton Freiherr von Mollinary und Generalmajor Graf von Gondrecourt jagten Brigade hinter Brigade, Regiment hinter Regiment in das preußische Sperrfeuer. Der schüttere Swiepwald, wo die Österreicher die Front des Gegners aus den Angeln heben wollten, wurde zu ihrem Massengrab: die Brigade Brandstein, das 12. ungarische und das 26. italienische Regiment, die Brigade Mollinary, das 51. rumänisch-ungarische Regiment, das 47. steirische, das 57. polnische Regiment und das Tiroler Jägerbataillon Nr. 8 erlitten schwerste Verluste. Die rechte Flanke der kaiserlich-königlichen Armee blieb nur noch schwach gedeckt, und als gegen Mittag eine frische preußische Streitmacht, die II. Armee des Kronprinzen Friedrich Wilhelm, nordöstlich des Swiepwaldes erschien, war die Schlacht verloren.

Radetzkymarsch

Kurz nach fünfzehn Uhr erstürmte die 1. preußische Gardedivision das zerschossene Dorf Chlum, die Schlüsselstellung der Österreicher. Die gesamte Front brach zusammen, die Armee des Kaisers flutete kopflos in Richtung Königgrätz zurück. Nur die Artillerie stand noch auf den Hügeln und schoß. Der Befehlshaber der Heeresabteilung Geschützreserven, ein Oberstleutnant Hofbauer ohne Titel und vornehmen Stammbaum, gab am späten Nachmittag Feldzeugmeister Benedek sein Wort, daß er

Palisaden vor Königgrätz. Photo

mit seinen ramponierten Batterien zwischen den Dörfern Swety und Wschestar ausharren werde. Er harrte aus, er wechselte noch in der Abenddämmerung mehrmals die Stellung, um die vordringenden Preußen aus vorteilhaften Positionen behindern zu können, und feuerte unaufhörlich, bis die geschlagene Armee sich hinter die Elbe retten konnte.

Die Verluste

Die Verluste der österreichischen Truppen waren verhältnismäßig hoch: 5658 Tote, 7574 Verwundete; 7410 Mann galten als vermißt, 22170 befanden sich in Gefangenschaft, 6010 Pferde kamen um. (Bei den Preußen gab es 1920 Tote und 6948 Verwundete.) Feldzeugmeister Ludwig von Benedek erstattete seinem Obersten Kriegsherrn, dem Kaiser, telegraphisch Meldung: »Vorgestern schon besorgte Katastrophe der Armee heute vollständig eingetreten ...« Er wurde seines Kommandos enthoben, vom Dienst suspendiert und sollte vor Gericht gestellt werden. Der Hof entschied dann doch anders: Man ersparte dem gescheiterten Feldherrn zwar den Prozeß, machte ihn aber öffentlich zum Sündenbock – und erklärte ihn zum Esel. In der amtlichen »Wiener Zeitung« erschien die ganz und gar nicht noble Begründung, warum der Kaiser im Falle Benedeks Gnade walten ließ: »Es gibt kein Gesetzbuch, das den Mangel höchster geistiger Begabung straffällig erklärt ...« Benedek nahm alles gehorsamst hin, er versprach über die Geheimnisse um Königgrätz bis zu seinem Ende zu schweigen (wobei es um Königgrätz vermutlich gar keine Geheimnisse gab); er spielte fortan die nicht ganz undankbare Rolle eines Märtyrers und trug somit zur Entstehung der zahlreichen »Benedek-Legenden« fleißig bei.

Das Oberkommando der nun vereinigten Nord- und Südarmeen übernahm Erzherzog Albrecht. Wien wurde in Verteidigungsbereitschaft gesetzt. Am 13. Juli zogen die Preußen in Brünn ein, am 16. Juli standen sie bereits bei Hollabrunn, am 22. Juli in der unmittelbaren Nähe von Preßburg. Am 26. Juli wurde zwischen Österreich und Preußen in Nikolsburg in Mähren einen Vorfrieden geschlossen, dessen Bestimmungen mit dem am 23. August unterzeichneten endgültigen Friedensvertrag von Prag in Kraft traten. Bismarck zeigte sich äußerst maßvoll und zurückhaltend, da er bereits an zukünftige politische Konstellationen dachte. Daher wollte er Österreich weder demütigen noch seine Machtstellung schwächen und auch das Territorium des österreichischen Länderkomplexes nicht antasten. Er bemühte sich vielmehr, die Türen offenzulassen und den Weg eines Bündnisses je nach Bedarf gegen Frankreich oder gegen Rußland zu ebnen. König Wilhelm I. und die preußische Militärführung begriffen das weitsichtige Konzept nicht, sie beschuldigten Bismarck, den glänzenden Sieg zu verschenken. Es kam dabei wieder einmal zu heftigen Auftritten, aber Bismarck setzte sich hartnäckig durch. Sein Ziel war erreicht. Artikel IV des Friedensvertrages lautete: »Seine Majestät der Kaiser von Österreich erkennt die Auflösung des bisherigen Deutschen Bundes an und gibt seine Zustimmung zu einer neuen Gestaltung Deutschlands ohne Beteiligung des österreichischen Kaiserstaates. Ebenso verspricht Seine Majestät, das engere Bundes-Verhältnis anzuerkennen, welches Seine Majestät der König von Preußen nördlich von der Linie des Mains begründen wird, und erklärt sich damit einverstanden, daß die südlich von dieser Linie gelegenen deutschen Staaten in einen Verein zusammentreten, dessen nationale Verbindung mit dem Norddeutschen Bunde der näheren Verständigung zwischen beiden vorbehalten bleibt und der eine internationale unabhängige Existenz haben wird.« Mehr wollte Bismarck nicht.

Bismarcks Politik

Am 3. Oktober schloß Österreich in Wien auch mit Italien einen Friedensvertrag. Seine Majestät der Kaiser anerkannte offiziell die Existenz eines de facto schon bestehenden Königreichs Italien und übergab ihm die Stadt Venedig und das Gebiet Venetiens. Der pensionierte Herrscher, Ferdinand der Gütige, der »Kretin«, kommentierte die Niederlage bei Königgrätz und ihre schwerwiegenden Folgen mit der kurzen Bemerkung: »Na, so gut hätt' i's a troffen.«

»Es war sehr schön ...«

Die österreichisch-ungarische Monarchie

Feldzeugmeister Benedek, ebenfalls in Pension, schmollte mit Haltung in Graz. Er schrieb in einem Brief an seine Frau: »Mein Soldatenunglück am Schluß von 44jähriger Militärdienstleistung ist allerdings groß, aber das Unglück des Kaisers und der Monarchie ist viel größer, das meinige fällt unters Maß.«

Daß Königgrätz ein Unglück, ja eine der größten Katastrophen der österreichischen Geschichte war, blieb bis zum heutigen Tag ein fester, unverrückbarer Bestandteil des österreichischen Geschichtsbewußtseins. Es war in der Tat eine Katastrophe, aber – abgesehen von den gefallenen und verstümmelten Soldaten und ihren Angehörigen – nur für den Hof, nur für die Machtstellung des Hauses Habsburg. Für die Bevölkerung der österreichischen Länder, für alle Schichten der immer komplexer werdenden Gesellschaft im Reich des Kaisers bedeutete die verheerende Niederlage am 3. Juli 1866 weder Unheil noch Verderben. Im Gegenteil: Die Katastrophe von Königgrätz war das auslösende Moment eines von nun an stetig fortschreitenden Demokratisierungsprozesses, der Anfang eines politischen, wirtschaftlichen und kulturellen Aufschwungs, der Beginn des sprichwörtlichen »Goldenen Zeitalters« der österreichisch-ungarischen Monarchie.

Konzessionen

Der Zusammenbruch der Armee, die im zentralistisch regierten Vielvölkerstaat auch die Aufgabe einer verläßlichen Ordnungsmacht zu erfüllen hatte, erschütterte den Hof und zwang ihn, in den wichtigsten, seit Jahrzehnten ungelösten Fragen der politischen und sozialen Strukturen des Reiches weitgehende Konzessionen zu machen, bevor ein neues Sturmjahr losbrechen konnte. Franz Joseph, seine Ratgeber und Minister handelten diesmal erstaunlich rasch: Das alte Kaiserreich erhielt in wenigen Monaten einen neuen Zuschnitt.

Vorerst löste man, in aller Eile, das ungarische Problem. Am 18. Februar 1867 wurden die Verhandlungen über den Ausgleich zwischen Österreich und Ungarn in Wien abgeschlossen. In den meisten österreichischen Geschichtsbüchern und historischen Biographien steht das Wort in Anführungszeichen, als handelte es sich dabei um ein irreguläres, ja höchst suspektes Abkommen; man kann vor der Bezeichnung Ausgleich oft auch das herabsetzende Prädikat »der sogenannte« lesen und recht häufig die Analyse, der Vertrag habe den Anfang vom Ende der glorreichen Habsburgermonarchie markiert. Doch der Hof, mit einer schwer geschlagenen Armee als brüchige Stütze seiner Macht, hatte kaum eine andere Wahl, er mußte sich mit dem vom preußischen Krieg unberührt und ungestört gebliebenen Ungarn arrangieren. Bismarck taktierte schon vor Königgrätz gekonnt mit der latenten Drohung eines ungarischen Aufstands. Die Anhänger des im Exil lebenden Lajos Kossuth, der die moralische Unterstützung Italiens, Englands und der Vereinigten Staaten genoß, durchstreiften das unruhige Land und riefen die Bevölkerung auf, sich für den »historischen Augenblick« bereitzuhalten. Das Reich des Kaisers war nach wie vor ein Agrarland, die Staatsführung erkannte die Rolle der Industrie für die politische Macht nicht (sonst hätte man sich mehr um die »Werkstätte der Monarchie«, um das stark industrialisierte Böhmen gekümmert), sie wollte die große Kornkammer Ungarn mit ihren riesigen Viehherden um jeden Preis behalten, nicht zuletzt auch deshalb, weil sie als günstiger Absatzmarkt für die in Deutschland, in England und in Frankreich nur noch bedingt konkurrenzfähigen österreichischen Industrieprodukte vor der Haustür lag.

Ungarn

Angesichts der wachsenden Spannung zwischen Österreich und Preußen bemühte man sich bereits nach dem gescheiterten Fürstentag von Frankfurt, etwa ab Herbst des Jahres 1864, um eine Normalisierung der Lage in Ungarn. Die ungarischen Politiker, die Bismarcks großdeutsche Pläne mit Mißtrauen registrierten, zeigten sich zunehmend bereit, einen gemeinsamen Weg mit Österreich zu suchen. Am 16. April 1865 erschien in der Tageszeitung »Pesti Napló« (Pester Tagebuch) der berühmte »Oster-Leitartikel« des Rechtsanwalts Ferenc Deák, in dem er als Wortführer der gemäßigten Nationalisten eine staatsrechtlich geregelte Aussöhnung zwischen Ungarn und dem Herrscherhaus vorschlug. Franz Joseph reagierte ebenfalls entgegenkommend, er stattete Pestbuda, das nominell keine Hauptstadt war, einen Besuch ab und wurde recht freundlich begrüßt. Man nahm, zunächst eher sporadisch und betont inoffiziell, Verhandlungen auf. Erzherzogin Sophie, die das »Rebellenpack« unversöhnlich haßte, protestierte erbittert; Kaiserin Elisabeth, mit ihrer Schwiegermutter in ständigen Kleinkrieg verwickelt, unterstützte demonstrativ die Sache der Ungarn. Ihre romantische Schwärmerei für alles Ungarische spielte gewiß eine Rolle im Zustandekommen des Ausgleichs, sie war jedoch keineswegs so entscheidend, wie dies die später vor allem in Ungarn entstandenen »Elisabeth-Legenden« erzählen.

Deák

Königgrätz bot die einmalige Gelegenheit, und die Ungarn ließen sie nicht ungenützt verstreichen. Franz Joseph lud Ferenc Deák zu Geheimgesprächen nach Schönbrunn ein. Deák, ein bescheidener, sparsamer Bürger, der in Pest als Dauermieter in einem kleinen Zimmer des Hotels »Angol királynö« (Königin von England) wohnte, fuhr in einer billigen Wiener Mietskutsche, in einem Einspänner, zur Audienz nach Schönbrunn. Franz Joseph war von der resoluten, aber korrekten Haltung des alten Advokaten, dessen schäbiges Festgewand nach den Mottenkugeln des Kostümverleihs roch, beeindruckt und faßte zweifellos Vertrauen zu ihm. »Was fordern die Ungarn?« fragte der Kaiser. »Nicht mehr als vor Königgrätz, Majestät«, antwortete Deák.

Die Ungarn forderten viel. Sie bestanden vor allem darauf, der Hof in

Wien solle die unhaltbare Fiktion endlich aufgeben, ihr Land sei ein rechtmäßig erheiratenter Familienbesitz des Hauses Habsburg. Ferenc Deák, der in Schönbrunn mit einer ausgewogenen Mischung aus kaum verhüllten Drohungen und verheißungsvollen Versprechungen aufwartete, hatte auch noch eine Zauberformel anzubieten: der Vertrag zwischen dem Kaiser und seinen ungarischen Untertanen, die Franz Joseph allerdings ausschließlich als ihren König I. Ferenc József zu akzeptieren bereit waren, sollte auf der Grundlage der Pragmatischen Sanktion, des Haus- und Staatsgesetzes der Habsburger, erarbeitet werden. Franz Joseph stimmte zu, nicht zuletzt weil sein neuer Ministerpräsident, Ferdinand Freiherr von Beust – aus sächsischem Staatsdienst gerade nach Österreich übergewechselt und seit dem 7. Februar 1867 im Amt –, den Kaiser drängte, keine Zeit mehr zu verlieren; er fürchtete, daß Bismarck die ungarische Karte doch noch ausspielen könnte. So kam der Ausgleich, vom Hof nur mangelhaft vorbereitet, von den Ungarn jedoch seit langem minuziös geplant, in der Tat allzu hastig unter Dach und Fach; seine Fallen, Fußangeln und Schwächen erkannte man in Wien erst, als es schon zu spät war.

Der Ausgleich

Am 15. März 1867, am neunzehnten Jahrestag der ungarischen Revolution (die kleine Feinheit merkte wiederum kaum jemand), trat der österreichisch-ungarische Ausgleich in Kraft. Demnach waren die beiden Reichshälften, die ungarische und die österreichische, inoffiziell auch Cisleithanien (Österreich) und Transleithanien (Ungarn) genannt, unabhängige und gleichberechtigte Staaten, durch die Person des Herrschers und durch die gemeinsamen Angelegenheiten und Institutionen der Außenpolitik, des Finanzwesens und der Landesverteidigung miteinander jedoch eng verbunden. Die österreichische Reichshälfte bestand aus den Erzherzogtümern Österreich unter der Enns und ob der Enns (Niederösterreich und Oberösterreich), aus den Herzogtümern Steiermark, Salzburg, Kärnten und Krain, aus der Gefürsteten Grafschaft Tirol und dem Land Vorarlberg, dem Königreich Böhmen, der Markgrafschaft Mähren, dem Herzogtum Schlesien, dem Königreich Galizien, dem Herzogtum Bukowina, der Markgrafschaft Istrien, der Stadt Triest, den Gefürsteten Grafschaften Gradiska und Görz und dem Königreich Dalmatien, mit insgesamt etwa zwanzig Millionen Einwohnern. Der ungarischen Reichshälfte gehörten das Gebiet des Königreichs Ungarn (mit der heutigen Slowakei und der Karpato-Ukraine, der Batschka und dem Banat), das Großfürstentum Siebenbürgen sowie das Königreich Kroatien und Slawonien mit dem Hafen Fiume an. Die Zahl der Einwohner betrug um die 15 Millionen.

Die amtliche Bezeichnung der beiden Reichshälften, für Österreich »Die im Reichsrat vertretenen Königreiche und Länder« und für Ungarn »Die Länder der Heiligen Ungarischen Krone«, war zu schwerfällig, bürgerte sich nicht ein und geriet schließlich in Vergessenheit. Die offizielle Bezeichnung des Gesamtkomplexes, »österreichisch-ungarische Monarchie«, durch ein Handschreiben des Kaisers am 14. November 1868 eingeführt, blieb für die ganze Welt bis zum heutigen Tag ein vielschichtiger historisch-kultureller Begriff. Die Kurzform »Doppelmonarchie« wurde ebenfalls häufig gebraucht. Die durch die Person des gemeinsamen Herrschers getroffene staatsrechtliche Lösung nannte man »Dualismus«. In Österreich führte der Monarch den Titel Kaiser, in Ungarn den Titel König.

Österreichisch-Ungarische Monarchie

Die Krönung Kaiser Franz Josephs I. zum König von Ungarn. Xylographie nach einer Zeichnung von Vinzenz Katzler

Die Agenden der Außenpolitik oblagen dem gemeinsamen Außenamt, in fremden Ländern gab es nur österreichisch-ungarische Botschaften, Gesandtschaften und Konsulate. Das Heer und die Kriegsmarine waren ebenfalls österreichisch-ungarisch, mit deutscher Kommandosprache, aber sowohl Ungarn wie auch Österreich verfügten über eine eigene Armee: Ungarn über die »Honvédség«, Österreich über die »Landwehr«; neben dem gemeinsamen österreichisch-ungarischen Kriegsminister amtierten auch ein ungarischer und ein österreichisher Verteidigungsminister. Das

Finanzwesen wurde von einem österreichisch-ungarischen Finanzminister verwaltet, doch beide Reichshälften hatten auch eine eigene Finanzgebarung mit eigenem Minister. Die Währung war gemeinsam, die Steuerpolitik Sache der voneinander unabhängigen österreichischen beziehungsweise ungarischen Regierungen. Für die Finanzierung des Gesamtstaates beziehungsweise der gemeinsam geführten Institutionen wurde ein für Wien übrigens recht ungünstiger Schlüssel, die »Quote«, festgelegt: die österreichische Reichshälfte trug 70 Prozent der Kosten bei, die ungarische nur 30 Prozent. Die Quote sollte in jedem zehnten Jahr in den turnusmäßig vorgesehenen Verhandlungen über die Verlängerung des Ausgleichs überprüft und, falls notwendig, korrigiert werden.
Die gemeinsamen Institutionen nannte man »kaiserlich und königlich« und bezeichnete sie mit der Abkürzung »k. u. k.« (die Ungarn bestanden hartnäckig auf dem Bindewort *und*, das sie als wichtiges Symbol ihrer politischen Gleichberechtigung betrachteten). Die rein österreichischen Ämter, Organisationen, Titel usw. hießen »kaiserlich-königlich« mit der offiziellen Abkürzung »k. k.«, die rein ungarischen »magyar királyi« (ungarisch königliche), meist als »magy. kir.« gekennzeichnet.*

Andrássy

Die neue ungarische Regierung unter dem Ministerpräsidenten Graf Gyula Andrássy trat bereits am 18. Februar ihr Amt an. Andrássy, ein dreiundvierzig Jahre alter, begüterter Aristokrat, war neben dem mittellosen, bürgerlichen Ferenc Deák die zweite Schlüsselfigur des österreichisch-ungarischen Ausgleichs. Er war ein kluger politischer Kopf, aber auch ein kühner Draufgänger, in Ungarn schon zu Lebzeiten eine legendäre Gestalt, für die auch Kaiserin Elisabeth eine kaum verhüllte romantische Bewunderung zeigte, die Andrássy geschickt auszunützen verstand. Der elegante, blendend aussehende Magnat war in den Jahren 1848/49 Major der Revolutionsarmee, Adjutant des Generals Artur Görgey, ging dann knapp vor der Kapitulation bei Világos in diplomatischer Mission nach Konstantinopel und von dort ins Exil nach Paris. Er wurde von einem österreichischen Militärgericht in Abwesenheit zum Tode durch den Strang verurteilt und am 21. September 1852 symbolisch gehenkt. Da er in Paris für eine Aussöhnung mit dem Haus Habsburg eintrat, begnadigte ihn der Hof bereits sechs Jahre später, erlaubte ihm die Heimkehr nach Ungarn und akzeptierte ihn schließlich als Verhandlungspartner. Am 8. Juni 1867 leitete Graf Gyula Andrássy in der Matthiaskirche auf der Burg Buda die Krönungszeremonie und setzte gemeinsam mit dem Fürstbischof von Esztergom, dem höchsten kirchlichen Würdenträger Ungarns, Franz Joseph die heilige Stephanskrone aufs Haupt. Es war ein

* Die Bezeichnung »k. u. k.« und »k. k.« bringt man, und nicht nur im Ausland, sondern auch in Österreich, noch heute heillos durcheinander. Am häufigsten wird angenommen, nach dem Ausgleich im Habsburgerreich wären alle Institutionen, Ämter, Regimenter, Schiffe, aber auch Gemeinden, Spitäler usw. »k. u. k.«. Oft wird die Abkürzung bedenkenlos schon für die Zeit Maria Theresias oder der Napoleonischen Kriege verwendet. Doch es gab niemals eine k. u. k. Post oder ein k. u. k. Burgtheater. Das Wiener Hausregiment, eine Einheit der gemeinsamen Armee, hieß aber k. u. k Deutschmeisterregiment Nr. 4, und Pola in Istrien war ein k. u. k. Hafen der österreichisch-ungarischen Kriegsmarine.

sorgsam ausgeklügelter protokollarischer Akt, der vielen Zeitgenossen jedoch gerade wegen seiner allzu dick aufgetragenen Symbolik – der einstige oberste Richter kniete vor dem einstigen Todeskandidaten – als äußerst delikat oder gar peinlich erschien. Er signalisierte aber zweifellos eine völlig neue Haltung des Hauses Habsburg im Zusammenleben mit Ungarn.

König I. Ferenc József anerkannte feierlich die ungarische Verfassung, die in vielen Punkten mit der Verfassung des Revolutionsjahres 1848 identisch war, die Kaiser Franz Joseph I. seinerzeit für null und nichtig erklärt hatte. Dies hatte bald weitreichende Folgen auch für Cisleithanien: man konnte doch die bürgerlichen Rechte nicht nur den Untertanen der einen Reichshälfte zubilligen, während man in der anderen Reichshälfte das veraltete autoritäre System aufrechterhielt. Am 21. Dezember 1867 bestätigte Kaiser Franz Joseph das »Staatsgrundgesetz über die allgemeinen Rechte der Staatsbürger für die im Reichsrate vertretenen Königreiche und Länder«, ein Gesetzeswerk, das 1920 beziehungsweise 1929, aus dem politischen Instrumentarium der österreichisch-ungarischen Monarchie übernommen, zum »Verfassungsgesetz der Republik Österreich« erklärt und nach dem Zweiten Weltkrieg, am 27. April 1945, erneut in der demokratischen Verfassung der Republik Österreich verankert wurde.

Staatsgrundgesetz

Das Staatsgrundgesetz legte unter anderem fest: Vor dem Gesetz sind alle Staatsbürger gleich. Die öffentlichen Ämter sind für alle Staatsbürger gleich zugänglich. Die Freizügigkeit der Person und das Vermögen innerhalb des Staatsgebietes unterliegt keiner Beschränkung. Das Eigentum ist unverletzlich. Jeder Staatsbürger kann an jedem Ort des Staatsgebietes seinen Aufenthalt und Wohnsitz nehmen. Das Hausrecht ist unverletzlich. Das Briefgeheimnis darf nicht verletzt werden. Die österreichischen Staatsbürger haben das Recht, sich zu versammeln und Vereine zu bilden. Jedermann hat das Recht, durch Wort, Schrift, Druck oder bildliche Darstellung seine Meinung innerhalb der gesetzlichen Schranken frei zu äußern. Die Presse darf weder unter Zensur gestellt noch durch das Konzessionssystem beschränkt werden. Die volle Glaubens- und Gewissensfreiheit ist jedermann gewährleistet. Die Wissenschaft und ihre Lehre ist frei. Es steht jedermann frei, seinen Beruf zu wählen und sich für denselben auszubilden, wie und wo er will. Alle Volksstämme des Staates sind gleichberechtigt, und jeder Volksstamm hat ein unverletzliches Recht auf Wahrung und Pflege seiner Nationalität und Sprache.

Konfessionelle Gesetze

Drei konfessionelle Gesetze, am 25. Mai 1868 erlassen, regelten aufs neue das Verhältnis zwischen katholischer Kirche und Staat, wobei der Einfluß des Klerus drastisch eingeschränkt wurde: Die kirchliche Gerichtsbarkeit war für die Ehe nicht mehr zuständig; falls die Geistlichkeit Aufgebot und Trauung verweigerte, konnte eine gültige Ehe vor der weltlichen Verwaltungsbehörde geschlossen werden (im Gesetz »Not-Zivilehe« genannt). Das Schulgesetz übertrug Leitung und Aufsicht des Schulwesens dem Staat. Das interkonfessionelle Gesetz erlaubte jedermann, nach dem vierzehnten Lebensjahr seine Religion selbst zu bestimmen beziehungsweise sein Religionsbekenntnis frei zu wechseln.

Vieles von den neuen, wahrhaft revolutionären Gesetzen – Papst Pius IX. nannte sie »verwerflich, verdammenswürdig und abscheulich« – bestand vorerst nur auf dem Papier oder konnte in der alltäglichen Praxis nur bedingt verwirklicht werden; der Widerstand der von alters her privilegierten Schichten war zu groß, das geistige und das verwaltungstechnische Rüstzeug der Monarchie noch viel zu sehr in den alten traditionellen Formen verhaftet. Doch die neuen, vom Staat offiziell unterstützten Gedanken griffen immer mehr um sich, ein neues Klima entstand, die deutlich spürbar gewordene Atmosphäre der freien Willensbildung, die zunehmend die Grundlagen einer demokratischen Wohlstands- und Überflußgesellschaft entwarf, wenn auch unter den Bedingungen eines charakteristisch österreichischen Kastensystems: jedem sollte es bedeutend besser gehen, aber nur auf seinem angestammten Platz.

Wirtschaft

Es ging nahezu jedem bedeutend besser. Ein bißchen Glück war freilich auch dabei. Im Jahr nach der Schlacht bei Königgrätz brachte man in Österreich-Ungarn eine Rekordernte ein. Die Getreideausfuhr nach Westeuropa stieg von 425 000 Tonnen auf 1,4 Millionen Tonnen. Neben Weizen, Roggen, Mehl, ungarischen Rindern und Pferden exportierte die Monarchie in erster Linie Rübenzucker, der den aus den Kolonien eingeführten Rohrzucker vom europäischen Markt völlig verdrängte. Der Staat unterstützte die Zuckerfabriken mit beträchtlichen Exportprämien, die Zahl der Betriebe erhöhte sich kontinuierlich: 1866 gab es in den österreichischen Ländern 130 Zuckerfabriken, um die Jahrhundertwende bereits 218. Österreichisches Papier, vor allem Zigarettenpapier, wurde in den Orient ausgeführt, Buntpapier nach dem Fernen Osten und nach Südamerika, Zellstoff nach Westeuropa, österreichisches Glas, vorwiegend die hochwertigen Erzeugnisse der böhmischen Glashütten, in fast alle Länder der Erde. Die Eisen- und Stahlindustrie konnte sich auf dem Weltmarkt gegen die deutsche und englische Konkurrenz nur schwer behaupten, deckte aber verläßlich den heimischen Bedarf, ebenso wie die Textilindustrie, die meist zu teuer produzierte und auf den wichtigsten Märkten im Ausland nur spärlich vertreten war. Die chemische Produktion, fast ausschließlich in Klein- und Kleinstbetriebe aufgesplittert, blieb weit hinter dem europäischen Standard zurück. Im allgemeinen litt die österreichisch-ungarische Industrie unter Strukturschwächen beziehungsweise unter den Auswirkungen einer falschen Entwicklung, die man jahrzehntelang nicht bemerkt hatte: Das Hauptgewicht lag nach wie vor auf der Verarbeitung von Agrarprodukten. Die Herstellung von Konsumgütern war qualitativ, vor allem aber quantitativ bedeutender als die Erzeugung von langlebigen Investitionsgütern.

Arbeiter

Die Zahl der in der Industrie beschäftigten Arbeiter und Angestellten stieg wesentlich langsamer als im europäischen Westen und Norden; noch im Jahr 1910 umfaßte sie nur 22,6 Prozent aller im Arbeitsprozeß befindlichen Personen. Dafür gab es im Gebiet der österreichisch-ungarischen Monarchie um die Jahrhundertwende mehr als 600 000 Dienstboten, was zweifellos einen europäischen Rekord darstellte.

Die wirtschaftliche Zusammenarbeit der beiden Reichshälften funktionierte keineswegs reibungslos. Es gab keine Koordinationsstelle und keinen gemeinsamen Lenkungsmechanismus; der Konkurrenzkampf zwischen den ungarischen und den österreichischen Ländern wurde beinhart und nicht selten mit unlauteren Mitteln geführt. Am Ende klagten die Untertanen des Kaisers beziehungsweise des Königs, daß sie von den Untertanen des Königs beziehungsweise des Kaisers schamlos hinters Licht geführt worden wären. Die »Quote« wurde korrigiert, Ungarn steuerte 31,4, dann 36,4 Prozent der gemeinsamen Kosten bei. Da aber auch die gemeinsamen Gewinne nach der »Quote« aufgeteilt wurden, waren sie davon überzeugt, Wien mache schließlich doch das bessere Geschäft. Von den etwa 50 Millionen Gulden Zolleinnahmen pro Jahr bekam der ungarische Fiskus in der Tat nur 17 Millionen. Es gab allerdings auch Beispiele der gemeinnützigen, ja geradezu großzügigen Arbeits- und Kostenteilung: Die Ungarn bauten den Engpaß Eisernes Tor an der unteren Donau aus, was in erster Linie der österreichischen Schiffahrt zugute kam, die Österreicher revanchierten sich mit der Meisterleistung Arlbergbahn (am 20. September 1884 eröffnet), mit der wichtigsten Linie für den Transport ungarischer Exportgüter nach Westeuropa.

Handelsbilanz

Trotz aller zwischenstaatlichen Schwierigkeiten warf der große, ungemein vielfältige Wirtschaftsraum der Donaumonarchie beträchtliche Gewinne ab. Die Handelsbilanz besserte sich fortlaufend, zwischen 1876 und 1898, also zweiundzwanzig Jahre hindurch, war sie stets aktiv. Der große Börsenkrach in Wien, der »Schwarze Freitag« (9. Mai 1873) wirkte sich auf die gesamte finanzielle und wirtschaftliche Lage Österreich-Ungarns bei weitem nicht so verheerend aus, wie die zum Teil viel später entstandenen Berichte mit Schaudern erzählen. Die Ursache war nicht allein darin begründet, daß die völlige Liberalisierung der Wirtschaft gesetzmäßig zur Katastrophe führen mußte, sondern vielmehr darin, daß man noch allzuwenig Erfahrung besaß, mit den neuen ökonomischen Möglichkeiten und Erscheinungen vernünftig umzugehen. (Die Wiener Banken schütteten zum Beispiel zwischen 30 und 70 Prozent Dividenden aus, die sogenannten Maklerbanken verwendeten die Einlagen ihrer Kunden für bedenkenlose Spekulationen, beziehungsweise sie stellten für Spekulationen unkontrolliert Kredite zur Verfügung.)

Bessemerhütte in Ternitz. Tuschzeichnung

Der Staat blieb nicht tatenlos, er hatte Reserven und deckte mit 80 Millionen Gulden die ärgsten Schäden ab. Der »Schwarze Freitag« war im Grunde ein heilsamer Schock, er zwang Finanzpolitiker und Privatunternehmer, über die neuzeitliche Problematik der Währung, des Bankwesens, des Börsenspiels ernsthaft nachzudenken und sich über die oft unberechenbaren Phänomene der Wirtschaft mehr solides Wissen anzueignen. Nach einer gründlichen Vorbereitung wurde im August 1892 im gesamten Gebiet der Monarchie eine Währungsreform durchgeführt: man ging von der Silber- zur Goldwährung über, die Krone ersetzte den alten Gulden, die Wechselmünze Heller den Kreuzer. Das Vertrauen in die Finanzlage Österreich-Ungarns war groß, denn anscheinend fiel kaum jemandem ein, die neu ausgegebenen Zehn- und Zwanzigkronengoldmünzen zu horten. Nahezu neunzig Prozent davon blieben ständig im Umlauf. Der Währungsreform folgte im Oktober 1896 eine Steuerreform, die vor allem die Frage der bis dahin sehr unzugänglich gehandhabten Bemessungsgrundlage regelte und eine generelle, nur fünfprozentige Einkommensteuer vorschrieb. Dennoch konnte der Staat, zum Teil durch den florierenden Export, zum Teil durch die steigenden Zolleinnahmen, aber auch durch exorbitant hohe Steuern für manche Produkte wie Branntwein und Petroleum und trotz eines schwer defizitären Eisenbahnbetriebes kontinuierlich Gewinne erzielen. So berichtete Finanzminister Witold von Korytowski, der frühere Vizepräsident der Finanzdirektion von Lemberg, dem österreichischen Abgeordnetenhaus im Herbst 1907, daß dem Staatshaushalt aus dem Jahr 1906 ein Überschuß von 146 Millionen Kronen geblieben war, und er fügte hinzu: »Es geht uns gut!«

Steuerreform

Proletariat

Es ging im Doppelreich des Kaisers und Königs Franz Joseph freilich nicht jedermann gut. Die Industriearbeiter schufteten unter nahezu unmenschlichen Bedingungen und lebten in ärgster Not. Dies war aber keinesfalls eine spezifisch österreichische Erscheinung, eine Todsünde des Hauses Habsburg etwa, wie manche Autoren, vor allem nach dem Zweiten Weltkrieg, in tiefschürfenden Analysen behauptet haben. Das Problem des Proletariats war ein europäisches. Das Los der Arbeiter in Deutschland, Italien, England, Frankreich, Spanien, ja sogar in der Schweiz war nicht um ein Jota besser, oft merklich schlechter als in Österreich-Ungarn, ganz zu schweigen von Ländern wie Rußland oder das türkische Reich. Das österreichische Staatsgrundgesetz vom Dezember 1867 schuf zumindest die Voraussetzung dafür, daß die etablierte Gesellschaft mit der unhaltbaren Lage der Industriearbeiter konfrontiert wurde, und ermöglichte es den Arbeitern, sich zu artikulieren und zu organisieren. Anläßlich der Fertigstellung des zwanzigtausendsten Panzerschranks lud der Fabrikant Wertheim seine Arbeiter zu einem Fest in die Blumensäle der Gartenbaugesellschaft am Wiener Parkring; der Berichterstatter der »Vorstadt Zeitung« schrieb darüber unter anderem: »Die Komtesse saß im Schleppkleid neben der Arbeiterin im Leinengewebe, ohne daß deshalb die Welt aus den Fugen geraten wäre...«
Es gab keine Zensur mehr, die Bemerkung des Journalisten, für die damalige Zeit gewiß eine tollkühne Feststellung, gelangte ungehindert in die Öffentlichkeit. Doch die Arbeiter wollten mehr, als sich gelegentlich, an

besonderen Festtagen, als Mensch fühlen zu dürfen, und die Gesellschaft einer Komtesse im Schleppkleid stand sicherlich nicht obenauf auf ihrer Wunschliste. Das Proletariat begann mit Hilfe des von Intellektuellen geschaffenen und durch Intellektuelle verbreiteten wissenschaftlichen Sozialismus seine Lage systematisch zu prüfen und seinen Forderungskatalog zusammenzustellen. Am 10. Mai 1868 verfaßten sozialistisch gesinnte Arbeiter auf ihrer Tagung in Zobels Bierhalle in Wien ihr erstes Manifest, in dem sie bereits ein Programm entwarfen: »... Es muß deshalb zugleich mit dem Erlangen der politischen Freiheit und mit der Erlangung des demokratischen Volksstaates die Emanzipation der arbeitenden Klassen vom Kapital angestrebt, durch zeitige Agitation und Aufklärung der Masse der Arbeiter vor planlosen Kämpfen bewahrt und die Bewegung in festen Bahnen zu bestimmten Zielen gelenkt werden.«

Neudörfl

Was auch bald getan wurde. Am 5. April 1874 gründeten 74 Delegierte im Namen von 25 000 Mitgliedern von Arbeitervereinen in Neudörfl im heutigen Burgenland, das damals auf ungarischem Hoheitsgebiet lag und Lajtaszentmiklós (St. Nikolaus an der Leitha) hieß, die Sozialdemokratische Arbeiterpartei Österreichs. Die Konferenz sollte ursprünglich in Baden bei Wien abgehalten werden, wurde aber nicht genehmigt. Die ungarischen Behörden zeigten sich wesentlich großzügiger, nicht aber in erster Linie deshalb, weil sie zweifellos liberaler gesinnt waren als die österreichischen, sondern weil sie jegliche Opposition gegen die politische Macht der österreichischen Reichshälfte und des Wiener Hofes liebend gern unterstützten.

Victor Adler

Kopf und treibende Kraft der Sozialisten war der in Prag in einer wohlhabenden jüdischen Kaufmannsfamilie geborene Dr. Victor Adler (1852–1918). Er ließ sich in Wien als Armenarzt nieder und hielt, im Gegensatz zu den meisten sozialistischen Theoretikern, engsten Kontakt mit dem Proletariat. (Im Dezember 1888 durchstreifte er als Arbeiter verkleidet die Ziegelwerke auf dem Wienerberg und veröffentlichte einen erschütternden Bericht über das furchtbare Elend der Ziegeleiarbeiter.) Sein Sozialismus war mehr vom Mitleid, von einer tätigen Humanität als von den dogmatischen Richtlinien einer abstrakten gesellschaftspolitisch-ökonomischen Ideologie geprägt und blieb stets menschennah und realistisch – ein Zug, der später die gesamte Entwicklung der österreichischen Sozialdemokratie kennzeichnete. Victor Adler wollte das Staatsgefüge der Monarchie nicht zerstören, er wollte es bloß gründlich reformieren, er nannte sich mit einem Anflug von Selbstironie »Hofrat der Revolution«, und auf dem internationalen Sozialistenkongreß in Paris erklärte er: »Abgesehen von Frankreich und England hat Österreich vielleicht in ganz Europa die freisinnigsten Gesetze, so sehr, daß es einer Republik ähnelt, die statt eines Präsidenten eine Majestät an der Spitze hat.« Auf dem ersten Parteitag der Sozialdemokratischen Arbeiterpartei in Hainfeld in Niederösterreich (30. Dezember 1888) gelang es Victor Adler, die Spaltung der bereits in Fraktionskämpfe verwickelten Bewegung zu verhindern. Die Sozialdemokraten stellten nun eine beachtliche politische Kraft dar, die man nicht mehr übersehen und überhören konnte.

Für die Rechte der Arbeiter, aber auch der kleinen Händler und Handwerker trat beinahe gleichzeitig auch eine nichtmarxistische Gruppe ein, die die gesellschaftspolitischen Probleme auf der Basis einer christlichsozialen Ideologie lösen wollte. Der Gedanke, daß die katholische Kirche auf ihre ursprüngliche Soziallehre zurückgreifen, für ein besseres Los der Armen eintreten und das Feld dabei nicht den Marxisten überlassen sollte, verbreitete sich, vom niederen Klerus, dann von den Bischöfen und schließlich auch von Rom unterstützt, in mehreren Ländern des westlichen und südlichen Europa. In Österreich machte ihn zuerst der aus Mecklenburg eingewanderte Karl Freiherr von Vogelsang (1817–1888), langjähriger Chefredakteur der Wiener Tageszeitung »Das Vaterland« und Herausgeber der »Österreichischen Monatsschrift für christliche Sozialreform« populär. Sein theoretisches Programm setzte der spätere Wiener Bürgermeister Dr. Karl Lueger (1844–1910) in die Tat um: seine »Christlichsoziale Partei« wurde zu einem der bedeutendsten politischen Faktoren der österreichischen Reichshälfte. Der »schöne Karl«, wie man ihn in Wien nannte, war eine schillernde, in mancher Hinsicht recht problematische Figur, die österreichische Geschichtsschreibung tut sich mit der Analyse seiner Persönlichkeit und seiner Wirkung noch heute schwer. Lueger, von Beruf Rechtsanwalt, stammte aus kleinen Verhältnissen, sein Vater war Hausmeister, seine Mutter Trafikantin. Er kannte die schweigende Mehrheit der einfachen, auf der Schattenseite der neuen Wohlstandsgesellschaft lebenden »Leute vom Grund«, und er bediente sich ihrer für seine politischen Zwecke aufgewerteten Volkssprache meisterhaft. Er war zweifellos ein Demagoge, aber er hatte auch etwas zu sagen; die Zahl seiner begeisterten Anhänger aus dem Milieu des Kleinbürgertums, des gewerblichen Mittelstandes und des Proletariats nahm von Jahr zu Jahr sprunghaft zu. Lueger forderte soziale Gerechtigkeit, er griff dabei die »Kapitalisten« und vor allem die Juden, die sich im Finanzwesen und im Handel manche Schlüsselpositionen erobert hatten, vehement an. Sein politischer Antisemitismus, eine Neuerscheinung in Österreich, war ökonomisch und konfessionell gefärbt – den pseudowissenschaftlichen Rassismus kannte Lueger nicht, und er predigte auch keinen blutigen Kreuzzug gegen die Mitbürger mosaischen Glaubens. Es war ein Antisemitismus einer spezifisch wienerischen Spielart, form- und dehnbar nach dem jeweiligen taktischen Ziel, getreu Luegers berühmt gewordenem Ausspruch: »Wer ein Jud' ist, das bestimme ich!«

Karl Lueger

Dr. Karl Lueger war vermutlich der beste Bürgermeister, den Wien jemals hatte. Er betrieb nach seiner – von Franz Joseph vorerst mehrmals abgelehnten – Wahl zum Stadtoberhaupt im April 1897 eine moderne und effektvolle Kommunalpolitik, die schließlich auch den Kaiser überzeugen mußte, daß der fesche Volkstribun mit der vulgären Sprache doch der richtige Mann auf dem richtigen Platz sei. In den Augen Franz Josephs war Lueger seiner Herkunft, vor allem aber seines Antisemitismus und seiner groben Ausfälle gegen die Ungarn wegen, die er »Judeomagyaren« nannte, eine ordinäre, ja geradezu gefährliche Erscheinung, aber er beugte sich dem Willen der Mehrheit in Wien, die für die Wahl Luegers sogar auf die Straße ging. Der neue Bürgermeister bewährte sich glänzend, er sicherte, nachdem er unzulängliche Einrichtungen suspekter Privatfirmen in den Besitz der Gemeinde übernahm, die Versorgung der Stadt mit Gas, elektrischem Strom und Trinkwasser, verbesserte den öffentlichen Verkehr, in erster Linie den Tramwaybetrieb, ließ Schulen, Spitäler, Altersheime, darunter das »Versorgungshaus Lainz«, bauen, Grünflächen und Grüngürtel in großem Umfang pflanzen, die Müllabfuhr und die Straßenreinigung neu organisieren und die nächtliche Straßenbeleuchtung erheblich verstärken. Bescheiden war Dr. Karl Lueger allerdings nicht, er führte in Wien den Brauch ein, die neuen Projekte mit dem in Marmortafeln gemeißelten Namen des Bürgermeisters zu zieren, und er errichtete auf dem Wiener Zentralfriedhof eine »kleine Kapuzinergruft«, die Bürgermeistergruft in der Dr.-Karl-Lueger-Gedächtniskirche. Das Verhältnis zwischen Kaiser Franz Joseph und dem christlich-sozialen Parteiführer Lueger blieb stets gespannt. Doch Lueger bekannte sich bedingungslos zur österreichisch-ungarischen Monarchie und bekämpfte energisch jeden Versuch, das Reich des Kaisers in Mißkredit zu bringen oder gar sprengen zu wollen. Er distanzierte sich unmißverständlich von seinem früheren Weggefährten, dem Führer der deutschnationalen Bewegung, Georg Ritter von Schönerer, der Österreich für einen Irrtum der Geschichte hielt, die Existenz eines österreichischen Volkes bestritt und für den Anschluß an das Deutsche Reich agitierte. Die nichtdeutschsprachigen Völker der Monarchie erklärte Schönerer für »tief minderwertig«, sein militanter Antisemitismus predigte bereits Rassentheorie und Rassenhaß und schloß Mord und Totschlag an Juden nicht aus. Er griff auch den Katholizismus ungestüm an und versuchte eine »Los-von-Rom«-Bewegung aufzuziehen. Sein bekanntes Sprüchlein lautete: »Ohne Juda, ohne Rom bauen wir Alldeutschlands Dom.« Doch die Deutschnationalen hatten wenig Anhänger, ihre Zeitung, die »Unverfälschten Deutschen Worte«, erschien in einer Auflage von nur 1600 Exemplaren, die Mitgliederliste des »Deutschnationalen Vereins« wies bloß 1200 Namen auf. Die verworrenen Ideen des Ritters von Schönerer zündeten erst viel später, nach dem Zusammenbruch der Monarchie, dann aber leider mit verheerender Wirkung.

Schönerer

Auch im Umfeld der Sozialdemokratie gab es radikale Splittergruppen, die für Gewaltanwendung in der Politik eintraten, Sprengstoff als die beste Medizin für die Gesellschaft empfahlen, auf Polizisten schossen und ideologisch untermauerte Raubüberfälle verübten. Im März 1883 standen in Wien 29 Radikalsozialisten, im Juni desselben Jahres in Graz 23 ihrer Gesinnungsgenossen vor dem Geschworenengericht; die Urteile fielen mild aus, Hof und Regierung benützten die eher sporadischen Zwischenfälle nicht als Vorwand, um harte Maßnahmen gegen die gesamte Bewegung der Arbeiter einzuleiten. Kaiser und Kabinett waren vielmehr bereit, die berechtigten Forderungen des Proletariats zu prüfen und sie, soweit dies für eine konservative Macht opportun schien, auch korrekt zu erfüllen. Sozialisten und Christlichsoziale erhielten dabei, wenn auch indirekt und reichlich spät, wertvolle Schützenhilfe von Rom. Papst Leo XIII., der frühere Bischof von Perugia, am 20. Februar 1878 zum Stellvertreter Christi auf Erden gewählt, wandte sich mit leidenschaftlichem Interesse den sozialen Fragen zu: Seine berühmte Enzyklika »Rerum Novarum« (etwa: Über die Sucht nach Neuerungen), die am 15. Mai 1891 erschien, steckte den allerdings scharf antimarxistischen Kurs der Kirche auf dem Weg zu einer neuen, christlich geprägten Sozialfürsorge deutlich ab.

»Rerum Novarum«

Bürgermeister Karl Lueger begrüßt Kaiser Franz Joseph I. bei der Grundsteinlegung zum Niederösterreichischen Landes-Zentralkinderheim in Wien-Gersthof

Wien war dabei Rom weit voraus und schwenkte niemals zur Gänze auf die päpstliche Linie ein. Am 17. Juni 1883 wurde für die österreichische Reichshälfte die Verordnung über die Gewerbeinspektorate erlassen, die im Namen des Staates die Einhaltung der sozialen Gesetze in den Betrieben (Sonntagsruhe, Kündigungsfrist, geregelte Arbeitszeit) kontrollieren sollten. Am 11. März 1885 wurden die Kinderarbeit und die Nachtarbeit für Frauen und Jugendliche verboten, die maximale Arbeitszeit wurde auf elf Stunden pro Tag herabgesetzt. Am 30. März 1888 wurde das Gesetz über die »obligate Arbeiterkrankenversicherung«, am 4. April 1889 jenes über die »obligate Arbeiterunfallversicherung« veröffentlicht. Am 12. Juli 1889 erschien die erste Nummer der »Arbeiter-Zeitung«, des offiziellen Zentralorgans der Sozialdemokratischen Partei. Am 1. Mai 1890 hielten die Arbeiter Wiens die erste große Maikundgebung mit einem Aufmarsch, an dem etwa 100 000 Personen teilnahmen, ab. Vom 24. bis zum 26. Dezember 1893 tagte der erste österreichische Gewerkschaftskongreß in Wien.

»Arbeiter Zeitung«

Die von engagierten Intellektuellen geführten großen Gruppen der bis dahin so gut wie rechtlosen Untertanen griffen immer mehr in das politische Geschehen ein. Den längsten und wohl auch schwierigsten Kampf fochten sie um die Einführung des allgemeinen, gleichen, geheimen und direkten Wahlrechts aus. Der Kaiser wehrte die Forderung vorerst zwar ab, aber nur mit halber Kraft; Franz Joseph sah ein, daß die Zeit unaufhaltsam gegen die alten Machtstrukturen arbeitete, und er war Österreicher genug, um zu wissen, daß ein stufenweises Nachgeben einer Explosion unter allen Umständen vorzuziehen sei. Aber er wollte, weniger aus persönlicher Eitelkeit als aus einer wohldurchdachten Strategie heraus nicht den Anschein erwecken, die Krone, die höchste Instanz der staatlichen Macht, weiche der Gewalt der Straße. Einer seiner zahlreichen Ministerpräsidenten, Alfred Fürst zu Windischgrätz, erhielt von ihm die Anweisung: »So sehr ich die entschiedene Inangriffnahme und Festsetzung der Wahlgesetzfrage für notwendig erachte, ebensosehr empfehle ich, daß mit unnachsichtiger Strenge und mit mehr Erfolg den Straßendemonstrationen entgegengetreten werde. Der Anschein einer Pression und der Angst vor einer solchen muß absolut vermieden werden.«

Wahlrecht

Die unnachgiebige Strenge, die übrigens gar nicht unnachgiebig war, nützte nichts. Am 28. November 1905 kam es zu einer Massendemonstration in Wien, an der mehr als 200 000 Personen teilnahmen. Nach einigen Verzögerungsmanövern und nutzlosen Rückzugsgefechten trat dann das am 26. Januar 1907 von Kaiser Franz Joseph sanktionierte Gesetz über die Einführung des allgemeinen, gleichen, geheimen und direkten Wahlrechts in Kraft. Die Reichshälfte Österreich war damit eine kaiserlich-königliche parlamentarische Demokratie geworden.

Der Kampf um die soziale Gerechtigkeit, dessen damals bahnbrechenden Ergebnisse mit heutigen Augen gesehen freilich von einer idealen Lösung weit entfernt blieben, erschütterte das äußerst verwinkelte und verschachtelte politische Gebäude der österreichisch-ungarischen Monarchie kaum. Der Streit der Nationalitäten* fiel da schon viel mehr ins Gewicht, er wurde zunehmend zum Grundübel des Vielvölkerstaates, das man aber fast fünfzig Jahre hindurch immer wieder ein wenig entschärfen oder zumindest halbwegs unter Kontrolle halten konnte. In der vordersten Front der Auseinandersetzung standen die seit Jahrhunderten zurückgesetzten Tschechen. Sie verlangten nun einen – dem ungarischen entsprechenden – Ausgleich, die staatliche Unabhängigkeit für Böhmen und Mähren, und bestanden darauf, daß Franz Joseph sich in Prag zum böhmischen König krönen lassen sollte. Der Kaiser versprach es – hielt sein Wort aber nicht. Am 12. September 1871 erklärte er feierlich: »Eingedenk der unerschütterlichen Treue, mit welcher die Bevölkerung Böhmens jederzeit Unseren Thron stützte, erkennen Wir gern die Rechte dieses Königreichs an und sind bereit, diese Anerkennung mit Unserem Krönungseid zu erneuern.« Am 21. Oktober zog er seine Zusage zurück. Der Hof befürchtete den Zerfall des Familienbesitzes, und der ungarische Ministerpräsident Gyula

* Im Jahr 1900 hatte Österreich-Ungarn 45,4 Millionen Einwohner. In der österreichischen Reichshälfte lebten 26,1 Millionen, in der ungarischen Reichshälfte 19,3 Millionen Menschen. Die Bevölkerung der österreichischen Reichshälfte bestand aus 35,8 Prozent deutschsprachigen Staatsbürgern (Österreicher, Sudetendeutsche, Schlesier usw.), 23,3 Prozent Tschechen, 16,6 Prozent Polen, 13,2 Prozent Ruthenen, 4,6 Prozent Slowenen, 2,8 Prozent Italienern, 2,8 Prozent Serben und Kroaten und 0,9 Prozent Rumänen. Die offiziellen Angaben sind allerdings nicht ganz verläßlich, da viele Angehörige der Minderheiten bei der Volkszählung Deutsch als Umgangssprache angaben, um nicht diskriminiert zu werden.

Lärmszenen der Jungtschechen im österreichischen Reichsrat. Xylographie

Graf Andrássy sprach ohne Umschweife davon, daß die Ungarn eine weitere Teilung der Macht innerhalb der Monarchie nicht hinnehmen und ihre Führungsrolle mit keinem anderen Volk teilen würden. Franz Joseph verschob die Lösung der tschechischen Frage auf unbestimmte Zeit. Böhmen blieb Kronland, das heißt eine von der Zentralverwaltung in Wien abhängige Provinz.

Prag antwortete mit Demonstrationen, mit der Bildung von Geheimbünden, mit Ausschreitungen gegen die deutschsprachige Bevölkerung in den böhmischen und mährischen Städten und Dörfern, und die Behörden des Kaisers sahen sich mehrmals genötigt, den Belagerungszustand auszurufen und das Standrecht zu verhängen. Dabei waren sich die Tschechen auch untereinander nicht darüber einig, wie weit man mit den Forderungen gehen und mit welchen Mitteln man sie durchsetzen sollte. Die »Alttschechen«, mit dem böhmischen Hochadel und dem Klerus verbündet, wollten keinen endgültigen Bruch mit Wien herbeiführen, sie standen treu zur Idee der Monarchie und gericten mit der Zeit immer mehr in die Minderheit. Die radikalen »Jungtschechen«, zum Teil von liberalen und sozialistischen Politikern geführt, arbeiteten auf eine vollständige Trennung hin und befürworteten eine panslawistische Orientierung an Rußland. Sie blockierten den böhmischen Landtag durch Abwesenheit oder durch Skandale, mitunter auch die parlamentarische Arbeit in Wien. Ihre radikalsten Gruppen, darunter der Geheimbund »Omladina« (Jugend), in dem sich Arbeiter und Studenten zusammenfanden, schreckte auch vor Gewalttaten nicht zurück. Es gab Schauerstücke und politisches Kabarett: Nach einem Prozeß gegen Mitglieder der »Omladina« wurde der Poli- Prag

zeiagent, der sie verraten hatte, der bucklige Schneidergeselle Mrva, mit dem Spitznamen »Rigoletto«, am Heiligen Abend, während er seinen Weihnachtsbaum schmückte, erdolcht. Die tschechischen Abgeordneten verfielen auf die Idee, das Parlament durch Dauerreden zu paralysieren. Im Oktober 1899 stellte der Brünner Mandatar Dr. Ernst Lecher den Rekord auf: er sprach dreizehn Stunden lang.
Es ging, zumindest vordergründig, um die Einführung der tschechischen Amtssprache in Böhmen und Mähren, und Wien spielte dabei in der Tat alle möglichen und unmöglichen Varianten durch. Doch was die Tschechen akzeptiert hatten, das hatten die Deutschböhmen erbittert verworfen und umgekehrt, und worüber die »Alttschechen« verhandeln wollten, darüber gerieten die »Jungtschechen« in helle Aufregung – und lehnten brüsk ab. Der Kampf um die Sprache war zum Teil durch einen romantisch gefärbten, aggressiven Nationalismus, eine weltweite Krankheit des 19. Jahrhunderts, zum Teil aber durch handfeste materielle Interessen motiviert: Man stritt um gutbezahlte sichere Posten in der Verwaltung, bei den Gerichten, bei der Bahn, in den Schulen, überall, wo man nach den verschiedenen Verordnungen der Zentralregierung in Wien einmal die Deutschböhmen, dann wiederum die Tschechen, dann jene Bewerber, die beide Sprachen beherrschten, bevorzugt hatte. Berufsagitatoren, von patriotischen Vereinen großzügig honoriert, verdienten ansehnliche Summen an der Vorbereitung und Durchführung von Hetzkampagnen. »Der Nationalitätenstreit würde ein Ende nehmen, gäbe es nicht Personen, die davon lebten«, erklärte der tschechische Politiker Tomáš Garrigue Masaryk*.

Nationalitätenstreit

Es gab auch Personen, die durch den Nationalitätenstreit ihre Stellung verloren, und zwar nicht nur kleine Eisenbahnbedienstete oder Gerichtssaaldiener. Am 5. April 1897 erließ die Regierung unter Ministerpräsident Kasimir Felix Graf von Badeni eine Sprachverordnung für Böhmen und Mähren, die eine zweisprachige Amtsführung vorsah; demnach mußten innerhalb von drei Jahren alle Beamten sowohl die deutsche wie auch die tschechische Sprache beherrschen. Tschechen und Deutsche waren gleichermaßen entrüstet, in Böhmen und Mähren brachen Unruhen aus, im Parlament in Wien kam es zu Tumultszenen, Polizei griff ein, und Ministerpräsident Badeni, ein polnischer Aristokrat, mußte gehen. Die Sprachverordnung wurde annulliert. Die nächste Regierung unter dem Freiherrn Paul Gautsch von Frankenthurn blieb drei Monate im Amt, die übernächste mit dem Grafen Franz Anton Thun und Hohenstein an der Spitze kaum zwei Jahre lang; sie übergab die Amtsgeschäfte dem Kabinett des Grafen Manfred von Clary und Aldringen, das schon nach zweieinhalb Monaten zurücktrat. Der Kaiser beauftragte nun einen Finanz- und Verkehrsfachmann, Heinrich Ritter von Wittek, mit der Regierungsbildung und entließ ihn und sein Kabinett bereits fünf Wochen später. Unter den zahlreichen Ministerpräsidenten der österreichischen Reichshälfte gab es nur einen Mann, der seiner Aufgabe gewachsen zu sein schien: Eduard Graf Taaffe (1833–1895). Er war zweimal Regierungschef, das erste Mal

* Tomáš Garrigue Masaryk (1850–1937) begann seine politische Karriere in der Jungtschechen-Bewegung, war Universitätsprofessor in Prag, nach dem Zusammenbruch der Monarchie einer der Begründer der Tschechoslowakei und mehrmals ihr Staatspräsident.

in der schon zur Routine gewordenen kurzen Zeitspanne, das zweite Mal jedoch gelang ihm das Kunststück, sich vierzehn Jahre lang, zwischen August 1879 und Oktober 1893, am Ruder zu halten. In seiner Amtsperiode wurde der wesentliche Teil der Sozialgesetzgebung ausgearbeitet, ein neues Wehrgesetz mit der allgemeinen Wehrpflicht ab dem 21. Lebensjahr und mit der verkürzten dreijährigen Dienstzeit erlassen und die große Währungsreform durchgeführt. Taaffe stammte aus einer nach Böhmen eingewanderten irischen Familie, war einst ein vom Hof offiziell zugelassener Spielkamerad des Erzherzogs Franzi, des späteren Kaisers Franz Joseph, trat mit neunzehn Jahren in den Staatsdienst, durchlief eine Beamten- und Politikerkarriere und stieg bis zum Posten des Innenministers beziehungsweise des Unterrichtsministers auf, blieb dabei aber stets ein Bohemien, ein legerer Lebemann und notorischer Langschläfer. Er wohnte im Innenministerium, erledigte die Staatsgeschäfte oft noch am späten Vormittag in bunter Morgentoilette in seinem Schlafzimmer, er beeilte sich niemals und regte sich auch niemals auf. Er war beliebt und, unter den gegebenen Umständen, erfolgreich, was nicht zuletzt darauf zurückzuführen war, daß er die österreichische Mentalität zur politischen Maxime erhob und das »Fortwursteln*« zur Arbeitsmethode machte. Fortwursteln, das hieß scheinbar planlos zu improvisieren, behutsam zu taktieren, zu verzögern, zu vertrösten, entgegenzukommen, mit unzulänglichen Mitteln unerreichbare Ziele anzusteuern, zwischen Realität und Illusion zu lavieren, um dann bei einer annehmbaren Halblösung zu landen. Taaffes berühmt gewordenes Rezept lautete: »Das Geheimnis des Regierens in diesem Reich besteht darin, alle Nationalitäten in gleichmäßiger, wohltemperierter Unzufriedenheit zu erhalten.«

Taaffe

»Fortwursteln«

Auch die Nachfolger Taaffes wurstelten fort, allerdings mit weit weniger Können und Glück als er. Sie machten kleinere und größere Konzessionen und streuten von Zeit zu Zeit vage Versprechungen aus. An die kritische Grenze des Problems, die Frage einer grundlegenden Neuordnung des gesamten Staatsverbandes, wagte sich das offizielle Österreich nicht, obwohl nun immer häufiger brauchbare Modelle entworfen und vorgelegt wurden. Auf ihrem Parteitag in Brünn präsentierten die österreichischen Sozialdemokraten ein »Nationalitätenprogramm«, mit der Aufforderung, Österreich in einen demokratischen Bundesstaat mit Selbstverwaltung der Nationen umzubilden. Der Schriftsteller Aurel Popovici, rumänischer Abgeordneter in Siebenbürgen, schlug in seiner Schrift »Die Vereinigten Staaten von Großösterreich« die Schaffung einer aus sechzehn Mitgliedstaaten bestehenden Konföderation vor. Er mahnte Wien geradezu verzweifelt: »Die Stunde drängt, die Völker sind im Lager Österreich und warten auf die Befreiung vom dualistischen Joch, auf die erlösende Tat ihres Kaisers. Der Augenblick ist historisch und für immer entscheidend: Soll das Reich der Habsburger bestehen oder untergehen? Noch kann alles gutgemacht, alles gerettet werden.«

»Die Stunde drängt ...«

* Der Begriff »Fortwursteln« stammt nicht, wie oft fälschlich geglaubt wird, von Ministerpräsident Taaffe, sondern von dem Rechtsgelehrten und Justizminister Eduard Herbst, der mit der von ihm geprägten und zum geflügelten Wort gewordenen Bezeichnung die Vorgangsweise des Kabinetts Taaffe charakterisierte.

Links: Victor Adler. Rechts: Eduard Graf Taaffe

Das war freilich ungleich leichter gesagt als getan. Auch wenn der Kaiser nicht auf der alten These beharrt hätte, das Reich gehöre dem Haus Habsburg und sei untrennbar und nicht umwandelbar – die Ungarn als »regierende Nation« und die Tschechen, die zur »regierenden Nation« werden wollten, die Kroaten, die ein eigenes Königreich, und die Serben, die unter ihrer Führung einen serbokroatischen Staat verlangten, die Rumänen, die heim in das neugegründete Königreich Rumänien wollten, und die Polen, die von dem alten Großpolen träumten, hätten vermutlich nicht mitgemacht. Die Lage war hoffnungslos verfahren – doch sie war noch immer erstaunlich »wohltemperiert«.

Die Großmutter aus Brünn

Der Kampf der Nationalitäten gegen Wien und gegeneinander spielte sich mehr oder minder auf offizieller Ebene ab; getragen und ausgefochten wurde der Konflikt in erster Linie von dem Mittelstand, der dabei seine wirtschaftlichen Interessen stets vor Augen hatte. Es gab jedoch eine Verständigung, Verbrüderung und Verschwägerung der Nationalitäten, vor allem in den unteren Volksschichten, aber auch in den Kreisen der Wirtschaft, der Wissenschaft und der Kunst, in der Armee, in den Amtsstuben und auf den Schlössern des Adels. Man heiratete kreuz und quer durch Österreich-Ungarn, man schickte die Kinder zu den böhmischen, ungarischen oder österreichischen Verwandten auf Sommerfrische, man gründete gemeinsame Firmen und nahm Kredite, wo man sie eben bekam. Man war, ob man im Seziersaal studierte, auf der Bühne probte, im Kaffeehaus saß, Wache schob oder mit dem Nachtzug fuhr, in Wien, in Teplitz-Schönau, in Krakau, in Budapest und in Prag fast immer mit Fremden aus dem eigenen Reich zusammen, die im Grunde keine Fremden waren – auf dem Tanzboden, in der Werkstätte, auf dem Exerzierplatz und im Schlafzimmer herrschte Frieden unter den Nationen. Die Großmutter aus Brünn, der Compagnon aus Triest, der Schwiegersohn aus Szeged, die Amme aus Iglau, der Regimentsarzt aus Graz hielten den

Vielvölkerstaat still und zäh zusammen – auch nach seinem Untergang, im von Generationen auf Generationen vererbten imaginären Zwischenbereich der Sehnsucht und der Erinnerung.

Wie ein fröhliches Fest in einem großen verwunschenen Garten an einem goldenen Nachmittag im Spätsommer erscheint das letzte halbe Jahrhundert der österreichisch-ungarischen Monarchie im diffusen Licht des nostalgischen Rückblicks. Doch man sieht auch die scharfen Konturen der Gegensätze, die dunklen Stellen und die Schatten, die sich unaufhaltsam vorschieben, sich immer mehr auf die Sonnenseite legen; in den Rosenduft mischt sich Modergeruch.

Glückseligkeit und Unbehagen

Aber dennoch, es war ein fröhliches Fest, mit Militärparaden und Blumenkorsos, mit Galakonzerten, Redouten und Umzügen, mit Hof-, Masken-, Bürger-, Fiaker- und Wäschermädelbällen, mit Walzerklang und Schrammelmusik, mit Pratergaudi und Heurigenseligkeit, mit Nobeltee und Wohltätigkeitsbasar, mit Theaterpremieren, Pferderennen und Fußballspiel. Das Leben, mit Vergnügen aller Art gewürzt, schien auch materiell weitgehend gesichert; man genoß die Gegenwart und plante dabei gemächlich die Zukunft: den Aufstieg in eine höhere Gehaltsklasse, die Vergrößerung des Geschäftes, die vorteilhafte Heirat der Kinder, den Lebensabend am Stammtisch, die schöne Seelenmesse und den teuren Grabstein an einem ruhigen Platzerl auf dem Lieblingsfriedhof. Politik interessierte den kleinen Mann kaum noch, es gab ja, Gott sei Dank, schon lange keinen Krieg und keine Revolution, der Staat verhielt sich sanftmütig, ein mächtiger und rechtschaffener Vorgesetzter mit freundlichen Zügen, auf den man sich verlassen konnte. Das Unbehagen, das kaum definierbare Endzeit-Gefühl, das nach Ansicht mancher Zeitgenossen merklich in der milden Luft lag, nahm der Durchschnittsbürger nicht wahr, oder wenn es ihn einmal dennoch flüchtig gestreift hatte, so glaubte er nur von den bedauerlichen Folgen von Einzelschicksalen berührt zu werden. Daß in den Jahren 1890 bis 1910 mehr als zwei Millionen Untertanen des Kaisers und Königs aus Böhmen, aus Westungarn und aus Ostösterreich in mehreren großen Wellen nach Amerika auswanderten, fand man als eine schöne Bestätigung der im Staatsgrundgesetz gewährten persönlichen Freiheit; man faßte es auch als interessantes Abenteuer auf und dachte weit weniger daran, daß die meisten »Neuamerikaner« vor der drückenden Armut und der Arbeitslosigkeit die Flucht ins Ungewisse angetreten hatten. Eine Selbstmordepidemie, die man eher als Modeerscheinung abtat, ohne sie gründlich zu analysieren, grassierte in allen Gesellschaftsschichten. Der anscheinend doch isolierte Mensch, ob Dienstmädchen, Schneidergeselle, Bankier oder Dragonerleutnant, brach allzu rasch zusammen und warf das Leben weg; die Schriftsteller Adalbert Stifter und Ferdinand von Saar, der Journalist Theodor Herzl, Begründer des Zionismus und geistiger Vater des Staates Israel, der Philosoph und Psychologe Otto Weininger, der Schauspieler Franz Ritter von Jauner, Direktor des Ringtheaters, der Ringstraßenarchitekt Eduard van der Nüll, Feldmarschalleutnant Franz Freiherr von Uchatius, ein Waffentechniker und Erfinder von Weltruf, der Physiker Ludwig Boltzmann und nicht zuletzt Kronprinz Rudolf, der Sohn des Kaisers, der Thronfolger, der zweite Mann an der Spitze der al-

»Neuamerikaner«

lerhöchsten Hierarchie, gingen freiwillig in den Tod. Die Öffentlichkeit zeigte sich von Fall zu Fall bestürzt, doch die morbide Stimmung, der frivole Weltschmerz gehörten nun einmal zum guten Ton und schienen in den Augen der Zeitgenossen eine natürliche Begleiterscheinung des Fortschritts und des Wohlstands zu sein.

Fortschritt und Wohlstand

Die Zeichen standen, deutlich sichtbar, auf Fortschritt und auf Wohlstand. Im Winter 1884 wurde in der oberösterreichischen Stadt Steyr die elektrische Straßenbeleuchtung in Betrieb genommen – die erste in Europa. Im Sommer 1885 konnte man schon von Wien nach Brünn telephonieren, und im Frühjahr 1910 flog das erste österreichische Motorflugzeug, die »Etrich-Taube«, in dreißig Minuten von Wiener Neustadt nach Wien. Das Geschäft florierte, fast *jedes* Geschäft, ob die 1862 eröffnete kleine Kaffee-und-Tee-Importfirma des Julius Meinl, das 1870 errichtete Stahlwerk der Frankfurter Gebrüder Böhler oder die von Eugéne Bontoux, einem Franzosen, 1881 in Leoben gegründete »Österreichisch-Alpine Montangesellschaft«, die Mühlenkonzerne und die Modehäuser, die Sparkassen und die Kreditinstitute, die Möbelfabriken und die Druckereien, vor allem aber die Bauunternehmen und die zahlreichen Büros der Grundstückmakler. Die Wiener Ringstraße entstand. Der Baugrund allein, den der Staat rund um die geschleiften Basteien anbot, kostete die enorme Summe von 220 Millionen Goldkronen. Die Architekten, die die Prachtbauten entwarfen und ausführten, Theophil Hansen aus Kopenhagen, Gottfried Semper aus Hamburg-Altona, Friedrich Schmidt aus Württemberg, die Wiener Heinrich von Ferstel, Karl von Hasenauer, Eduard van der Nüll und August von Siccardsburg nannte man die »Baubarone«. Sie errichteten im damals in ganz Europa modischen Stil des Historismus ein Sammelsurium von Monumentalbauten: das Parlament in Form eines griechischen Tempels (Hansen), die Votivkirche als gotische Kathedrale (Ferstel), das Rathaus im Stil einer italienischen Pseudogotik, mit Elementen der Renaissance vermischt (Schmidt), das Burgtheater als einen monströsen, vom barocken Geist angehauchten Renaissancepalast (Semper und Hasenauer), die Hofoper im nachgeahmten Stil der französischen Renaissance, mit romantischen Linien durchsetzt (van der Nüll und Siccardsburg), die Universität als ein an die Donau verirrtes Denkmal der Hochrenaissance (Ferstel), das Kunsthistorische und das Naturhistorische Museum als vergrößerte Wohnsitze florentinischer Patrizier (Semper und Hasenauer). Auf die freien Plätze setzte man, wie dies ebenfalls in ganz Europa üblich war, ehrwürdige Statuen in mehrfacher Lebensgröße, die allesamt heute schon eher peinlich wirken: Maria Theresia mit ihren Feldherren und Staatsmännern, Prinz Eugen, Erzherzog Carl und Feldmarschall Radetzky hoch zu Roß, den Seehelden Tegetthoff als Säulenheiligen, Pallas Athene in goldener Rüstung, Goethe in Gedanken versunken, Beethoven vom Schicksal geschlagen. Den größten Bildhauer der Zeit, den aus Brünn stammenden Anton Hanak (1875–1934), hat erst die Nachwelt entdeckt.

Ringstraße

Daß der Wiener Historismus, der angebliche »Ringstraßen-Stil«, auf Wunsch des Hofes und der aufsteigenden Bourgeoisie entstanden wäre, um die Macht des Hauses Habsburg und der neuen Geldaristokratie zu versinnbildlichen, daß dahinter eine imperiale Ideologie stecken sollte, ist

Frühling auf der Wiener Ringstraße. Grisaille von Wilhelm Gause

ein nachträglich erfundener vielstrapazierter Gemeinplatz. In Wirklichkeit hatten der Staat und die privaten Bauherren die Entwürfe nicht angeregt, sondern das gängige, schon aus dem Ausland, vor allem aus Berlin und München bekannte modische Angebot der Architekten angenommen. Die Provinzstädte und die Vororte folgten dann, auch die Zinskasernen erhielten ihre romantisch-historisierenden Fassaden, mit Türmchen, Fabeltieren, Karyatiden aus billigem Gips – dahinter befanden sich die »Bassenawohnungen«, Wasserleitung und Klosett für mehrere Mieter draußen auf dem Gang.

Nach einer Bauzeit von etwa insgesamt vierzig Jahren war die Ringstraße fertiggestellt. Sie war am Ende doch eindrucksvoll geworden, und sie setzte Patina an. Man gewöhnte sich an das sündteure Talmi, und man findet heute die Prachtstraße von Wien besonders im Sommer, wenn die Bäume grün sind und die Sonne scheint, sehr schön. Die Zeitgenossen waren von den neuen Prunkbauten allerdings nicht restlos begeistert, die Architekten mußten herbe Kritik, Hohn und Spott einstecken. Die Oper nannte man »Königgrätz der Baukunst«, und in den Kneipen sangen die Volkssänger, die Harfenisten, beliebte Alleinunterhalter, das »Ringstraßenlied«: »Der Siccardsburg und van der Nüll, die haben beide keinen Stül', griechisch, gotisch, Renaissance, das ist ihnen alles ans.«

Kunst in jeder Form war zunehmend Sache einer breiten Öffentlichkeit geworden. Die Presse übernahm immer mehr die Rolle des Preis- und Schiedsrichters, sie hatte bereits einen großen Leserkreis, und sie hatte auch schon Macht. Bald nach dem Ausgleich mit Ungarn und der Aufhebung der Zensur erschienen in der österreichischen Reichshälfte mehr als sechshundert Zeitungen und Zeitschriften, um die Jahrhundertwende nahezu eintausend, darunter auch politische Witzblätter, wie der »Figaro«, der »Kikiriki«, die »Glühlichter«, der »Floh« und die »Muskete«. Die führenden Tageszeitungen waren die katholische »Reichspost«, die sozialdemokratische »Arbeiter-Zeitung«, ferner die konservative »Neue Freie Presse« und das liberale »Neue Wiener Tagblatt«. Letztere waren als »Judenpresse« verschrien und wurden von den Christlichsozialen und Deutschnationalen erbost attackiert.

Es gab in der Tat eine verhältnismäßig große Anzahl von Journalisten jüdischer Abstammung, darunter Meister des Feuilletons wie Daniel Spitzer (1835–1893) und Peter Altenberg (1858–1919), liebenswürdige oder gar skurrile Figuren einer eigenartigen Wiener Kaffeehausliteratur. Das Staatsgrundgesetz vom Dezember 1867 sicherte den Juden die volle gesellschaftliche Gleichstellung zu. Viele von ihnen übersiedelten daraufhin aus den östlichen Randgebieten der Monarchie, wo sie in bedrückender Not lebten und von der polnischen und ukrainischen Landbevölkerung drangsaliert worden waren, in das reiche und tolerante Wien. Sie stiegen rasch in der Wirtschaft und Finanzwelt auf, wählten aber auch freie Berufe, sie machten sich als Ärzte, Rechtsanwälte, Redakteure, Kritiker, Schauspieler und Musiker einen Namen und trugen wesentlich zur Entwicklung einer spezifisch österreichischen Kulturszene bei.

Kulturszene

Sie war nun recht umfangreich und vielschichtig geworden, diese spezifisch österreichische Kulturszene, sie nahm im Bereich der Literatur, der Musik und der bildenden Kunst die noch heute existenten Formen eines schon als modern geltenden Kulturbetriebes an, in dem auch rein wirtschaftliche Aspekte eine bedeutende Rolle spielten. Es wurde in allen Sparten und auf allen Ebenen, vom seichten Kitsch bis zur experimentellen Avantgarde, umgemein viel produziert und konsumiert. Vieles, das uns heute als untragbar erscheint, wurde vom zeitgenössischen Publikum begeistert begrüßt, und vieles, das damals wütend abgelehnt wurde, erwies sich mit der Zeit als große, bahnbrechende Leistung.

Das erste Zeichen eines lebensnahen Realismus in der österreichischen Lyrik setzte eine Frau, Ada Christen (1844–1901), eine Wienerin, Christiane Frederik mit bürgerlichem Namen, die in ihrem Gedichtband »Lieder einer Verlorenen« mit realistisch geschilderten Reflexionen ihres persönlichen Schicksals, zweier mißglückter Ehen in der sogenannten guten Gesellschaft, in die mondbeschienene heile Welt der Gartenlaubepoesie einbrach. Ein heute ebenfalls so gut wie vergessener Autor, der Kärntner Adolf von Tschabuschnigg (1809–1877), in den Jahren 1870/71 kurzfristig Justiz- und Unterrichtsminister, schrieb einen Roman in zwei Bänden, die »Industriellen«, in dem ein Fabrikant den Reingewinn seines Unternehmens mit seinen Arbeitern teilt. Karl Emil Franzos (1848–1904), Sohn eines Bezirksarztes in Podolien, veröffentlichte das erste Mal in deutscher Sprache in Form von Erzählungen und Feuilletons realistische Berichte

Im Café Griensteidl. Am vorderen Tisch links Hugo von Hofmannsthal

über die erschütternde Lage der Ostjuden und über das kaum vorstellbare materielle und psychische Elend der Bauern in Galizien und in der Bukowina.

Mitleid war ein auffallender, charakteristischer Zug der österreichischen Literatur geworden, es ersetzte meist das direkte, das militante soziale Engagement und wirkte daher auch viel überzeugender und, durch den hohen künstlerischen Wert, allgemeingültig und zeitlos. Zu den großen österreichischen Schriftstellern, die mit ihrer Umwelt ein stilles, poetisch differenziertes Mitleid hatten und die von ihrer Anziehungskraft bis heute kaum verloren haben, gehört vor allem Marie von Ebner-Eschenbach (1830–1916), geborene Gräfin Dubský von Trebomyslič aus Zdislawitz in Mähren, seit ihrer Ehe mit dem Feldmarschalleutnant Moritz Freiherr von Ebner-Eschenbach in Wien ansässig. Sie wandte sich in ihren Romanen und Erzählungen den durch die Umstände unschuldig isolierten Kreaturen zu, einem tschechischen Dienstmädchen, dem Kind eines Mörderpaares, einer Gruppe von Bahnarbeitern oder einem Hund, behielt aber dabei stets ihre gesellschaftliche Position, den Blickwinkel des »guten Schloßherrn«, des demokratisch gesinnten Aristokraten. Von einer der untersten Stufen der gesellschaftlichen Hierarchie kam der steirische Bergbauernsohn Peter Rosegger (1843–1918), ein mit dem armen Landvolk engstens verbundener Romancier, der – was man noch heute kaum beachtet – als erster die realistische Schilderung der Kinderpsyche in die österreichische Literatur einführte. Bauern und Wiener Kleinbürger sind die Protagonisten der schon ein wenig verstaubten Volksstücke des einst recht populär

Marie von Ebner-Eschenbach

gewesenen Ludwig Anzengruber (1839–1889), der lange Zeit Beamter der Wiener Polizeidirektion war, bis er von den Tantiemen seiner Bühnenwerke ein angenehmes Leben führen konnte. Der Tiroler Arzt Karl Schönherr (1867–1943) ging in seinen Bauerndramen schon bedeutend weiter als Anzengruber, er gab eine glaubhafte, mitunter düstere Analyse des früher zumeist als fröhliches Idyll geschilderten Landlebens. Arthur

Schnitzler

Schnitzler (1862–1931), den man erst in unserer Zeit richtig begriffen und für ein internationales Publikum entdeckt hat, war ebenfalls Arzt. Seine Theaterstücke und Erzählungen sind poetische, aber zugleich minuziös realistische Berichte, literarische Krankheitsgeschichten über den Patienten Wiener Gesellschaft, verfaßt von einem klugen, humanen Doktor, der kaum Tabus kennt und allem, was menschlich ist, verständnisvoll gegenübersteht.

Die erste sozial engagierte Erzählung der österreichischen Literatur über Arbeiter, die »Steinklopfer«, schrieb ein Edelmann und k. k. Offizier: Ferdinand von Saar (1833–1906). Er wirkt heute bereits ein wenig altmodisch, ebenso wie das einst stürmisch gefeierte junge Genie, der subtil-esoterische Dichter Hugo von Hofmannsthal (1874–1929), dessen Lyrik viel besser ist als sein in Salzburg zu Tode strapazierter »Jedermann«. Rainer

Rilke

Maria Rilke (1875–1926), früher ebenfalls als einer der größten Lyriker der österreichischen Literatur etikettiert und gewürdigt, verlor einiges von seinem einstigen Glanz. Manche seiner Gedichte klingen für den heutigen Leser bereits ein wenig affektiert, manche wiederum, wie der »Herbsttag«, strahlen nach wie vor eine geheimnisvolle Schönheit aus. Rilke wurde in Prag geboren, gab ein kurzes Gastspiel in der Militäroberrealschule in Sankt Pölten, war Sekretär des Bildhauers Rodin in Paris, hatte mit Österreich so gut wie keine Verbindung mehr, lebte auf Schlössern und Gütern von wohlhabenden Aristokraten und starb verbittert in der Schweiz.

Als Rilke in ganz Europa eingeladen und gefeiert wurde, war sein Zeitgenosse, der vermutlich größte Dichter der modernen österreichischen Literatur,

Trakl

Georg Trakl (1887–1914), Sohn eines Salzburger Eisenwarenhändlers, nur einem kleinen Kreis von Freunden bekannt. Niemand vor ihm und auch niemand nach ihm konnte wie er die österreichische Landschaft, mit den geheimsten Reflexen menschlichen Bewußtseins durchsetzt, in so klare und ergreifende Poesie verwandeln, verdeckte Schichten von seltsamen und dennoch für jedermann spürbaren Stimmungen im Zwielicht einer zeitlosen Abenddämmerung aufleuchten lassen. Geschwisterliebe, Drogensucht, zerrüttete Nerven und Selbstmord als letzter Protest des Sanitäters Trakl zu Beginn des Ersten Weltkriegs in der polnischen Garnisonstadt Krakau, später Nachruhm, der noch mit einer zusätzlichen Verspätung Wien erreichte, markieren einen tragischen Weg und öffnen zugleich den Blick auf die tiefen und dunklen Schächte einer sanft-dämonischen Seele, die dem österreichischen Wesen gar nicht so fremd war und ist.

Kafka

In den Werken von Franz Kafka (1883–1924), den man einen engen Verwandten, ja einen Bruder von Georg Trakl nennen könnte – obwohl er, in einer wohlhabenden jüdischen Familie in Prag geboren, im Gegensatz zu Trakl einer »geregelten Arbeit« nachging –, erreichte, in trockenen Realismus verpackt, das Unheimliche, das Rätselhafte des menschlichen Daseins seine höchste literarische Vollendung. Kafka, leitender Angestellter der Prager Arbeiter-Unfall-Versicherungs-Anstalt*, nach außen hin ein stiller und fleißiger Bürger, schuf in seinen Erzählungen eine ganz neue, eine »kafkaeske« Welt der verfremdeten Träume und Ängste, die nur durch das verhaltene Mitleid einen versöhnlichen Zug, einen Schimmer von Hoffnung erkennen läßt.

In den letzten Jahren der angeblich schon verkalkten, altersschwach gewordenen Monarchie eroberte die geistige Großmacht Österreich Positionen, die noch heute Weltgeltung haben. Auf allen Gebieten der Kunst und der Wissenschaft brach die Moderne durch. Sie wurde von den Zeitgenossen zum Teil bereits erkannt und anerkannt, zum Teil noch belächelt oder, eher selten, bösartig angegriffen. Sie erschien mit geradezu elementarer Kraft, war als Bewegung oft bestens organisiert, und wurde, wie im Bereich der Architektur, von den staatlichen und kommunalen Behörden großzügig unterstützt. In den literarischen Kaffeehäusern kämpfte vor allem der aus Linz nach Wien gekommene Schriftsteller Hermann Bahr (1869–1934) energisch für jede neue Richtung, für die Anerkennung neuer, avantgardistischer Talente. Seine eigenen Werke sprechen den Leser von heute nur noch bedingt an, seine ausgezeichneten Essays und Kritiken sind aber als Zeitdokumente recht interessant, mitunter auch anregend. Die modernen Dichter gaben den modernen Malern wertvolle Schützenhilfe, die Kritiker machten die Aktionen und die Theorien der Künstler in der Öffentlichkeit bekannt. Im Mai 1897 gründeten neunzehn Maler, Bildhauer und Architekten in Wien eine Vereinigung der Moderne, die »Secession« (Loslösung beziehungsweise Absonderung). Der junge Architekt Joseph Maria Olbrich (1867–1908) baute im damals als revolutionär angesehenen Jugendstil** ihr Ausstellungsgebäude, mit der stolzen, von manchen Besuchern aus dem Ausland noch heute bewunderten und beneideten Parole über dem Eingang: »Der Zeit ihre Kunst – Der Kunst ihre Freiheit«.

Die Moderne

Secession

Der für uns nahezu unbegreifliche Ruhm und allmächtige Einfluß des recht mittelmäßigen Prunk- und Prachtmalers, des aus Salzburg stammenden Hans Makart (1840–1884), der nicht einmal richtig zeichnen konnte, mit der Perspektive Schwierigkeiten hatte, dafür aber mit sicherem Instinkt versnobte Huldigungsorgien um seine Person zu inszenieren verstand, nahm allmählich ab. Das Publikum feierte nun den »Secessionisten« Gustav Klimt (1862–1918), seinen sonderbaren, farbenfrohen ornamentalen Realismus, den Inbegriff gemalten Wiener Jugendstils. Oskar Kokoschka (1886–1980), Sohn eines nach Pöchlarn eingewanderten tschechischen Goldschmieds, einer der ersten Vertreter des Expressionis-

Makart

* Franz Kafka schrieb 1908 die erste Expertise über das Problem der Autoversicherung in deutscher Sprache mit dem Titel: »Einbeziehung der privaten Automobile in die Versicherungspflicht«

** Der Jugendstil, vermutlich nach der 1896 gegründeten Münchner Zeitschrift »Jugend« benannt, war mehr als eine Kunstrichtung, er war eine auch mit ideologischen Motiven durchsetzte Kulturbewegung, die ganz Europa erfaßte und die Umwelt des Menschen durch die Kunst verändern wollte.

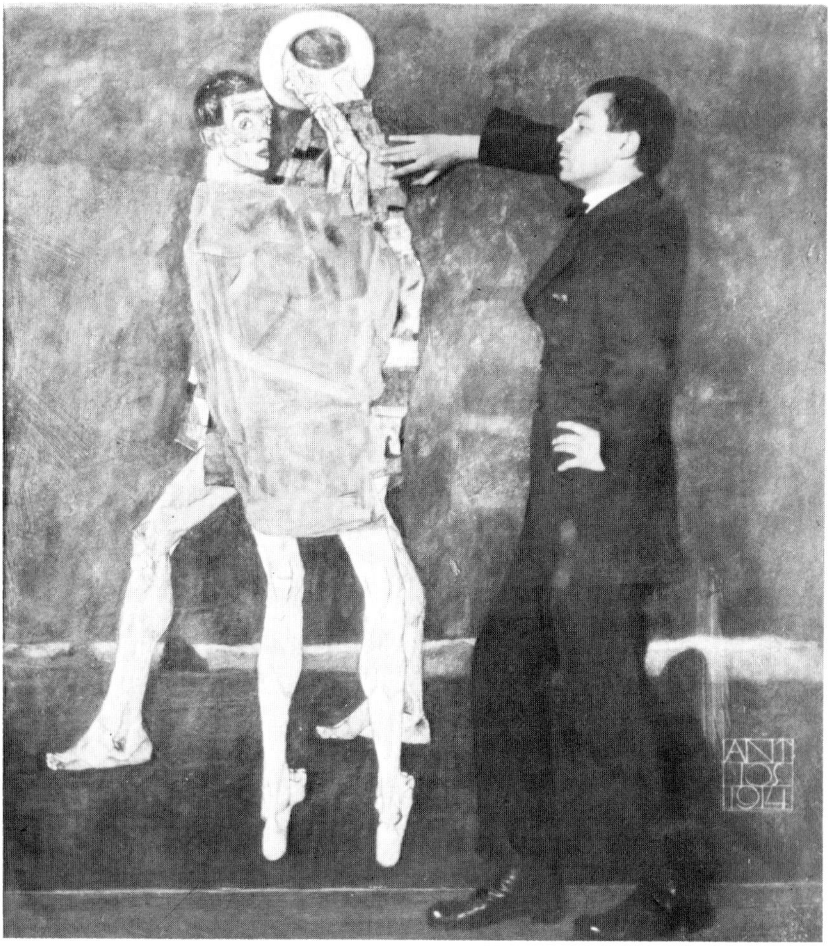

Egon Schiele

Egon Schiele

mus, begann seinen von Stürmen und Skandalen begleiteten Aufstieg. Egon Schiele (1890–1918), dessen Vater Stationsvorsteher in Tulln war, trat in die Öffentlichkeit und hatte, im Gegensatz zur gängigen Legende, mit seinen eigenwilligen, stark expressiven Bildern bereits Erfolg. Daß die Behörde ihn wegen seiner Werke mit erotischen Themen verfolgt und vor Gericht geschleppt hätte, wurde in jüngster Zeit an Hand von Dokumenten widerlegt. Der Grund seiner Verurteilung war seine nicht ganz aufgeklärte Beziehung zu einem minderjährigen Modell.

Der Hof und die staatliche Verwaltung der zweifellos in alten Strukturen und überlebten Traditionen verhafteten Monarchie nahmen den lautstarken Aufbruch der Moderne erstaunlich langmütig und verständnisvoll zur Kenntnis. Die Skandale in den Ausstellungen und in den Konzertsälen wurden von privater Seite inszeniert, sie verhinderten die Entwicklung jedoch keineswegs, sie würzten höchstens die Kulturszene und machten das Publikum auf neue Werke aufmerksam. Otto Wagner (1841–1918), der führende Architekt des österreichischen Jugendstils, war Oberbaurat, er erhielt laufend Aufträge der öffentlichen Hand, leitete die architektonische Ausgestaltung der Wiener Stadtbahn, baute Brücken, Wehranlagen, Bankgebäude und errichtete als Unternehmer Mietshäuser auf eigene Kosten. Adolf Loos (1870–1933) veröffentlichte 1908 seine berühmte Kriegserklärung gegen jegliches Ornament und baute auf dem Wiener Michaelerplatz, dem Burgtor gegenüber, vor die Nase des Kaisers, wie es hieß, das sogenannte Loos-Haus, das erste Gebäude in Wien von streng sachlicher Schönheit ohne die damals übliche aufgesetzte Fassadenverzierung. Daß Franz Joseph jedesmal, wenn er aus seinem Fenster in der Burg das Loos-Haus erblickte, sich maßlos geärgert hätte, gehört zu den zählebigen Wiener kunsthistorischen Legenden. Er blickte aus seinem Fenster nicht auf den Michaelerplatz, und er ärgerte sich nicht. Er interessierte sich für die Probleme der Kunst kaum, ging aber pflichtschuldig in Ausstellungen, um sie zu eröffnen und dann zu sagen: »Es war sehr schön, es hat mich sehr gefreut.«

Loos-Haus

In der Großausstellung »Wiener Kunstschau« von 1908 errang die von Kolo Moser (1868–1918) und Josef Hoffmann (1870–1956) im Jahr 1903 gegründete »Wiener-Werkstätte-Produktivgemeinschaft« einen durchschlagenden Erfolg. Etwa hundert Arbeiter, Meister und Gesellen, stellten im Atelier der kollektiven Künstler- und Handwerkergruppe in der Wiener Neustiftgasse kunstvoll entworfene Gegenstände des täglichen Gebrauchs her und signierten sie, um zu demonstrieren, daß Handwerk auch Kunstwerk sein soll und sein kann. Sie unterstrichen damit die Tendenz der Zeit, Kunst als unerläßlichen Bedarf, als eine sozial-kommunikative Notwendigkeit in die Gesellschaft zu integrieren.

Die Operette

Was aber am meisten denen gelang, die es gar nicht so gezielt wollten: den unbestrittenen Größen der leichten Muse, den Tanz- und Operettenkomponisten Johann Strauß (1824–1899), Carl Millöcker (1842–1899), Franz von Suppé (1819–1895), Carl Zeller (1842–1898), Carl Michael Ziehrer (1843–1922), Franz Lehár (1870–1948) und Emmerich Kálmán (1882–1953). Ihre Melodien erreichten alle Gesellschaftsschichten und begründeten in der ganzen Welt Österreichs unverwüstlichen Ruf, ein fröhliches Operettenland zu sein. Wobei das heitere Singspiel mit seinen stereotypen und reichlich verlogenen Figuren ursprünglich aus dem Ausland stammte und erst um 1860 aus Paris nach Wien kam. Doch an der schönen blauen Donau machte man daraus eine eigene, unübertreffliche Kunstgattung, ebenso wie aus der Militärmusik, die in Österreich, meist mit heiteren Volksweisen und Tanzmotiven durchsetzt, zum wichtigen Faktor der volkstümlichen Unterhaltungsindustrie wurde. Die auf öffentlichen Plätzen, in Gastgärten und Kaffeehäusern kostenlos dargebotenen Produktionen der Militärkapellen erreichten oft das Niveau der Konzerte von Symphonieorchestern. Der gefürchtete Wiener Musikkritiker Eduard Hanslick (1825–1904) vermerkte darüber: »Es gibt keinen Kunstgenuß, der in so hohem Grade demokratisch heißen kann, als das Spiel der Regimentsbanden. Da darf ein jeder teilnehmen, ohne Eintrittsgeld und Salontoilette.«

In den vornehmen Konzertsälen, vor allem im Gebäude des Musikvereins, war das Eintrittsgeld freilich verhältnismäßig hoch und die Salontoilette Pflicht. Das Publikum bestand aus Aristokraten, Großunternehmern, hohen Beamten, wohlhabenden Bürgern, und hatte, wie überall, im Grund einen konservativen Geschmack, war jedoch für das Neue, wenn auch bedingt, aufgeschlossen. Anton Bruckner (1824–1896), ein schlichter, verhemmter Mann, einst Organist des Stiftes Sankt Florian bei Linz, der letzte große Vertreter der traditionellen symphonischen Musik in Österreich, wurde in Wien bejubelt, obwohl in seinen Werken bereits neue, beunruhigende, der klassischen Melodienführung fremde Motive vorherrschen. Gustav Mahler (1860–1911) fand mit seinen von einer unkonventionellen Dissonanztechnik gekennzeichneten düster-romantischen Symphonien allerdings nur geteilte Aufnahme. Die konservativen Kreise bei Hof, mit dem arroganten Obersthofmeister Alfred Fürst Montenuovo an der Spitze, versuchten hartnäckig, seine Ernennung zum Operndirektor zu verhindern. Ihr vordringlichster Einwand lautete, Gustav Mahler sei ein getaufter Jude und als solcher für die hohe Berufung in einem katholischen Staat ungeeignet. Franz Joseph ließ das Argument nicht gelten, er entschied sich für Mahler, der dann die Wiener Hofoper zehn Jahre hindurch mit Erfolg leitete. Das Hofburgtheater hingegen, das wie die Hofoper als Eigentum des Hauses Habsburg unter der offiziellen Aufsicht des Obersthofmeisters Montenuovo stand, büßte seine bewunderte Vorrangstellung im deutschen Sprachraum, die es in den Jahren 1849 bis 1867 unter seinem besten Direktor Heinrich Laube (1806–1884), einem deutschen Schriftsteller aus dem schlesischen Sprottau, erreichte, immer mehr ein, obwohl die rein schauspielerische Leistung, für das Publikum zunehmend das tragende Element, das gewohnt hohe Niveau aufwies. Das Programm und der Stil der Inszenierungen fielen, als hätte sich im Reich des Kaisers und Königs nichts geändert, in die veraltete Routine des sterilen höfischen Theaters zurück.

Bruckner

Mahler

Burgtheater

Im Reich des Kaisers und Königs hatte sich enorm viel geändert; im Blickfeld des Menschen taten sich neue, unbekannte Bezirke auf, die man mit dem vertrauten Instrumentarium traditioneller Denkprozesse nicht mehr erfassen konnte. Im Jahr 1899 erschien in Wien in nur 600 Exemplaren das Buch »Die Traumdeutung« von Sigmund Freud (1856–1939), dem Begründer der Psychoanalyse und der praktischen Seelenheilkunde. Der Physiker und Philosoph Ernst Mach (1828–1916) stieß bei seinen Berechnungen auf die Gesetze der Überschallgeschwindigkeit und trug wesentlich zur Entwicklung der Relativitätstheorie bei. Der Komponist Arnold Schönberg (1874–1951) veröffentlichte 1911 seine »Harmonielehre«, die wohl bedeutendste theoretische Schrift der neuen österreichischen Musikgeschichte. In seinen Werken entfernte sich Schönberg immer radikaler von der herkömmlichen Musiksprache, bis er seine Grenzen überschritt und eine vollkommen neue, atonale Musik schuf, die er später neben dem ebenfalls österreichischen Komponisten Joseph Matthias Hauer (1883–1959) zur revolutionären Zwölftontechnik entwickelte. Die Monarchie, genauer genommen das deutschsprachige Österreich und in ihm fast ausschließlich die Haupt- und Residenzstadt Wien mit ihrem starken Anziehungs- und Schmelztiegel-Effekt, setzten Weltmaßstäbe für das neue, für das 20. Jahrhundert.

Freud

Schönberg

Daß es dabei um einen regen Austausch geistiger Güter zwischen den Reichshälften, Kronländern und Provinzen Österreich-Ungarns gekom-

Johann Strauß mit seiner dritten Frau Adele

men wäre, ist eine beliebte schöne Legende, die erst nach dem Zweiten Weltkrieg entstand und im Zug der Ost-West-Entspannungsbemühungen so richtig aufzublühen begann, um als politisches Hausmittel für die Verständigung im Donauraum angewendet zu werden. Tatsächlich kapselten sich die Nationen und Minderheiten von Wien und auch voneinander ab, förderten ausschließlich und oft nahezu gewaltsam die eigenständige Kultur und wiesen die Vermischung mit fremden Elementen brüsk zurück. Marie von Ebner-Eschenbach war in Budapest unbekannt (sie ist es noch heute), und die große tschechische Schriftstellerin Božena Nemčová nahm man weder in Wien noch in Budapest zur Kenntnis. Die Musik von Anton Bruckner spielte kein Orchester in Ungarn oder in Galizien, und die Opern des ungarischen Komponisten Ferenc Erkel führte man in Wien und in Prag niemals auf. Den hervorragenden ungarischen Maler Lászlo

Mednyánsky kennt man in Wien noch heute nicht, den ausgezeichneten österreichischen Maler Anton Romako in Budapest nicht, den brillanten Tschechen Antonín Slavíček weder in Wien noch in Budapest. Die Liste ließe sich endlos fortsetzen.

Wohl gab es einen rein individuellen Wechsel des geographischen Standortes, den man später zu einer fruchtbaren kulturellen Wechselwirkung umdeutete, wobei die Wanderung fast ausnahmslos in einer Richtung stattfand, vornehmlich von den Randgebieten der Monarchie nach der österreichischen Reichshälfte und auch dort zumeist nach Wien. Der Musikkritiker Eduard Hanslick kam aus Prag, Seelendoktor Sigmund Freud und der Architekt Adolf Loos kamen aus Mähren, der Wissenschaftler Ernst Mach kam aus der Slowakei und der Kunstkritiker Ludwig Hevesi aus Ungarn, der Komponist Gustav Mahler aus Böhmen, der Schriftsteller Franz Karl Ginzkey aus Istrien, der Operettenkomponist Franz von Suppé aus Dalmatien. Obwohl Budapest hektisch aufzuholen versuchte und Prag als die heimliche zweite Hauptstadt Österreich-Ungarns galt, war die Kaiserstadt Wien mit der Weltsprache Deutsch unbestritten das Zentrum der stärksten politischen, wirtschaftlichen und kulturellen Gruppierungen, und demgemäß bot nur Wien die Chance für einen international anerkannten Aufstieg.

Die Zugereisten

In Wien residierte die Verkörperung der höchsten Macht, der Monarch, der vor allem Kaiser von Österreich war. In Ungarn betrachtete man ihn als einen mehr oder minder symbolischen König, als einen »distinguierten Ausländer«, wie Gyula Graf Andrássy einmal bemerkte, und in Prag als einen ganz und gar fremden Herrscher, da er sich weigerte, die Wenzelskrone Böhmens aufs Haupt zu setzen und den Krönungseid zu schwören. Die Tschechen nannten ihn »Prochazka«; das Wort bedeutet Spaziergang und ist noch heute in der Tschechoslowakei als Familienname sehr häufig anzutreffen. Der Spott war eher milde, hatte aber einen tieferen Sinn: er sollte klarstellen, daß Franz Joseph, der Kaiser von Österreich, in Prag bloß irgendein alter Herr war, eine Null in Uniform – eben ein Prochazka.

Sarajevo und die Folgen

Die allerletzte Schlacht

Kaiser Franz Joseph I. regierte achtundsechzig Jahre. Er war von allen Habsburgern, die über Österreich geherrscht hatten, der wandlungsfähigste: er begann als erzkonservativer absoluter Monarch, der »das Konstitutionelle über Bord geworfen« hatte, und landete, liberal und tolerant geworden, bei der parlamentarischen Demokratie. Seine staatsmännische Kunst bestand Jahrzehnte hindurch nur noch aus Nachvollziehen, aus Nachgeben und aus Resignation. Franz Joseph war kein Staatsmann, er war vor allem das Haupt einer nach seiner tiefsten Überzeugung von Gott und der Geschichte legitimierten Dynastie. Er sah ihr Ende kommen. Seine Grundeinstellung war eine pessimistische, sein Prinzip das Ausharren ohne Hoffnung: »... man muß sich so lange wehren, als es geht, seine Pflicht bis zuletzt tun und endlich mit Ehre zugrunde gehen.« Als Chef des Hauses Habsburg war er stur, unerbittlich und beschränkt. Er glaubte felsenfest daran, Familiengesetz und höfische Tradition seien die einzig wirksamen Mittel, den Jüngsten Tag der Monarchie hinauszuzögern. Die sorgfältig konservierte glanzvolle Hülle sollte die Substanz retten.

Kaiser Franz Joseph

Franz Joseph trug stets Uniform, aber er war kein Soldatenkaiser, kein Feldherr auf dem Thron, er war bloß der oberste Zinnsoldat des Reiches, der seine schöne Armee nach bitteren Erfahrungen möglichst in keinen Krieg mehr schicken wollte. In der ein wenig abgetragenen Montur eines k. u. k. Generals setzte sich tagtäglich ein fleißiger Beamter des Staates an den Schreibtisch, ein Frühaufsteher, pflichtbewußt bis zur Selbstaufopferung, ein Aktenarbeiter mit großem Interesse für unwesentliche Details und mit recht wenig Sinn für die großen Zusammenhänge. Der Kaiser am frühen Morgen in seinem Arbeitszimmer war zunehmend zu einer allegorischen Gestalt geworden, zur allerhöchsten Bürgschaft für eine heile österreichische Welt.

Franz Joseph war, so wußten es seine mehr als fünfzig Millionen Untertanen, bescheiden und sparsam, er lebte spartanisch, er gönnte sich kaum eine private Freude und nahm nur karge Mahlzeiten zu sich. Das wurde zum Mythos und zum amtlichen Vorbild, ohne Rücksicht darauf, daß der Kaiser vom Wert des Geldes kaum eine Ahnung hatte, von wirtschaftlichen Fragen nichts verstand und daß alte Menschen selten üppig tafeln und mit wenig Schlaf auskommen. Im besten Mannesalter erfreute sich der Monarch sehr wohl an einer erlesenen Speisenfolge und trank gern den feinsten französischen Champagner. Die exquisiten Menükarten der täglichen Hoftafel sind Dokumente, die der Öffentlichkeit nicht vorgelegt wurden. Die Jagdleidenschaft des Kaisers sah man als eine Selbstverständlichkeit an, man gönnte ihm die gute, scharfe Waldluft, zumal er in der schlichten Aufmachung eines Försters auf die Pirsch ging. Daß er in seiner Regierungszeit um die 120 000 Stück Wild erlegte, wußten die Untertanen ebenfalls nicht. Seine halbamtliche Freundin, die Burgschauspielerin Katharina Schratt, »gnädige Frau« betitelt, nahm man wohlwollend zur Kenntnis, obwohl sie ein recht teures Vergnügen war: sie bekam eine Jahresapanage, eine Villa in Wien-Hietzing, eine in Bad Ischl und eine in Dalmatien, sie erhielt kostbare Geschenke, und Franz Joseph beglich laufend ihre enormen Spielschulden, die sie Jahr für Jahr in Monte Carlo machte. Man sah in der stillen Affäre einen sehr menschlichen, einen sehr demokratischen Zug des Kaisers zutage treten: Die »gnädige Frau« war doch eine bürgerliche Bäckerstochter und somit die Verkörperung des einfachen Volkes schlechthin. Die ungeheure Heuchelei, die dabei ebenfalls zutage trat, merkte man schon weniger. Denn während Franz Joseph bei Katharina Schratt Entspannung und Trost suchte und fand, verfolgte er mit geradezu alttestamentarischem Haß jede nicht standesgemäße Beziehung in der Familie Habsburg und in den Kreisen des sogenannten hoffähigen Adels. Seinem Neffen, dem späteren Thronfolger Franz Ferdinand, machte er das Leben wegen der morganatischen Ehe mit der Gräfin Sophie Chotek zur Hölle: der Erzherzog durfte bei offiziellen Anlässen nicht in Begleitung seiner Frau erscheinen, er durfte in der Hofloge und an der Hoftafel nicht mit ihr zusammen sitzen, seine Kinder wurden von der Thronfolge feierlich ausgeschlossen.

Katharina Schratt

Franz Ferdinand

Die krampfhafte Aufrechterhaltung einer auf veralteten Prinzipien gebauten Scheinwelt half nicht mehr. Das Erzhaus verfiel. Die Familie Habsburg, von blutigen Katastrophen jahrhundertelang verschont, erhielt schwere Schläge. Bei Hof munkelte man, die Gräfin Batthyányi, die Frau des 1849 hingerichteten ungarischen Ministerpräsidenten, habe, als sie Erzherzogin Sophie in Wien um Gnade für ihren Mann anflehte und schroff abgewiesen wurde, das Haus Habsburg fürchterlich verflucht. Die Geschichtswissenschaft kann irrationale Motive nicht berücksichtigen. Die Serie der Unglücksfälle, die in der Regierungszeit von Franz Joseph den innersten Kreis der Dynastie trafen, ist allerdings recht eindrucksvoll:

Maximilian, Kaiser von Mexiko

Am 19. Juni 1867 wurde Erzherzog Maximilian, der zweitälteste Sohn von Erzherzogin Sophie, im Alter von vierunddreißig Jahren in Mexiko erschossen. Franz Joseph war an dem gewaltsamen Tod seines jüngeren Bruders nicht ganz unschuldig. Maximilian zeigte liberale Regungen. Als Generalgouverneur des lombardisch-venezianischen Königreiches versuchte er den Italienern durch eine betont freundliche Haltung entgegenzukommen, wurde dafür vom Kaiser wiederholt scharf getadelt und schließlich abgesetzt. Er saß fortan verdrossen und ohne ausreichende Beschäftigung auf seinem herrlichen Schloß Miramar bei Triest. Nach der verlorenen Schlacht bei Königgrätz demonstrierten in Wien kleinere Gruppen gegen Franz Joseph, sie verlangten seine Abdankung zugunsten des leutseligen, liebenswürdigen Maximilian. Das war zweifellos ein Alarmzeichen. Als der französische Kaiser Napoleon III. im Zuge einer

Kaiser Franz Joseph I. nimmt eine Bittschrift entgegen

militärischen Expedition die Republik Mexiko, in der chaotische Verhältnisse herrschten, teilweise erobert hatte, bot er Maximilian die Krone eines künftigen mexikanischen Kaiserreiches an. Franz Joseph, als Oberhaupt des Hauses Habsburg, erteilte seinem Bruder die Erlaubnis zur Thronbesteigung in Übersee ohne Bedenken, bestand aber hartnäckig darauf, daß er auf alle seine Rechte als Erzherzog und als eventueller Thronfolger in Österreich verzichten sollte. Maximilian verzichtete. Er war nicht nur leutselig und liebenswürdig, er war auch ehrgeizig und machthungrig, und er reiste, ohne über das fremde Land ausreichend informiert zu sein, glückselig ab.

Die französischen Truppen hatten inzwischen Mexiko fast vollständig geräumt. Die Republikaner unter der Führung des Advokaten Carlo Benito Juárez, eines Indios, bekämpften den neuen Kaiser aus einer fremden Welt. Maximilian häufte Fehler auf Fehler: In zwei Dekreten erklärte er Juárez und seine Anhänger zu Banditen, die man, wo man sie antreffe, ohne viel Federlesens erschießen sollte. Die Republikaner, von den Vereinigten Staaten von Amerika unterstützt, besiegten die kaiserlichen Truppen. Maximilian hätte sich noch mühelos retten, er hätte sich nach Österreich einschiffen können, zögerte aber, da er als abgedankter Erzherzog daheim keine Privilegien und keine Aussichten auf eine hohe Position mehr hatte. Kostbare Zeit verstrich. Die Republikaner brachen den letzten Widerstand und nahmen Maximilian gefangen. Franz Joseph stand ihm nun wieder alle seine Rechte zu, er glaubte, die Mexikaner würden einen österreichischen Erzherzog mit Respekt behandeln. Doch Juárez war von der Geste des Kaisers von Österreich und Königs von Ungarn nicht beeindruckt. Nach einer kurzen Gerichtsverhandlung krachte die Gewehrsalve des Hinrichtungskommandos auf einem Hügel in der Nähe der kleinen Stadt Querétaro. Die Leiche gaben die Republikaner frei, Admiral Tegetthoff holte sie mit der Fregatte »Novara« ab. Maximilian, Kaiser von Mexiko, wurde in der Wiener Kapuzinergruft beigesetzt.

Erzherzogin Sophie

Im späten Frühjahr 1872 verlor Franz Joseph seine Mutter, die vermutlich seine engste Vertraute war. Erzherzogin Sophie starb einen dummen Tod. Sie setzte sich, nach einer Vorstellung im Burgtheater, in ihrem Abendkleid auf einen Balkon der Hofburg, um ein wenig frische Luft zu schöpfen, schlief ein, erwachte erst am frühen Morgen, holte sich dabei eine Lungenentzündung und verschied nach einem langen, schweren Todeskampf am 28. Mai. Sie stand im achtundsechzigsten Lebensjahr.

Kronprinz Rudolf

Am 30. Januar 1889 erschoß sich der einzige Sohn des Kaisers, der dreißig Jahre alte Kronprinz Rudolf, im Schlafzimmer des Jagdschlosses Mayerling im Wienerwald. Bevor er starb, brachte er mit einem Revolverschuß seine Geliebte, die siebzehnjährige Baronesse Mary Vetsera, um. Über die Tragödie von Mayerling wurden unzählige Publikationen veröffentlicht, das Ende ist noch immer nicht abzusehen, es tauchen immer wieder neue Variationen und Spekulationen auf. Der Selbstmord – denn es war eindeutig Selbstmord – war das Ergebnis einer Eskalation von Negativfaktoren und somit der beinahe logische Schlußpunkt einer restlos verfahrenen Situation. Rudolf war mütterlicherseits erblich belastet, er hatte ein äußerst labiles Nervensystem, er war Alkoholiker, Morphinist, und er war geschlechtskrank. Er war ein Rebell im eigenen Haus, er war intelligent genug, die Mißstände im Reich und die Gefahren des veralteten Regierungsstils seines Vaters zu sehen. Er wollte Politik machen, durfte es aber nicht. Er mischte sich dennoch in die amtlichen Angelegenheiten der Monarchie ein, mal offen, mal als Journalist unter Pseudonym in der »Judenzeitung«, im »Neuen Wiener Tagblatt«, er bekämpfte das Bündnis mit dem Deutschen Reich und spielte mit dem Gedanken, sich zum ungarischen König krönen zu lassen, eine für den Hof in Wien recht fragwürdige Idee, die aber von einer Gruppe einflußreicher ungarischer Adeliger ernsthaft aufgegriffen und bis an den Rand eines Komplotts weiterentwikkelt wurde. Manche Zeugenaussagen und Indizien deuten darauf hin, daß Franz Joseph von der in seinen Augen gewiß ungeheuren Sache Wind bekam und seinen Sohn zur Rede stellte. Der in seine privaten und politischen Probleme heillos verstrickte Kronprinz sah keinen Ausweg mehr außer den Tod. Baronin Vetsera, ein exaltiertes junges Mädchen, das sich anbot, Gefährtin ins Jenseits zu sein, erleichterte Rudolf den letzten, vermutlich in einem hysterischen Panikzustand endgültig beschlossenen Schritt. Denn er suchte schon früher eine Frau, die bereit gewesen wäre, mit ihm zu sterben, er bot den gemeinsamen Freitod auch einer anderen Geliebten, Mizzi Caspar, an, einer urwüchsigen Wienerin aus kleinsten Verhältnissen, die ihren Lebensunterhalt durch Herrenbekanntschaften bestritt. Mizzi Caspar lief zur Polizei, ein Protokoll wurde aufgenommen, aber dann unterschlagen, die Geschichte war doch zu unglaubwürdig und zu peinlich, wie sollte man sie bei Hof vortragen? Am besten überhaupt nicht. Als Rudolf bald darauf Mary Vetsera und sich erschoß, versuchte der Hof vorerst die Tatsachen völlig zu vernebeln. Die erste offizielle Meldung sprach von einem Herzschlag. Doch die deutsche Presse setzte sich auf die nur oberflächlich verwischten Spuren, der Fall wurde aufgerollt, wenn auch nicht restlos; einige Dokumente, die den Selbstmord des Kronprinzen betrafen, blieben bis heute verschlossen. Die Untersuchung seiner Leiche in der Kapuzinergruft steht noch aus.

Kaiserin Elisabeth

Am 10. September 1898 wurde die Gemahlin Franz Josephs, Kaiserin Elisabeth, in Genf auf offener Straße von einem italienischen Anarchisten namens Luigi Lucheni mit einer dünnen Feile erstochen. Lucheni, ein verwirrter Fanatiker, rannte gegen die Monarchie als politische Institution an; er traf eine tief unglückliche Frau, der die Krone schon lange nichts mehr bedeutete und für die auch das Leben kaum noch Sinn hatte. Elisabeth, die einst bildschöne und muntere Sisi, war ebenfalls ein Rebell in der Familie Habsburg, sie litt unter der steifen, verlogenen Atmosphäre des Wiener Hofes und brach immer wieder aus; sie hielt sich nur selten in der Haupt- und Residenzstadt auf und nahm ihre Repräsentationspflichten als Kaiserin und Königin äußerst sporadisch wahr. Sie entfremdete sich Franz Joseph zusehends, und etwa ab ihrem vierzigsten Lebensjahr mehrten sich die Zeichen, daß sie, von schweren endogenen Depressionen geplagt, die Grenze der Geisteskrankheit überschritten hatte, was man aber offiziell nicht zugeben wollte und daher auch nichts für ihre Heilung tat. Sie irrte, fast bis zum Skelett abgemagert, ruhelos in der Welt umher, bis der blinde Zufall sie auf der Genfer Uferpromenade, dem Hôtel de la Paix gegenüber, mit dem Anarchisten Lucheni zusammenführte. Sie starb im Alter von sechzig Jahren. »Was ist denn mit mir geschehen?« waren ihre letzten Worte.

Aufstand der Erzherzöge

Auch mehrere Erzherzöge setzten sich über die geheiligten Schranken des Hauses Habsburg hinweg oder mußten stillschweigend aus dem erlauchten Kreis entfernt werden. Franz Joseph hatte mit der Familie in der Tat nur Kummer. Feldmarschalleutnant Erzherzog Johann Salvator veröffentlichte eine Schrift mit dem Titel »Drill oder Erziehung?«, in der er den veralteten Geist und die daraus resultierende starre Disziplin der k. u. k. Armee in Frage stellte. Er heiratete die Ballettänzerin Milli Stubel, trat offiziell aus dem Erzhaus aus, nannte sich fortan Johann Orth, rüstete ein Schiff, mit dem er nach Südamerika emigrieren wollte und mit dem er dann in der Nähe des Kap Hoorn spurlos unterging. Erzherzog Ferdinand Karl und Erzherzog Leopold Ferdinand verließen ebenfalls das Erzhaus: Ferdinand Karl gründete mit der Professorentochter Bertha Czuber einen bürgerlichen Haushalt in München und legte sich den Namen Ferdinand Burg zu, Leopold Ferdinand landete unter dem Namen Leopold Wölfling auf der Kabarettbühne in Berlin. Ludwig Viktor, der jüngste Bruder des Kaisers, hatte homoerotische Neigungen; nach einem Skandal in einer Wiener Badeanstalt wurde er lebenslänglich auf Schloß Kleßheim bei Salzburg verbannt. Erzherzog Otto, nach dem Selbstmord des Kronprinzen Rudolf hinter Erzherzog Franz Ferdinand an der zweiten Stelle

der Thronfolgerliste placiert, führte eine vergnügtes Lotterleben, hatte fünf uneheliche Kinder, spielte jahrelang in Monte Carlo Roulette und starb mit einundvierzig Jahren an der Syphilis. Erzherzogin Luise, mit dem Kronprinzen von Sachsen, Friedrich August, vermählt, Mutter von fünf Kindern, brannte mit dem Französischlehrer André Giron durch und heiratete schließlich den italienischen Komponisten Enrico Toselli.
Am 28. Juni 1914, einem Sonntag, wurden Thronfolger Erzherzog Ferdinand und seine Frau in Sarajevo, in der Hauptstadt des an Österreich-Ungarn angeschlossenen Bosnien, von einem serbischen Nationalisten, dem Studenten Gavrilo Princip*, erschossen. Das eiserne Hausgesetz der Habsburger verfolgte sie auch noch im Tod unerbittlich: sie wurden nicht in der Kapuzinergruft, sondern in der Krypta ihres Schlosses Artstetten in Niederösterreich beigesetzt. »Soviel ich sehe, nimmt die Stadt Wien das Ereignis ruhig auf«, schrieb der Reichsratsabgeordnete und Historiker Joseph Redlich über das Attentat von Sarajevo in sein Tagebuch. »In der Stadt herrscht keine Trauerstimmung, im Prater und hier draußen bei uns in Grinzing, überall Musik.«

Sarajevo

Die Schüsse von Sarajevo lösten den Ersten Weltkrieg aus. Seine Ursache waren sie nicht, sie gaben bloß das Signal, die schon längst bereitgestellten Kanonen abzufeuern. Die erst später zurechtgezimmerte Theorie, die Großmächte hätten den Krieg gar nicht gewollt, sie wären mehr oder minder hilflos hineingeschlittert, entspricht den Tatsachen nicht. Das Bündnis der führenden Wirtschaftskreise mit den Militärs arbeitete überall zäh auf einen bewaffneten Konflikt hin; uneinig war man lediglich über den Zeitpunkt, wann man losschlagen sollte. In den Jahren 1900 bis 1914 gaben die Industrieländer für die Ausrüstung und Modernisierung ihrer Armeen die enorme Summe von 53 Milliarden Golddollar aus. Man war sich der Kriegsgefahr wohl bewußt: 1899 und 1907 wurden in Den Haag unter Teilnahme von sechsundzwanzig beziehungsweise vierundvierzig Staaten Friedenskonferenzen abgehalten. Sie führten zu keinem Ergebnis. Durch die rasche Industrialisierung und durch den sprunghaft steigenden Bedarf an Rohstoffen und Energieträgern schien eine Neuverteilung der Machtverhältnisse unvermeidbar. Es gab überall offene Rechnungen, die man mittels Blut und Eisen zu begleichen gedachte. Das Deutsche Reich besaß bereits das stärkste Landheer und ging daran, die größte Flotte der Welt zu bauen, um die Vorherrschaft Großbritanniens im ertragreichen Kolonialhandel zu brechen. Das machte die Engländer stutzig und

* Der zwanzig Jahre alte Gavrilo Princip war Mitglied eines aus acht Personen bestehenden Kommandos, hinter dem die Geheimorganisation »Crna Ruka« (Schwarze Hand) stand. Franz Ferdinand stattete Sarajevo nach einem Manöver der k. u. k. Truppen einen offiziellen Besuch ab, obwohl die serbische Regierung Wien eine allerdings recht unbestimmte Warnung zukommen ließ, der Thronfolger solle auf den Besuch verzichten. Die Mitglieder des Kommandos lauerten an verschiedenen Punkten der Stadt; bereits bei der Cumurja-Brücke warf einer der Attentäter eine Bombe gegen das Auto des Thronfolgers, einen offenen Graef & Stift, 32 PS (heute im Heeresgeschichtlichen Museum in Wien), doch die Sprengladung detonierte zu spät. Gavrilo Princip gab die tödlichen Schüsse auf dem Appelkai (heute Vojvoda Stepe Obala) ab. Die Stelle unweit der heutigen Princip-Brücke wird von einer Gedenktafel gekennzeichnet. Princip, für Jugoslawien ein Nationalheld, starb im Militärgefängnis Festung Theresienstadt noch vor dem Ende des Krieges an Knochentuberkulose.

Erzherzog Franz Ferdinand beim Stapellauf des Schlachtschiffs »Viribus Unitis«

kampfbereit. Frankreich wollte das im Jahr 1871 an das Deutsche Reich verlorene Rohstoff- und Industriegebiet Elsaß-Lothringen zurückerobern. Das alte Türkische Reich hatte sich überlebt, es lag in Agonie und kam daher als Beute des Jahrhunderts in Betracht. Die Balkanvölker wollten ihre Unabhängigkeit, nicht zuletzt die wirtschaftliche, und sie suchten einen mächtigen Protektor. Rußland bot sich an, mit dem Hintergedanken, das Zarenreich bis zum Mittelmeer auszudehnen. Österreich-Ungarn war ebenfalls bemüht, sich auf der noch rückständigen Balkanhalbinsel zu etablieren, vor allem, weil die englische und die deutsche Konkurrenz die Märkte in Westeuropa und in Übersee völlig unter Kontrolle hatte.

Kriegsvorbereitungen

In den Zentren der Macht, in Berlin, Petersburg, Paris, Wien, London und Rom, glaubte man unter Zeitdruck zu stehen. Doch die Monarchen und Ministerpräsidenten schreckten noch vor der Verantwortung zurück, während man in den Kabinettstuben bereits nach einem halbwegs brauchbaren Vorwand suchte, unter dem man die bewaffnete Auseinandersetzung auslösen und die Schuld dafür dem Gegner aufladen könnte. Die Wirtschaft drängte diskret, das Militär offen. Der deutsche Generalstabschef Helmuth von Moltke erklärte: »Jedes Zuwarten bedeutet eine Verminderung unserer Chancen, mit Rußland können wir eine Konkurrenz in bezug auf Massen nicht aufnehmen.« Conrad von Hötzendorf, Generalstabschef der k. u. k. Armee, empfahl dem Kaiser einen Präventivkrieg gegen Italien. Franz Joseph lehnte entrüstet ab: »Meine Politik ist eine Politik des Friedens. Dieser Politik müssen sich alle anbequemen. In diesem Sinne führt mein Minister des Äußeren meine Politik. Es ist ja möglich, daß es zu diesem Kriege kommt. Er wird aber erst geführt werden, wenn Italien uns angreift.«

Die Minister des Kaisers führten jedoch die österreichisch-ungarische Außenpolitik keineswegs im Sinn des Friedens. Sie führten sie, durch die

Strukturschwächen des Staatsverbandes in die Enge getrieben, meist als improvisierte Fortsetzung der Innenpolitik, vor allem des Nationalitätenstreites und auch stets mit Rücksicht auf die ungarischen Sonderwünsche. Die unglückselige Idee, dem Haus Habsburg neue Gebiete zu »erwerben«, geisterte dabei wieder in den Köpfen und trug letztlich nicht unwesentlich zum Ausbruch des Krieges bei. Im Sommer des Jahres 1878 legte der zum k. u. k. Außenminister ernannte Graf Gyula Andrássy dem Kaiser zwei Balkanprovinzen, Bosnien und die Herzegowina, zu Füßen. Sie waren seit dem 15. Jahrhundert türkische Gebiete mit einer überwiegend slawischen Bevölkerung, aber immerhin mit 36 Prozent Mohammedanern. Der langsame Verfall des Osmanenreiches bot die Gelegenheit, einzugreifen, um die Christen von der Unterdrückung der korrupten Sultane und Großwesire zu befreien. Der Berliner Kongreß der Großmächte im Juni 1878 erteilte Österreich-Ungarn die Genehmigung zur sogenannten Okkupation, zu einer ziemlich verworrenen völkerrechtlichen Lösung: Die beiden Provinzen sollten von der k. u. k. Armee besetzt und von der Monarchie verwaltet werden, aber weiterhin unter türkischer Oberhoheit stehen. Sultan Abdul Hamid II. war einverstanden. Die Bevölkerung nicht. Andrássy versprach dem Kaiser, die Okkupation werde ohne Blutvergießen vor sich gehen. Doch die Armee mußte den Widerstand in harten Kämpfen brechen. Der Einmarsch begann am 29. Juli, aber erst am 19. August wurde Sarajevo erstürmt und am 16. Oktober Mostar erobert. Noch Jahre hindurch kam es immer wieder zu Aufständen, obwohl die österreichische Verwaltung für die Infrastruktur der kargen Gebirgsgegenden viel getan hatte. Sie betrieb aber auch eine forcierte Katholisierung, und mit der Aushebung von Rekruten machte sie sich in der Bevölkerung gleichfalls recht unbeliebt. Im Herbst 1908 verwandelte Wien die Okkupation überfallsartig in Annexion: Bosnien und die Herzegowina wurden als Besitz des Hauses Habsburg der Monarchie angeschlossen. Das war das in der Tat bald verhängnisvoll werdende Werk des neuen k. u. k. Außenministers, eines ehrgeizigen Diplomaten, Alois Freiherr Lexa von Aerenthal, der, nicht zuletzt auf Drängen seines Protektors, des Thronfolgers Franz Ferdinand, eine »aktive Außenpolitik« betrieb. Das Echo der zweifellos willkürlichen Aktion war denkbar schlecht. Die führenden Politiker der Großmächte äußerten sich empört über die grobe Verletzung des Völkerrechts, und selbst der deutsche Kaiser Wilhelm II., mit Österreich-Ungarn verbündet, fühlte sich »als Bundesgenosse aufs tiefste verletzt« und sprach verärgert von einem »Fähnrichstreich«.

Bosnien und die Herzegowina

Wien zahlte Konstantinopel eine Entschädigung in der Höhe von zwei Millionen Pfund Sterling. Die Türkei hielt still, aber der politische Hexenkessel auf dem Balkan begann erneut zu brodeln. Das kleine Königreich Serbien glaubte sich von Österreich-Ungarn in seiner Existenz bedroht und sah die serbischen und kroatischen Brüder in Bosnien und in der Herzegowina einer rücksichtslosen Fremdherrschaft ausgeliefert. Die Atmosphäre war bereits durch den sogenannten Schweinekrieg, durch einen folgenschweren wirtschaftspolitischen Schritt der Monarchie, arg vergiftet: auf Wunsch der ungarischen Großgrundbesitzer, die einen lästigen Konkurrenten loswerden wollten, setzte die k. u. k. Regierung einen überhöhten Zollsatz auf die Einfuhr von Schweinen aus Serbien fest, was das

Serbien

ohnehin bettelarme Balkanland fast an den Rand des wirtschaftlichen Ruins trieb. In Belgrad legte man die Maßnahme Wiens als einen Versuch aus, Serbien absichtlich finanziell zugrunde zu richten, um es sich dann als Kronland einverleiben zu können. Daß Generalstabschef Conrad von Hötzendorf Pläne für einen Präventivkrieg gegen Serbien in der Schublade hatte und konservative Kreise bei Hof eine Teilung Serbiens zwischen dem Zarenreich und der Monarchie für eine vorteilhafte Lösung des Balkanproblems hielten, blieb dem erstaunlich gut funktionierenden serbischen Geheimdienst nicht verborgen. Belgrad wandte sich, ebenfalls noch hinter den Kulissen, an den großen slawischen Bruder Rußland um Hilfe. Der Zar versprach für den Ernstfall seine volle Unterstützung.

Der Ernstfall trat im Sommer 1914, vorerst jedoch recht schleppend, ein. Sommer 1914

Die Ermordung des Thronfolgers mußte nicht zwangsläufig zum Krieg führen, sie konnte aber freilich einen brauchbaren Casus belli, einen Grund für den Krieg, abgeben, wenn man den Krieg unbedingt wollte. Der Kaiser wollte ihn nicht. Keine militärische Strafexpedition gegen Serbien, lautete seine Entscheidung am 2. Juli, man sollte zunächst feststellen, ob die Regierung in Belgrad an der Vorbereitung des Attentats beteiligt gewesen sei. Diese Frage konnte bis zum heutigen Tag nicht eindeutig geklärt werden. Die Attentäter waren österreichische Staatsbürger serbischer Nationalität, man hat sie jedoch auf serbischem Hoheitsgebiet geschult und mit serbischen Armeewaffen ausgerüstet. Zwei Männer, die allerdings in unbedeutender Stellung Beamte des serbischen Staates waren, schleusten sie nach Bosnien ein. Eine unmittelbare Beteiligung der serbischen Regierung konnte nicht nachgewiesen werden. Man wußte obendrein, daß Franz Joseph keineswegs auf Rache sann. Es war im In- und Ausland ein offenes Geheimnis, daß sich das Verhältnis zwischen ihm und dem Thronfolger von Jahr zu Jahr verschlechtert hatte. Franz Ferdinand wartete bereits ungeduldig auf den Tag, an dem der alte Kaiser sterben würde und er die Macht übernehmen könnte. Er war nicht beliebt, denn er war ein jähzorniger, rücksichtsloser Mann, er hatte Manieren wie ein Unteroffizier und bediente sich auch in der Öffentlichkeit hemdsärmeliger Methoden. Er residierte im Schloß Belvedere, wo er eine inoffizielle Gegenregierung aufzog, die sich auf die Christlichsozialen stützte. Seine »Militärkanzlei« arbeitete unter seiner Leitung verschwommene politische Pläne aus, die er dann immer wieder verwarf, wobei sein Grundgedanke, die Doppelmonarchie in eine Dreiermonarchie umzuwandeln, den Slawen die volle staatsrechtliche Gleichberechtigung zuzugestehen, zweifellos richtig war. Daß gerade er, der Slawenfreund, von fanatischen Slawen ermordet wurde, scheint eine persönliche Tragik zu sein, doch es stand eiskalte politische Berechnung dahinter: Hätte Franz Ferdinand seine Pläne verwirklichen können, wäre die Monarchie auch für die Südslawen attraktiv genug gewesen, um die Idee eines geeinten, großen südslawischen Staates, das Ziel der serbischen Nationalisten, fallenzulassen. Er mußte weg.

Was den Kaiser nicht allzusehr traf. Als er vom Tod des Thronfolgers erfuhr, murmelte er: »Entsetzlich. Der Allmächtige läßt sich nicht herausfordern. Eine höhere Gewalt hat wieder jene Ordnung hergestellt, die ich leider nicht zu erhalten vermochte.« Dies bezog sich auf die Thronfolge, und es kann sein, daß die Worte des Kaisers für die Nachwelt ein wenig redigiert wurden; sie klingen eine Spur zu erhaben und zu literarisch. Zu seiner Tochter, Erzherzogin Marie Valerie, sagte er recht einfach: »Es ist für mich eine große Sorge weniger.«

Die Sorge um einen möglichen Krieg blieb jedoch, sie wuchs von Tag zu Tag. Die verwaisten Anhänger des Thronfolgers, k. u. k. Generalstabschef Conrad von Hötzendorf und k. u. k. Außenminister Leopold Graf von Berchtold, ein konservativer Großgrundbesitzer und recht mittelmäßiger Diplomat, der nach dem Tod Aehrenthals seit dem Februar 1912 die Geschäfte führte, hatten sich für den Krieg entschieden. Am 7. Juli forderte Graf Berchtold im Ministerrat, man solle Serbien »durch eine Kraftanstrengung für immer unschädlich machen, um so mehr, als ein untätiges Gewährenlassen bei unseren Südslawen und Rumänen als Zeichen der Schwäche ausgelegt werden müßte«. Der Kaiser wehrte sich. Er wollte keinen Krieg. Diesmal kamen ihm die Ungarn zu Hilfe. István Graf Tisza, Ministerpräsident der ungarischen Regierung, warnte die österreichische Regierung, falls man nicht besonnen vorginge, könnte »eine furchtbare Kalamität« entstehen. Ein Angriff auf Serbien müsse »nach jeder menschlichen Voraussicht« einen Konflikt mit Rußland und dadurch einen Weltkrieg auslösen. »Wenn ich aber die gegenwärtige Lage der Staatsfinanzen und der Volkswirtschaft in Betracht ziehe, weiterhin die mit einem Krieg verbundenen Opfer und Leiden, so kann ich nach peinlicher, gewissenhafter Überlegung die Verantwortung für die in Vorschlag gebrachte Aggression gegen Serbien nicht mittragen.«

Der Kaiser wehrt sich

Die Warnung des ungarischen Ministerpräsidenten Tisza bedeutete zumindest Zeitgewinn. Die Kriegspartei in Wien verlegte sich nun auf eine Zermürbungstaktik. Der Kaiser war alt, er war vierundachtzig, er konnte sich nicht mehr stundenlang konzentrieren, er war es auch müde, alle Informationen nachprüfen zu lassen, und verlor manchmal die Übersicht. Politik machte er nicht mehr, was er noch tat, war bloß ein ehrenhaftes Rückzugsgefecht. Die Regierung beschloß, Serbien ein ganz und gar unannehmbares Ultimatum zu stellen, um endlich die Entscheidung für den Krieg zu erzwingen. Die »Begehrnote«, von dem Gesandten Alexander von Musulin im k. u. k. Außenamt verfaßt, wurde am 23. Juli gegen achtzehn Uhr in Belgrad überreicht. Die serbische Regierung stimmte allen Punkten bereitwillig zu, mit Ausnahme eines einzigen, dem unmöglichsten: Obwohl der Mord von österreichischen Staatsbürgern auf österreichischem Territorium verübt wurde, sollte die serbische Regierung die Verfolgung der Attentäter auf serbischem Hoheitsgebiet österreichisch-ungarischen Behörden überlassen – eine beispiellose Verletzung der Souveränität eines unabhängigen Staates.

Unmögliche Forderungen

Die Regierung des Königreichs Serbien hatte, wie in Wien erwartet, das mit achtundvierzig Stunden befristete Ultimatum zurückgewiesen. Franz Joseph gab den Widerstand auf. Am 28. Juli unterschrieb er die Kriegserklärung Österreich-Ungarns an Serbien – in Bad Ischl, wo er auf Sommerfrische weilte. Im gesamten Gebiet der Monarchie erschien sein berühmtes Kriegsmanifest:

»An Meine Völker!

Es war Mein sehnlichster Wunsch, die Jahre, die Mir durch Gottes Gnade noch beschieden sind, Werken des Friedens zu weihen und Meine Völker vor den schweren Opfern und Lasten des Krieges zu bewahren. Im Rate der Vorsehung ward es anders beschlossen. Die Umtriebe eines haßerfüllten Gegners zwingen Mich, zur Wahrung der Ehre Meiner Monarchie, zum Schutze ihres Ansehens und ihrer Machtstellung, zur Sicherung des Besitzstandes nach langen Jahren des Friedens zum Schwerte zu greifen ...

Ich vertraue auf Meine Völker, die sich in allen Stürmen stets in Einigkeit und Treue um Meinen Thron geschart haben und für die Ehre, Größe und Macht des Vaterlandes zu schweren Opfer immer bereit waren. Kriegsmanifest

In dieser ernsten Stunde bin Ich Mir der ganzen Tragweite Meines Entschlusses und Meiner Verantwortung vor dem Allmächtigen voll bewußt. Ich habe alles geprüft und erwogen. Mit ruhigem Gewissen betrete Ich den Weg, den die Pflicht Mir weist.«

Die Öffentlichkeit nahm die erhabenen Worte des Kaisers tief beeindruckt und bewegt zur Kenntnis. Daß sie nicht vom Kaiser stammten, wußten nur wenige. Den Text des Manifestes verfaßte der diensthabende Beamte im k. u. k. Pressedienst am Ballhausplatz, Ministerialrat Joseph Fuchs, ein ehemaliger Prager Journalist mosaischen Glaubens.*

Man begrüßte den Krieg, als wäre ein Freudenfest angebrochen, man ließ ihn begeistert hochleben, man jubelte wie im Rausch, man skandierte alberne Parolen – »Serbien muß sterbien!« –, streute Blumen und betrank sich vor lauter Glückseligkeit. Die psychologischen Motive des für uns heute ganz und gar unbegreiflichen Verhaltens kann man nur vermuten: Eine dekadente Wohlstandsgesellschaft sah nun die einmalige Chance, aus dem anscheinend schon langweilig gewordenen Alltag auszubrechen, das große Abenteuer zu wagen und zu erleben. Auch progressive Intellektuelle ließen sich von der sonderbaren Stimmung mitreißen. Sigmund Freud etwa, der »das Befreiende der mutigen Tat« hervorhob. Der Komponist Alban Berg schrieb in einem Brief: »Vielleicht dämmert dann in diesen Abgründen die Erkenntnis, daß es andere Werte gibt als die, die man bis jetzt für die alleinseligmachenden hielt.«

Am 3. August erklärte Deutschland an Frankreich den Krieg, am 4. August England an Deutschland, am 6. August Österreich-Ungarn an Rußland. Des Kaisers schöne Armee zog ins Feld; die Infanterie in ihrer neuen, hechtgrauen Uniform, die Kavallerie farbenprächtig wie eh und je: die Husaren in roter Hose und blauer Attila, mit dem über die Schulter geworfenen pelzbesetzten Dolman, die Ulanen silber- und goldbetreßt, die Dragoner mit ihrem hohen, glitzernden Helm, alles leichte Beute für die Scharf- und Maschinengewehrschützen. Zu Beginn des Krieges schickte die Monarchie 48 Infanterie-, 2 Landsturm- und 11 Kavalleriedivisionen, 41 Marsch- und Landsturmbrigaden, 483 Batterien, 224 Festungsartilleriekompanien, 155 Pionierkompanien, 15 Flieger- und 6 Radfahrkompanien, 12 Panzerschiffe, 7 Kreuzer, 18 Zerstörer, 55 Torpedoboote und 6 Unterseeboote, insgesamt 1 700 000 Mann, in den Kampf. Weltkrieg

* Nach dem Zweiten Weltkrieg tauchte in den Publikationen des Außenamtes eine andere Version auf: demnach wäre Legationsrat Dr. Alexander Hojos der Verfasser des Manifests gewesen.

Schon ein Jahr später standen über 4 Millionen k. u. k. Soldaten im Feld, 1917 mehr als 5 Millionen. Im letzten Kriegsjahr 1918 waren 36 Staaten in den Konflikt verwickelt, darunter auch China, Siam, Haiti und Honduras. Die Gesamtstärke aller mobilisierten Armeen belief sich auf 62 Millionen Mann.

Den sogenannten Mittelmächten, Österreich-Ungarn, Deutschland, der Türkei und Bulgarien, gegenüber machten die Länder der Entente*, einer weltumfassenden Allianz mit den Großmächten Frankreich, England, Rußland und ab dem April 1917 mit den Vereinigten Staaten von Amerika an der Spitze, Front. Italien, das ursprünglich schon seit Oktober 1883 mit Österreich-Ungarn und Deutschland verbündet war (Dreibundvertrag), erklärte sich vorerst neutral. Das legte man in Wien und in Berlin

Italien

als Verrat aus. Doch die Italiener waren im Recht, da der Dreibund einen eindeutigen Defensivvertrag abschloß, Österreich-Ungarn jedoch gegen Serbien einen Angriffskrieg führte. Die Politiker in Rom wollten freilich die Lage ausnützen, sie boten an, Italien würde auch weiterhin neutral bleiben, falls Österreich-Ungarn die überwiegend von Italienern bewohnten Gebiete Aquileia, Gradiska und das Trentino zugunsten des Königreichs Italien abtreten würde. Die deutsche Oberste Heeresleitung schlug vor, um die Gefahr einer dritten, einer italienischen Front auszuschalten, Wien solle auf das Tauschgeschäft eingehen, es aber sofort nach dem gewonnenen Krieg rückgängig machen. Franz Joseph lehnte ab; er war nicht bereit, sich von Besitztümern des Hauses Habsburg zu trennen, aber auch nicht, einen Vertragspartner schamlos zu betrügen: »Ich ziehe es vor, alles zu verlieren und in Ehren ganz zugrunde zu gehen, lieber das, als daß ich mich auf diesen abscheulichen Räuberhandel einlassen soll.«

Die Diplomaten der Entente waren weniger empfindlich, und auch die führenden Männer in Rom benahmen sich auf dem politischen Parkett keineswegs als Kavaliere der alten Schule. Die Engländer und Franzosen machten Rom ein interessantes Angebot: Italien solle die dritte Front eröffnen und dafür nach dem gewonnenen Krieg Südtirol, Görz, Triest, Istrien, einen Teil Dalmatiens und einige Inseln vor der dalmatinischen Küste erhalten. Die Italiener schlossen ab. Am 23. Mai 1915 trat Italien auf der Seite der Entente in den Weltkrieg ein. Die Entscheidung an der dritten Front wurde im Alpengebiet und in den berühmt-berüchtigten zwölf Isonzoschlachten, in denen gesprengte Felsbrocken, Karsthöhlen und abgebrannte Hirtenhütten um den Preis von Tausenden und aber Tausenden Toten erobert, rückerobert und wiedererobert wurden, gesucht – aber nicht gefunden. Am Ende des fast drei Jahre andauernden furchtbaren Gemetzels waren die beiden Armeen dem Sieg nicht näher als am ersten Tag des Kampfes.

Viel wurde über die tapferen k. u. k. Soldaten geschrieben, die heldenhaft gekämpft, unter schwierigsten Bedingungen ihre Pflicht getan, ergreifende Beispiele von Kameradschaft und Selbstopferung der Nachwelt hinterlassen haben. Ehre, wem Ehre gebührt: sie taten es. Aber auch die Soldaten der italienischen, der deutschen, der britischen und der französischen Ar-

* Entente cordiale – herzliches Bündnis –, eine Allianz, die 1904 zwischen England und Frankreich geschlossen wurde und der 1907 auch Rußland beitrat. Alle Staaten, die gegen die Mittelmächte Krieg führten, nannte man allmählich mit dem Sammelbegriff »die Entente«.

mee. Doch letzten Endes haben sie den Krieg nicht entschieden. Der Erste Weltkrieg war bereits ein moderner, weitgehend mechanisierter Krieg, in dem nur noch die Zahlen den Ausschlag gaben: die Masse des Menschenmaterials, die Menge der Rohstoffe, die Effektivität der Rüstungsindustrie und die Reserven an Energieträgern und Lebensmitteln. Nach dem Eintritt Amerikas in den Krieg war der Ausgang der Völkerschlacht klar abzusehen. Doch es ging noch ganze neunzehn Monate weiter.

Versorgungslage

Die Kriegsbegeisterung war längst verflogen. Die Verluste der k. u. k. Armee waren bereits im Herbst 1914 an der serbischen und an der russischen Front außerordentlich hoch; man begann allmählich die verheerende Wirkung der neuen mechanischen Waffen, vor allem der schweren Geschütze und der Maschinengewehre, zu begreifen. Die Versorgungslage im Hinterland verschlechterte sich rapid. In den Städten wurden bereits im Lauf des Jahres 1915 Lebensmittelkarten eingeführt, Brot, Fett, Gemüse, Kaffee, Zucker durch »Ersatz«, durch Beimengung minderwertiger Stoffe wie Rübenmehl, Abfallfette, Stärke, Runkelrüben und Baumrinden gestreckt. Die Zeit der »Hamsterfahrten« brach an, die Stadtbewohner tauschten auf dem Land ihre Habseligkeiten, aber auch Möbel, Haushaltsgeräte, Klaviere gegen frische Lebensmittel ein. Die Spekulanten und Schwarzhändler hatten Hochsaison, aber selbst ihr vom Staat sträflich geduldetes Geschäft wurde gegen Ende des Krieges immer schwieriger: nach und nach verschwanden die letzten Reserven aus den Lagerhäusern und von den Bauernhöfen. Im vierten Kriegsjahr 1918 betrug die amtlich festgesetzte tägliche Lebensmittelration für einen Erwachsenen 180 Gramm Brot, 50 Gramm Mehl, 70 Gramm Kartoffeln, 15 Gramm Fleisch und 5 Gramm Fett. Dafür gab es in den meisten Fabriken, die direkt oder indirekt der Rüstungsindustrie angeschlossen waren, keine begrenzte Arbeitszeit, keine bezahlten Überstunden und auch kein Streikrecht. In der österreichischen Reichshälfte wurde das im März 1914 vertagte Parlament nicht mehr einberufen, Hof und Kabinett regierten mittels diktatorisch erlassener Verordnungen. Sondergerichte praktizierten auch gegen die Zivilbevölkerung das Kriegsrecht, die Presse unterlag einer scharfen Zensur, Versammlungen waren verboten, oppositionelle Stimmen wertete und verfolgte man als Auswürfe hochverräterischer Feindespropaganda.

»Es steht schlecht um uns . . .«

Schon im Herbst 1916 setzte ein radikaler Sozialist, Dr. Friedrich Adler, Sohn des Parteigründers Victor Adler, eine aufsehenerregende Tat: am 21. Oktober erschoß er im Speisesaal des Hotels »Meißl und Schaden« auf dem Wiener Neuen Markt den Ministerpräsidenten des Kriegskabinetts, Karl Graf Stürgkh. Es war eine in Österreich bis dahin recht ungewöhnliche Art des politischen Protests. Friedrich Adler wurde zum Tod verurteilt, dann begnadigt und noch während des Krieges freigelassen. Der Kaiser war verblüfft, er zeigte Interesse für die Motive des Mordes und schien seine Signalwirkung begriffen zu haben. Er wußte wohl, daß der Krieg immer unpopulärer geworden war, er sagte seinem Flügeladjutanten Albert von Margutti: »Es steht schlecht um uns, viel schlechter, als wir ahnen. Die hungernde Bevölkerung des Hinterlandes kann auch nicht mehr weiter. Wir werden sehen, ob und wie wir noch den Winter übertauchen können. Im nächsten Frühjahr mache ich unbedingt Schluß mit dem Krieg.«

Dazu kam es nicht mehr. Mitte November 1916 wurde der sechsundachtzig Jahre alte Kaiser von einem Bronchialkatarrh befallen, der rasch in eine Lungenentzündung ausartete. Am 21. November, kurz nach dem Mittagessen, brach er an seinem Schreibtisch in Schönbrunn zusammen. Er richtete sich noch einmal auf und blieb bis sieben Uhr abends in seinem Arbeitszimmer. Dann ging er zu Bett. »Bitte, mich morgen um halb vier zu wecken, ich bin mit meiner Arbeit nicht fertig geworden«, sagte er seinem Kammerdiener, dann schlief er ein. Fünf Minuten nach neun Uhr stellte sein Arzt, Dr. Josef Kerzl, den eingetretenen Tod fest. Die Bürokratie, die vorschriftsmäßige österreichische Ordnung, die er zeit seines Lebens so liebte, ließ ihn noch einmal grüßen: im Schloß Schönbrunn wurde auch für ihn der für jede auf dem Hoheitsgebiet der Monarchie verstorbene Person unerläßliche Totenbeschau-Befund ausgestellt:

Totenschein

»*Vor- und Zunamen:* S. M. Kaiser Franz Joseph I.
Letzter ständiger Wohnort: XIII. Bezirk, k. u. k. Lustschloß Schönbrunn. *Berufszweig und Berufsstellung:* Kaiser von Österreich, König von Ungarn etc. etc. *Glaubensbekenntnis:* römisch-katholisch. *Stand:* Verwitwet. *Unmittelbare Todesursache nebst Angabe der etwaigen Grundkrankheit, aus welcher sich die unmittelbare Todesursache entwickelt hat:* Herzschwäche nach Lungen- und Rippenfellentzündung. *Ist zu beerdigen:* In Kapuzinergruft. *Überführung der Leiche:* In die Burg. *Gestorben:* 21. XI. 1916 um 9 Uhr 5' Abends.

Wien, beschaut am 23. November 1916 um $^1/_2$11 Vormittags.«

Es war der Totenschein der Monarchie. Man ahnte es. Das dumpfe Gefühl, mit dem alten Kaiser gehe auch das alte Reich, bemächtigte sich der Bürger des bedrängten Vielvölkerstaates. Die übernationale, streng monarchistische Staatsidee der Habsburger hatte sich überlebt. Sie starb mit dem greisen Franz Joseph I. und wurde am 30. November 1916, einem tristen, verregneten Tag, mit der letzten zeremoniellen Beisetzung eines Habsburgers in der Kapuzinergruft zu Grabe getragen. Dem Nachfolger blieb nur noch die – allerdings keineswegs aus freien Stücken beschlossene – Liquidation.

Karl I.

Er war ein schwacher Nachfolger, der erst neunundzwanzig Jahre alte Kaiser Karl I.*, Sohn des lebenslustigen Erzherzogs Otto, ein freundlicher und höflicher Offizier, mit weichen Zügen, meist unentschlossen und mitunter auch verschlagen; ein politischer Dilettant, der zwar gute Absichten, aber nur linke Hände hatte – was er in Angriff nahm, ging daneben. »Kaiser Karl«, meinte Ministerpräsident Ernst von Koerber, Nachfolger des erschossenen Grafen Stürgkh, »ist dreißig Jahre alt, sieht aus wie ein Zwanzigjähriger und denkt wie ein Zehnjähriger.« Generalstabschef Conrad von Hötzendorf gab über den neuen Herrscher ein vernichtendes Urteil mit der Schlußfolgerung ab: »Er hat nichts gelernt, kann nicht einmal orthographisch schreiben.« Wenn er auch angeblich nichts gelernt hatte, so versuchte er immerhin, weniger von einem klaren Konzept als von seinen Eindrücken an der Front und im Hinterland geleitet, die Lage »seiner

* Geboren am 17. August 1887 auf Schloß Persenbeug in Niederösterreich, gestorben am 1. April 1922 in Funchal (Madeira).

Begräbnis Kaiser Franz Josephs I.

Völker« zu verbessern. Am 30. Mai 1917 wurde das Parlament wieder einberufen, eine Maßnahme, die zunächst bloß eine günstigere Optik der inneren Verhältnisse abgab. Am 2. Juli 1917 erließ Karl I. eine weitgehende Amnestie: Deserteure, Hochverräter, Agitatoren, alle »Politischen«, darunter auch Friedrich Adler, der Mörder des Ministerpräsidenten Graf Stürgkh, gingen frei. Die Christlichsozialen und das Oberkommando der Armee waren verärgert, sie meinten, der Kaiser öffnete dem Defätismus Tür und Tor und fiele der Front nun selbst in den Rücken, denn er wolle, auch um den Preis ungünstiger Bedingungen, Frieden schließen.

Friedensbemühungen

Das wollten schon mehrere Gruppen, Geschäftsleute, die rechnen konnten, und Politiker, die einen ungleich weiteren Horizont als die hohen Militärs hatten. Sie sahen, daß der Krieg schon längst verloren war, daß jeder Tag nur neue, unnötige Opfer verlangte und die politische Position der Monarchie noch mehr untergrub. Der Freundeskreis des Wiener Kaffee- und Teehändlers Julius Meinl, darunter Universitätsprofessor Heinrich Lammasch und der Historiker Joseph Redlich, knüpfte in der Schweiz Kontakte zu verantwortlichen Stellen der Entente. Meinl traf in Bern Sir Hugh Whittal, den Chef des britischen Nachrichtendienstes, und nahm durch ihn Verbindung zum US-Präsidenten Woodrow Wilson auf. Der Versuch scheiterte, da das Kriegskabinett in Wien aus Rücksicht auf die deutschen Verbündeten die Gespräche abbrechen ließ. Ebenso erging es dem dänischen Kaufmann Axel Christiansen, der eine Zeitlang im Namen und im Auftrag Österreich-Ungarns in Kopenhagen verhandelte, dem ungarischen Politiker Mihály Graf Károlyi, der mit den Italienern in Verbindung trat, und Slatin Pascha, einem Nobelabenteurer österreichischer Herkunft, einst britischer Generalinspekteur des Sudans, der mit seinen englischen Freunden Geheimgespräche führte. Kaiser Karl stellte über den Prinzen Sixtus von Bourbon-Parma, einen Bruder seiner Frau, Kaiserin Zita, eine Direktverbindung zur französischen Regierung her. Die Sache flog auf, die deutschen Verbündeten waren arg verstimmt. Karl leugnete seine Bemühungen um einen Separatfrieden glatt ab, worauf der französische Ministerpräsident Georges Clemenceau die schriftlichen Beweise der angebotenen Verhandlungen, die sogenannten Sixtus-Briefe, veröffentlichen ließ. Karl reagierte mehr als ungeschickt, er übersandte

Sixtus-Affäre

dem deutschen Kaiser Wilhelm II. ein Telegramm: »Die Anschuldigungen Herrn Clemenceaus gegen mich sind so niedrig, daß ich nicht gesonnen bin, mit Frankreich über die Sache ferner zu diskutieren. Unsere weitere Antwort sind meine Kanonen im Westen. In treuer Freundschaft, Karl.« Der Kaiser von Österreich und König von Ungarn stand nun wie ein ertappter Schulbub vor der Weltöffentlichkeit. Österreich-Ungarn sank zum verdächtigen Juniorpartner des markigen und kämpferischen Deutschen Reiches herab.

Versuche der österreichischen Sozialdemokraten, die über weitverzweigte internationale Parteikontakte verfügten, führten auch zu keinem nennenswerten Ergebnis. Friedensgespräche unter Vertretern mehrerer europäischer sozialdemokratischer Organisationen in Stockholm zeigten zwar Richtlinien auf, zu ihrer Durchsetzung fehlten jedoch vorerst die notwendigen Machtmittel. Sowohl die deutsche Oberste Heeresleitung als auch das Oberkommando der k. u. k. Armee, die Rüstungsindustrie und die deutschnationalen Kreise lehnten jegliche Friedensinitiative strikt ab. Militärexperten, die anscheinend auch nicht rechnen konnten, sahen den Sieg bereits in greifbarer Nähe. Im Herbst 1917 fiel Rußland als kriegführende

Revolution in Rußland

Macht aus. In Petersburg siegte die kommunistische Revolution*, die neuen Männer des Sowjetstaates schlossen Frieden. Ab dem 3. März 1918 (Friedensvertrag von Brest-Litowsk) gab es die schwierige, überlange Ostfront nicht mehr. Doch die Amerikaner warfen im Westen immer mehr Menschen und Material gegen die brüchig gewordenen deutschen Linien, und an der italienischen Front erschienen neue, bestens ausgerüstete und auch bestens verpflegte britische Einheiten. In Wien begann man nun offen über die Notwendigkeit eines Friedens zu diskutieren. Die kurzsichtigen »Patrioten«, die den Krieg unbedingt weiterführen wollten, schienen jedoch noch immer mehr Einfluß und Macht zu haben als die vernünftigen Politiker mit dem Rechenstift in der Hand. Am 28. Februar 1918 verurteilte der christlichsoziale Abgeordnete Robert Pattai im Parlament in Wien scharf jegliche Friedensbemühungen und schloß seine zündende Rede mit den Worten: »Wir sind die Sieger und verlangen die Palme!«

Das Volk glaubte nicht mehr daran. Das letzte Kriegsjahr, 1918, begann in Wien, in Wiener Neustadt und in anderen Industrieorten mit schweren Arbeiterunruhen und mit Streiks. Man forderte die sofortige Beendigung des Krieges. Am 1. Februar brach in Cattaro (heute Kotor in Jugoslawien)

* Am 25. Oktober (nach altem russischem Kalender, daher »die große Oktoberrevolution«), nach dem Gregorianischen Kalender am 7. November, stürzten die Bolschewiki (die »Mehrheitlichen«) unter der Führung der intellektuellen Berufsrevolutionäre Lenin (Wladimir Iljitsch Uljanow, 1870–1924) und Trotzki (Lew Dawidowitsch Bronstein, 1879–1940) das Regime und riefen die Union der Sozialistischen Sowjetrepubliken, einen als föderalistisch konzipierten, aber bald streng zentralistisch regierten Staat, in dem theoretisch das Proletariat die Führungsrolle hat, aus. Das russische Wort *sowjet* bedeutet Rat, Sowjetrepublik hieß ursprünglich ein von Arbeiter- und Bauernräten regiertes Staatswesen.

ein Matrosenaufstand aus. Die Mannschaften der k. u. k. Kriegsschiffe »Franz Joseph I.«, »Kaiser Karl VI.« und »St. Georg« hißten die rote Fahne, verweigerten die in ihren Augen sinnlos gewordenen Feindfahrten und forderten Friedensverhandlungen. Die Rebellion wurde in drei Tagen niedergeschlagen, die Vergeltung verhältnismäßig zurückhaltend und im Rahmen der bestehenden Gesetze geübt: nur zwei Todesurteile ließ man vollstrecken.

Hätte man 1918 in Österreich-Ungarn die Militärstrafgerichtsbarkeit, wie etwa in Deutschland, noch in voller Strenge angewendet, hätte man die Erschießungskommandos Tag und Nacht einsetzen müssen. Die Zahl der Deserteure stieg sprunghaft an, in den Wäldern weit hinter der Front sammelten sich bewaffnete Gruppen, die sogenannten »Grünen Kader«, meist Soldaten slawischer oder ungarischer Herkunft, die nur noch auf das Ende des Krieges warteten und sich bis dahin gegen den Zugriff der gehaßten und gefürchteten Feldgendarmerie mit der Waffe in der Hand verteidigen wollten.

Die »Grünen Kader«

Dic Zeichen einer allgemeinen Auflösung waren nun überall sichtbar geworden. Mitte September 1918 brach die bulgarische Front zusammen. Am 26. September proklamierte der von Tomáš Garrigue Masaryk und Eduard Beneš angeführte tschechoslowakische Nationalrat in seinem Pariser Exil die Errichtung einer von Österreich unabhängigen tschechoslowakischen Republik. Am 6. Oktober hatte sich in Zagreb ein kroatisch-serbisch-slowenischer Nationalrat gebildet; unter der Leitung von Nikola Pašić, Ante Trumbić und dem weltbekannten Bildhauer Ivan Mestrovič arbeiteten die südslawischen Politiker bereits offen auf die Gründung eines geeinten, mit dem Haus Habsburg in keinerlei Verbindung stehenden südslawischen Königreichs hin. Der Hof in Wien versuchte noch einmal die rasante Entwicklung aufzufangen, den österreichischen Länderkomplex für die Dynastie zu retten. Am 16. Oktober – reichlich spät – erließ Kaiser Karl sein »Völkermanifest«, das die Umwandlung der Monarchie in einen Bundesstaat verkündete, in dem »jeder Volksstamm aus seinem Siedlungsgebiet sein eigenes staatliches Gemeinwesen bildet«. Das Manifest blieb wirkungslos, nicht zuletzt deshalb, weil das eher vage Reformprogramm auf Wunsch der Regierung in Budapest für Ungarn keine Gültigkeit haben sollte; demnach durften Millionen von Rumänen, Kroaten, Serben und Slowaken innerhalb des Königreichs Ungarn auch in der Zukunft auf kein »eigenes staatliches Gemeinwesen« hoffen. Die Angst, die Ungarn könnten die ohnehin spärlich gewordene Lebensmittelzufuhr für Wien sperren oder ihre Truppen von der Front abziehen, zwang den entmutigten Kaiser zu der unglücklichen Halblösung, die von den slawischen Politikern begreiflicherweise sofort als indiskutabel abgelehnt wurde.

Völkermanifest

Aber auch in der Haupt- und Residenzstadt Wien wankten die alten Grundmauern der Monarchie: Schon am 3. Oktober veröffentlichte die Sozialdemokratische Partei eine Erklärung, wonach die österreichischen Sozialisten das Selbstbestimmungsrecht der nichtdeutschsprachigen Völker Österreich-Ungarns bedingungslos anerkannten. Am 21. Oktober konstituierte sich im traditionsreichen Niederösterreichischen Landhaus in der Wiener Herrengasse ein neues politisches Forum: die provisorische

Nationalversammlung für Deutschösterreich. Sie bestand aus 232 Mitgliedern des cisleithanischen (österreichischen) Abgeordnetenhauses und hatte das Ziel, einen deutschösterreichischen Staat zu errichten, der mit den anderen Nationalstaaten der Monarchie, zwar nach wie vor unter dem Kaiser beziehungsweise König aus dem Hause Habsburg, eine Konföderation bilden sollte.

Für die Tschechen und für die Südslawen jedoch schien das Haus Habsburg nicht mehr tragbar. Über den Zusammenbruch der Monarchie wurde seit ihren letzten Stunden viel diskutiert, die Ursachen des Untergangs hat man in den verschiedenen nationalen und politischen Lagern auch recht verschiedentlich dargestellt, geprüft und gereiht: erst die Niederlage an der Front hätte das alte Österreich tödlich getroffen; die zurückflutenden Soldaten hätten es zertrümmert; die Slawen hätten es zerrissen, die Ungarn gesprengt, die Amerikaner verraten und verkauft, seine eigenen Regierungen paralysiert. Dies alles entspricht zum Teil der historischen Wahrheit, wobei eine wesentliche Komponente fast immer unberücksichtigt bleibt: der Verfall der regierenden Familie, der sich in aller Öffentlichkeit vollzog. Denn er lieferte den gravierenden Nachweis, daß die Dynastie unfähig geworden war, das Reich unter den veränderten Bedingungen einer veränderten Welt zu verwalten und zu erhalten. Das sture Festhalten an den Spielregeln der Thronfolge, das zuletzt Kaiser Karl, einen jungen, hilflosen, obendrein von der Tuberkulose befallenen Mann an die Spitze des Gesamtstaates hob, verschärfte die ohnehin äußerst schwierige Lage. Die verantwortungsvollen Politiker Österreich-Ungarns hatten ihr Vertrauen in das Erzhaus restlos verloren.

Verfall des Hauses Habsburg

Am 27. Oktober 1918 trat die letzte kaiserliche Regierung der österreichischen Reichshälfte unter dem Ministerpräsidenten Universitätsprofessor Dr. Heinrich Lammasch ihr Amt an, um bereits drei Tage später zu demissionieren. Der Zusammenbruch war da. Am 28. Oktober rief der tschechische Nationalrat in Prag die Republik aus. Am 29. Oktober erklärte der kroatische Landtag in Zagreb, daß die Südslawen sich von der Monarchie trennen und an einen neuen serbisch-kroatisch-slowenischen Staat anschließen würden. In der Nacht vom 30. auf den 31. Oktober konstituierte sich in Wien unter dem Staatskanzler Dr. Karl Renner (1870–1950), einem Sozialdemokraten, ein deutschösterreichisch-bürgerliches Kabinett. Auf Antrag des christlichsozialen Politikers Wilhelm Miklas wurde anstatt des Schwarz-Gelb der Habsburger Rot-Weiß-Rot zur Staats- und Nationalfarbe Österreichs erklärt.* Am selben Tag übernahm in Budapest der linksliberale Großgrundbesitzer Mihály Graf Károlyi die Regierungsgewalt. Die ungarischen Truppen verließen die italienische Front und traten die Heimreise an. Sie requirierten Fuhrwerke, Pferde und Eisenbahngarnituren und erzwangen an manchen Stellen die Durchfahrt nach einem kurzen Gefecht mit der Feldgendarmerie. Der Kriegsminister der ungarischen Reichshälfte, Oberst des Generalstabes Béla Linder, gab seine berühmte Parole aus: »Ich will keine Soldaten mehr sehen!« Das Chaos war perfekt.

* Die rot-weiß-roten Farben wurden in Anlehnung an das Wappen der Babenbergerzeit, an die Farben des alten österreichischen Kernlandes gewählt.

Die Monarchie löste sich auf, aber sie ging auf gut österreichische Art fast überall gewaltlos, ja nahezu jovial auseinander. Die alte k. u. k. Verwaltung übergab die Akten und die Amtsgeschäfte den neuen nationalen Behörden in bester Ordnung. Die Beamten verabschiedeten sich freundlich, man ließ sie ungehindert ziehen und wünschte ihnen alles Gute. Der letzte kaiserlich-königliche Ministerpräsident der österreichischen Reichshälfte, Professor Lammasch, empfing den Gesandten der neuen Tschechoslowakei, Vlastimil Tusar, mit den Worten: »Exzellenz, ich habe das Vergnügen, Sie als Botschafter des tschechoslowakischen Staates zu begrüßen«, und Tusar erwiderte: »Herr Ministerpräsident, das Vergnügen ist ganz meinerseits.«

Waffenstillstand

Das Reich der Habsburger existierte nicht mehr, seine Armee stand aber noch immer an der Front. Nun sah auch das k. u. k. Oberkommando ein, daß die Lage ganz und gar aussichtlos geworden war. Am 3. November wurde zwischen Österreich-Ungarn und den Mächten der Entente in der Villa Giusti in der Nähe von Padua Waffenstillstand geschlossen. Kaiser Karl befahl die sofortige Einstellung der Kampfhandlungen. Doch der Waffenstillstand trat der Vereinbarung zufolge erst am 4. November um 15 Uhr in Kraft, und man hatte vergessen, die österreichisch-ungarischen Truppenkommandeure davon zu benachrichtigen. Die Italiener rückten noch vor, sie nahmen um die 350 000 k. u. k. Soldaten gefangen, ihre schon von präfaschistischen Elementen unterwanderte Propagandamaschinerie sprach dann vom »großen Sieg von Vittorio-Veneto«.

Der Krieg war zu Ende. Am 6. November 1918 gab das k. u. k. Kriegsministerium die Verluste bekannt: insgesamt 5 060 000 Mann, davon 1 200 000 Tote, 3 860 000 Verwundete, Gefangene und Vermißte. Das furchtbare Endergebnis war dennoch verhältnismäßig günstig: in Österreich-Ungarn kam auf 46 Einwohner ein gefallener Soldat, in Serbien bereits auf 11 Einwohner, in Frankreich auf 28 und in Deutschland auf 35. Auf Hauswänden, Eisenbahnwaggons, Armeelastwagen, auf Denkmälern und auf Lattenzäunen, in der Großstadt und im Dorf, im Osten, Süden, Norden und Westen des zerfallenen Vielvölkerstaates erschien die Parole: »Nie wieder Krieg!«

Es wurde, während in Deutschland, in Rußland, in Serbien, in der Türkei und auch schon in Ungarn und in Italien politische Mordkommandos unterwegs waren, Umsturz und Neubeginn zahlreiche Opfer forderten, in Wien nach wie vor freundlich und höflich liquidiert. Nun ging es um den Thron. Kaiser Karl war nicht bereit, auf ihn zu verzichten, willigte aber ein, die Führung der Staatsgeschäfte voll und ganz aus der Hand zu geben. Man verhandelte, ohne Droh- oder Druckmittel anzuwenden, und man landete bei der kuriosen Kompromißlösung: Österreich wird Republik, Karl bleibt Kaiser. Am 11. November, um 10 Uhr vormittags, wurde im Parlament in Wien die Ausrufung der Republik beschlossen. Am frühen Nachmittag unterschrieb Kaiser Karl – allerdings mit Bleistift – das Manifest, in dem er auf jeden Anteil an den Staatsgeschäften verzichtete. Begründung: »Nach wie vor von unwandelbarer Liebe für alle Meine Völker erfüllt, will Ich ihrer freien Entfaltung Meine Person nicht als Hindernis entgegenstellen.« Die Republikaner waren mit der Erklärung ein-

Verzicht Kaiser Karls

verstanden und ließen auch die Formel, daß die Völker *seine* Völker seien, anstandslos durch. Am Abend übersiedelte Karl mit seiner Familie in zwei Mietautos nach Schloß Eckartsau im Marchfeld. Am 23. März 1919 verließ er Österreich, um sich in der Schweiz niederzulassen. In seinem »Feldkircher Manifest« erklärte er aber noch auf österreichischem Boden, daß alle seine seit dem 16. Oktober 1918 gemachten Zusagen, Versprechen beziehungsweise die von ihm getroffenen Vereinbarungen null und nichtig seien. Das hieß, das Haus Habsburg sei, wie eh und je, Herrscher und Besitzer der österreichischen Länder. Daraufhin sprach die Nationalversammlung in Wien die Landesverweisung des entmachteten, aber nicht abgedankten Kaisers und die Enteignung der Familie Habsburg aus.

Feldkircher Manifest

Karl versuchte noch, von seiner ehrgeizigen und willensstarken Frau, Zita von Bourbon-Parma, gedrängt, den ungarischen Thron zurückzuerobern. Er fuhr inkognito nach Budapest, um mit dem neuen Staatschef des Königreichs Ungarn, Reichsverweser Nikolaus von Horthy, über die geplante Thronbesteigung zu konferieren. Es war eine sonderbare Begegnung: Admiral Nikolaus von Horthy, langjähriger Flügeladjutant des Kaisers Franz Joseph und letzter Oberbefehlshaber der k. u. k. Flotte, stand seinem ehemaligen obersten Kriegsherrn und König gegenüber. Karl appellierte an Horthys Vergangenheit und an seine vermeintliche Treue als Untertan. Doch der Admiral, dem der Posten eines Staatschefs mit königlichem Prunk schon recht gut gefiel und der obendrein internationale Verwicklungen befürchtete, komplimentierte seinen Herrn schließlich untertänigst hinaus. Am 20. Oktober 1921 versuchte es Karl noch einmal – diesmal mit Waffengewalt. Das Unternehmen verlief jedoch, als hätten es geübte Operettenlibrettisten geplant und in Szene gesetzt: König und Königin verließen heimlich ihr Schweizer Exil, landeten mit einem Flugzeug in der Nähe der westungarischen Stadt Sopron und fuhren mit einigen hundert königstreuen Soldaten unter dem Kommando des Generals Anton Lehár, eines Bruders des Komponisten Franz Lehár, per Sonderzug nach Budapest. In der kleinen Bahnstation von Budaörs, einem Dorf in der unmittelbaren Nähe der ungarischen Hauptstadt, stoppten Einheiten des Reichsverwesers und k. u. k. Admirals Horthy die Garnitur. Es kam zu einer kurzen Schlacht – zu der allerletzten eines Habsburgers in der siebenhundertjährigen Geschichte des Erzhauses. Nachdem vier Soldaten gefallen waren, ordnete Karl die Einstellung des Feuers an. Er wurde gefangengenommen, Admiral Horthy lieferte ihn der Entente aus. An Bord einer englischen Fregatte erreichte der letzte österreichische Kaiser aus dem Hause Habsburg am 19. November seinen Verbannungsort Funchal auf der Insel Madeira. Er starb am 1. April 1922 in einem feuchten, kaum heizbaren Landhaus, das ihm zur Verfügung gestellt wurde, im Alter von vierunddreißig Jahren an einer Lungenentzündung.

Die allerletzte Schlacht

Der Staat, den viele wollten

Die Erste Republik

Am 12. November 1918 um 15.55 Uhr verkündete Dr. Franz Dinghofer, Präsident der provisorischen Nationalversammlung, von der Rampe des Parlamentsgebäudes in Wien die Gründung der Republik. Auf der Ringstraße hatten sich mehr als zehntausend Menschen versammelt, sie bejubelten den Staat, den, einem später erfundenen gängigen Klischee zufolge, angeblich »keiner wollte«. Doch viele wollten diesen Staat, das republikanische Österreich, dessen arg zusammengeschrumpftes Territorium noch immer größer war als das ursprüngliche Kernland zur Zeit der Babenberger. Es gehörte allerdings viel Mut, eine geradezu verzweifelte Hoffnung dazu, dieses neue, ausgeblutete und heruntergekommene Österreich zu bejahen, in ihm leben, arbeiten, Politik machen, kreativ tätig sein zu wollen. Sowohl die führenden Staatsmänner als auch die namenlosen kleinen Leute waren verunsichert, sie hatten über Gegenwart und Zukunft nur vage Vorstellungen. Nicht einmal die Grenzen der Republik waren definitiv festgelegt, man wußte nicht, ob man morgen noch Bürger Österreichs oder schon eines anderen Staates sein würde. Die Vorarlberger wollten sich an die Schweiz anschließen, eine Volksabstimmung im Mai 1919 entschied mit 47 208 Ja-Stimmen gegen nur 11 248 Nein-Stimmen für die Lostrennung von Wien. Doch die Schweizer Regierung lehnte ab, Vorarlberg blieb bei Österreich. Die Tiroler Landesregierung installierte eine eigene Gesandtschaft in Bern und verhandelte mit den Siegermächten über die Ausrufung einer Republik Tirol. Die Entente ging auf den Vorschlag nicht ein, sie wollte ein lebensfähiges Österreich erhalten. Ende April 1919 brachen Streitkräfte des Königreichs Jugoslawien in Kärnten ein, sie besetzten vorübergehend Klagenfurt, um den Anschluß Kärntens an Jugoslawien zu erzwingen. Die Bevölkerung griff zu den Waffen und leistete erbittert Widerstand. Die Westmächte zwangen die Regierung in Belgrad, Klagenfurt zu räumen, und ordneten eine Volksabstimmung in Südkärnten an. Am 10. Oktober 1920 entschied sich die überwiegend slowenische Bevölkerung mit 22 025 gegen 15 279 Stimmen für Österreich.

Republik Deutschösterreich

Kärntner Abwehrkampf

Im Friedensvertrag von Saint-Germain-en-Laye wurde das mehrheitlich von einer deutschsprachigen Bevölkerung bewohnte Westungarn, das heutige Burgenland, Österreich zugesprochen. Doch präfaschistische, rechtsradikale ungarische Freischärlerkommandos, vor allem die berüch-

Burgenland

tigte »Fetzengarde« ehemaliger Offiziere, versuchten die ordnungsgemäße Übergabe durch Waffengewalt zu verhindern. Auf Druck der Siegermächte mußte die ungarische Regierung des k. u. k. Admirals Horthy die stillschweigende Unterstützung der Freischärler einstellen. Im November 1921 rückte österreichisches Militär in Westungarn ein. Für die Stadt Sopron (Ödenburg) und ihre unmittelbare Umgebung setzte die ungarische Regierung bei der Entente eine Volksabstimmung durch. Sopron votierte mit 15 343 Ja-Stimmen gegen 8 277 Nein-Stimmen für den Verbleib bei Ungarn. Noch jahrelang nach der Abstimmung warfen beide Parteien einander massiven Wahlbetrug vor. Für die Festlegung der neuen östlichen Grenzlinien war eine italienische Offizierskommission unter der Leitung des Generals Carlo Antonio Ferraro zuständig; ungarische Aristokraten behandelten sie äußerst geschickt und erreichten, daß die neue Grenze parallel mit den Grenzen ihres Großgrundbesitzes verlief – auch wenn sie das gesamte Verkehrsnetz des Gebietes willkürlich zerschnitt. Der Name des jüngsten Bundeslandes bezog sich auf die vier Komitate Westungarns, Preßburg, Eisenburg, Wieselburg und Ödenburg, die allerdings nicht auf dem Territorium des heutigen Burgenlandes liegen. Das Wappen des neuen Bundeslandes setzten überzeugte Republikaner aus dem Wappen der ungarischen Grafen italienischer Abstammung Batthyányi und der österreichischen Grafen spanischer Herkunft Mattersburg zusammen.

Nach den ersten, zum Teil eher verschwommenen Plänen der führenden Politiker, darunter auch des Sozialisten Dr. Karl Renner, eines einer mährischen Bauernfamilie entstammenden k. k. Staatsbeamten, sollte die »Republik Deutschösterreich« an das ebenfalls republikanisch gewordene Deutschland angeschlossen werden. Doch der Gedanke war keineswegs so populär, wie dies später oft dargestellt wurde. Der Bürgerkrieg in Deutschland, der im November 1918 begann und erst im späten Frühjahr 1919 langsam abflaute und mehrere tausend Todesopfer forderte, machte den großen Nachbarn für die Österreicher nicht gerade attraktiv. Die Frage mußte dann nach dem Abschluß des Friedensvertrages von Saint-Germain-en-Laye* ohnehin fallengelassen werden, da die USA, Frankreich, England und Italien sich gegen die Vereinigung Österreichs mit Deutschland aussprachen und im Vertragstext ausdrücklich festlegten: »Die Unabhängigkeit Österreich ist unabänderlich ...« In diesem Sinne wandelte die Nationalversammlung am 21. November 1919 den Namen des Staates »Deutschösterreich« in »Republik Österreich« um.

Es war ein Bundesstaat, der aus neun weitgehend autonomen Bundesländern bestand. Den Text seiner Verfassung arbeitete der aus einer Prager jüdischen Familie stammende Rechtsgelehrte Universitätsprofessor Dr. Hans Kelsen aus. Zum Staatswappen der Republik Österreich wurde der einköpfige schwarze Adler gewählt und mit Bürgerkrone, zerbroche-

* Der Friedensvertrag zwischen den »alliierten und asoziierten Mächten« und Österreich wurde am 10. September 1919 im Königsschloß von Saint-Germain-en-Laye in der Nähe von Paris unterzeichnet. Die österreichische Delegation, von Dr. Karl Renner angeführt, mußte die vermeintliche Kriegsschuld des Hauses Habsburg auf sich nehmen. Den Bestimmungen des Friedensvertrages zufolge wurde das Gebiet Österreichs auf das Territorium der heutigen Republik mit damals 6 Millionen Einwohnern reduziert.

Staatskanzler Dr. Renner begibt sich zur Unterzeichnung des Friedensvertrages in das Schloß Saint-Germain

nen Ketten und, als Zeichen der Arbeiterschaft und des Bauernstandes, mit Hammer und Sichel ausgestattet – ein treffliches Emblem, das sich mitunter je nach Geschmack variieren läßt: Es gibt bis zum heutigen Tag Organisationen und Vereine, die vom Gesamtwappen entweder die Bürgerkrone oder Hammer und Sichel in aller Stille aussparen.

Am 16. Februar 1919 fanden die ersten Wahlen in der Republik statt. Die Sozialdemokraten erhielten 40,76 Prozent der abgegebenen Stimmen (72 Mandate), die Christlichsozialen 35,93 Prozent (69 Mandate), die Deutsch-Bürgerlichen und Deutschnationalen 18,36 Prozent (26 Mandate), verschiedene Splittergruppen 4,95 Prozent (3 Mandate). Somit hatten sich die politischen Kräfte des neuen, republikanischen Österreich formiert – und sie begannen sich bald zu polarisieren und zu radikalisieren. Beide Großparteien stellten bewaffnete Einheiten, paramilitärische Privatarmeen, auf, die Christlichsozialen die »Heimwehr«, die Sozialdemokraten den »Republikanischen Schutzbund«. Der politische Alltag war beinahe in ganz Europa von Unduldsamkeit und Gewalt gekennzeichnet – und Österreich blieb diesmal keine Insel der Seligen. Vier Jahre mechanisierter moderner Krieg mit all seinen Schrecken brachten eine ungeheure Verrohung mit sich. Es gab Tausende und aber Tausende Männer mit langjähriger Fronterfahrung, die, für das Handwerk des Tötens bestens ausgebildet, arbeitslos herumlungerten, die früher tagtäglich Menschen unter furchtbaren Umständen sterben sahen und gegen das Leiden der anderen gleichgültig geworden waren. Sie stießen zu den aggressiven, militanten Bewegungen und dienten willig im Offizierskorps und in der Mannschaft der verschiedenen Freischärlerbrigaden, die Mord und Totschlag für die beste Form des Verhandelns mit dem Gegner und seiner ideologischen Überzeugung hielten. Vom 12. November 1918 bis zum 11. Februar 1934 wurden in Österreich im Lauf gewalttätiger politischer Auseinandersetzungen 217 Personen getötet und 642 Personen schwer verletzt. Die traditionelle österreichische Toleranz und Kompromißbereitschaft schien wie weggefegt und ausgelöscht.

Heimwehr und Schutzbund

Neben den negativen Spätauswirkungen des Krieges und den ansteckenden Vorbildern aus dem Ausland, wo, wie zum Beispiel in der Sowjetunion, in Deutschland, in Italien und in Ungarn, auch im Verhältnis zur Zahl der Bevölkerung bedeutend mehr Opfer zu beklagen waren als in Österreich, trug die äußerst triste wirtschaftliche Lage zur erschreckenden Eskalation der Gewalt am meisten bei. Wer hungert und keine Aussicht auf Arbeit hat, glaubt leichter radikalen Parolen und denkt nicht lange nach, bevor er einer militanten Organisation beitritt. Und der sprichwörtliche kleine Mann hat gehungert, er hatte Jahre hindurch keine Aussicht auf Arbeit gehabt, und wenn er noch im Arbeitsprozeß stand, so wurde sein Lohn nach und nach gekürzt, sein Geld entwertet. Die Versorgungslage war katastrophal, die Preise kletterten rasch in die Höhe. Edo Fimmen, Sekretär des Internationalen Gewerkschaftsbundes, berichtete 1920 nach einem Besuch in Wien über »in Lumpen gehüllte Frauen und Kinder, vielfach barfuß oder nur mit den Resten eines ehemaligen Schuhwerks ausgestattet« und über »Männer, die wie Skelette aussahen, in Uniformen, die sie aus dem Krieg heimgebracht haben und die jetzt ihre einzige Bekleidung sind«.

Inflation

Die Auftragslage der Industrie sank zu einem bis dahin nie gekannten Tiefpunkt, ihre Kapazität war zeitweilig nur bis zu 22 Prozent ausgelastet. Die Löhne wurden mehrmals herabgesetzt, im Jahr 1921 um ganze 12,5 Prozent. Die Inflation, mit wenig Ausnahmen ebenfalls eine gesamteuropäische Erscheinung, brach wie eine Naturkatastrophe über Österreich herein: Am 1. Juli 1919 waren 100 Schweizer Franken noch 567 österreichische Kronen wert, am 1. Juli 1922 bereits 360 000 Kronen. Die Weltwirtschaftskrise, die mit dem Zusammenbruch der Börse in New York, mit dem »Schwarzen Freitag« vom 25. Oktober 1929, ihren Anfang nahm, setzte auch Österreich schwer zu, sie verschärfte die ohnehin äußerst ungünstigen Wirtschafts- und Lebensbedingungen und trieb die Radikalisierung der politischen Parteien beschleunigt voran. Die Arbeitslosigkeit stieg kontinuierlich, die Zahl der Arbeitslosen erreichte zu Beginn des Jahres 1933 die Sechshunderttausendmarke.

Dennoch gab es immer wieder Hoffnung, und es gab auch beachtliche Leistungen. Die Tschechoslowakei gewährte der Republik Österreich einen Kredit von 500 Millionen tschechischen Kronen und kaufte, gefolgt von Ungarn, Deutschland, Polen und Italien, die meisten österreichischen Exportgüter, Holz, Papier und Textilien. Vom Völkerbund* erhielt Österreich eine Anleihe von 650 Millionen Goldkronen auf zwanzig Jahre, allerdings bei einer zehnprozentigen Verzinsung. Die Summe haben englische, amerikanische, französische und italienische Banken und die Regierung der Tschechoslowakei zur Verfügung gestellt. Die Inflation konnte gestoppt werden. Am 1. Januar 1925 wurde eine neue stabile

Schilling

Währung, der Schilling, eingeführt. Die Landwirtschaft erholte sich langsam, die Trennung von Ungarn wirkte sich für sie günstig aus, da die billige Massenkonkurrenz wegfiel. Gegen Ende der dreißiger Jahre deckte die österreichische Agrarproduktion bis zu 81 Prozent des heimischen Nahrungsmittelbedarfs.

* Der Völkerbund, Vorläufer der UNO, die erste große internationale Organisation zur Erhaltung des Weltfriedens und Beachtung des Völkerrechtes, wurde 1919 in Paris gegründet.

Plakat der Christlichsozialen Partei zur Nationalratswahl 1923

Die Energieversorgung besserte sich ebenfalls. 1937 lieferten die österreichischen Wasserkraftwerke bereits genügend Strom für das ganze Land. Der Staat nahm größere Bauprojekte in Angriff, unter anderem wurden die Großglockner-Hochalpenstraße, die Wiener Höhenstraße und die Packstraße in der Steiermark fertiggestellt. Die sozialistische Wiener Kommunalverwaltung errichtete in den Jahren 1923 bis 1934 mehr als 64 000 Wohnungen in gemeindeeigenen modernen Neubauten und zog ein großes, zeitgemäßes Fürsorgenetz mit Ambulanzen, Zahnkliniken, Mütterberatungsstellen, Kindergärten, Jugendämtern und städtischen Bädern auf. Die Sozialgesetzgebung der Republik Österreich, zum Großteil das Werk des Ministers für Soziale Fürsorge, Ferdinand Hanusch, eines ehemaligen Seidenwebers aus Schlesien, war eine der umfassendsten und fortschrittlichsten der Welt: Achtstundentag, bezahlter Urlaub für die Arbeiter, Kollektivverträge, Verbot der Kinderarbeit, Arbeitslosenversicherung und -unterstützung, Invalidenfürsorge, Errichtung von Arbeiterkammern, erweiterte Krankenversicherung. Dies alles erschien in den Augen des Auslandes in Anbetracht der bis zum Zerreißen gespannten innenpolitischen Lage nahezu als ein österreichisches Wunder.

Die Koalitionsregierung der Christlichsozialen und Sozialdemokraten zerbrach bereits im Oktober 1920, die Sozialdemokraten gingen in die

Prälat Seipel

Opposition. Am 31. Mai 1922 trat eine profilierte Persönlichkeit an die Spitze der neuen christlichsozialen Regierung, Prälat Dr. Ignaz Seipel (1876–1932), Professor für Moraltheologie, ein durch und durch »politischer Mensch«, wie einst Kardinal Khlesl es war, im privaten Leben schlicht und einfach, als Staatsmann jedoch machtbesessen und autoritär. Er begann 1918 seine politische Laufbahn als Demokrat und Pazifist, tendierte dann aber immer mehr nach rechts, in Richtung eines diktatorischen Einparteiensystems. Die Sanierung der Staatsfinanzen, die Beschaffung der Völkerbundanleihe waren zweifellos sein Verdienst, die für Österreich ungewöhnliche Verschlechterung des politischen Klimas und die gewalttätige Auseinandersetzung der Großparteien gingen jedoch zum Teil auf sein verfehltes politisches Konzept und auf sein starres Verhalten zurück. Aber auch die Sozialisten blieben der früheren, gemäßigten Linie eines Dr. Victor Adler nicht treu: Das Linzer Parteiprogramm (3. November 1926), ein Dokument des radikalen »Austromarxismus«, einer militant-sozialistischen Richtung, sprach eine äußerst scharfe, klassenkämpferische Sprache und kündete »die Eroberung der Staatsmacht« und die »Vergesellschaftung der im Eigentum der Kapitalisten und der Großgrundbesitzer konzentrierten Produktionsmittel«, immerhin aber nur stufenweise, an. Dr. Otto Bauer (1881—1938), Führer des radikalen Parteiflügels, schwächte die aggressiven Töne, die das christlichsoziale Lager schockierten, allerdings ab: »Wir haben es erlebt: Wer zur Gewalt greift, ist der Gefangene der Gewalt. Wir haben es erlebt: Aus der gewaltsamen Entscheidung kann niemals ein anderes Regime hervorgehen als die Gewaltherrschaft . . .«

Das Fußvolk der Parteien, der Kontrolle der Führung oft entglitten, griff jedoch immer wieder zur Gewalt. Am 30. Januar 1927 prallten in Schattendorf im Burgenland sozialistische Schutzbündler und christlichsoziale Frontkämpfer aufeinander, ein Kind und ein Invalider wurden erschossen. Die schuldigen Frontkämpfer stellte man vor Gericht, aber die Geschworenen sprachen sie frei. Daraufhin marschierten am 15. Juli sozialistische Demonstranten vor dem Justizpalast auf, sie drangen in das Gebäude ein und steckten es in Brand. Die Polizei ging mit Waffengewalt gegen die Menge vor, es gab 89 Tote, darunter 4 Polizisten. Eine Versöhnung der Parteien schien nun so gut wie unmöglich. Dr. Ignaz Seipel, in den Kreisen der Sozialisten »Prälat ohne Milde« genannt, trat im April 1929 zurück. Nach einem kurzen Zwischenspiel mehrerer christlichsozialer Regierungen, darunter das Kabinett mit Polizeipräsident Dr. Johann Schober an der Spitze, den die Sozialisten wegen des Schußbefehls beim Justizpalast als »Arbeitermörder« empört bekämpft hatten, kam es zu einer weiteren entscheidenden Verschärfung der innenpolitischen Situation. Am 20. Mai 1932 übernahm der ehemalige Direktor der niederösterreichischen Landwirtschaftskammer, Dr. Engelbert Dollfuß (1892–1934), die Führung der christlichsozialen Regierung. Nach einem von den Sozialisten organisierten Eisenbahnerstreik wurde am 4. März 1933 das Parlament ausgeschaltet. Dollfuß regierte fortan mit diktatorischen Mitteln auf dem Verordnungsweg. Das Recht dazu leitete er von dem vergessenen, infolge Schlamperei nicht aufgehobenen »Kriegswirtschaftlichen Ermächtigungsgesetz« vom 24. Juli 1917 ab. Am 31. März 1933 wurde die soziali-

Der Justizpalast brennt

Dollfuß

stische Parteiarmee, der »Republikanische Schutzbund«, verboten. Im September ging Dollfuß daran, der Republik eine neue politische Form, ein diktatorisch-nationalistisches Korsett zu geben: »... wir wollen den sozialen, christlichen, deutschen Staat Österreich auf ständischer Grundlage, unter starker, autoritärer Führung!« Die Idee einer der marxistischen Auffassung über die Klassen angeglichenen und dennoch entgegengesetzten Gesellschaftsordnung, die auf Berufsstände aufgebaut werden sollte, stammte ursprünglich aus der Enzyklika des Papstes Pius XI. (»*Quadragesimo Anno**«, 5. Mai 1931). Dollfuß versuchte, die nur in großen Linien skizzierte Theorie des Vatikans in die politische Praxis umzusetzen. Er gründete zur Überraschung seiner christlichsozialen Parteifreunde eine neue Dachorganisation, die »Vaterländische Front«, die fortan die »alleinige Trägerin der politischen Willensbildung« sein sollte. Den Führern der bewaffneten »Heimwehr«, Major Emil Fey und Ernst Rüdiger Fürst von Starhemberg, wurde dabei ein entscheidendes Mitspracherecht eingeräumt. Zum Erkennungszeichen und Wappenmotiv wählte die »Vaterländische Front« das sogenannte Kruckenkreuz.

Dollfuß ließ sich in einen harten und aussichtslosen Zweifrontenkampf ein, um seinen Ständestaat gegen die pausenlosen Angriffe der Sozialdemokraten und der Nationalsozialisten etablieren und stabilisieren zu können. Er war zweifellos eine tragische Figur der jüngeren österreichischen Geschichte, er balancierte aber auch oft am Rande der Komik: Der ehrgeizige, tief religiöse Mann aus einer verarmten Bauernfamilie war auffallend klein, er maß nur 1,51 Meter, stolzierte aber oft in Heimwehruniform einher und bediente sich gern pathetischer Worte und bombastischer Gesten. Für seinen Ständestaat, der sich in Richtung einer gemilderten nationalistischen Diktatur österreichischer Prägung bewegte und daher später das Etikett »austrofaschistisch« erhielt, suchte und fand Dollfuß die außenpolitische Rückendeckung bei seinem großen Vorbild, dem italienischen Diktator Benito Mussolini**. Der »Duce« garantierte vorerst die Unabhängigkeit Österreichs gegen den wachsenden Druck des nationalsozialistischen Deutschen Reiches, verlangte aber dafür, da er als marxistischer Renegat die Sozialisten besonders haßte, die Zerschlagung der österreichischen Sozialdemokratie. Dollfuß stimmte zu, er hatte ja auch kaum eine andere Wahl. In Deutschland war am 30. Januar 1933 Adolf Hitler
Hitler mit seiner NSDAP (Nationalsozialistische Deutsche Arbeiter-

* »Vierzig Jahre«, da die päpstliche Enzyklika anläßlich des vierzigsten Jahrestages der ersten päpstlichen Enzyklika über die Arbeiterfrage, »Rerum Novarum«, veröffentlicht wurde.

** Benito Mussolini (1883–1945), der »Duce« (Führer), Sohn eines Dorfschmiedes und einer Lehrerin, begann seine politische Laufbahn als radikaler Sozialist. Im Jahr 1919 gründete er die »Fascio di combattimento«, einen rechtsradikalen Frontkämpferbund. Das Wort *fascio*, aus dem der Begriff Faschismus wurde, bedeutet Bund beziehungsweise Vereinigung. Im Jahr 1922 ergriff Mussolini die Macht und etablierte ein gewalttätiges Regime, das nach und nach ins Fahrwasser des nationalsozialistischen Deutschen Reiches geriet. Um ein italienisches Imperium zu errichten, nahm Mussolini an der Seite Deutschlands im Zweiten Weltkrieg teil. Nach dem verlorenen Krieg wurde er von italienischen Partisanen erschossen. Der Faschismus Mussolinis war, nicht zuletzt durch die italienische Mentalität und den Widerstand des Volkes bedingt, wesentlich milder als der deutsche Nationalsozialismus, er hat auch weit weniger Opfer gefordert.

partei) an die Macht gekommen*: Sein außenpolitisches Programm, die Schaffung eines Großdeutschen Reiches, beinhaltete auch den Anschluß – und wenn es nicht anders ging, den gewaltsamen Anschluß – Österreichs an das neue, nationalsozialistische Deutschland. Die Erpressung Österreichs begann: Die deutsche Reichsregierung verfügte eine »Tausendmarksperre«, sie wollte damit die schon recht bedeutend gewordene österreichische Fremdenverkehrswirtschaft und somit die Staatsfinanzen treffen. Für Reisen nach Österreich mußte jeder deutsche Staatsbürger den ziemlich hohen Betrag von 1000 Mark entrichten. Deutsche Dienststellen und Organisationen unterwanderten die österreichischen Behörden, ihre Agitatoren warben für Hitler und für den Anschluß. Nationalsozialistische Gruppen in Österreich inszenierten laufend Krawalle und verübten Anschläge, um ihre Entschlossenheit zu demonstrieren und die Republik für einen Staatsstreich reif zu machen. Doch Dollfuß wollte die Macht weder den deutschen Nationalsozialisten abtreten noch sie mit ihnen teilen: Er ging entschlossen den eigenen Weg einer auf Versatzstücke altösterreichischer Traditionen aufgebauten österreichischen Diktatur. In harte Gefechte mit den Nationalsozialisten verwickelt, bekämpfte er gleichzeitig die einzige bedeutende politische Kraft, die Sozialdemokratische Partei, die sein mächtiger Verbündeter im Widerstand gegen den Nationalsozialismus hätte sein können. Die »Heimwehr« drängte auf die vollständige Vernichtung der »Roten«, sie forderte die Aushebung der nun verbotenen Gruppen des »Republikanischen Schutzbundes«. Seit Wochen schon lag Pulverdampf in der Luft, als eine Kette von Kurzschlußhandlungen eine Katastrophe auslöste. Am frühen Morgen des 12. Februar 1934 erreichte eine von Heimwehrführer und Sicherheitsminister Major Fey befohlene Großaktion das Linzer Arbeiterheim im Hotel Schiff: Polizisten sollten die Räume nach versteckten Waffen durchsuchen. Ein Hitzkopf aus dem Parteivolk, ein lokaler Schutzbundkommandant namens Richard Bernaschek, verschanzte sich mit einigen seiner Leute im Haus und empfing die Exekutive mit Maschinengewehrfeuer, obwohl Parteiführer Dr. Otto Bauer ihn ausdrücklich vor Gewaltanwendung gewarnt hatte. Nun verloren anscheinend beide Seiten die Nerven – es gab kein Zurückweichen, keine Verhandlungen und keinen Kompromiß mehr. In Wien riefen die Sozialdemokraten den Generalstreik aus, bewaffnete Schutzbündler bezogen Stellungen in den Gemeindebauten, die in behelfsmäßige Festungen umgewandelt wurden. Nach Einheiten der Heimwehr ließ die Regierung Truppen des Bundesheeres gegen die Arbeiterkampfgruppen ausrücken,

* Adolf Hitler (1889–1945), ursprünglicher Name: Schickelgruber, Sohn eines k. k. Zollwachbeamten, wurde in Österreich, in Braunau am Inn, geboren. Im Ersten Weltkrieg, der seine Gedankenwelt nachhaltig prägte, war er Gefreiter. Da er in bürgerlichen Berufen und auch als Kunstmaler versagte, beschloß er, Politiker zu werden. Er ging nach München, wurde eines der Gründungsmitglieder der rechtsradikalen Nazipartei, deren verworrenes Programm auf Rassentheorie, auf der Vergötterung des »germanischen Übermenschen«, auf einem gnadenlosen Antisemitismus und auf der Verherrlichung des Krieges aufgebaut war. Unter Hitlers Herrschaft nahmen Diktatur, Terror und Massenmord bis dahin unvorstellbare Ausmaße an. Mit Hitlers Angriff auf Polen begann im Herbst 1939 der Zweite Weltkrieg, der im Frühjahr 1945 mit der Niederlage und Auflösung des Deutschen Reiches endete. Adolf Hitler beging in seinem Bunker in Berlin Selbstmord.

und Dollfuß erteilte die Genehmigung für den Einsatz von leichten Feldgeschützen. Die heftigsten Kämpfe tobten in Wien um den äußerst massiv gebauten Karl-Marx-Hof, um den Goethehof, den Schlingerhof, den Reumannhof, den Sandleitenhof und um die Arbeiterheime in Ottakring und in Floridsdorf sowie in Bruck an der Mur in der Steiermark. Am 14. Februar gegen Abend brach der Widerstand der belagerten Schutzbundeinheiten im Artilleriefeuer der Armee allmählich zusammen, am 15. Februar ergaben sich die letzten sozialistischen Stützpunkte. Dr. Otto Bauer und dem militärischen Führer der bewaffneten Arbeiter, Dr. Julius Deutsch, gelang die Flucht in die Tschechoslowakei. Der sozialistische Bürgermeister von Wien, der gemäßigte Karl Seitz, und Dr. Karl Renner wurden verhaftet, alle Organisationen der Sozialdemokratischen Partei, auch Bildungs- und Sportvereine, aufgelöst. Im viertägigen Bürgerkrieg fanden 137 Schutzbündler den Tod, 399 erlitten schwere Verletzungen. Auf seiten der Heimwehr, der Polizei und des Bundesheeres fielen 128 Mann, die Zahl der Verwundeten betrug 409 Mann. Etwa 2 000 Sozialisten führte man in die Gefängnisse ab, 9 Kommandanten der Kampfgruppen wurden standrechtlich zum Tod verurteilt und unverzüglich hingerichtet; einen von ihnen, den schwerverletzten Karl Münichreiter, brachte man auf einer Tragbahre zum Galgen.

Bürgerkrieg

Dollfuß glaubte nun, Ruhe und Ordnung im Ständestaat gesichert zu haben, und ließ am 1. Mai 1934 eine neue Verfassung für Österreich »Im Namen Gottes, von dem alles Recht ausgeht« verkünden. Demnach wurde die Republik zu einem auf einer »christlichen und ständischen Grundlage« errichteten autoritären Staat mit einem Bundestag, der den von der Regierung eingebrachten Gesetzesvorlagen durch einfache Beschlußfassung zustimmen sollte. Die Wahl des Bundespräsidenten nahmen die Bürgermeister vor. Der Doppeladler figurierte als Wappentier, er erhielt ein rotweißrotes Brustschild.

Ständestaat

Dollfuß irrte. In seinem Ständestaat kehrten weder Ruhe noch Ordnung ein. Der brutale Druck der von Berlin aus ferngesteuerten nationalsozialistischen Kommandos nahm von Tag zu Tag merklich zu. Nach einer Serie von Sprengstoffanschlägen auf Einrichtungen der Bundesbahn kam es in den Mittagsstunden des 25. Juli 1934 zu einem sorgfältig organisierten Putschversuch. Eine illegale österreichische SS-Einheit, 154 Mann hoch, in Polizei- und Bundesheeruniformen gekleidet, drang in das Bundeskanzleramt in Wien ein, um die gesamte Regierung gefangenzunehmen. Gleichzeitig stürmte eine Abteilung von 15 Mann die Senderäume des Rundfunks, der RAVAG in der Wiener Johannesgasse, und ließ eine Proklamation verlesen, wonach das Kabinett Dollfuß zurückgetreten sei. Doch das Vorhaben scheiterte, da die Regierungssitzung im Bundeskanzleramt früher als gewohnt zu Ende war und die Putschisten nur Bundeskanzler Dollfuß, Minister Fey und Staatssekretär Carl von Karwinsky antrafen. In einem angeblichen Handgemenge, das allerdings niemals restlos aufgeklärt werden konnte, schoß einer der Putschisten, ein entlassener Wachtmeister des Bundesheeres, Otto Planetta, auf Bundeskanzler Dollfuß. Dollfuß verblutete langsam, er bat um einen Arzt und einen Priester, doch die verwirrten, ratlos gewordenen Putschisten verweigerten ihm jede Hilfe. Bundespräsident Dr. Wilhelm Miklas (1872–1956), ehemals Mittel-

Dollfuß ermordet

schuldirektor in Horn, griff von seinem Urlaubsort Velden per Telephon energisch in die Ereignisse ein. Die Exekutive umstellte mit starken Kräften das Bundeskanzleramt. Die Putschisten, die auf eine milde Behandlung hofften, gaben auf. Doch der Ständestaat schlug hart zurück: nach einem Militärgerichtsverfahren wurden neun Anführer des SS-Kommandos, darunter Dollfuß-Mörder Planetta, hingerichtet.

Schuschnigg

Am 29. Juli bildete der Unterrichtsminister des Dollfuß-Kabinetts, Rechtsanwalt Dr. Kurt von Schuschnigg, ein besonnener Aristokrat aus Südtirol, eine neue Regierung. Er steuerte einen neuen politischen Kurs, der allerdings zum Teil nur zu unnützen Halblösungen führte. Der Regierungsstil wurde zweifellos erheblich kultivierter, die innenpolitische Lage entspannte sich. Zu Weihnachten 1935 erließ Schuschnigg eine Amnestie, 1521 Sozialdemokraten und 440 Nationalsozialisten gingen frei. Vorsichtige Versuche, mit der illegalen Opposition ins Gespräch zu kommen, scheiterten jedoch. Dies war aber keineswegs eine typisch österreichische Erscheinung. Auch in Ungarn, in Polen, in Jugoslawien und in der Tschechoslowakei schreckten die autoritären, aristokratischen oder bürgerlichen Regierungen vor dem Angebot der linken Kräfte, gegen die zunehmende deutsche Gefahr eine Einheitsfront zu bilden, letztlich zurück.

Schuschnigg versuchte es mit Anbiederung und Konzessionen: Er glaubte, wenn er, im Gegensatz zu Dollfuß, Hitler gegenüber eine freundliche und nachgiebige Politik betriebe, könnte er die Unabhängigkeit Österreichs noch retten. Am 11. Juli 1936 schloß das Kabinett in Wien ein Abkommen mit der deutschen Reichsregierung. Österreich verpflichtete sich, eine »deutsche Politik« zu führen und nationalsozialistisch gesinnte Politiker in die Regierung aufzunehmen. Als Gegenleistung anerkannte das Deutsche Reich die Unabhängigkeit Österreichs und erklärte, das Problem des österreichischen Nationalsozialismus sei eine innere Angelegenheit Österreichs. Schuschnigg löste die »Heimwehr«, die mit den Nationalsozialisten keine gemeinsame Sache machen wollte, kurzerhand auf.

Der deutsche Druck ließ nicht nach. Dabei geriet der Ständestaat Österreich immer mehr in die außenpolitische Isolation. Sein Beschützer Mussolini schwenkte nach einem Besuch in München, wo er die deutsche Wehrmacht geradezu mit kindischer Begeisterung bewundert hatte, völlig auf die Linie Hitlers über. Die führenden Kreise in den Vereinigten Staaten interessierten sich für europäische Fragen überhaupt nicht. Namhafte britische Politiker, darunter Lord Halifax, stellvertretender Außenminister, und Nevile Henderson, britischer Botschafter in Berlin, sprachen offen über die Notwendigkeit eines Anschlusses, der Hitler und die Welt beruhigen würde. In Paris kümmerte man sich kaum um Österreich, das Königreich Jugoslawien unterstützte offen die österreichischen Nationalsozialisten, die ungarische Regierung des k. u. k. Admirals Horthy ließ zwar nostalgische Töne hören, sie äußerte auch leise Bedenken, trachtete aber gleichzeitig, Hitler nicht herauszufordern. Allein mit der Tschechoslowakei gab es Konsultationen und gegenseitige Staatsbesuche, zu einem Bündnis gegen die deutsche Gefahr kam es jedoch nicht.

»Sonderfall Otto«

Bereits im Juni 1937 lag im Berliner Reichskriegsministerium die Weisung für den »Sonderfall Otto« vor: »... unter Ausnutzung der innenpolitischen Spaltung des österreichischen Volkes in allgemeiner Richtung auf

Wien einzumarschieren und jeden Widerstand zu brechen.« Am 12. Februar 1938 lud Adolf Hitler Bundeskanzler Schuschnigg zu einer Besprechung in seine Privatresidenz Berghof auf dem Obersalzberg bei Berchtesgaden ein, behandelte ihn jedoch wie einen Untergebenen und forderte in barschem Ton die Annahme seiner Bedingungen, die praktisch darauf abzielten, in Österreich ein nationalsozialistisches Regime zu errichten: »Verhandelt wird nicht, ich ändere keinen Beistrich! Sie haben zu unterschreiben . . .«

Schuschnigg unterschrieb. Das Innenministerium und somit die Exekutive übernahm auf Hitlers Wunsch ein den Deutschen treu ergebener Wiener Rechtsanwalt, Dr. Arthur Seyss-Inquart. Die Vorbereitungen für eine Machtergreifung liefen an. Nun zeigte Schuschnigg plötzlich Mut: Er unternahm einen verzweifelten Versuch, die Unabhängigkeit oder wenigstens den guten Ruf Österreichs zu retten. Am 9. März setzte er eine Volksabstimmung gegen Hitler für den 13. März an (»Sind Sie für ein freies und deutsches, unabhängiges und soziales, für ein christliches und einiges Österreich?«). Neutrale und objektive Beobachter aus dem Ausland rechneten damit, daß die Volksabstimmung tatsächlich gegen die Anschlußpläne Hitlers ausfallen würde. Es kam nicht mehr dazu. Hitler stellte neue Forderungen: Rücknahme der Volksabstimmung und Ernennung Seyss-Inquarts zum Bundeskanzler, sonst Einmarsch der deutschen Truppen. Schuschnigg ließ die Volksabstimmung fallen und trat zurück. Am 11. März, knapp vor acht Uhr abends, verabschiedete er sich in einer

Großkundgebung der Vaterländischen Front auf der Schmelz in Wien. Kurt von Schuschnigg auf der Rednertribüne

»Gott schütze Österreich«

Rundfunkrede, die auch in Prag und Budapest übertragen und von der Bevölkerung betroffen, ja mit Tränen in den Augen angehört wurde. Er schloß seine Ansprache mit den Worten: »Gott schütze Österreich!« Niemand hat Österreich geschützt. Bundespräsident Miklas widersetzte sich zwar noch, ernannte aber dann Dr. Arthur Seyss-Inquart zum Bundeskanzler. In den frühen Morgenstunden des 12. März 1938 begann der Einmarsch der deutschen Truppen. Die Welt sah tatenlos zu. Das österreichische Bundesheer leistete im Sinn von Schuschniggs Weisung keinen Widerstand: »Wenn deutsche Truppen die Grenze überschreiten, haben sich die Truppen des Bundesheeres in die allgemeine Richtung Osten zurückzuziehen. Es darf kein Schuß abgegeben werden.« Der Rückzug »in die allgemeine Richtung Osten«, der das deutsche Oberkommando wahrscheinlich verunsichert hätte, unterblieb, es kam vielmehr zu Verbrüderungsszenen; zahlreiche österreichische Offiziere zollten Hitler, der einen Militärstaat geschaffen und den Offiziersberuf nach dem verlorenen Krieg bedeutend aufgewertet hatte, unverhohlen Bewunderung. Dabei war die Deutsche Wehrmacht für den Einmarsch nur mangelhaft vorbereitet und ausgerüstet; ein Teil der Artillerie führte kaum Munition mit, deutsche Panzer blieben bei Tankstellen in Österreich stehen, um gegen Barzahlung Treibstoff aufzunehmen. Vermutlich hätte ein auch nur symbolischer Widerstand die deutsche Heeresleitung, in der ein deutsch-deutscher Krieg keineswegs populär war, zu Verzögerungsmaßnahmen und Umgruppierungen gezwungen und die Westmächte zu energischen Protestaktionen veranlaßt. Doch der Einmarsch hatte zweifellos Volksfestcharakter. Adolf Hitler wurde in Linz und auf dem Wiener Heldenplatz von einer berauschten Menschenmenge umjubelt. Eine von den neuen Machthabern veranstaltete nachträgliche Volksabstimmung brachte ein geradezu penetrantes Ergebnis, das sicherlich schamlos frisiert war: Nicht weniger als 99,73 Prozent der Österreicher hätten demnach die Frage »Bist Du mit der am 13. März 1938 vollzogenen Wiedervereinigung Österreichs mit dem Deutschen Reich einverstanden und stimmst Du für die Liste unseres Führers Adolf Hitler?« mit Ja beantwortet. (Wer die Mentalität der eher introvertierten Österreicher kennt, der weiß, daß schon wegen der in einer amtlichen Angelegenheit hierzulande unüblichen Du-Anrede eine beachtliche Anzahl mit »Nein« gestimmt haben müßte.)

Einmarsch der Deutschen

Begeisterung

Doch es ist eine historische Tatsache, daß ein überwiegender Teil der Bevölkerung oder zumindest große, lautstarke Gruppen den Anschluß vorerst begeistert begrüßt haben. Dafür gab es allerdings mannigfaltige Ursachen: Erfolg zieht immer an, und Hitler, der Mann, der »aus dem Volk« kam, konnte binnen fünf Jahren bedeutende außenpolitische Erfolge buchen. Sein Aufbauprogramm im Inneren, samt Autobahnbau, Volkswagen-Aktion, Bekämpfung der Arbeitslosigkeit mittels Aufrüstung sah aus der Ferne recht verlockend aus. Von den Grausamkeiten des nationalsozialistischen Regimes wußte man in Österreich noch nichts – oder wollte davon nichts wissen. Die deutsche Armee war stramm und hübsch, sie kam mit klingendem Spiel, und Adolf Hitler hatte ja so eigentümlich faszinierende tiefblaue Augen. Es schien für viele Österreicher, die sich von ihren ersten oberflächlichen Impressionen kurzfristig beeindrucken ließen, als wäre in der Tat eine neue, bewegte und bewegende Zeit angebrochen.

Anschluß und Widerstand

Sieben Jahre Ostmark

Österreich kehrte heim ins Reich, wie die damals gängige Parole lautete, es wurde mit dem Status einer Provinz in das nationalsozialistische Deutschland eingegliedert und hieß fortan »Ostmark«, ab 1942 nur noch die »Alpen- und Donaugaue«. Den Namen Österreich konnte man freilich unter Androhung von Strafsanktionen amtlich auslöschen – jedoch nicht Österreich selbst, seine Geschichte, seine Tradition, seine Sprache, seine Musik, seinen allgegenwärtigen Geist, den Gesamtkomplex seiner für die Eroberer rätselhaften Substanz. Auch die kulturelle Großmachtstellung Österreichs blieb, sie war im besetzten Land nicht einmal durch brutale Gewalt zu brechen, und sie war in der ganzen Welt präsent, da fast alle ihrer besten Vertreter ins Exil gingen.

Literatur

Schon der Wechsel von der Monarchie zur Republik erfolgte in der österreichischen Kunst- und Kulturszene nahezu nahtlos. Karl Kraus (1874–1936) gab die erste Nummer seiner engagierten, brillant-kämpferischen Zeitschrift »Die Fackel« im April 1899 heraus und schrieb und redigierte sie siebenunddreißig Jahre hindurch bis zu seinem Tod im April 1936. Mit seinem Drama »Die letzten Tage der Menschheit« hinterließ er ein erschütterndes literarisches Dokument des Ersten Weltkriegs und der untergehenden Monarchie. Die volle internationale Anerkennung seiner Bedeutung kam erst mit der für die österreichische Literatur oft charakteristischen Zeitverschiebung von fast fünfundzwanzig Jahren, ebenso wie die von Joseph Roth (1894–1939), und Robert Musil (1880–1942), die in ihren Romanen die Franzisko-Josephinische Epoche im Licht einer eigenartigen, kritisch-realistischen Nostalgie verarbeiteten. Stefan Zweig (1881–1942) und Franz Werfel (1890–1945) wiederum hatten mit ihren historischen, religiösen oder psychologisierenden Werken bereits zu Lebzeiten internationalen Erfolg, dafür wirken sie heute ein wenig veraltet und überholt, ebenso wie Anton Wildgans (1881–1932), den man zwischen den beiden Weltkriegen gern gelesen hat. Den unglücklichen Lyriker Josef Weinheber (1892–1945), einen durch und durch österreichischen Dichter, der sich jedoch dem Gedankengut des Nationalsozialismus näherte, schwieg man nach dem Zweiten Weltkrieg eher unbegründet ziemlich lange tot.

Die meisten namhaften österreichischen Autoren der Zwischenkriegszeit befaßten sich selten oder überhaupt nicht mit ihrer Gegenwart, mit den akuten politischen und sozialen Problemen der Ersten Republik, sie wichen in die Vergangenheit aus oder wandten sich der gehobenen, jedoch wertfreien Unterhaltung zu, eine Erscheinung, deren gründliche Untersuchung bis heute noch nicht in Angriff genommen wurde. Der Arbeiterdichter Alfons Petzold (1882–1923) starb bereits in den ersten Jahren der Republik, der sozial und politisch engagierte Dramatiker Ödön von Horvath (1901–1938), übrigens auch mit einer gewaltigen Verspätung erst lange nach seinem Tod für ein breiteres Publikum entdeckt, blieb mit seinem schonungslosen poetischen Realismus ein einsamer Einzelkämpfer, in Österreich mehr ein Durchreisender, ein kurzfristiger Gast, allerdings mit ungemein scharfen Augen und Ohren für die wahren Zustände und für die falschen Töne in Wien.

Kunst und Wissenschaft

Zweifellos war die Erste Republik wirtschaftlich zu schwach, politisch zu labil, um für Schriftsteller, Musiker, Künstler und Wissenschaftler nur halbwegs geeignete Arbeitsbedingungen und Entfaltungsmöglichkeiten zu sichern; die dünne Schicht der Neureichen in den hektischen zwanziger Jahren kam als Mäzen kaum in Frage. Der begabte Architekt Richard Neutra verließ bereits 1922 Österreich, Clemens Holzmeister baute die meisten seiner Objekte im Ausland. Der Maler, Graphiker und Schriftsteller Alfred Kubin fand jedoch mit seinen düster-prophetischen Arbeiten auch von dem kleinen oberösterreichischen Dorf Zwickledt aus den internationalen Anschluß. Die Maler Wilhelm Thöny, Albin Egger-Lienz und Herbert Boeckl standen, von den Zeitgenossen bereits anerkannt, in der vordersten Linie einer mehr auf Österreich beschränkten Kunstszene. Den Komponisten Alban Berg und Anton von Webern gelang der internationale Durchbruch, ebenso wie den Dirigenten Clemens Krauss und Karl Böhm. Der Religionsphilosoph Martin Buber und der Anthroposoph Rudolf Steiner wirkten im Ausland, der Mediziner Karl Landsteiner, Entdekker der Blutgruppen, arbeitete in Amerika, Robert Bárány, der die Ohrenheilkunde mit seinen entscheidenden Forschungsergebnissen bedeutend weiterentwickelte, in Schweden. Der Psychiater Julius von Wagner-Jauregg, der Chirurg Anton von Eiselsberg, der Orthopäde Adolf Lorenz und der Anatom Julius Tandler, der auch auf dem Gebiet der Sozialfürsorge und der vorbeugenden Medizin Bahnbrechendes geleistet hatte, hielten das hohe Niveau der Wiener Medizinischen Schule aufrecht.

Bereits zu Beginn der zwanziger Jahre meldete sich die junge österreichische Filmindustrie mit einem von den Regisseuren Fritz Freisler, Gustav Ucicky und Willi Forst geprägten spezifisch österreichischen Stil, der vorwiegend als leichte, aber dennoch gehobene Unterhaltung gedacht, im gesamten deutschen Sprachraum äußerst beliebt war und in der nationalsozialistischen Besatzungszeit sogar zum Mittel des passiven österreichischen Widerstands wurde. Auch das Theater blieb eine imaginäre Festung des österreichischen Geistes und der österreichischen Sprache: Im Burgtheater traten unvergeßliche Schauspieler, wie Raoul Aslan, Ewald Balser, Paul Hartmann, Hedwig Bleibtreu, Rosa Albach-Retty und Alma Seidler auf, das Josefstädter Theater stand zeitweilig unter der Leitung des genialen Regisseurs Max Reinhardt, der bereits 1917 zusammen mit Hugo von Hofmannsthal und Richard Strauss die Salzburger Festspiele begründet hatte. Auf der Bühne und hinter den Kulissen der österreichischen Theater herrschte auch nach dem Anschluß an das nationalsozialistische Deutsche Reich, den Bemühungen der deutschen Kulturfunktionäre, Aufseher, Agenten und Konfidenten zum Trotz, der von Adolf Hitler geradezu krankhaft gehaßte altösterreichische, das heißt zeitlos österreichische Ton und der leicht ironische, nachlässig humane österreichische Geist. Als der gefürchtete Propagandaminister des Deutschen Reiches, Dr. Joseph Goebbels, dem Wiener Theater in der Josefstadt einen Besuch abstattete, bemerkte er nach Verlassen des Hauses mit kaum verhehlter Drohung: »Das ist kein Theater. Das ist ein KZ auf Urlaub!«

Naziregime

Mit ungeschminkter Roheit brach der nationalsozialistische deutsche Alltag über Österreich an. Das Hitler-Regime erwies sich aus unmittelbarer Nähe weder reich an materiellen oder geistigen Gütern noch fortschrittlich oder verheißungsvoll. Die zackig-militärische deutsche Ordnung lief der österreichischen Mentalität, die von den germanischen Herrenmenschen obendrein offen verhöhnt wurde, ganz und gar zuwider. Die systematische Plünderung des Landes begann, eine umfassende, generalstabsmäßig organisierte Verfolgung der Andersdenkenden setzte ein; Tausende und aber Tausende Österreicher, Christlichsoziale, Sozialdemokraten, Liberale, Monarchisten, Katholiken, wurden verhaftet und in die deutschen Konzentrationslager eingeliefert. Gegen die Juden gingen die nationalsozialistischen Behörden und Organisationen unbarmherzig vor, sie wurden gedemütigt, ausgeraubt, zusammengeschlagen, verschleppt und ermordet. Von den 203 000 österreichischen Staatsbürgern mosaischen Glaubens waren am Ende der nationalsozialistischen Herrschaft nur 5 100 Personen in ihrer Heimat am Leben: 65 459 kamen nachweisbar in den Händen der deutschen Dienststellen beziehungsweise KZ-Verwaltungen um, etwa 45 000 verschwanden spurlos in der Deportation, etwa 85 000 gelang die Flucht ins Ausland, viele von ihnen schieden in ihrer Verzweiflung freiwillig aus dem Leben. Aber auch ehemalige Regierungsmitglieder, wie Major Emil Fey, General Wilhelm Zehner, Minister Odo Neustädter-Stürmer, hohe Staatsbeamte, Künstler, Schriftsteller, unter ihnen der brillante Kulturhistoriker Egon Friedell, begingen nach dem Einmarsch der deutschen Truppen Selbstmord.

Widerstand

Die Anschlußeuphorie der ersten Tage war längst dahin. Verbitterung griff um sich, Widerstand machte sich bemerkbar. Der Wiener Kardinal Dr. Theodor Innitzer, der den Anschluß vorerst begrüßte*, protestierte am 7. Oktober 1938 im Stephansdom gegen das nationalsozialistische Regime. Vor der Kirche kam es zu einer Demonstration für Österreich. Reichskommissar Josef Bürckel, ein aus dem Saarland nach Wien beorderter Gauleiter, oberster Chef der »ostmärkischen« Verwaltung, antwortete prompt: Sturmtruppen von halbwüchsigen Hitlerjungen überfielen und verwüsteten das Erzbischöfliche Palais neben dem Dom. Doch die österreichische Kirche ließ sich nicht einschüchtern, sie trat, wo sie nur konnte, schützend vor die Verfolgten und begann den Widerstand zu organisieren. Der Klosterneuburger Chorherr Roman Karl Scholz, Leiter

* Auch der Sozialist Dr. Karl Renner begrüßte den Anschluß, in der Hoffnung, dadurch das Los der inhaftierten Sozialdemokraten erleichtern zu können.

der »Österreichischen Freiheitsbewegung«, mußte seine aufrechte Haltung mit dem Leben bezahlen. In den ersten Monaten nach dem Anschluß hatte die deutsche Gestapo, die Geheime Staatspolizei, noch verhältnismäßig leichtes Spiel: die Widerstandsgruppen, wie die des Rechtsanwalts Dr. Jakob Kastelic und des Finanzbeamten Dr. Karl Lederer waren in der illegalen Arbeit noch unerfahren und gingen bald in die Falle. Etwa ab dem Sommer 1940 bildeten sich bereits besser organisierte Kreise, wie die Gruppe »Astra«, die »Mittwoch-Gruppe«, der »Flora-Kreis«, die Gruppe Kunschak-Hurdes, die Organisation des Innsbrucker Oberlandesgerichtsrates Dr. Robert Skorpil, mehrere sozialdemokratische und gewerkschaftliche Gruppen, die Bewegung der Tiroler Priester Monsignore Karl Lampert und Pater Johann Steinmayr und der Kreis um den Kaplan von Wien-Gersthof, Heinrich Maier. Für die Befreiung Österreichs von der nationalsozialistischen Gewaltherrschaft gab es bereits eine vage, aber in mancher Hinsicht auch fragwürdige Hoffnung: der Zweite Weltkrieg, den Adolf Hitler mit dem Überfall auf Polen am 1. September 1939 begann.

Zweiter Weltkrieg

Die beachtlichen Anfangserfolge der deutschen Militärmaschinerie waren für die Gegner des Nationalsozialismus und Faschismus vorerst allerdings recht entmutigend. In zwei Jahren überrannten die Wehrmacht und die Waffen-SS ganz Europa und standen tief im Gebiet der Sowjetunion. Doch die Zahlen entschieden auch diesmal, der Rechenstift behielt erneut recht: mit dem Eintritt der Vereinigten Staaten von Amerika in den Krieg und mit dem unüberlegten und für die Militärhistoriker im Grunde noch immer unbegreiflichen Angriff Hitlers auf die Sowjetunion verschoben sich die Kräfteverhältnisse derart zugunsten der Alliierten, daß die Niederlage des nationalsozialistischen Deutschen Reiches nur noch eine Frage der Zeit war. Aushalten und Überleben hieß die stille Parole an der Front, in den Konzentrationslagern, in den Gefängnissen, im zerbombten, schwer heimgesuchten Hinterland. Insgesamt 61 Staaten waren im Zweiten Weltkrieg, der 2194 Tage, um 230 Tage länger als der Erste Weltkrieg, dauerte, verwickelt; fast 110 Millionen Soldaten kämpften in vier Kontinenten, die Zahl der Toten betrug am Ende 52 Millionen, die der Schwerverwundeten 35 Millionen.

Die Österreicher zogen in den Verbänden der Deutschen Wehrmacht in den Krieg. Die deutsche Generalität hielt sie vielfach für unverläßlich und unkriegerisch, sie warf ihnen vor, sie machten allzuoft »schlapp«. Dies entsprach zum Teil tatsächlich dem Verhalten der österreichischen Soldaten, die sich in den besetzten Gebieten, in Frankreich, Griechenland, später in Italien und Ungarn der Bevölkerung gegenüber oft nachlässig und human gezeigt und nicht zuletzt für eine deutliche Unterscheidung zwischen Österreichern und Deutschen und für den guten Ruf Österreichs gesorgt haben. Es gab freilich auch begeisterte Truppen, so zum Beispiel die Gebirgsjäger von Narvik, die mit vollem Einsatz für die Kriegsziele des nationalsozialistischen Deutschen Reichs kämpften.

Österreich hatte zweifellos Glück im Krieg: Die Verluste waren, im Vergleich mit anderen europäischen Ländern, etwa mit Polen, Jugoslawien, Ungarn, Italien, den Niederlanden oder Griechenland, eher gering:

247 000 österreichische Soldaten fielen an der Front beziehungsweise wurden als vermißt gemeldet. Die Zivilbevölkerung hatte 24 300 Tote zu beklagen, die meisten infolge von Luftangriffen. Der gnadenlose innere Terror der deutschen Behörden forderte allerdings eine hohe Zahl von Opfern: 2 700 Österreicher wurden als Widerstandskämpfer hingerichtet, 9 687 starben in deutschen Gefängnissen, 16 493 in den Konzentrationslagern (neben den 65 459 österreichischen Juden), 6 420 wurden in den von der Deutschen Wehrmacht besetzten Ländern ermordet. Von schweren Kampfhandlungen blieb das Gebiet Österreichs weitgehend verschont; ganze Landstriche, viele Städte und Dörfer überdauerten den totalen, vollmechanisierten Krieg ohne den geringsten Schaden und sahen fremde Soldaten erst nach dem Ende des verheerenden Weltenbrandes. Die Alliierten billigten Österreich stillschweigend eine gewisse Sonderstellung zu; den ersten Angriff gegen österreichisches Territorium, gegen die Rüstungsbetriebe von Wiener Neustadt, flogen amerikanische Bomber erst am 13. August 1943. In den letzten Monaten des Krieges wurden jedoch mehrere österreichische Städte, vor allem Wien, Linz, Graz, Knittelfeld, St. Pölten, Amstetten, Klagenfurt und Villach als strategische und taktische Ziele von westalliierten Verbänden und zuletzt auch von sowjetrussischen Kampffliegern mehrmals angegriffen und zum Teil mit schweren Bomben belegt.

Krieg in Österreich

In den Vormittagsstunden des 29. März 1945 erreichten die ersten Einheiten der Sowjetarmee bei Klostermarienberg im Burgenland österreichisches Gebiet. Am 5. April standen sie bereits in der unmittelbaren Nähe von Wien. Adolf Hitler befahl, die Stadt bis zur letzten Patrone, bis zum letzten Tropfen Blut zu verteidigen. Doch die Bevölkerung wollte nicht in einem nationalsozialistischen Heldenepos untergehen: Am 5. April meldete SS-Gruppenführer Fritz Kraemer, Generalleutnant der Waffen-SS und Chef des Generalstabes der 6. Panzer-Armee, dem Führerhauptquartier: »Wien ist nicht zu halten, da der Widerstand derart groß ist, daß er nicht zu brechen ist.« An den Hausmauern tauchte eine geheimnisvolle Zahlenkombination auf, 05, das Zeichen der unter der Leitung von Hans Becker, Ernst Molden und Fritz Molden vereinigten österreichischen Widerstandsbewegung: Null bedeutete den Buchstaben O und 5 stand für den fünften Buchstaben des Alphabets, E; zusammen also OE: Österreich. Pläne der militärischen Widerstandsgruppe im Generalkommando des Wiener Wehrkreises wurden jedoch verraten, drei Wehrmachtsoffiziere österreichischer Abstammung, Major Karl Biedermann, Hauptmann Alfred Huth und Oberleutnant Rudolf Raschke auf dem Platz »Am Spitz« in Wien-Floridsdorf öffentlich gehenkt. Oberfeldwebel Ferdinand Käs gelang die Flucht, er konnte die russischen Linien überqueren und hohe sowjetische Offiziere über die Stimmung der Wiener Bevölkerung, die das Ende der Kampfhandlungen und der nationalsozialistischen Herrschaft wünschte, glaubwürdig unterrichten.
Die Wehrmacht und die SS erwarteten den russischen Angriff von Osten her, wo die sowjetischen Panzerverbände leicht hätten vordringen können, doch Tolbuchins 6. Garde-Panzerarmee und ein Korps der 9. Garde-Armee kamen überraschend vom Westen, die anderen Korps der 9. Garde-Armee und die 4. Garde-Armee von Süden. Ältere Wiener, die

Tschechisch oder Polnisch sprachen, führten die russischen Sturmtruppen durch die Bezirke Ottakring und Hernals, wo bereits weiße Fahnen flatterten. Dr. Joseph Goebbels, Propagandaminister des nationalsozialistischen Deutschen Reiches, notierte in sein Tagebuch: »Die Wiener Vorstädte haben zum großen Teil die Waffen zugunsten der Roten Armee erhoben, wodurch natürlich in Wien desolate Zustände entstanden sind. Das haben wir von dem sogenannten Wiener Humor, der bei uns in Presse und Rundfunk sehr gegen meinen Willen immer verniedlicht und verherrlicht worden ist. Der Führer hat die Wiener schon richtig erkannt. Sie stellen ein widerwärtiges Pack dar, das aus einer Mischung zwischen Polen, Tschechen, Juden und Deutschen besteht.«

Kampf um Wien

Die Straßenkämpfe waren verhältnismäßig kurz, Marschall Tolbuchin setzte weder schwere Artillerie noch Bomberverbände ein, um die Stadt zu schonen. In neun Tagen war die Schlacht um Wien vorbei. Am 13. April setzten sich die Reste der deutschen Truppen über die Donau in Richtung Nordwesten ab. (Zum Vergleich: Die Belagerung von Budapest dauerte 55 Tage, sie endete mit der fast vollständigen Zerstörung der Stadt; die Zahl der Toten betrug mehr als 120 000.) Der Kreml feierte den Sieg mit 24 Salutschüssen aus 324 Kanonen. Radio Moskau verkündete: »Die Bevölkerung Wiens und anderer Teile Österreichs hat der Roten Armee Unterstützung gewährt und die Deutschen daran gehindert, die Kämpfe zum Stehen zu bringen. Indem die Wiener bei der Befreiung der Stadt mitgeholfen haben, haben sie große Verdienste erworben, Kulturdenkmäler und lebenswichtige Einrichtungen geschützt. Was aber wohl das Bedeutendste ist: sie haben die Ehre der österreichischen Nation gerettet.«

Felix Austria

Der österreichische Weg nach 1945

Der Zweite Weltkrieg war bereits entschieden, aber noch nicht gewonnen, als die Alliierten in der Moskauer Deklaration vom 1. November 1943 ihre Absicht bekundeten, »... ein freies, unabhängiges Österreich wiedererrichtet zu sehen ...« Über die Zukunft der von der nationalsozialistischen Herrschaft befreiten Republik gab es allerdings keine bindende Vereinbarung. Die Siegermächte setzten nach dem am 8. Mai 1945 erfolgten totalen Zusammenbruch des Deutschen Reiches zunächst provisorische Maßnahmen, die vorwiegend von ihren eigenen Machtinteressen geprägt waren. Doch gerade der absichtlich in Schwebe gehaltene Zustand erwies sich letztlich als günstig, da er den österreichischen Politikern und Behörden einen wenn auch begrenzten Spielraum offenließ, den man mit der Zeit geschickt auszunützen verstand.

Besatzungszonen

Am 9. Juli 1945 gründeten die Sowjetunion, die Vereinigten Staaten, Großbritannien und Frankreich, deren Truppen seit Mitte Mai auf österreichischem Boden standen, eine »Alliierte Kommission für Österreich« und legten ihre Besatzungszonen fest. Das Burgenland, Niederösterreich und Oberösterreich nördlich der Donau wurden von den sowjetischen Militärbehörden kontrolliert und zum Teil auch verwaltet, Salzburg und Oberösterreich südlich der Donau von den Amerikanern. Vorarlberg und Tirol gehörten der französischen, die Steiermark, Kärnten und Osttirol der britischen Zone an. Wien lag in der sowjetischen Zone, war aber unter den vier Besatzungsmächten aufgeteilt: die Bezirke 2, 4, 10, 20 und 21 unterstanden sowjetrussischen, die Bezirke 7, 8, 9, 17, 18 und 19 amerikanischen Militärbehörden; in den Bezirken 6, 14, 15 und 16 übten französische, in den Bezirken 3, 5, 11, 12 und 13 britische Einheiten die Kontrollfunktionen aus; der erste Bezirk, die Innere Stadt, galt als gemeinsam verwaltetes Gebiet, in dem die Besatzungstruppen der vier Siegermächte sich monatlich abwechselten.

Die neu entstandene Lage war in mancher Hinsicht recht eigenartig, ja nahezu skurril: Österreich war ein besetztes, von fremden Truppen so gut wie lückenlos überwachtes Land, und es war dennoch, im Vergleich zur nationalsozialistischen Zeit, aber auch zu den Jahren des diktatorischen Ständestaats, weitgehend frei. Schon im April 1945 nahmen die politischen Parteien ihre Arbeit auf: die Österreichische Volkspartei (ÖVP), die vorerst als Nachfolgerin der Christlichsozialen Partei in Erscheinung trat, und die Sozialistische Partei Österreichs (SPÖ). Sie wurden von gemäßigten Politikern, die zumeist aus dem Mittelstand kamen und nach dem Anschluß in die innere Emigration gegangen oder von den Nationalsozialisten in die deutschen Konzentrationslager verschickt worden waren, angeführt: von Karl Gruber, Felix Hurdes, Leopold Figl, Julius Raab (ÖVP), Karl Renner, Adolf Schärf, Theodor Körner, Karl Seitz (SPÖ). Die Kommunistische Partei Österreichs (KPÖ), von der sowjetischen Besatzungsmacht nur bedingt unterstützt, konnte sich wegen ihres radikalen Programms nicht als bedeutender politischer Faktor etablieren. Die österreichische Bevölkerung hat aus den bitteren Jahren der Intoleranz, der politischen Exzesse und der Diktatur nachhaltig gelernt: sie lehnte Scharfmacher beinahe einmütig ab und bekannte sich nun hartnäckig zur demokratischen Staatsform. Und sie bekannte sich zu Österreich. Durch den schweren Druck des nationalsozialistischen deutschen Regimes und durch die Besatzung der alliierten Truppen entstand ein starkes Gefühl der nationalen Zugehörigkeit, ein neues, natürliches und lebendiges Österreich-Bewußtsein, das nahezu wie eine permanente Verschwörung mit eindeutig positiven Vorzeichen im ganzen Land deutlich zu spüren war. Man besann sich wieder auf die österreichische Vergangenheit, begann die Werte der österreichischen Kultur, die Eigenständigkeit der österreichischen Sprache, die charakteristischen Züge der österreichischen Verhaltensweise und die Merkmale einer österreichischen Lebensform hoch einzuschätzen: ein Dialektwort bekam plötzlich Signalwert, ein Strauß-Walzer tiefere Bedeutung, Kaffeehaus und Heuriger fungierten nahezu als nationale Heiligtümer, ein Theaterstück von Franz Theodor Csokor, ein Roman von Heimito von Doderer, ein Gedicht von Ingeborg Bachmann faßte man als verheißungsvolle Botschaften der verlorenen, aber stets gegenwärtigen und nun wiedergewonnenen Heimat Österreich auf.

Österreich-Bewußtsein

Am 27. April 1945 wurde mit Unterstützung der sowjetrussischen Besatzungsmacht eine provisorische österreichische Regierung unter dem fünfundsiebzigjährigen Staatskanzler Dr. Karl Renner gebildet. Die Westalliierten standen dem neuen Kabinett vorerst mißtrauisch gegenüber, sie befürchteten ein Abgleiten der Republik Österreich in die Einflußsphäre Moskaus. Doch die österreichischen Politiker der ersten Stunde, die ohne Rücksicht auf ihre Parteizugehörigkeit sich für die Zusammenarbeit entschlossen hatten, steuerten zäh und flexibel zugleich einen unabhängigen, demokratischen Kurs. Am 25. November 1945 fanden in Österreich die ersten freien Wahlen statt. Die ÖVP errang mit 85 Mandaten die absolute Mehrheit, die SPÖ profilierte sich mit 76 Mandaten als große Oppositionspartei, die Kommunisten konnten sich bloß 4 Mandate sichern. Dennoch bildete man, um die politische Einheit der österreichischen Nation wirksamer vertreten zu können, unter dem Agraringenieur Leopold Figl eine Koalitionsregierung. In der Eröffnungssitzung des Nationalrats gab Bundeskanzler Figl die Erklärung ab: »Wir sind kein zweiter deutscher Staat. Wir waren nie Ableger einer anderen Nation. Wir sind nichts anderes als Österreicher, aber das aus ganzem Herzen und aus jener Leidenschaft, die jedem Bekenntnis zur Nation innewohnen muß.«
Am 26. Juli 1946 überraschte der österreichische Nationalrat die Öffentlichkeit mit der Verstaatlichung der drei größten Banken des Landes, der

Schiffahrtsgesellschaft DDSG, der gesamten Erdöl- und Hüttenindustrie, des Bergbaus und mehrerer Großbetriebe der Elektro-, Metall-, Maschinen- und Fahrzeugbauindustrie. Es war ein kluger Schritt, der dem österreichischen Staat mehr wirtschaftliche Macht sicherte, soziale Gegensätze abbauen half und künftige politische Angriffsziele der sowjetischen Besatzungsmacht aus der Schußlinie nahm. Die KPÖ stimmte prompt gegen das Verstaatlichungsgesetz, die sowjetische Militärbehörde protestierte, doch die Westmächte standen diesmal hinter der österreichischen Regierung. Das Gesetz trat in Kraft. Die Durchführung gestaltete sich aber recht schwierig, da einige Großunternehmen, darunter die DDSG, die Erdölfelder und etliche Fabriken als ehemaliges deutsches Eigentum von den sowjetischen Behörden in Besitz genommen wurden. Die etwa dreihundert Betriebe gehörten einer Dachorganisation, der USIA*, an, und sie waren auch Stützpunkte der Kommunistischen Partei. Ende September 1950 versuchte die KPÖ durch einen großangelegten Streik, an dem etwa 120 000 Arbeiter teilnahmen, die politischen Machtverhältnisse zu ihren Gunsten zu verschieben. Daß es sich dabei um einen kommunistischen Putschversuch mit dem Ziel, Österreich in eine Volksrepublik umzuwandeln, gehandelt hätte, ist eine später oft strapazierte Übertreibung. Die sowjetische Besatzungsmacht unterstützte – im Gegensatz zu den osteuropäischen Staaten Rumänien, Ungarn und ČSSR – die Aktion nur sporadisch und keineswegs mit Waffengewalt. Der Streik, der immerhin zu einigen Straßenschlachten zwischen Kommunisten und Sozialisten geführt hatte, brach in der ersten Oktoberwoche zusammen. Die Sowjetregierung war an einer gewaltsamen Konfrontation mit den Westalliierten in Sachen Österreich nicht interessiert. Denn bereits im Januar 1947 fanden Verhandlungen zwischen den vier Großmächten über die politische Zukunft der Republik Österreich statt. Sie dauerten, unter Teilnahme österreichischer Delegationen, insgesamt acht Jahre. Das damals entstandene Schwarzweißbild über das Ringen um den österreichischen Staatsvertrag, den die bösen Russen angeblich niemals abschließen wollten und den die guten Amerikaner mit Nachdruck gefordert hätten, haben österreichische Historiker in den letzten Jahren anhand von Originaldokumenten bereits glaubwürdig widerlegt. Österreich war zunächst eine Karte im komplizierten politischen Spiel um die Einflußsphären der im kalten Krieg geschaffenen Militärblöcke. Zweifellos verhinderte das Mißtrauen des sowjetischen Diktators Jossif Wissarionowitsch Stalin eine zügige Entwicklung: Er befürchtete, daß ein freies, demokratisches Österreich sich zwangsläufig an die militärische Allianz des Westens, an die NATO, anschließen würde. Die Westmächte wiederum, voran die USA, rechneten damit, daß ein freies und neutrales Österreich hart an der Grenze des östlichen Militärbündnisses eines Tages in den sowjetischen Machtbereich mit einbezogen werden könnte. Doch das Wunder – denn die Weltöffentlichkeit betrachtete es als ein Wunder – geschah: Beide Seiten gaben schrittweise nach. Eine glückliche außenpolitische Konstellation spielte dabei eine wesentliche Rolle, aber auch die österreichischen Politiker, Ju-

KPÖ-Generalstreik

* USIA: Uprawlenije Sowjetskowo Imushtschestwa w Awstrii (Verwaltung des sowjetischen Besitzes in Österreich).

lius Raab, Leopold Figl, Dr. Adolf Schärf und der damalige Staatssekretär im Außenamt, Dr. Bruno Kreisky, führten die schwierigen Verhandlungen mit den leitenden Staatsmännern der Sowjetunion auf eine später nahezu legendär gewordene »österreichische Weise«, im schlichten, offenen, mitunter von gemütlichem Wiener Humor durchsetzten Ton und mit einem bemerkenswert sicheren taktischen Gefühl. Die weltpolitische Großwetterlage gestaltete sich, allerdings nur für kurze Zeit, äußerst günstig. Stalin starb am 5. März 1953, die neuen Männer im Kreml, in einen inneren Machtkampf verwickelt, suchten Verständigung mit dem Westen. Im Interesse der von Moskau vorgeschlagenen friedlichen Koexistenz zwischen den kommunistischen und den kapitalistisch-demokratischen Bündnissystemen zeigten sie sich bereit, ihren guten Willen durch konkrete Schritte zu demonstrieren. Eine Wiedervereinigung des nach dem Zweiten Weltkrieg zweigeteilten Deutschland mit anschließenden freien Wahlen schien ihnen jedoch in Anbetracht der legitimen Sicherheitsbedürfnisse der Sowjetunion ein viel zu hoher und gefährlicher Preis. Über das kleine, harmlose Österreich, das als Militärmacht keinesfalls in Frage kommen könnte, ließ sich aber verhandeln. Die sowjetischen Politiker bestanden dabei auf einer deutlichen Erklärung der österreichischen Neutralität, die dann die verantwortlichen Staatsmänner Österreichs nach anfänglichem Zögern voll und ganz akzeptierten. Im April 1955 flog eine österreichische Regierungsdelegation mit Bundeskanzler Julius Raab und Vizekanzler Dr. Adolf Schärf an der Spitze nach Moskau, wo in betont freundlicher Atmosphäre die entscheidenden Besprechungen stattfanden.

Staatsvertrag

Am 15. Mai 1955, um 11.30 Uhr, wurde im Marmorsaal des Schlosses Belvedere in Wien der Österreichische Staatsvertrag von den Außenministern Wjatscheslaw Michailowitsch Molotow (Sowjetunion), John Foster Dulles (USA), Harold Macmillan (Großbritannien), Antoine Pinay (Frankreich) und Leopold Figl (Österreich) feierlich unterzeichnet. Vor dem Schloß wartete eine große Menschenmenge auf den langersehnten historischen Augenblick. Der Jubel war, wie dies in den damaligen Berichten hieß, unbeschreiblich. Im ganzen Land läuteten die Glocken – ein neues, hoffnungsvolles Zeitalter begann.

Der Text des Österreichischen Staatsvertrages besteht aus einer Präambel, 38 Artikeln, zwei Anhängen und fünf Listen. Die Präambel hatten die Vertragspartner noch in der letzten Nacht vor der Unterzeichnung gekürzt: Eine Passage, die auf die teilweise Mitverantwortung Österreichs für den Zweiten Weltkrieg hinwies, fiel weg. Die wichtigsten Bestimmungen der 38 Artikel sind: Die Grenzen der Republik Österreich werden, wie sie am 1. Januar 1938 vor der deutschen Besetzung verliefen, garantiert. Der Anschluß an Deutschland ist verboten. Die Rechte der slowenischen Minderheit in Kärnten und der kroatischen Minderheit im Burgenland müssen gewahrt werden. Das österreichische Bundesheer darf eine Mannschaftsstärke von höchstens 54 000 Mann haben und keine Raketenwaffen besitzen. Die Republik Österreich verpflichtet sich, für die Ablöse des sowjetischen Besitzes beziehungsweise der sowjetischen Forderungen innerhalb von zehn Jahren Waren im Wert von 150 Millionen

Unterzeichnung des Staatsvertrages. Gemälde von Robert Fuchs

Dollar sowie 10 Millionen Tonnen Erdöl kostenlos an die Sowjetunion zu liefern. Die Besatzungstruppen verlassen spätestens neunzig Tage nach Ratifizierung des Staatsvertrages das Territorium der Republik Österreich.

Immerwährende Neutralität

Die Verpflichtung zur immerwährenden Neutralität ist, im Gegensatz zu der vielfach noch heute geglaubten irrigen Annahme, im österreichischen Staatsvertrag nicht verankert. Sie wurde am 26. Oktober 1955 vom österreichischen Nationalrat freiwillig beschlossen und von den vier Großmächten, mit der Zeit dann von einer Reihe anderer Staaten anerkannt und als fester Bestandteil der internationalen Rechtsordnung betrachtet, den Österreich einseitig nicht mehr annullieren kann.

Mitte September 1955 verließen die letzten sowjetischen Einheiten das Hoheitsgebiet der Republik Österreich. Der letzte fremde Besatzungssoldat, ein britischer Offizier, brach angeblich am 26. Oktober 1955 aus Klagenfurt in Richtung Heimat auf. Die Tatsache ist allerdings historisch nicht gesichert. Experten der Zeitgeschichte diskutieren noch heute über den Ort, den Tag und auch über die Nationalität des allerletzten Besatzungssoldaten. Der 26. Oktober wurde als »Tag der Fahne« zum Nationalfeiertag erklärt, obwohl der Tag mit der österreichischen Fahne nichts zu tun hat, vielmehr mit der österreichischen Neutralität und, falls die Behauptung über den namentlich nicht genannten britischen Offizier stimmt, mit dem Abmarsch des letzten Besatzungssoldaten.

Doch für nationale Feiertage wie auch für den Nationalismus traditionellen Zuschnitts schlechthin zeigt die Bevölkerung der Zweiten Republik kaum Interesse. Der zweifellos vorhandene, aber zeitgemäße, keineswegs aggressive österreichische Patriotismus wurzelt nicht zuletzt in der eher schlichten Zuneigung zu dem Land, in dem man, weitgehend unbehelligt, im gesicherten Wohlstand leben kann.

Die Not der unmittelbaren Nachkriegszeit war im Vergleich zu den Nachbarstaaten rasch überwunden, der Wiederaufbau der zerstörten Einrichtungen, Gebäude, Brücken, Straßen in einem Zeitraum von etwa zehn Jahren abgeschlossen. Die Vereinigten Staaten leisteten dabei der Republik Österreich großzügige finanzielle Hilfe, die an keinerlei politische Auflagen gebunden war. Schon 1947 verzichtete die Regierung der USA auf die Erstattung der Besatzungskosten, lieferte an Österreich lebenswichtige Güter in großen Mengen ohne Bezahlung und stellte im Rahmen ihres europäischen Hilfsprogramms, des Marshallplans, der Republik insgesamt 960 Millionen Dollar zur Verfügung.

Trotz manch düsterer Prophezeiungen, die sich auf Erfahrungen der Zwischenkriegszeit beriefen, erwies sich die nunmehr von den Besatzungsmächten geräumte Republik Österreich als lebens- und entwicklungsfähiger Staat. Die Wiedereröffnung des Wiener Burgtheaters am 15. Oktober 1955 mit Franz Grillparzers Drama »König Ottokars Glück und Ende« und der Staatsoper am 5. November desselben Jahres mit Beethovens »Fidelio« wurden von einer weltweiten Welle der Sympathie für Österreich begleitet. Zahlreiche prominente Gäste aus dem Ausland nahmen teil an der unvergeßlichen Auferstehung der traditionellen österreichischen Kunst, ja des österreichischen Geistes schlechthin.

Wiener Burgtheater und Staatsoper

Bald meldete sich auch das Moderne, das Unkonventionelle kräftig zu Wort: In den Kaffeehäusern versammelten sich wieder die österreichischen Literaten. Der aus der Emigration heimgekehrte Wiener Schriftsteller und Kritiker Hans Weigel unterstützte und förderte die neue Generation von Schriftstellern, unter denen sich so namhafte Autoren wie Gerhard Fritsch, Herta Kräftner, H. C. Artmann, Ilse Aichinger und Milo Dor befanden. Der deutschsprachige Raum wurde durch einen neuen,

Neue Autoren

Außenminister Leopold Figl verkündet vom Balkon des Schlosses Belvedere die Unterzeichnung des Staatsvertrags

unverkennbar österreichischen Ton in der Lyrik und in der Erzählung bereichert. Die heute bereits zu den Klassikern zählenden Vertreter der älteren Generation, vor allem der große Romanschriftsteller Heimito von Doderer, aber auch Christine Busta, Albert Paris Gütersloh, Friedrich Torberg, Alexander Lernet-Holenia und Christine Lavant fanden nunmehr Zugang zu einer breiteren Leserschicht.

Phantastischer Realismus

Auch die bildenden Künste waren im Aufbruch. Anfang 1956 prägte der Kunstkritiker Johann Muschik den Begriff »Wiener Schule des Phantastischen Realismus«; er bezeichnete damit eine Gruppe von damals noch kaum bekannten Malern. Mit ihrem neuen, wiederum sehr österreichischen, weil verträumten und farbenfrohen, aber auch hintergründigen, oft nahezu dämonischen Stil erlangten Ernst Fuchs, Wolfgang Hutter, Rudolf Hausner, Arik Brauer und Anton Lehmden binnen weniger Jahre Weltgeltung.

Die politische Entwicklung des Landes verlief dagegen in äußerst ruhigen Bahnen, nicht zuletzt, da die bitteren Erfahrungen aus der Zeit der Ersten Republik und der nationalsozialistischen deutschen Herrschaft Gedankenwelt und Handlungsweise der Politiker, aber auch der Bevölkerung nachhaltig beeinflußt hatten: Verschlagene Intrigenspiele, gehässige Angriffe oder gar nackte Gewalt fanden in das politische Leben der neutralen Republik keinen Eingang mehr.

Koalitionen

In den Jahren 1953 bis 1966 wurde Österreich von Koalitionskabinetten der beiden Großparteien ÖVP und SPÖ regiert, wobei den Bundeskanzler jeweils die Österreichische Volkspartei stellte. Vom 2. April 1953 bis zum 11. April 1961 leitete Julius Raab, der Kanzler des Staatsvertrages, die Regierungsgeschäfte. Sein Nachfolger, Alfons Gorbach, bekleidete das Amt bis zum 2. April 1964. Dr. Josef Klaus stand dann zwei Jahre lang, bis zum 19. April 1966, an der Spitze der letzten ÖVP-SPÖ-Koalitionsregierung. Die dritte Partei im Nationalrat, die Freiheitliche Partei Österreichs (FPÖ), erhielt in den Koalitionsregierungen keine Ministerposten, die Kommunistische Partei (KPÖ) verlor bereits 1956 ihre Parlamentssitze und ist seitdem im Nationalrat nicht mehr vertreten.

Bei der Wahl des Bundespräsidenten entschied sich die österreichische Bevölkerung, wohl auch um ein ausgewogenes Machtverhältnis im Staat zu sichern, stets für einen Kandidaten der Sozialistischen Partei: zuerst für Theodor Körner (1951–1957), dann je zweimal für Adolf Schärf (1957–1965) und für Franz Jonas (1965–1974), zuletzt für Rudolf Kirchschläger (seit 1974).

Die Alleinregierungen

Bei den Nationalratswahlen vom März 1966 errang die Österreichische Volkspartei die absolute Mehrheit und bildete unter Bundeskanzler Dr. Josef Klaus eine ÖVP-Alleinregierung. Vier Jahre später gewannen die Sozialisten die Wahlen. Am 21. April 1970 stellte Bundeskanzler Dr. Bruno Kreisky seine sozialistische Alleinregierung vor, die durch wiederholte Wahlerfolge der SPÖ in leicht veränderter Besetzung bis zu den Nationalratswahlen vom 24. April 1983 im Amt blieb. Allerdings verfehlten die Sozialisten 1983 die absolute Mehrheit. Dr. Bruno Kreisky zog die Konsequenzen und erklärte seinen Rücktritt. Mit ihm trat ein Vollblutpolitiker von internationalem Format von der politischen Bühne ab. Die neue Regierung, ein Koalitionskabinett der SPÖ und der kleinen Opposi-

tionspartei FPÖ, nahm im späten Frühjahr 1983 ihre Arbeit auf. Die Leitung der Staatsgeschäfte wurde Dr. Fred Sinowatz übertragen, der lange Jahre als Unterrichtsminister dem Kabinett Kreisky angehört hatte.
Die Programme der drei Parteien, die seit 1955 im Nationalrat und in der Regierung für die politische und wirtschaftliche Stabilität der Republik die Verantwortung tragen, weichen nicht radikal voneinander ab. Dies ist mit ein Grund dafür, daß Österreich in der langen Periode der letzten 30 Jahre eine durchweg positive Entwicklung ohne nennenswerte Erschütterungen durchmachen konnte.
Nach dem Abschluß des Staatsvertrages setzte ein bis dahin ungeahnter und unverhoffter Aufschwung ein, der seine Impulse zum Teil von der allgemeinen Konjunktur in der westlichen Welt bezog. Schon zu Beginn der sechziger Jahre konnte man in Österreich von einer florierenden Wohlstandsgesellschaft sprechen, die sich zunächst kontinuierlich aufwärtsentwickelte. Die Zahl der Arbeitslosen sank ständig und erreichte im August 1961 ein Rekordtief: 35 248 Personen. Am 1. Januar 1972 wurde die 42-Stunden-Arbeitswoche eingeführt, drei Jahre später bereits die 40-Stunden-Woche, ab 1. Januar 1977 wurde der Mindesturlaub der Arbeitnehmer auf vier Wochen verlängert.

Wohlstandsgesellschaft

Wachsender materieller Wohlstand und ein vernünftiger, von Verständnis und Kompromißbereitschaft geprägter politischer Stil haben Jahrzehnte hindurch den in der Zeit der Ersten Republik so schmerzlich vermißten sozialen Frieden gewährleistet. Spezifisch österreichische Institutionen, wie zum Beispiel die im März 1957 ins Leben gerufene »Paritätische Kommission«, ein halbamtlicher Ausschuß der Arbeitnehmer- und Arbeitgeberorganisationen und der Bundesregierung zur freiwilligen Selbstkontrolle der Lohn- und Preisgestaltung sowie der wirtschaftspolitischen Planung, konnten immer wieder schwierige Probleme ausdiskutieren, bedrohliche Konflikte entschärfen und ausräumen. Im Jahr 1977 gab es in Österreich insgesamt nur 86 Streikstunden, ein europäischer Rekord, der gleichzeitig als europäische Kuriosität angesehen werden kann, zumal die Zahl der Streikstunden in den meisten westlichen Ländern immer wieder die Millionengrenze erreicht.
Ein Geschenk für die Zweite Republik war die weltweite Entwicklung einer neuen Freizeitbeschäftigung, die man heute Massentourismus nennt. Der Fremdenverkehr, vor allem der alpine Schisport*, wurde zu einer überaus wichtigen, ja geradezu staatstragenden Industrie. Im Jahr 1979 stand Österreich mit einer Deviseneinnahme von 74 Milliarden Schilling aus dem Fremdenverkehr (1965: 14,5 Milliarden Schilling) an erster Stelle der Weltrangliste. Allerdings konnte man ab 1983, nicht zuletzt wegen der anhaltenden Konjunkturflaute im europäischen Westen, die Spitzen-

* Das österreichische Glück präsentiert sich oft in recht merkwürdigen Formen: So erfand um die Jahrhundertwende der nach Wien eingewanderte Sohn eines Müllergesellen aus dem mährischen Iglau, Matthias Zdarsky (1856–1940), eine von den Zeitgenossen spöttisch belächelte, scheinbar sinnlose Unterhaltung; er ging mit selbstgefertigten Brettern auf einen Berg, den Muckenkogel bei Lilienfeld in Niederösterreich, band die Bretter an seine Füße und rutschte damit den Hang hinunter, um dann wieder hinaufzustapfen und aufs neue hinunterzurutschen. Das alpine Schilaufen, das heute ein bedeutender Wirtschaftsfaktor ist, war damit geboren ...

ergebnisse nicht mehr halten. Ausgelöst durch eine weltweite Absatzkrise auf dem internationalen Stahlmarkt kam es zu Beginn der achtziger Jahre zu erheblichen Schwierigkeiten in den Großbetrieben der verstaatlichten Industrien. Zu spät ging man daran, veraltete Produktionsmethoden abzuschaffen, die Produktpalette zu modernisieren und ein brauchbares Konzept für die notwendig gewordene Strukturbereinigung zu erstellen. So entstanden Milliardenverluste, die der Staat, vor allem um die gefährdeten Arbeitsplätze zu sichern, durch großzügige Subventionen auffangen mußte. Das Defizit des Staatshaushaltes stieg unaufhaltsam. Als Resultat wurde in den Jahren 1980 bis 1983 die Steuerschraube empfindlich angezogen. Allmählich gingen die Inflationsraten zurück, trotzdem nahm die Zahl der Arbeitslosen, berücksichtigt man den europäischen Durchschnitt, nicht mehr besorgniserregend zu.

Stahlkrise

Die politischen Parteien und Interessengruppen bemühten sich auch in der Folge, anfallende Probleme durch Gespräche, Zugeständnisse oder eben durch die bewährte österreichische Taktik der Verzögerung friedlich zu lösen oder zumindest in der Schwebe zu halten. Lediglich die Autonomiebestrebungen der deutschsprachigen Bevölkerung im italienischen Südtirol wurden von Extremisten durch Bombenanschläge radikal unterstützt. In den Jahren 1956 bis 1967 sah die österreichische Bundesregierung allzulang und auch allzu geduldig dem Treiben zu, was im Ausland mit Befremden vermerkt wurde. Erst nach einem schweren Anschlag im Juli 1967 auf dem Vallonapaß (Porzescharte), dem vier italienische Soldaten zum Opfer fielen, griff die österreichische Regierung energisch durch: Truppen des Bundesheeres rückten aus, um das Grenzgebiet zu sichern und weitere Anschläge zu verhindern. Im Juni 1969 konnten sich die österreichische und die italienische Regierung schließlich über die Lösung der Südtirolfrage weitgehend einig werden; ein »Maßnahmenpaket« und ein »Operationskalender« wurden ausgearbeitet. Die Realisierung der Maßnahmen machte in den siebziger Jahren entscheidende Fortschritte. Doch eine endgültige und gerechte Bereinigung des Problems ließ, nicht zuletzt wegen des häufigen Regierungswechsels in Italien, auch noch zu Beginn der achtziger Jahre auf sich warten.

Südtirol

Daneben gab es genug andere heiße Eisen für die österreichische Innenpolitik, so zum Beispiel die Forderung nach zweisprachigen Ortstafeln für alle die Kärntner Gemeinden, in denen sich mindestens 20 Prozent der Bevölkerung zur slowenischen Muttersprache bekannt hatten. Man beantragte die Freigabe der Schwangerschaftsunterbrechung bis zum Ende des dritten Monats (»Fristenlösung«), und es gab heftige Auseinandersetzungen um die Anwendung der Kernenergie. Alle diese Gesetzesvorlagen konnten ohne nennenswerte Gewaltaktionen radikaler Splittergruppen behandelt und – wie die Fristenlösung – beschlossen oder, wie der Konflikt um die Ortstafeln und die Stillegung des Kernkraftwerkes Zwentendorf noch vor der Inbetriebnahme bewiesen, auf die lange Bank geschoben werden. Man meldete keine Straßen- und Saalschlachten, und es gab keinen einzigen Toten – angesichts der schweren blutigen Ausschreitungen in den meisten westlichen Industriestaaten in ähnlichen Fällen wiederum ein österreichisches Wunder.

Interne Konflikte

Die österreichische Kirche, die als fortschrittlich gilt, hielt sich bei Fragen der Tagespolitik zurück und hat stets eine von allen Seiten geschätzte neutrale Position eingenommen. So versuchten die katholischen Institutionen erst gar nicht, gegen das längst fällige Protestantengesetz Stimmung zu machen, das der Nationalrat am 6. Juli 1961 verabschiedete. Dieses Gesetz regelt die Rechtslage der evangelischen Kirche in Österreich und sichert ihr die uneingeschränkte Freiheit, Gleichberechtigung und Selbstbestimmung. Selbst dort, wo die politisch einst mächtige katholische Kirche Österreichs gegen neue Gesetze – wie die Erleichterung der Scheidung oder die begrenzte Freigabe der Schwangerschaftsunterbrechung – ihre Stimme aus ethischen Gründen erhob, begnügte sie sich im Interesse des inneren Friedens mit einer Mahnung.

Die Kirche

Neue Gesetze

Seit dem Abschluß des Staatsvertrages war man in Österreich bemüht, die Strukturen des öffentlichen Lebens grundlegend zu modernisieren. In der Gesetzgebung der Republik zeigte sich eine spürbare Hinwendung zu sozialer Gerechtigkeit und zu einem aufgeklärten Humanismus. Ab 1971 wurde eine schrittweise Strafrechtsreform durchgeführt, die sich bis in die achtziger Jahre hinein erstreckte. Sie hatte in erster Linie die Resozialisierung des Täters zum Ziel, und sie sollte auch dem kleinen Mann den Zugang zum Recht wesentlich erleichtern. Das teilweise noch aus der kaiserlich-königlichen Zeit stammende, nahezu undurchschaubare Paragraphengestrüpp wurde durchforstet, und veraltete Gesetze, unter anderem der berüchtigte »Ehestörungsparagraph«, der oft genug als Vorwand für gesetzlich geschützte Erpressung diente, wurden aus der Welt geschafft. Die Besserstellung des unehelichen Kindes und der ledigen Mutter, ein neues, zeitgemäßes Berufsausbildungsgesetz, ein liberales Kreditwesengesetz, das Gesetz zum Schutz der Nachtschicht- und Schwerarbeiter, das Arbeiterabfertigungsgesetz, ein neues Marktordnungsgesetz und die weitgehende Liberalisierung des alten Gewerberechts sind wichtige, auch im Ausland mit Anerkennung registrierte Errungenschaften einer demokratischen österreichischen Gesetzgebung.

Bereits am 13. November 1968 beschloß der Nationalrat, das Wahlalter herabzusetzen; seither erlangt jeder österreichische Staatsbürger mit 19 Jahren das aktive, mit 25 Jahren das passive Wahlrecht (letzteres bedeutet, daß man zum Abgeordneten des Nationalrates gewählt werden kann). Am 15. Juli 1971 wurde im Parlament eine Wehrgesetznovelle verabschiedet, mit der die SPÖ ein Wahlversprechen einlöste: Der Präsenzdienst wurde auf sechs Monate gekürzt und dafür die 60-Tage-Waffenübung für Reservisten, aufgeteilt auf 15 Tage pro Jahr, eingeführt. Am 6. März 1974 wurde auch der Zivildienst als Wehrpflichtersatz für Kriegsdienstverweigerer in der Verfassung verankert. Im Herbst 1972 hatte der Staat seine mehr als zehn Jahre lang umstrittene Gratis-Schulbuch-Aktion gestartet, die, mit verschiedenen schulischen Experimenten gekoppelt, die Chancengleichheit der Schulkinder fördern sollte.

Schattenseiten

Schon Anfang der siebziger Jahre konnte man deutlich die Schattenseiten der österreichischen Wohlstandsgesellschaft erkennen, sofern man sich von den unverkennbaren Fortschritten des nunmehr in jeder Hinsicht gefestigten österreichischen Staates nicht blenden lassen wollte. Das starke Gefühl der Zusammengehörigkeit und die selbstverständliche Hilfsbereitschaft während der schweren Besatzungszeit und der ersten glücklichen

Bundeskanzler Dr. Fred Sinowatz mit seinem Vorgänger Dr. Bruno Kreisky

Jahre nach dem Abschluß des Staatsvertrages schwanden merklich; im Gefolge eines zum Teil falsch verstandenen Leistungsprinzips machten sich rücksichtloser Egoismus, Geltungsbedürfnis, Kontaktarmut und Kommunikationsschwierigkeiten, aber auch Korruption in großem Ausmaß breit. Die Alarmzeichen waren denn auch nicht zu übersehen: Die Republik Österreich steht seit 1970 hinter der Volksrepublik Ungarn an zweiter Stelle in der europäischen Selbstmordstatistik (24,3 Selbstmörder auf 100 000 Einwohner). Auch die wohlstandsbedingte Motorisierungswelle konnte nicht restlos verkraftet werden – Österreich scheint immer wieder im Spitzenfeld der internationalen Unfallstatistiken auf (in den Jahren zwischen 1970 und 1980 mit durchschnittlich 30 Verkehrstoten auf 100 000 Einwohner).

Seit Mitte der siebziger Jahre schlossen sich vor allem die Jugendlichen zu einer gewaltlosen Widerstandsbewegung gegen die Auswüchse der Wohlstandsgesellschaft und des in ihren Augen übermächtig gewordenen Staates zusammen. Die Suche nach alternativen Lebensweisen begann. Die Probleme des Umweltschutzes rückten immer mehr in den Mittelpunkt des gesellschaftlichen Interesses, wenn auch die untereinander oft uneinigen »Grünen Gruppen« Österreichs auf Anhieb keinen politischen Erfolg für sich buchen konnten und bei den Nationalratswahlen vom 24. April 1983 leer ausgingen. Umstritten blieb zunächst auch eine eher lose organisierte Jugendbewegung, die sich gegen die etablierten Formen der »Hochkultur« richtete, vor allem gegen die großzügig subventionierten, aber nur

Umweltschutz

Arena-Bewegung

für einen verhältnismäßig kleinen Kreis zugänglichen Bundestheater und Festspielbetriebe. Als Gegengewicht forderten sie mehr staatliche Unterstützung für eine zeitgemäße »Basiskultur«. Als bisheriger Höhepunkt der österreichischen Kulturrevolution ging die Arena-Bewegung in die Annalen der Bundeshauptstadt ein: Am 27. Juli 1976 besetzten etwa 400 junge Künstler zusammen mit ihren auf mehrere Tausend geschätzten Anhängern, darunter linken politischen Splittergruppen und Randfiguren der Drogenszene, die Hallen des aufgelassenen Schweineschlachthofes in der Vorstadt St. Marx in Wien und richteten dort ein künstlerisch zweifellos sehr aktives und eigenständiges Großlager ein.

Doch auf Druck der Wiener Stadtverwaltung, zum Teil auch infolge von Fraktionskämpfen unter den Arena-Bewohnern selbst, wurde der Schlachthof schon Anfang Oktober 1976 wieder geräumt. Die Bewegung splitterte sich auf, bestenfalls konnte sie in kleineren Jugendzentren ihre Ziele weiter verfolgen. In einem dieser alternativen Treffpunkte in der Gassergasse in Wien, kurz »Gaga« genannt, kam es jedoch im Frühjahr 1983 zu gewalttätigen Demonstrationen. Die Polizei griff hart durch, das Jugendzentrum wurde geschlossen und das alte Gebäude, in dem es beheimatet war, abgerissen.

Öffentliche Sicherheit

Von diesen wenigen Vorfällen abgesehen, sind Demonstrationen, die nicht friedlich verlaufen, in Österreich von Seltenheitswert – wiederum im Gegensatz zu den meisten westlichen Industriestaaten. Man baut hier keine Barrikaden, und man zündet keine Autos an, wenn man ein Anliegen durchsetzen möchte. Die öffentliche Sicherheit, sowohl auf dem Lande als auch in der Großstadt Wien, hat sich seit 1955 als eine der verläßlichsten und solidesten in der ganzen Welt erwiesen, was wesentlich zum guten Ruf Österreichs als attraktives Ferienziel beigetragen hat. Die Organe der Exekutive, die Polizei in den Städten sowie die Gendarmerie auf dem Lande, werden auch in den Massenmedien des Auslandes immer wieder dafür gelobt, daß sie, mit wenigen Ausnahmen, lieber verhandeln, lieber eine friedliche Kompromißlösung suchen, also den sprichwörtlichen österreichischen Weg der Verständigung gehen, als daß sie Gewalt anwenden.

Flüchtlinge

Das freie, ruhige und zweifellos wohlhabende Land ist seit Jahrzehnten das Ziel oder zumindest die erste Station von Ausländern, die ihre Heimat vorwiegend aus politischen Gründen verlassen mußten oder wollten. Zwischen 1945 und 1980 wurden in Österreich rund 1,9 Millionen Flüchtlinge registriert. Etwa 600 000 Flüchtlinge, darunter mehr als 400 000 vertriebene Deutsche aus Ostpreußen, Westpolen und aus der ČSSR, ließen sich in Österreich nieder und haben sich mit Hilfe der Behörden und der Bevölkerung voll und ganz integriert. Von den mehreren hunderttausend Flüchtlingen, die nach dem ungarischen Aufstand im Herbst 1956 und nach dem gescheiterten »Prager Frühling« im August 1968 nach Österreich kamen, blieben insgesamt etwa 40 000 Personen im Lande.

Ostpolitik

Die Republik Österreich hat sich in diesen Fragen niemals dem Druck des sowjetischen Machtblocks gebeugt, sondern stets eine in der ganzen Welt als großzügig gerühmte Flüchtlingspolitik verfolgt und dafür beachtliche Summen aufgewendet. Trotzdem sind die Beziehungen des Staates zur

UdSSR und zu den sozialistischen Nachbarstaaten Osteuropas konfliktfrei. Österreich lehnt die kommunistische Ideologie ganz entschieden ab. Es bekennt sich eindeutig zur westlich-demokratischen Staats- und Gesellschaftsform. Aber es spielt auch eine Vermittlerrolle, vor allem durch seinen erfolgreichen Osthandel, es fördert die Entspannung und demonstriert die Möglichkeit des friedlichen Zusammenlebens der beiden politisch und wirtschaftlich grundsätzlich verschiedenen Welten. Besonders zur Volksrepublik Ungarn, wo sich in den letzten Jahren starke liberale Strömungen bemerkbar machten, konnten freundliche und gutnachbarliche Kontakte geknüpft werden; zwischen 1978 und 1983 haben österreichische Firmen zahlreiche Großaufträge mit beachtlichem Umsatz in Ungarn abgewickelt, wurden Luxushotels, Grenzstationen, Flughäfen und Heilbäder gebaut.

Diplomatie

Österreichische Diplomaten haben ab Mitte der siebziger Jahre bei den internationalen Ost-West-Konferenzen zur Förderung der Sicherheit und Zusammenarbeit in Europa (Helsinki, Belgrad, Madrid) wiederholt eine wichtige Rolle gespielt, mit ihren Vermittlungsvorschlägen die Beratungen aus diversen Sackgassen geführt und den Abschluß vieler Tagungen ermöglicht. Von Januar 1972 bis zum Dezember 1981, in den schwierigen Jahren also, in denen die internationale Politik vor allem durch den Nahostkonflikt geprägt wurde, stand der Österreicher Dr. Kurt Waldheim, ehemaliger Außenminister und Präsidentschaftskandidat der ÖVP, als Generalsekretär an der Spitze der Vereinten Nationen. Seit der Eröffnung der Wiener UNO-City am 23. August 1978 ist die Bundeshauptstadt ganz offiziell einer der Amtssitze der Weltorganisation.

Vergangenheit und Zukunft

Österreich spielt heute in einer von gefährlichen Krisen heimgesuchten Welt immer wieder die Rolle eines Parlamentärs und Sanitäters, der sich unermüdlich für Feuerpausen, für die Unterstützung der Kriegsopfer, für die Entschärfung bedrohlicher Situationen und für Linderung der Not einsetzt, was wiederum nicht unwesentlich zur Sicherheit des Landes beiträgt. Die aktive Außenpolitik des kleinen, neutralen Staates, der nicht bereit ist zurückzustecken, wenn es um die Durchsetzung demokratischer Freiheiten und humanitärer Ziele geht, macht Wien zu einem wichtigen Ort der Begegnung politischer Persönlichkeiten und Machtgruppierungen von Ost und West, von Nord und Süd, zu einer Drehscheibe konstruktiven politischen Gedankenaustausches, kultureller Strömungen und von Wirtschaftskontakten. Daß es sich dabei im Grunde um eine alte österreichische Tradition handelt, weiß man, seit das historische Interesse der Bevölkerung etwa ab 1976, dem Jahr der großen Babenberger-Ausstellung im Stift Lilienfeld, erwachte und von da an ständig zunahm. Die Vergangenheit kann freilich niemals für die Zukunft bürgen, doch offen dargelegt und richtig analysiert, weist sie mitunter manche durchgehenden Linien auf. Und so kann man hoffen, daß Österreichs Weg auch in Zukunft Glück beschieden sein wird, wobei das Glück nicht nur von Zufällen abhängt: Es läßt sich mit Vernunft und Geschick, mit Toleranz und Kompromißbereitschaft und vor allem mit Zivilcourage, mit den spezifisch österreichischen Verhaltensweisen also, herbeiführen und aufrechterhalten.

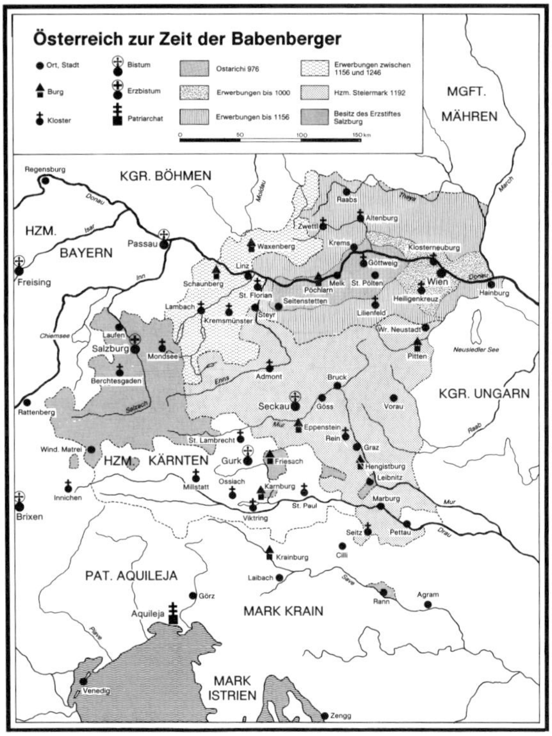

Wichtige Stationen der österreichischen Geschichte

Im **Zeitalter der Babenberger** (976–1246), die erst ab 1156 in Wien residierten, wurde Österreich – im Gegensatz zu später – meist auf friedliche Weise vergrößert.

Die **Habsburger** erweiterten das Reich sowohl durch geschickte Heiratspolitik als auch durch Kriege. 1720 erreichte Österreich seine größte territoriale Ausdehnung.

Die **österreichisch-ungarische Monarchie,** oft »Doppelmonarchie« genannt, war ein Schmelztiegel verschiedener Nationen, Nationalitäten, Religionen und Sprachen.

Nach dem **Friedensvertrag von Saint-Germain** verlor Österreich einen Großteil seines Territoriums. Aus dem einstigen Weltreich war 1918 ein Rumpfstaat geworden.

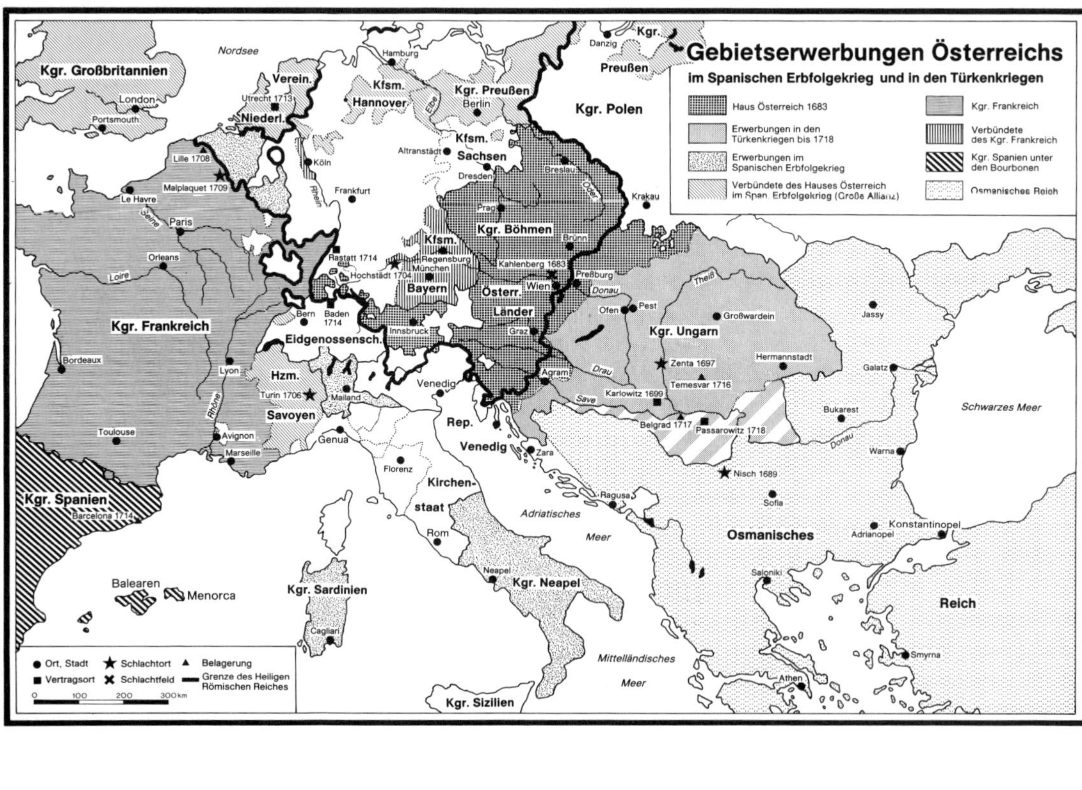

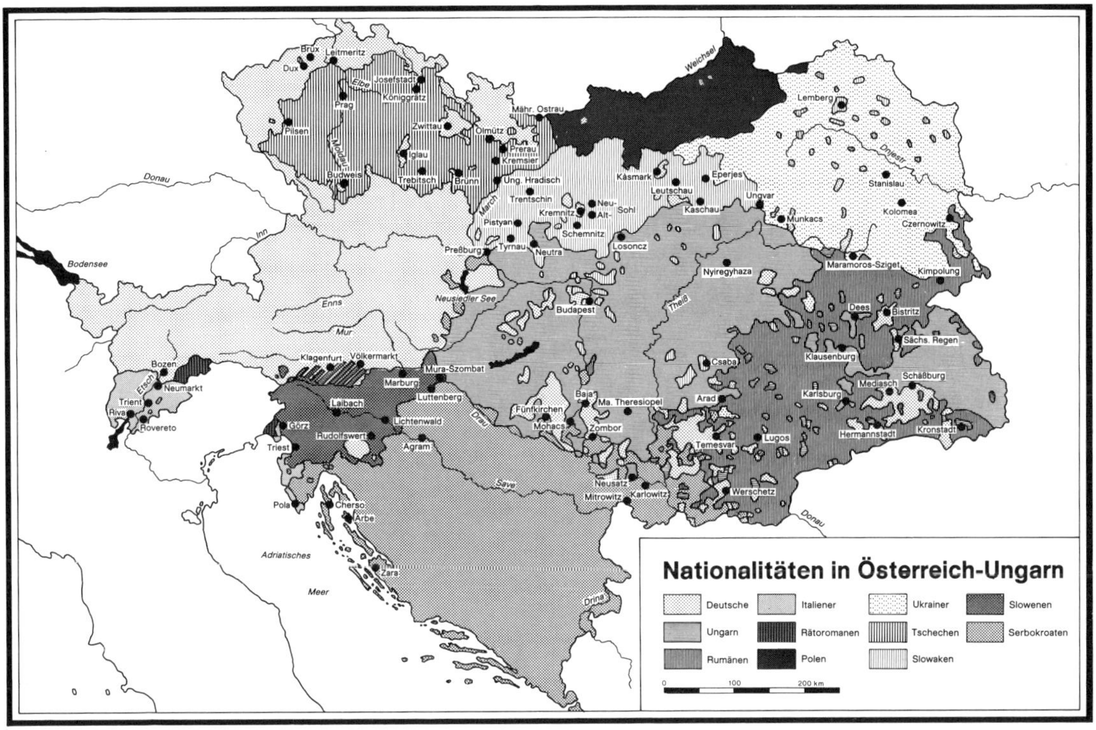
Nationalitäten in Österreich-Ungarn
Deutsche
Italiener
Ukrainer
Slowenen
Ungarn
Rätoromanen
Tschechen
Serbokroaten
Rumänen
Polen
Slowaken
0
100
200 km
Brüx
Leitmeritz
Dux
Josefstadt
Königgrätz
Prag
Pilsen
Budweis
Zwittau
Iglau
Trebitsch
Brünn
Olmütz
Prerau
Kremsier
Mähr. Ostrau
Ung. Hradisch
Trentschin
Pistyan
Tyrnau
Neutra
Preßburg
Kremnitz
Neu-
Sohl
Alt-
Schemnitz
Losoncz
Käsmark
Leutschau
Eperjes
Kaschau
Ungvar
Munkacs
Lemberg
Stanislau
Kolomea
Czernowitz
Kimpolung
Maramoros-Sziget
Nyiregyhaza
Budapest
Dees
Bistritz
Sächs. Regen
Klausenburg
Csaba
Arad
Karlsburg
Mediasch
Schäßburg
Hermannstadt
Kronstadt
Temesvar
Lugos
Werschetz
Neusatz
Mitrowitz
Karlowitz
Zombor
Baja
Ma. Theresiopel
Fünfkirchen
Mohacs
Mura-Szombat
Marburg
Luttenberg
Lichtenwald
Agram
Klagenfurt
Völkermarkt
Laibach
Görz
Rudolfswert
Triest
Pola
Cherso
Arbe
Zara
Bozen
Neumarkt
Trient
Riva
Rovereto
Bodensee
Inn
Donau
Enns
Mur
Drau
Save
Drina
Theiß
March
Moldau
Elbe
Weichsel
Dnjestr
Neusiedler See
Etsch
Adriatisches
Meer

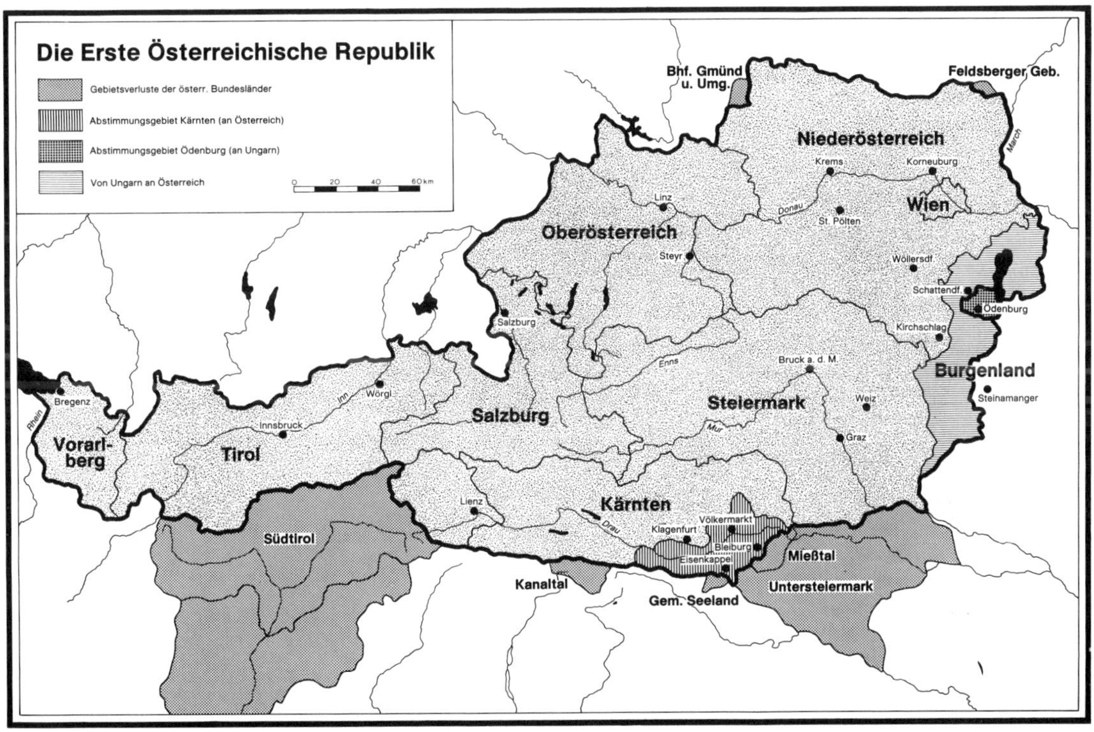
Die Erste Österreichische Republik
Gebietsverluste der österr. Bundesländer
Abstimmungsgebiet Kärnten (an Österreich)
Abstimmungsgebiet Ödenburg (an Ungarn)
Von Ungarn an Österreich
0
20
40
60 km
Bhf. Gmünd u. Umg.
Feldsberger Geb.
Niederösterreich
Krems
Korneuburg
Wien
St. Pölten
Donau
March
Oberösterreich
Linz
Steyr
Wöllersdf.
Schattendf.
Ödenburg
Kirchschlag
Salzburg
Burgenland
Steinamanger
Bruck a. d. M.
Enns
Steiermark
Weiz
Graz
Mur
Salzburg
Wörgl
Inn
Bregenz
Rhein
Innsbruck
Vorarl-
berg
Tirol
Lienz
Kärnten
Drau
Völkermarkt
Klagenfurt
Bleiburg
Eisenkappel
Mießtal
Südtirol
Kanaltal
Gem. Seeland
Untersteiermark

Personenregister

Bildnachweis

Umschlagvorderseite: oben links: Foto Fasching/Kunsthistorisches Museum, Wien
oben rechts: Österreichische Nationalbibliothek, Wien
unten links: Direktion der Museen der Stadt Wien
Umschlagrückseite: Kunsthistorisches Museum, Wien

Schwarzweißbilder

Österreichische Nationalbibliothek, Wien: 10, 23, 37, 40, 57, 59, 67, 79, 81, 122, 125, 126, 128, 155, 159, 162, 171, 172, 177, 178, 183, 190 (links), 197, 205, 229, 237, 241, 244, 246, 248 (links), 267, 273 (links), 275, 283, 290, 298, 304 (rechts), 309, 311, 313, 317, 319, 322, 326, 331, 335, 341, 342 (rechts), 344, 347, 353, 359, 361 (oben), 364, 365, 370, 387, 399, 408, 413, 437, 442, 449, 463, 468 (links), 469 (rechts), 472, 474 (links), 508, 513 (links), 526, 528, 532, 537, 539, 542, 550, 553, 557, 569, 577, 585
Historisches Museum der Stadt Wien: 285, 356, 361 (unten), 383, 386, 469 (links), 474 (rechts), 489, 506, 511, 545, 547
Heeresgeschichtliches Museum, Wien: 440, 502, 520, 523
Kunsthistorisches Museum, Wien (Foto Meyer): 14, 33, 131, 159, 163, 181, 188, 211, 219 (links), 227, 240, 248 (rechts), 263, 316, 342 (links), 352, 395
Stiftsbibliothek St. Gallen (Foto C. Seltrecht): 36
Bildarchiv Foto Marburg: 26, 42, 49
Stadtarchiv Wiener Neustadt: 230
Bayer. Staatsbibliothek, München: 43
Bayer. Staatsgemäldesammlungen, München: 288
Friedrich-Schiller-Universität, Bibliothek, Jena: 52
Rijksmuseum, Amsterdam: 273 (rechts)
Foto Karl Meyer, Wien: 598
Magyar Nemzeti Muzeum, Budapest: 368
Institut der Englischen Fräulein, St. Pölten
(Foto Fasching): 362
Herbert Schiefer, Wien: 99
Kurt Woisetschläger, Joanneum, Graz: 151
Universitätsbibliothek, Innsbruck, Oswald von Wolkenstein, Liederhandschrift B (ohne Signatur): 213
Städtische Kunstsammlungen, Augsburg: 214
Österreichische Galerie, Wien (Foto Otto): 219 (rechts), 389
Museum of Fine Arts, Budapest: 226
Niederösterreichisches Landesmuseum, Wien: 15
Museum der Stadt Mödling: 19
Alexander Paul, Prag: 30
Staatsarchiv Koblenz: 103
Bildarchiv Preußischer Kulturbesitz, Berlin (West): 109, 209
Foto Meyer, Wien: 24
Hessische Landesbibliothek, Fulda: 64
Bibliothèque Royal, Bruxelles: 116
Dom- und Diözesanmuseum, Wien: 124, 279
Germanisches Nationalmuseum, Nürnberg: 175
Roger Violett, Paris: 147
Landesmuseum Joanneum, Graz: 235
Graphisches Kabinett Stift Göttweig: 390
Kupferstichkabinett, Dresden: 457
The Pierpont Morgan Library, New York: 56, 84
Rheinisches Landesmuseum, Bonn: 56
Chorherrenstift Klosterneuburg, Stiftsmuseum: 60
Photo Giraudon, Paris: 61, 404
Bundesdenkmalamt, Wien: 69, 75, 86, 87, 119
Burgerbibliothek, Bern (Foto Gerhard Howald): 71, 72
Benedikt Posch, Innsbruck: 32, 85
Franz Hubmann; Wien: 118, 190 (rechts), 513 (rechts), 561
Hubert Walder, Brixen: 133
Leo Hilber, Fotograf, Fribourg, Schweiz: 138
Foto Löbl-Schreyer, Bad Tölz: 194/95
Universitätsbibliothek, Heidelberg: 89
Verlagsarchiv: 13, 53, 80, 114, 146, 166, 186, 201, 217, 220, 233, 270, 304, 452, 468 (rechts)

Farbbilder

Österreichische Nationalbibliothek, Wien: 17, 21, 149, 152, 156, 198, 199, 206, 261, 272, 417, 486
Historisches Museum der Stadt Wien: 321, 324, 332, 483 (oben), 490
Heeresgeschichtliches Museum, Wien: 333, 424, 491, 494, 495
Kunsthistorisches Museum, Wien (Foto Meyer): 148, 160, 207 (Foto Albrecht, Innsbruck), 260 (Foto Albrecht, Innsbruck), 264, 268/69, 328/29, 380, 381, 428
Naturhistorisches Museum, Wien (Foto Meyer): 377
National Portrait Gallery, Gripsholm Castle: 372/73
Skoklosters slott, Bålsta (Foto Meyer): 265
Schottenstift, Wien: 157
Sammlung Oskar Reinhart »Am Römerholz«, Winterthur: 202
Foto Scala, Antella: 153
Österreichische Galerie, Wien (Foto Otto): 325, 432, 487
Akademie der bildenden Künste Wien: 369 (Foto Fasching), 387 (Foto Meyer)
Graf Harrach'sche Familiensammlung, Schloß Rohrau (Foto Meyer): 257
Corvina Archivum, Budapest (Foto Károly Szelényi;
Ungar. Nationalmuseum, Budapest): 336
Museumsabteilung der Bayerischen Verwaltung d. staatl. Schlösser, Gärten und Seen, München: 420/21
Hubert Walder, Brixen: 104 (unten)
Graphische Sammlung Albertina, Wien: 203, 429, 482
Ungarische Botschaft, Wien (Foto Fasching): 346
Photo Giraudon, Paris: 425
Foto Fasching, Wilhelmsburg: 97 (unten), 100, 141
Österreichisches Museum für angewandte Kunst, Wien: 145
Foto Meyer, Wien: 24
Bibliothek des Escorial, Madrid (Foto Herranz): 97
Chorherrenstift Klosterneuburg, Stiftsmuseum 101
Franz Hubmann, Wien: 20, 104 (oben)
Gertrude Alkema und Margarete Groiss, Wien/Österr. Staatsdruckerei: 597
Wiener Stadt- und Landesbibliothek: 579
Foto Votava, Wien: 603

Kartengrundlage:
© Freytag-Berndt u. Artaria
mit freundlicher Genehmigung des Verlages